D1517992

# D'accord! 3

## LANGUE ET CULTURE DU MONDE FRANCOPHONE

VISTA®
HIGHER LEARNING

Boston, Massachusetts

**Cover photos**: clockwise from top left: characters from the **D'ACCORD!**
**Roman-photo** video program in Aix-en-Provence, France; Oriental Mosaic at the Mosque
Hassan II in Casablanca, Morocco; colorful French Macarons in Paris; France, Morbihan,
Belle-Île-en-Mer, Le Palais, new harbour

**Publisher:** José A. Blanco

**President:** Janet Dracksdorf

**Vice President, Editorial Director:** Amy Baron

**Executive Editor:** Sharla Zwirek

**Senior National Language Consultant:** Norah Lulich Jones

**Editorial Development:** Diego García, Erica Solari

**Project Management:** Maria Rosa Alcaraz

**Technology Production:** Egle Gutiérrez, Tatiana Bustamante, Sonja Porras, Paola Ríos Schaaf

**Design:** Jessica Beets, Liliana Bobadilla, Robin Herr, Michelle Ingari, Susan Prentiss,
Nick Ventullo

**Production:** Oscar Díez, Jennifer López, Lina Lozano, Fabián Montoya, Andrés Vanegas

Copyright © 2015 by Vista Higher Learning, Inc.

All rights reserved.

No part of this work may be reproduced or distributed in any form or by any means,
electronic or mechanical, including photocopying and recording, or by any information
storage or retrieval system without prior written permission from Vista Higher Learning,
500 Boylston Street, Suite 620, Boston, MA 02116-3736.

Student Text ISBN: 978-1-61857-865-5
Printed in Canada.
Library of Congress Control Number: 2013948679

4 5 6 7 8 9 10 TC 18 17 16 15

# D'accord! 3

## LANGUE ET CULTURE DU MONDE FRANCOPHONE

# TABLE DES MATIÈRES

| Reprise | Épisode **1** | Épisode **2** | Épisode **3** |
|---|---|---|---|
|  | Irregular verbs **être**, **faire**, **aller** et **avoir** . . . . . . . . . . . . .R2<br>Descriptive adjectives . . **R2, R3, R4**<br>Question formation . . . . . . . . . .R4 | Adverbs . . . . . . . . . . . . **R6, R7, R8**<br>**Passé composé** with<br>**avoir** and **être** . . . . . . . . . . . .R8 | **Passé composé** with **avoir**<br>and **être** . . . . . . . . **R10, R11, R12**<br>The **passé composé**<br>vs. the **imparfait** . . . . . **R11, R12** |

| | POUR COMMENCER | COURT MÉTRAGE | IMAGINEZ |
|---|---|---|---|
| **Leçon 1**<br>**Ressentir et vivre** | **Les relations personnelles** . . . . . 4<br>  l'état civil<br>  la personnalité<br>  les relations<br>  les sentiments | *À tes amours* (6 min.) . . . . . . . . .6<br>France, 2001<br>Réalisateur: Olivier Peyon | Les États-Unis. . . . . . . . . . . . . .12<br>LE ZAPPING:<br>Le droit de vote. . . . . . . . . . . . . 15 |
| **Leçon 2**<br>**Habiter en ville** | **En ville** . . . . . . . . . . . . . . . . . . . 40<br>  les activités<br>  les gens<br>  les indications<br>  les lieux<br>  pour décrire | *J'attendrai le suivant…*<br>(4.5 min.). . . . . . . . . . . . . . . . . 42<br>France, 2002<br>Réalisateur: Philippe Orreindy | La France . . . . . . . . . . . . . . . . . 48<br>GALERIE DE CRÉATEURS:<br>Yann Arthus-Bertrand . . . . . . . . . 51 |
| **Leçon 3**<br>**L'influence des médias** | **L'univers médiatique** . . . . . . .76<br>  le cinéma et la télévision<br>  les gens des médias<br>  les médias<br>  la presse | *Le Technicien* (8 min.) . . . . . . . .78<br>Canada, 2009<br>Réalisateur: Simon-Olivier Fecteau | Le Québec. . . . . . . . . . . . . . . . . 84<br>LE ZAPPING:<br>*Vendredi* . . . . . . . . . . . . . . . . . . 87 |

| Épisode 4 | Épisode 5 | Épisode 6 |
|---|---|---|
| Partitives . . . . . . . . . . . . . . . . . .R14 | Subjunctive . . . . . . . . . . . . . . .R18 | **Futur** and **futur antérieur**. . . . .R22 |
| Pronouns . . . . . . . . . . . . . R15, R16 | Comparatives and superlatives . . . . . . . . R19, R20 | **Si** clauses and the **conditionnel passé**. . . . . . .R23 |
| The pronouns **y** et **en** . . . R15, R16 | Infinitives . . . . . . . . . . . . . . . . .R20 | **Futur** and **conditionnel** . . . . .R24 |

| STRUCTURES | FICHES DE GRAMMAIRE Optional Sequence | CULTURE | LITTÉRATURE |
|---|---|---|---|
| 1.1 Spelling-change verbs . . . . .16<br>1.2 The irregular verbs **être**, **avoir**, **faire**, and **aller** . . . . . .20<br>1.3 Forming questions . . . . . . . .24 | 1.4 Present tense of regular -er, -ir, and -re verbs . . . .372<br>1.5 The imperative . . . . . . . . .374 | *Les francophones d'Amérique* . . . . . . . . . . . . . . . .29 | *Il pleure dans mon cœur*. . . . . .33<br>Paul Verlaine, France<br>poème |
| 2.1 Reflexive and reciprocal verbs . . . . . . . . . . . . . . . . . .52<br>2.2 Descriptive adjectives and adjective agreement . . .56<br>2.3 Adverbs . . . . . . . . . . . . . . . .60 | 2.4 Nouns and articles . . . . . .376<br>2.5 **Il est** and **c'est** . . . . . . . .378 | *Rythme dans la rue: La fête de la Musique*. . . . . . . .65 | *Mai 1968*. . . . . . . . . . . . . . . . .69<br>Jacques Prévert, France<br>poème |
| 3.1 The **passé composé** with **avoir** . . . . . . . . . . . . . .88<br>3.2 The **passé composé** with **être** . . . . . . . . . . . . . . .92<br>3.3 The **passé composé** vs. the **imparfait** . . . . . . . .96 | 3.4 Possessive adjectives . . . .380<br>3.5 The **imparfait**: formation and uses. . . . . .382 | *Guy Laliberté, Un homme hors du commun* . . . . . . . . . .101 | *99 Francs* . . . . . . . . . . . . . . . .105<br>Fréderic Beigbeder, France<br>extrait de roman |

# TABLE DES MATIÈRES

| | POUR COMMENCER | COURT MÉTRAGE | IMAGINEZ |
|---|---|---|---|
| **Leçon 4**<br>**La valeur des idées** | **La justice et la politique** . . . . . 112<br> les gens<br> les lois et les droits<br> la politique<br> la sécurité et le danger | *La révolution des crabes*<br>(5 min.) . . . . . . . . . . . . . . . . . 114<br>France, 2004<br>Réalisateur: Arthur de Pins | Les Antilles . . . . . . . . . . . . . . . 120<br>GALERIE DE CRÉATEURS:<br>Léna Blou . . . . . . . . . . . . . . . . . 123 |
| **Leçon 5**<br>**La société<br>en évolution** | **Crises et horizons** . . . . . . . . . 148<br> en mouvement<br> les changements<br> les problèmes et les solutions | *Samb et le commissaire*<br>(15 min.) . . . . . . . . . . . . . . . . 150<br>Suisse, 1997<br>Réalisateur: Olivier Sillig | L'Afrique de l'Ouest. . . . . . . . . 156<br>LE ZAPPING:<br>Oxfam . . . . . . . . . . . . . . . . . . . . 159 |
| **Leçon 6**<br>**Les générations<br>qui bougent** | **En famille** . . . . . . . . . . . . . . . . 186<br> la cuisine<br> la personnalité<br> la vie familiale<br> les étapes de la vie<br> les générations<br> les membres de la famille | *De l'autre côté* (29 min.). . . . . 188<br>Algérie/France, 2004<br>Réalisateur: Nassim Amaouche | L'Afrique du Nord et le Liban . . 194<br>GALERIE DE CRÉATEURS:<br>Yves Saint Laurent . . . . . . . . . . 197 |
| **Leçon 7**<br>**À la recherche<br>du progrès** | **Le progrès et la recherche** . . . 224<br> la technologie<br> les gens dans les sciences<br> les inventions et la science<br> l'univers et l'astronomie | *Le Manie-Tout* (16 min.) . . . . . 226<br>France, 2005<br>Réalisateur: Georges Le Piouffle | La Belgique, la Suisse et<br>le Luxembourg . . . . . . . . . . . . . 232<br>LE ZAPPING:<br>Nao . . . . . . . . . . . . . . . . . . . . . . 235 |

| STRUCTURES | FICHES DE GRAMMAIRE Optional Sequence | CULTURE | LITTÉRATURE |
|---|---|---|---|
| 4.1 The **plus-que-parfait** ....124<br>4.2 Negation and indefinite adjectives and pronouns ..128<br>4.3 Irregular **-ir** verbs.......132 | 4.4 Demonstrative adjectives ..............384<br>4.5 The **passé simple** .......386 | *Haïti, soif de liberté* .........137 | *Discours sur la misère* ......141<br>Victor Hugo, France<br>discours |
| 5.1 Partitives..............160<br>5.2 The pronouns y and en ...164<br>5.3 Order of pronouns .......168 | 5.4 Object pronouns.........388<br>5.5 Past participle agreement .............390 | *La jeunesse africaine va à l'école sur Internet* ......173 | *Le marché de l'espoir* .......177<br>Ghislaine Sathoud, Congo<br>nouvelle |
| 6.1 The subjunctive: impersonal expressions; will, opinion, and emotion ............198<br>6.2 Demonstrative pronouns...............202<br>6.3 Irregular **-re** verbs .......206 | 6.4 Disjunctive pronouns .....392<br>6.5 Possessive pronouns .....394 | *Jour de mariage* ............211 | *La logique des grands*.......215<br>Olivier Charneux, France<br>nouvelle |
| 7.1 The comparative and superlative of adjectives and adverbs ...236<br>7.2 The **futur simple** ........240<br>7.3 The subjunctive with expressions of doubt and conjunctions; the past subjunctive ........244 | 7.4 Past participles used as adjectives .......396<br>7.5 Expressions of time ......398 | *CERN: À la découverte d'un univers particulier*...........249 | *Solitude numérique*.........253<br>Didier Daeninckx, France<br>nouvelle |

# TABLE DES MATIÈRES

|  | POUR COMMENCER | COURT MÉTRAGE | IMAGINEZ |
|---|---|---|---|
| **Leçon 8**<br>**S'évader et s'amuser** | **Les passe-temps** . . . . . . . . . .260<br>les arts et le theâtre<br>le shopping et les vêtements<br>le sport<br>le temps libre | *Le ballon prisonnier*<br>(13 min.) . . . . . . . . . . . . . . . .262<br>France, 2003<br>Réalisateur: Cyril Gelblat | L'océan Indien . . . . . . . . . . . . .268<br>GALERIE DE CRÉATEURS:<br>Khaleel «Khal» Torabully . . . . . .271 |
| **Leçon 9**<br>**Perspectives de travail** | **Le travail et les finances** . . . . .298<br>le monde du travail<br>les finances<br>les gens au travail | *Bonne nuit Malik* (15 min.) . . . .300<br>France, 2006<br>Réalisateur: Bruno Danan | L'Afrique Centrale . . . . . . . . . . .306<br>LE ZAPPING:<br>La semaine des<br>jeunes diplômés . . . . . . . . . . .309 |
| **Leçon 10**<br>**Les richesses naturelles** | **Notre monde** . . . . . . . . . . . . . .334<br>la nature<br>les animaux<br>les phénomènes naturels<br>se servir de la nature<br>ou la détruire | *L'homme qui plantait des arbres* (30 min.) . . . . . . . .336<br>Québec, 1987<br>Réalisateur: Frédéric Back | La Polynésie française,<br>la Nouvelle-Calédonie, l'Asie . .342<br>GALERIE DE CRÉATEURS:<br>Rithy Panh . . . . . . . . . . . . . . . .345 |

## APPENDICES

Fiches de grammaire . . . . . . . . . . . . . . . . . . . . . . . . . . . . . . . . . . . . . . . . . . 369

**Appendice A**
Dialogues des courts métrages . . . . . . . . . . . . . . . . . . . . . . . . . . . . . . . . . . . 412

**Appendice B**
Tables de conjugaison . . . . . . . . . . . . . . . . . . . . . . . . . . . . . . . . . . . . . . . . . . 440

| STRUCTURES | FICHES DE GRAMMAIRE Optional Sequence | CULTURE | LITTÉRATURE |
|---|---|---|---|
| 8.1 Infinitives . . . . . . . . . . . . . .272<br>8.2 Prepositions with geographical names . . . . . .276<br>8.3 The **conditionnel** . . . . . . .280 | 8.4 Prepositions with infinitives . . . . . . . . .400<br>8.5 The subjunctive after indefinite antecedents and in superlative statements . . . .402 | *La Réunion, île intense* . . . . . . .285 | *Le football -<br>Le Petit Nicolas* . . . . . . . . . . .289<br>Sempé-Goscinny, France<br>roman illustré |
| 9.1 Relative pronouns . . . . . . .310<br>9.2 The present participle . . . .314<br>9.3 Irregular **-oir** verbs . . . . . .318 | 9.4 **Savoir** vs. **connaître** . . . . .404<br>9.5 **Faire causatif** . . . . . . . . .406 | *Des Africaines entrepreneuses* . . . . . . . . . . . .323 | *Profession libérale* . . . . . . . . .327<br>Marie Le Drian, France<br>nouvelle |
| 10.1 The past conditional . . . . .346<br>10.2 The future perfect . . . . . .350<br>10.3 Si clauses . . . . . . . . . . . .354 | 10.4 Indirect discourse . . . . . .408<br>10.5 The passive voice . . . . . .410 | *Les richesses du Pacifique* . . .359 | *Baobab* . . . . . . . . . . . . . . . . . .363<br>Jean-Baptiste Tati-Loutard,<br>République du Congo<br>poème |

**Appendice C**

**Vocabulaire**

Français–Anglais . . . . . . . . . . . . . . . . . . . . . . . . . . . . . . . . . . . . . . . . . . . . . . . . . . . . . . 454

Anglais–Français . . . . . . . . . . . . . . . . . . . . . . . . . . . . . . . . . . . . . . . . . . . . . . . . . . . . . . 483

**Appendice D**

**Index** . . . . . . . . . . . . . . . . . . . . . . . . . . . . . . . . . . . . . . . . . . . . . . . . . . . . . . . . . . . . . . 508

**Credits** . . . . . . . . . . . . . . . . . . . . . . . . . . . . . . . . . . . . . . . . . . . . . . . . . . . . . . . . . . . . .510

# Le monde francophone

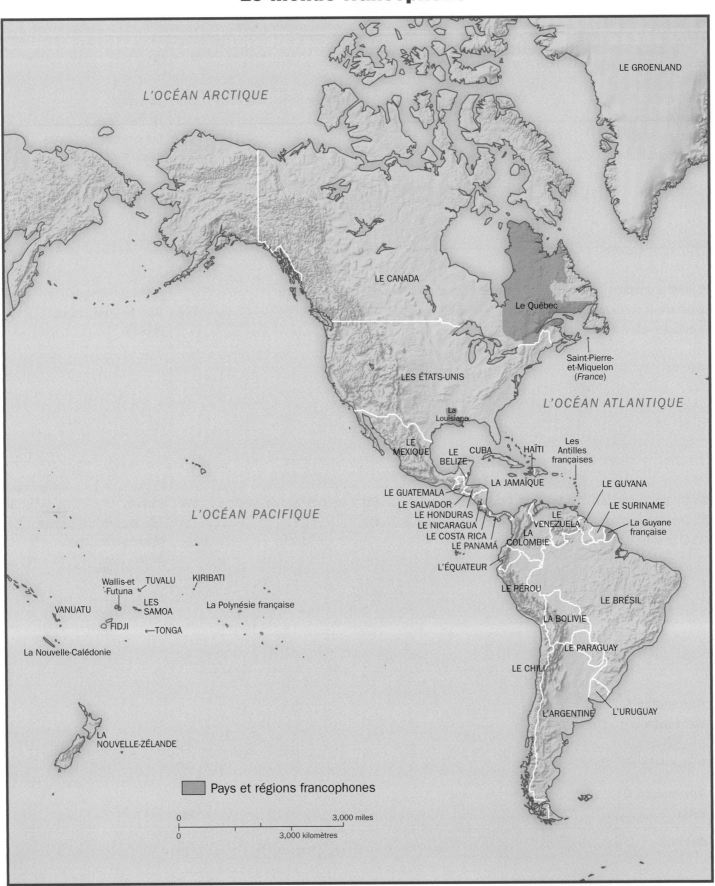

LE GROENLAND

L'OCÉAN ARCTIQUE

LE CANADA

Le Québec

Saint-Pierre-
et-Miquelon
(*France*)

LES ÉTATS-UNIS

L'OCÉAN ATLANTIQUE

La
Louisiane

LE
MEXIQUE

LE
BELIZE

CUBA

HAÏTI

Les
Antilles
françaises

LA JAMAÏQUE

LE GUYANA

L'OCÉAN PACIFIQUE

LE GUATEMALA

LE SALVADOR

LE HONDURAS

LE NICARAGUA

LE COSTA RICA

LE PANAMÁ

LE
VENEZUELA

LE SURINAME

La Guyane
française

LA
COLOMBIE

L'ÉQUATEUR

LE PÉROU

Wallis-et
-Futuna

TUVALU

KIRIBATI

LE BRÉSIL

VANUATU

LES
SAMOA

La Polynésie française

LA BOLIVIE

FIDJI

TONGA

LE PARAGUAY

La Nouvelle-Calédonie

LE CHILI

L'ARGENTINE

L'URUGUAY

LA
NOUVELLE-ZÉLANDE

Pays et régions francophones

0              3,000 miles

0              3,000 kilomètres

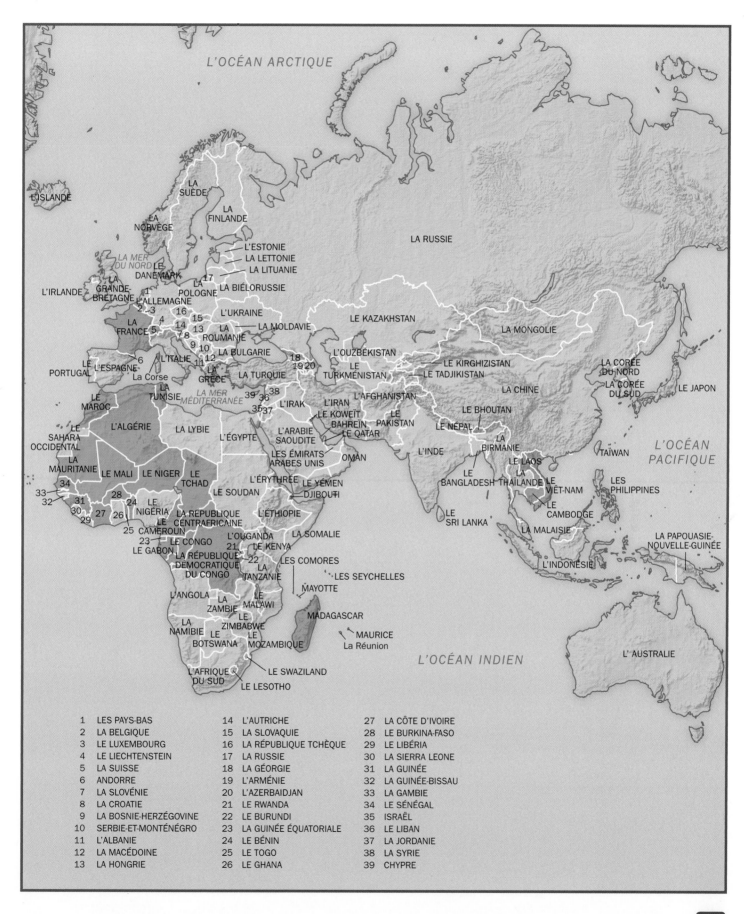

L'OCÉAN ARCTIQUE

L'ISLANDE

LA SUÈDE

LA NORVÈGE

LA FINLANDE

L'ESTONIE
LA LETTONIE
LA LITUANIE

LA RUSSIE

LA MER DU NORD
LE DANEMARK

L'IRLANDE
LA GRANDE-BRETAGNE

LA POLOGNE

LA BIÉLORUSSIE

L'ALLEMAGNE

L'UKRAINE

LE KAZAKHSTAN

LA FRANCE

LA ROUMANIE
LA MOLDAVIE

LA MONGOLIE

LA BULGARIE

LA TURQUIE

L'OUZBÉKISTAN

LE KIRGHIZISTAN

LE PORTUGAL
L'ESPAGNE

L'ITALIE

LE TURKMÉNISTAN
LE TADJIKISTAN

LA CHINE

LA CORÉE DU NORD
LA CORÉE DU SUD
LE JAPON

La Corse

LA GRÈCE

L'IRAK
L'IRAN

L'AFGHANISTAN

LA TUNISIE

LA MER MÉDITERRANÉE

LE MAROC

L'ALGÉRIE

LA LYBIE

L'ÉGYPTE

L'ARABIE SAOUDITE

LE KOWEÏT
BAHREÏN
LE QATAR

LE PAKISTAN

LE NÉPAL

LE BHOUTAN

LA BIRMANIE

TAÏWAN

L'OCÉAN PACIFIQUE

LE SAHARA OCCIDENTAL

LA MAURITANIE

LE MALI
LE NIGER
LE TCHAD

LES ÉMIRATS ARABES UNIS

OMAN

L'INDE

LE LAOS

LA THAÏLANDE

LE VIÊT-NAM

LES PHILIPPINES

L'ÉRYTHRÉE
LE YÉMEN

LE BANGLADESH

LE CAMBODGE

LE SOUDAN

DJIBOUTI

L'ÉTHIOPIE

LE NIGERIA

LA RÉPUBLIQUE CENTRAFRICAINE

L'OUGANDA
LE KENYA

LA SOMALIE

LE SRI LANKA

LA MALAISIE

LE CAMEROUN

LE CONGO
LE GABON

LA RÉPUBLIQUE DÉMOCRATIQUE DU CONGO

LE RWANDA
LE BURUNDI

LA TANZANIE

LES COMORES

LES SEYCHELLES

LA PAPOUASIE-NOUVELLE-GUINÉE

L'INDONÉSIE

L'ANGOLA

LA ZAMBIE

LE MALAWI

MAYOTTE

LA NAMIBIE

LE ZIMBABWE

MADAGASCAR

MAURICE
La Réunion

LE BOTSWANA

LE MOZAMBIQUE

L'OCÉAN INDIEN

L'AUSTRALIE

L'AFRIQUE DU SUD

LE SWAZILAND

LE LESOTHO

1   LES PAYS-BAS
2   LA BELGIQUE
3   LE LUXEMBOURG
4   LE LIECHTENSTEIN
5   LA SUISSE
6   ANDORRE
7   LA SLOVÉNIE
8   LA CROATIE
9   LA BOSNIE-HERZÉGOVINE
10  SERBIE-ET-MONTÉNÉGRO
11  L'ALBANIE
12  LA MACÉDOINE
13  LA HONGRIE

14  L'AUTRICHE
15  LA SLOVAQUIE
16  LA RÉPUBLIQUE TCHÈQUE
17  LA RUSSIE
18  LA GÉORGIE
19  L'ARMÉNIE
20  L'AZERBAIDJAN
21  LE RWANDA
22  LE BURUNDI
23  LA GUINÉE ÉQUATORIALE
24  LE BÉNIN
25  LE TOGO
26  LE GHANA

27  LA CÔTE D'IVOIRE
28  LE BURKINA-FASO
29  LE LIBÉRIA
30  LA SIERRA LEONE
31  LA GUINÉE
32  LA GUINÉE-BISSAU
33  LA GAMBIE
34  LE SÉNÉGAL
35  ISRAËL
36  LE LIBAN
37  LA JORDANIE
38  LA SYRIE
39  CHYPRE

## L'Amérique du Nord et du Sud

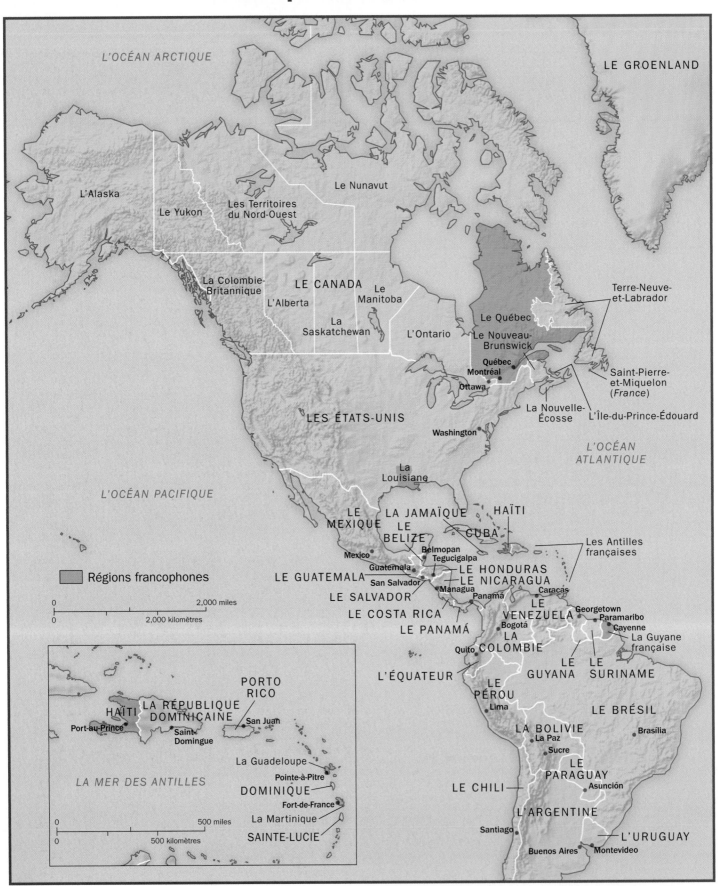

L'OCÉAN ARCTIQUE

LE GROENLAND

L'Alaska

Le Yukon

Les Territoires du Nord-Ouest

Le Nunavut

La Colombie-Britannique

LE CANADA

L'Alberta

Le Manitoba

La Saskatchewan

L'Ontario

Le Québec

Terre-Neuve-et-Labrador

Le Nouveau-Brunswick

Québec
Montréal
Ottawa

Saint-Pierre-et-Miquelon (France)

La Nouvelle-Écosse

L'Île-du-Prince-Édouard

LES ÉTATS-UNIS

Washington

L'OCÉAN ATLANTIQUE

L'OCÉAN PACIFIQUE

La Louisiane

LE MEXIQUE

LA JAMAÏQUE

HAÏTI

LE BELIZE

CUBA

Les Antilles françaises

Mexico

Belmopan
Tegucigalpa

Guatemala

LE HONDURAS
LE NICARAGUA

San Salvador

LE GUATEMALA

Managua

Caracas

Régions francophones

LE SALVADOR

Panamá

LE VENEZUELA

Georgetown
Paramaribo

0                    2,000 miles
0              2,000 kilomètres

LE COSTA RICA

LE PANAMÁ

Bogotá

Quito

LA COLOMBIE

Cayenne

La Guyane française

LE GUYANA

LE SURINAME

L'ÉQUATEUR

LE PÉROU

Lima

LE BRÉSIL

Brasília

PORTO RICO

HAÏTI

LA RÉPUBLIQUE DOMINICAINE

San Juan

LA BOLIVIE

La Paz
Sucre

Port-au-Prince

Saint Domingue

LA MER DES ANTILLES

La Guadeloupe

Pointe-à-Pitre

DOMINIQUE

Fort-de-France

La Martinique

SAINTE-LUCIE

LE PARAGUAY

Asunción

LE CHILI

L'ARGENTINE

Santiago

L'URUGUAY

Buenos Aires
Montevideo

0                    500 miles
0              500 kilomètres

# La France

L'ANGLETERRE

LES PAYS-BAS

LA MANCHE

LA BELGIQUE

L'ALLEMAGNE

NORD-PAS DE-CALAIS

Pas-de-Calais 62 • Lille • 59 • Arras Nord

Somme 80 • Amiens

Charleville-Mézières

LE LUXEMBOURG

50

Seine-Maritime 76 • Rouen

PICARDIE

Laon 08 Ardennes

Saint-Lô • Caen 14 HAUTE- NORMANDIE Évreux

Beauvais Oise Aisne

Châlons-en-Champagne

LORRAINE 57 Meuse • Metz 55 Moselle

Manche Calvados

Val-d'Oise 60 02 51

Bar-le-Duc 54 • Nancy

Bas-Rhin 67 • Strasbourg

Finistère 22 • St-Brieuc

BASSE- NORMANDIE Orne 61 Alençon

95 Yvelines 78 • Pontoise Paris 77 Versailles • ÎLE-DE- FRANCE

Marne CHAMPAGNE- ARDENNE

Meurthe-et- Moselle

ALSACE

29 • Quimper Côtes-d'Armor 35 BRETAGNE • Rennes

53 • Laval

Chartres

Évry 91 Essonne

Melun Seine-et- Marne 10 • Troyes

52 Chaumont

88 Vosges 70 • Épinal Colmar

Morbihan 56 • Vannes Ille-et-Vilaine Mayenne 72 Sarthe • Le Mans

Eure-et-Loire 28 Loiret

89 Aube

Haute- Marne

Belfort Haut-Rhin 68

44 PAYS DE LA LOIRE • Angers

41 • Blois

• Orléans 45

Auxerre Yonne

Côte-d'Or

Vesoul Haute-Saône 90 Belfort

Loire-Atlantique Nantes 49 Maine-et-Loire 37 • Tours Loir-et-Cher CENTRE 18

BOURGOGNE Nièvre

21 • Dijon

Doubs • Besançon FRANCHE- COMTÉ

La-Roche-sur-Yon 85 79 Deux- Sèvres 86 Poitiers Châteauroux Indre-et-Loire Bourges • 58 Nevers 71

Jura 25 39 • Lons-le-Saunier

LA SUISSE

Vendée • Niort Vienne Indre 36 Cher Saône-et-Loire

Mâcon • 69

74 Haute-Savoie • Annecy

La Rochelle POITOU- CHARENTES 87 • Guéret Allier • Moulins 03 Bourg-en- Bresse 01 Ain

Charente- Maritime 16 Limoges Creuse AUVERGNE Rhône • Lyon RHÔNE-ALPES Chambéry

Nanterre • Seine-Saint-Denis • Bobigny 92 75 93 Paris Hauts-de- Seine 94 • Créteil Val-de-Marne

17 Charente Angoulême Haute-Vienne LIMOUSIN 23 Clermont- Ferrand 63 Loire 42 St-Étienne 38 Isère • Grenoble Savoie 73

Corrèze 19 • Tulle 15 Cantal Puy-de-Dôme Haute-Loire 43 Le Puy- en-Velay Valence • Drôme 26 05 Hautes-Alpes L'ITALIE

Périgueux 24 Dordogne Aurillac Lozère Privas Ardèche 07 Gap •

Bordeaux 33 AQUITAINE Gironde 47 Lot Cahors 46 Aveyron • Rodez 48 Mende 84 Digne-les-Bains 04 Alpes-de- Haute-Provence 06 Alpes- Maritimes

L'OCÉAN ATLANTIQUE Landes 40 • Mont-de-Marsan Lot-et-Garonne • Agen Tarn-et-Garonne Montauban 82 MIDI-PYRÉNÉES • Albi Tarn 12 30 Gard • Nîmes Vaucluse • Avignon 13 Bouches-du-Rhône Var 83 • Nice MONACO

64 • Pau Pyrénées- Atlantiques Gers • Auch 32 Haute- Garonne • Toulouse 81 34 Hérault • Montpellier PROVENCE-ALPES- CÔTE-D'AZUR • Marseille • Toulon

65 • Tarbes 31 LANGUEDOC- ROUSSILLON 11 Carcassonne

Hautes- Pyrénées 09 • Foix Ariège Aude

L'ESPAGNE ANDORRE 66 • Perpignan Pyrénées-Orientales LA MER MÉDITERRANÉE

0 30 miles
0 30 kilomètres

CORSE 2B Haute-Corse • Bastia

Ajaccio • 2A Corse- du-Sud

0 100 miles
0 100 kilomètres

# L'Europe

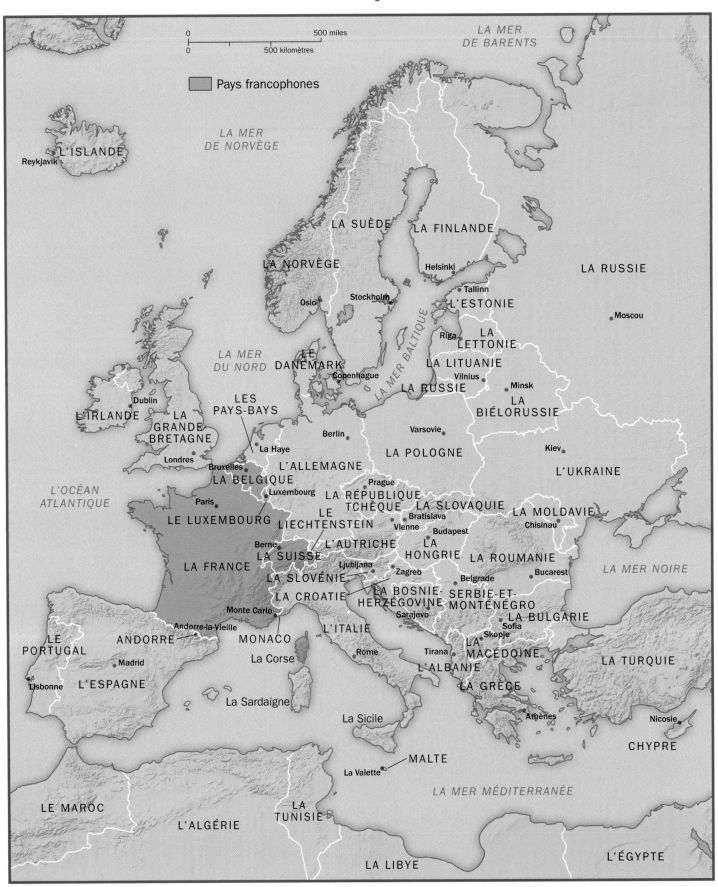

0 — 500 miles
0 — 500 kilomètres

▨ Pays francophones

LA MER DE BARENTS

LA MER DE NORVÈGE

L'ISLANDE
Reykjavik

LA SUÈDE

LA FINLANDE
Helsinki

LA RUSSIE

LA NORVÈGE
Oslo
Stockholm

Tallinn
L'ESTONIE

Moscou

LA MER BALTIQUE

Riga
LA LETTONIE

LA MER DU NORD

LE DANEMARK
Copenhague

Vilnius
LA LITUANIE

LA RUSSIE

Minsk

Dublin
L'IRLANDE

LA GRANDE-BRETAGNE

LES PAYS-BAYS

Berlin

LA BIÉLORUSSIE

Varsovie

La Haye

Londres

Bruxelles
LA BELGIQUE

L'ALLEMAGNE

LA POLOGNE

Kiev

L'UKRAINE

L'OCÉAN ATLANTIQUE

Paris

Luxembourg

LE LUXEMBOURG

LE LIECHTENSTEIN

Prague

LA RÉPUBLIQUE TCHÈQUE

Bratislava
LA SLOVAQUIE

Vienne

LA MOLDAVIE

Chisinau

Berne
LA SUISSE

L'AUTRICHE

Budapest
LA HONGRIE

LA ROUMANIE

LA MER NOIRE

LA FRANCE

LA SLOVÉNIE
Ljubljana

LA CROATIE

Zagreb

LA BOSNIE-HERZÉGOVINE

Belgrade

SERBIE-ET-MONTÉNÉGRO

Bucarest

Monte Carlo

Andorre-la-Vieille

MONACO

L'ITALIE

Sarajevo

LA BULGARIE

Sofia

Skopje

LE PORTUGAL

ANDORRE

La Corse

Rome

Tirana

LA MACÉDOINE

LA TURQUIE

Madrid

L'ALBANIE

Lisbonne
L'ESPAGNE

La Sardaigne

LA GRÈCE

La Sicile

Athènes

Nicosie

CHYPRE

MALTE
La Valette

LE MAROC

LA TUNISIE

LA MER MÉDITERRANÉE

L'ALGÉRIE

LA LIBYE

L'ÉGYPTE

# L'Afrique

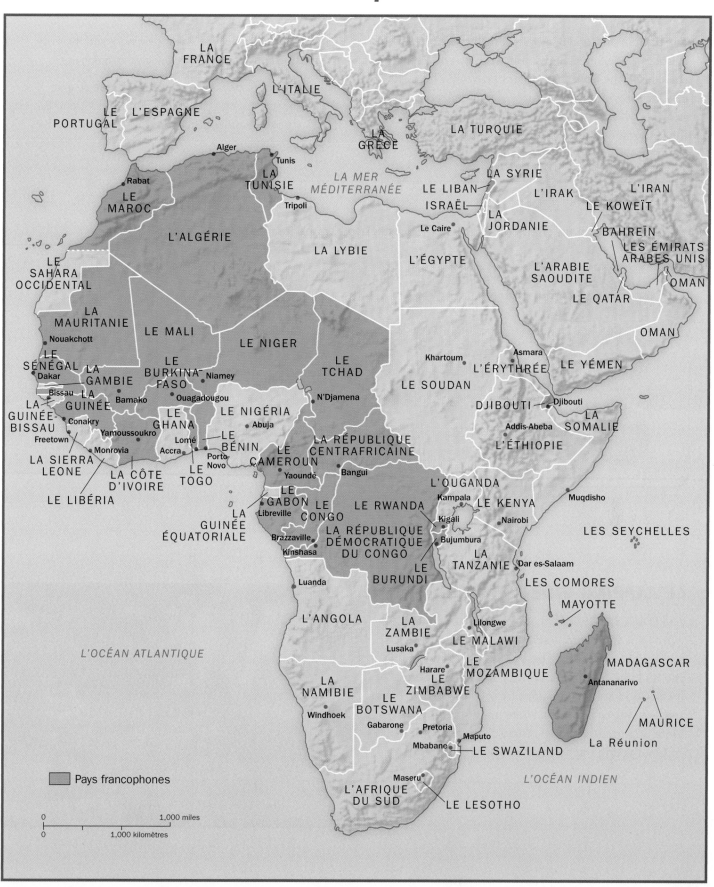

LA FRANCE

L'ITALIE

LE PORTUGAL  L'ESPAGNE

LA GRÈCE

LA TURQUIE

Alger  Tunis

Rabat

LA MER MÉDITERRANÉE

LA SYRIE

LE LIBAN  L'IRAK  L'IRAN

ISRAËL  LE KOWEÏT

LE MAROC

LA TUNISIE

Tripoli

LA JORDANIE  BAHREÏN

Le Caire  LES ÉMIRATS ARABES UNIS

L'ALGÉRIE

LA LYBIE

L'ÉGYPTE

L'ARABIE SAOUDITE

OMAN

LE SAHARA OCCIDENTAL

LE QATAR

OMAN

LA MAURITANIE

Nouakchott

LE MALI

LE NIGER

Khartoum

Asmara

L'ÉRYTHRÉE  LE YÉMEN

LE SÉNÉGAL

LA GAMBIE

Dakar

LE BURKINA FASO

Niamey

LE TCHAD

LE SOUDAN

Djibouti

Bissau

LA GUINÉE

Bamako

Ouagadougou

N'Djamena

DJIBOUTI

LA SOMALIE

LA GUINÉE-BISSAU

Conakry

LE GHANA

Yamoussoukro

Lomé

Accra

Abuja

LE NIGÉRIA

Addis-Abeba

L'ÉTHIOPIE

Freetown

Monrovia

Porto-Novo

LE BÉNIN

LE CAMEROUN

LA RÉPUBLIQUE CENTRAFRICAINE

LA SIERRA LEONE

LA CÔTE D'IVOIRE

LE TOGO

Yaoundé

Bangui

L'OUGANDA

LE KENYA

Muqdisho

LE LIBÉRIA

LE GABON

LE CONGO

LE RWANDA

Kampala

LES SEYCHELLES

LA GUINÉE ÉQUATORIALE

Libreville

Brazzaville

LA RÉPUBLIQUE DÉMOCRATIQUE DU CONGO

Kigali

Bujumbura

Nairobi

Kinshasa

LE BURUNDI

LA TANZANIE

Dar es-Salaam

LES COMORES

Luanda

MAYOTTE

L'ANGOLA

LA ZAMBIE

Lilongwe

L'OCÉAN ATLANTIQUE

Lusaka

LE MALAWI

MADAGASCAR

Harare

LE MOZAMBIQUE

Antananarivo

LA NAMIBIE

LE ZIMBABWE

Windhoek

LE BOTSWANA

Gabarone

Pretoria

Maputo

MAURICE

La Réunion

Mbabane

LE SWAZILAND

Maseru

L'OCÉAN INDIEN

L'AFRIQUE DU SUD

LE LESOTHO

☐ Pays francophones

0 ————— 1,000 miles
0 ————— 1,000 kilomètres

XV

## *ROMAN-PHOTO* VIDEO PROGRAM

The **Roman-photo** video series contains 36 dramatic episodes—one for each lesson in Levels 1 and 2, and 6 episodes in the **Reprise** chapter in Level 3. The episodes present the adventures of four college students who are studying in the south of France at the Université Aix-Marseille. They live in apartments above and near Le P'tit Bistrot, a café owned by

Valérie Forestier. The videos tell their story and the story of Madame Forestier and her teenage son, Stéphane.

The first four episodes in the Level 3 **Reprise** chapter review the topics and structures from Levels 1 and 2. The final two episodes bring you up-to-date on the lives of the characters.

### THE CAST
Here are the main characters you will meet when you watch **Roman-photo**:

 Of Senegalese heritage
**Amina Mbaye**

 From Washington, D.C.
**David Duchesne**

 From Paris
**Sandrine Aubry**

 From Aix-en-Provence
**Valérie Forestier**

 Of Algerian heritage
**Rachid Kahlid**

 And, also from Aix-en-Provence
**Stéphane Forestier**

## *LE ZAPPING* VIDEO PROGRAM

The **D'ACCORD!** Level 3 Supersite features authentic video clips from commercials and newscasts for each odd-numbered lesson. These clips have been carefully chosen to be comprehensible for students learning French, and are accompanied by activities and vocabulary lists to facilitate understanding. More importantly, though, these clips are a fun and motivating way to improve your French!

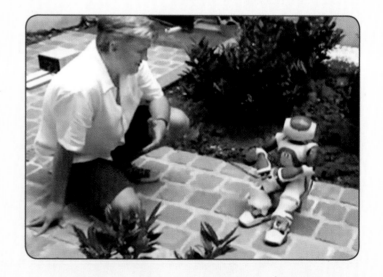

# D'ACCORD! FILM COLLECTION

Fully integrated with your textbook, the **D'ACCORD!** Film Collection contains short-subject films by francophone filmmakers that are the basis for the pre- and post-viewing activities in the **Court métrage** section of each lesson of Level 3. These films offer entertaining and thought-provoking opportunities to build your listening comprehension skills and your cultural knowledge of French speakers and the francophone world.

Besides providing entertainment, the films serve as a useful learning tool. As you watch the films, you will observe characters interacting in various situations, using real-world language that reflects the lesson themes as well as the vocabulary and grammar you are studying. The films are available on the **D'ACCORD!** Level 3 Supersite.

## Film Synopses

### LEÇON 1
## À tes amours
(France; 6 minutes)

On vacation catching up with her little brother, a young woman learns that he is in love for the first time. She hastily offers her advice…

### LEÇON 2
## J'attendrai le suivant…
(France; 4.5 minutes)

Tonight's ride on the Lyons **métro** is far from ordinary for one young woman. She may have finally found love.

### LEÇON 3
## Le Technicien
(Canada; 8 minutes)

A TV repairman encounters a customer with an unusual complaint. Can he fix the problem?

### LEÇON 4
## La révolution des crabes
(France; 5 minutes)

The crabs of the Gironde River estuary share a common destiny. Unable to change direction, they are doomed to walk the same straight path their entire lives. Or are they…?

### LEÇON 5
## Samb et le commissaire
(Suisse; 15 minutes)

Police Commissioner Knöbel's holiday is interrupted by a report of a stolen soccer ball, and he finds himself face to face with an African boy named Samb.

### LEÇON 6
## De l'autre côté
(Algérie/France; 29 minutes)

Samir, the son of Algerian immigrants living in France, left home and became a lawyer. When he returns to the old neighborhood, he is confronted by an unexpected culture shock.

### LEÇON 7
## Le Manie-Tout
(France; 16 minutes)

On his way to school, curiosity leads young Martin into the handyman's shop. What he finds inside is a world where everything can move, fly, and dance…provided it has a name. Martin's discovery will change his life and he hopes that of his brother too.

### LEÇON 8
## Le ballon prisonnier
(France; 13 minutes)

Young Dylan Belgazi will one day become a professional soccer player. His father said so.

### LEÇON 9
## Bonne nuit Malik
(France; 15 minutes)

Malik is raising his adoring younger brother Bilal all alone. Both face new challenges in their lives—Malik has a new job and Bilal a school assignment. Malik can help with the homework, but is the role model worthy of his brother's admiration?

### LEÇON 10
## L'homme qui plantait des arbres
(Québec; 30 minutes)

Elzéard Bouffier is a shepherd who lives in a remote valley in the Alps of Provence. A man of few words, he sets himself the task of transforming an arid landscape into a thriving forest, one seed at a time.

# Supersite

Each section of your textbook comes with activities on the **D'ACCORD!** Supersite, many of which are auto-graded with immediate feedback. Plus, the Supersite is iPad®-friendly*, so it can be accessed on the go! Visit vhlcentral.com to explore the wealth of exciting resources.

**Audio: Vocabulary**
**Practice**
**My Vocabulary**

> **POUR COMMENCER**
> Listen to the audio recording of the vocabulary, and practice using Flashcards, My Vocabulary, and activities that give you immediate feedback.

**Video: Short Film**

> **COURT MÉTRAGE**
> Viewing and understanding films created by and for native French speakers is a true test of your progress in learning French. Work through the pre- and post-viewing activities and watch the film as many times as you need to understand the dialogue, plot, and cultural aspects offered by each film.

*Galerie de Créateurs*
**Video: TV Clip**

> **IMAGINEZ**
> Online activities about additional Francophone creative personalities are available on the Supersite. In addition, watch the **Le Zapping** video again outside of class so that you can pause and repeat to really understand what you hear.

**Presentation**
**Tutorial**

> **STRUCTURES**
> Watch an animated, interactive tutorial or review the presentation.

**Reading**

> **SYNTHÈSE**
> The **Synthèse** reading is available on the Supersite for at-home review.

**Reading**
**Audio: Synced Reading**
**Interactive Map**

> **CULTURE and LITTÉRATURE**
> Listen along with the Audio-Synced Reading for additional practice listening to French speakers and reinforcing the pronunciation of written French.

**Audio: Vocabulary**
**Flashcards**
**My Vocabulary**

> **VOCABULAIRE**
> Just what you need to get ready for the test! Review the vocabulary with audio and Flashcards.

\* Students must use a computer for audio recording and select presentations and tools that require Flash or Shockwave.

# Icons

Familiarize yourself with these icons that appear throughout **D'ACCORD!**

### Activity Online
The mouse icon indicates when an activity is also available on the Supersite.

### Pair/Group Activities
Two faces indicate a pair activity, and three indicate a group activity.

### Partner Chat/Virtual Chat Activities
Pair and mouse icons together indicate that the activity may be assigned as a Partner Chat or Virtual Chat video or audio activity on the Supersite.

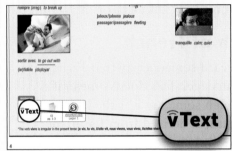

### Supersite
Additional practice on the Supersite, not included in the textbook, is indicated with this icon.

### vText
Material is also available in the interactive online textbook.

# Resources

**Ressources** boxes let you know exactly which print and technology ancillaries you can use to reinforce and expand on every section of the lessons in your textbook. They even include page numbers when applicable.

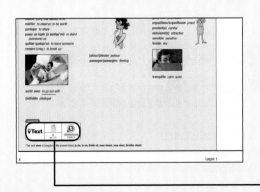

### vText
Materials also available in the interactive online textbook

### Cahier de l'élève
All-in-one workbook with additional vocabulary and grammar practice; audio activities; and integrated writing activities

CE
pp. 1–3

### Supersite
Additional practice on the Supersite, not included in the textbook

vhlcentral.com
Leçon 1

# The French-speaking World

Do you know someone who speaks French? Chances are you do! French is the fourth most commonly spoken language in the U.S., after English, Spanish, and Mandarin, and is the second most common language in some states. More than 1 million Americans speak French at home. It is the official language of more than twenty-five countries and an official language of the European Union and United Nations. English and French are the only two languages that are spoken on every continent of the world.

### The French-speaking World

**Speakers of French**
**(approx. 200 million worldwide)**

- America and the Caribbean   7%
- Asia and Oceania   1%
- Europe   42%
- North Africa and the Middle-East   11%
- Sub-Saharan Africa and the Indian Ocean   39%

Source: Organisation internationale de la Francophonie

## The Growth of French

Have you ever heard someone say that French is a Romance language? This doesn't mean it's romantic—although some say it is the language of love!—but that it is derived from Latin, the language of the Romans. Gaul, a country largely made up of what is now France and Belgium, was absorbed into the Roman Empire after the Romans invaded Gaul in 58 B.C. Most Gauls began speaking Latin. In the third century, Germanic tribes including the Franks invaded the Roman territories of Western Europe. Their language also influenced the Gauls. As the Roman empire collapsed in the fifth century, people in outlying regions and frontiers were cut off from Rome. The Latin spoken by each group was modified more and more over time. Eventually, the language that was spoken in Paris became the standard for modern-day French.

## French in the United States

**1500**     **1600**     **1700**

**1534**
Jacques Cartier claims territories for France as he explores the St. Lawrence river, and the French establish fur-trading posts.

**1600s**
French exploration continues in the Great Lakes and the Mississippi Valley. La Salle takes the colony of Louisiana for France in 1682.

**1685–1755**
The Huguenots (French Protestants) form communities in America. French Acadians leave Nova Scotia and settle in northern New England and Louisiana.

# French in the United States

French came to North America in the 16th and 17th centuries when French explorers and fur traders traveled through what is now America's heartland. French-speaking communities grew rapidly when the French Acadians were forced out of their Canadian settlement in 1755 and settled in New England and Louisiana. Then, in 1803, France sold the Louisiana territory to the United States for 80 million francs, or about 15 million dollars. Overnight, thousands of French people became citizens of the United States, bringing with them their rich history, language, and traditions.

This heritage, combined with that of the other French populations that have immigrated to the United States over the years, as well as U.S. relations with France in World Wars I and II, has led to the remarkable growth of French around the country. After English and Spanish, it is the third most commonly spoken language in the nation. Louisiana, Maine, New Hampshire, and Vermont claim French as the second most commonly spoken language after English.

You've made a popular choice by choosing to take French in school; it is the second most commonly taught foreign language in classrooms throughout the country! Have you heard people speaking French in your community? Chances are that you've come across an advertisement, menu, or magazine that is in French. If you look around, you'll find that French can be found in some pretty common places. Depending on where you live, you may see French on grocery items such as juice cartons and cereal boxes. In some large cities, you can see French language television broadcasts on stations such as TV5Monde. When you listen to the radio or download music from the Internet, some of the most popular choices are French artists who perform in French. In fact, French music sales to the United States have more than doubled since 2004. French and English are the only two official languages of the Olympic Games. More than 20,000 words in the English language are of French origin. Learning French can create opportunities within your everyday life.

---

## 1800     1900     2000

**1803**
The United States purchases Louisiana, where Cajun French is widely spoken.

**1980s**
Nearly all high schools, colleges, and universities in the United States offer courses in French as a foreign language. It is the second most commonly studied language.

**2009**
French is the fourth most commonly spoken language in the U.S., with 1.3 million speakers.

# Why Study French?

## Connect with the World

Learning French can change how you view the world. While you learn French, you will also explore and learn about the origins, customs, art, music, and literature of people all around the world. When you travel to a French-speaking country, you'll be able to converse freely with the people you meet. And whether here in the U.S. or abroad, you'll find that speaking to people in their native language is the best way to bridge any culture gap.

## Learn an International Language

There are many reasons for learning French, a language that has spread to many parts of the world and has along the way embraced words and sounds of languages as diverse as Latin, Arabic, German, and Celtic. The French language, standardized and preserved by the **Académie française** since 1634, is now among the most commonly spoken languages in the world. It is the second language of choice among people who study languages other than English in North America.

## Understand the World Around You

Knowing French can also open doors to communities within the United States, and it can broaden your understanding of the nation's history and geography. The very names Delaware, Oregon, and Vermont are French in origin. Just knowing their meanings can give you some insight into, of all things, the history and landscapes for which the states are known. Oregon is derived from a word that means "hurricane," which tells you about the windiness of the Columbia River; and Vermont

| City Name | Meaning in French |
|---|---|
| Bel Air, California | "good air" |
| Boise, Idaho | "wooded" |
| Des Moines, Iowa | "river of the monks" |
| Montclair, New Jersey | "clear mountain" |

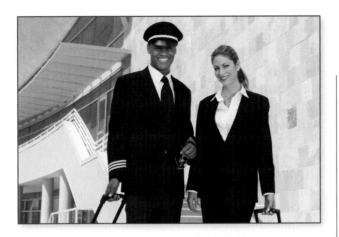

comes from a phrase meaning "green mountain," which is why its official nickname is The Green Mountain State. You've already been speaking French whenever you talk about these states!

## Explore Your Future

How many of you are already planning your future careers? Employers in today's global economy look for workers who know different languages and understand other cultures. Your knowledge of French will make you a valuable candidate for careers abroad as well as in the United States. Doctors, nurses, social workers, hotel managers, journalists, businesspeople, pilots, flight attendants, and many other kinds of professionals need to know French or another foreign language to do their jobs well.

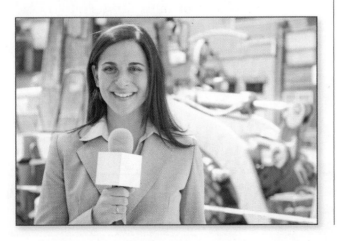

## Expand Your Skills

Studying a foreign language can improve your ability to analyze and interpret information and help you succeed in many other subject areas. When you begin learning French, much of your studies will focus on reading, writing, grammar, listening, and speaking skills. You'll be amazed at how the skills involved with learning how a language works can help you succeed in other areas of study. Many people who study a foreign language claim that they gained a better understanding of English and the structures it uses. French can even help you understand the origins of many English words and expand your own vocabulary in English. Knowing French can also help you pick up other related languages, such as Portuguese, Spanish, and Italian. French can really open doors for learning many other skills in your school career.

# How to Learn French

## Start with the Basics!

As with anything you want to learn, start with the basics and remember that learning takes time!

**Vocabulary** Every new word you learn in French will expand your vocabulary and ability to communicate. The more words you know, the better you can express yourself. Focus on sounds and think about ways to remember words. Use your knowledge of English and other languages to figure out the meaning of and memorize words like **téléphone**, **l'orchestre**, and **mystérieux.**

**Grammar** Grammar helps you put your new vocabulary together. By learning the rules of grammar, you can use new words correctly and speak in complete sentences. As you learn verbs and tenses, you will be able to speak about the past, present, or future; express yourself with clarity; and be able to persuade others with your opinions. Pay attention to structures and use your knowledge of English grammar to make connections with French grammar.

**Culture** Culture provides you with a framework for what you may say or do. As you learn about the culture of French-speaking communities, you'll improve your knowledge of French. Think about a word like **cuisine** and how it relates to a type of food as well as the kitchen itself. Think about and explore customs observed at **le Réveillon de la Saint-Sylvestre** (New Year's Eve) or **le Carnaval** (or **Mardi Gras**, "fat Tuesday") and how they are similar to celebrations you are familiar with. Observe customs. Watch people greet each other or say good-bye. Listen for sayings that capture the spirit of what you want to communicate!

# Listen, Speak, Read, and Write

**Listening** Listen for sounds and for words you can recognize. Listen for inflections and watch for key words that signal a question such as **comment** (how), **où** (where), or **qui** (who). Get used to the sound of French. Play French pop songs or watch French movies. Borrow books on CD from your local library, or try to attend a meeting with a French language group in your community. Download a podcast in French or watch a French newscast online. Don't worry if you don't understand every single word. If you focus on key words and phrases, you'll get the main idea. The more you listen, the more you'll understand!

**Speaking** Practice speaking French as often as you can. As you talk, work on your pronunciation, and read aloud texts so that words and sentences flow more easily. Don't worry if you don't sound like a native speaker, or if you make some mistakes. Time and practice will help you get there. Participate actively in French class. Try to speak French with classmates, especially native speakers (if you know any), as often as you can.

**Reading** Pick up a French-language newspaper or a magazine on your way to school, read the lyrics of a song as you listen to it, or read books you've already read in English translated into French. Use reading strategies that you know to understand the meaning of a text that looks unfamiliar. Look for cognates, or words that are related in English and French, to guess the meaning of some words. Read as often as you can, and remember to read for fun!

**Writing** It's easy to write in French if you put your mind to it. Memorize the basic rules of how letters and sounds are related, practice the use of diacritical marks, and soon you can probably become an expert speller in French! Write for fun—make up poems or songs, write e-mails or instant messages to friends, or start a journal or blog in French.

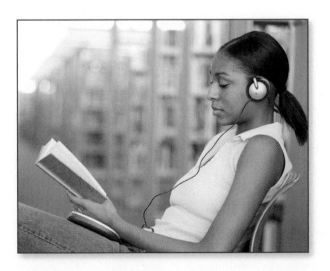

# Tips for Learning French

- **Listen** to French radio shows, often available online. Write down words you can't recognize or don't know and look up the meaning.

- **Watch** French TV shows or movies. Read subtitles to help you grasp the content.

- **Read** French-language newspapers, magazines, Websites, or blogs.

- **Listen** to French songs that you like—anything from a best-selling pop song by Shy'm to an old French ballad by Edith Piaf. Sing along and concentrate on your pronunciation.

- **Seek** out French speakers. Look for neighborhoods, markets, or cultural centers where French might be spoken in your community. Greet people, ask for directions, or order from a menu at a French restaurant in French.

- **Pursue** language exchange opportunities in your school or community. Try to join language clubs or cultural societies, and explore opportunities for studying abroad or hosting a student from a French-speaking country in your home or school.

### Practice, practice, practice!

Seize every opportunity you find to listen, speak, read, or write French. Think of it like a sport or learning a musical instrument— the more you practice, the more you will become comfortable with the language and how it works. You'll marvel at how quickly you can begin speaking French and how the world that it transports you to can change your life forever!

- **Connect** your learning to everyday experiences. Think about naming the ingredients of your favorite dish in French. Think about the origins of French place names in the U.S., like Baton Rouge and Fond du Lac, or of common English words and phrases like **café, en route, fiancé, matinée, papier mâché, petite,** and **souvenir.**

- **Use** mnemonics, or a memorizing device, to help you remember words. Make up a saying in English to remember the order of the days of the week in French (L, M, M, J, V, S, D).

- **Visualize** words. Try to associate words with images to help you remember meanings. For example, think of a **pâté** or **terrine** as you learn the names of different types of meats and vegetables. Imagine a national park and create mental pictures of the landscape as you learn names of animals, plants, and habitats.

- **Enjoy** yourself! Try to have as much fun as you can learning French. Take your knowledge beyond the classroom and find ways to make your learning experience your very own.

# THEMATIC VOCABULARY

## Bonjour et au revoir

**Bonjour.** *Good morning.; Hello.*
**Bonsoir.** *Good evening.; Hello.*
**Salut!** *Hi!; Bye!*

---

**À bientôt.** *See you soon.*
**À demain.** *See you tomorrow.*
**À plus tard.** *See you later.*
**Au revoir.** *Good-bye.*
**Bonne journée!** *Have a good day!*

---

**Ça va?** *What's up?; How are things?*
**Comment allez-vous? (form.)** *How are you?*
**Comment vas-tu? (fam.)** *How are you?*
**Comme ci, comme ça.** *So-so.*
**Je vais bien/mal.** *I am doing well/ badly.*

---

**De rien.** *You're welcome.*
**Excusez-moi. (form.)** *Excuse me.*
**Excuse-moi. (fam.)** *Excuse me.*
**Merci beaucoup.** *Thank you very much.*

## Les présentations

**Comment vous appelez-vous? (form.)** *What is your name?*
**Comment t'appelles-tu? (fam.)** *What is your name?*
**Je m'appelle…** *My name is…*
**Je vous/te présente… (form./ fam.)** *I would like to introduce (name) to you.*

## À l'école

**assister** *to attend*
**écouter** *to listen (to)*
**enseigner** *to teach*
**étudier** *to study*
**passer un examen** *to take an exam*

---

**l'art (m.)** *art*
**la biologie** *biology*
**le droit** *law*
**la gestion** *business administration*
**l'histoire (f.)** *history*
**l'informatique (f.)** *computer science*
**les langues (étrangères) (f.)** *(foreign) languages*

**les mathématiques (maths) (f.)** *mathematics*

---

**une bourse** *scholarship, grant*
**un cours** *class, course*
**un devoir** *homework*
**l'école (f.)** *school*
**une note** *grade*

---

**un(e) ami(e)** *friend*
**un(e) camarade de chambre** *roommate*
**un(e) camarade de classe** *classmate*
**un(e) étudiant(e)** *student*
**une fille** *girl*
**un garçon** *boy*
**un professeur** *teacher, professor*

---

**un bureau** *desk; office*
**une chaise** *chair*
**un ordinateur** *computer*
**une table** *table*
**un tableau** *blackboard; picture*

---

**un cahier** *notebook*
**une chose** *thing*
**un crayon** *pencil*
**une feuille (de papier)** *sheet of paper*
**un sac à dos** *backpack*
**un stylo** *pen*

## La famille

**un beau-frère** *brother-in-law*
**un beau-père** *father-in-law; stepfather*
**une belle-mère** *mother-in-law; stepmother*
**une belle-sœur** *sister-in-law*
**un(e) cousin(e)** *cousin*
**un demi-frère** *half-brother; stepbrother*
**une demi-sœur** *half-sister; stepsister*
**les enfants (m., f.)** *children*
**un époux/une épouse** *spouse*
**une femme** *wife; woman*
**une fille** *daughter; girl*
**un fils** *son*
**un frère** *brother*
**une grand-mère** *grandmother*
**un grand-père** *grandfather*
**les grands-parents (m.)** *grandparents*

**un mari** *husband*
**une mère** *mother*
**un neveu** *nephew*
**une nièce** *niece*
**un oncle** *uncle*
**les parents (m.)** *parents*
**un père** *father*
**une petite-fille** *granddaughter*
**un petit-fils** *grandson*
**les petits-enfants (m.)** *grandchildren*
**une sœur** *sister*
**une tante** *aunt*

## Les personnes

**antipathique** *unpleasant*
**beau/belle** *beautiful; handsome*
**bon(ne)** *kind; good*
**blond(e)** *blond*
**brun(e)** *dark (hair)*
**châtain** *brown (hair)*
**drôle** *funny*
**fort(e)** *strong*
**gentil(le)** *nice*
**grand(e)** *big; tall*
**gros(se)** *fat*
**jeune** *young*
**joli(e)** *pretty*
**laid(e)** *ugly*
**mauvais(e)** *bad*
**méchant(e)** *mean*
**modeste** *modest, humble*
**petit(e)** *small, short (stature)*
**roux/rousse** *red-haired*
**vieux/vieille** *old*

## Professions et occupations

**un(e) architecte** *architect*
**un(e) artiste** *artist*
**un(e) athlète** *athlete*
**un(e) avocat(e)** *lawyer*
**un coiffeur/une coiffeuse** *hairdresser*
**un(e) dentiste** *dentist*
**un homme/une femme d'affaires** *businessman/woman*
**un ingénieur** *engineer*
**un(e) journaliste** *journalist*
**un médecin** *doctor*
**un(e) musicien(ne)** *musician*

# THEMATIC VOCABULARY

## Dans la ville

**un centre commercial** *shopping center, mall*
**un cinéma (ciné)** *movie theater, movies*
**une église** *church*
**une épicerie** *grocery store*
**un grand magasin** *department store*
**un magasin** *store*
**un marché** *market*
**un musée** *museum*
**un parc** *park*
**une piscine** *pool*
**une place** *square; place*
**un restaurant** *restaurant*
**une banlieue** *suburbs*
**un centre-ville** *city/town center, downtown*

## À table

**avoir faim** *to be hungry*
**avoir soif** *to be thirsty*
**manger quelque chose** *to eat something*
___
**une baguette** *baguette (long, thin loaf of bread)*
**le beurre** *butter*
**un croissant** *croissant (flaky, crescent-shaped roll)*
**un éclair** *éclair (pastry filled with cream)*
**des frites (f.)** *French fries*
**un fromage** *cheese*
**le jambon** *ham*
**un pain (de campagne)** *(country-style) bread*
**un sandwich** *sandwich*
**une soupe** *soup*
**une boisson (gazeuse)** *(soft) (carbonated) drink/beverage*
**un café** *coffee*
**une eau (minérale)** *(mineral) water*
**un jus (d'orange, de pomme, etc.)** *(orange, apple, etc.) juice*
**le lait** *milk*
**un thé (glacé)** *(iced) tea*

## Activités sportives et loisirs

**acheter** *to buy*
**aller à la pêche** *to go fishing*
**chanter** *to sing*
**courir** *to run*
**danser** *to dance*
**dormir** *to sleep*
**jouer (à/de)** *to play*
**marcher** *to walk (person); to work (thing)*
**nager** *to swim*
**passer chez quelqu'un** *to stop by someone's house*
**patiner** *to skate*
**pratiquer** *to play regularly; to practice*
**skier** *to ski*
___
**le baseball** *baseball*
**le basket(-ball)** *basketball*
**les cartes (f.)** *cards*
**le cinéma** *movies*
**les échecs (m.)** *chess*
**le foot(ball)** *soccer*
**le football américain** *American football*
**le golf** *golf*
**un jeu** *game*
**un joueur/une joueuse** *player*
**un match** *game*
**un passe-temps** *pastime, hobby*
**le sport** *sport*
**un stade** *stadium*
**le temps libre** *free time*
**le tennis** *tennis*
**le volley(-ball)** *volleyball*

## Les vêtements

**aller avec** *to go with*
**porter** *to wear*
**vendre** *to sell*
___
**un blouson** *jacket*
**une ceinture** *belt*
**un chapeau** *hat*
**une chaussette** *sock*
**une chaussure** *shoe*
**une chemise (à manches courtes/longues)** *shirt (short-/long-sleeved)*
**un chemisier** *blouse*
**un costume** *(man's) suit*

**une cravate** *tie*
**un gant** *glove*
**un jean** *jeans*
**une jupe** *skirt*
**un maillot de bain** *swimsuit, bathing suit*
**un manteau** *coat*
**un pantalon** *pants*
**un pull** *sweater*
**une robe** *dress*
**un short** *shorts*
**un sous-vêtement** *underwear*
**un tee-shirt** *tee shirt*
___
**des soldes (m.)** *sales*
**un vendeur/une vendeuse** *salesman/saleswoman*
___
**bon marché** *inexpensive*
**cher/chère** *expensive*
**large** *loose; big*
**serré(e)** *tight*

## Les fêtes

**faire la fête** *to party*
**faire une surprise (à quelqu'un)** *to surprise (someone)*
**fêter** *to celebrate*
**organiser une fête** *to organize a party*
___
**une bière** *beer*
**un biscuit** *cookie*
**le champagne** *champagne*
**un dessert** *dessert*
**un gâteau** *cake*
**la glace** *ice cream*
**le vin** *wine*
___
**un cadeau** *gift*
**une fête** *party; celebration*
**un hôte/une hôtesse** *host(ess)*
**un(e) invité(e)** *guest*
**un jour férié** *holiday*

## Partir en voyage

**arriver** *to arrive*
**partir** *to leave*
**rester** *to stay*
**retourner** *to return*
___
**un aéroport** *airport*

une arrivée *arrival*
un avion *plane*
un billet aller-retour *round-trip ticket*
un billet (d'avion, de train) *(plane, train) ticket*
un départ *departure*
une douane *customs*
une gare (routière) *train station (bus terminal)*
une station (de métro) *(subway) station*
un vol *flight*
―――――――
une agence de voyages *travel agency*
un agent de voyages *travel agent*
un(e) client(e) *client; guest*
un hôtel *hotel*
un lit *bed*
un passager/une passagère *passenger*
un passeport *passport*
la réception *reception desk*

## Les vacances

bronzer *to tan*
faire du shopping *to go shopping*
faire les valises *to pack one's bags*
faire un séjour *to spend time (somewhere)*
partir en vacances *to go on vacation*
prendre un train (un avion, un taxi, un (auto)bus, un bateau) *to take a train (plane, taxi, bus, boat)*
rouler en voiture *to ride in a car*
utiliser un plan *to use/read a map*
―――――――
la mer *sea*
une plage *beach*

## Chez soi

un appartement *apartment*
un logement *housing*
un loyer *rent*
un quartier *area, neighborhood*
―――――――
une armoire *armoire, wardrobe*
un canapé *couch*
une commode *dresser, chest of drawers*
un évier *kitchen sink*

un fauteuil *armchair*
un lavabo *bathroom sink*
un meuble *piece of furniture*
un placard *closet, cupboard*
―――――――
une chambre *bedroom*
un couloir *hallway*
une cuisine *kitchen*
un garage *garage*
un jardin *garden; yard*
une salle à manger *dining room*
une salle de bains *bathroom*
une salle de séjour *living/family room*
un salon *formal living/sitting room*
un sous-sol *basement*

## Les tâches ménagères

balayer *to sweep*
débarrasser la table *to clear the table*
faire la lessive *to do the laundry*
faire le lit *to make the bed*
faire le ménage *to do the housework*
faire la vaisselle *to do the dishes*
mettre la table *to set the table*
passer l'aspirateur *to vacuum*
repasser (le linge) *to iron (the laundry)*
sortir la/les poubelle(s) *to take out the trash*

## Les repas

commander *to order*
cuisiner *to cook*
―――――――
un déjeuner *lunch*
un dîner *dinner*
un goûter *afternoon snack*
un petit-déjeuner *breakfast*

## Les fruits

une banane *banana*
une fraise *strawberry*
une orange *orange*
une poire *pear*
une pomme *apple*

## Les légumes

l'ail (*m.*) *garlic*
une carotte *carrot*
un champignon *mushroom*
des haricots verts (*m.*) *green beans*
une laitue *lettuce*
un oignon *onion*
des petits pois (*m.*) *peas*
un poivron (vert, rouge) *(green, red) pepper*
une pomme de terre *potato*

## Les viandes et les poissons

le bœuf *beef*
un escargot *escargot, snail*
les fruits de mer (*m.*) *seafood*
un pâté (de campagne) *pâté, meat spread*
le porc *pork*
un poulet *chicken*
une saucisse *sausage*
le thon *tuna*
la viande *meat*

## Autres aliments

la confiture *jam*
la crème *cream*
l'huile (d'olive) (*f.*) *(olive) oil*
la mayonnaise *mayonnaise*
des pâtes (*f.*) *pasta*
le riz *rice*
un yaourt *yogurt*

## La routine

se brosser les dents *to brush one's teeth*
se coucher *to go to bed*
s'habiller *to get dressed*
se laver (les mains) *to wash oneself (one's hands)*
se lever *to get up, to get out of bed*
prendre une douche *to take a shower*
se raser *to shave oneself*
se réveiller *to wake up*
se sécher *to dry oneself*

## La santé

**aller aux urgences/à la pharmacie** *to go to the emergency room/to the pharmacy*
**éternuer** *to sneeze*
**faire une piqûre** *to give a shot*
**fumer** *to smoke*
**guérir** *to get better*
**se blesser** *to hurt oneself*
**se casser (la jambe/le bras)** *to break one's (leg/arm)*
**se faire mal (à la jambe, au bras...)** *to hurt one's (leg, arm...)*
**se fouler la cheville** *to twist/sprain one's ankle*
**tomber/être malade** *to get/to be sick*
**tousser** *to cough*

**une allergie** *allergy*
**une blessure** *injury, wound*
**une douleur** *pain*
**une fièvre (avoir de la fièvre)** *(to have) a fever*
**la grippe** *flu*
**un rhume** *cold*
**un symptôme** *symptom*

**un médicament (contre/pour)** *medication (to prevent/for)*
**une ordonnance** *prescription*

**déprimé(e)** *depressed*
**sain(e)** *healthy*

**un(e) dentiste** *dentist*
**un infirmier/une infirmière** *nurse*
**un(e) pharmacien(ne)** *pharmacist*

## Le corps

**la bouche** *mouth*
**un bras** *arm*
**le cœur** *heart*
**le corps** *body*
**le cou** *neck*
**un doigt** *finger*
**un doigt de pied** *toe*
**le dos** *back*
**un genou (genoux *pl.*)** *knee (knees)*
**la gorge** *throat*
**une jambe** *leg*
**le nez** *nose*
**un œil (yeux *pl.*)** *eye (eyes)*
**une oreille** *ear*
**un pied** *foot*
**la poitrine** *chest*
**la tête** *head*
**le ventre** *stomach*

## L'ordinateur

**un CD/compact disc/disque compact** *CD, compact disc*
**un CD-ROM/cédérom (CD-ROM/cédéroms *pl.*)** *CD-ROM(s)*
**un clavier** *keyboard*
**un disque dur** *hard drive*
**un écran** *screen*
**un e-mail** *e-mail*
**un fichier** *file*
**une imprimante** *printer*
**un logiciel** *software, program*
**un site Internet/web** *website*
**une souris** *mouse*

**démarrer** *to start up*
**graver** *to record, to burn (a CD)*
**imprimer** *to print*
**sauvegarder** *to save*
**surfer sur Internet** *to surf the Internet*
**télécharger** *to download*

## L'électronique

**un appareil photo (numérique)** *(digital) camera*
**un baladeur CD** *personal CD player*
**une chaîne stéréo** *stereo system*
**un lecteur (de) CD/DVD** *CD/DVD player*
**un portable** *cell phone*
**un poste de télévision** *television set*

**allumer** *to turn on*
**effacer** *to erase*
**éteindre** *to turn off; to shut off*
**fonctionner/marcher** *to work, to function*
**sonner** *to ring*

## La voiture

**arrêter (de faire quelque chose)** *to stop (doing something)*
**attacher sa ceinture de sécurité (f.)** *to buckle/to fasten one's seatbelt*
**avoir un accident** *to have/to be in an accident*
**faire le plein** *to fill the tank*
**freiner** *to brake*
**se garer** *to park*
**rentrer (dans)** *to hit*
**réparer** *to repair*
**tomber en panne** *to break down*

**un capot** *hood*
**un coffre** *trunk*
**l'embrayage (*m.*)** *clutch*
**l'essence (*f.*)** *gas*
**un essuie-glace (essuie-glaces *pl.*)** *windshield wiper(s)*
**les freins (*m., pl.*)** *brakes*
**l'huile (*f.*)** *oil*
**un moteur** *engine*
**un pare-brise (pare-brise *pl.*)** *windshield*
**une portière** *car door*
**un réservoir d'essence** *gas tank*
**un volant** *steering wheel*

**un agent de police/un(e) policier/policière** *police officer*
**une amende** *fine*
**une autoroute** *highway*
**la circulation** *traffic*
**un(e) mécanicien(ne)** *mechanic*
**un permis de conduire** *driver's license*
**une rue** *street*

## En ville

**faire la queue** *to wait in line*

**une banque** *bank*
**une bijouterie** *jewelry store*
**une boutique** *boutique, store*
**une brasserie** *café, restaurant*
**un bureau de poste** *post office*
**une laverie** *laundromat*
**un salon de beauté** *beauty salon*
**un commissariat de police** *police station*

**poster une lettre** *to mail a letter*

**une boîte aux lettres** *mailbox*
**une carte postale** *postcard*
**un colis** *package*
**un timbre** *stamp*

**avoir un compte bancaire** *to have a bank account*
**retirer de l'argent** *to withdraw money*

---

**les billets (m.)** *bills, notes*
**un compte-chèques** *checking account*
**un compte d'épargne** *savings account*
**un distributeur (automatique/de billets)** *ATM*

---

**suivre** *to follow*
**tourner** *to turn*
**traverser** *to cross*

---

**un bâtiment** *building*
**un carrefour** *intersection*
**un chemin** *way; path*
**un coin** *corner*
**des indications (f.)** *directions*
**un feu de signalisation (feux pl.)** *traffic light(s)*
**un pont** *bridge*

---

**(tout) près (de)** *(very) close (to)*
**tout droit** *straight ahead*

## Au travail

**gagner** *to earn; to win*

---

**un(e) employé(e)** *employee*
**un(e) patron(ne)** *manager; boss*
**une augmentation (de salaire)** *raise (in salary)*

---

**passer un entretien** *to have an interview*
**postuler** *to apply*

---

**un(e) candidat(e)** *candidate, applicant*
**une compagnie** *company*
**un curriculum vitæ (un CV)** *résumé*
**un métier** *profession*
**un poste** *position*

---

**un agent immobilier** *real estate agent*
**un chauffeur de taxi/de camion** *taxi/truck driver*
**un(e) comptable** *accountant*
**un conseiller/une conseillère** *consultant; advisor*

**un cuisinier/une cuisinière** *cook, chef*
**un(e) électricien(ne)** *electrician*
**un homme/une femme politique** *politician*
**un ouvrier/une ouvrière** *worker, laborer*
**un plombier** *plumber*
**un pompier/une femme pompier** *firefighter*
**un(e) psychologue** *psychologist*
**un(e) vétérinaire** *veterinarian*

## La nature

**un arbre** *tree*
**le ciel** *sky*
**un désert** *desert*
**une étoile** *star*
**une falaise** *cliff*
**l'herbe (f.)** *grass*
**une île** *island*
**un lac** *lake*
**la Lune** *moon*
**une pierre** *stone*
**une rivière** *river*
**une vallée** *valley*
**un volcan** *volcano*

## L'écologie

**améliorer** *to improve*
**polluer** *to pollute*
**préserver** *to preserve*
**recycler** *to recycle*
**sauver la planète** *to save the planet*

---

**le déboisement** *deforestation*
**l'effet de serre (m.)** *greenhouse effect*
**l'énergie nucléaire (f.)** *nuclear energy*
**l'énergie solaire (f.)** *solar energy*
**l'environnement (m.)** *environment*
**l'extinction (f.)** *extinction*
**le réchauffement climatique** *global warming*
**la surpopulation** *overpopulation*
**une usine** *factory*

## Le cinéma et la télévision

**un dessin animé** *cartoon*
**un documentaire** *documentary*
**un feuilleton** *soap opera*
**un film (d'aventures, d'horreur, policier, de science-fiction)** *(adventure, horror, crime, science fiction) film*
**un jeu télévisé** *game show*
**la météo** *weather forecast*

## Les arts

**les beaux-arts (m.)** *fine arts*
**un conte** *tale*
**une critique** *review; criticism*
**une danse** *dance*
**une exposition** *exhibit*
**un festival (festivals pl.)** *festival*
**une œuvre** *artwork, piece of art*
**un opéra** *opera*
**une peinture** *painting*
**une pièce de théâtre** *play*
**un poème** *poem*
**un roman** *novel*
**une sculpture** *sculpture*
**un tableau** *painting*

---

**applaudir** *to applaud*
**faire de la musique** *to play music*
**faire de la peinture** *to paint*
**jouer un rôle** *to play a role*

---

**un compositeur** *composer*
**un danseur/une danseuse** *dancer*
**un dramaturge** *playwright*
**un écrivain/une femme écrivain** *writer*
**un metteur en scène** *director (of a play, a show)*
**un orchestre** *orchestra*
**un peintre/une femme peintre** *painter*
**un personnage (principal)** *(main) character*
**un poète/une poétesse** *poet*
**un réalisateur/une réalisatrice** *director (of a movie)*
**un sculpteur/une femme sculpteur** *sculptor*

# ACKNOWLEDGMENTS

On behalf of its authors and editors, Vista Higher Learning expresses its sincere appreciation to the many educators nationwide who reviewed materials from **D'ACCORD!**. Their input and suggestions were vitally helpful in forming and shaping the program in its final, published form.

We also extend a special thank you to Séverine Champeny, development editor, whose hard work was central to bringing **D'ACCORD!** to fruition.

We are especially grateful to our Senior National Language Consultant, Norah Jones, for her continued support and feedback regarding all aspects of the text.

## Reviewers

Campbell Ainsworth
The White Mountain School
Bethlehem, NH

Nancy Aykanian
Westwood High School
Westwood, MA

Maureen Mahany Berger
Moses Brown School
Providence, RI

Joyce Besserer
Brookfield Academy
Brookfield, WI

Liette Brisebois
New Trier High School
Winnetka, IL

Susan Brown
Gaston Day School
Gastonia, NC

Felice Carr
Kingswood Regional High School
Wolfeboro, NH

Allégra Clément-Bayard
John Burroughs School
St. Louis, MO

Ann Clogan
Strake Jesuit College Preparatory
Houston, TX

Wynne M. Curry
The Seven Hills School
Cincinnati, OH

Dr. Sherry Denney
Truman Middle School
St. Louis, MO

Gissele Drpich
Burlington High School
Burlington, VT

Pamela S. Dykes
Notre Dame de Sion High School
Kansas City, MO

Dagmar Ebaugh
Woodward Academy
College Park, GA

Lou Ann Erikson
Deerfield High School
Deerfield, IL

Morganne C. Freeborn
New Hampton School
New Hampton, NH

Kim Frisinger
West Ottawa High School
Hollana, MI

Julie Frye
Lexington High School
Lexington, OH

Walter Giorgis-Blessent
The Bronx High School of Science
Bronx, NY

Andreea Gorodea
Marion L. Steele High School
Amherst, OH

Holly Hammerle
Bloomfield Hills High School
Bloomfield Hills, MI

Dalila Hannouche
Professional Children's School
New York, NY

Michael Houston
Montclair Kimberley Academy
Montclair, NJ

Luciana Jeler
Academy of the Sacred Heart
Bloomfield Hills, MI

Cathy Kendrigan
Loyola Academy
Wilmette, IL

Emily Kunzeman
Boston Trinity Academy
Boston, MA

Jennifer L. Lange
  Jefferson High School
  Cedar Rapids, IA

Julie LaRocque
  Assumption High School
  Louisville, KY

Sharon Lawrence
  The Knox School
  St. James, NY

Laura Longacre
  Cheshire Academy
  Cheshire, CT

Véronique Lynch
  Parkway South High School
  Manchester, MO

Rachel M. Martin
  Cheney High School
  Cheney, WA

Irene Marxsen
  First Presbyterian Day School
  Macon, GA

Mindy Orrison
  Centennial High School
  Champaign, IL

Margharita Sandillo Reiter
  Ranney School
  Tinton Falls, NJ

Rebecca Richardson
  Sage Hill School
  Newport Coast, CA

Caroline M. Ridenour
  Heritage Christian School
  North Hills, CA

Sonya Rotman
  Horace Mann School
  Bronx, NY

Renee Saylor
  Walcott Intermediate School
  Davenport, IA

Laura Schmuck
  Carl Sandburg High School
  Orland Park, IL

Lisa Slyman
  Sperreng Middle School
  St. Louis, MO

Christine Stafford
  Holy Innocents' Episcopal School
  Atlanta, GA

Claudia S. Travers
  Ross School
  East Hampton, NY

Nitya Viswanath
  Amos Alonzo Stagg High School
  Palos Hills, IL

Michelle Webster
  Watertown High School
  Watertown, WI

Abigail Wilder
  Champaign Centennial High School
  Champaign, IL

Jason R. Wyckoff
  Brunswick High School
  Brunswick, OH

Valerie N. Yoshimura
  The Archer School for Girls
  Los Angeles, CA

# Reprise

Une nouvelle année commence! Bienvenue à toutes et à tous! Vous avez déjà appris beaucoup de choses. Nous allons maintenant réviser des contextes, le vocabulaire, les structures et les expressions que vous connaissez déjà en regardant quelques épisodes vidéo inédits qui mettent en scène un groupe de jeunes qui vivent et étudient à Aix-en-Provence. Alors, c'est parti! Découvrons ensemble les aventures de ces jeunes Français et continuons à explorer la langue et la culture française!

Tutorials
Video:
*Roman-photo*

**BLOC-NOTES**

Avant de regarder la vidéo, révisez les verbes irreguliers **être**, **faire**, **aller** et **avoir**, et les adjectifs descriptifs aux pages 20–21 et 56–57 du livre.

**PERSONNAGES**

**Stéphane**

**Rachid**

**Amina**

**Sandrine**

**Valérie**

**Astrid**

**David**

**Michèle**

# Scène 1:
# Stéphane a quelques petits problèmes...

## Préparation

Dans cette scène, Stéphane présente quelques personnes de son entourage et parle de son attitude envers les études. Et vous, qui sont les personnes importantes dans votre vie? Quelle attitude avez-vous envers les études? Répondez aux questions suivantes avec des phrases complètes.

1. Comment sont vos parents (ou d'autres personnes importantes de votre famille)? Qu'est-ce qu'ils font?

2. Comment s'appelle votre meilleur(e) ami(e)? Décrivez-le/la: Comment est-il/elle? Qu'est-ce qu'il/elle aime? Qu'est-ce qu'il/elle n'aime pas? Qu'est-ce que vous faites ensemble?

3. Et vous, comment êtes-vous? Qu'est-ce que vous aimez et n'aimez pas? Aimez-vous les études? Pourquoi ou pourquoi pas?

## Segment vidéo

Regardez la vidéo pour trouver les réponses aux questions suivantes.

1. Qui sont les quatre personnages féminins dont Stéphane parle dans le segment vidéo? Donnez un détail mentionné par Stéphane au sujet de chacune d'elles.

2. Qu'est-ce que Stéphane n'aime pas? Pourquoi? Qu'est-ce qu'il aime?

3. Comment est-ce que la mère de Stéphane décrit son fils?

4. Pourquoi est-ce que cette année est importante pour Stéphane et Astrid? Que font-ils pour se préparer?

5. Pourquoi est-ce qu'Astrid est fâchée contre Stéphane?

## Synthèse

Par petits groupes, parlez de vos familles et de vos cercles d'amis. En quoi sont-ils similaires? Différents? Y a-t-il des choses que vous enviez à vos amis en ce qui concerne leurs relations avec leurs familles et leurs proches? Expliquez. Est-ce que la famille idéale existe, d'après vous? Comment est-elle? Discutez de ces questions en partageant votre expérience personnelle et vos opinions avec la classe.

# Scène 2: À la rencontre des amis de Stéphane

## Préparation

Dans cette scène, Stéphane nous présente quelques autres personnes importantes dans sa vie et il nous explique pourquoi il considère Rachid un peu comme un frère aîné. Répondez aux questions suivantes sur votre vie avec des phrases complètes.

1. Avez-vous des frères ou des sœurs? Comment sont-ils? (Si vous n'en avez pas, aimeriez-vous en avoir? Pourquoi ou pourquoi pas? Comment serait le frère ou la sœur idéal(e) pour vous?)

2. Avez-vous des parents, des amis ou des connaissances qui ne sont pas de nationalité américaine? De quelle(s) origine(s) sont ces personnes? Donnez quelques détails intéressants au sujet d'une de ces personnes.

3. Y a-t-il quelqu'un dans votre entourage (parent, ami, professeur) qui vous encourage tout particulièrement dans vos études? Qui est cette personne? Que fait-elle pour vous encourager? Appréciez-vous toujours les conseils de cette personne?

## Segment vidéo

Regardez la vidéo pour trouver les réponses aux questions suivantes.

1. Comment est Rachid, d'après Stéphane? Comment encourage-t-il Stéphane à se préparer au bac?

2. Comment est-ce qu'Amina décrit Rachid? Et Sandrine?

3. De quelles nationalités sont les deux autres amis de Stéphane, Amina et David?

4. Quelle est la réaction de David quand Amina mentionne Pascal? Pourquoi?

## Synthèse

Travaillez avec un(e) partenaire pour créer et jouer la scène suivante. Imaginez que vous allez avoir l'occasion de passer une année chez une famille francophone. Comment est la famille idéale? Utilisez les questions suivantes pour vous aider dans votre discussion: De quelle nationalité est la famille? Où habite-t-elle? Comment sont les enfants? (Parlez des qualités que vous aimeriez trouver chez vos «frères et sœurs» francophones. Mentionnez aussi quelques défauts que vous n'aimeriez pas!)

**BLOC-NOTES**

Avant de regarder la vidéo, révisez les adjectifs descriptifs aux pages 56–57 du livre.

Note
### CULTURELLE

**Le bac**

Le bac, ou baccalauréat, est l'examen très important pour lequel les élèves français se préparent pendant la terminale, c'est-à-dire la dernière année de lycée. Il est nécessaire d'obtenir le bac si on désire poursuivre des études supérieures. Le bac comporte une série d'épreuves qui testent les connaissances des élèves dans les différentes matières étudiées. Pour réussir au bac, il faut avoir une moyenne de 10/20, mais pour ceux qui ont une moyenne d'au moins 8/20, il est possible de passer des examens oraux supplémentaires pour se rattraper. Les élèves qui échouent au bac doivent répéter leur année de terminale et se représenter à l'examen l'année suivante.

## Scène 3: Les filles et leurs copains

**BLOC-NOTES**

Avant de regarder la vidéo, révisez la formation des questions et les adjectifs descriptifs aux pages 24–25 et 56–57 du livre.

### Préparation

Dans cette scène, Michèle découvre qu'Amina a un ami virtuel. Stéphane, lui, critique Sandrine parce qu'elle est toujours au téléphone. Répondez aux questions suivantes sur la communication et les technologies modernes.

1. Comment communiquez-vous avec vos amis? Aimez-vous les voir en personne et passer du temps avec eux ou bien préférez-vous rester en contact grâce à d'autres modes de communication, tels que le téléphone, les textos ou encore les réseaux sociaux? Est-ce que les moyens de communication que vous utilisez varient en fonction des circonstances? Quels sont les avantages et les inconvénients des différents mode de communication qui sont disponibles de nos jours?

2. Connaissez-vous quelqu'un qui a toujours son ordinateur ou sa tablette près de lui/d'elle ou son portable à la main? Trouvez-vous cela pénible? Pourquoi ou pourquoi pas? Et vous, êtes-vous très dépendant(e) de la technologie moderne? Avez-vous des comptes sur les réseaux sociaux? Si oui, qu'est-ce que vous y faites? Combien de temps passez-vous par jour en ligne? Si non, pourquoi pas? Décrivez l'utilisation que vous faites des technologies modernes pour votre communication dans la vie de tous les jours.

3. Pensez-vous que ce soit une bonne idée de rencontrer des «cyberamis» en ligne? Pourquoi ou pourquoi pas? Et vous, en avez-vous? Expliquez.

### Segment vidéo

Regardez la vidéo pour trouver les réponses aux questions suivantes.

1. Qu'est-ce qu'Amina a besoin de faire au café? Pourquoi?

2. Qui est «cyberhomme»? Qu'est-ce que Michèle veut savoir à son sujet, d'après les questions qu'elle pose à Amina?

3. Quel objet est-ce qu'Amina a toujours près d'elle? Et Sandrine?

4. Pourquoi est-ce que Stéphane trouve Sandrine pénible?

### Synthèse

Par petits groupes, préparez une liste de questions que vous poseriez à un(e) «cyberami(e)» potentiel(le) pour mieux faire sa connaissance en ligne. Variez le style de questions que vous utilisez. Ensuite, choisissez les cinq questions les plus importantes et présentez-les à la classe.

# À vous!

**1**

## On se présente!

Faites connaissance avec un(e) camarade de classe! Présentez-vous à tour de rôle et décrivez votre personnalité et vos activités préférées. Posez des questions à votre partenaire pour obtenir plus de détails.

**2**

## Discussion

Par petits groupes, discutez des questions suivantes: Qu'est-ce qu'un(e) élève ou un(e) étudiant(e) doit faire pour se préparer à un examen important, comme le bac? Quels sont les avantages et les inconvénients d'étudier avec des ami(e)s, comme le font Stéphane et Astrid? Pensez-vous qu'on doit passer tout son temps avec ses livres quand on va passer un examen important ou bien est-il nécessaire de garder du temps pour les loisirs?

# Rédaction

### Présentation d'une personne que j'admire

Dans l'épisode que vous venez de regarder, Stéphane vous a présenté plusieurs personnes de son entourage. Vous allez maintenant présenter et décrire une personne (célèbre ou non) que vous admirez et qui a (ou a eu) une influence importante sur votre vie.

### STRATÉGIE

## Utiliser le remue-méninges pour générer des idées

Il est parfois difficile de commencer à écrire parce qu'on ne sait pas comment générer ou organiser ses idées. Le remue-méninges peut donc être une première étape très utile de l'écriture. Cette technique consiste à réfléchir à son sujet librement et à prendre des notes sur tout ce qui vous vient à l'esprit pendant environ dix minutes. En deuxième étape, relisez et organisez vos notes en une liste avec des catégories logiques. Voici un exemple de catégories dont vous pouvez vous inspirer pour cette activité.

*La personne que j'admire: [nom]*

*Description physique:*
grand
cheveux bruns et courts
yeux noirs
d'origine...

*Description de la personnalité:*
courageux
travailleur
sérieux

*Profession/occupation*
artiste/musicien

Utilisez maintenant votre liste pour décrire la personne que vous avez choisie. Écrivez un paragraphe pour chaque catégorie. Pour la conclusion, expliquez pourquoi vous admirez cette personne en mentionnant son influence sur votre vie.

Tutorials
Video:
*Roman-photo*

**BLOC-NOTES**

Avant de regarder la vidéo, révisez les adverbes aux pages 60–61 du livre.

**PERSONNAGES**

**Astrid**

**Amina**

**Sandrine**

**Rachid**

**David**

**Stéphane**

**Valérie**

# Scène 1: Les activités de loisirs

## Préparation

Dans cette scène, Astrid et les autres jeunes discutent de leurs activités de loisir. Répondez aux questions suivantes avec des phrases complètes.

1. Quand vous vous promenez en ville, que faites-vous? Aimez-vous aller au café pour prendre quelque chose à manger ou à boire avec vos amis ou bien préférez-vous un autre endroit? Expliquez.

2. Qu'aimez-vous faire avec vos amis et votre famille quand vous avez du temps libre? En général, préférez-vous les activités qu'on fait à l'intérieur ou celles qu'on fait dehors? Expliquez en donnant quelques exemples.

3. Quels genres d'endroits est-ce qu'on trouve près de chez vous pour faire du sport, pour s'amuser avec des amis ou pour se détendre? Décrivez ce que vous faites dans ces endroits.

4. Que pensez-vous du sport en tant qu'activité de loisir? Quel(s) sport(s) aimez-vous particulièrement? Décrivez vos habitudes en ce qui concerne les loisirs sportifs.

## Segment vidéo

Regardez la vidéo pour trouver les réponses aux questions suivantes.

1. Que font les quatre jeunes au début du segment vidéo? Où sont-ils? Qu'est-ce que Sandrine et Amina suggèrent? Pourquoi?

2. Rachid et David ont-ils envie d'accompagner les filles? Expliquez.

3. Qu'est-ce qu'Amina aime beaucoup, d'après Astrid? À qui parle-t-elle virtuellement?

4. En général, qu'est-ce qu'on peut faire au parc à Aix quand il fait beau?

5. Qu'est-ce que Sandrine, Rachid et David décident de faire aujourd'hui?

## Synthèse

Avec un(e) partenaire, posez-vous des questions à tour de rôle pour en apprendre plus sur vos activités de loisir. Discutez de celles que vous préférez en donnant des détails. Ensuite, comparez vos préférences avec celles de deux autres paires.

# Scène 2:
# Un petit tête-à-tête entre Sandrine et David

## Préparation

Dans cette scène, Sandrine et David échangent un petit tête-à-tête au parc pendant lequel ils parlent de leurs activités préférées. Répondez aux questions suivantes avec des phrases complètes.

1. Quels sont les sports qui sont les plus populaires aux États-Unis? Les aimez-vous? Les pratiquez-vous? Les regardez-vous (au stade ou à la télévision)? Donnez des détails.

2. Aimez-vous faire des activités culturelles avec vos amis ou votre famille? Lesquelles? À quelle fréquence?

3. Quelles autres activités de loisir aimez-vous? Pratiquez-vous régulièrement une activité artistique, comme le chant, le dessin, la musique ou la danse? Expliquez.

## Segment vidéo

Regardez la vidéo pour trouver les réponses aux questions suivantes.

1. Quels sont les trois sports que David mentionne? Lequel est-ce qu'on aime surtout regarder aux États-Unis?

2. Est-ce que David fait souvent du sport? Pourquoi ou pourquoi pas?

3. Et Sandrine, qu'est-ce qu'elle fait avec ses amis?

4. Qu'est-ce que David demande à Sandrine à la fin du segment vidéo?

 ## Synthèse

Par petits groupes, discutez de personnes (célèbres ou non) que vous admirez en raison de leurs talents particuliers dans la pratique d'activités sportives, culturelles, artistiques ou manuelles.

---

**BLOC-NOTES**

Avant de regarder la vidéo, révisez les adverbes aux pages 60–61 du livre.

---

Note
**CULTURELLE**

**Les activités de loisir en France**

En moyenne, les Français disent pratiquer une dizaine d'activités de loisir de façon assez régulière. Les activités mentionnées le plus fréquemment sont les suivantes: Pour ce qui concerne les loisirs dits culturels, on aime le cinéma, la musique, la lecture, la télévision, les musées et les spectacles. Les activités sportives préférées sont la marche à pied/la randonnée, le vélo, le jogging et la natation. Pour ce qui est du domaine artistique, on apprécie la photographie, la pratique musicale, le chant et la peinture/le dessin. Enfin, les loisirs dits manuels, regroupent notamment la cuisine, le jardinage et le bricolage.

---

# Scène 3: Une petite blague pour l'anniversaire de Stéphane

**BLOC-NOTES**

Avant de regarder la vidéo, révisez les adverbes et le passé composé aux pages 60–61, 88–89 et 92–93 du livre.

## Préparation

Dans cette scène, Astrid raconte une petite blague qu'elle et ses amis ont faite à Stéphane le jour de son anniversaire. Et vous, que pensez-vous des blagues? Répondez aux questions suivantes.

1. Avez-vous déjà été victime d'une petite blague? À quelle occasion? Qui vous a fait cette blague? Pourquoi? L'avez-vous trouvée drôle ou pas? Racontez cette expérience.

2. Et vous, avez-vous déjà fait une petite blague à un(e) ami(e) ou un parent? À qui? Pourquoi? Racontez ce que vous avez fait en donnant des détails, puis décrivez la réaction de la personne à qui vous avez fait la blague.

3. Pouvez-vous essayer de deviner quel genre de blague Astrid et ses amis vont faire à Stéphane à l'occasion de son anniversaire? Donnez plusieurs possibilités qui vous paraissent réalistes. (Souvenez-vous que Stéphane adore le sport mais qu'il n'aime pas l'école.)

## Segment vidéo

Regardez la vidéo pour trouver les réponses aux questions suivantes.

1. En dehors de la chanson, quelles sont les deux autres passions de Sandrine?

2. Qu'est-ce que Sandrine prépare aujourd'hui?

3. Quels sont les trois cadeaux que les amis de Stéphane ont choisis pour lui? Comment Stéphane réagit-il? A-t-il l'air content? Expliquez.

4. À la fin, comment Astrid explique-t-elle le choix des cadeaux?

## Synthèse

Imaginez que vous aussi, vous vouliez faire une petite blague à un(e) ami(e) à l'occasion de son anniversaire. Cette personne adore les loisirs culturels et artistiques mais n'aime pas du tout le sport ni les loisirs manuels. Quelle petite blague pourriez-vous faire à cet(te) ami(e)? Discutez-en par petits groupes et présentez vos meilleures idées à la classe.

# À vous!

**1**

### Qu'est-ce qu'on fait ce week-end?

Vous avez décidé de sortir avec des amis ce week-end mais personne n'est d'accord sur le type d'activité. Certains préfèrent aller se promener en ville; d'autres veulent faire du sport; d'autres encore ont envie de faire une activité culturelle ou artistique. Jouez la scène par petits groupes.

**2**

### Discussion

Pour de nombreuses personnes, le sport et les arts restent des activités de loisir, mais d'autres personnes sont tellement douées dans ces domaines qu'elles décident d'en faire leurs carrières professionnelles. Par petits groupes, discutez des questions suivantes:
Que doit-on faire si on veut avoir une carrière professionnelle sportive ou artistique?
Que pensez-vous de ce choix? À votre avis, est-ce un choix difficile?

## À vous la parole

### Sondage

Dans l'épisode que vous venez de regarder, les amis ont parlé de leurs activités de loisir. Vous allez maintenant interroger un(e) camarade au sujet de quatre activités de loisir de <u>votre</u> choix (une activité sportive, une activité culturelle, une activité artistique et une activité manuelle).

### STRATÉGIE

#### Prendre des notes sur les points importants: Quoi? Qui? Où? Quand? Comment? Pourquoi?

Quand on fait un sondage, prendre des notes sur les points importants des réponses des personnes interrogées permet de mieux s'en souvenir. Mais attention! Prendre des notes ne veut pas dire transcrire tout ce que les personnes disent mot pour mot! Pour être sûr(e) de n'inclure que ce qui est important, aidez-vous des mots interrogatifs suivants: **Quoi? Qui? Où? Quand? Comment? Pourquoi?** Voici un exemple de tableau qu'on peut utiliser pour prendre des notes pendant un sondage.

| | |
|---|---|
| Quoi? | *Activité sportive : la natation* |
| Qui? | *Julie S.* |
| Où? | *à la piscine et à la plage* |
| Quand? | *en été, tous les jours, tôt le matin* |
| Comment? | *sérieusement; elle nage très bien* |
| Pourquoi? | *elle est très sportive et aime beaucoup l'eau* |

Premièrement, choisissez les quatres activités que vous voulez inclure dans votre sondage. Puis, sondez votre camarade en prenant des notes sur ses réponses à l'aide du tableau ci-dessus.

# Tout n'est pas toujours bien qui finit bien...

**Tutorials Video: Roman-photo**

**BLOC-NOTES**

Avant de regarder la vidéo, révisez la formation du passé composé avec **avoir** et avec **être** aux pages 88–89 et 92–93 du livre.

**PERSONNAGES**

**Stéphane**

**David**

**Rachid**

**Sandrine**

**Pascal**

**Amina**

## Scène 1: À Paris

### Préparation

Dans cette scène, David raconte le petit voyage qu'il a fait à Paris. Répondez aux questions suivantes sur un voyage que vous avez fait récemment.

1. Où êtes-vous allé(e)? Avec qui?

2. Quand êtes-vous parti(e)? Combien de temps êtes-vous resté(e) là-bas? Comment avez-vous voyagé?

3. Êtes-vous descendu(e) dans un hôtel ou avez-vous rendu visite à des amis ou des parents?

4. Qu'est-ce que vous avez fait pendant votre séjour? Décrivez vos activités. Ce voyage vous a plu? Pourquoi ou pourquoi pas?

### Segment vidéo

Regardez la vidéo pour trouver les réponses aux questions suivantes.

1. Quand est-ce que David est allé à Paris? Qui a-t-il retrouvé là-bas?

2. Qu'est-ce que David et ses parents ont fait vendredi soir?

3. Qu'est-ce que David a visité à Paris? Quelle autre activité a-t-il faite?

4. Qu'est-ce que David a rapporté à Stéphane pour son anniversaire?

### Synthèse

Travaillez avec un(e) partenaire. À tour de rôle, posez-vous des questions pour en apprendre plus sur les voyages que vous avez décrits dans **Préparation**. Ensuite, décrivez le voyage de votre partenaire à la classe.

# Scène 2: Une mauvaise nouvelle

## Préparation

**BLOC-NOTES**

Avant de regarder la vidéo, révisez le passé composé aux pages 88–89 et 92–93 et l'emploi du passé composé et de l'imparfait aux pages 96–97 du livre.

Dans cette scène, Sandrine reçoit une nouvelle qui ne lui plaît pas du tout. Répondez aux questions suivantes. Attention au choix des temps du passé!

1. Récemment, avez-vous reçu une nouvelle qui vous a fait très plaisir ou, au contraire, qui ne vous a pas fait plaisir du tout? Expliquez les circonstances de cet événement. C'était quand? Où étiez-vous? Que faisiez-vous quand vous avez eu cette nouvelle?

2. Décrivez cette nouvelle en détails.

3. Comment avez-vous réagi à cette nouvelle? Étiez-vous triste, content(e), fâché(e), déçu(e)? Décrivez vos sentiments et votre réaction.

## Segment vidéo

Regardez la vidéo pour trouver les réponses aux questions suivantes.

1. Quels étaient les projets de Sandrine pour Noël? Où voulait-elle aller? Que voulait-elle faire là-bas?

2. Que s'est-il passé ensuite? Quelle nouvelle Pascal a-t-il donnée à Sandrine?

3. Est-ce que Sandrine était contente? Décrivez sa réaction à la nouvelle qu'elle a reçue.

## Synthèse

Travaillez en petits groupes pour créer et jouer la scène suivante. Vous aviez des projets (un voyage, une sortie, une petite fête ou toute autre activité de votre choix) avec des amis, mais à la dernière minute, vous devez annuler. Annoncez cette mauvaise nouvelle à vos amis. Expliquez pourquoi vous annulez et excusez-vous. Vos amis vont réagir à cette mauvaise nouvelle et demander des détails sur les raisons de votre annulation.

Note
**CULTURELLE**

**Albertville**

Albertville est une ville située en Savoie, dans les Alpes françaises. C'est une destination très prisée par les amateurs de sports d'hiver. En plus de ses pistes de ski, Albertville est célèbre pour son festival du voyage et des découvertes, le Grand Bivouac, qui a lieu chaque année en octobre. Journalistes, écrivains et photographes s'y retrouvent à cette occasion, et on peut assister à de nombreux événements: projection de films, expositions, conférences, et autres animations en tout genre. La ville a aussi accueilli les Jeux olympiques d'hiver en 1992.

## Scène 3: La rupture

**BLOC-NOTES**

Avant de regarder la vidéo, révisez le passé composé aux pages 88–89 et 92–93 et l'emploi du passé composé et de l'imparfait aux pages 96–97 du livre.

### Préparation

Dans cette scène, Pascal fait une surprise à Sandrine. Malheureusement, Sandrine n'apprécie pas du tout cette surprise. Répondez aux questions suivantes pour décrire une dispute que vous avez eue avec un(e) (petit[e]) ami(e) récemment.

1. Où étiez-vous et que faisiez-vous quand la dispute a eu lieu?

2. Quel était le sujet de cette dispute? Décrivez-la en détails.

3. Comment vous sentiez-vous après la dispute? Parlez de vos sentiments et de votre réaction.

4. Est-ce que vous vous êtes réconcilié(e) avec votre (petit[e]) ami(e)? Si oui, quand et comment? Sinon, pourquoi?

### Segment vidéo

Regardez la vidéo pour trouver les réponses aux questions suivantes.

1. Où était Pascal quand il a téléphoné à Sandrine?

2. Qu'est-ce qu'il a dit à Sandrine pour expliquer qu'il était là?

3. Décrivez la réaction de Sandrine à la surprise de Pascal.

### Synthèse

Vous entendez-vous toujours bien avec vos amis ou avec les membres de votre famille? Avez-vous parfois des disputes avec certains d'entre eux? Dans quelles circonstances? À votre avis, quelles sont les causes les plus fréquentes de disputes entre amis ou entre membres d'une même famille? Discutez de ce sujet avec un(e) partenaire, puis présentez vos réflexions à la classe.

# À vous!

## Discussion

Par groupes de trois ou quatre, discutez de la réaction de Sandrine à la surprise de Pascal. À votre avis, sa réaction était-elle justifiée ou non? Pourquoi? A-t-elle eu raison de rompre avec Pascal? Expliquez votre point de vue. Et vous, avez-vous un jour essayé de faire une surprise à quelqu'un qui a réagi de façon négative? Expliquez ce qui s'est passé.

## Conseils

En amitié comme en amour, les malentendus et les disputes sont parfois inévitables. Comment peut-on les surmonter? Que peut-on faire pour réussir à conserver la relation intacte? Discutez de ce sujet en petits groupes et donnez des conseils sur les choses à faire et à ne pas faire pour préserver l'amitié ou l'amour.

## Rédaction

**Tout n'est pas toujours bien qui finit bien…**

Cette phrase, qui est le titre de l'épisode que vous venez de voir, est un jeu de mot sur une expression bien connue. Connaissez-vous cette expression? Vous allez maintenant écrire un récit de voyage au passé pour illustrer le titre de cet épisode.

### STRATÉGIE

#### Utiliser un schéma d'idées pour organiser les détails d'un récit au passé

Quand on fait le récit de quelque chose qui est arrivé dans le passé, il peut être très utile de commencer par faire un schéma d'idées, c'est-à-dire une représentation graphique de ce qui s'est passé. Ce type de graphique permet de se souvenir des différents événements ou détails et d'organiser ses idées de façon logique. Voici un exemple de schéma d'idées au sujet d'un voyage.

Pensez à un voyage que vous avez fait avec des amis ou des membres de votre famille qui a été gâché par une mauvaise surprise (ou un autre événement, par exemple, vous avez perdu quelque chose, il a fait très mauvais, ou encore vous n'avez pas pu faire une activité que vous aviez très envie de faire). Utilisez le schéma d'idées ci-dessus en l'adaptant pour commencer à organiser les éléments de votre récit de voyage. Racontez ce voyage en détail, y compris ce qui l'a gâché.

**Tutorials**
**Video:**
**Roman-photo**

Avant de regarder la vidéo, révisez le partitif aux pages 160–161 du livre.

PERSONNAGES

**Astrid**

**Sandrine**

**Amina**

**David**

**Rachid**

**Stéphane**

# Scène 1: Des préparatifs pour le dîner

## Préparation

Dans cette scène, nos amis s'occupent des préparatifs pour un dîner chez Sandrine. Répondez aux questions suivantes avec des phrases complètes.

1. Est-ce que vous faites parfois les courses pour ou avec votre famille? Où allez-vous pour faire ces achats? Qu'est-ce que vous achetez toujours? Souvent? Parfois? Rarement? Jamais?

2. Aimez-vous faire la cuisine? Qui, dans votre famille, prépare les repas le plus souvent? Qu'est-ce que cette personne aime bien cuisiner? Aimez-vous ce que cette personne prépare, en général? Et vous, quel est votre plat préféré? Quels ingrédients faut-il pour préparer ce plat?

3. Est-ce que chez vous, on reçoit souvent des amis ou de la famille à dîner? À quelle(s) occasion(s)? Qu'est-ce qu'on prépare pour le dîner d'habitude? Que doit-on acheter pour préparer ces plats?

4. Quand vous et votre famille êtes invité(e)s à dîner chez quelqu'un, est-ce que vous apportez un petit cadeau pour vos hôtes? Quel genre de cadeau est approprié dans votre culture?

## Segment vidéo

Regardez la vidéo pour trouver les réponses aux questions suivantes.

1. Où sont Sandrine, Amina et David au début de la scène? Que font-ils? Pourquoi?
2. Qu'est-ce qu'ils achètent?
3. Que va préparer Sandrine, d'après vous?
4. Pourquoi Rachid est-il allé en ville? Qu'est-ce qu'il a acheté?
5. Qu'est-ce que David va apporter chez Sandrine?

## Synthèse

Imaginez que vous voulez organiser un dîner typiquement français (entrée, plat et dessert de votre choix) pour la classe. Qu'est-ce que vous allez préparer? De quels ingrédients allez-vous avoir besoin? Par petits groupes, discutez de vos idées pour le menu et parlez de ce que vous allez devoir acheter pour préparer ce repas.

# Scène 2: Que des problèmes!

## Préparation

**BLOC-NOTES**

Avant de regarder la vidéo, révisez les pronoms **y** et **en** et l'ordre des pronoms aux pages 164–165 et 168–169 du livre.

Dans cette scène, nos amis ont tous des problèmes plus ou moins graves. Répondez aux questions suivantes avec des phrases complètes.

1. Avez-vous été malade récemment? Que s'est-il passé? Donnez des détails et expliquez ce que vous avez fait pour vous sentir mieux.

2. Est-ce que vous vous êtes déjà blessé(e)? Où? Comment? Que s'est-il passé? Qu'avez-vous fait? (Si vous ne vous êtes jamais blessé[e], parlez de quelqu'un que vous connaissez.) Donnez des détails.

3. Avez-vous déjà perdu un devoir sur lequel vous étiez en train de travailler? Si oui, comment avez-vous réagi? Avez-vous pu retrouver votre travail ou avez-vous dû demander de l'aide? (Sinon, quelle serait votre réaction si cela vous arrivait? Que feriez-vous?)

## Segment vidéo

Regardez la vidéo pour trouver les réponses aux questions suivantes.

1. Qu'est-il arrivé à David après le dîner chez Sandrine?

2. Qu'est-il arrivé à Rachid quand il jouait au foot dans le parc? Où a-t-il mal? Qu'est-ce qu'Amina suggère?

3. Sur quoi est-ce que David travaillait quand il a eu son petit problème? Décrivez ce qui s'est passé.

4. Qui est-ce que Rachid pense que David devrait appeler pour l'aider avec ses problèmes d'ordinateur? Pourquoi?

## Synthèse

Et vous, que faites-vous quand vous avez des problèmes ou quand vous vous trouvez dans une situation difficile, stressante ou frustrante? Y a-t-il plusieurs façons de gérer ce genre de situations? Lesquelles sont les meilleures, à votre avis? Dans une situation difficile, est-ce que vous essayez de vous débrouiller tout(e) seul(e) ou bien est-ce que vous demandez des conseils? Si oui, à qui? Pourquoi? Quels genres de conseils vous a-t-on déjà donnés? Étaient-ils utiles? Vous est-il déjà arrivé de devoir changer votre manière de gérer un problème? Expliquez et décrivez-en les conséquences. Discutez de ces questions par petits groupes en donnant des exemples précis.

## Scène 3: Un premier rendez-vous plutôt raté

**BLOC-NOTES**

Avant de regarder la vidéo, révisez les pronoms **y** et **en** et l'ordre des pronoms aux pages 164–165 et 168–169 du livre.

### Préparation

Dans cette scène, Amina et Rachid font une petite découverte très inattendue... Répondez aux questions suivantes.

1. Travaillez-vous beaucoup sur votre ordinateur? Qu'est-ce que vous faites pour ne pas perdre vos données ou votre travail? Donnez quelques conseils.

2. Avez-vous un jour découvert quelque chose d'inattendu au sujet d'un(e) ami(e) ou d'un membre de votre famille? Racontez.

3. D'après le titre de ce segment et la phrase d'introduction de la partie **Préparation** ci-dessus, que pensez-vous qu'Amina et Rachid vont découvrir? Que va-t-il se passer ensuite, à votre avis? Utilisez votre imagination pour faire plusieurs hypothèses.

### Segment vidéo

Regardez la vidéo pour trouver les réponses aux questions suivantes.

1. Qu'est-ce qu'Amina réussit à faire? Qu'est-ce qu'elle lui conseille de toujours faire quand il travaille à l'ordinateur?

2. Pourquoi est-ce que Rachid est content qu'Amina ait pu aider David?

3. Quelle découverte Amina et Rachid font-ils?

4. Que font Amina et Rachid à la fin de l'épisode? Quels problèmes rencontrent-ils?

Note
**CULTURELLE**

**Conduire en France**

En France, même s'il est possible de commencer à apprendre à conduire à seize ans, il faut avoir dix-huit ans pour pouvoir passer le permis de conduire. Cet examen a deux parties. Il faut d'abord suivre des cours théoriques (le code de la route) pendant lesquels on apprend les lois à respecter quand on conduit. On passe ensuite un examen écrit sur le code de la route. Puis, il faut prendre des cours pratiques de conduite jusqu'à ce qu'on soit prêt à passer l'examen sur route. Si on réussit à ces deux examens, on obtient alors son permis de conduire. Ces deux examens sont difficiles et beaucoup de candidats ne réussissent pas du premier coup. Attention! Si un jour vous conduisez en France, ne tournez jamais à droite après un arrêt à un feu qui est rouge. C'est strictement interdit! Il faut attendre que le feu devienne vert, même s'il n'y a personne.

### Synthèse

Choisissez un des deux sujets suivants et racontez à un(e) partenaire une anecdote personnelle qui l'illustre.

1. Vous avez un jour apporté votre aide à une personne que vous ne connaissiez pas bien et qui se trouvait dans un situation difficile ou inattendue. Racontez ce qui s'est passé, puis décrivez en quoi votre relation avec cette personne a été affectée par votre geste. Qu'est-ce que cela vous a appris au sujet de votre capacité à aider les autres?

2. Vous vous êtes un jour retrouvé(e) dans une situation difficile ou inattendue et une personne que vous ne connaissiez pas bien (ou que vous ne pensiez pas en mesure de vous aider) vous a apporté son aide. Racontez ce qui s'est passé, puis décrivez votre réaction à ce geste. Étiez-vous surpris(e)? Reconnaissant(e)? Gêné(e)? Avez-vous fait quelque chose de spécial pour remercier cette personne?

# À vous!

**1**

### Une soirée mémorable

Avec un(e) partenaire, parlez d'une soirée mémorable que vous avez passée chez des amis ou de la famille chez qui vous étiez invité(e) à dîner. Qu'est-ce que vos hôtes ont servi au repas? Y avait-il des choses (plats ou ingrédients) que vous n'aimiez pas? Avez-vous acheté un cadeau pour vos hôtes? Avez-vous apprécié cette soirée dans l'ensemble? Pourquoi ou pourquoi pas?

**2**

### Discussion

Dans l'épisode que vous venez de regarder, Amina et Rachid ont découvert qu'ils étaient en fait Technofemme et Cyberhomme. Discutez des questions suivantes par petits groupes, puis présentez vos idées à la classe. Que se passe-t-il quand deux amis découvrent qu'ils ont des sentiments amoureux l'un envers l'autre? Est-ce que c'est possible de transformer l'amitié en amour? Quels en sont les aspects positifs? Les aspects négatifs? Quelles conséquences cela peut-il avoir sur les relations entre ces deux personnes?

## À vous la parole

### Notre semaine plus que mouvementée!

Dans l'épisode que vous venez de regarder, nos amis ont eu bien des problèmes! C'est à vous maintenant d'imaginer et de créer une petite scène dans laquelle plusieurs amis discutent de problèmes auxquels ils ont récemment dû faire face.

---

### STRATÉGIE

#### Utiliser une périphrase quand on ignore un mot: la circonlocution

La circonlocution est une stratégie très utile qu'on peut employer aussi bien à l'écrit qu'à l'oral. On l'utilise quand on ne connaît pas un mot dont on a besoin pour exprimer une idée. La circonlocution consiste à remplacer ce mot par une périphrase, c'est-à-dire un autre mot ou une expression qui a le même sens que le mot qu'on ne connaît pas. Voici deux exemples de périphrases.

*une périphrase pour remplacer ce mot [chocolatier]: l'endroit où on achète des chocolats*

*une périphrase pour remplacer ce mot [se blesser]: se faire mal quelque part*

---

Par petits groupes, faites une liste de problèmes qui peuvent arriver dans la vie de tous les jours. Ensuite, créez une petite scène humoristique dans laquelle plusieurs amis se racontent tous les problèmes qu'ils ont eus et s'en plaignent à tour de rôle. Utilisez votre imagination et la circonlocution pour les mots et les expressions que vous ne connaissez pas. Jouez votre scène devant la classe.

**Tutorials
Video:
*Roman-photo***

Avant de regarder la vidéo, révisez le subjonctif aux pages 198–199 et 244–245 du livre.

**PERSONNAGES**

**Valérie**

**Stéphane**

**David**

**Rachid**

**Sandrine**

**Amina**

**Astrid**

# Scène 1: David et Sandrine

## Préparation

Dans cette scène, Stéphane et sa mère se préparent pour l'arrivée de leurs amis qu'ils n'ont pas vus depuis un an. Ils se souviennent de quelques moments importants de l'année passée... Répondez aux questions suivantes avec des phrases complètes.

1. Avez-vous des amis (ou des parents) que vous n'avez pas vus depuis longtemps? Depuis quand? Pourquoi avez-vous perdu le contact avec ces personnes? Si vous aviez l'occasion de revoir ces personnes, que feriez-vous ensemble? De quoi parleriez-vous, à votre avis?

2. Est-ce que dans votre famille, on organise des réunions familiales? Et dans les familles de vos amis? Comparez les habitudes de votre famille et celles de vos amis. Pensez-vous que ce genre de réunions soit une bonne idée? Pourquoi ou pourquoi pas?

3. Pensez à votre vie l'année passée. Choisissez un moment important pour vous (mais pas trop intime car vous en partagerez ensuite les détails avec vos camarades) et résumez ce qui s'est passé en expliquant l'importance de ce moment particulier.

## Segment vidéo

Regardez la vidéo pour trouver les réponses aux questions suivantes.

1. Où se passe la scène? Où est-ce que Stéphane va aller? Pourquoi?

2. Quelles sont les deux choses que Valérie demande à Stéphane de faire?

3. Valérie et Stéphane se souviennent de l'histoire entre David et Sandrine. Résumez ce qui s'est passé entre eux.

## Synthèse

Travaillez avec un(e) partenaire et à tour de rôle, posez-vous des questions pour en apprendre le plus possible sur l'événement important que chacun(e) de vous a décrit dans **Préparation**. Ensuite, chaque élève va résumer l'événement important de son/sa partenaire pour la classe.

# Scène 2: Amina et Rachid

## Préparation

Dans cette scène, on découvre comment la relation a évolué entre Amina et Rachid.
Répondez aux questions suivantes avec des phrases complètes.

1. À votre avis, qu'est-ce qui fait qu'une relation amoureuse dure? Sur quoi faut-il
baser le choix d'un(e) partenaire? Sur le physique? Sur la personnalité? Sur les
choses qu'on a en commun? Sur autre chose? Qu'est-ce qui vous semble le plus
important? Le moins important?

2. Croyez-vous au grand amour? Pensez-vous qu'on puisse connaître l'amour
plusieurs fois dans la vie? Expliquez et justifiez votre opinion.

## Segment vidéo

Regardez la vidéo pour trouver les réponses aux questions suivantes.

1. Où en est la relation entre Amina et Rachid? Comment Sandrine le sait-elle?

2. Quelle comparaison Rachid fait-il entre Amina et la fleur qu'il lui donne?

3. Et Sandrine, comment compare-t-elle Rachid et David? Que dit-elle d'autre à
leur sujet?

## Synthèse

Reprenez vos réponses à la première question de **Préparation** et travaillez par petits
groupes. Utilisez vos réponses comme points de départ pour faire une description détaillée
du «couple parfait». Ensuite, comparez et contrastez la vie du couple parfait à celle d'un
couple qui a une relation difficile. Comparez vos idées avec celles d'un autre groupe.

---

**BLOC-NOTES**

Avant de regarder la vidéo,
révisez le comparatif et le
superlatif aux pages 236–237.

### Note CULTURELLE

**Les couples en France**

C'est surtout dans les
soirées entre amis ou par
l'intermédiaire d'amis que
les jeunes couples français
se rencontrent. En général,
ils ont souvent à peu près le
même niveau d'études et ils
sont issus du même milieu
social. Quand ils sortent,
les jeunes couples français
ont tendance à préférer les
sorties en groupe ou avec
d'autres couples plutôt que
les sorties à deux, et la
plupart du temps, chacun
paie sa part. En France,
on se marie assez tard. La
moyenne d'âge est de 31,9
ans pour les hommes et de
30,1 ans pour les femmes.

## Scène 3: Astrid et Stéphane

**BLOC-NOTES**

Avant de regarder la vidéo, révisez le comparatif et le superlatif et l'usage de l'infinitif aux pages 236–237 et 272–273 du livre.

### Préparation

Dans cette scène, Astrid rejoint Valérie et Sandrine au P'tit Bistro et elles discutent de Stéphane. Répondez aux questions suivantes.

1. Avez-vous changé ces dernières années? Si oui, décrivez ces changements et comparez-vous maintenant et avant. Si non, pourquoi, à votre avis, n'avez-vous pas changé?

2. Connaissez-vous une personne qui a beaucoup changé depuis que vous la connaissez? Décrivez cette personne et expliquez ce qui a changé chez elle et pourquoi. Ces changements sont-ils positifs ou négatifs, d'après vous? Justifiez vos réponses avec des exemples.

### Segment vidéo

Regardez la vidéo pour trouver les réponses aux questions suivantes.

1. Qui arrive au début de la scène? Qui est-ce qu'elle cherche? Où pense-t-elle qu'il est probablement?

2. Comment Astrid décrit-elle Stéphane aujourd'hui?

3. Quel événement a eu un impact sur le comportement de Stéphane? Expliquez.

 ### Synthèse

Si vous pouviez changer quelque chose chez vous, que changeriez-vous? Pourquoi? Discutez de ce sujet avec un(e) partenaire en donnant des détails et des exemples. Vous pouvez parler de votre physique, de votre personnalité, de vos habitudes, de vos études, de vos activités, de vos relations avec les autres ou bien d'autres sujets de votre choix.

# À vous!

**1**

## Deux perspectives différentes

«Croyez-vous que ce soit mieux qu'elle le sache?» C'est ce que David demande à Valérie au sujet de Sandrine quand il se rend compte qu'elle ne sait pas chanter. Et vous, qu'en pensez-vous? Faut-il toujours être honnête avec ses amis, même si parfois on les blesse, ou vaut-il mieux mentir? Quelles peuvent être les conséquences? Discutez de ces questions avec un(e) partenaire, puis présentez vos opinions au reste de la classe.

**2**

## Un proverbe

Par petits groupes, discutez du proverbe français suivant: «Chassez le naturel, il revient au galop.» ("*The leopard can't change its spots.*") Considérez les questions suivantes pour orienter votre discussion: Est-ce que les gens peuvent réellement changer de façon permanente ou bien est-ce que c'est plutôt temporaire, voire impossible? Quel genre d'événements peut pousser une personne à changer, à votre avis? Pourquoi?

## Rédaction

### Il y a un an...

Dans cet épisode, les amis aixois se préparent à se retrouver un an après s'être séparés et ils parlent des changements qui ont eu lieu dans leur vie. À vous maintenant de parler des changements qui ont eu lieu dans votre vie ces douze derniers mois.

### STRATÉGIE

#### Utiliser un dictionnaire bilingue

Utiliser un dictionnaire bilingue (traditionnel ou en ligne) n'est pas facile mais comme il est parfois nécessaire d'y avoir recours, il faut apprendre à le faire correctement. Voici quelques conseils pour la bonne utilisation du dictionnaire:

1. Familiarisez-vous avec les abréviations utilisées dans le dictionnaire.

2. Avant de chercher un mot, déterminez la fonction du mot que vous cherchez. Par exemple, imaginez que vous cherchiez le mot français pour *bag*. Cherchez-vous un nom ou bien l'équivalent du verbe *to bag*?

3. Lisez attentivement la définition proposée en faisant attention aux différentes options proposées, aux abréviations et autres indications qui vous aideront à choisir le bon mot (voir l'exemple ci-dessous).

4. Enfin, si vous hésitez entre plusieurs possibilités, revérifiez le sens des mots français dans la partie français-anglais.

> **bag** *n* sac *m*, sachet *m* [container], poche *f*, sac à main *m* [handbag], valise *f* [suitcase], bagage *m*
>
> *v* emballer, mettre dans un sac [groceries]

Écrivez une composition dans laquelle vous parlez de votre vie pendant l'année qui vient de s'écouler. Parlez de vos études, de votre vie de tous les jours, de vos activités, de vos relations avec les autres.

## La réunion

**S** Tutorials
Video:
*Roman-photo*

**BLOC-NOTES**

Avant de regarder la vidéo, révisez le futur et le futur antérieur aux pages 240–241 et 350–351 du livre.

**PERSONNAGES**

**Rachid**

**Valérie**

**Stéphane**

**Astrid**

**Sandrine**

**David**

**Amina**

# Scène 1: L'avenir de Stéphane et d'Astrid

## Préparation

Dans cette scène, Valérie, Stéphane, Rachid et Astrid parlent de la première année universitaire de Stéphane et d'Astrid. Répondez aux questions suivantes avec des phrases complètes.

1. Quels sont vos projets une fois que vous aurez fini le lycée? Continuerez-vous vos études? Irez-vous passer un an dans un pays francophone? Entrerez-vous tout de suite dans la vie active? Décrivez vos projets d'avenir en donnant des détails.

2. Comment imaginez-vous votre vie dans cinq ans? Et dans dix ans? Que ferez-vous dans la vie? Aimerez-vous votre travail? Où habiterez-vous? Serez-vous marié(e)? Aurez-vous des enfants? Pensez-vous que vous serez satisfait(e) de votre vie? (Répondez à ces questions par écrit en donnant des détails et conservez bien vos réponses car vous allez les réutiliser dans une autre activité.)

## Segment vidéo

Regardez la vidéo pour trouver les réponses aux questions suivantes.

1. Comment s'est terminée la dernière année de lycée de Stéphane? Que fait-il aujourd'hui?

2. Qu'est-ce que Stéphane a enfin compris, d'après sa mère?

3. Qu'est-ce qu'Astrid étudie? Comment trouve-t-elle les études qu'elle a choisies?

4. D'après leurs choix, quels métiers feront probablement Stéphane et Astrid quand ils auront terminé leurs études?

## Synthèse

Reprenez vos réponses à la question 2 de **Préparation**. Circulez dans la classe et parlez de vos projets avec vos camarades. Comparez et contrastez vos idées pour votre avenir. Réagissez aux projets de vos camarades en leur disant si vous pensez que ceux-ci sont réalistes ou pas. Parlez aussi de ce que vos familles, vos amis et vos conseillers d'éducation pensent de vos projets d'avenir.

# Scène 2: David a une nouvelle

## Préparation

**BLOC-NOTES**

Avant de regarder la vidéo, révisez le conditionnel, les phrases avec **si** et le conditionnel passé aux pages 280–281, 346–347 et 354–355.

Dans cette scène, David et Sandrine parlent de ce qu'ils ont fait depuis la dernière fois qu'ils se sont vus. Répondez aux questions suivantes avec des phrases complètes.

1. En ce qui concerne votre avenir professionnel, avez-vous déjà choisi ce que vous voulez faire ou bien hésitez-vous encore? À votre avis, si on se rend compte qu'on s'est trompé de voie au milieu de ses études, vaut-il mieux recommencer dans une autre voie ou bien continuer ce qu'on a déjà commencé? Expliquez votre point de vue.

2. Si vous appreniez qu'un(e) ami(e) que vous n'avez pas vu(e) depuis longtemps était revenu(e) dans votre ville sans vous prévenir, comment réagiriez-vous? Seriez vous triste? Fâché(e)? Indifférent(e)? Contacteriez-vous cet(te) ami(e) ou attendriez-vous de voir s'il/si elle va vous contacter? Pourquoi?

## Segment vidéo

Regardez la vidéo pour trouver les réponses aux questions suivantes.

1. Est-ce que Sandrine est devenue chanteuse professionnelle comme elle le voulait? Expliquez.

2. Que fait David aujourd'hui? Où vit-il?

3. Comment Sandrine réagit-elle quand elle apprend que David est revenu en France il y a déjà trois mois? Que lui dit-elle?

4. Quelle est l'autre nouvelle de David qui n'a pas l'air de trop faire plaisir à Sandrine?

## Synthèse

Imaginez que vous avez un(e) ami(e) qui ne sait pas quoi faire après le lycée. Cet(te) ami(e) vient vous voir en espérant que vous pourrez lui donner des conseils. Posez des questions à votre ami(e) pour en apprendre plus sur ce qui l'intéresse, puis proposez des idées d'études et/ou de carrières. Votre ami(e) va réagir à vos suggestions. Jouez cette scène avec un(e) partenaire.

# Scène 3: La promesse

## Préparation

Dans cette scène, les amis continuent à discuter de qu'ils ont fait depuis l'année dernière. Répondez aux questions suivantes.

1. Quels sont les sujets de conversation typiques qu'on aborde à une petite soirée entre amis? Parle-t-on surtout du passé, du présent ou de l'avenir? Donnez des exemples de questions qu'on pourrait entendre à une soirée entre amis.

2. Et si on parle avec des gens qu'on ne connaît pas, est-ce qu'on parle des mêmes choses? Donnez des exemples de sujets de conversation qu'on pourrait utiliser pour faire connaissance.

## Segment vidéo

Regardez la vidéo pour trouver les réponses aux questions suivantes.

1. Où habite Amina aujourd'hui? Que fait-elle? Et Rachid, que fait-il?

2. Quel genre de sujet de conversation Astrid aborde-t-elle? Que veut-elle savoir? Quelle est la réaction de Valérie?

3. D'après la vidéo, que feront les amis l'année prochaine et les années suivantes le même jour à la même heure? Que pensez-vous de cette idée? Aimeriez-vous faire la même chose avec vos amis du lycée?

## Synthèse

Par petits groupes, discutez des questions suivantes. Est-ce qu'il vous est déjà arrivé de partager des informations importantes, des opinions personnelles, des rêves ou des aspirations avec quelqu'un qui a eu une réaction qui vous a déplu (par exemple, cette personne s'est moquée de vous ou bien a raconté ce que vous lui aviez dit à d'autres personnes sans votre consentement)? Décrivez les circonstances. Comment avez-vous réagi? Avez-vous été déçu(e)? Blessé(e)? Fâché(e)? Est-ce que cela a changé votre façon de partager ce type d'informations personnelles avec les autres? Expliquez.

**BLOC-NOTES**

Avant de regarder la vidéo, révisez le futur et le conditionnel aux pages 240–241 et 280–281 du livre.

Note
**CULTURELLE**

**Les arrondissements de Paris**

Depuis 1795, la ville de Paris est divisée en arrondissements (12 au départ, puis 20 depuis 1859). Un arrondissement est une division administrative, avec sa propre mairie et son propre conseil d'administration. Le 1er arrondissement est au centre de Paris. Les autres arrondissements sont disposés en spirale vers la droite et vers l'extérieur de la ville. Le 5e arrondissement, qui est celui où Amina dit qu'elle habite, est l'arrondissement de l'Université de la Sorbonne et du Quartier latin. C'est l'arrondissement préféré de beaucoup d'étudiants.

# À vous!

**1**

### Sujets tabous

Par petits groupes, discutez des questions suivantes, puis présentez vos idées au reste de la classe. Parlez-vous de tout avec vos amis ou bien considérez-vous qu'il y ait certains sujets de conversation qui soient tabous? Pensez-vous que ces sujets tabous soient les mêmes dans toutes les cultures? Expliquez.

**2**

### Discussion

Dans ce dernier épisode, Valérie explique que Stéphane a compris qu'il était le seul à pouvoir contrôler son avenir. Êtes-vous d'accord avec l'idée que l'on soit maître de son destin ou bien pensez-vous qu'il y ait des choses qui soient en dehors de notre contrôle? Mettez-vous en deux groupes selon que vous êtes d'accord ou non avec l'affirmation. Débattez de cette question en justifiant vos opinions et en donnant des exemples pour illustrer votre point de vue. Essayez de convaincre l'autre groupe que vous avez raison!

## À vous la parole

### La réunion des «anciens élèves»

Dans l'épisode que vous venez de regarder, les amis se sont retrouvés pour célébrer leur amitié et prendre des nouvelles les uns des autres. Maintenant, c'est à vous d'organiser une réunion des «anciens élèves» de votre lycée.

### STRATÉGIE

#### Incorporer des mots bouche-trous pour rendre les conversations plus naturelles

Le terme «mot bouche-trou» ou «mot de remplissage» désigne un mot ou une expression souvent placés en début ou en fin de phrase qui n'a pas véritablement de fonction dans la phrase si ce n'est de permettre à la personne qui parle de réfléchir à ce qu'elle va dire ou à signaler à l'interlocteur qu'il peut réagir. Ces mots existent dans toutes les langues et ils sont très fréquemment employés à l'oral. Voici quelques exemples de ces mots en français:

| Au début de la phrase | Euh... | À la fin de la phrase | ..., quoi/hein. |
|---|---|---|---|
| | Eh bien/Eh ben... | | ..., tu vois/vous voyez (ce que je veux dire)? |
| | Bon/Ben... | | ..., tu sais/vous savez. |
| | Dis/Dites... | | ..., tu comprends/vous comprenez? |
| | Alors... | | ..., tu crois/tu ne crois pas? |

Imaginez que dix ans ont passé et que vous assistez à la réunion des «anciens élèves» de votre lycée. Circulez dans la classe et discutez avec vos «anciens» camarades. Évoquez ensemble des souvenirs de vos années au lycée, échangez des nouvelles et parlez de vos projets d'avenir. Utilisez votre imagination et essayez d'incorporer des mots bouche-trous pour rendre vos conversations plus naturelles. Attention! N'en abusez quand même pas et ne posez pas de questions trop indiscrètes!

# D'accord! 3

LANGUE ET CULTURE DU MONDE FRANCOPHONE

# Ressentir et vivre

S i tous les êtres humains ont la capacité d'éprouver des émotions, tous ne se sentent pas nécessairement libres de les exprimer. Pour diverses raisons personnelles, sociales ou autres, certains ont du mal à révéler aux autres leurs vrais sentiments. Ils pensent peut-être que c'est une faiblesse. La plupart des gens que vous connaissez sont-ils plutôt ouverts ou réservés? Et vous? De quelle façon votre personnalité affecte-t-elle vos relations avec les autres?

La joie, la gaieté et la bonne humeur sont un langage universel.

6 **COURT MÉTRAGE**

Son petit frère est amoureux et elle veut le faire profiter de son expérience. Mais est-ce bien nécessaire? Regardons *À tes amours* d'**Olivier Peyon** pour le savoir.

12 **IMAGINEZ**

Des côtes du Maine à la ville de Juneau en Alaska, la francophonie a imprégné la culture américaine. Vous allez aussi découvrir **Julia Child**, ambassadrice de la cuisine et culture françaises aux États-Unis.

29 **CULTURE**

L'article *Les francophones d'Amérique* parle de l'histoire et de la culture cajuns.

33 **LITTÉRATURE**

Dans *Il pleure dans mon cœur*, **Paul Verlaine** est submergé par cette mélancolie inexplicable qui nous envahit parfois quand tombe la pluie.

9

30

4 **POUR COMMENCER**

16 **STRUCTURES**

1.1 Spelling-change verbs

1.2 The irregular verbs être, avoir, faire, and aller

1.3 Forming questions

37 **VOCABULAIRE**

**Destination:**
## ÉTATS-UNIS

# Les relations personnelles

Audio:
Vocabulary Practice
My Vocabulary

## Les relations

une âme sœur *soul mate*
une amitié *friendship*

des commérages (*m.*) *gossip*
un esprit *spirit*
un mariage *marriage; wedding*
un rendez-vous *date*
une responsabilité *responsibility*

compter sur *to rely on*
draguer *to flirt; to try*
  *to "pick up"*
s'engager (envers
  quelqu'un) *to commit*
  *(to someone)*
faire confiance
  (à quelqu'un)
  *to trust (someone)*
mentir (*conj. like* **sentir**) *to lie*
mériter *to deserve; to be worth*
partager *to share*
poser un lapin (à quelqu'un) *to stand*
  *(someone) up*
quitter quelqu'un *to leave someone*
rompre (*irreg.*) *to break up*

sortir avec *to go out with*

(in)fidèle *(dis)loyal*

## Les sentiments

agacer/énerver *to annoy*
aimer *to love; to like*
avoir honte (de) *to be ashamed (of)/*
  *embarrassed*
en avoir marre (de) *to be fed up (with)*
s'entendre bien (avec) *to get along*
  *well (with)*
gêner *to bother; to embarrass*
se mettre en colère contre
  *to get angry with*
ressentir (*conj. like* **sentir**) *to feel*
rêver de *to dream about*
tomber amoureux/amoureuse (de) *to fall*
  *in love (with)*

accablé(e) *overwhelmed*
anxieux/anxieuse *anxious*
contrarié(e) *upset*
déprimé(e) *depressed*
enthousiaste *enthusiastic; excited*
fâché(e) *angry; mad*
inquiet/inquiète *worried*

jaloux/jalouse *jealous*
passager/passagère *fleeting*

## L'état civil

divorcer *to get a divorce*
se fiancer *to get engaged*
se marier avec
  *to marry*
vivre (*irreg.*)* en union libre
  *to live together*
  *(as a couple)*

célibataire *single*
veuf/veuve *widowed; widower/widow*

## La personnalité

avoir confiance en soi *to be confident*

affectueux/affectueuse *affectionate*
charmant(e) *charming*
économe *thrifty*
franc/franche *frank; honest*
génial(e) *great; terrific*
(mal)honnête *(dis)honest*
idéaliste *idealistic*
inoubliable *unforgettable*
(peu) mûr *(im)mature*
orgueilleux/orgueilleuse *proud*
prudent(e) *careful*
séduisant(e) *attractive*
sensible *sensitive*
timide *shy*

tranquille *calm; quiet*

**ressources**

**v̂Text**

CE
pp. 1–3

vhlcentral.com
Leçon 1

*The verb **vivre** is irregular in the present tense: **je vis, tu vis, il/elle vit, nous vivons, vous vivez, ils/elles vivent.**

# Mise en pratique

**1**

**L'intrus** Quel mot ne va pas avec les autres? Identifiez-le.

1. affectueux • contrarié • déprimé • accablé
2. inquiet • tranquille • anxieux • prudent
3. fidèle • honnête • sincère • malhonnête
4. direct • franc • loyal • jaloux
5. beau • orgueilleux • séduisant • charmant
6. fiancés • commérages • âme sœur • union libre
7. agacer • en avoir marre • bien s'entendre • se mettre en colère
8. rompre • aimer • compter sur • faire confiance

**2**

**La description** Quel terme de la liste correspond le mieux à chaque phrase? Soyez logique!

| | | | |
|---|---|---|---|
| avoir honte | draguer | poser un lapin | sensible |
| déprimé | inoubliable | responsabilité | veuf/veuve |

1. Je rêve de sortir avec elle depuis longtemps. Chaque fois que je la vois, j'essaie de la convaincre d'aller au restaurant ou au cinéma.
2. Ma tante habite seule. Son mari est mort il y a quatre ans.
3. Je suis souvent triste et je n'ai pas envie de sortir ni de voir des gens.
4. J'ai vu un film dont je me souviendrai toujours.
5. Ma petite sœur pleure facilement si on lui fait une critique.
6. J'avais rendez-vous avec quelqu'un. Je l'ai attendu au restaurant jusqu'à dix heures et quart mais il n'est jamais venu.

**3**

**Votre personnalité** Répondez aux questions puis calculez vos points. Quel est le résultat de votre test? Comparez-le avec celui d'un(e) camarade de classe.

| Oui | Quelquefois | Non | | Barème (*Key*) |
|---|---|---|---|---|
| ☐ | ☐ | ☐ | 1. Devenez-vous anxieux/anxieuse quand il y a beaucoup de monde? | **Oui** = 0 point |
| ☐ | ☐ | ☐ | 2. Est-ce que ça vous gêne de montrer vos émotions? | **Quelquefois** = 1 point |
| ☐ | ☐ | ☐ | 3. Avez-vous peur d'être le premier/la première à parler? | **Non** = 2 points |
| ☐ | ☐ | ☐ | 4. L'idée d'avoir un rendez-vous avec quelqu'un que vous ne connaissez pas vous fait-elle peur? | **Résultats** |
| ☐ | ☐ | ☐ | 5. Est-ce que ça vous intimide de flirter avec quelqu'un que vous ne connaissez pas? | **0 à 7** Vous avez tendance à être introverti(e). Sortez plus souvent! |
| ☐ | ☐ | ☐ | 6. Avez-vous peur de parler en public? | **8 à 11** Vous n'êtes ni introverti(e) ni extraverti(e). Bon équilibre! |
| ☐ | ☐ | ☐ | 7. Réfléchissez-vous longtemps avant de prendre une décision? | |
| ☐ | ☐ | ☐ | 8. Est-il plus important d'être agréable que franc dans la vie? | **12 à 20** Vous avez tendance à être extraverti(e). Écoutez un peu les autres! |
| ☐ | ☐ | ☐ | 9. Diriez-vous que vous êtes d'accord avec un(e) de vos ami(e)s juste pour éviter un conflit? | |
| ☐ | ☐ | ☐ | 10. Vous sentez-vous facilement gêné(e) dans certaines situations? | |

Practice more at **vhlcentral.com.**

# Préparation

## Vocabulaire du court métrage

**amoureux/euse** *in love*
**avoir l'habitude de** *to be used to*
**un cil** *eyelash*
**cueillir** *to pluck; to pick*
**débarquer** *to arrive (colloquial)*
**dépasser** *to pass; to overtake*
**évident(e)** *obvious*
**une joue** *cheek*
**un mec** *guy*

**se moquer de** *to make fun of*
**se lancer** *to take the plunge*
**peinard(e)** *happy/tranquil / at ease (slang)*
**piquer** *to steal (slang)*
**une(e) sacré(e)…** *a heck of a…*
**se taire** *to keep silent*
**un vœu** *wish*

## Vocabulaire utile

**la complicité** *deep, intimate bond*
**un conseil** *advice*
**exprimer** *to express*
**faire sa/une déclaration d'amour** *to declare one's love*
**maladroit(e)** *awkward, clumsy*
**s'entraîner** *to practice*
**s'occuper de** *to take care of*
**une relation** *relationship*

### EXPRESSIONS

**Ça pourrait coller.** *It could work (between…).*

**Ça tombe comme un cheveu sur la soupe.** *It comes out of the blue.*

**Ça (ne) va pas?!** *Are you insane?!*

**J(e n)'en pouvais plus.** *I couldn't take it anymore.*

**Tu en meurs d'envie.** *You are dying to.*

**1**

**À compléter** Complétez les phrases à l'aide des mots de vocabulaire. Faites les modifications nécessaires.

1. Le 6 juin 1944, Américains, Canadiens et Anglais _____ en Normandie.

2. C'est ton anniversaire! Fais un _____.

3. Les enfants adorent _____ des fleurs dans le jardin des voisins.

4. Quand le film commence, il faut _____ par respect pour les autres.

5. Est-ce que vous _____ de venir ici? Tout le monde vous connaît.

6. Je vais partir travailler au Japon cet été, c'est une _____ opportunité.

7. Ma sœur est chef d'entreprise et son fiancé est communiste. Leur _____ promet d'être conflictuelle.

8. Un bon humoriste doit savoir être drôle sans _____ de ses victimes.

9. Manu est très timide, il n'_____ pas beaucoup ses sentiments.

10. Ces danseurs _____ au minimum six heures par jour pour se perfectionner.

**2**

**Définitions** Faites correspondre chaque mot avec sa définition.

1. _____ Existe entre deux amis d'enfance      a. piquer

2. _____ Souvent utile      b. complicité

3. _____ Essayer, prendre un risque      c. peinard

4. _____ Tranquille      d. joue

5. _____ Prendre quelque chose qui ne vous appartient pas      e. se lancer

6. _____ On en a deux sur le visage.      f. conseil

ressources

v̂Text

vhlcentral.com
Leçon 1

Practice more at
**vhlcentral.com.**

**3** **Et vous?** À deux, répondez aux questions à tour de rôle.

1. Combien de frères et sœurs avez-vous? Sont-ils plus jeunes ou plus âgé(e)s que vous?

2. Avez-vous des personnalités très différentes?

3. Quel type de relation avez-vous? Êtes-vous plutôt complices?

4. Échangez-vous souvent des conseils au sujet de vos relations amoureuses ou amicales?

**4** **Je t'aime** Chacun a sa propre façon de révéler son amour. Certains choisissent l'intimité, d'autres préfèrent la théâtralité. À l'aide d'un(e) partenaire, faites une liste des différentes manières de déclarer sa flamme (*one's love*), en vous inspirant si nécessaire de la littérature ou du cinéma.

- En haut de la tour Eiffel.
- En chantant sous sa fenêtre.
- …

**5** **Réactions personnelles** À deux, expliquez comment vous réagissez dans ces situations et quels sont vos sentiments.

1. Vous souhaitez faire la connaissance de l'ami(e) d'un(e) ami(e).

2. Vous recevez une déclaration amoureuse anonyme à la Saint-Valentin.

3. Quelqu'un que vous ne connaissez pas bien vous fait un compliment.

4. Vous rencontrez quelqu'un qui vous plaît à une fête.

5. L'un(e) de vos ami(e)s a des problèmes en amour et vous demande conseil.

**6** **Imaginez** Par petits groupes, imaginez ce que font ces personnages et où ils sont. Ont-ils l'air d'avoir des personnalités très différentes? Décrivez leur relation. Ont-ils l'air de bien s'entendre?

**Video: Short Film**

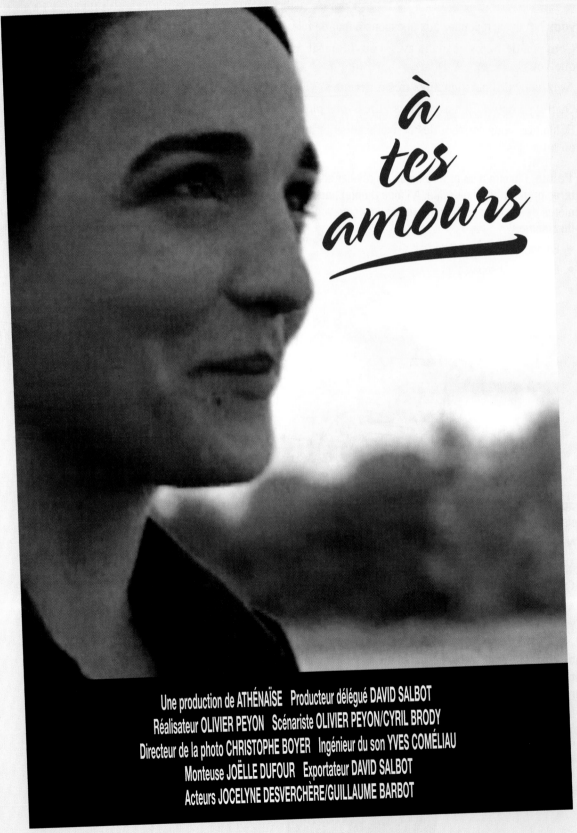

**INTRIGUE** *Il est amoureux. Sa grande sœur veut lui donner des conseils. Mais en a-t-il vraiment besoin?*

**LA SŒUR** C'est incroyable ce que tu as grandi, hein! L'année dernière, tu étais aussi grand que moi, puis là tu me dépasses d'une tête.

**LA SŒUR** Si tu étais amoureux, tu me le dirais?
**LE FRÈRE** Ça te regarde pas.
**LE SŒUR** Ben allez, tu es amoureux? Ben alors, tu me dis? Comment elle s'appelle?
**LE FRÈRE** Elle s'appelle Céleste.

**LA SŒUR** Et elle t'aime?
**LE FRÈRE** Ben je sais pas.
**LA SŒUR** Comment ça, tu sais pas? Tu lui as pas demandé, tu lui as rien dit?
**LE FRÈRE** Oh mais ça se fait pas comme ça, hein.
**LA SŒUR** Ben qu'est-ce que tu attends, de te la faire piquer?
**LE FRÈRE** Si tu crois que c'est facile.

**LE FRÈRE** J'y arriverai jamais.
**LA SŒUR** Mais si. Dis-lui ce qui te passe par la tête, c'est tout.
**LE FRÈRE** Je te dis que je pourrai pas.
**LA SŒUR** Mais arrête, tu pourras. Je suis sûre que tu en meurs d'envie. Tiens! On n'a qu'à essayer. Imagine que je suis Céleste. Je te dis d'imaginer.
**LE FRÈRE** Bon... Céleste... heu, t'aime.

**LA SŒUR** C'est bien... c'est bien, mais c'est un peu court, non?

**LE FRÈRE** Mais comment tu veux que je développe là, si tu parles tout le temps!
**LA SŒUR** Bon ben d'accord, excuse-moi, je me tais!

### Note **CULTURELLE**

«À tes amours»

Quand on porte un toast, on dit généralement: «Santé!», «À ta santé!» ou «À votre santé!», mais on peut aussi dire: «À tes/vos amours!» si on veut souhaiter bonne chance à quelqu'un dans sa vie amoureuse. On dit également: «À tes amours» à quelqu'un qui vient d'éternuer (*sneeze*) deux fois de suite. Quand quelqu'un éternue pour la première fois, c'est: «À tes souhaits». Bien sûr, il faut utiliser: «À vos souhaits» et «À vos amours» avec quelqu'un qu'on ne connaît pas bien.

# Analyse

**1**

**Compréhension** Indiquez si chaque phrase est vraie ou fausse. Ensuite, corrigez les phrases fausses.

1. Le jeune homme est plus grand que sa sœur. *vrai*
2. Il adore faire du sport, et surtout du vélo. *faux*
   *n'adore pas*
3. La jeune fille doit choisir un cadeau pour son père. *faux*
   *le frère*
4. Elle pense que son frère a une chance avec Céleste. *vrai*
5. Elle aimerait bien ne pas rester célibataire. *vrai?*
6. Elle essaie d'aider son frère à faire sa déclaration. *vrai*
7. Son frère a l'habitude de faire des déclarations d'amour. *faux?*
   *rarement*
8. Il a rencontré Céleste à l'école. *faux*
9. Céleste était exactement comme dans ses rêves. *vrai?*
10. Après son long discours, il oublie de dire «je t'aime». *vrai*

**2**

**Interprétation** À deux, répondez aux questions et justifiez vos réponses.

1. Qui, du frère ou de la sœur, est le plus âgé?
2. Est-ce qu'ils vivent ensemble chez leurs parents?
3. Est-ce que la sœur connaît Céleste?
4. Pensez-vous que le jeune homme soit amoureux pour la première fois? Justifiez votre réponse.
5. Le jeune homme pense-t-il que sa sœur puisse l'aider?
6. Est-ce qu'il surprend sa sœur? De quelle manière?

**3**

**Entre eux** À deux, comparez ces moments du film. Que font les personnages? Décrivez leurs émotions. Est-ce que leur relation a évolué entre les deux scènes et, si oui, comment?

Moment A:

Moment B:

 Practice more at **vhlcentral.com**.

**4** **Céleste** Par petits groupes, faites le portrait de Céleste d'après ce que vous avez appris dans le court métrage. Décrivez sa personnalité et ses goûts en une dizaine de phrases, puis comparez votre portrait à celui d'un autre groupe.

**5** **Jouez** Choisissez une de ces situations, puis préparez une petite scène à deux. Soyez prêt(e)s à la jouer devant la classe.

1. La situation inverse: c'est le frère qui donne des conseils à sa sœur.

2. Une scène similaire entre Céleste et sa sœur, son frère ou un(e) ami(e), où ils discutent à deux du jeune homme.

3. La scène où le jeune homme déclare son amour à Céleste et Céleste lui répond.

**6** **Pensées célèbres**

**A.** Par petits groupes, lisez ces citations sur l'amour et l'amitié, puis commentez-les. Donnez des exemples personnels, historiques ou artistiques pour les illustrer.

> «Il est évidemment bien dur de plus être aimé quand on aime, mais cela n'est pas comparable à l'être encore quand on n'aime plus.»
>
> —*Georges Courteline*

> «Votre véritable ami est celui qui ne vous passe rien et qui vous pardonne tout.»
>
> —*Diane de Beausacq*

> «Le contenu d'une cacahouète est suffisant pour que deux amis puissent le partager.»
>
> —*Proverbe burkinabé*

> «L'amitié se nourrit de communication.»
>
> —*Michel de Montaigne*

**B.** Toujours en groupes, faites un sondage pour déterminer la citation préférée de chacun. Justifiez votre choix à tour de rôle. Laquelle aimez-vous ou comprenez-vous le moins? Soyez prêt(e)s à discuter des résultats de votre enquête avec la classe.

**7** **Les sentiments** À deux, écrivez un dialogue basé sur une de ces situations. N'oubliez pas de bien exprimer les sentiments des personnages.

|  |  |
|---|---|
| **A** | **B** |
| Votre grand frère va quitter la maison pour aller faire ses études dans une autre ville. Il veut bien vous donner sa chambre, mais en échange, il faut que vous vous occupiez de votre plus jeune sœur et que vous lui donniez des conseils. | Votre meilleur(e) ami(e) vous apprend qu'il/elle doit déménager avec ses parents pour aller vivre dans une autre ville. Vous discutez de son départ et de comment votre relation va changer, puis vous décidez de rester en contact. |

ressources

v̂ Text

CE
pp. 16–17

vhlcentral.com
Leçon 1

**Galerie de Créateurs**

# IMAGINEZ

# LES ÉTATS

## Une amitié historique

Les liens° qui unissent la **France** et les **États-Unis** sont solides, fondés sur une histoire commune. À l'époque° coloniale, plusieurs Français ont participé à l'exploration de l'Amérique du Nord. Ainsi°, l'explorateur **Cavelier de La Salle** a été le premier Européen à descendre le **fleuve du Mississippi** et c'est **Antoine Cadillac**, un aventurier acadien°, qui a fondé la ville de **Détroit** en 1701. La **Louisiane française** était alors° un immense territoire avec, en son centre, le Mississipi. Elle s'étendait° des **Grands Lacs** au **golfe du Mexique**. Cet espace représente aujourd'hui dix États américains, et c'est pour cette raison que beaucoup de lieux dans cette région, comme **Belleville**, **Illinois** ou **Des Moines**, **Iowa**, portent° des noms français.

L'alliance franco-américaine s'est surtout renforcée° pendant la **guerre**° **d'Indépendance**. Avec le **marquis de Lafayette** et le **comte de Rochambeau**, l'armée française a offert une aide cruciale aux révolutionnaires américains, comme pendant la bataille° de la **baie de Chesapeake**, à la fin de la guerre. Ensuite, la France a été la première nation à reconnaître officiellement les nouveaux **États-Unis d'Amérique**. Des personnalités de cette période révolutionnaire comme **Benjamin Franklin**, **John Adams** et **Thomas Jefferson** étaient très francophiles et ont tous fait des séjours en France. De plus, les deux pays ont créé leur constitution en même temps et ont partagé la philosophie des **Lumières**°. Au cours des années, d'étroites° relations économiques et culturelles se sont développées entre eux, et en 1886, pour symboliser cette amitié, la France a offert aux États-Unis la **statue de la Liberté**, qu'on voit à l'entrée du port de **New York**.

Aujourd'hui, la France est le neuvième partenaire commercial des États-Unis, et hors de° l'Union Européenne, les États-Unis constituent le premier marché d'exportation de la France. Au niveau de la culture, les films français figurent parmi les films étrangers les plus vus aux États-Unis et les plus appréciés du public américain. Quel Américain ne connaît pas **Gérard Depardieu**, **Romain Duris**, **Audrey Tautou** ou **Marion Cotillard**? De même, les grands artistes sont toujours appréciés, et dans les musées américains, les expositions sur **Monet**, **Gauguin** ou **Cézanne** sont très populaires. Enfin, les liens touristiques sont forts: pour les Américains, la France est le pays de la bonne cuisine, des petits cafés, de la mode et du romantisme; et l'Amérique reste l'une des destinations préférées des touristes français. En somme, l'amitié entre ces deux pays semble faite pour durer°!

La statue de la Liberté à New York

Romain Duris

### D'ailleurs...

Avec environ 1.300.000 étudiants, le français est la deuxième langue la plus étudiée aux USA, après l'espagnol. Plus de 100 programmes d'échanges scolaires existent entre la France et les États-Unis, et il y a plus de 130 Alliances françaises sur le territoire américain, qui organisent plus de 1.000 manifestations culturelles par an.

**liens** *ties* **À l'époque** *At the time* **Ainsi** *In this way* **acadien** *from the Canadian region of Acadia* **alors** *at that time* **s'étendait** *stretched* **portent** *have* **s'est renforcée** *strengthened* **guerre** *war* **bataille** *battle* **Lumières** *Enlightenment* **étroites** *tight* **hors de** *outside* **durer** *last*

ressources

v̂ Text

CE p. 4

vhlcentral.com Leçon 1

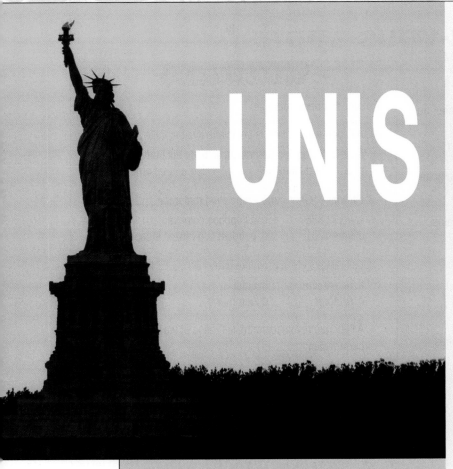

# -UNIS

# La francophonie aux USA

**Chevrolet** C'est un Suisse francophone, **Louis Chevrolet** (1878–1941), qui a fondé cette compagnie maintenant américaine. Après avoir été mécanicien en France et au Canada, Chevrolet déménage à New York en 1901. Là, il travaille pour **Fiat** et, en 1905, commence sa carrière de pilote de course°. Plus tard, Chevrolet dessine des voitures de course et bat° le record du monde de vitesse! La **Chevrolet Motor Car Company** est devenue une division de **General Motors** en 1918.

**Les contes de Perrault** Les contes du Français **Charles Perrault** (1628–1703) divertissent° les petits et les grands depuis des siècles, dans le monde occidental. Ses histoires, comme *Cendrillon*, *Le petit chaperon° rouge*, *La belle au bois dormant°*, et *Le chat botté°* ont inspiré des films, des ballets et des opéras. La compagnie Walt Disney en a même fait des films d'animation.

**Tony Parker** Malgré° son nom anglophone, **Tony Parker**, joueur professionnel de basket, est en fait° d'origine belge et française. Il est né à **Bruges**, en Belgique, et a été élevé en France. On le connaît bien aux États-Unis, parce qu'il joue dans l'équipe des **Spurs** à **San Antonio**, **Texas**. Avant de rejoindre° cette équipe de la **NBA** en 2001, Tony jouait en France dans la **LNB** (**Ligue Nationale de Basket-ball**).

**Céline Dion** Dernière-née d'une famille québécoise de 14 enfants, **Céline Dion** enregistre sa première chanson à 12 ans. Sa carrière commence en français, mais à l'âge de 18 ans elle apprend l'anglais et part à la conquête du monde anglophone. Son succès aux États-Unis est considérable; elle a vendu des millions d'albums, chanté pour la bande originale° de plusieurs films américains, et gagné de nombreux **Grammys**. Céline a encore connu un énorme succès avec son spectacle *A New Day...* créé en 2003, à **Las Vegas**.

**pilote de course** *race car driver* **bat** *breaks* **divertissent** *entertain* **chaperon** *hood*
**dormant** *sleeping* **Le chat botté** *Puss in Boots* **Malgré** *Despite* **en fait** *in fact*
**rejoindre** *join* **bande originale** *sound track*

## Le français dans l'anglais

### Mots et expressions venus du français

| | |
|---|---|
| à la carte | en route |
| art déco | hors-d'œuvre |
| avant-garde | je ne sais quoi |
| camouflage | protégé |
| cliché | raison d'être |
| crème de la crème | rendez-vous |
| déjà vu | résumé |
| encore | touché |

### Mots anglais empruntés au français au Moyen Âge

| | |
|---|---|
| armée | *army* |
| bœuf | *beef* |
| espion | *spy* |
| honneur | *honor* |
| joie | *joy* |
| liberté | *liberty* |
| loisir | *leisure* |
| mariage | *marriage* |
| mouton | *mutton* |
| oncle | *uncle* |
| salaire | *salary* |
| vallée | *valley* |

# Qu'avez-vous appris?

**1**

**Vrai ou faux?** Indiquez si ces affirmations sont vraies ou fausses et corrigez celles qui sont fausses.

1. C'est Cavelier de La Salle qui a fondé Détroit en 1701.

2. La Louisiane française s'étendait des Grands Lacs au golfe du Mexique.

3. Les films français ne sont pas appréciés des Américains.

4. Tony Parker est un joueur de basket d'origine belge et française.

5. Louis Chevrolet a écrit des contes connus dans le monde occidental.

6 Les films de Céline Dion connaissent un énorme succès aux États-Unis.

**2**

**Que sais-je?** Répondez aux questions.

1. Qui a été le premier Européen à descendre le fleuve du Mississippi?

2. Quelles personnalités américaines de la période révolutionnaire étaient très francophiles?

3. Qu'est-ce que la France et les États-Unis ont créé en même temps?

4. Que symbolise la statue de la Liberté?

5. Qui a fondé la compagnie Chevrolet et de quelle nationalité était-il?

6. De quoi les films d'animation de Walt Disney s'inspirent-ils beaucoup?

## Projet

### Aux États-Unis

Où trouve-t-on la culture francophone aux États-Unis? Faites des recherches pour créer une page de présentation au sujet d'un événement ou d'un lieu francophone.

• Notez les détails les plus intéressants.

• Choisissez des photos.

• Présentez votre page à la classe.

• Expliquez pourquoi vous avez choisi ce sujet.

 Practice more at **vhlcentral.com.**

Trouvez la bonne réponse.

1. À l'époque coloniale, la Louisiane avait la taille _____.
   a. de la région des Grands Lacs   b. de dix États américains
   c. du golfe du Mexique   d. d'un État américain

2. L'alliance franco-américaine s'est renforcée _____.
   a. vers 1886   b. à l'époque coloniale
   c. vers 1701   d. pendant la guerre d'Indépendance

3. La France a été la première nation à _____ les États-Unis.
   a. reconnaître   b. aider
   c. explorer   d. nommer

4. À l'époque révolutionnaire, la France et les États-Unis partageaient _____.
   a. la même constitution   b. le même espace
   c. la philosophie des Lumières   d. la même économie

5. La France a offert la statue de la Liberté aux États-Unis, en _____.
   a. 1701   b. 1846
   c. 1886   d. 1776

6. Romain Duris, Gérard Depardieu, Audrey Tautou et Marion Cotillard sont connus pour leur carrière _____.
   a. dans le cinéma   b. d'écrivain
   c. de musicien   d. sportive

7. Il y a _____ Alliances françaises sur le territoire américain.
   a. 1.000   b. plus de 130
   c. plus de 250   d. 50

8. Le joueur de basket Tony Parker a été élevé _____.
   a. au Québec   b. en Belgique
   c. en France   d. à San Antonio

9. Céline Dion a présenté son premier _____ à Las Vegas.
   a. hôtel   b. salon de beauté
   c. magasin   d. spectacle

10. Charles Perrault n'a pas écrit _____.
    a. Le Chat botté   b. Cendrillon
    c. La Princesse au petit pois   d. La Belle au bois dormant

Video: TV Clip

## Le droit de vote

**1** **Préparation** Répondez aux questions.

1. À quel âge est-ce qu'on peut voter dans votre pays?

2. Êtes-vous intéressé(e) par la politique? Pourquoi ou pourquoi pas?

---

**Vocabulaire du film**

**la convocation** *registration notice*

**un acquis** *a benefit; something earned*

**apporter sa voix** *to cast one's vote; literally: to bring one's voice*

**sauter sur l'occasion** *to seize the opportunity*

---

### Qu'en pensent les jeunes Belges?

Aux élections européennes de 2009 en Belgique, les primo-votants représentaient environ 8% des électeurs (*voters*). Les primo-votants sont les personnes qui votent pour la première fois, c'est-à-dire une majorité de jeunes. Un sondage (*survey*) réalisé en mai 2009 par l'Université de Liège et Dedicated Research a résumé les opinions des jeunes électeurs belges francophones. Même si deux jeunes sur trois (*two out of three*) déclarent s'intéresser peu à la politique, 86% d'entre eux estiment que voter est «utile» ou «très utile». Voter est un droit pour 38,9%, une chance pour 30,2%, un devoir pour 24,5% et une corvée (*chore*) pour 6,5%. 51% des jeunes ne pensent pas que «la plupart des hommes politiques soient corrompus» et 55% veulent croire (*want to believe*) que les politiciens essaient en général «d'améliorer la société». Enfin, 33% se sentent proches des écologistes, 27,4% du Parti Socialiste, 23,5% du Mouvement Réformateur, et seulement 1,5% du Centre Démocrate Humaniste (CDH), l'ancien Parti Social Chrétien.

**2** **Compréhension** Répondez aux questions.

1. Les jeunes du film pensent-ils que voter est un droit ou une corvée?

2. Pourquoi le parti CDH attire-t-il les deux jeunes de la fin de l'interview?

**3** **Discussion** Avec un(e) partenaire, décidez si vous êtes d'accord ou non avec ces affirmations; puis expliquez votre décision à la classe.

1. Voter est un acquis de la démocratie, pas un droit.

2. Les jeunes doivent absolument voter; ainsi ils peuvent changer l'avenir d'un pays.

**4** **Application** Un sondage

Préparez, avec votre classe, un sondage pour découvrir si les élèves de votre école s'intéressent à la politique et pour connaître leur opinion sur le rôle du vote dans la vie des jeunes. Comparez les résultats avec le sondage belge.

**Presentation Tutorial**

**1.1**

# Spelling-change verbs

—*Tu veux me prendre la main?*
—*Je **préfère** essayer sans.*

- Several -**er** verbs require spelling changes in certain forms of the present tense. These changes usually reflect variations in pronunciation or are made to avoid a change in pronunciation.

- For verbs that end in -**ger**, add an **e** before the -**ons** ending of the **nous** form.

| voyager (*to travel*) | |
|---|---|
| je voyage | nous voyageons |
| tu voyages | vous voyagez |
| il/elle voyage | ils/elles voyagent |

Nous **mangeons** ensemble.

- Other verbs like **voyager** are **déménager** (*to move*), **déranger** (*to bother*), **manger** (*to eat*), **partager** (*to share*), **plonger** (*to dive*), and **ranger** (*to tidy up*).

- In verbs that end in -**cer**, the **c** becomes **ç** before the -**ons** ending of the **nous** form.

| commencer (*to begin*) | |
|---|---|
| je commence | nous commençons |
| tu commences | vous commencez |
| il/elle commence | ils/elles commencent |

Nous **commençons** à 8h30.

- Other verbs like **commencer** are **avancer** (*to advance, to move forward*), **effacer** (*to erase*), **forcer** (*to force*), **lancer** (*to throw*), **menacer** (*to threaten*), **placer** (*to place*), and **remplacer** (*to replace*).

- The **y** in verbs that end in -**yer** changes to **i** in all forms *except* for the **nous** and **vous** forms.

| envoyer (*to send*) | |
|---|---|
| j'envoie | nous envoyons |
| tu envoies | vous envoyez |
| il/elle envoie | ils/elles envoient |

Il **balaie** la terrasse.

- Other verbs like **envoyer** are **balayer** (*to sweep*), **ennuyer** (*to annoy; to bore*), **essayer** (*to try*), **nettoyer** (*to clean*), and **payer** (*to pay*).

---

**ATTENTION!**

The **y** in verbs that end in -**ayer** can either remain **y** or change to **i**. Both forms are correct.

| je paie | *or* | je paye |
|---|---|---|
| ils essaient | *or* | ils essayent |

---

- Often the spelling change is simply the addition of an accent. Notice that the **nous** and **vous** forms of verbs like **acheter** have no accent added.

| acheter (*to buy*) | |
|---|---|
| j'ach**è**te | nous achetons |
| tu ach**è**tes | vous achetez |
| il/elle ach**è**te | ils/elles ach**è**tent |

Elle **achète** un pantalon.

- Other verbs like **acheter** are **amener** (*to bring someone*), **élever** (*to raise*), **emmener** (*to take someone*), **lever** (*to lift*), **mener** (*to lead*), and **peser** (*to weigh*).

- In verbs like **préférer**, the **é** in the last syllable of the verb stem changes to **è** in all forms *except* for the **nous** and **vous** forms.

| préférer (*to prefer*) | |
|---|---|
| je préf**è**re | nous préférons |
| tu préf**è**res | vous préférez |
| il/elle préf**è**re | ils/elles préf**è**rent |

Je **préfère** cette robe rouge.

**ATTENTION!**

The **é** in the first syllable of verbs like **élever** and **préférer** never changes. Spelling changes occur only in the last syllable of the verb stem.

- Other verbs like **préférer** are **considérer** (*to consider*), **espérer** (*to hope*), **posséder** (*to possess*), and **répéter** (*to repeat; to rehearse*).

- In certain verbs that end in **-eler** or **-eter**, the last consonant in the stem is doubled in all forms *except* for the **nous** and **vous** forms.

| appeler (*to call*) | | jeter (*to throw*) | |
|---|---|---|---|
| j'appe**ll**e | nous appelons | je je**tt**e | nous jetons |
| tu appe**ll**es | vous appelez | tu je**tt**es | vous jetez |
| il/elle appe**ll**e | ils/elles appe**ll**ent | il/elle je**tt**e | ils/elles je**tt**ent |

Seydou **appelle** son ami.

**BLOC-NOTES**

To review the present tense of -**er** verbs and the forms of regular -**ir** and -**re** verbs, see **Fiche de grammaire 1.4, p. 372.**

- Other verbs like **appeler** and **jeter** are **épeler** (*to spell*), **projeter** (*to plan*), **rappeler** (*to recall; to call back*), **rejeter** (*to reject*), and **renouveler** (*to renew*).

# Mise en pratique

**1**  **Les fiancés** Jérôme et Mathilde vont bientôt se marier. Jérôme a fait une liste de toutes les tâches à accomplir. Dites ce que fait chaque personne mentionnée.

> **Modèle**     **appeler le fleuriste: Mathilde et moi**
> Nous appelons le fleuriste.

> 1. *payer le pâtissier: moi*
>
> 2. *remplacer les invitations: ma sœur*
>
> 3. *amener les grands-parents: maman et papa*
>
> 4. *ranger l'appartement: Mathilde et moi*
>
> 5. *nettoyer la salle de bains: mon frère*
>
> 6. *répéter demain soir: les musiciens*
>
> 7. *jeter les vieux journaux: moi*
>
> 8. *acheter de nouvelles chaussures: mon frère et moi*

**2**  **En famille** Kader est déprimé et il en donne les raisons aux membres de sa famille. Formez des phrases complètes.

1. mes enfants / préférer / leur mère

2. nous / ne… aucune / payer / dette

3. je / s'ennuyer / souvent / le dimanche

4. personne / ne… jamais / balayer dehors

5. Martine et Sonya / effacer / messages / sur / répondeur

6. mon frère / élever / mal / mes neveux

7. nous / ne… pas / remplacer / les fleurs fanées (*withered*)

8. vous / me / déranger / quand / je / amener / clients / à la maison

**3** **Les amis** Avec un(e) camarade, faites des phrases complètes avec les éléments de chaque colonne.

> **Modèle**     Les vrais amis appellent souvent.

| A | B | |
|---|---|---|
| je | acheter | menacer |
| tu | amener | nettoyer |
| un(e) bon(ne) ami(e) | appeler | partager |
| nous | commencer | payer |
| vous | considérer | préférer |
| les faux/fausses | emmener | rejeter |
| ami(e)s | ennuyer | voyager |
| ? | envoyer | ? |

 Practice more at **vhlcentral.com**.

# Communication

**4**

**Les jeunes mariés** Jacqueline et Thierry viennent de se marier. Avec un(e) camarade, décrivez leur vie ensemble à l'aide des mots de la liste.

| | | |
|---|---|---|
| commencer | espérer | préférer |
| considérer | essayer | projeter |
| déménager | mener | renouveler |

**Modèle**  —Thierry projette de chercher un nouveau travail.
—Jacqueline préfère vivre près de Marseille.

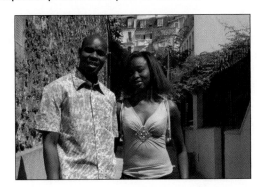

**5**

**Conversation** Avec un(e) camarade, décrivez chaque personne à l'aide du verbe qui lui correspond.

**Modèle**  **préférer: mon frère**

—Mon frère préfère travailler très tard le soir.

—Ma sœur aussi. Elle préfère commencer ses devoirs après dix heures.

1. acheter: mon père

2. posséder: le prof de français

3. rejeter: nos camarades de classe

4. ennuyer: je

5. avancer: nous

6. déranger: mes amis

**6**

**J'en ai besoin.** Par groupes de trois, dites pourquoi vous avez besoin des éléments de la liste ou pourquoi vous n'en avez pas besoin. Employez des verbes comme **voyager**, **commencer**, **envoyer**, **acheter**, **préférer** ou **appeler**. Chaque phrase doit avoir un verbe différent.

**Modèle**  **une chaîne stéréo**

J'ai besoin d'une chaîne stéréo parce que j'achète beaucoup de CD.

- de l'argent
- une voiture
- un portable
- une valise
- un ordinateur
- un aspirateur
- de bonnes notes
- ?

ressources

v̂ Text

CE
pp. 5–7

vhlcentral.com
Leçon 1

**Presentation
Tutorial**

# The irregular verbs *être*, *avoir*, *faire*, and *aller*

—*On **va** s'asseoir?*

- The four most common irregular verbs in French are **être**, **avoir**, **faire**, and **aller**. These verbs are considered irregular because they do not follow the predictable patterns of regular -**er**, -**ir**, or -**re** verbs.

- The verb **être** means *to be*. It is often followed by an adjective.

| être (*to be*) | |
|---|---|
| **je** suis | **nous** sommes |
| **tu** es | **vous** êtes |
| **il/elle** est | **ils/elles** sont |

Je **suis** américain.
*I am American.*

Ils **sont** timides.
*They are shy.*

C'**est** un bon film.
*It is a good movie.*

Nous **sommes** fiancés.
*We are engaged.*

- The verb **avoir** means *to have*.

| avoir (*to have*) | |
|---|---|
| **j'ai** | **nous** avons |
| **tu** as | **vous** avez |
| **il/elle** a | **ils/elles** ont |

Ils **ont** froid.

- The verb **avoir** is used in many idiomatic expressions.

**ATTENTION!**

An idiomatic expression is one that cannot be translated or interpreted literally. Notice that many expressions with **avoir** correspond to English expressions with the verb *to be*.

**J'ai dix-neuf ans.**

*I am nineteen years old.*

**Mireille a sommeil.**

*Mireille is sleepy.*

| | | |
|---|---|---|
| **avoir... ans** *to be ... years old* | **avoir envie de** *to feel like* | **avoir de la patience** *to be patient* |
| **avoir besoin de** *to need* | **avoir faim** *to be hungry* | **avoir peur de** *to be afraid* |
| **avoir de la chance** *to be lucky* | **avoir froid** *to be cold* | **avoir raison** *to be right* |
| **avoir chaud** *to be hot* | **avoir honte de** *to be ashamed* | **avoir soif** *to be thirsty* |
| **avoir du courage** *to be brave* | **avoir mal à** *to ache, to hurt* | **avoir sommeil** *to be sleepy* |
| | | **avoir tort** *to be wrong* |

- The verb **faire** means *to do* or *to make*.

| faire (*to do*; *to make*) | |
|---|---|
| **je** fais | **nous** faisons |
| **tu** fais | **vous** faites |
| **il/elle** fait | **ils/elles** font |

Elle **fait** de l'exercice.

- **Faire** is also used in numerous idiomatic expressions. Many of these expressions are related to weather, sports and leisure activities, or household tasks.

**BLOC-NOTES**

The verb **faire** followed by an infinitive means *to have something done* or *to cause something to happen*. To learn more about **faire causatif**, see **Fiche de grammaire 9.5**, p. 406.

### les sports et les loisirs

**faire de l'aérobic**
  *to do aerobics*
**faire du camping**
  *to go camping*
**faire du cheval**
  *to ride a horse*
**faire de l'exercice**
  *to exercise*
**faire la fête**  *to party*
**faire de la gym**  *to work out*
**faire du jogging**  *to go jogging*
**faire de la planche à voile**
  *to go windsurfing*
**faire une promenade**
  *to go for a walk*
**faire une randonnée**
  *to go for a hike*
**faire un séjour**  *to spend time (somewhere)*

**faire du shopping**
  *to go shopping*
**faire du ski**  *to go skiing*
**faire du sport**  *to play sports*
**faire un tour (en voiture)**
  *to go for a walk (for a drive)*
**faire les valises**  *to pack one's bags*
**faire du vélo**  *to go cycling*

### le temps

**Il fait beau.**
  *The weather's nice.*
**Il fait chaud.**  *It's hot.*
**Il fait froid.**  *It's cold.*
**Il fait mauvais.**
  *The weather's bad.*
**Il fait (du) soleil.**  *It's sunny.*
**Il fait du vent.**  *It's windy.*

### les tâches ménagères

**faire la cuisine**  *to cook*
**faire la lessive**  *to do laundry*
**faire le lit**  *to make the bed*
**faire le ménage**
  *to do the cleaning*
**faire la poussière**  *to dust*
**faire la vaisselle**
  *to do the dishes*

### d'autres expressions

**faire attention (à)**  *to pay attention (to)*
**faire la connaissance de**
  *to meet (someone)*
**faire mal**  *to hurt*
**faire peur**  *to scare*
**faire des projets**
  *to make plans*
**faire la queue**  *to wait in line*

- The verb **aller** means *to go*.

| aller (*to go*) | |
|---|---|
| **je** vais | **nous** allons |
| **tu** vas | **vous** allez |
| **il/elle** va | **ils/elles** vont |

Vont-ils au théâtre?

- You can use **aller** with another verb to tell what is going to happen in the near future. The second verb is in the infinitive. This construction is called the **futur proche** (*immediate future*).

Je **vais** **tomber** amoureux.
*I'm going to fall in love.*

Vous **allez** vous **mettre** en colère?
*Are you going to get angry?*

**ATTENTION!**

Remember, when you negate a sentence in the **futur proche**, place **ne... pas** around the form of **aller**.

**Tu ne vas pas regarder le match?**

*Are you not going to watch the game?*

# Mise en pratique

**1**

**Le mariage** Complétez toutes les phrases. Soyez logique!

1. Soraya et Georges sont \_\_\_\_\_
2. Alors, ils vont \_\_\_\_\_
3. La mère de Soraya a \_\_\_\_\_
4. Son père est \_\_\_\_\_
5. Le jour du mariage, il fait \_\_\_\_\_
6. Soraya et Georges ont \_\_\_\_\_
7. Nous, leurs amis, nous sommes \_\_\_\_\_
8. La semaine prochaine, les jeunes mariés font \_\_\_\_\_

a. du soleil.
b. se marier.
c. amoureux.
d. déprimé parce qu'il pense au coût (*cost*) du mariage!
e. avec eux.
f. de la chance.
g. un séjour à Tahiti.
h. peur de perdre sa fille.

**2**

**Au musée** Complétez cette histoire à l'aide d'une forme correcte des verbes **être**, **avoir**, **faire** ou **aller**. Employez le présent de l'indicatif.

**Note**
**CULTURELLE**

**Le musée du Travail et de la Culture** se trouve à **Woonsocket**, dans le **Rhode Island**. Pendant tout le 19$^e$ siècle, des milliers (*thousands*) de **Québécois** sont venus dans le Rhode Island pour travailler dans les usines de la vallée du **fleuve Blackstone**. Au début du 20$^e$ siècle, Woonsocket était la ville la plus francophone des États-Unis. Aujourd'hui, on peut visiter les sites historiques de la ville pour y découvrir la forte influence de son passé francophone.

Kristen Aucoin et son frère Matt habitent dans le Rhode Island, et ils (1) \_\_\_\_\_ des ancêtres franco-canadiens. Ils adorent le sport et ils (2) \_\_\_\_\_ du vélo presque tous les week-ends, mais cet après-midi, il (3) \_\_\_\_\_ mauvais et il pleut. Alors, ils (4) \_\_\_\_\_ visiter le musée du Travail et de la Culture. Ils (5) \_\_\_\_\_ curieux de connaître l'histoire de leur région, et ce musée (6) \_\_\_\_\_ le meilleur endroit pour ça. Au musée, on (7) \_\_\_\_\_ la possibilité de voir des expositions sur l'immigration québécoise en Nouvelle-Angleterre. Kristen (8) \_\_\_\_\_ envie d'acheter quelques livres. Matt (9) \_\_\_\_\_ parler en français aux employés du musée. Il (10) \_\_\_\_\_ des efforts pour ne pas perdre la langue de ses grands-parents.

 Practice more at **vhlcentral.com**.

# Communication

**3**

**Comparaisons** Avec un(e) camarade, décrivez les personnes de la liste à l'aide de ces expressions. Expliquez vos choix. Ensuite, comparez vos réponses avec celles d'un autre groupe.

> **Modèle** Madonna fait évidemment de la gym parce qu'elle est en forme.

| | |
|---|---|
| avoir du courage | faire la cuisine |
| avoir honte | faire la fête |
| avoir de la patience | faire de la gym |
| avoir sommeil | faire le ménage |
| avoir tort | faire du shopping |
| ? | ? |

- Mariah Carey
- Brad Pitt

- Céline Dion
- Will Smith

- Audrey Tautou
- Johnny Depp

**4**

**Conseils** À deux, donnez des conseils à ces personnes. Employez à chaque fois le verbe **être** ou **avoir**, une expression avec **faire** et un verbe au futur proche.

> **Modèle** Vous êtes fatiguée. Si vous faites une promenade, vous n'allez pas vous endormir.

**5**

**Promesses** Vous avez beaucoup agacé votre meilleur(e) ami(e). Vous promettez de ne plus faire ce qui l'énerve. Il/Elle vous pose des questions pour en être sûr(e). Jouez la scène pour la classe.

> **Modèle** —Je ne vais plus faire de commérages!
> —Bon, mais est-ce que tu vas être plus franc/franche?

**ressources**

v̂ Text

CE
pp. 8-10

vhlcentral.com
Leçon 1

**Presentation Tutorial**

# Forming questions

—*Et elle t'aime?*

### ATTENTION!

You may recall that some ways of formulating a question are more informal than others. Intonation questions are considered informal. **Est-ce que** is somewhat more formal. Inversion is generally more formal.

- Rising intonation is the simplest way to ask a question. Just say the same words as when making a statement and raise your pitch at the end.

  Tu connais mon ami Pascal?
  *Do you know my friend Pascal?*

- You can also ask a question using **est-ce que**. If the next word begins with a vowel sound, **est-ce que** becomes **est-ce qu'**.

  **Est-ce que** vous prenez des risques?     **Est-ce qu'**il a cinq ans?
  *Do you take risks?*     *Is he five years old?*

- You can place a tag question at the end of a statement.

  Tu es canadien, **n'est-ce pas**?     On va partir à 8h00, **d'accord**?
  *You are Canadian, right?*     *We're going to leave at 8 o'clock, OK?*

### ATTENTION!

Use inversion only with pronouns. If the subject is a noun, add the corresponding pronoun and then invert it with the verb.

**Votre femme arrive-t-elle ce week-end?**

*Is your wife arriving this weekend?*

To invert **il y a**, use **y a-t-il**.

**Y a-t-il une station de métro près d'ici?**

*Is there a subway station nearby?*

**Est-ce** is the inverted form of **c'est**.

**Est-ce ton père là-bas?**

*Is that your father over there?*

- You can invert the order of the subject pronoun and the verb. Remember to add a hyphen whenever you use inversion. If the verb ends in a vowel and the subject is **il**, **elle**, or **on**, add -**t**- between the verb and the pronoun.

  **Aimes-tu** les maths?     **Préfère-t-il** le bleu ou le vert?
  *Do you like math?*     *Does he prefer blue or green?*

- To ask for specific types of information, use the appropriate interrogative words.

> **Interrogative words**
>
> **combien (de)?** *how much/many?*
> **comment?** *how?*
> **où?** *where?*
> **pourquoi?** *why?*
> **quand?** *when?*
> **que/qu'?** *what?*
> **(à/avec/pour) qui?**
>   *(to/with/for) who(m)?*
> **(avec/de) quoi?** *(with/about) what?*

- You can use various methods of question formation with interrogative words.

**Quand** est-ce qu'ils mangent?     **Combien** d'élèves y a-t-il?
*When are they eating?*     *How many students are there?*

- The interrogative adjective **quel** means *which* or *what*. Like other adjectives, it agrees in gender and number with the noun it modifies.

| The interrogative adjective quel | | |
|---|---|---|
| | **singular** | **plural** |
| masculine | quel | quels |
| feminine | quelle | quelles |

—Je suis à l'hôtel.     —Carole aime cette chanson.
—**Quel** hôtel?     —**Quelle** chanson?

- **Quel(le)(s)** can be used with a noun or with a form of the verb **être**.

**Quelle est** ton adresse?     **Quelles sont** tes fleurs préférées?
*What is your address?*     *What are your favorite flowers?*

- To avoid repetition, use the interrogative pronoun **lequel**. Like **quel**, it agrees in number and gender with the noun it modifies. Since it is a pronoun, the noun is not stated.

| The interrogative pronoun lequel | | |
|---|---|---|
| | **singular** | **plural** |
| masculine | lequel | lesquels |
| feminine | laquelle | lesquelles |

—Je vais prendre cette jupe.     —Laure adore ces bonbons.
—*I'm going to take this skirt.*     —*Laure loves these candies.*

—**Laquelle**?     —**Lesquels?**
—*Which one?*     —*Which ones?*

- **Lequel** and its forms can be used with the prepositions **à** and **de**. When this occurs, the usual contractions with **à** and **de** are made. In the singular, contractions are made only with the masculine forms.

à + lequel = **auquel**    *but*    à + laquelle = **à laquelle**
de + lequel = **duquel**    *but*    de + laquelle = **de laquelle**

—Mon frère a peur du chien.    —Nous allons au cinéma.    —Je vais à l'université.
—**Duquel** est-ce qu'il a peur?    —**Auquel** allez-vous?    —**À laquelle** vas-tu?

- In the plural, contractions are made with both the masculine and feminine forms: **auxquels, auxquelles; desquels, desquelles**.

—Le prof parle aux lycéennes.     —Il a besoin de livres.
—**Auxquelles** est-ce qu'il parle?     —**Desquels** a-t-il besoin?

# Mise en pratique

**1** **Les copains** Posez des questions à Gisèle. Formulez chaque question deux fois, d'abord avec **est-ce que**, puis avec l'inversion.

> **Modèle** **nous / avoir rendez-vous / avec Karim / à la piscine**
>
> Est-ce que nous avons rendez-vous avec Karim à la piscine? Avons-nous rendez-vous avec Karim à la piscine?

1. tu / avoir confiance / en Myriam
2. Lucie et Ahmed / aller / faire / du sport
3. vous / rêver / de / tomber / amoureux
4. Alain / draguer / filles / de / la classe
5. Stéphanie / se mettre / souvent / en colère
6. mes copines / espérer / faire / un séjour / Canada

**2** **Des parents contrariés** Ces parents sont fâchés contre leurs deux enfants adolescents. La mère pose des questions et le père les réitère avec des interrogatifs. Avec un(e) camarade, alternez les rôles, puis jouez la scène pour la classe.

> **Modèle** **Tu rentres <u>à trois heures du matin</u>?**
>
> À quelle heure est-ce que tu rentres?!

1. Vous mangez <u>cinq éclairs</u> par jour?
2. Tu travailles <u>avec Laurent</u>?
3. <u>Ce</u> mauvais élève est ton meilleur ami?
4. Vous allez <u>au parc</u> pendant les cours?
5. Vos amis achètent <u>des jeux vidéo</u> avec leur argent?

**3** **Chez le conseiller matrimonial** D'après (*According to*) les réponses, devinez les questions. Employez l'inversion.

**CONSEILLER** (1) _____

**M. LEROUX** Ah, oui! Ma femme travaille trop!

**CONSEILLER** (2) _____

**M. LEROUX** Elle est psychologue.

**CONSEILLER** (3) _____

**MME LEROUX** Non, malheureusement, nous ne sortons jamais ensemble.

**CONSEILLER** (4) _____

**MME LEROUX** Oui, mon mari me demande souvent de rentrer plus tôt.

**CONSEILLER** (5) _____

**M. LEROUX** Bien sûr que ses heures de travail me gênent!

**CONSEILLER** Bon, (6) _____

**M. LEROUX** Prenons le prochain rendez-vous pour onze heures.

# Communication

**4** À vous de décrire! Par groupes de trois, regardez chaque photo et posez-vous mutuellement des questions pour décrire ce qui se passe.

Modèle —Combien de personnes y a-t-il?
—Il y a cinq personnes.
—Que font-elles?

**5** Des curieux Dites à votre camarade ce que vous allez faire pendant les prochaines vacances, à l'aide des mots de la liste. Ensuite, votre camarade va formuler une question avec **lequel** pour avoir plus de détails.

Modèle —Je vais lire un livre.
—Ah bon? Lequel?
—Je vais lire *De la démocratie en Amérique*.

| | |
|---|---|
| bronzer sur une plage | sortir avec des copains/copines |
| descendre dans un hôtel | visiter des musées |
| manger dans un restaurant | visiter une ville |
| regarder des émissions à la télé | voir un film |
| ? | ? |

**6** Questions personnalisées Avec un(e) camarade, posez-vous mutuellement au moins trois questions sur ces thèmes. Présentez ensuite vos réponses à la classe.

Modèle **le/la petit(e) ami(e)**

As-tu un(e) petit(e) ami(e)? Comment est-ce qu'il/elle s'appelle?
À quel lycée va-t-il/elle?

- les cours
- les parents
- les copains
- l'argent
- les passe-temps
- la nourriture

Note
**CULTURELLE**

En 1831, le gouvernement français envoie aux États-Unis un écrivain de science politique âgé de 25 ans, **Alexis de Tocqueville**, pour y étudier les prisons. Après un séjour de neuf mois, Tocqueville retourne en France, enthousiasmé par le système démocratique américain, et il écrit **De la démocratie en Amérique**. Cette analyse politique, qui décrit tout aussi bien la réalité d'aujourd'hui que celle du 19ᵉ siècle, est un classique de la littérature française.

ressources

v̂Text

CE
pp. 11–14

vhlcentral.com
Leçon 1

# Synthèse

# Où allons-nous habiter?

| De: | Martin <martin.compeau@courriel.ca> |
|---|---|
| Pour: | Docteur Lesage <etienne24@courriel.qc> |
| Sujet: | Où allons-nous habiter? |

J'ai 30 ans et je suis marié. Mon problème a commencé à cause d'une blague. Je fais des blagues tout le temps.

Ma femme Pauline et moi déménageons bientôt à New York, où nous faisons un tour chaque année. Elle considère que c'est la ville idéale. Nous avons deux enfants, et nous sommes tous très heureux d'aller habiter à New York. Un week-end, j'y vais pour chercher un appartement, pendant que Pauline essaie de vendre notre maison. Mais on s'envoie des messages instantanés pour être en contact. Elle m'appelle aussi chaque soir.

La semaine dernière, pour rire, j'ai l'idée d'envoyer un e-mail à Pauline pour lui dire que je n'ai plus envie de déménager. Et je réussis à la convaincre°! C'est incroyable, n'est-ce pas? Cette situation m'inquiète beaucoup, parce que ma femme s'est mise en colère. Elle ne veut plus me parler. Quelle solution me suggérez-vous? Comment vais-je lui dire que c'est une blague? Ne va-t-elle pas se mettre encore plus en colère? Êtes-vous capable de m'aider?

*to convince*

---

**1** **L'e-mail** Par groupes de trois, lisez l'e-mail que Martin a écrit au Docteur Lesage et répondez aux questions.

1. Qu'est-ce que Martin fait tout le temps?

2. Que font Martin et Pauline à New York?

3. Comment Martin et Pauline sont-ils en contact quand ils ne sont pas ensemble?

4. Quelle idée Martin a-t-il un jour?

5. Qu'est-ce que Martin réussit à faire?

6. Quel est l'effet de cette situation sur Martin?

**2** **Discussion** Restez dans le même groupe de trois et parlez du problème de Martin. Suggérez une solution. Choisissez un membre du groupe pour la présenter à la classe.

ressources

v̂ Text

vhlcentral.com
Leçon 1

**3**  **Solution** Écoutez les solutions suggérées par tous les groupes et parlez-en avec toute la classe. Travaillez ensemble pour suggérer la meilleure solution au problème de Martin. Gardez en tête les questions suivantes.

1. Quelles sont les différentes réactions de chaque groupe au problème de Martin?

2. Y a-t-il une solution commune? Laquelle?

3. Y a-t-il des solutions plus réalisables (*workable*) que d'autres? Lesquelles?

# Préparation

### Vocabulaire de la lecture

**à partir de** *from*
**fuir** (*irreg.*) *to flee*
**grâce à** *thanks to*
**un mélange** *mix*
**une nouvelle vague** *new wave*
**rejoindre** (*irreg.*) *to join*
**un soldat** *soldier*

### Vocabulaire utile

**un(e) ancêtre** *ancestor*
**s'assimiler à** *to blend in*
**bilingue** *bilingual*
**un choc culturel** *culture shock*
**le dépaysement** *change of scenery; disorientation*
**émigrer** *to emigrate*
**immigrer** *to immigrate*
**s'intégrer (à un groupe)** *to integrate (into a group)*

**1** **Vocabulaire** Choisissez le bon mot de vocabulaire pour compléter chaque phrase.

1. _____ mes parents, je vais aller à l'université l'année prochaine.

2. Il est normal de rendre hommage à nos _____, plusieurs fois dans l'année.

3. Une personne qui parle couramment deux langues est _____.

4. Dans les films d'horreur, le héros ou l'héroïne _____ toujours le monstre ou le méchant (*bad guy*).

5. Cette _____ artistique mélange le moderne et le traditionnel.

6. Benjamin Franklin a peut-être ressenti _____ quand il est arrivé pour la première fois en France, comme représentant des États-Unis.

**2** **Chez vous** Répondez individuellement aux questions par des phrases complètes. Ensuite, comparez vos réponses avec celles de votre camarade.

1. Votre famille a-t-elle conservé des éléments de sa culture ancestrale? Si oui, lesquels? Lesquels préférez-vous? Sinon, quels sont les éléments des autres cultures que vous appréciez le plus?

2. Voudriez-vous que vos enfants et petits-enfants transmettent les traditions que vous avez maintenues dans votre famille?

3. Quelles communautés ethniques différentes de la vôtre existent près de chez vous? Ont-elles parfois des festivals ou des événements qui célèbrent leur culture? Si oui, y avez-vous déjà assisté? Décrivez votre expérience.

**3** **Sujets de réflexion** Discutez de ces questions par groupes de trois et comparez vos réponses à celles des autres groupes.

1. Quelles sont les raisons pour lesquelles une personne immigre dans un autre pays?

2. Quand quelqu'un part vivre dans un pays étranger où on parle une autre langue, devrait-il/elle parler à ses futurs enfants dans sa langue ou dans la langue du pays? Expliquez votre réponse.

3. Comment peut-on préserver une culture? Quel rôle joue la langue dans cet effort de préservation?

4. Faut-il s'assimiler pour s'intégrer, ou peut-on arriver à l'intégration en gardant (*while keeping*) sa propre culture?

ressources

v̂ Text

vhlcentral.com
Leçon 1

Practice more at
**vhlcentral.com.**

# Les **francophones** d'Amérique

Chaque année, vers le mois de septembre, les Festivals acadiens de Lafayette, en Louisiane, célèbrent les divers aspects de la culture cajun:
5 musique, gastronomie, art et artisanat… Cette tradition a commencé à l'époque de la «fièvre» cajun qui a fait redécouvrir une culture en voie de disparition.

C'est au 17ᵉ siècle qu'une communauté
10 francophone s'est installée en Acadie, à l'est du Canada, où on trouve aujourd'hui la *Nova Scotia* Nouvelle-Écosse° et les régions voisines. La communauté a souffert de l'invasion des Britanniques pendant la guerre de Sept Ans
15 (1754–1763) et de la déportation en France, en Angleterre et dans les colonies britanniques. De nombreux Acadiens ont fui. Ils ont suivi le *end up* fleuve Mississippi pour aboutir° en Louisiane, en 1765. C'est alors qu'est née la culture
*being* 20 cajun, ce terme étant° une altération anglaise du mot «acadien». Jusqu'au 20ᵉ siècle, d'autres francophones, du Canada, des Antilles et d'ailleurs, ont rejoint
25 les Cajuns.

En 1921, un nouvel obstacle se présente, quand le gouvernement de la Louisiane déclare
30 obligatoire l'éducation en anglais. À partir de ce moment, la culture cajun est en danger d'extinction. Heureusement, en 1968,
35 le gouvernement local crée le Conseil pour le Développement du Français en Louisiane (CODOFIL) et on appelle Acadiana le sud-ouest de l'État, où se trouve la majorité des Cajuns. Aujourd'hui,
40 le français est enseigné dans les écoles, parfois dans des programmes d'immersion.
*Besides* Outre° le retour de l'enseignement du français, la culture cajun a connu une renaissance, dans les domaines de
45 la gastronomie et de la musique. Depuis ses origines, la musique est un mélange d'influences étrangères provenant d'Afrique,

## Les instruments de musique

Le violon° et l'accordéon, *fiddle* les principaux instruments de la musique cajun, sont accompagnés de la guitare, du triangle, de l'harmonica et de la planche à laver°, ou *washboard* «frottoir» en cajun. Ce dernier instrument se joue à l'aide de dés à coudre° avec lesquels on *thimbles* frotte° la planche ou on tape° dessus. *rubs/hits*

**La culture cajun a connu une renaissance aux États-Unis, dans les domaines de la gastronomie et de la musique.**

des Antilles ou du reste des États-Unis. Le musicien Dewey Balfa a contribué à la popularité de la musique acadienne depuis 50 les années 1960, et la nouvelle vague de musiciens cajuns continue de la faire évoluer. Celle-ci est devenue si populaire que des groupes se sont 55 formés dans d'autres villes américaines, comme les Femmes d'enfer à Seattle ou Bone Tones à Minneapolis. 60

La gastronomie est l'autre ambassadeur culturel des Cajuns. Originaire de l'Acadiana, elle s'inspire de la 65 cuisine provençale, et ses principaux ingrédients sont le poivron, l'oignon et le céleri. Grâce à des chefs comme Paul Prudhomme et Emeril Lagasse, dont on voit les émissions télévisées, cette 70 gastronomie s'est répandue° dans beaucoup *has spread* de villes et de cuisines américaines.

Les cultures acadienne et cajun ont su résister à tous les événements qui ont voulu les détruire. Le peuple cajun a réussi son 75 intégration: il s'est assimilé à la société américaine sans abandonner ses traditions ni son mode de vie. ■

# Analyse

**1**
**Compréhension** Répondez aux questions par des phrases complètes.

1. D'où est venue la majorité des francophones qui se sont installés en Louisiane au 18ᵉ siècle?

2. Pour quelle raison ont-ils quitté leur colonie?

3. Pourquoi la langue et la culture cajuns ont-elles été en danger d'extinction au 20ᵉ siècle?

4. À part (*Apart from*) la langue, quels sont les deux éléments les plus visibles de la culture cajun sur le continent américain?

5. Quels sont les deux instruments principaux de la musique cajun?

6. Quelle cuisine a influencé la gastronomie cajun?

**2**
**Opinion** Répondez à ces questions avec un(e) camarade.

1. Que ressentiriez-vous si le gouvernement vous interdisait de parler votre langue?

2. Pensez-vous que votre langue et votre culture fassent partie de votre personnalité? Expliquez votre réponse.

3. Pensez-vous que la coexistence de plusieurs cultures crée une société plus forte ou plus faible?

**3**
**Prédiction** Vous avez lu que d'autres cultures et des influences extérieures ont menacé l'existence de la culture cajun. Pourtant, cette culture existe encore et a de l'influence sur le continent nord-américain. Par groupes de trois ou quatre, imaginez la communauté cajun en 2100. Existera-t-elle encore, à votre avis? Le français cajun sera-t-il encore parlé?

**4**
**Allez plus loin** Pour aller plus loin, imaginez le continent nord-américain en 2100 et répondez aux questions par groupes de trois.

• À votre avis, quelles seront les cultures dominantes sur le territoire?

• Quelles seront les cultures en déclin?

• Quelles langues le peuple américain parlera-t-il?

• L'anglais persistera-t-il à dominer comme unique langue officielle?

• L'éducation bilingue ou plurilingue (*multilingual*) sera-t-elle une réalité?

ressources

v Text

vhlcentral.com
Leçon 1

 Practice more at **vhlcentral.com**.

# Préparation

## À propos de l'auteur

**P**aul-Marie Verlaine (1844–1896), est né à Metz d'une famille bourgeoise. Il obtient son baccalauréat en 1864 et étudie le droit, mais c'est la poésie qui l'attire. À l'âge de vingt-deux ans, Verlaine publie ses premiers recueils (*collections of poems*), les *Poèmes saturniens* (1866) et *Fêtes galantes* (1869). À l'âge de vingt-cinq ans, il épouse Mathilde Mauté, à qui il dédie *La bonne chanson* (1870). Le siège de Paris, les troubles de la Commune et la rencontre d'Arthur Rimbaud en 1871 bouleversent (*turn upside down*) la vie de Verlaine. Les deux poètes partent en Angleterre et en Belgique où leur relation se termine violemment, lorsque Verlaine, au cours d'une dispute, tire sur (*shoots*) Rimbaud. Condamné à la prison, Verlaine écrit *Romances sans paroles* (1874) dont fait partie le poème ci-dessous. Séparé de sa femme, il publie en 1884 un essai intitulé *Les poètes maudits*. À partir de 1887, Verlaine devient un des écrivains les plus admirés de sa génération et son influence sur les jeunes poètes symbolistes est considérable.

| **Vocabulaire de la lecture** | | **Vocabulaire utile** |
|---|---|---|
| **un bruit** *sound* | **pire** *worst* | **le chagrin** *sorrow; affliction* |
| **le deuil** *bereavement; grief following death* | **pleurer** *to cry* | **la douleur** *pain; suffering* |
| **écœurer** *to sicken / nauseate* | **le toit** *roof* | **un état d'âme** *qualm; feeling* |
| **la langueur** *listlessness* | **la trahison** *betrayal* | **évoquer** *to evoke* |
| **par terre** *on the ground* | **une raison** *reason, cause* | **une larme** *tear* |
| **la peine** *sorrow; grief* | | |

**1**

**Définitions** Faites correspondre chaque mot avec sa définition.

_____ 1. Vive hostilité ou aversion        a. un toit

_____ 2. La douleur liée à la mort de quelqu'un d'autre        b. le bruit

_____ 3. Tourment, souffrance        c. la haine

_____ 4. Couverture d'une maison        d. le deuil

_____ 5. L'opposé du silence        e. la peine

_____ 6. Le plus mauvais        f. le pire

**2**

**Préparation** Répondez individuellement à ces questions, puis discutez-en avec un(e) camarade de classe.

1. Dans la vie, quand ressent-on une tristesse profonde? Et une grande joie?

2. Connaissez-vous des poèmes, des livres ou des films dont le thème principal est la peine du cœur?

3. Avez-vous jamais ressenti une grande douleur, physique ou morale? Quand?

4. Dans l'art et la littérature, quels sentiments sont souvent illustrés par des conditions climatiques différentes (le soleil, le vent, la pluie, la neige)?

5. Est-ce qu'il vous est jamais arrivé d'être morose ou triste sans savoir pourquoi? Quand? Comment êtes-vous sorti(e) de cet état?

 Practice more at **vhlcentral.com**.

**ressources**

**v̂ Text**

vhlcentral.com
Leçon 1

Il pleure dans mon cœur

Paul Verlaine

Il pleure dans mon cœur

Comme il pleut sur la ville;

Quelle est cette langueur

Qui pénètre mon cœur?


5  Ô bruit doux de la pluie

*roofs*  Par terre et sur les toits°!

*is weary*  Pour un cœur qui s'ennuie°,

*song*  Ô le chant° de la pluie!


---

## Quelle est cette langueur
## Qui pénètre mon cœur?

---


Il pleure sans raison

*sickens itself*  10  Dans ce cœur qui s'écœure°.

Quoi! Nulle trahison? ...

Ce deuil est sans raison.


C'est bien la pire peine

De ne savoir pourquoi

*hatred*  15  Sans amour et sans haine°

Mon cœur a tant de peine!

# Analyse

**1** **Compréhension** Complétez ces phrases logiquement.

1. Les mots *pleure* et *deuil* expriment _____.
   a. le bonheur       b. la gaîté       c. le chagrin

2. Presque tous les verbes du poème sont au _____.
   a. futur       b. passé simple       c. présent de l'indicatif

3. Les phrases interrogatives des première et troisième strophes sont adressées _____.
   a. au poète lui-même       b. à un ami du poète       c. à la pluie

4. Le sentiment qui domine ce poème est _____.
   a. la surprise       b. la tristesse       c. l'optimisme

**2** **Interprétation** À deux, répondez aux questions par des phrases complètes.

1. À quoi est-ce que le poète compare la pluie dans la première strophe?

2. Citez cinq mots utilisés dans le poème qui illustrent son thème principal.

3. Est-ce que le poète réussit à identifier la cause de son ennui? D'après vous, quelle est la raison de sa peine?

4. Quel effet produit l'alternance des interrogations et des exclamations?

**3** **Qu'en dites-vous?** Par groupes de trois, dites si vous êtes d'accord ou pas avec ces déclarations et expliquez pourquoi. Ensuite, présentez vos idées à la classe.

1. Le climat reflète (*reflects*) l'affliction du poète.

2. Ce poème est très lyrique.

3. L'intensité de la tristesse du poète augmente à la fin du poème.

4. Ce poème a un ton plus philosophique qu'émotionnel.

**4** **Rédaction** Vous venez de tomber follement amoureux/amoureuse de quelqu'un. Décrivez vos sentiments dans une lettre adressée à votre meilleur(e) ami(e), ou même à la personne dont vous êtes amoureux/amoureuse. Suivez le plan de rédaction.

### Plan

**1** **Préparation** Pensez à la personne à laquelle vous adressez la lettre. Choisissez une salutation, comme: **Cher _____ / Chère _____, Mon amour, Mon cœur...**

**2** **Développement** Organisez vos idées. Quels sont les sentiments que vous voulez exprimer (*express*)? Aidez-vous de ces questions pour écrire votre lettre:

1. Depuis quand êtes-vous amoureux/amoureuse?
2. Que ressentez-vous quand vous pensez à cette personne? Utilisez des métaphores pour décrire votre état d'âme.
3. Pourquoi aimez-vous cette personne?
4. Pensez-vous que vos sentiments soient réciproques?
5. Quels rapports espérez-vous avoir avec cette personne à l'avenir?

**3** **Conclusion** Terminez votre lettre par la formule qui convient, telle que: **Amitiés, Bises / Bisous, Je t'embrasse, Je t'aime,** ou **Ton amour.** Ces exemples vont de la simple amitié au grand amour.

**ressources**

**vText**

CE
pp. 15–17

vhlcentral.com
Leçon 1

Practice more at
vhlcentral.com.

# Les relations personnelles

 Audio: Vocabulary
Flashcards
My Vocabulary

## Les relations

une âme sœur *soul mate*
une amitié *friendship*
des commérages (*m.*) *gossip*
un esprit *spirit*
un mariage *marriage; wedding*
un rendez-vous *date*
une responsabilité *responsibility*

compter sur *to rely on*
draguer *to flirt; to try to "pick up"*
s'engager (envers quelqu'un) *to commit (to someone)*
faire confiance (à quelqu'un) *to trust (someone)*
mentir (*conj. like* **sentir**) *to lie*
mériter *to deserve; to be worth*
partager *to share*
poser un lapin (à quelqu'un) *to stand (someone) up*
quitter quelqu'un *to leave someone*
rompre (*irreg.*) *to break up*
sortir avec *to go out with*

(in)fidèle *(dis)loyal*

## Les sentiments

agacer/énerver *to annoy*
aimer *to love; to like*
avoir honte (de) *to be ashamed (of)/embarrassed*
en avoir marre (de) *to be fed up (with)*
s'entendre bien (avec) *to get along well (with)*
gêner *to bother; to embarrass*
se mettre en colère contre *to get angry with*
ressentir (*conj. like* **sentir**) *to feel*
rêver de *to dream about*
tomber amoureux/amoureuse (de) *to fall in love (with)*

accablé(e) *overwhelmed*
anxieux/anxieuse *anxious*
contrarié(e) *upset*
déprimé(e) *depressed*
enthousiaste *enthusiastic; excited*
fâché(e) *angry; mad*
inquiet/inquiète *worried*
jaloux/jalouse *jealous*
passager/passagère *fleeting*

## L'état civil

divorcer *to get a divorce*
se fiancer *to get engaged*
se marier avec *to marry*
vivre (*irreg.*) en union libre *to live together (as a couple)*

célibataire *single*
veuf/veuve *widowed; widower/widow*

## La personnalité

avoir confiance en soi *to be confident*

affectueux/affectueuse *affectionate*
charmant(e) *charming*
économe *thrifty*
franc/franche *frank*
génial(e) *great; terrific*
(mal)honnête *(dis)honest*
idéaliste *idealistic*
inoubliable *unforgettable*
(peu) mûr *(im)mature*
orgueilleux/orgueilleuse *proud*
prudent(e) *careful*
séduisant(e) *attractive*
sensible *sensitive*
timide *shy*
tranquille *calm; quiet*

## Court métrage

un cil *eyelash*
la complicité *deep, intimate bond*
un conseil *advice*
une joue *cheek*
un mec *guy*
une relation *relationship*
un vœu *wish*

avoir l'habitude de *to be used to*
cueillir *to pluck; to pick*
débarquer *to arrive (colloquial)*
dépasser *to pass; to overtake*
s'entraîner *to practice*
exprimer *to express*
faire sa/une déclaration d'amour *to declare one's love*
se lancer *to take the plunge*
se moquer de *to make fun of*
s'occuper de *to take care of*
piquer *to steal (slang)*
se taire *to keep silent*

amoureux/amoreuse *in love*
évident(e) *obvious*
maladroit(e) *awkward/clumsy*
peinard(e) *happy/tranquil/at ease (slang)*
une(e) sacré(e) *a heck of a…*

## Culture

un(e) ancêtre *ancestor*
un choc culturel *culture shock*
le dépaysement *change of scenery; disorientation*
un mélange *mix*
une nouvelle vague *new wave*
un soldat *soldier*

s'assimiler à *to blend in*
émigrer *to emigrate*
fuir (*irreg.*) *to flee*
immigrer *to immigrate*
s'intégrer (à un groupe) *to integrate (into a group)*
rejoindre (*irreg.*) *to join*

bilingue *bilingual*

à partir de *from*
grâce à *thanks to*

## Littérature

un bruit *sound*
le chagrin *sorrow; affliction*
le deuil *bereavement; grief following death*
la douleur *pain; suffering*
un état d'âme *qualm; feeling*
la langueur *listlessness*
une larme *tear*
la peine *sorrow; grief*
une raison *reason*
le toit *roof*
la trahison *betrayal*

écœurer *to sicken / nauseate*
évoquer *to evoke*
pleurer *to cry*

pire *worst*

par terre *on the ground*

ressources

v̂Text

CE
p. 18

vhlcentral.com
Leçon 1

# Habiter en ville

Ah, l'attrait de la grande ville! Depuis des années, la campagne perd ses habitants. Qu'implique la vie urbaine, en fait? Est-il nécessairement plus facile de rencontrer des gens en ville qu'à la campagne? Oui, habiter en ville, c'est pratique... mais à quel prix?

Paris de nuit

## 42 COURT MÉTRAGE

Un beau jour, à Lyon, une jeune femme pense trouver l'amour de sa vie dans le métro. Le réalisateur **Philippe Orreindy** nous fait participer à cette rencontre dans *J'attendrai le suivant...*

## 48 IMAGINEZ

Vous avez envie de visiter la France, mais vous ne savez pas où aller? Pas de problème! Destination: Marseille et Lyon, deux grandes cités qui se disputent le titre de deuxième ville de France. Toujours indécis? Le célèbre photographe **Yann Arthus-Bertrand** prend de l'altitude et nous expose sa vision singulière de la France et du monde.

## 65 CULTURE

L'article *Rythme dans la rue: La fête de la Musique* nous parle d'un phénomène culturel majeur qui a débuté en France et qui s'est développé dans d'autres pays.

## 69 LITTÉRATURE

Paris montre son visage révolutionnaire dans le poème, *Mai 1968*, de **Jacques Prévert**.

45

66

## 40 POUR COMMENCER

## 52 STRUCTURES

**2.1 Reflexive and reciprocal verbs**

**2.2 Descriptive adjectives and adjective agreement**

**2.3 Adverbs**

## 73 VOCABULAIRE

**Destination:**
# FRANCE

# En ville

 **Audio:** Vocabulary Practice
My Vocabulary

## Les lieux

un arrêt d'autobus *bus stop*
une banlieue *suburb; outskirts*
une caserne de pompiers *fire station*
le centre-ville *city/town center; downtown*
un cinéma *cinema; movie theater*

un commissariat de police
　*police station*
un édifice *building*
un gratte-ciel *skyscraper*
un hôtel de ville *city/town hall*
un jardin public *public garden*
un logement/une habitation *housing*
un musée *museum*
le palais de justice *courthouse*
une place *square; plaza*
la préfecture de police
　*police headquarters*
un quartier *neighborhood*
une station de métro *subway station*

## Les indications

la circulation *traffic*
les clous *crosswalk*

un croisement *intersection*
un embouteillage *traffic jam*
un feu (tricolore) *traffic light*
un panneau *road sign*
un panneau d'affichage *billboard*
un pont *bridge*
un rond-point *rotary; roundabout*
une rue *street*
les transports en commun
　*public transportation*
un trottoir *sidewalk*
une voie *lane; road; track*

descendre *to go down; to get off*
donner des indications *to give directions*
être perdu(e) *to be lost*

monter (dans une voiture, dans un train)
　*to get (in a car, on a train)*
se trouver *to be located*

## Les gens

un agent de police *police officer*
un(e) citadin(e) *city-/town-dweller*
un(e) citoyen(ne) *citizen*
un(e) colocataire *roommate; co-tenant*
un(e) conducteur/conductrice *driver*
un(e) étranger/étrangère *foreigner;
　stranger*
le maire *mayor*
un(e) passager/passagère *passenger*
un(e) piéton(ne) *pedestrian*

## Les activités

les travaux *construction*
l'urbanisme *city/town planning*
la vie nocturne *nightlife*
———
améliorer *to improve*
s'amuser *to have fun*
construire *to build*
empêcher (de) *to stop; to keep from
　(doing something)*
s'ennuyer *to get bored*
s'entretenir (avec)
　*to talk; to converse*
passer (devant)
　*to go past*
peupler *to populate*
rouler (en voiture)
　*to drive*
vivre *to live*
———
(peu/très) peuplé(e)
　*(sparsely/densely) populated*

## Pour décrire

animé(e) *lively*
bruyant(e) *noisy*

inattendu(e) *unexpected*
plein(e) *full*
privé(e) *private*
quotidien(ne) *daily*
sûr(e)/en sécurité *safe*
vide *empty*

**ressources**

v̂ Text

CE
pp. 19–21

vhlcentral.com
Leçon 2

# Mise en pratique

**1**

**Correspondances** Trouvez le mot qui correspond à chaque définition.

_____ 1. Gens qui habitent le même logement

_____ 2. De tous les jours

_____ 3. Habitant d'une ville

_____ 4. Expliquer comment aller d'un endroit à un autre

_____ 5. Région autour d'une ville

_____ 6. Édifice aux nombreux étages

_____ 7. Bâtiment où se trouve l'administration municipale

_____ 8. Passage où les piétons traversent la rue

_____ 9. Personne qui monte dans un bus

_____ 10. Rendre ou devenir meilleur

a. gratte-ciel

b. passager

c. hôtel de ville

d. améliorer

e. colocataires

f. citadin

g. donner des indications

h. banlieue

i. clous

j. quotidien

**2**

**À la une** Complétez chaque titre de journal à l'aide du terme le plus logique de la liste.

| bruyant | embouteillage | musée | transports en commun |
|---|---|---|---|
| commissariat de police | hôtel de ville | peuplé | travaux |

1. BORDEAUX—Suspect retenu au _____ pour interrogatoire

2. CAEN—_____ énorme sur l'autoroute 88 à cause d'un accident

3. CHARTRES—Les _____ du centre-ville, commencés il y a dix ans, sont enfin terminés!

4. LIMOGES—Exposition de masques africains au _____ des Beaux-arts jusqu'au 12 mai

5. LILLE—La ville aujourd'hui: deux fois plus _____ qu'en 1970

6. PARIS—Grève (*Strike*) des employés du métro: prenez d'autres _____ aujourd'hui

**3**

**Centre-ville ou banlieue?** Répondez au questionnaire. Ensuite, comparez vos réponses avec celles d'un(e) camarade de classe et expliquez-les en une phrase. Avez-vous les mêmes préférences?

| Préférez-vous... | A | B |
|---|---|---|
| ...(A) habiter au centre-ville ou (B) en banlieue? | ☐ | ☐ |
| ...(A) danser ou (B) aller au cinéma? | ☐ | ☐ |
| ...(A) habiter dans un appartement ou (B) dans une maison? | ☐ | ☐ |
| ...(A) habiter dans une petite rue ou (B) sur une grande avenue? | ☐ | ☐ |
| ...(A) parler aux étrangers dans la rue ou (B) les éviter? | ☐ | ☐ |
| ...(A) préserver les parcs publics ou (B) construire plus d'édifices? | ☐ | ☐ |
| ...(A) rouler en voiture ou (B) prendre les transports en commun? | ☐ | ☐ |

**4**

**À la mairie** Imaginez que vous soyez le maire de la ville. Que pourriez-vous faire pour améliorer la vie des citoyens? Qu'aimeriez-vous changer dans votre ville? Faites une liste de quatre ou cinq idées. Comparez-la avec celles de vos camarades de classe.

Practice more at **vhlcentral.com**.

# Préparation

**Vocabulaire du court métrage**

**débile** *moronic*

**un marché** *deal*

**se plaindre** (*conj. like* ***éteindre***) *to complain*

**une rame de métro** *subway train*

**se rassurer** *to reassure oneself*

**réitérer** *to reiterate*

**rejoindre** *to join*

**un sketch** *skit*

**solliciter** *to solicit*

**une voie** *means; channel*

**Vocabulaire utile**

**duper** *to trick*

**gêné(e)** *embarrassed*

**insensible** *insensitive*

**un lien** *connection*

**se méfier de** *to be distrustful/wary of*

**un wagon** *subway car*

---

**EXPRESSIONS**

**avoir du mal** *to have difficulty*

**C'est ça.** *That's right.*

**Vous êtes mal barré(e).** *You won't get far.*

**Excusez-moi de vous déranger.** *Sorry to bother you.*

**se faire poser un lapin** *to get stood up*

---

**1 Un marché de dupes?** Complétez cette conversation à l'aide des mots ou des expressions que vous venez d'apprendre. N'oubliez pas de faire les changements nécessaires.

**HOMME** Allô?

**VENDEUR** Bonjour, Monsieur, (1) _____. Je vends des aspirateurs à distance, et je ne (2) _____ que quelques minutes de votre temps.

**HOMME** Allez-y, je vous écoute.

**VENDEUR** Nos aspirateurs sont révolutionnaires! Non seulement ils sont puissants (*powerful*), mais en plus ils se vident automatiquement à l'aide d'un bouton! Et ils coûtent la moitié du prix des autres! C'est (3) _____ exceptionnel que je vous propose. Ça vous intéresse?

**HOMME** Écoutez, j'ai vraiment du mal à croire ce que vous me dites. Vous essayez de me (4) _____ et je ne suis pas (5) _____ de vous le dire.

**VENDEUR** Mais Monsieur, (6) _____! Nos aspirateurs sont garantis!

**HOMME** Si vous pensez vendre vos aspirateurs de cette façon, vous (7) _____ dans la vie! Je reste (8) _____ à votre offre. Et si vous insistez je vais (9) _____ à la police!

**VENDEUR** Eh bien, je vous laisse. Au revoir.

**HOMME** (10) _____! Au revoir.

**ressources**

**vText**

vhlcentral.com
Leçon 2

 Practice more at **vhlcentral.com**.

**2** 

**Questions** À deux, répondez aux questions par des phrases complètes.

1. Avez-vous l'habitude de faire confiance aux inconnus ou vous méfiez-vous toujours des autres?

2. Vous êtes-vous déjà trompé(e) sur le caractère de quelqu'un? En bien ou en mal? Sinon, connaissez-vous quelqu'un que les apparences ont trompé?

3. Quels traits de caractère ont de l'importance pour vous quand vous choisissez un copain ou une copine?

4. Avez-vous déjà ressenti un lien très fort avec quelqu'un que vous veniez juste de rencontrer ou avec qui vous n'aviez jamais parlé? Sinon, pensez-vous qu'un vrai rapport de ce type est possible?

**3** 

**Que se passe-t-il?** À deux, observez ces images extraites du court métrage et imaginez, en deux ou trois phrases par photo, ce qui va se passer.

**4** 

**Petites annonces** Remplissez les colonnes du tableau pour vous décrire et dire ce que vous recherchez chez une personne. Puis, à l'aide de ces idées, écrivez un paragraphe. Enfin, comparez-le à celui d'un(e) camarade de classe.

> **Modèle**    Bonjour! Je suis un charmant jeune homme de vingt ans. Je cherche une femme intelligente et amusante entre dix-huit et trente ans. Je suis aussi…

|  | Vous | La personne recherchée |
|---|---|---|
| **Âge** | | |
| **Physique** | | |
| **Personnalité** | | |
| **Loisir(s) et intérêt(s)** | | |

**5** 

**À votre avis** Répondez aux questions à deux. Puis, donnez votre avis sur la question suivante: Vivre en ville ou vivre à la campagne: qu'est-ce qui est le plus agréable?

- Habitez-vous en ville ou à la campagne?
- Comment allez-vous au lycée?
- Quelles activités pratiquez-vous après les cours?
- Pensez-vous qu'il y a plus de choix d'activités en ville ou à la campagne?

**Video: Short Film**

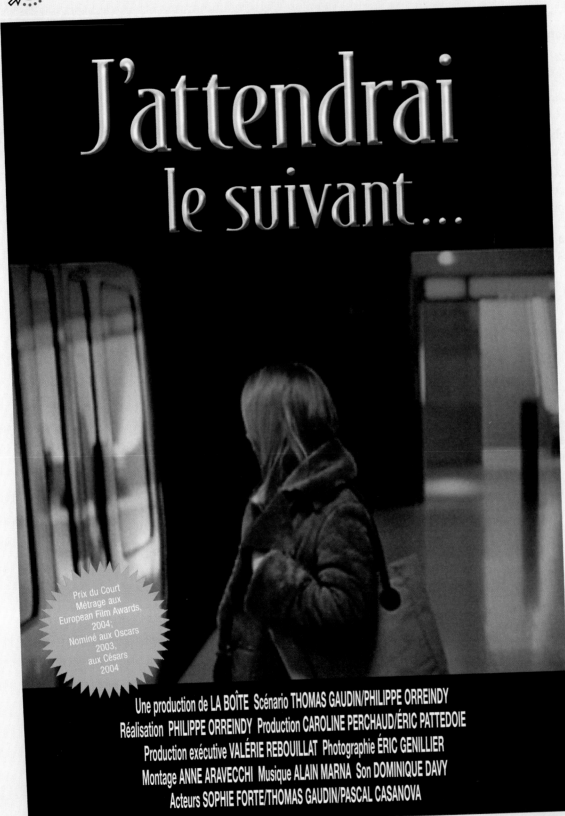

# J'attendrai le suivant...

Prix du Court Métrage aux European Film Awards, 2004; Nominé aux Oscars 2003, aux Césars 2004

Une production de LA BOÎTE  Scénario THOMAS GAUDIN/PHILIPPE ORREINDY
Réalisation PHILIPPE ORREINDY  Production CAROLINE PERCHAUD/ÉRIC PATTEDOIE
Production exécutive VALÉRIE REBOUILLAT  Photographie ÉRIC GENILLIER
Montage ANNE ARAVECCHI  Musique ALAIN MARNA  Son DOMINIQUE DAVY
Acteurs SOPHIE FORTE/THOMAS GAUDIN/PASCAL CASANOVA

**INTRIGUE** *Une jeune femme pense trouver l'amour de sa vie dans le métro.*

**ANTOINE** Bonsoir. Je m'appelle Antoine et j'ai 29 ans. Rassurez-vous, je ne vais pas vous demander d'argent. J'ai lu récemment qu'il y avait, en France, près de cinq millions de femmes célibataires. Où sont-elles?

**ANTOINE** Je crois au bonheur. Je cherche une jeune femme qui aurait du mal à rencontrer quelqu'un et qui voudrait partager quelque chose de sincère avec quelqu'un.

**ANTOINE** Voilà. Si l'une d'entre vous se sent intéressée, elle peut descendre discrètement à la station suivante. Je la rejoindrai sur le quai.

**HOMME** Mais arrêtez! Restez célibataire! Moi ça fait cinq ans que je suis marié avec une emmerdeuse°. Si vous voulez, je vous donne son numéro et vous voyez avec elle. Mais il ne faudrait pas venir vous plaindre après!

**ANTOINE** C'est très aimable, Monsieur, mais je ne cherche pas la femme d'un autre. Je cherche l'amour, Monsieur. Je ne cherche pas un marché. (*À tout le monde*) Excusez ce monsieur qui, je pense, ne connaîtra jamais l'amour.

**emmerdeuse** *pain in the neck*

**ANTOINE** Mesdemoiselles, je réitère ma proposition. S'il y en a une parmi vous qui est sensible à ma vision de l'amour, eh bien, qu'elle descende.

*La femme descend.*

### Note
### CULTURELLE

Faire la manche dans le métro

Ceux qui font la manche° passent dans les rames de métro, s'adressent aux passagers et les divertissent. Ils chantent, font de la musique ou autre chose pour récolter° de l'argent. Cette activité est interdite, mais, en général, les passagers trouvent ces gens sympathiques. On peut même dire qu'ils font partie de la vie du métro.

**font la manche** *panhandle*
**récolter** *collect*

# Analyse

 **Compréhension** Répondez aux questions par des phrases complètes.

1. Que demande Antoine aux passagers?

2. Comment se décrit-il?

3. Pourquoi dit-il qu'il cherche une femme célibataire de cette façon?

4. Pourquoi un homme dans la rame de métro l'interrompt-il?

5. Que propose cet homme?

6. Quelle est la vraie raison du discours d'Antoine?

**Opinion** À deux, répondez aux questions par des phrases complètes.

1. À quoi pense la jeune femme tout au début du film quand elle marche seule en ville?

2. À votre avis, que ressent Antoine quand la femme descend de la rame de métro?

3. Que ressent la jeune femme une fois sur le quai?

4. Pourquoi pensez-vous que le court métrage s'intitule *J'attendrai le suivant…*? Expliquez bien votre réponse.

**Jeu de rôles** Imaginez-vous dans une situation similaire à celle du film. Vous pensez trouver l'amour avec un(e) inconnu(e) que vous trouvez séduisant(e). Que feriez-vous à la fin et que diriez-vous à l'inconnu(e)? Devant la classe, jouez vos rôles ou lisez votre réponse.

**La fin** Par groupes de trois, imaginez en cinq ou six phrases deux autres fins à cette histoire. Ensuite, comparez vos idées à celles des autres groupes.

- une fin heureuse
- une fin triste

**5 Comment faire?** À deux, faites une liste de quatre ou cinq moyens qu'une personne a aujourd'hui de trouver l'âme sœur. Dites quels sont leurs avantages et leurs inconvénients. Ensuite, comparez votre liste à celles de vos camarades de classe et discutez-en.

**6 Qui est-ce?** Par groupes de trois, décrivez la vie des trois personnages du film. Pour chacun des personnages, écrivez au moins cinq phrases sur sa vie quotidienne, sa vie sentimentale et sa vie professionnelle.

- Où habite-t-il/elle?
- Quelle est sa profession?
- Comment est-il/elle physiquement?
- Qu'aime-t-il/elle faire le week-end?

**7 À vous la parole!** Répondez aux questions par des phrases complètes.

1. Avez-vous déjà joué un mauvais tour (*dirty trick*) à quelqu'un? Si oui, l'avez-vous regretté? Sinon, n'avez-vous jamais eu envie de le faire?
2. À votre avis, quel est le meilleur moyen de rencontrer quelqu'un quand on habite en ville?
3. Qu'aimeriez-vous trouver en ville?
4. Qu'y a-t-il en ville que vous n'aimeriez pas voir?
5. Est-ce mieux d'habiter en ville ou à la campagne? Pourquoi?
6. Pensez-vous qu'on se sente plus souvent seul(e) en ville ou à la campagne?

**8 Réalisation** À deux, imaginez que vous deviez faire un court métrage sur le thème de la ville. Quel sujet choisiriez-vous? Expliquez votre choix. Comparez-le à ceux de la classe.

ressources

v̂ Text

CE
pp. 34–35

vhlcentral.com
Leçon 2

# IMAGINEZ LA FRANCE

## Marseille et Lyon

L a France compte environ 36.000 villes et villages de toutes tailles. La ville la plus connue, c'est bien sûr Paris, mais d'autres villes ont aussi beaucoup d'intérêt. **Marseille** et **Lyon**, qui se disputent le titre de deuxième ville de France, ont toutes les deux leur charme propre et méritent le détour.

Appelée la «cité phocéenne» pour avoir été fondée par des **Grecs** de la ville de **Phocée**, en **Asie Mineure**, en 600 avant J.-C.°, Marseille, capitale européenne de la culture 2013, est aujourd'hui une ville très peuplée de la **côte méditerranéenne**. Elle est d'une grande diversité culturelle grâce à sa situation géographique. Parler de Marseille, c'est parler de la bouillabaisse (soupe de poissons), de la pétanque, des plages, d'un grand port commercial et surtout du **Vieux-Port**. Celui-ci est maintenant un site touristique très animé, avec une succession de restaurants et de magasins. Marseille est une ville très urbanisée, mais elle possède aussi des atouts° naturels. Ses calanques°, qui donnent sur la mer, sont appréciées pour leur caractère secret et leur beauté. Au large de° la côte, les **îles du Frioul** constituent un site exceptionnel pour les plongeurs° et les amoureux de la nature. Non loin de là se trouve le **château d'If**, une prison rendue célèbre par la légende de l'homme au masque de fer et par **Alexandre Dumas** avec son roman *Le Comte de Monte-Cristo*.

De son côté, Lyon, antique cité romaine fondée en 43 avant J.-C., est une ville attirante° pour de multiples raisons. Traversée par deux fleuves, le **Rhône** et la **Saône**, et voisine des **Alpes** et de **Genève**, Lyon a été la capitale de la **Gaule** sous l'Antiquité, un grand centre de la **Renaissance** et la capitale de la **Résistance** pendant la **Seconde Guerre**

Vue de Marseille

Les berges° de la Saône, à Lyon

mondiale. La richesse de son histoire a été reconnue par l'**UNESCO**, qui a fait d'une grande partie de la ville le plus grand espace classé° au patrimoine° mondial. Lyon est aussi un grand carrefour° économique européen depuis longtemps et elle est le siège° de quelques organisations internationales comme **Interpol**. Son statut de capitale de la gastronomie et de la soie, et de lieu de naissance du cinéma renforce sa notoriété. Lyon connaît un grand succès en France et en Europe avec un événement annuel: la **fête des Lumières**. Pendant cette célébration, les Lyonnais mettent des lumières à leurs fenêtres et les bâtiments de la ville sont illuminés par des jeux de lumière.

Les villes françaises composent toutes le visage du pays. Il serait dommage de passer à côté.

### D'ailleurs...

**Marseille** et **Lyon** se disputent la place de deuxième ville de France en raison de l'ambiguïté du nombre d'habitants. Si on parle de la ville intra-muros°, Marseille est deuxième avec 800.000 habitants contre 480.000 pour Lyon. Par contre, si on considère l'agglomération, c'est Lyon qui est deuxième avec 2.140.000 habitants contre 1.715.000 pour Marseille. C'est une question qui n'est toujours pas réglée°.

**avant J.-C.** *BC* **atouts** *assets* **calanques** *rocky coves* **Au large de** *Off* **plongeurs** *scuba divers* **attirante** *attractive* **classé** *listed* **patrimoine** *heritage* **carrefour** *hub* **siège** *headquarters* **intra-muros** *proper* **réglée** *settled* **berges** *river banks*

**ressources**

v̂ Text

CE
p. 22

vhlcentral.com
Leçon 2

# Découvrons la France

## Le français parlé en France

### Paris

| | |
|---|---|
| balayer devant sa porte | s'occuper de ses affaires d'abord |
| Ça ne mange pas de pain. | Ça ne demande pas un gros effort. |
| le macadam | le trottoir |
| le trottoir | la croûte (*crust*) autour d'une tarte |

### Lyon

| | |
|---|---|
| un bouchon | restaurant typique de Lyon |
| le dégraissage | le pressing; *dry-cleaning* |
| la ficelle | le funiculaire |
| une gâche | une place (dans un bus, dans un avion, etc.) |
| un(e) gone | un(e) enfant |
| s'en voir | avoir du mal à faire quelque chose: **Je m'en vois pour faire la cuisine.** (*I can't cook.*) |

### Marseille

| | |
|---|---|
| le bataclan | beaucoup de choses sans valeur |
| fada | fou/folle |
| un fan | un(e) enfant |
| Peuchère! | Le/La pauvre! |
| un(e) pitchoun(ette) | un(e) enfant |
| Zou! | Allez! |

**Rollers en ville** On pratique la randonnée urbaine en rollers dans la France entière. Des associations organisent ces

randonnées dans les rues, de jour ou de nuit. Même les policiers sont en rollers pour en assurer la sécurité. C'est d'abord à Paris que les gens se sont enthousiasmés pour ce genre d'activité. Le but° de ces randonnées, qui peuvent compter jusqu'à 15.000 participants dans la capitale, est de partager le plaisir du sport et son sentiment de liberté.

**Trompe-l'œil** Une partie des murs en France sont nus, ce qui n'est pas joli. L'idée est alors née de couvrir ces murs de **fresques murales° en trompe-l'œil**. Ce sont des peintures qui simulent, de manière très réaliste, des façades d'immeubles. Les plus belles façades, comme la **Fresque des Lyonnais** à **Lyon** ou le **Mur du cinéma** à **Cannes**, trompent° beaucoup de visiteurs.

**Les péniches** Mode de transport fluvial°, les péniches° sont aussi à l'origine d'un nouveau style de vie depuis la

fin des années 1960; elles ont été transformées en **bateaux-logements**. Les berges, principalement à **Paris**, sont donc devenues l'adresse d'un grand nombre de personnes. Petit à petit, ces maisons-péniches sont devenues presque conventionnelles et elles ont aujourd'hui tout le confort nécessaire.

**La fête du Citron** Inaugurée en 1934, cette fête a le même esprit que les carnavals d'hiver. Chaque année en février, la ville de **Menton**, sur la **Côte d'Azur**, organise un ensemble de manifestations liées à un thème choisi. La décoration des chars° et des expositions est faite de citrons, d'oranges et d'autres agrumes°. Pour finir, il y a un grand feu d'artifice°.

but° *purpose* fresques murales *murals* trompent *fool* fluvial *on rivers* péniches *barges* chars *parade floats* agrumes *citrus fruit* feu d'artifice *fireworks display*

# Qu'avez-vous appris?

**1**  **Vrai ou faux?** Indiquez si ces affirmations sont vraies ou fausses, et corrigez les fausses.

1. Il existe environ 26.000 villes et villages en France.

2. Lyon est connue pour sa bouillabaisse, ses plages et son grand port de commerce.

3. La ville de Lyon est traversée par la Seine.

4. L'agglomération de Lyon est plus grande que celle de Marseille.

5. Les policiers autorisent les Français à faire des randonnées en rollers, dans les villes.

6. Les péniches sur les fleuves de France sont utilisées uniquement dans un but commercial.

**2** **Questions** Répondez aux questions.

1. Pourquoi appelle-t-on Marseille «la cité phocéenne»?

2. Comment certaines villes de France ont-elles décidé de s'embellir?

3. Comment le château d'If est-il devenu célèbre?

4. Quelle fête a lieu chaque année dans la ville de Menton?

5. De quoi la ville de Lyon est-elle la capitale aujourd'hui?

6. Quel événement lyonnais rassemble chaque année un grand nombre de Français et d'Européens?

---

## Projet

### Un voyage de Lyon à Marseille

Imaginez que vous alliez visiter Lyon et Marseille. Recherchez toutes les informations dont vous avez besoin pour créer votre itinéraire. Ensuite, préparez votre voyage.

- Choisissez le mois et la durée (*length*) de votre séjour dans chaque ville.

- Sélectionnez les endroits à visiter et les activités à pratiquer.

- Présentez votre itinéraire à la classe. Montrez-le avec le plan de chaque ville et expliquez pourquoi vous avez choisi ces endroits et ces activités. (Facultatif)

  Practice more at **vhlcentral.com.**

---

**ÉPREUVE**

**Trouvez la bonne réponse.**

1. Marseille est une ville _____.
   a. peu peuplée
   b. secrète
   c. cosmopolite
   d. heureuse

2. Les îles du Frioul et les calanques près de Marseille sont des endroits _____ d'exception.
   a. naturels
   b. chers
   c. urbains
   d. habités

3. Parce que Marseille et Lyon ont été fondées sous l'Antiquité, elles sont _____.
   a. anciennes
   b. modernes
   c. uniques
   d. nouvelles

4. Lyon est le siège d'Interpol et de plusieurs autres _____.
   a. ports touristiques
   b. organisations internationales
   c. centres historiques
   d. calanques

5. Par le passé, on envoyait les prisonniers _____.
   a. à la fête des Lumières
   b. à l'UNESCO
   c. sur les îles du Frioul
   d. au château d'If

6. Lyon est la capitale _____ de la France.
   a. industrielle
   b. gastronomique
   c. culturelle
   d. universelle

7. Lyon a été un grand centre de la/du _____.
   a. fête du Citron
   b. Réforme
   c. roller
   d. Renaissance

8. La fête du Citron date de _____.
   a. 1982
   b. 1968
   c. 1934
   d. 1908

9. On va à Marseille si on veut visiter _____.
   a. le Vieux-Port
   b. la Côte d'Azur
   c. le Rhône
   d. des péniches

10. Lyon est le lieu de naissance de la/du _____.
    a. médecine
    b. gastronomie
    c. cinéma
    d. soie

# Galerie de Créateurs

## Photographie: Yann Arthus-Bertrand (1946–)

**1** **Préparation** Répondez aux questions.

1. «Une image vaut mille mots.» Êtes-vous d'accord avec cette phrase? Expliquez pourquoi ou pourquoi pas.

2. Comment est-ce que vous partagez vos photos avec vos amis? À quelle fréquence est-ce que vous les partagez avec eux? Avez-vous des sujets de photo préférés?

### Une image vaut mille mots

Amoureux de la nature, Yann Arthus-Bertrand a dirigé une réserve naturelle dans le sud de la France puis il a étudié les lions au Kenya. Là, il a découvert que la photographie permettait de faire passer ses messages mieux que les mots. Il s'est alors engagé dans ce domaine et a publié un grand nombre de livres sur la nature. Son plus grand projet a été, avec l'aide de l'UNESCO, la création d'une banque d'images sous forme de livre, *La Terre vue du Ciel,* qui a eu un succès international.

**2** **Compréhension** Répondez aux questions.

1. De quoi Arthus-Bertrand a-t-il été directeur?

2. Qu'est-ce qu'il a étudié au Kenya?

3. Comment a-t-il décidé de faire passer ses messages aux autres?

4. Qu'est-ce que c'est, *La Terre vue du Ciel*?

**3** **Discussion** Discutez de ces questions avec un(e) partenaire puis avec la classe. Comment la photographie peut-elle «faire passer les messages mieux que les mots»? Dans quelles situations est-ce que les mots sont plus forts que les images? Expliquez.

**4** **Application** Ensemble en mission

D'après la lecture, l'UNESCO a aidé Arthus-Bertrand parce que l'organisation avait confiance en son message et en son moyen de l'exprimer. Préparez une présentation orale ou écrite dans laquelle (a) vous définissez un message que vous voudriez faire passer aux autres et (b) vous suggérez des personnes ou des groupes qui peuvent vous aider dans votre mission.

Le centre Pompidou, Paris, France

Yann Arthus-Bertrand

Practice more at **vhlcentral.com.**

**Presentation Tutorial**

**2.1**

# Reflexive and reciprocal verbs

- Reflexive verbs typically describe an action that the subject does to or for himself, herself, or itself. Reflexive verbs are conjugated like their non-reflexive counterparts but always use reflexive pronouns.

**Reflexive verb**

**Non-reflexive verb**

Bruno se réveille.

Bruno réveille son fils.

| Reflexive verbs | |
|---|---|
| se réveiller *to wake up* | |
| je | me réveille |
| tu | te réveilles |
| il/elle | se réveille |
| nous | nous réveillons |
| vous | vous réveillez |
| ils/elles | se réveillent |

- Many verbs used to describe routines are reflexive.

| | | |
|---|---|---|
| **s'arrêter** *to stop (oneself)* | **se fâcher (contre)** *to get angry (with)* | **se lever** *to get up* |
| **se brosser** *to brush* | | **se maquiller** *to put on makeup* |
| **se coucher** *to go to bed* | **s'habiller** *to get dressed* | |
| **se couper** *to cut oneself* | **s'habituer à** *to get used to* | **se peigner** *to comb* |
| **se déshabiller** *to undress* | **s'inquiéter** *to worry* | **se raser** *to shave* |
| **se dépêcher** *to hurry* | **s'intéresser (à)** *to be interested (in)* | **se rendre compte de** *to realize* |
| **se détendre** *to relax* | **se laver** *to wash oneself* | **se reposer** *to rest* |

- Some verbs can be used reflexively or non-reflexively. Use the non-reflexive form if the verb acts upon something other than the subject.

La passagère **se fâche**.          Tu **fâches** la passagère.
*The passenger is getting angry.*     *You are angering the passenger.*

- Many non-reflexive verbs change meaning when they are used with a reflexive pronoun and might not literally express a reflexive action.

| | |
|---|---|
| **aller** *to go* | **s'en aller** *to go away* |
| **amuser** *to amuse* | **s'amuser** *to have fun* |
| **apercevoir** *to catch sight of* | **s'apercevoir** *to realize* |
| **attendre** *to wait (for)* | **s'attendre à** *to expect* |
| **demander** *to ask* | **se demander** *to wonder* |
| **douter** *to doubt* | **se douter de** *to suspect* |
| **ennuyer** *to bother* | **s'ennuyer** *to get bored* |
| **entendre** *to hear* | **s'entendre bien avec** *to get along with* |
| **mettre** *to put* | **se mettre à** *to begin* |
| **servir** *to serve* | **se servir de** *to use* |
| **tromper** *to deceive* | **se tromper** *to be mistaken* |

- A number of verbs are used only in the reflexive form, but may not literally express a reflexive action.

| | |
|---|---|
| **se méfier de** *to distrust* | **se souvenir de** *to remember* |
| **se moquer de** *to make fun of* | **se taire** *to be quiet* |

- Form the affirmative imperative of a reflexive verb by adding the reflexive pronoun at the end of the verb with a hyphen in between. For negative commands, begin with **ne** and place the reflexive pronoun immediately before the verb.

**Habillons-nous**. Il faut partir!
*Let's get dressed. We have to leave!*

**Ne vous inquiétez pas.**
*Don't worry.*

**BLOC-NOTES**

Commands with non-reflexive verbs are formed the same way as with reflexive verbs. See **Fiche de grammaire 1.5, p. 374** for a review of the imperative.

- Remember to change **te** to **toi** in affirmative commands.

**Repose-toi** bien ce week-end.
*Rest up this weekend.*

**Tais-toi!**
*Be quiet!*

- In reciprocal reflexives, the pronoun means *(to) each other* or *(to) one another*. Because two or more subjects are involved, only plural verb forms are used.

Nous **nous retrouvons** au stade.
*We are meeting each other at the stadium.*

Elles **s'écrivent** des e-mails.
*They write one another e-mails.*

- Use **l'un(e) l'autre** and **l'un(e) à l'autre**, or their plural forms **les un(e)s les autres** and **les un(e)s aux autres**, to emphasize that an action is reciprocal.

Béa et Yves se regardent.
*Béa and Yves look at each other.*
*Béa and Yves look at themselves.*

*but*

Béa et Yves se regardent **l'un l'autre**.
*Béa and Yves look at each other.*

Ils s'envoient des e-mails.
*They send each other e-mails.*
*They send themselves e-mails.*

*but*

Ils s'envoient des e-mails **les uns aux autres**.
*They send each other e-mails.*

**BLOC-NOTES**

The pronoun **se** can also be used with verbs in the third person to express the passive voice. See **Fiche de grammaire 10.5, p. 410**.

# Mise en pratique

**1** **Le lundi matin** Complétez le paragraphe sur ce que font Charles et Hélène le lundi matin. Utilisez la forme correcte des verbes réfléchis correspondants.

| | | |
|---|---|---|
| s'apercevoir | se dépêcher | se maquiller |
| se brosser | s'en aller | se quitter |
| se casser | s'habiller | se raser |
| se coucher | se laver | se réveiller |
| se couper | se lever | se sécher |

Le dimanche soir, Charles et Hélène (1) _____ tard. Évidemment, ils mettent du temps à (2) _____ le lendemain matin. Charles est celui qui (3) _____ le premier. Il (4) _____ de prendre sa douche et de (5) _____ avec un rasoir électrique. Deux minutes plus tard, Hélène entre dans la salle de bain. Pendant qu'elle prend sa douche, (6) _____ les cheveux et (7) _____, Charles prépare le petit-déjeuner. Quand Hélène est prête, ils prennent leur petit-déjeuner. Puis, ils (8) _____ les dents et (9) _____ les mains. Ensuite, ils vont dans la chambre pour choisir leurs vêtements et (10) _____. Puis ils (11) _____ vite au travail. Charles (12) _____ alors qu'il a mis des chaussures de couleurs différentes!

**2** **Tous les samedis**

**A.** À deux, décrivez ce que fait Sylvie tous les samedis, d'après (*according to*) les illustrations.

**B.** Quelles sont les habitudes de quatre amis ou membres de la famille de Sylvie le samedi matin? Décrivez ce qu'ils font en cinq ou six phrases. Utilisez des verbes réfléchis et soyez créatifs.

 Practice more at **vhlcentral.com**.

# Communication

**3**

**Et toi?** À deux, posez-vous tour à tour ces questions. Répondez-y avec des phrases complètes et expliquez vos réponses.

1. À quelle heure te réveilles-tu généralement le samedi matin? Pourquoi?
2. T'endors-tu en cours?
3. En général, à quelle heure te couches-tu pendant le week-end?
4. Que fais-tu pour te détendre après une longue journée?
5. Te lèves-tu toujours juste après que tu t'es réveillé(e)? Pourquoi?

6. Comment t'habilles-tu pour sortir le week-end? Et tes amis?
7. Quand t'habilles-tu de façon élégante?
8. T'amuses-tu quand tu vas à une fête? Et quand tu vas à une réunion de famille?
9. Mets-tu beaucoup de temps à te préparer avant de sortir?
10. T'inquiètes-tu de ton apparence?

11. Est-ce que tes amis et toi vous téléphonez souvent? Combien de fois par semaine?
12. Connais-tu quelqu'un qui s'inquiète toujours de tout?
13. T'excuses-tu parfois pour des choses que tu as faites?
14. Te disputes-tu avec tes amis? Et avec ta famille?
15. T'est-il déjà arrivé de te tromper sur quelqu'un?

**4**

**Dans le bus** Vous rentrez du lycée en bus, et vous voyez un(e) ami(e) se faire voler de l'argent (*have his/her money stolen*). Que faites-vous? Travaillez par groupes de trois pour représenter la scène. Employez au moins cinq verbes de la liste.

| | | |
|---|---|---|
| s'arrêter | se fâcher | se servir de |
| s'attendre à | se mettre à | se taire |
| se douter | se moquer de | se tromper |
| s'en aller | se rendre compte de | s'inquiéter |

**ressources**

v Text

CE
pp. 23–25

vhlcentral.com
Leçon 2

**Presentation Tutorial**

# Descriptive adjectives and adjective agreement

—*J'ai lu qu'il y avait en France près de cinq millions de femmes **célibataires**.*

## Gender

● Adjectives in French agree in gender and number with the nouns they modify. Masculine adjectives with these endings derive irregular feminine forms.

| Ending | Examples |
|---|---|
| -c → -che | blanc → blanche; franc → franche |
| -eau → -elle | beau → belle; nouveau → nouvelle |
| -el → -elle | cruel → cruelle; intellectuel → intellectuelle |
| -en → -enne | ancien → ancienne; canadien → canadienne |
| -er → -ère | cher → chère; fier → fière |
| -et → -ète | complet → complète; inquiet → inquiète |
| -et → -ette | muet → muette (*mute*); net → nette |
| -f → -ve | actif → active; naïf → naïve |
| -on → -onne | bon → bonne; mignon → mignonne (*cute*) |
| -s → -sse | bas → basse (*low*); gros → grosse |
| -x → -se | dangereux → dangereuse; heureux → heureuse |

Cette station de métro est-elle **dangereuse**?
*Is this subway station dangerous?*

Les **nouvelles** banlieues se trouvent loin d'ici.
*The new suburbs are located far from here.*

● Adjectives whose masculine singular form ends in **-eur** generally derive one of three feminine forms.

| Condition | Ending | Examples |
|---|---|---|
| the adjective is directly derived from a verb | -eur → -euse | (rêver) rêveur → rêveuse<br>(travailler) travailleur → travailleuse |
| the adjective is not directly derived from a verb | -eur → -rice | (conserver) conservateur → conservatrice<br>(protéger) protecteur → protectrice |
| the adjective expresses a comparative or superlative | -eur → -eure | inférieur → inférieure<br>meilleur → meilleure |

**ATTENTION!**

Remember that the first letter of adjectives of nationality is not capitalized.

**Ahmed préfère le cinéma italien.**
*Ahmed prefers Italian cinema.*

**Laura Johnson est citoyenne américaine.**
*Laura Johnson is an American citizen.*

**ATTENTION!**

Remember to use the masculine plural form of an adjective to describe a series of two or more nouns in which at least one is masculine.

**La rue et le quartier sont animés.**
*The street and the neighborhood are lively.*

- Some adjectives have feminine forms that differ considerably from their masculine singular counterparts, either in spelling, pronunciation, or both.

| | | |
|---|---|---|
| doux → douce | frais → fraîche | public → publique |
| faux → fausse | gentil → gentille | roux → rousse |
| favori → favorite | grec → grecque | vieux → vieille |
| fou → folle | long → longue | |

## Position

- French adjectives are usually placed after the noun they modify, but these adjectives are usually placed *before* the noun: **autre**, **beau**, **bon**, **court**, **gentil**, **grand**, **gros**, **haut**, **jeune**, **joli**, **long**, **mauvais**, **meilleur**, **nouveau**, **petit**, **premier**, **vieux**, and **vrai**.

Je ne connais pas ce **jeune** homme.
*I don't know that young man.*

Vous aimez les **nouveaux** films?
*Do you like the new movies?*

- Before a masculine singular noun that begins with a vowel sound, use these alternate forms of **beau**, **fou**, **nouveau**, and **vieux**.

| | | |
|---|---|---|
| beau | bel | un bel édifice |
| fou | fol | un fol espoir (*hope*) |
| nouveau | nouvel | un nouvel appartement |
| vieux | vieil | un vieil immeuble |

- Notice that the meanings of these adjectives are generally more figurative when they appear before the noun and more literal when they appear after the noun.

| ancien | l'**ancien** château | the ***former*** castle |
|---|---|---|
| | un château **ancien** | an ***ancient*** castle |
| cher | **cher** ami | ***dear*** friend |
| | une voiture **chère** | an ***expensive*** car |
| dernier | la **dernière** semaine | the ***final*** week |
| | la semaine **dernière** | ***last*** week |
| grand | une **grande** femme | a ***great*** woman |
| | une femme **grande** | a ***tall*** woman |
| même | le **même** musée | the ***same*** museum |
| | le musée **même** | this ***very*** museum |
| pauvre | ces **pauvres** enfants | those ***poor (unfortunate)*** children |
| | ces enfants **pauvres** | those ***poor (penniless)*** children |
| prochain | le **prochain** cours | the ***following*** class |
| | mercredi **prochain** | ***next*** Wednesday |
| propre | ma **propre** chambre | my ***own*** room |
| | une chambre **propre** | a ***clean*** room |
| seul | la **seule** personne | the ***only*** person |
| | la personne **seule** | the person ***who is alone*** |

---

**ATTENTION!**

Color adjectives that are named after nouns include **argent** (*silver*), **citron** (*lemon*), **crème** (*cream*), **marron** (*chestnut*), **or** (*gold*), and **orange** (*orange*).

Remember that the adjective **châtain** is used to describe brown hair. You can use it in the plural, but it is very rarely used in the feminine.

**Elle a les cheveux châtains.**
*She has brown hair.*

---

**ATTENTION!**

Color adjectives that are named after nouns are invariable, as are color adjectives that are qualified by a second adjective.

**Il conduit une voiture marron.**
*He's driving a brown car.*

**Elle porte une jupe bleu clair.**
*She's wearing a light blue skirt.*

---

**BLOC-NOTES**

Adjectives can also be derived from verb forms like the present and past participles. See **Fiche de grammaire 7.4, p. 396** and **Structures 9.2, pp. 314–315**.

---

# Mise en pratique

### Note
### CULTURELLE

**Nice** est située dans le sud de la **France**, sur la **Côte d'Azur**, à proximité de l'**Italie**. Ses plages de granit sur la **Méditerranée**, sa cuisine caractéristique et sa situation géographique font de Nice la deuxième ville touristique française.

**1** **Les Niçois** Christophe habite à Nice. Lisez ses commentaires et accordez les adjectifs.

1. Le maire de Nice, Christian Estrosi, est vraiment _____ (fier) de sa ville.

2. Les citadins et les touristes apprécient l'action _____ (protecteur) des policières.

3. Ma copine et ses parents habitent un _____ (beau) appartement en banlieue.

4. Ses amies sont de _____ (bon) élèves.

5. Une conductrice ne doit pas être _____ (rêveur) sur la route!

6. Les piétons qui traversent l'avenue Jean Médecin en dehors (*outside*) des clous sont _____ (fou)!

Les plages de Nice, sur la Méditerranée

**2** **La vie de Marine** Complétez chaque phrase et choisissez le bon adjectif.

1. Marine a une amie _____ (bon, bonne, franc, franche).

2. À seize ans, c'est une fille _____ (intellectuel, folles, naïve, jeunes).

3. Elle s'entend bien avec les gens _____ (bon, belles, sincères, travailleur).

4. Sa mère essaie d'acheter des légumes _____ (frais, fraîche, propre, chères).

5. Ses parents sont _____ (conservateurs, grec, protectrices, actives).

6. Ils habitent un _____ (complet, vieil, bruyant, élégant) appartement.

7. Elle préfère regarder de _____ (nouvelles, favorites, publiques, fausses) émissions de télévision.

8. Marine aime bien ses voisins, parce que ce sont des gens _____ (beaux, jeunes, mignonne, heureux).

**3** **Une petite annonce** Gabrielle recherche quelqu'un avec qui elle pourrait voyager. Complétez sa petite annonce et accordez les adjectifs de la liste.

| aventurier | châtain | dernier | nouveau | seul |
| bleu | cher | français | propre | violet foncé |

### petite **ANNONCE**

MERCREDI 20 septembre

Pendant mon séjour en France, je voudrais voyager dans autant de villes (1) _____ que possible! Je n'aime pas visiter de (2) _____ endroits toute (3) _____. Alors, je cherche une personne qui aime l'aventure parce que moi aussi, je suis (4) _____. Je n'ai pas beaucoup d'argent, donc je ne peux pas acheter de billets (5) _____. En plus, je suis indépendante, alors le week-end (6) _____, quand j'ai voyagé à Paris, j'ai fait mes (7) _____ projets de voyages. Si vous voulez me rencontrer, je serai la fille en robe (8) _____, aux yeux (9) _____ et aux cheveux (10) _____, au café des Artistes du centre-ville. Rendez-vous le 27 septembre, à 16h30.

Practice more at **vhlcentral.com**.

# Communication

**4**

**Dans ma ville** Quelqu'un vous pose des questions sur votre ville. Vous ne répondez que par le contraire. Posez ces questions et répondez-y avec un(e) camarade de classe.

> **Modèle** —Les logements sont-ils grands?
> —Non, ils sont petits.

1. Ce quartier est-il sûr? Non, _____.
2. Votre rue est-elle tranquille? Non, _____.
3. Les voies sont-elles privées? Non, _____.
4. Cet édifice est-il nouveau? Non, _____.
5. Les gratte-ciel sont-ils bas? Non, _____.
6. Les gens sont-ils paresseux? Non, _____.

**5**

**Un nouvel élève** Un nouvel élève vient d'arriver. Vous essayez de faire sa connaissance. Jouez les deux rôles avec un(e) camarade de classe.

1. Où habitais-tu avant?
2. C'est la première fois que tu déménages?
3. Comment était ton ancien(ne) appartement/maison?
4. Est-ce que tu aimes ton nouveau quartier?
5. Quels sont tes loisirs préférés?
6. Est-ce que tu as déjà des ami(e)s ici?
7. Et toi? Tu veux me poser des questions?

**6**

**Comment est...?** Avec un(e) camarade de classe, trouvez au moins deux façons (*ways*) de décrire chaque image. Comparez vos descriptions avec un autre groupe et discutez des différences avec la classe.

**ressources**

v̂Text

CE
pp. 26–28

vhlcentral.com
Leçon 2

**Presentation Tutorial**

# Adverbs

—*Eh bien, elle peut descendre* **discrètement** *à la station suivante.*

## Formation of adverbs

- To form an adverb from an adjective whose masculine singular form ends in a consonant, add the ending -**ment** to the adjective's feminine singular form. If the masculine singular ends in a vowel, simply add the ending -**ment** to that form.

| | |
|---|---|
| **absolu** | **absolu**ment *absolutely* |
| **doux** | **douce**ment *gently* |
| **franc** | **franche**ment *frankly* |
| **naturel** | **naturelle**ment *naturally* |
| **poli** | **poli**ment *politely* |

- To form an adverb from an adjective whose masculine singular form ends in -**ant** or -**ent**, replace the ending with -**amment** or -**emment**, respectively.

| | |
|---|---|
| **bruyant** | **bruy**amment *noisily* |
| **constant** | **const**amment *constantly* |
| **évident** | **évid**emment *obviously* |
| **patient** | **pati**emment *patiently* |

- An exception to this rule is the adjective **lent**, whose corresponding adverb is **lentement**. Remember that the endings -**amment** and -**emment** are pronounced identically.

- A limited number of adverbs are formed by adding -**ément** to the masculine singular form of the adjective. If this form ends in a silent final -**e**, drop it before adding the suffix.

| | |
|---|---|
| **confus** | **confus**ément *confusedly* |
| **énorme** | **énorm**ément *enormously* |
| **précis** | **précis**ément *precisely* |
| **profond** | **profond**ément *profoundly* |

- A few adverbs, like **bien**, **gentiment**, **mal**, and **mieux**, are entirely irregular. The irregular adverb **brièvement** (*briefly*) is derived from **bref** (**brève**).

## Categories of adverbs

- Most common adverbs can be grouped by category.

| | |
|---|---|
| **time** | alors, aujourd'hui, bientôt, d'abord, de temps en temps, déjà, demain, encore, enfin, ensuite, hier, jamais, maintenant, parfois, quelquefois, rarement, souvent, tard, tôt, toujours |
| **manner** | ainsi (*thus*), bien, donc, en général, lentement, mal, soudain, surtout, très, vite |
| **opinion** | heureusement, malheureusement, peut-être, probablement, sans doute |
| **place** | dedans, dehors, ici, là, là-bas, nulle part (*nowhere*), partout (*everywhere*), quelque part (*somewhere*) |
| **quantity** | assez, autant, beaucoup, peu, trop |

## Position of adverbs

- In the case of a simple tense (present indicative, **imparfait**, future, etc.), an adverb immediately follows the verb it modifies.

Gérard s'arrête **toujours** au centre-ville.
*Gérard always stops downtown.*

Il attend **patiemment** au feu.
*He waits patiently at the traffic light.*

- In the **passé composé**, place short or common adverbs before the past participle. Place longer or less common adverbs after the past participle.

Nous sommes **déjà** arrivés à la gare.
*We already arrived at the train station.*

Vous avez **vraiment** compris ses indications?
*Did you really understand his directions?*

Il a conduit **prudemment**.
*He drove prudently.*

Tu t'es levée **régulièrement** à six heures.
*You got up regularly at six o'clock.*

- In negative sentences, the adverbs **peut-être**, **sans doute**, and **probablement** usually precede **pas**.

Elle n'est pas **souvent** chez elle.
*She is not often at home.*

*but* Elle n'a **peut-être** pas lu ton e-mail.
*She probably has not read your e-mail.*

- Common adverbs of time and place typically follow the past participle.

Elle a commencé **tôt** ses devoirs.
*She started her homework early.*

Nous ne sommes pas descendus **ici**.
*We did not get off here.*

- In a few expressions, an adjective functions as an adverb. Therefore, it is invariable.

| | |
|---|---|
| **coûter cher** *to cost a lot* | **sentir bon/mauvais** *to smell good/bad* |
| **parler bas/fort** *to speak softly/loudly* | **travailler dur** *to work hard* |

---

**ATTENTION!**

In English, adverbs sometimes immediately follow the subject. In French, this is *not* the case.

*My sister **constantly** wakes me up.*

**Ma sœur me réveille constamment.**

---

**BLOC-NOTES**

There are other compound tenses in French that require a form of **avoir** or **être** and a past participle. See **Structures 4.1, pp. 124–125** for an introduction to the **plus-que-parfait**.

---

# Mise en pratique

**1**

**Les adverbes** Écrivez l'adverbe qui correspond à chaque adjectif.

1. facile _____
2. heureux _____
3. jaloux _____
4. quotidien _____
5. mauvais _____

6. conscient _____
7. profond _____
8. meilleur _____
9. public _____
10. indépendant _____

**2**

**Deux sortes d'amis** Décidez s'il faut placer les adverbes avant ou après les mots qu'ils modifient.

Jérôme et Patricia (1) _____ habitent _____ (maintenant) à Lyon. Ils ont beaucoup d'amis à Paris qui leur (2) _____ rendent _____ (souvent) visite. Ils sont (3) _____ heureux _____ (toujours) de les recevoir parce qu'ils sont (4) _____ fiers _____ (très) de leur ville. Ils ont deux sortes d'amis: ceux qui (5) _____ sortent _____ (fréquemment) en boîte, et ceux qui (6) _____ aiment _____ (mieux) les musées. Les amis qui préfèrent les musées ont (7) _____ téléphoné _____ (hier) pour dire qu'ils ne viendront (8) _____ pas _____ (peut-être) cet été. Ils ont (9) _____ fait _____ (déjà) des projets! Ils ont (10) _____ choisi _____ (tôt) leurs vacances cette année: ils ne visiteront (11) _____ pas _____ (obligatoirement) Lyon tous les ans. Ils dansent (12) _____ bien _____ (incroyablement) et ils ont envie d'aller chez des amis qui sortent en boîte!

**3**

**La famille Giscard** Travaillez à deux pour dire, à tour de rôle, comment les membres de cette famille font les choses quand ils sont en ville.

> **Modèle** **Isabelle est à la poste. Elle est rapide.**
> Elle achète rapidement des timbres.

1. Martin est au magasin. Il est impatient.
2. Mme Giscard est à la banque. C'est une femme polie.
3. Paul et Franck sont au café. Ce sont des frères bruyants.
4. Maryse est à la gare. Elle est nerveuse.
5. Les grands-parents sont au supermarché. Ils sont lents.
6. M. Giscard se promène avec son fils Alain. C'est un bon père.
7. Alain est avec M. Giscard. C'est un garçon très franc.
8. Les cousines sont au cinéma. C'est cher.
9. Sophie va au restaurant ce soir. Elle a une robe élégante.
10. Isabelle va au jardin public avec sa petite cousine. Elle est gentille quand elle parle à sa cousine.

Practice more at **vhlcentral.com**.

# Communication

**4** **Sondage** Interviewez un maximum de camarades différent(e)s. Font-ils ces choses toujours, fréquemment, parfois, rarement ou jamais? Comparez vos résultats avec ceux du reste de la classe.

Modèle **travailler à la bibliothèque**
—Travailles-tu toujours à la bibliothèque?
—Non, mais j'y travaille parfois.

| | Toujours | Fréquemment | Parfois | Rarement | Jamais |
|---|---|---|---|---|---|
| 1. aller voir un match de baseball | | | | | |
| 2. faire du vélo | | | | | |
| 3. prendre le métro | | | | | |
| 4. faire du shopping avec sa mère | | | | | |
| 5. aller en cours à pied | | | | | |
| 6. visiter un musée le week-end | | | | | |
| 7. assister à des concerts | | | | | |
| 8. s'ennuyer le samedi soir | | | | | |

**5** **Vivre en ville** À tour de rôle, posez ces questions à un(e) camarade de classe. Dans vos réponses, employez les adverbes de la liste ou d'autres adverbes.

| absolument | mal | simplement |
|---|---|---|
| énormément | quelquefois | souvent |
| franchement | peut-être | tard |
| jamais | récemment | ? |

1. Traverses-tu la rue dans les clous? Pourquoi?
2. Aimes-tu aller au musée? Lequel?
3. Es-tu monté(e) au dernier étage d'un gratte-ciel? Lequel?
4. Fais-tu des promenades dans les jardins publics? Où?
5. As-tu fait du sport cette semaine? Où? Quand?
6. Que fais-tu quand on te demande des indications en ville?
7. T'es-tu entretenu(e) avec quelqu'un en particulier cette semaine? Qui? De quoi avez-vous parlé?
8. Prends-tu les transports en commun?

**6** **Les gens heureux** Travaillez à deux pour dire ce que les gens font pour être heureux. Employez des adverbes dans vos réponses.

Modèle Pour rester heureux, ils font souvent de la gym.

ressources

v̂ Text

CE
pp. 29–32

vhlcentral.com
Leçon 2

## Synthèse  Reading

# Un rendez-vous inattendu

Depuis un bon moment, je me rends compte que je ne vais presque jamais en ville! J'habite dans une belle ville animée, pourtant je reste trop souvent à la maison, le soir et le week-end. Je m'ennuie! Il est évident qu'il faut faire des projets…

Je décide donc de me lever tôt parce que j'ai rendez-vous avec cette ville merveilleuse! Je me réveille précisément à 7h00. Je me lave et je me rase juste avant de prendre tranquillement un bon petit-déjeuner: du thé chaud et des fruits frais. Je m'habille rapidement. Je mets un jean, une chemise blanche, et un pull bleu. Ensuite, je prends mon sac à dos et je m'en vais!

À la station de métro près de chez moi, j'achète un carnet de dix tickets parce que ça coûte moins cher. En attendant° le prochain train, j'aperçois sur le quai° une jolie musicienne folklorique qui chante agréablement et joue de la guitare. La musique de la charmante jeune femme est mélodieuse mais son chapeau est vide! Je lui laisse quelques modestes pièces. Je me demande comment elle s'appelle, mais je suis tellement timide que je reste muet. Fâché contre moi-même, je monte dans le métro sans rien dire.

Je passe une matinée passionnante au centre-ville. Je vois des tableaux splendides et de belles sculptures au musée d'art moderne. L'après-midi, je me perds complètement! Avant même que je demande des indications, un conducteur sympa m'indique que l'édifice juste en face de moi, c'est l'hôtel de ville. Heureusement, je m'oriente facilement.

Il est tard et je suis fatigué, alors je me détends dans le parc municipal. Tout à coup, la belle musicienne du métro se présente devant moi. Nous nous regardons longuement. Ensuite, nous nous parlons!

Une fin de journée inoubliable et inattendue en ville… j'espère en vivre d'autres comme celle-là! ■

*While waiting for*
*platform*

**1** **Qu'avez-vous compris?** Répondez aux questions par des phrases complètes.

1. Pourquoi le jeune homme a-t-il rendez-vous avec sa ville?
2. Comment va-t-il de sa maison jusqu'au centre-ville?
3. Qui aperçoit-il sur le quai du métro?

**2** **À vous de raconter** À deux, inspirez-vous des questions pour continuer l'histoire.

1. Comment est le jeune homme qui raconte cette histoire?
2. Que fait-il de son après-midi à part se perdre en ville? Où va-t-il?
3. Quand est-ce que le jeune homme et la charmante musicienne vont se revoir? Qu'est-ce qu'ils vont faire?

**3** **L'inattendu** Avez-vous récemment vécu une coïncidence ou une situation inattendue? Écrivez un paragraphe de cinq ou six lignes qui explique ce qui vous est arrivé. Employez des adverbes dans votre description. Ensuite, racontez votre histoire par petits groupes.

ressources

v Text

vhlcentral.com
Leçon 2

# Préparation

| Vocabulaire de la lecture | Vocabulaire utile |
|---|---|
| **une ambiance** *atmosphere* | **la batterie** *drums* |
| **s'étendre** *to spread* | **un défilé** *parade* |
| **une fanfare** *marching band* | **une fête foraine** *carnival* |
| **une manifestation** *demonstration* | **un feu d'artifice** *fireworks display* |
| **rassembler** *to gather* | **une foire** *fair* |
| **le soutien** *support* | **se réunir** *to get together* |
| | **unir** *to unite* |
| | **un violon** *violin* |

**1**

**À choisir** Choisissez le mot qui correspond à chaque définition. Ensuite, utilisez cinq de ces mots pour écrire des phrases.

1. Ce que fait un groupe de personnes dans la rue pour exprimer leurs idées ou leurs opinions

   a. une ambiance        b. une manifestation        c. un défilé

2. Le climat psychologique d'un événement ou d'un endroit

   a. la promotion        b. la fanfare        c. l'ambiance

3. Le fait que quelque chose prenne de plus grandes proportions

   a. se promener        b. s'étendre        c. rassembler

4. Quand quelqu'un aide quelqu'un d'autre, physiquement ou moralement

   a. le soutien        b. la publicité        c. la fanfare

5. L'action de réunir plusieurs personnes

   a. inviter        b. protéger        c. rassembler

6. Un groupe de musiciens qui défilent dans la rue

   a. une fanfare        b. des spectateurs        c. un chanteur

**2**

**Sujets de réflexion** Répondez individuellement aux questions par des phrases complètes. Ensuite, comparez vos réponses avec celles d'un(e) camarade de classe.

1. À quels événements culturels avez-vous assisté? Étaient-ils locaux, régionaux, nationaux ou internationaux?

2. Qu'est-ce que vous aimez dans les grands événements culturels?

3. Vous est-il arrivé de participer activement à l'un de ces événements?

4. Allez-vous souvent à des concerts?

5. Jouez-vous d'un instrument de musique? Si oui, lequel? Sinon, de quel instrument aimeriez-vous jouer?

6. Quel est votre genre de musique préféré? Pourquoi?

7. À quoi vous fait penser le concept d'une fête de la musique?

**3**

**À votre avis** Par groupes de trois, donnez votre avis sur les avantages que peut avoir un événement culturel ou artistique organisé par le gouvernement local ou fédéral. Qu'est-ce que ce genre d'événement apporte à un peuple?

 Practice more at **vhlcentral.com**.

ressources

v Text

vhlcentral.com
Leçon 2

# Rythme dans la rue:

# La fête de la Musique

Le 21 juin 1982, le Ministre de la Culture, Jack Lang, a inauguré la fête de la Musique, destinée à promouvoir la musique au quotidien, en France.
5 Plus manifestation musicale que festival, cette fête encourage les musiciens amateurs et professionnels à descendre dans la rue et à partager leur musique avec le public.

La France s'y connaît en manifestations.
10 Ses citoyens descendent le plus souvent dans la rue pour exprimer leur colère. Mais le 21 juin, la rue devient, pendant toute une journée, un lieu où on exprime sa joie et l'amour de la musique, et où on célèbre
15 l'arrivée de l'été.

Le ministère de la Culture et de la Communication supervise l'organisation de cette fête, aujourd'hui l'un des événements les plus importants de France.
20 La principale fonction du ministère dans cette manifestation est d'organiser de grands concerts de musiciens professionnels, sur les places ou dans les édifices publics des grandes villes. La place de la République
25 à Paris et la place Bellecour à Lyon, par exemple, deviennent des lieux de concerts de rock en plein air, alors que° *(while)* 30 les musées, les écoles et les hôpitaux accueillent° *(host)* des spectacles moins importants. On trouve partout en France
35 d'autres événements plus modestes. Ceux-ci sont en grande partie organisés par des personnes ou des groupes de personnes, avec le soutien du ministère. Une promenade en ville peut amener° *(lead)* à la
40 rencontre d'un groupe d'enfants qui chantent devant leur école, d'étudiants en musique qui testent leur dernière composition sur le trottoir ou d'un cadre qui saisit l'occasion de montrer ses talents de guitariste.
45 Tous les concerts et spectacles de la fête de la Musique sont gratuits, ce qui permet aux Français de tous âges et de toutes catégories socioprofessionnelles d'y

# Faites de la musique

Ce slogan est particulièrement bien choisi. C'est un jeu de mots qui illustre la raison pour laquelle la fête de la Musique a été créée: permettre à tout le monde d'y participer, d'une manière ou d'une autre.

participer. Cela crée une ambiance populaire et conviviale.
50 Un des buts° de la fête de la Musique *(goals)* est de révéler les musiques du monde. Elle prête autant d'attention à la musique contemporaine qu'aux genres musicaux plus traditionnels. Par exemple, on trouve un DJ
55 de musique électronique à deux rues d'un quatuor à cordes°, ou on peut voir une fanfare *(string quartet)* passer devant un concert de rap. Le reggae, le jazz, la musique classique, le funk, la pop, l'opéra, le hip-hop,
60 le hard rock… tous les genres y sont représentés. C'est ce côté éclectique qui donne de l'intérêt à cette célébration.
65 Au cours de° son *(In the course of)* histoire, la France a connu peu d'événements qui aient réussi à rassembler les Français.
70 Mais en voilà un qui relève le défi° chaque *(rises to the challenge)* année, depuis plusieurs décennies. On voit ce désir d'unir les gens s'étendre toujours plus loin. La fête de la Musique a eu un tel° succès en France que depuis *(such)* 75
1985, à l'occasion de l'Année européenne de la musique, des villes comme Berlin, Bruxelles, Rome et Londres organisent leur propre manifestation, le même jour. Aujourd'hui, le 21 juin représente la
80 célébration de la musique dans plus de cent pays. Cela prouve que cette fête de la joie a encore un bel avenir devant elle. ∎

> **La rue devient, pendant toute une journée, un lieu où on exprime sa joie.**

# Analyse

**1**  **Compréhension** Répondez aux questions par des phrases complètes.

1. Pourquoi la fête de la Musique a-t-elle été créée?

2. Qui organise les grands concerts professionnels?

3. Où ont lieu les manifestations musicales?

4. Qui peut participer à cette fête? Pourquoi?

5. Quels sont les genres de musique représentés à cette fête?

6. Qui, avec la France, célèbre la fête de la Musique?

**2**  **La musique et vous** À deux, répondez aux questions par des phrases complètes.

1. Aimeriez-vous célébrer la fête de la Musique?

2. Quels événements ressemblant à la fête de la Musique connaissez-vous?

3. Écoutez-vous de la musique étrangère? Pourquoi?

4. Quand écoutez-vous le plus souvent de la musique? Donnez des détails.

5. Y a-t-il un type de musique que vous n'aimez pas? Pourquoi?

**3**  **Un bon adage** Que pensez-vous de l'adage «La musique adoucit les mœurs.» (Équivalent en anglais: *Music soothes the savage breast* [soul].)? La musique peut-elle avoir cet effet? Que ressentez-vous quand vous en écoutez? Comparez votre réponse à celle d'un(e) camarade de classe.

**4**  **C'est vous l'organisateur!** Imaginez que vous représentiez le ministère de la Culture et de la Communication. Par groupes de trois, organisez un concert. Où va-t-il avoir lieu? Quels artistes allez-vous inviter? Écrivez le programme de la fête avec une description des artistes. N'oubliez pas le caractère éclectique de l'événement. Ensuite, comparez votre proposition à celles des autres groupes.

| | |
|---|---|
| Nom de l'événement | |
| Ville et lieux | |
| Dates et heures | |
| Type(s) de musique | |
| Artistes invités | |

**5**  **Chez vous** Chaque année, le gouvernement français organise certaines fêtes nationales. Votre ville organise-t-elle des événements gratuits organisés? Sinon, que proposeriez-vous à votre gouvernement local? Expliquez à la classe.

**ressources**

**vText**

vhlcentral.com
Leçon 2

 Practice more at **vhlcentral.com.**

# Préparation

## À propos de l'auteur

Poète et scénariste, **Jacques Prévert** (1900–1977) est une des personnalités françaises les plus célèbres en France et dans le monde. Sa passion pour la lecture, la poésie et le spectacle était évidente dès son enfance. Dans les années 1920, Prévert participe au mouvement surréaliste. Par la suite, il écrit les scénarios et les dialogues de films, dont certains sont des chefs-d'œuvre du cinéma français. En 1945, il publie *Paroles*, dont les poèmes sont toujours largement connus, lus et étudiés dans les écoles. De même, ses sept autres recueils ont eu énormément de succès et ont été traduits en plusieurs langues. Avec sa poésie pleine d'humour, pacifiste et rebelle, Jacques Prévert est devenu un classique de la littérature française.

### Vocabulaire de la lecture

**afin de** *in order to*
**une cinémathèque** *film library (often with theater)*
**un cri** *a shout, a cry*
**cloîtrer** *to cloister; to enclose*
**l'espoir** (*m.*) *hope*
**greffer** *to transplant; to graft*

**mensonger/mensongère** *lying; deceptive*
**O.R.T.F.** *Office de la Radio et de la Télévision françaises*
**usé(e)** *worn out*
**la vérité** *truth*

### Vocabulaire utile

**une contestation** *a protest*
**une grève (sur le tas)** *a (sit-in) strike*
**un orateur** *speaker; orator*
**le passé** *past*
**un préavis** *notice*
**protester** *to protest*

**ressources**

v̂Text

vhlcentral.com
Leçon 2

**1**  **Les synonymes** Trouvez des synonymes dans le nouveau vocabulaire pour les mots suivants.

1. histoire _____
2. protestation _____
3. exclamation _____
4. souhait _____
5. fatigué _____
6. réalité _____
7. manifester _____
8. trompeur _____
9. enfermer _____
10. transplanter _____
11. pour _____
12. arrêt de travail _____

**2** **Préparation** Lisez attentivement ces questions. Expliquez vos réponses et discutez-en avec un(e) camarade de classe.

1. Dites-vous toujours la vérité? Et quand vous étiez petit(e)?
2. Avez-vous connu des gens qui racontaient des mensonges? Quels types de mensonges?
3. Comment réagissez-vous aux mensonges? Pensez-vous qu'ils soient parfois justifiés?
4. Trouvez-vous qu'une cinémathèque soit une bonne idée? Pourquoi?
5. Avez-vous déjà observé une grève ou une contestation? Expliquez.

### Note CULTURELLE

**La France** n'oubliera jamais les événements de **mai 1968**. Le pays était complètement paralysé par une grève générale et par des manifestations. **Les Français** étaient mécontents (*dissatisfied*) à tous les niveaux de la société et tout le monde manifestait en solidarité, pas seulement les étudiants et les ouvriers. On exigeait de la vieille garde l'évolution de traditions fossilisées qui empêchaient l'accès équitable aux possibilités d'avancement dans l'éducation et dans le travail.

 Practice more at **vhlcentral.com**.

# MAI 1968

**Jacques Prévert**

Et si la jeunesse ouvre la bouche…

## I

On ferme!
Cri du cœur des gardiens du musée homme usé
Cri du cœur à greffer
*to patch up*  à rafistoler°
*exhausted* 5  Cri d'un cœur exténué°
On ferme!
On ferme la Cinémathèque et la Sorbonne avec
On ferme!
*bolts up*  On verrouille° l'espoir
10  On cloître les idées
On ferme!
*with its mouth closed*  O.R.T.F. bouclée°
Vérités séquestrées
*gagged*  Jeunesse bâillonnée°
15  On ferme!
Et si la jeunesse ouvre la bouche
par la force des choses
par les forces de l'ordre
on la lui fait fermer
20  On ferme!
Mais la jeunesse à terre
*bludgeoned; trampled*  matraquée° piétinée°
*gassed; blinded*  gazée° et aveuglée°
se relève pour forcer les grandes portes ouvertes
25  les portes d'un passé mensonger
*expired*  périmé°
On ouvre!
On ouvre sur la vie
la solidarité
30  et sur la liberté de la lucidité.

## II

*theater in Paris; while they*  Des gens s'indignent que l'Odéon° soit occupé alors qu'ils° trouvent
encore tout naturel qu'un acteur occupe, tout seul, la Tragi-Comédie-
Française depuis de longues années afin de jouer, en matinée, nuit et
*full house*  soirée, et à bureaux fermés°, le rôle de sa vie, l'Homme providentiel,
*History repeating itself* 35  héros d'un très vieux drame du répertoire universel: l'Histoire ancienne°.
◼

# Analyse

**1**  **Compréhension** Répondez aux questions.

1. Donnez quelques mots ou expressions du poème qui expriment le sentiment de contestation.

2. Qui a un cœur à greffer, un cœur exténué?

3. Qui cloître les idées?

4. Qu'est-ce qui ferme?

5. Qui ferme tout?

6. Qui matraque et piétine la jeunesse?

7. Pourquoi la jeunesse se relève-t-elle?

8. Qui sont les personnes qui s'indignent que l'Odéon soit occupé?

**2**  **Interprétation** Répondez aux questions par des phrases complètes.

1. Pourquoi est-ce important de fermer les lieux?

2. Que représentent «les gardiens du musée homme usé»? Pourquoi désirent-ils tout fermer?

3. Pourquoi y a-t-il des hommes usés et des cœurs exténués?

4. Pourquoi est-ce que le passé est un passé mensonger?

5. Que représente l'acteur de la Tragi-Comédie-Française?

6. Pourquoi le poème a-t-il deux parties? En quoi sont-elles différentes?

7. Quel effet le poète veut-il produire par la répétition du cri «On ferme»?

8. Quelle est l'attitude du poète? Son opinion sur la situation est-elle évidente?

**3**  **Imaginez** Imaginez une conversation avec Jacques Prévert et puis jouez-la devant la classe. Un(e) camarade de classe joue le rôle de Prévert et l'autre joue le rôle de l'interviewer. Répondez à ces questions:

- Où était Prévert en mai 1968?
- A-t-il participé aux manifestations?
- Pourquoi a-t-il écrit le poème *Mai 1968*?

**4**  **Rédaction** Décrivez un problème que les étudiants d'aujourd'hui souhaitent résoudre (*to solve*) dans le monde. Suivez le plan de rédaction pour écrire votre point de vue sur les thèmes pour lesquels les étudiants actuels (*current*) manifestent. Dans votre rédaction, employez des verbes pronominaux, des adjectifs descriptifs et des adverbes.

### Plan

**1 Présentation** Décrivez les changements que les étudiants d'aujourd'hui souhaitent voir dans le monde.

**2 Point de vue** Donnez votre propre point de vue sur les thèmes pour lesquels les étudiants actuels manifestent.

**3 Comparaison** Expliquez en quoi les mouvements d'aujourd'hui ressemblent à ceux de 1968 ou en diffèrent. Vous pouvez mentionner des événements en France ou dans votre propre pays.

**ressources**

 **v̂ Text**

 CE pp. 33–35

 **S** vhlcentral.com Leçon 2

 Practice more at **vhlcentral.com.**

# En ville

Audio: Vocabulary
Flashcards
My Vocabulary

## Les lieux

**un arrêt d'autobus** *bus stop*
**une banlieue** *suburb; outskirts*
**une caserne de pompiers** *fire station*
**le centre-ville** *city/town center; downtown*
**un cinéma** *cinema; movie theater*
**un commissariat de police** *police station*
**un édifice** *building*
**un gratte-ciel** *skyscraper*
**un hôtel de ville** *city/town hall*
**un jardin public** *public garden*
**un logement/une habitation** *housing*
**un musée** *museum*
**le palais de justice** *courthouse*
**une place** *square; plaza*
**la préfecture de police** *police headquarters*
**un quartier** *neighborhood*
**une station de métro** *subway station*

## Les indications

**la circulation** *traffic*
**les clous** *crosswalk*
**un croisement** *intersection*
**un embouteillage** *traffic jam*
**un feu (tricolore)** *traffic light*
**un panneau** *road sign*
**un panneau d'affichage** *billboard*
**un pont** *bridge*
**un rond-point** *rotary; roundabout*
**une rue** *street*
**les transports en commun** *public transportation*
**un trottoir** *sidewalk*
**une voie** *lane; road; track*

**descendre** *to go down; to get off*
**donner des indications** *to give directions*
**être perdu(e)** *to be lost*
**monter (dans une voiture, dans un train)** *to get (in a car, on a train)*
**se trouver** *to be located*

## Les gens

**un agent de police** *police officer*
**un(e) citadin(e)** *city-/town-dweller*
**un(e) citoyen(ne)** *citizen*

**un(e) colocataire** *roommate; co-tenant*
**un(e) conducteur/conductrice** *driver*
**un(e) étranger/étrangère** *foreigner; stranger*
**le maire** *mayor*
**un(e) passager/passagère** *passenger*
**un(e) piéton(ne)** *pedestrian*

## Les activités

**les travaux** *construction*
**l'urbanisme** *city/town planning*
**la vie nocturne** *nightlife*

**améliorer** *to improve*
**s'amuser** *to have fun*
**construire** *to build*
**empêcher (de)** *to stop; to keep from (doing something)*
**s'ennuyer** *to get bored*
**s'entretenir (avec)** *to talk; to converse*
**passer (devant)** *to go past*
**peupler** *to populate*
**rouler (en voiture)** *to drive*
**vivre** *to live*

**(peu/très) peuplé(e)** *(sparsely/densely) populated*

## Pour décrire

**animé(e)** *lively*
**bruyant(e)** *noisy*
**inattendu(e)** *unexpected*
**plein(e)** *full*
**privé(e)** *private*
**quotidien(ne)** *daily*
**sûr(e)/en sécurité** *safe*
**vide** *empty*

## Court métrage

**un lien** *connection*
**un marché** *deal*
**une rame de métro** *subway train*
**un sketch** *skit*
**une voie** *means; channel*
**un wagon** *subway car*

**duper** *to trick*
**se méfier de** *to be distrustful/wary of*
**se plaindre** *(conj. like **éteindre**) to complain*

**se rassurer** *to reassure oneself*
**réitérer** *to reiterate*
**rejoindre** *to join*
**solliciter** *to solicit*

**débile** *moronic*
**gêné(e)** *embarrassed*
**insensible** *insensitive*

## Culture

**une ambiance** *atmosphere*
**la batterie** *drums*
**un défilé** *parade*
**une fanfare** *marching band*
**une fête foraine** *carnival*
**un feu d'artifice** *fireworks display*
**une foire** *fair*
**une manifestation** *demonstration*
**le soutien** *support*
**un violon** *violin*

**s'étendre** *to spread*
**rassembler** *to gather*
**se réunir** *to get together*
**unir** *to unite*

## Littérature

**une cinémathèque** *film library*
**une contestation** *a protest*
**un cri** *a shout, a cry*
**l'espoir (m.)** *hope*
**une grève (sur le tas)** *a (sit-in) strike*
**O.R.T.F.** *Office de la Radio et de la Télévision françaises*
**un orateur** *speaker; orator*
**le passé** *past*
**un préavis** *notice*
**la vérité** *truth*

**cloîtrer** *to cloister; to enclose*
**greffer** *to transplant; to graft*
**protester** *to protest*

**mensonger/mensongère** *lying; deceptive*
**usé(e)** *worn out*

**afin de** *in order to*

ressources

vText

CE
p. 36

vhlcentral.com
Leçon 2

# L'influence des médias

La télévision. La radio. Internet. Les journaux. Les magazines. Nous sommes bombardés 24 heures sur 24, sept jours sur sept. Les médias divertissent. Ils informent. Ils mobilisent. Ils agacent. Ils font peur. Les médias sont-ils trop présents dans notre vie? Quelle influence ont-ils sur nous?

Peut-on absorber tout ce que les médias ont à proposer?

## 78 COURT MÉTRAGE

À la suite de problèmes avec un poste de télévision, un technicien hors du commun est appelé au domicile d'un vieux monsieur. Va-t-il parvenir à résoudre les problèmes en question? À découvrir dans *Le Technicien* de **Simon-Olivier Fecteau**.

## 84 IMAGINEZ

À la fois vaste et intime, traditionnel et moderne, le **Québec**, c'est la vie au rythme de l'**Amérique du Nord** mais en français. Si vous n'y êtes jamais allé(e), vous allez certainement en avoir envie. Puis vous allez découvrir *Vendredi,* un journal pas comme les autres.

## 101 CULTURE

Créateur du Cirque du Soleil, homme d'affaires, touriste spatial... Mais qui est vraiment **Guy Laliberté**? Découvrons-le ensemble.

## 105 LITTÉRATURE

Dans cet extrait de *99 Francs*, **Frédéric Beigbeder** dénonce l'omniprésence de la publicité dans nos vies et l'invasion des messages à caractère commercial dans les médias modernes. Est-ce que l'image de notre société que nous imposent les publicitaires correspond vraiment à la réalité?

81

102

**Destination:**
# QUÉBEC

## 76 POUR COMMENCER

## 88 STRUCTURES

**3.1 The passé composé with avoir**

**3.2 The passé composé with être**

**3.3 The passé composé vs. the imparfait**

## 109 VOCABULAIRE

# L'univers médiatique

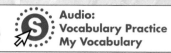
Audio:
Vocabulary Practice
My Vocabulary

## Les médias

l'actualité (*f.*)  *current events*

la censure  *censorship*

un événement  *event*

un message/spot publicitaire; une publicité (une pub)  *advertisement*

les moyens (*m.*) de communication; les médias (*m.*)  *media*

la publicité (la pub)  *advertising*

un reportage  *news report*

un site web/Internet  *web/Internet site*

une station de radio  *radio station*

s'informer (par les médias)  *to keep oneself informed (through the media)*

naviguer/surfer sur Internet/le web  *to search the web*

actualisé(e)  *updated*

en direct  *live*

frappant(e)/marquant(e)  *striking*

influent(e)  *influential*

(im)partial(e)  *(im)partial; (un)biased*

## Les gens des médias

un(e) animateur/animatrice de radio  *radio presenter*

un auditeur/une auditrice  *(radio) listener*

un(e) critique de cinéma  *film critic*

un éditeur/une éditrice  *publisher*

un(e) envoyé(e) spécial(e)  *correspondent*

un(e) journaliste  *journalist*

un(e) photographe  *photographer*

un réalisateur/une réalisatrice  *director*

un rédacteur/une rédactrice  *editor*

un reporter  *reporter (male or female)*

un téléspectateur/une téléspectatrice  *television viewer*

une vedette (de cinéma)  *(movie) star (male or female)*

## Le cinéma et la télévision

une bande originale  *sound track*

une chaîne  *network*

un clip vidéo; un vidéoclip  *music video*

un divertissement  *entertainment*

un documentaire  *documentary*

l'écran (*m.*)  *screen*

les effets (*m.*) spéciaux  *special effects*

un entretien/une interview  *interview*

un feuilleton  *soap opera; series*

une première  *premiere*

les sous-titres (*m.*)  *subtitles*

divertir  *to entertain*

enregistrer  *to record*

retransmettre  *to broadcast*

sortir un film  *to release a movie*

## La presse

une chronique  *column*

la couverture  *cover*

un extrait  *excerpt*

les faits (*m.*) divers  *news items*

un hebdomadaire  *weekly magazine*

un journal  *newspaper*

la liberté de la presse  *freedom of the press*

un mensuel  *monthly magazine*

les nouvelles (*f.*) locales/ internationales  *local/international news*

la page sportive  *sports page*

la presse à sensation  *tabloid(s)*

la rubrique société  *lifestyle section*

un gros titre  *headline*

enquêter (sur)  *to research; to investigate*

être à la une  *to be on the front page*

publier  *to publish*

ressources

vText

CE
pp. 37–39

vhlcentral.com
Leçon 3

Leçon 3

# Mise en pratique

**1** **Les analogies** Complétez chaque analogie à l'aide du mot le plus logique de la liste.

| | | | | |
|---|---|---|---|---|
| actualisé | la censure | frappant | un réalisateur | un site web |
| un auditeur | enregistrer | un journaliste | retransmettre | la une |

1. un reporter : un reportage :: _____ : un journal

2. la télévision : un téléspectateur :: la radio : _____

3. important : influent :: marquant : _____

4. un rédacteur : un magazine :: _____ : un film

5. _____ : un journal :: la couverture : un magazine

6. un film : le cinéma :: _____ : Internet

7. une émission : _____ :: un divertissement : divertir

8. l'impartialité : la partialité :: la liberté de la presse : _____

**2** **Quelques nouvelles** Complétez chaque phrase à l'aide des mots ou des expressions les plus logiques.

| | | | |
|---|---|---|---|
| animateur | écran | en direct | média |
| clip vidéo | effets spéciaux | frappante | vedette |

Reportage exclusif (1) _____ sur la chaîne TV5.

Cette (2) _____ de cinéma sort un nouveau film avec beaucoup d' (3) _____.

Son nouveau (4) _____ a détruit la réputation de ce chanteur.

L'influence des sites Internet: une enquête (5) _____!

Les déclarations partiales d'un (6) _____ de radio mettent ses auditeurs en colère.

**3** **À votre avis** Dites si vous êtes d'accord ou pas avec chaque affirmation. Ensuite, comparez vos réponses avec celles de vos camarades de classe.

| | Oui | Non |
|---|:---:|:---:|
| 1. Aujourd'hui, il est plus facile de s'informer qu'avant. | ☐ | ☐ |
| 2. Grâce aux médias, les gens connaissent mieux le monde. | ☐ | ☐ |
| 3. La liberté de la presse est un mythe. | ☐ | ☐ |
| 4. La publicité essaie de divertir le public. | ☐ | ☐ |
| 5. La presse à sensation n'a qu'un seul objectif: informer le public. | ☐ | ☐ |
| 6. On trouve plus de reportages impartiaux sur Internet que dans la presse. | ☐ | ☐ |
| 7. Dans les médias, les images ont plus d'influence que les mots. | ☐ | ☐ |
| 8. Si on veut s'informer, il vaut mieux regarder la télévision que lire les journaux. | ☐ | ☐ |

**4** **Un reportage** Avec un(e) camarade, imaginez que vous soyez reporter. Quel sujet choisiriez-vous pour votre prochain reportage? Préparez le reportage.

Practice more at **vhlcentral.com.**

# Préparation

**ATTENTION!**

The verb **s'accroître** is a reflexive verb. Like all such verbs, it is conjugated with **être** in the **passé composé**. Its past participle is **accru.**

**Depuis 2005, l'incidence des cancers s'est accrue de 35% pour les hommes et de 43% pour les femmes.**

*Since 2005, cancer rates have risen 35% for men and 43% for women.*

**Vocabulaire du court métrage**

**la bourse** *stock market*
**brisée** *broken*
**la décroissance** *recession*
**la devise** *currency*
**faire une croix sur** *to forget about*
**flou** *blurry*

**une hausse** *gain*
**une PME** *SME (Small and Medium Enterprises [businesses])*
**la reddition** *surrender*
**s'accroître** *to rise, to increase*

**Vocabulaire utile**

**un bon samaritain** *good Samaritan*
**faire une bonne action** *to do a good deed*
**intervenir** *to intervene, to get involved*
**résoudre** *to resolve*

---

**EXPRESSIONS**

**C'est pas le genre d'affaires qu'on prend.** *It's not the kind of thing we handle.*

**Complètement raté!** *A huge miss!*

**T'as pas fini.** *You're not done yet.*

---

**1**  **Les nouvelles** Magali et Sylvain parlent de l'actualité. Choisissez les mots de la liste qui complètent leur conversation.

**MAGALI** Tu as lu les nouvelles aujourd'hui?

**SYLVAIN** Oui, et une fois de plus, elles sont assez mauvaises! À commencer par la (1) _____ du prix de l'électricité et de l'eau. Il faut toujours payer plus! Et le gouvernement ne veut jamais (2) _____ pour essayer de limiter ces augmentations.

**MAGALI** Écoute, Sylvain, le gouvernement ne peut pas (3) _____ tous les problèmes. Et puis, il y a des problèmes bien pires que ça. Tu as vu que la dernière (4) _____ du village vient de fermer?

**SYLVAIN** Oui, c'est triste! C'est à cause de la (5) _____ dans la région. Le nombre de gens qui n'ont plus de travail va encore (6) _____ et ce sera vraiment dur pour ces gens de retrouver du travail.

**MAGALI** L'économie va de plus en plus mal. Moi, l'année dernière, j'ai perdu beaucoup d'argent à la (7) _____, tu sais, et du coup, il a fallu (8) _____ mes vacances d'été.

**SYLVAIN** Moi aussi! Mais j'ai décidé de (9) _____ à la place. J'ai travaillé tout l'été pour une association qui aide les pauvres.

**MAGALI** Ah oui? Dis donc, tu es un (10) _____, toi!

**2** **Les médias** Répondez aux questions par des phrases complètes.

1. Comment restez-vous informé(e) sur l'actualité locale et internationale? Regardez-vous les informations à la télévision ou sur Internet? Écoutez-vous la radio? Décrivez vos habitudes.

2. Lisez-vous souvent la presse? Préférez-vous lire le journal ou un magazine hebdomadaire ou mensuel? Pourquoi? Quelles rubriques lisez-vous souvent dans la presse? Lesquelles ne lisez-vous jamais? Expliquez.

3. D'après vous, quels sont les meilleurs médias pour présenter l'actualité de manière objective et impartiale? Pourquoi?

**ressources**

**v̂Text**

**vhlcentral.com**
Leçon 3

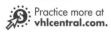
Practice more at **vhlcentral.com.**

**3** **À la télé** Répondez aux questions avec un(e) camarade.

1. Regardez-vous beaucoup la télévision? Pourquoi la regardez-vous en général? Est-ce que c'est plutôt pour vous informer ou pour vous divertir? Quels sont vos types de programmes préférés? Lesquels n'aimez-vous pas? Expliquez.

2. Que pensez-vous de la manière dont on présente l'actualité à la télévision? Y a-t-il trop de mauvaises nouvelles et pas assez de bonnes nouvelles? À votre avis, est-ce qu'on accorde la même importance à toutes les nouvelles? Expliquez votre point de vue.

**4** **Un événement récent** Par petits groupes, discutez d'un événement marquant ou d'un fait divers qui a récemment fait la une de l'actualité. Que s'est-il passé? Pourquoi cet événement ou fait divers vous a-t-il frappé(e) (*did it strike you*)? Décrivez et expliquez votre réaction en donnant des détails.

**5** **Un bon samaritain** Répondez aux questions avec un(e) camarade.

1. Connaissez-vous des personnes qui font souvent de bonnes actions? Quel genre d'actions? Quelles sont les qualités de ces personnes? Pourquoi une personne décide-t-elle de faire une bonne action, d'après vous?

2. Pensez-vous qu'il y ait beaucoup de bons samaritains dans le monde? Leurs actions peuvent-elles faire une véritable différence? Expliquez votre point de vue en donnant des exemples.

3. Et vous, si vous pouviez réaliser la bonne action de votre choix, que feriez-vous? Pourquoi?

**6** **Photographies** Dans ce court métrage, un technicien est appelé chez un client qui pense que sa télévision est cassée. À deux, regardez les photographies et essayez d'imaginer ce qui va se passer. Pensez-vous que la télévision du monsieur soit vraiment cassée? Quel est le véritable problème?

**Video: Short Film**

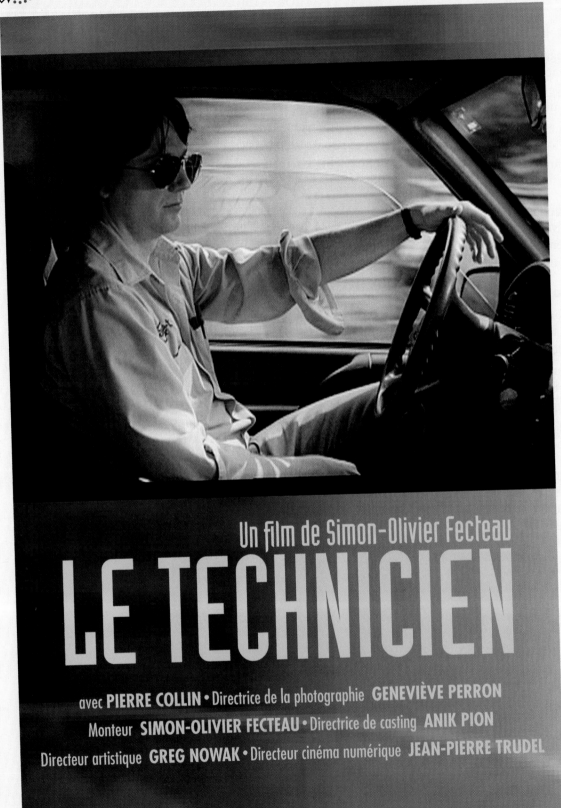

**INTRIGUE** *Un technicien est appelé chez un client âgé qui pense avoir des problèmes avec sa télévision.*

**CLIENT** C'est ma TV. Elle est toute brisée. Elle est toute brisée.
**TECHNICIEN** OK. OK. Ben, si vous me laissez entrer, on va regarder ça.
**CLIENT** Regarde!
**TECHNICIEN** Ben, écoutez, c'est une vieille TV. C'est normal, c'est un peu flou.
**CLIENT** Non, non, non, regarde!

*Jour 238 de cette guerre qui, jusqu'à présent, a fait des milliers de victimes... La crise économique mondiale frappe à tous les niveaux. La famine en Éthiopie touche des millions d'enfants entraînant chez plusieurs la malnutrition grave ou même la mort.*

**CLIENT** Peux-tu me réparer ma TV?
**TECHNICIEN** Écoutez, euh... c'est pas le genre d'affaires qu'on prend, juste... Y a pas de formation qui... qui...
**CLIENT** Peux-tu la réparer?
**TECHNICIEN** Bien... On va regarder si c'est pas un problème technique. Peut-être les câbles...

*Mesdames et messieurs, c'est absolument incroyable. Le chef des sudistes offrirait sa reddition, se rendrait. C'est un conflit quasi-centenaire qui serait réglé. Nous assistons à un jour véritablement historique. Maintenant, l'information qui demeure, c'est de connaître l'identité de cet homme...*

*Aujourd'hui, à la bourse mondiale, le NASDAQ a affiché une hausse saisissante de 2400 points et qui semble avoir redémarré l'économie mondiale. Aucun analyste n'est en mesure d'expliquer cette hausse.*

*Mesdames et messieurs, nous apprenons à l'instant qu'un tsunami a frappé la côte ouest du Japon... La secousse sismique d'une magnitude de 9,3 sur l'échelle de Richter s'est produite...*

### Note
### CULTURELLE

**Le français parlé au Québec**

Au Québec, les relations ont tendance à être plus informelles et décontractées qu'en France et ceci se remarque facilement dans les conversations de tous les jours. La particule **ne** de l'expression négative **ne... pas** est souvent omise par les Québécois. On entendra, par exemple, comme dans le court métrage, «C'est pas le genre d'affaires qu'on prend» au lieu de «Ce n'est pas le genre d'affaires qu'on prend». L'expression «il n'y a pas» deviendra même «y a pas». Le tutoiement est aussi beaucoup plus fréquemment utilisé au Québec que dans la plupart des autres pays francophones. Le vouvoiement, lui, est surtout employé par égard à l'âge de l'interlocuteur, comme on le voit dans le film.

# Analyse

**1**

**Compréhension** Répondez aux questions par des phrases complètes.

1. Que fait le technicien chez le monsieur? D'après lui, pourquoi l'image sur la télévision n'est-elle pas de bonne qualité?

2. Décrivez la situation économique au début du court métrage.

3. Quelles sont les autres mauvaises nouvelles mentionnées par les journalistes?

4. Qu'est-ce que le technicien décide de faire quand il comprend le désespoir du vieux monsieur?

5. Quel est l'événement historique mentionné par le journaliste dans la deuxième partie du court métrage? Donnez les détails de ce qui s'est passé.

6. Pourquoi voit-on les Éthiopiens danser? Que s'est-il passé d'autre de positif dans l'économie mondiale?

7. Que s'est-il passé d'incroyable dans le domaine de la médecine?

8. Et dans le monde du sport, quelle est la bonne nouvelle?

9. Décrivez ce qui est arrivé à la petite Émilie.

10. D'après les journalistes, qui est à l'origine de tous ces changements positifs?

**2**

**Interprétation** Répondez aux questions avec un(e) camarade.

1. À votre avis, le vieux monsieur pense-t-il vraiment que sa télévision est cassée? Décrivez et expliquez le petit malentendu entre lui et le technicien au début du court métrage.

2. Expliquez la réponse suivante du technicien quand le client insiste pour qu'il répare sa télévision: «C'est pas le genre d'affaires qu'on prend, juste... Y a pas de formation qui... qui...»

3. Décrivez la fin du court métrage et expliquez le dernier commentaire du client.

**3**

**Un article** Écrivez un article, à la manière de ceux qu'on trouve dans le journal, dans lequel vous résumez les interventions et les actions du technicien.

**4**

**Les bonnes actions** Par petits groupes, discutez de l'intervention du technicien dans les divers problèmes dans le monde et évaluez ses bonnes actions. Laquelle est la plus louable (*commendable*), d'après vous? Pourquoi? Classez ses bonnes actions de la plus louable à la moins importante puis donnez les raisons de votre choix.

**5**

**Suite** Par petits groupes, imaginez la suite de l'histoire du court métrage en considérant les questions suivantes.

1. Que va faire le technicien maintenant? Va-t-il reprendre son travail comme avant ou bien va-t-il continuer ses interventions et ses bonnes actions dans le monde? Expliquez et justifiez votre réponse.

2. En quoi sa vie va-t-elle changer? Deviendra-t-il célèbre ou préférera-t-il rester anonyme? Pourquoi, à votre avis?

 Practice more at **vhlcentral.com**.

**6**  **À l'aide, monsieur le technicien!** Par petits groupes, discutez de trois problèmes qui touchent votre pays en ce moment. Vous pouvez vous inspirer de la liste ci-dessous et/ou considérer d'autres problèmes. Ensemble, évaluez les trois problèmes sélectionnés et choisissez celui qui vous semble le plus important aujourd'hui. Discutez des causes et des conséquences de ce problème en donnant des détails et des exemples. À votre avis, que pourrait faire le technicien pour essayer de résoudre ce problème? Échangez quelques idées en groupes, puis présentez la meilleure à la classe.

- la pauvreté (*poverty*) et la précarité (*insecurity, instability*)
- le problème des sans-abris (*homelessness*)
- la crise économique
- le chômage (*unemployment*)
- les problèmes de l'environnement
- les problèmes liés à la santé
- la violence et le crime

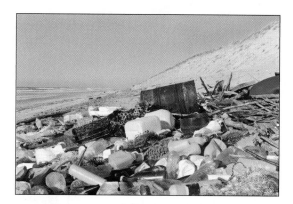

**7** **Citations** Choisissez une des trois citations suivantes et discutez-en par petits groupes.

1. Aimez-vous ces émissions? Pourquoi?
2. Les personnages de ces émissions se comportent-ils de manière habituelle?
3. Quel effet a la caméra sur le comportement de ces personnes, à votre avis?
4. Qu'est-ce qu'il y a de réel dans ces émissions?

> «Une bonne action trouve toujours sa récompense».
> —*Alexandre Dumas*

> «L'homme n'est point fait pour méditer, mais pour agir».
> —*Jean-Jacques Rousseau*

> «La bonne action qu'on fait n'est pas toujours celle qu'on croit faire».
> —*Victor Hugo*

ressources

v̂Text

CE
pp. 52–53

vhlcentral.com
Leçon 3

L'influence des médias

Galerie de Créateurs

# IMAGINEZ

## La souveraineté du Québec

**U**n **Québec** francophone et souverain, voilà l'idée que va défendre **René Lévesque** (1922–1987) pendant toute sa carrière politique. D'abord journaliste, Lévesque occupera plusieurs postes de ministre sous le gouvernement de **Jean Lesage** (1912–1980), **Premier ministre** du Québec dans les années 1960.

Pendant cette période, qu'on a appelée la **Révolution tranquille**, l'idée de la souveraineté du Québec, c'est-à-dire de la création d'un pays québécois à part entière°, domine le débat politique. L'éducation francophone et laïque° se développe et une vraie politique culturelle est mise en place. Les Québécois prennent conscience de leur identité propre et de leur culture francophone.

Ce phénomène se reflète surtout dans la chanson et dans le cinéma. Des chanteurs comme **Félix Leclerc** (1914–1988) et **Gilles Vigneault** (1928–) défendent l'idée de la souveraineté et font renaître la tradition de la chanson francophone québécoise. **Robert Charlebois** (1944–) reprend cette tradition et la modernise. Le cinéma québécois francophone se développe grâce à la création, en 1967, de la **Société de Développement de l'Industrie Cinématographique Canadienne** (SDICC) qui apporte une aide financière aux réalisateurs comme **Denys Arcand**.

Sur le plan politique, c'est en 1968 que René Lévesque fonde le **Parti québécois** ou PQ, qui demande la souveraineté du Québec. Quand Lévesque est élu Premier ministre en 1976, c'est la première fois qu'un tel° parti arrive au pouvoir. Dès° l'année suivante, la **Loi 101** pour la défense du français est votée. En effet°, beaucoup de jeunes Québécois choisissaient de recevoir une éducation en anglais. Cette loi

Une manifestation en faveur de la souveraineté du Québec

oblige tous les immigrants à aller à l'école française. En outre°, l'affichage° doit être en français dans les lieux publics et dans les magasins.

Aujourd'hui, grâce à ces mesures, le Québec est à plus de 82% francophone. Cependant, le cœur° du programme indépendantiste est bien la souveraineté totale. Celle-ci ne peut vraiment se faire que si la majorité des Québécois votent en sa faveur.

Une série de **référendums** est organisée: si la population répond «oui», le Québec s'émancipera. Mais voilà: à chaque fois, le «non» l'emporte°! Au référendum de 1995, il n'y avait plus que 50.000 voix° de différence, alors les partisans du «oui» n'ont pas encore dit leur dernier mot. Affaire à suivre…

**à part entière** on its own **laïque** secular **un tel** such a **Dès** From **En effet** Indeed **En outre** In addition **affichage** display/posting **cœur** core **emporte** wins **voix** votes **discours** speech

### D'ailleurs…

Le 24 juillet 1967, le président français, **Charles de Gaulle**, qui est en visite à **Montréal**, proclame son soutien au mouvement de souveraineté du Québec. Pendant un discours° qu'il prononce du balcon de l'Hôtel de ville, il s'exclame: «Vive Montréal! Vive le Québec! Vive le Québec… libre! Vive le Canada français et vive la France!»

René Lévesque, fondateur du Parti québécois

ressources

v̂Text

CE
p. 40

vhlcentral.com
Leçon 3

# Découvrons le Québec

**Je me souviens** Cette devise° est apparue sur les plaques d'immatriculation° québécoises en 1939. **Eugène-Étienne Taché**, architecte et homme politique québécois, fait graver°, en 1883, «Je me souviens» au-dessus de° la porte du parlement québécois. Taché n'a jamais précisé ce qu'il a voulu dire par ces mots, mais ils sont probablement liés à l'histoire de la Province que cette façade rappelle.

**La fête de la Saint-Jean** Le 24 juin, c'est le jour de la **Saint-Jean-Baptiste**, le patron des Canadiens francophones. C'est aussi, depuis 1977, la Fête nationale du Québec. Arrivée en Amérique avec les premiers colons français, cette fête, qui a des racines° à la fois païennes° et religieuses, y est célébrée depuis 1638 environ. Aujourd'hui, c'est un immense festival qui donne aux Québécois l'occasion de montrer leur fierté° et leur héritage culturel.

**La poutine** Elle consiste en un mélange de frites et de fromage cheddar râpé°, le tout recouvert d'une sauce brune chaude qui fait fondre° le fromage. C'est une spécialité québécoise très appréciée qui trouve son origine dans les milieux ruraux° des années 1950. Aujourd'hui, au Québec, presque tous les restaurants à service rapide offrent de la poutine.

**La ville souterraine de Montréal** Construite vers 1960 et appelée **RÉSO** depuis 2004, la ville souterraine° comprend 60 complexes résidentiels et commerciaux reliés par° 30 kilomètres de tunnels. On y trouve sept stations de métro et deux gares qui desservent° la banlieue, des banques, des centres commerciaux, des bureaux et même des hôtels. Plus de 500.000 personnes y passent chaque jour, surtout en hiver!

**devise** *motto* **plaques d'immatriculation** *licence plates* **graver** *to engrave* **au-dessus de** *above* **racines** *roots* **païennes** *pagan* **fierté** *pride* **râpé** *grated* **fondre** *melt* **ruraux** *rural* **souterraine** *underground* **reliés par** *linked by* **desservent** *serve*

## Le français parlé au Québec

### Le joual (français québécois)

| | |
|---|---|
| **un abreuvoir** | une fontaine; *drinking fountain* |
| **l'achalandage** (*m.*) | la circulation |
| **une aubaine** | une promotion; *sale, promotion* |
| **avoir l'air bête** | être désagréable, impoli |
| **bienvenue** | de rien |
| **une blonde** | une copine; *girlfriend* |
| **bonjour** | au revoir |
| **un breuvage** | une boisson |
| **un char** | une voiture |
| **chauffer** | conduire |
| **un chum** | un copain; *boyfriend, male friend* |
| **la crème glacée** | la glace |
| **débarquer** (du bus, du métro) | descendre |
| **le déjeuner** | le petit-déjeuner |
| **le dîner** | le déjeuner |
| **être plein** | avoir trop mangé; *to be full* |
| **magasiner** (faire du magasinage) | faire des courses |
| **ça mouille** | il pleut |
| **le souper** | le dîner |

# Qu'avez-vous appris?

**1**

**Vrai ou faux?** Indiquez si les affirmations sont vraies ou fausses, et corrigez les fausses.

1. L'un des plus grands défenseurs d'un Québec francophone et souverain était Félix Leclerc.

2. La notion de la souveraineté du Québec domine le débat politique, pendant la Révolution tranquille.

3. Le cinéma québécois francophone se développe grâce à la création du Parti québécois.

4. L'ancien président français Charles de Gaulle était pour la souveraineté du Québec.

5. «Je me souviens» est l'hymne national du Québec.

6. RÉSO est le nom donné à une fête québécoise importante.

**2**

**Questions** Répondez aux questions.

1. Pourquoi 1976 est-elle une année importante pour le Parti québécois?

2. Quel est une des conséquences de la Loi 101?

3. Qui sont les deux chanteurs qui contribuent à la renaissance de la chanson francophone québécoise?

4. Quelle sorte de fête est la Saint-Jean aujourd'hui?

5. Qu'est-ce que la poutine?

6. Qu'est-ce que «la Révolution tranquille»?

## Projet

### Festivals au Québec

Vous connaissez déjà la fête de la Saint-Jean, mais le Québec est une Province aux multiples festivals. Imaginez que vous soyez agent de publicité et que vous deviez créer une brochure pour un festival francophone au Québec. Faites des recherches pour choisir un festival et trouver les informations nécessaires.

- Quel est le nom du festival?
- Quelles sont ses dates?
- Quel est son thème?
- Que fait-on au festival pour s'amuser? (trois activités)

 Practice more at **vhlcentral.com**.

Trouvez la bonne réponse.

1. _____ est un réalisateur francophone québécois.
   a. Denys Arcand          b. Robert Charlebois
   c. Jean Lesage           d. René Lévesque

2. _____ fonde le Parti québécois en 1968.
   a. Félix Leclerc          b. Saint-Jean Baptiste
   c. Jean Lesage           d. René Lévesque

3. _____ est pour la souveraineté du Québec.
   a. La population canadienne   b. Le Parti québécois
   c. Atlan                  d. La loi 101

4. Charles de Gaulle a soutenu _____.
   a. le mouvement de souveraineté du Québec
   b. Eugène-Étienne Taché    c. la Loi 101
   d. la construction du RÉSO

5. La devise du Québec est _____.
   a. «Vive le Québec libre!»   b. «Au bout de la route»
   c. un rappel de l'histoire    d. un hommage à Lévesque

6. La phrase «Je me souviens» est inscrite sur _____.
   a. les permis de conduire québécois
   b. le drapeau québécois
   c. les plaques d'immatriculation
   d. les cartes d'électeurs

7. La Saint-Jean-Baptiste est _____.
   a. un parti politique
   b. un quartier souterrain
   c. une spécialité québécoise
   d. la Fête nationale du Québec

8. La poutine a son origine dans les _____ du Québec.
   a. chaînes internationales   b. restaurants rapides
   c. milieux ruraux         d. quartiers industriels

9. Dans le RÉSO, il y a des complexes résidentiels et commerciaux reliés par des _____.
   a. tunnels                b. minibus
   c. tramways               d. autoroutes

10. Plus de _____ personnes passent par le RÉSO tous les jours, surtout en hiver.
    a. 300.000               b. 500.000
    c. 50.000                d. 400.000

# Le Zapping

 Video: TV Clip

## Vendredi

**1  Préparation**  Répondez aux questions.

1. Comment vous tenez-vous au courant de l'actualité?

2. Quels sont les avantages des journaux traditionnels? Quels sont les avantages de l'Internet?

> **Vocabulaire du film**
>
> **fournir**  to relay; to supply
> **subsister**  to remain

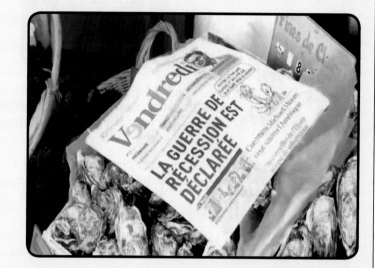

### *Vendredi*, un journal pas comme les autres

Dans le paysage (*landscape*) médiatique français, *Vendredi* est un véritable OVNI (*UFO*) parce qu'il va à l'inverse de la presse traditionnelle. Quand la plupart des journaux s'efforcent (*are trying hard*) encore de publier leurs articles sur Internet, *Vendredi*, lui, transfère chaque semaine les «meilleures infos du Net» sur papier. Ses journalistes y rassemblent (*gather*) pour nous l'info la plus croustillante (*latest-breaking*) parmi des (*among*) centaines de sites et blogs. Le principe ressemble un peu à celui du célèbre *Courrier international* qui traduit en français les meilleurs articles de la presse étrangère. D'ailleurs (*Moreover*), Jacques Rosselin, qui est à l'origine de ce dernier (*the latter*), est également un des pères de *Vendredi*. Souhaitons à *Vendredi* le même succès que *Courrier international*! Dans cette pub, *Vendredi* remet en cause (*challenges*) l'aspect pratique de l'information en ligne et prône (*advocates*) un retour au papier, support (*medium*) aux usages multiples.

**2  Compréhension**  Répondez aux questions par des phrases complètes.

1. Selon le clip, quelle est la révolution associée à la modernité?

2. Qu'est-ce que l'homme moderne a la possibilié de faire grâce à l'Internet?

3. Qu'est-ce qu'on trouve dans *Vendredi*, d'après le clip?

**3  Discussion**  Répondez aux questions en donnant des détails.

1. Expliquez l'ironie de la dernière phrase de la vidéo: «Internet, c'est pas mal, mais le papier, ça reste utile. Surtout vendredi, c'est le jour du poisson!»

2. Est-ce que c'est une bonne idée d'utiliser l'ironie dans la publicité, à votre avis? Expliquez.

**4  Application**  Les nouvelles

Est-ce que votre école ou votre communauté rassemble les dernières nouvelles pour les distribuer à tout le monde? Si oui, décrivez comment elle le fait. Pensez-vous que ce soit un moyen efficace de diffuser l'information? Sinon, proposez une idée qui permette la diffusion des actualités dans votre école ou votre communauté. Quel format choisiriez-vous? Papier? Internet? Autre chose? Pourquoi?

🔊 Practice more at **vhlcentral.com**.

**Presentation Tutorial**

3.1

# The *passé composé* with *avoir*

*La devise d'Éthiopie a fait un gain historique de 1200%, ce qui a propulsé le pays le plus pauvre au rang des plus riches.*

- To talk about completed events in the past, you can use the **passé composé**. The **passé composé** of most verbs is formed by combining the past participle of the main verb with the present tense of **avoir**.

Marcel **a gagné** au loto!

- In the **passé composé**, the form of **avoir** changes according to the subject, but the past participle usually remains the same. The past participles of regular **-er**, **-ir**, and **-re** verbs follow predictable patterns.

**ATTENTION!**

Whenever a direct object is placed before a past participle, the past participle agrees with it in gender and number. Compare these sentences:

**Sophie a lu la bande dessinée.**
(No agreement)
*Sophie read the comic strip.*

**Sophie l'a lue.**
(Past participle agrees with **bande dessinée**.)
*Sophie read it.*

**BLOC-NOTES**

For more information about past participle agreement with **avoir**, see **Fiche de grammaire 5.5, p. 390.**

| The *passé composé* of regular *-er*, *-ir*, and *-re* verbs | | | |
|---|---|---|---|
| | manger | choisir | vendre |
| **j'ai** | | | |
| **tu as** | | | |
| **il/elle a** | mang**é** | chois**i** | vend**u** |
| **nous avons** | | | |
| **vous avez** | | | |
| **ils/elles ont** | | | |

- Several irregular verbs also have irregular past participles.

| | | | |
|---|---|---|---|
| avoir | eu | mettre | mis |
| boire | bu | ouvrir | ouvert |
| conduire | conduit | pleuvoir | plu |
| connaître | connu | pouvoir | pu |
| courir | couru | prendre | pris |
| croire | cru | recevoir | reçu |
| devoir | dû | rire | ri |
| dire | dit | savoir | su |
| écrire | écrit | suivre | suivi |
| être | été | vivre | vécu |
| faire | fait | voir | vu |
| lire | lu | vouloir | voulu |

Nous **avons pris** le train ce matin.   Il **a couru** longtemps.

- Use the **passé composé** to talk about completed actions or events in the past or to describe a reaction or change in state of mind or condition.

On **a enregistré** le feuilleton **lundi**.
*We recorded the soap opera Monday.*

J'**ai vécu** en France **pendant six mois**.
*I lived in France for six months.*

**Soudain**, on **a eu** peur.
*Suddenly, we were afraid.*

**Hier**, il a commencé à pleuvoir.
*Yesterday, it started to rain.*

- Sentences in the **passé composé** often include a reference to a specific moment in time or duration. These expressions are used frequently in the **passé composé**:

| | |
|---|---|
| **à ce moment-là** *at that moment* | **pendant une heure (un mois, etc.)** *for an hour (a month, etc.)* |
| **enfin** *at last* | |
| **finalement** *finally* | **récemment** *recently* |
| **hier (matin, soir, etc.)** *yesterday (morning, evening, etc.)* | **soudain** *suddenly* |
| | **tout à coup** *all of a sudden* |
| **immédiatement** *immediately* | **tout de suite** *right away* |
| **longtemps** *for a long time* | **une fois (deux fois, etc.)** *once (twice, etc.)* |
| **lundi (mardi, etc.) dernier** *last Monday (Tuesday, etc.)* | |

- In the **passé composé**, the placement of adverbs varies. These short adverbs go between the helping verb and the past participle:

| | | | |
|---|---|---|---|
| assez | déjà | peut-être | toujours |
| beaucoup | encore | presque | trop |
| bien | enfin | seulement | vite |
| bientôt | longtemps | souvent | vraiment |
| | mal | sûrement | |

- Some common longer adverbs, such as **probablement** and **certainement**, are also placed between the helping verb and the past participle.

Ils ont **certainement** invité Claude.
*Certainly they invited Claude.*

Elle a **probablement** oublié le rendez-vous.
*She probably forgot the appointment.*

- Longer adverbs can also follow the past participle, especially if they express the manner in which something is done.

J'ai trouvé le cinéma **facilement**.
*I found the movie theater easily.*

Elle a parlé **rapidement** de sa carrière.
*She spoke quickly about her career.*

**BLOC-NOTES**

You will learn more about when to use the **passé composé** and when to use the **imparfait** in **Structures 3.3, pp. 96–97**.

**ATTENTION!**

Remember, to negate a sentence in the **passé composé**, place the **ne... pas** (**ne... jamais**, etc.) around the helping verb.

**Nous n'avons jamais vu ce documentaire.**

# Mise en pratique

Note
**CULTURELLE**

Fondées en 1986, les éditions **L'instant même** ont commencé par publier des écrivains québécois. Aujourd'hui, cette maison d'édition québécoise publie des auteurs du monde francophone et d'ailleurs, principalement des essais, des nouvelles et des romans.

**1**

**À compléter** Mettez les verbes au passé composé.

1. La maison d'édition, L'instant même, _____ (publier) cette anthologie.

2. Tu _____ (ne pas enregistrer) mon émission préférée jeudi dernier?

3. Nous _____ (attendre) deux heures sous la pluie.

4. Après avoir réfléchi, j' _____ (choisir) une carrière dans le cinéma.

5. Céline Dion et Roch Voisine _____ (chanter) une chanson ensemble.

6. Vous _____ (entendre) la publicité pour le nouveau reportage à la radio?

7. Hier soir, au cinéma, je _____ (ne pas pouvoir) lire les sous-titres.

8. Pendant deux ans, ma famille et moi _____ (vivre) à Montréal.

9. Au centre-ville, je _____ (ne pas conduire) ma voiture.

10. Vous _____ (apprendre) le français au Québec?

**2**

**À transformer** Mettez chaque phrase au passé composé.

1. L'envoyée spéciale travaille tard. _____

2. Je ne bois pas trop de café. _____

3. D'abord, vous devez vérifier vos sources. _____

4. Les acteurs jouent bien leur rôle. _____

5. Malheureusement, il pleut sans arrêt. _____

6. On veut s'informer. _____

7. Dans ton métier de journaliste, tu dis toujours la vérité.

_____

8. Nous ne croyons jamais la presse à sensation.

_____

9. Ils suivent les documentaires sur l'histoire canadienne.

_____

10. Je ris à cause de cette bande dessinée. _____

**3**

**À vous la parole!** Assemblez les parties de chaque colonne pour écrire une histoire au passé. Utilisez votre imagination!

| A | B | C | D |
|---|---|---|---|
| récemment | je | connaître | |
| une fois | mon/ma camarade de chambre/colocataire | mettre | |
| la semaine dernière | mes amis/copains | savoir | ? |
| à ce moment-là | mon/ma (petit[e]) ami(e) | conduire | |
| tout à coup | la vedette de cinéma | courir | |
| enfin | le photographe | suivre | |
| ? | ? | ? | |

# Communication

**4**

**Vos activités** Voici une liste d'activités. Quand avez-vous fait ces choses récemment? Avec un(e) camarade de classe, posez-vous des questions à tour de rôle.

> **Modèle** **écouter une bande originale**
> —Quand est-ce que tu as écouté une bande originale récemment?
> —J'ai écouté une bande originale ce matin.
> —Quelle bande originale as-tu écoutée?
> —J'ai écouté la bande originale du film *Slumdog Millionaire*.

| | | |
|---|---|---|
| regarder un documentaire | lire un hebdomadaire | naviguer sur le web |
| voir un feuilleton | réussir à un examen | faire une annonce |
| écrire/recevoir un e-mail | graver un CD pour un(e) ami(e) | ouvrir un journal |
| être en vacances | prendre une photographie | rire aux éclats |

**5**

**La première** Imaginez que quelqu'un vous ait invité(e) à la première d'un film populaire. Avec un(e) camarade, discutez de l'événement auquel vous avez assisté le week-end passé.

- Quels vêtements as-tu mis?
- As-tu vu des personnes célèbres?
- Les reporters ont-ils interviewé les vedettes?
- Quelles questions ont-ils posées?
- Comment ont-elles répondu?
- Tes amis et toi, avez-vous pris des photos?
- De qui avez-vous fait la connaissance?
- …?

**6**

**Les divertissements** Que faites-vous pour vous divertir? Quelles sortes d'activités pratiquez-vous?

**A.** Faites une liste de dix à quinze choses amusantes que vous avez faites ou que vous avez eu envie de faire le mois dernier.

**B.** À deux, demandez à votre camarade s'il/si elle a pratiqué les activités de votre liste et écrivez oui ou non à côté de chacune.

**C.** Par groupes de quatre, décrivez tour à tour ce que votre camarade a fait ou n'a pas fait le mois dernier. Limitez-vous à quatre ou cinq activités par personne.

ressources

v Text

CE
pp. 41–43

vhlcentral.com
Leçon 3

**Presentation Tutorial**

3.2

# The *passé composé* with *être*

ÉMILIE PERRON
DISPARUE

*Émilie est allée au parc et elle n'est pas rentrée chez elle.*

- Some verbs use the present tense of **être** instead of **avoir** as the helping verb in the **passé composé**. Notice that most of them are verbs of motion.

| Infinitive | Past participle | |
| --- | --- | --- |
| aller | allé | *to go* |
| arriver | arrivé | *to arrive* |
| descendre | descendu | *to go down, to descend* |
| devenir | devenu | *to become* |
| entrer | entré | *to enter* |
| monter | monté | *to go up, to ascend* |
| mourir | mort | *to die* |
| naître | né | *to be born* |
| partir | parti | *to leave* |
| passer | passé | *to pass by* |
| rentrer | rentré | *to go back (home)* |
| rester | resté | *to stay* |
| retourner | retourné | *to return* |
| revenir | revenu | *to come back* |
| sortir | sorti | *to go out* |
| tomber | tombé | *to fall* |
| venir | venu | *to come* |

**ATTENTION!**

These verbs usually do not take direct objects. When they do take one, their meanings are usually different and they use the helping verb **avoir** instead of **être**.

**Elle est sortie.**
*She went out.*

**Il a sorti un livre de son sac.**
*He took a book out of his bag.*

**Nous sommes passés par là.**
*We went through there.*

**Nous avons passé une semaine à faire ce reportage.**
*We spent a week doing that piece.*

The verbs **monter**, **descendre**, and **rentrer** can also take direct objects.

**BLOC-NOTES**

For more information about past participle agreement, see **Fiche de grammaire 5.5, p. 390.**

- When the helping verb is **être**, the past participle agrees in gender and number with the subject.

Mélanie est **rentrée** tôt.
*Mélanie came home early.*

Ses parents sont **sortis**.
*Her parents went out.*

Je suis **arrivée** à l'hôtel.

Nous sommes **allés** au supermarché.

- Reflexive and reciprocal verbs also use the helping verb **être** in the **passé composé**. The reflexive or reciprocal pronoun is placed before the form of **être**.

    Vous **vous êtes** blessé?
    *Did you hurt yourself?*

    On **s'est** téléphoné.
    *We phoned one another.*

- To negate a reflexive or reciprocal verb in the **passé composé**, place the **ne... pas** (**ne... jamais**, etc.) around the pronoun and the helping verb.

    Je **ne** me suis **pas** rappelé son nom.
    *I did not remember her name.*

    Tu **ne** t'es **pas** endormi avant minuit?
    *You didn't fall asleep before midnight?*

- Like other verbs that take **être** in the **passé composé**, the past participle *usually* agrees in gender and number with the subject.

    Elle s'est **habillée** rapidement.
    *She got dressed quickly.*

    Nous nous sommes **disputés**.
    *We argued.*

Elles se sont **regardées** dans le miroir.

- If the verb is followed by a direct object, the past participle *does not agree* with the subject. Compare these two sentences.

    Elle s'est **lavée**.
    *She washed (herself).*

    Elle s'est **lavé** les cheveux.
    *She washed her hair.*

- Some reciprocal verbs take indirect rather than direct objects. In this case, the past participle *does not agree*. Here is a partial list of reciprocal verbs that take indirect objects: **s'écrire**, **se dire**, **se téléphoner**, **se parler**, **se demander**, and **se sourire**.

    Nous nous sommes **écrit**.
    *We wrote to one another.*

    Elles se sont **demandé** pourquoi.
    *They wondered why.*

Ils se sont **parlé**.

**ATTENTION!**

In the expression **se rendre compte de**, the past participle never agrees, because **compte** acts as the direct object and follows the verb.

**Elle s'est rendu compte de la situation.**
*She became aware of the situation.*

**ATTENTION!**

Remember, an indirect object in French is preceded by the preposition **à** when no pronoun is used.

**Elle parle à Monsieur Guy.**
*She's talking to Mr. Guy.*

**Je téléphone souvent à mes parents.**
*I often call my parents.*

# Mise en pratique

**1** **Des accusations** Votre patron accuse souvent ses employés. Employez le passé composé pour lui prouver que ses accusations sont injustes.

> **Modèle** **PATRON** Édouard arrive toujours en retard!
>
> **VOUS** Mais non. Il _est arrivé_ tôt hier.

**PATRON** Vous partez toujours à quatre heures!

**VOUS** Mais non. Nous (1) _____ à six heures hier.

**PATRON** Élisabeth rentre toujours chez elle à midi!

**VOUS** Mais non. Elle (2) _____ chez elle, à sept heures hier soir.

**PATRON** Vous revenez du déjeuner au bout de (*after*) trois heures!

**VOUS** Mais non. Je (3) _____ au bout de vingt minutes aujourd'hui.

**PATRON** Personne ne vient au bureau le week-end!

**VOUS** Mais si. Abdel et Sofia (4) _____ samedi.

**PATRON** Valérie et Carine descendent trop souvent au café!

**VOUS** Mais non. Elles (5) _____ au café une fois.

**2** **Grand reportage** Hier, l'équipe de la chaîne de télé a eu beaucoup de travail. Dites comment la journée a différé d'une journée normale.

> **Modèle** **Le rédacteur se réveille à six heures normalement. (cinq heures)**
> Hier, il s'est réveillé à cinq heures.

1. La journaliste se maquille une fois normalement. (trois fois)

2. Les réalisatrices se lèvent tôt normalement. (encore plus tôt)

3. Les envoyés spéciaux se couchent à minuit normalement. (une heure du matin)

4. La rédactrice et l'envoyée spéciale s'écrivent dix e-mails normalement. (trente)

5. Normalement, le reporter s'endort après le déjeuner. (après le dîner)

**3** **Soirée romantique** Employez au passé composé chaque verbe de la liste, une fois avec **avoir** et une fois avec **être**.

> descendre | monter | passer | sortir

Samedi, mon petit ami Arnaud et moi, nous (1) _____ pour aller au cinéma. Arnaud voulait voir le nouveau film que Gaumont (2) _____. Il (3) _____ chez moi vers 18h00. Après le film, nous (4) _____ la rue des Orfèvres, où Arnaud m'a acheté de belles fleurs. Nous avons dîné au Café des vedettes et ensuite, nous (5) _____ sur la colline (*hill*), derrière la place du général de Gaulle. Nous (6) _____ une heure plus tard. Arnaud a pris un bus pour rentrer chez lui, et moi, j'ai pris un taxi. Chez moi, ma mère (7) _____ les fleurs dans sa chambre, parce que j'ai un secret qu'Arnaud ne connaît pas: je suis allergique aux fleurs! Mais nous (8) _____ une très bonne soirée quand même.

Note
**CULTURELLE**

La société de production cinématographique **Gaumont**, établie en 1895, est la plus ancienne du monde. Son fondateur, **Léon Gaumont**, est un pionnier de la production et de la distribution cinématographiques. Il met au point (*develops*) le projecteur avant de passer à la production de films et à l'ouverture de salles de cinéma. Aujourd'hui, Gaumont est une des sociétés françaises de cinéma les plus importantes.

Practice more at **vhlcentral.com**.

# Communication

**4**

**La semaine dernière** Circulez dans la classe pour demander à différent(e)s camarades s'ils/si elles ont fait ces choses la semaine dernière. Écrivez leurs noms dans une liste.

**Modèle**   **aller au cinéma**
—Es-tu allé(e) au cinéma la semaine dernière?
—Oui, je suis allé(e) au cinéma. J'ai vu un excellent film!
—Ah bon? Lequel?

| Activités | Noms |
|---|---|
| 1. s'endormir pendant une émission | Rebecca |
| 2. se coucher après minuit | |
| 3. se réveiller après onze heures du matin | |
| 4. partir en voyage | |
| 5. arriver en retard quelque part (*somewhere*) | |
| 6. se disputer avec quelqu'un | |
| 7. passer chez quelqu'un | |
| 8. tomber | |
| 9. se coucher avant neuf heures du soir | |
| 10. devenir impatient(e) | |

**5**

**En ville** Avec un(e) partenaire, parlez de la dernière fois que vous avez visité une ville.

**Modèle**   —Et où es-tu allé(e) à Québec?
—Je suis allé(e) au musée de la Civilisation. Ma famille et moi, nous nous sommes promené(e)s sur la terrasse Dufferin aussi.

- Pourquoi y es-tu allé(e)?
- Quand es-tu parti(e)?
- Où t'es-tu promené(e)?
- Où es-tu sorti(e) le soir?
- Où as-tu dormi?
- Quand es-tu rentré(e)?

**6**

**Interview** Par groupes de trois, jouez le rôle d'un reporter et d'un couple vedette. Le couple décrit au reporter sa journée d'hier, une journée typique… de vedette! Utilisez les verbes de la liste au passé composé et jouez la scène pour la classe.

| | | |
|---|---|---|
| aller | s'habiller | se raser |
| arriver | se lever | rentrer |
| se brosser les dents | se maquiller | se réveiller |
| se coucher | partir | …? |

ressources

v̂ Text

CE
pp. 44–46

vhlcentral.com
Leçon 3

**Presentation Tutorial**

# The *passé composé* vs. the *imparfait*

—*Comme je pensais, ce n'est pas le câble. J'ai tout vérifié.*

- Although the **passé composé** and the **imparfait** both express past actions or states, the two tenses have different uses and, therefore, are not interchangeable.

- In general, the **passé composé** is used to describe events that were *completed* in the past, whereas the **imparfait** refers to *continuous* states of being or repetitive actions.

## Uses of the **passé composé**

- Use the **passé composé** to express actions viewed by the speaker as completed.

- Use it to express the beginning or end of a past action.

> L'émission **a commencé** à huit heures.    J'**ai fini** mes devoirs.
> *The show started at eight o'clock.*    *I finished my homework.*

- Use it to tell the duration of an event or the number of times it occurred in the past.

> J'**ai habité** en Europe pendant six mois.    Il **a regardé** le clip vidéo trois fois.
> *I lived in Europe for six months.*    *He watched the music video three times.*

- Use it to describe a series of past actions.

- Use it to indicate a reaction or change in condition or state of mind.

> Il **s'est fâché**.    À ce moment-là, j'**ai eu** envie de partir.
> *He became angry.*    *At that moment, I wanted to leave.*

## Uses of the **imparfait**

- Use the **imparfait** to describe ongoing past actions without reference to beginning or end.

> Tu **faisais** la cuisine.    Et moi, je **faisais** la vaisselle.
> *You used to cook.*    *And I would do the dishes.*

- Use it to express habitual actions in the past.

> D'habitude, je **prenais** le métro.    On se **promenait** dans le parc.
> *Usually, I took the subway.*    *We used to take walks in the park.*

- Use it to describe mental, physical, and emotional states.

- Use it to describe conditions or to tell what things were like in the past.

> Les effets spéciaux **étaient** superbes!    Il **faisait** froid.
> *The special effects were superb!*    *It was cold.*

Ils **sont arrivés** à 14h00, ils **ont pris** un café et ils **sont partis**.

Hier, Martine **était** malade.

### The **passé composé** and the **imparfait** used together

- The **passé composé** and the **imparfait** often appear together in the same sentence or paragraph.

- When narrating in the past, the **imparfait** describes *what was happening*, while the **passé composé** describes the actions that *occurred* or *interrupted* the ongoing activity. Use the **imparfait** to provide background information and the **passé composé** to tell what happened.

Je **faisais** mes devoirs quand tu **es arrivé**.

> Samedi soir, je **regardais** la télévision quand j'**ai entendu** un bruit bizarre. J'**avais** l'impression que c'**était** un animal. Le bruit **semblait** venir de la cuisine. J'**ai ouvert** la porte très lentement. Sur la table, il y **avait** un écureuil! Il **mangeait** mon pain. Quand il m'**a vue**, il **a eu** peur et il **est parti** par la fenêtre.

> *Saturday evening, I was watching television when I heard a strange noise. I had the impression that it was an animal. The noise seemed to be coming from the kitchen. I opened the door very slowly. On the table, there was a squirrel! It was eating my bread. When it saw me, it got scared and went out the window.*

### Different meanings in the **imparfait** and the **passé composé**

- The verbs **vouloir**, **pouvoir**, **devoir**, **savoir**, and **connaître** have particular meanings in the **passé composé** and in the **imparfait**.

| infinitive | passé composé | imparfait |
|---|---|---|
| **connaître** | Quand as-tu **connu** ma femme?<br>*When have you **met** my wife?* | Je **connaissais** très bien la ville.<br>*I **knew** the city very well.* |
| **devoir** | Nous **avons dû** payer en espèces.<br>*We **had to** pay in cash.*<br><br>Il **a dû** oublier.<br>*He **must have** forgotten.* | Je **devais** arriver à sept heures.<br>*I **was supposed to** arrive at 7 o'clock.*<br><br>Il **devait** faire ses devoirs le soir.<br>*He **used to have to** do his homework in the evening.* |
| **pouvoir** | Il pleuvait, mais Florent **a pu** venir quand même.<br>*It was raining, but Florent **managed to** come anyway.* | Elle **pouvait** m'aider.<br>*She **could** help me.* |
| **savoir** | Il **a su** qui était le rédacteur.<br>*He **found out** who the editor was.* | Elle **savait** vraiment chanter.<br>*She really **knew** how to sing.* |
| **vouloir** | Véronique **a voulu** faire du ski.<br>*Véronique **tried to** ski.*<br><br>Je **n'ai pas voulu** aller avec lui.<br>*I **refused** to go with him.* | Nous **voulions** aller à la première.<br>*We **wanted** to go to the premiere.* |

**ATTENTION!**

Here are some transitional words that are useful for narrating past events:

**d'abord** *first*

**après** *afterwards*

**au début** *in the beginning*

**avant** *before*

**enfin** *at last*

**ensuite** *next*

**finalement** *finally*

**pendant que** *while*

**puis** *then*

**BLOC-NOTES**

**Savoir** and **connaître** are *not* interchangeable. For more information about their uses, see **Fiche de grammaire 9.4, p. 404.**

# Mise en pratique

**1** **À compléter** Choisissez le passé composé ou l'imparfait pour compléter ces phrases.

1. Dans mon enfance, je/j' _____ (lire) presque tous les soirs *Stuart Little*.

2. Après avoir terminé leurs études, Hélène et Danielle _____ (devenir) rédactrices.

3. Le documentaire _____ (être) intéressant au début, mais on _____ (ne pas aimer) la fin.

4. Le jour où tu _____ (avoir) dix-huit ans, tu _____ (décider) de passer une année au Canada.

5. Les enfants _____ (se coucher) quand vous _____ (rentrer).

**2** **Une célébrité** Monique et Étienne sont allés au cinéma plus tôt ce soir. Complétez ce courriel et conjuguez logiquement les verbes à l'imparfait ou au passé composé.

| arriver | bien rentrer | ne pas encore répondre | ne rien faire | recevoir |
|---------|--------------|------------------------|---------------|----------|
| avoir | être | ne pas se parler | pleuvoir | voir |

De: Étienne <etienne24@courriel.qu>

Pour: Monique <monique.compeau@courriel.ca>

Sujet: Une histoire incroyable!

Salut Monique,
Tu (1) _____ chez toi? Je m'inquiète parce que tu (2) _____ à mon texto. ☹ Tu l' (3) _____?

Tu ne vas jamais croire ce qui me/m' (4) _____ après notre rendez-vous au ciné. Tu te souviens qu'il (5) _____ à verse? Alors, je/j' (6) _____ en train de marcher vers mon arrêt de bus quand, tout à coup, je/j' (7) _____ notre réalisateur préféré—Denys Arcand! Son épouse et lui (8) _____ l'air pressé, donc nous (9) _____ immédiatement. Je/J' (10) _____ de mal, mais j'ai réussi à converser avec eux!

Appelle-moi bientôt pour qu'on en parle!

Grosses bises,
Étienne

**3** **Des interruptions** Combinez les mots de chaque colonne pour dire ce que les gens faisaient quand ils ont été interrompus.

**Modèle** Vous écoutiez la radio quand le téléphone a sonné.

| je | aller | | vous | commencer à… |
|----|-------|---|------|--------------|
| tu | conduire | q | le professeur | dire que… |
| nous | dormir | u | mes parents | savoir que… |
| la vedette | écouter | a | mon ami(e) | sortir de… |
| vous | manger | n | le public | voir… |
| ? | ? | d | ? | ? |

Practice more at **vhlcentral.com**.

Note
**CULTURELLE**

**Denys Arcand** est né en 1941 à Deschambault, au **Québec**. Il est réalisateur et scénariste de films comme *Le Déclin de l'empire américain*, sorti en 1986 et nominé pour l'**Oscar** du meilleur film en langue étrangère en 1987. La suite de ce film, et un de ses autres chefs-d'œuvre, *Les Invasions barbares*, a reçu cet Oscar en 2003. Ces deux films (et *Jésus de Montréal* en 1990) ont aussi reçu le **Prix Génie** (*Genie Award*).

# Communication

**4** **Des dates marquantes**

**A.** Voici cinq événements marquants dans la vie de Benoît. À deux, posez-vous les questions à tour de rôle pour compléter la description de chaque événement.

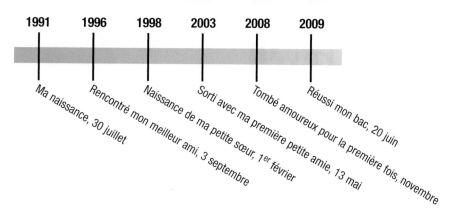

| 1991 | 1996 | 1998 | 2003 | 2008 | 2009 |

Ma naissance, 30 juillet

Rencontré mon meilleur ami, 3 septembre

Naissance de ma petite sœur, 1er février

Sorti avec ma première petite amie, 13 mai

Tombé amoureux pour la première fois, novembre

Réussi mon bac, 20 juin

> **Modèle** —Qu'est-ce qui s'est passé dans la vie de Benoît en 1991?
> —Le 30 juillet 1991, Benoît est né.
> —Où et avec qui était-il?
> —Il était à l'hôpital avec sa mère.

**B.** Maintenant, pensez à cinq dates marquantes de votre vie et écrivez-les. Ensuite, par petits groupes, décrivez les détails de chaque événement.

| Date | Qu'est-ce qui s'est passé? | Avec qui étiez-vous? | Où étiez-vous? | Quel temps faisait-il? |
|------|---------------------------|----------------------|----------------|------------------------|
| **Modèle** | | | | |
| le 3 mars 2010 | J'ai fait la connaissance du président. | J'étais avec un copain. | Nous étions à New York. | Il pleuvait. |

**5** **Une histoire** Par groupes de trois ou quatre, complétez ces phrases, en utilisant (*using*) le passé composé ou l'imparfait. Ensuite, changez l'ordre des phrases pour raconter une histoire logique.

1. Ensuite, sur la chaîne 2, …
2. Pendant que nous…
3. Puis, à la station de radio, …
4. À ce moment-là, …
5. Soudain, …
6. Récemment, …

**6** **Interview** À deux, jouez les rôles d'un reporter et d'une personne célèbre. Le reporter doit informer le public sur le passé de la personne et c'est à vous de décider ce que l'interviewé(e) a fait pour devenir célèbre. Utilisez le passé composé et l'imparfait dans toutes les questions et toutes les réponses.

> **Modèle** **REPORTER** Saviez-vous que votre ex-fiancé s'est marié en secret avec l'actrice vedette de son dernier film?
>
> **VEDETTE** Oui, bien sûr, je l'ai su tout de suite.

ressources

**v̂Text**

CE
pp. 47–50

vhlcentral.com
Leçon 3

# Synthèse

# Au bout de trente ans

## LES FAITS DIVERS

# Le grand réveil

**M**arguerite Bouchard, de Jonquière, s'est réveillée vendredi dernier, après avoir passé trente ans dans le coma. Toute sa famille était choquée. Marguerite se promenait rue des Victoires en avril 1980 quand une voiture, qui roulait trop vite, l'a renversée°.

Christophe, le frère aîné de Marguerite, était près d'elle et tapait° une lettre sur son ordinateur, au moment où elle a ouvert les yeux et commencé à parler. Elle lui a demandé pourquoi sa machine à écrire° avait ce petit écran. Il s'est immédiatement rendu compte que sa sœur vivait encore dans le passé.

Pendant ces trente dernières années, bien sûr, Marguerite ne s'est pas informée.

Elle a cru, d'après° sa famille, que les vieilles vedettes de la télé qu'elle connaissait en 1980 étaient toujours célèbres. Toutes les émissions qu'elle préférait ne sont plus à la mode, et quand elle est sortie du coma, elle ne savait même pas qu'il est possible aujourd'hui de les enregistrer.

Marguerite, qui pendant si longtemps n'a pas eu de contact avec les moyens de communication, n'a jamais navigué sur Internet. Avant son accident, elle écoutait tous les jours des reportages à la radio et regardait les nouvelles à la télévision. Depuis 1980, Marguerite n'a lu ni journaux ni magazines.

*struck*

*was typing*

*typewriter*

*according to*

---

**1** **Compréhension** À deux, répondez aux questions.

1. Qu'est-il arrivé à Marguerite au bout de trente ans?

2. Comment l'accident est-il arrivé?

3. Qu'est-ce que Marguerite a demandé à son frère?

4. De quoi Christophe s'est-il rendu compte?

5. Qu'est-ce que Marguerite a cru au sujet des vieilles vedettes?

6. Qu'est-ce que Marguerite n'a jamais fait?

**2** **Discussion** Par groupes de trois, posez-vous ces questions.

1. Comment vous informez-vous? Lisez-vous le journal? Regardez-vous la télé? Y a-t-il un moyen de communication que vous préférez aux autres? Pourquoi?

2. Est-il important de connaître toute l'actualité? Pourquoi?

3. Combien de temps peut-il se passer au maximum sans que vous vous informiez des dernières nouvelles? Une heure? Une journée? Une semaine? Pourquoi?

4. Vous est-il arrivé de ne pas lire le journal, de ne pas regarder la télé, etc. pendant longtemps? Pendant combien de temps? Y a-t-il eu une nouvelle qui vous a surpris(e) après cette période?

**3** **Dans le journal** Avez-vous déjà été le sujet d'un fait divers dans le journal? Que vous est-il arrivé? Par groupes de quatre, expliquez à vos camarades ce que le journal a écrit sur vous. Ensuite, partagez l'histoire la plus intéressante du groupe avec la classe.

ressources

**v Text**

**S**
vhlcentral.com
Leçon 3

# Préparation

| **Vocabulaire de la lecture** | **Vocabulaire utile** |
|---|---|
| **apparaître** *to appear* | **attirer l'attention sur** *to draw attention to* |
| **un cirque** *circus* | **convaincre** *to convince, to persuade* |
| **un milliardaire** *billionaire* | **s'engager** *to get involved* |
| **une multinationale** *multinational company* | **se mobiliser** *to rally* |
| **la notoriété** *fame* | **un réseau** *network* |
| **redoutable** *formidable* | **soutenir (une cause)** *to support (a cause)* |
| **un saltimbanque** *street performer; entertainer* | |
| **sensibiliser (le public à un problème)** *to increase (public) awareness (of an issue)* | |

**1**

**Vocabulaire** Complétez les phrases à l'aide des mots de vocabulaire présentés sur cette page. Faites les conjugaisons ou ajoutez les articles nécessaires.

1. Marie m'a dit que George Clooney allait encore _____ dans une nouvelle publicité pour le café.

2. De nos jours, de plus en plus d'acteurs _____ en faveur d'une cause.

3. Les hommes politiques utilisent les médias pour _____ le public à leur programme.

4. Certains journaux _____ les hommes politiques lors des campagnes électorales.

5. Cet homme est _____, il est si riche qu'il ne sait quoi faire de son argent.

6. La publicité _____ du public sur un produit ou une idée.

7. Quand il était petit, Pierre voulait toujours aller au _____ car il adorait les clowns.

8. Cet artiste est si connu que sa _____ dépasse les frontières de son pays.

**2**

**Discussion** À deux, répondez aux questions.

1. Est-ce que vous êtes influencé(e)s par les publicités qui utilisent une personne célèbre pour vendre un produit ou défendre une cause? Pourquoi ou pourquoi pas?

2. Connaissez-vous des artistes, des hommes ou des femmes célèbres qui défendent des causes humanitaires?

3. À votre avis, quel est le meilleur média pour sensibiliser le public à une cause humanitaire? Pourquoi?

4. De nombreux acteurs utilisent leur image pour soutenir des causes humanitaires. La notoriété aide-t-elle à mobiliser l'opinion publique? Comment?

5. Les acteurs qui mettent leur célébrité au service d'une cause humanitaire le font-ils par générosité ou pour améliorer leur propre image auprès du public? Discutez.

**3**

**Dur dur d'être célèbre!** En petits groupes, jouez la situation suivante:

Vous êtes des célébrités internationales. Vous vous retrouvez par hasard en première classe dans un avion entre New York et Paris. Vous discutez des aspects positifs et des aspects négatifs de votre notoriété. Vous essayez aussi de comprendre la fascination que la popularité exerce sur le public en général.

**ressources**

v̂ Text

vhlcentral.com
Leçon 3

Practice more at
**vhlcentral.com.**

# GUY LALIBERTÉ

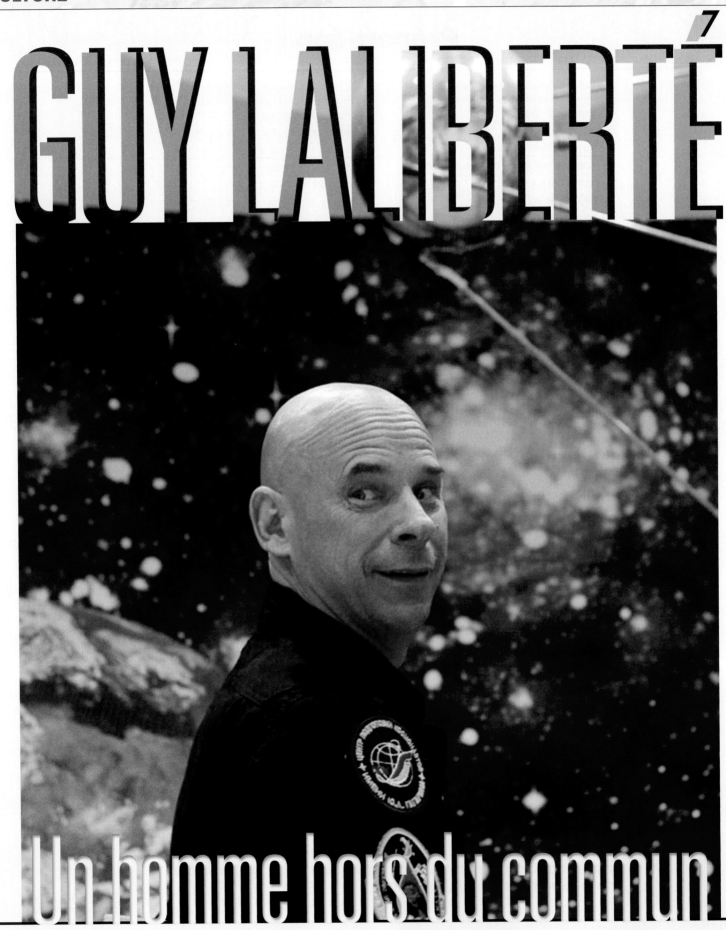

## Un homme hors du commun

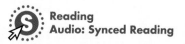

Vous avez dû entendre parler de Guy Laliberté. Ce québécois mondialement connu ne cesse° d'apparaître dans les médias. Jongleur°, cracheur de feu°, accordéoniste, créateur du célèbre Cirque du Soleil mais aussi redoutable joueur de poker, homme d'affaires° des plus fortunés de la planète et même touriste spatial, Guy Laliberté ne cesse de nous surprendre.

Guy Laliberté est né à Québec en 1959. À quatorze ans, il quitte sa famille pour devenir saltimbanque, cracheur de feu et accordéoniste. En 1984, il a l'idée géniale de donner au spectacle de rue une dimension internationale. Il fonde alors avec un ami le Cirque du Soleil, une entreprise québécoise de divertissement° artistique dont la spécialité est le cirque contemporain. Il crée ainsi une toute nouvelle forme d'art du spectacle où se mélangent théâtre, musique, danse, spectacle de rue et magie du cirque. Le concept est extrêmement novateur° et va connaître un succès extraordinaire. En effet, le Cirque du Soleil est désormais° une multinationale qui emploie plus de 4.000 personnes de par le monde parmi lesquels plus de 1.000 artistes dont certains sont d'anciens sportifs professionnels reconvertis. Cette compagnie présente de nombreux spectacles au Canada et dans le monde entier. Longue est la liste des villes qui ont accueilli°, accueillent ou accueilleront les productions de divertissement artistique de Guy Laliberté: Las Vegas, Orlando, New York, mais aussi Tokyo, Macao et bientôt Dubaï, Los Angeles et très certainement bien d'autres villes encore car Laliberté voit grand, toujours plus grand.

L'homme qui a commencé comme saltimbanque dans une petite ville du Québec est devenu milliardaire. Laliberté règne sur un véritable empire car les ramifications de la première multinationale de divertissement artistique sont multiples. Il y a, par exemple, la maison de disque qui distribue les produits musicaux des productions de la compagnie, la société de production cinématographique qui distribue les documentaires et les enregistrements° des spectacles. La liste de ces ramifications est longue et loin d'être close°.

La personnalité et la fortune fulgurante° de Laliberté ont fait l'objet de très nombreux articles de journaux et continuent de fasciner les médias du monde entier. Son dernier coup de théâtre° médiatique est surprenant°: Laliberté est parti comme touriste spatial à bord d'un vaisseau° en compagnie d'un cosmonaute russe et d'un astronaute américain. En s'envolant ainsi dans l'espace, l'artiste cherche par sa notoriété à sensibiliser le monde à l'importance de la conservation des réserves d'eau potable. En effet, Laliberté défend le développement durable et l'environnement. En 2007, il a créé *One Drop*, une fondation qui cherche à assurer un meilleur accès à l'eau potable° aux populations les plus pauvres du monde. En se servant des médias pour aider les autres, Guy Laliberté se place du côté de ces fondateurs de multinationales qui cherchent par leur pouvoir financier, mais aussi par leur immense notoriété médiatique, à changer le monde. ■

> **La personnalité et la fortune fulgurante de Laliberté continuent de fasciner les médias.**

*Margin glosses:*
cease
Juggler / fire-eater
businessman
entertainment
innovative
now
have hosted
recordings
finished
dazzling
stunt
surprising
spaceship
drinking water

# Analyse

**1**

**Compréhension** Répondez aux questions par des phrases complètes.

1. De quelle nationalité est Guy Laliberté?

2. Pourquoi Guy Laliberté quitte-t-il sa famille à quatorze ans?

3. Pour quelle raison Guy Laliberté est-il tellement connu?

4. Qu'est-ce que le Cirque du Soleil?

5. Combien de personnes est-ce que le Cirque du Soleil emploie?

6. Pour qui le Cirque du Soleil représente-t-il une deuxième carrière?

7. Quel nouveau type de multinationale Guy Laliberté a-t-il créé?

8. Qu'est-ce que Guy Laliberté cherche à faire en devenant (*by becoming*) touriste spatial?

9. Qu'est-ce que Guy Laliberté a créé en 2007?

10. Par quels moyens certains grands fondateurs d'entreprise multinationale cherchent-ils à changer le monde?

**2**

**Réflexion** À deux, répondez aux questions par des phrases complètes.

1. À votre avis, pourquoi Guy Laliberté est-il un homme hors du commun?

2. Est-il facile d'utiliser les médias comme le fait Guy Laliberté?

3. Comment expliquez-vous le succès de Guy Laliberté?

4. Pourquoi la fondation *One Drop* de Guy Laliberté est-elle une fondation importante?

5. Pourquoi être le premier artiste dans l'espace est-il un coup de théâtre médiatique?

**3**

**L'utilisation des médias** Guy Laliberté est un homme d'affaires qui utilise les médias pour défendre une cause. À deux, trouvez dans l'actualité des exemples d'autres hommes/ femmes d'affaires ou d'autres personnes qui utilisent les médias et leur notoriété pour changer le monde. Comment font-ils? Quelles causes défendent-ils? Les trouvez-vous sincères ou manipulateurs?

**4**

**Les médias au service d'une cause** Par groupes de trois, imaginez que vous avez tous les trois créé une entreprise qui est maintenant une puissante multinationale. Vous êtes extrêmement riches et célèbres et vous décidez de créer une fondation.

**ressources**

v Text

vhlcentral.com
Leçon 3

- Trouvez un nom et dessinez un logo pour cette fondation.

- Quelle cause est-ce que votre fondation défend?

- Comment allez-vous utiliser les médias d'une manière originale pour présenter et faire connaître votre cause?

Practice more at **vhlcentral.com**.

# Préparation

## À propos de l'auteur

**F**rédéric Beigbeder (1965– ), est né à Neuilly-sur-Seine d'une famille aisée (*well-off*). En 1990, à l'âge de vingt-cinq ans, il publie son premier roman, *Mémoires d'un jeune homme dérangé*. Il devient ensuite concepteur-rédacteur (*advertising copywriter*) dans une agence de publicité. Suite à la parution (*publication*) de son roman satirique *99 francs* (dont cet extrait est tiré) qui dénonce l'invasion de la publicité dans notre société, Beigbeder est licencié (*fired*) de l'agence de publicité pour laquelle il travaillait.

| Vocabulaire de la lecture | | Vocabulaire utile |
|---|---|---|
| **affronter** *to face; to brave* | **gratuit** *free (without cost)* | **une émission** *TV program* |
| **un ascenseur** *elevator* | **une grotte** *cave* | **une enseigne** *store name* |
| **en moyenne** *on average* | **une ombre** *shadow* | **une marque** *brand* |
| **envahir** *to invade* | **une paroi** *wall* | **le matraquage** *hype; overkill* |
| **un forfait** *phone plan; fixed rate* | **une sonnerie** *ringtone* | **la société de consommation** *consumer society* |

**1**

**Slogans** Complétez ces slogans publicitaires à l'aide des mots de vocabulaire présentés sur cette page. Faites les conjugaisons nécessaires.

1. Est-ce que votre _____ mensuel vous coûte trop cher? Faites plaisir à votre portefeuille (*wallet*) avec *Peucher Télécom*!

2. Êtes-vous fatigué(e) des nuages et du froid? Redécouvrez votre _____ sous le soleil de la Corse!

3. Est-ce que votre jardin est _____? Une seule solution: l'insecticide *Libérator*!

4. Sors de l'ordinaire! Personnalise ton/ta _____ sur *dringdring.fr*!

5. Trois chaussures pour le prix de deux! Pour tout achat d'une paire de chaussures Trio, la troisième chaussure est _____!!

**2**

**Discussion** Avec un(e) partenaire, répondez aux questions suivantes.

1. À votre avis, combien de publicités voyez ou entendez-vous par jour?
2. Quel média vous expose à la plus grande quantité de publicités?
3. Aimez-vous la publicité? Y prêtez-vous attention? Expliquez.
4. Quelles sont certaines de vos publicités préférées?
5. La publicité modifie-t-elle votre consommation? Si oui, comment?
6. Aimez-vous la musique d'ascenseur? Quelles en sont les caractéristiques?
7. Est-ce que les sonneries de portable (personnalisées) vous dérangent (*bother you*)?
8. Préférez-vous le silence ou l'animation? Pourquoi?

**3**

**Campagne publicitaire** Vous travaillez dans une agence de communication et un client vous a demandé de créer la campagne publicitaire de son nouveau produit. Choisissez un nom accrocheur (*catchy*) pour le produit que votre professeur vous aura assigné, puis préparez en petits groupes un sketch représentatif de la campagne télévisuelle que vous allez proposer. N'oubliez pas d'inclure un slogan dans votre publicité et présentez votre campagne au reste de la classe.

ressources

v̂ Text

vhlcentral.com.
Leçon 3

Practice more at
**vhlcentral.com.**

# 99 FRANCS

**Frédéric Beigbeder**

*Back then* En ce temps-là°, on mettait des photographies géantes de produits sur les murs, les arrêts d'autobus, les maisons, le sol, les taxis, les camions, *(in the process of) being renovated* la façade des immeubles en cours de ravalement°, les meubles, les ascenseurs, les *ATMs* distributeurs de billets°, dans toutes les rues et même à la campagne. La vie était envahie *bras / frozen foods* par des soutiens-gorge°, des surgelés°, des *anti-dandruff* shampooings antipelliculaires° et des rasoirs triple lame. L'œil humain n'avait jamais été autant sollicité de toute son histoire: on avait calculé qu'entre sa naissance et l'âge de 18 ans, toute personne était exposée en moyenne à 350.000 publicités. Même *edge* à l'orée° des forêts, au bout° des petits *at the very end* villages, en bas des vallées isolées et au sommet des montagnes blanches, sur les *cable-car* cabines de téléphérique°, on devait affronter des logos «Castorama», «Bricodécor», «Champion Midas» et «La Halle aux *rest* Vêtements». Jamais de repos° pour le *the eye* regard° de l'homo consommatus.

*in the process of disappearing* Le silence aussi était en voie de disparition°. On ne pouvait pas fuir les radios, les télés allumées, les spots criards° *shrill ads* qui bientôt s'infiltreraient jusque dans vos conversations téléphoniques privées. C'était un nouveau forfait proposé par Bouygues Telecom: le téléphone gratuit en échange *commercial breaks* de coupures publicitaires° toutes les 100 secondes. Imaginez: le téléphone sonne, un policier vous apprend la mort de votre enfant dans un accident de voiture, vous fondez en larmes° et au bout du fil°, une *burst into tears / at the other end of the line* voix chante «Avec Carrefour je positive°». *stay optimistic* La musique d'ascenseur était partout, pas seulement dans les ascenseurs. La sonnerie des portables stridulait° dans le TGV, dans *chirped* les restaurants, dans les églises et même les monastères bénédictins résistaient mal à la cacophonie ambiante. (Je le sais: j'ai vérifié.) Selon l'étude mentionnée plus haut, l'Occidental° moyen était soumis° à *Westerner / subjected* 4.000 messages commerciaux par jour.

L'homme était entré dans la caverne de Platon. Le philosophe grec avait imaginé les hommes enchaînés dans une caverne, contemplant les ombres de la réalité sur les murs de leur cachot°. La caverne de *cell* Platon existait désormais°: simplement *now* elle se nommait télévision. Sur notre écran cathodique, nous pouvions contempler une

> **L'œil humain n'avait jamais été autant sollicité de toute son histoire.**

réalité «Canada Dry» : ça ressemblait à la réalité, ça avait la couleur de la réalité, mais ce n'était pas la réalité. On avait remplacé le Logos° par des logos projetés sur les parois *reason (rationality)* humides de notre grotte.

Il avait fallu deux mille ans pour en arriver là. ■

# Analyse

 **Compréhension** Répondez aux questions par des phrases complètes.

1. Selon l'auteur, qu'est-ce qui, «en ce temps-là», envahissait la vie des hommes?

2. Où est-ce qu'on peut trouver les logos d'enseignes commerciales?

3. Selon l'auteur, qu'est-ce qui menace le silence dans notre société?

4. Quel est le concept du nouveau forfait proposé par Bouygues Telecom?

 **Interprétation** Avec un(e) partenaire, répondez aux questions par des phrases complètes.

1. À quelle époque est-ce que l'auteur fait référence quand il dit «En ce temps-là»? Pourquoi utilise-t-il cette formule?

2. «L'œil humain n'avait jamais été autant sollicité de toute son histoire». Que veut dire l'auteur?

3. À la fin du premier paragraphe, quelle métaphore l'auteur utilise-t-il pour décrire la relation entre l'homme et les logos publicitaires?

4. Pourquoi l'auteur appelle-t-il «homo consommatus» la nouvelle étape de l'évolution humaine face au matraquage publicitaire?

5. L'auteur compare les médias et la publicité à un envahisseur bruyant et l'homme moderne à un esclave prisonnier de son influence. Relevez tous les termes qui indiquent cette relation dans le deuxième paragraphe du texte.

6. Dans sa comparaison avec la caverne de Platon, à quoi l'auteur assimile-t-il les émissions de télévision? Et la télévision elle-même? Et les téléspectateurs?

**Imaginez** À deux, choisissez un slogan publicitaire que vous connaissez puis traduisez-le en français. Dans le cadre du nouveau forfait de téléphonie portable proposé par Bouygues Télécom, imaginez, comme le fait Frédéric Beigbeder, une situation absurde où la réalité pourrait être confrontée à ce slogan. Soyez prêt(e)s à exposer votre situation au reste de la classe.

**Rédaction** Frédéric Beigbeder nous dit que la réalité cathodique, le monde dépeint (*depicted*) par la télévision, «ressemblait à la réalité, [...] avait la couleur de la réalité, mais [...] n'était pas la réalité». Commentez cette citation à l'aide du plan de rédaction.

> **Plan**

1. **Préparation** Réfléchissez aux questions suivantes. Qu'est-ce qui définit la réalité? Comment distinguez-vous ce qui est réel de ce qui ne l'est pas? Est-ce que quelque chose peut sembler (*seem*) réel sans l'être? Comment? Quel est le rôle de la télévision? Pourquoi la regardez-vous? Quel type d'émission, et donc d'images, peut-on voir à la télévision?

2. **Point de vue** Que pensez-vous du monde qui est représenté à la télévision? Quelles différences voyez-vous entre votre réalité et celle de la télévision? Est-ce plus souvent la télévision qui veut ressembler à la vie de tous les jours ou la vie de tous les jours qui veut ressembler aux images projetées par la télévision?

3. **Conclusion** Résumez (*Summarize*) vos arguments.

---

**ressources**

v̂Text

CE
pp. 51-53

vhlcentral.com
Leçon 3

---

## Note CULTURELLE

Dans son allégorie de la caverne, le philosophe Platon imagine un groupe de personnes qui auraient vécu toute leur vie enchaînées dans une caverne. Ils tournent le dos à l'entrée et la seule chose qu'ils puissent voir sont les ombres du monde extérieur projetées sur les parois de leur grotte par un feu allumé derrière eux. Mais ces ombres leur donnent-elles une représentation conforme de la réalité ou ces personnes sont-elles prisonnières des apparences?

 Practice more at **vhlcentral.com**.

# L'univers médiatique

 **Audio:** Vocabulary
Flashcards
My Vocabulary

## Les médias

l'actualité (*f.*) *current events*
la censure *censorship*
un événement *event*
un message/spot publicitaire; une
   publicité (une pub) *advertisement*
les moyens (*m.*) de communication;
   les médias (*m.*) *media*
la publicité (la pub) *advertising*
un reportage *news report*
un site web/Internet *web/Internet site*
une station de radio *radio station*

s'informer (par les médias) *to keep
   oneself informed (through the media)*
naviguer/surfer sur Internet/le web
   *to search the web*

actualisé(e) *updated*
en direct *live*
frappant(e)/marquant(e) *striking*
influent(e) *influential*
(im)partial(e) *(im)partial; (un)biased*

## Les gens des médias

un(e) animateur/animatrice de
   radio *radio presenter*
un auditeur/une auditrice *(radio) listener*
un(e) critique de cinéma *film critic*
un éditeur/une éditrice *publisher*
un(e) envoyé(e) spécial(e) *correspondent*
un(e) journaliste *journalist*
un(e) photographe *photographer*
un réalisateur/une réalisatrice *director*
un rédacteur/une rédactrice *editor*
un reporter *reporter (male or female)*
un téléspectateur/une
   téléspectatrice *television viewer*
une vedette (de cinéma) *(movie) star
   (male or female)*

## Le cinéma et la télévision

une bande originale *sound track*
une chaîne *network*
un clip vidéo; un vidéoclip *music video*
un divertissement *entertainment*

un documentaire *documentary*
l'écran (*m.*) *screen*
les effets (*m.*) spéciaux *special effects*
un entretien/une interview *interview*
un feuilleton *soap opera; series*
une première *premiere*
les sous-titres (*m.*) *subtitles*

divertir *to entertain*
enregistrer *to record*
retransmettre *to broadcast*
sortir un film *to release a movie*

## La presse

une chronique *column*
la couverture *cover*
un extrait *excerpt*
les faits (*m.*) divers *news items*
un hebdomadaire *weekly magazine*
un journal *newspaper*
la liberté de la presse *freedom of
   the press*
un mensuel *monthly magazine*
les nouvelles (*f.*) locales/
   internationales *local/international news*
la page sportive *sports page*
la presse à sensation *tabloid(s)*
la rubrique société *lifestyle section*
un gros titre *headline*

enquêter (sur) *to research; to investigate*
être à la une *to be on the front page*
publier *to publish*

## Court métrage

un bon samaritain *good Samaritan*
la bourse *stock market*
la décroissance *recession*
la devise *currency*
une hausse *gain*
une PME *SME (Small and Medium
   Enterprises [businesses])*
la reddition *surrender*

faire une bonne action *to do a good deed*
faire une croix sur *to forget about*
intervenir *to intervene, to get involved*

résoudre *to resolve*
s'accroître *to rise, to increase*

brisée *broken*
flou *blurry*

## Culture

un cirque *circus*
un milliardaire *billionaire*
une multinationale *multinational company*
la notoriété *fame*
un réseau *network*
un saltimbanque *street performer;
   entertainer*

apparaître *to appear*
attirer l'attention sur *to draw attention to*
convaincre *to convince, to persuade*
s'engager *to get involved*
se mobiliser *to rally*
sensibiliser (le public à un problème)
   *to increase (public) awareness (of an issue)*
soutenir (une cause) *to support (a cause)*

redoutable *formidable*

## Littérature

un ascenseur *elevator*
une émission *TV program*
une enseigne *store name*
un forfait *phone plan; fixed rate*
une grotte *cave*
une marque *brand*
le matraquage *hype; overkill*
une ombre *shadow*
une paroi *wall*
la société de consommation *consumer
   society*
une sonnerie *ringtone*

affronter *to face; to brave*
envahir *to invade*

gratuit *free (without cost)*
en moyenne *on average*

ressources

v̂Text

CE
p. 54

vhlcentral.com
Leçon 3

# La valeur des idées

Qu'est-ce qui donne de la valeur à une idée? Son originalité, l'impact qu'elle peut avoir sur un groupe ou sur une société? Cependant, une nouvelle idée fait parfois peur aux membres d'un groupe, parce qu'elle les oblige à changer, et il faut souvent du courage pour la faire adopter. Une idée, même bonne, sert-elle à quelque chose, s'il n'y a personne pour la mettre en pratique?

Les lycéens et les étudiants français n'hésitent pas à descendre dans la rue pour exprimer leurs idées et défendre leurs intérêts. Que voyez-vous écrit sur les mains de ces jeunes? Pourquoi manifestent-ils, d'après vous?

## 114 COURT MÉTRAGE

Dans *La révolution des crabes,* film d'animation en noir et blanc, **Arthur de Pins** décrit la tragédie des «crabes dépressifs» qui sont incapables de changer de route. Ils suivent toujours la même ligne droite, jusqu'au jour où...

## 120 IMAGINEZ

Les pirates vous fascinent-ils? Un article sur les pirates des Caraïbes vous fera découvrir des aspects peu connus de leur existence, en particulier l'aide qu'ils ont apportée aux révolutionnaires. La chorégraphe guadeloupéenne **Léna Blou** vous initiera à une autre facette méconnue de la culture des **Caraïbes**, sa danse.

## 137 CULTURE

La république d'**Haïti**, vous connaissez. Mais saviez-vous que cette île est le premier État noir indépendant du monde? C'est aussi un pays de peintres.

## 141 LITTÉRATURE

Dans son *Discours sur la misère*, **Victor Hugo** s'adresse aux membres de l'Assemblée nationale pour leur faire prendre conscience de la misère du peuple français.

117

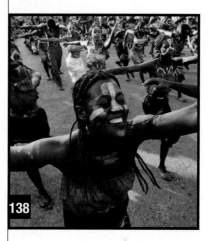

138

## 112 POUR COMMENCER

## 124 STRUCTURES

**4.1 The plus-que-parfait**

**4.2 Negation and indefinite adjectives and pronouns**

**4.3 Irregular -ir verbs**

## 145 VOCABULAIRE

Destination:
## ANTILLES

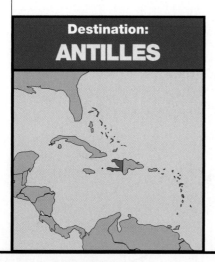

# La justice et la politique

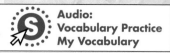

Audio:
Vocabulary Practice
My Vocabulary

## Les lois et les droits

un crime *murder; violent crime*
la criminalité *crime (in general)*
un délit *(a) crime*
les droits (*m.*) de l'homme *human rights*
une (in)égalité *(in)equality*

une (in)justice *(in)justice*
la liberté *freedom*
un tribunal *court*

abuser *to abuse*
approuver une loi *to pass a law*
défendre *to defend*
emprisonner *to imprison*
juger *to judge*

analphabète *illiterate*
coupable *guilty*
(in)égal(e) *(un)equal*
(in)juste *(un)fair*
opprimé(e) *oppressed*

## La politique

un abus de pouvoir *abuse of power*

une armée *army*
une croyance *belief*
la cruauté *cruelty*

la défaite *defeat*
une démocratie *democracy*
une dictature *dictatorship*
un drapeau *flag*

le gouvernement *government*
la guerre (civile) *(civil) war*
la paix *peace*
un parti politique *political party*
la politique *politics*
la victoire *victory*

avoir de l'influence (sur) *to have influence (over)*
se consacrer à *to dedicate oneself to*
élire *to elect*
gagner/perdre les élections *to win/lose elections*
gouverner *to govern*
voter *to vote*

conservateur/conservatrice *conservative*
libéral(e) *liberal*
modéré(e) *moderate*
pacifique *peaceful*
puissant(e) *powerful*
victorieux/victorieuse *victorious*

## Les gens

un(e) activiste *militant activist*
un(e) avocat(e) *lawyer*

un(e) criminel(le) *criminal*
un(e) député(e) *deputy (politician); representative*
un homme/une femme politique *politician*
un(e) juge *judge*
un(e) juré(e) *juror*
un(e) président(e) *president*
un(e) terroriste *terrorist*
une victime *victim*
un voleur/une voleuse *thief*

## La sécurité et le danger

une arme *weapon*
une menace *threat*
la peur *fear*

un scandale *scandal*
la sécurité *security, safety*
le terrorisme *terrorism*
la violence *violence*

combattre (*irreg.*) *to fight*
enlever/kidnapper *to kidnap*
espionner *to spy*
faire du chantage *to blackmail*
sauver *to save*

ressources

vText

CE
pp. 55–57

vhlcentral.com
Leçon 4

# Mise en pratique

**1**

**Synonymes et antonymes** Remplissez la liste de synonymes et d'antonymes pour les mots suivants.

| **Synonymes** | | **Antonymes** | |
|---|---|---|---|
| 1. équivalence | _____ | 6. défaite | _____ |
| 2. terreur | _____ | 7. guerre | _____ |
| 3. protéger | _____ | 8. victime | _____ |
| 4. pacifiste | _____ | 9. conservateur | _____ |
| 5. opinion | _____ | 10. innocent | _____ |

**2**

**Qui est-ce?** Dites qui parle dans chaque situation.

> **1. une activiste    2. un terroriste    3. un voleur    4. une avocate    5. un homme politique**

_____ a. J'espionnais des résidences dans un quartier riche. Quand une famille est partie en vacances, je suis entré dans leur maison. Je n'ai pas eu le temps de prendre l'argent, parce que des policiers sont arrivés. J'ai essayé de fuir, mais ils m'ont arrêté. Au tribunal, le juge m'a condamné à trois mois de prison.

_____ b. Je suis membre d'un groupe politique qui croit en la démocratie. Nous sommes pour la liberté des citoyens du monde et contre la dictature. Nous combattons les dictatures, parce que nous pensons que c'est une forme d'emprisonnement.

_____ c. Je m'occupe des affaires publiques dans ma région. Aux dernières élections, soixante-quinze pour cent des habitants qui ont voté m'ont choisi. J'ai aussi gagné les élections il y a quatre ans.

_____ d. Je m'intéresse beaucoup plus à la justice qu'à la politique. Chaque jour, je défends mes clients, qui sont souvent victimes d'injustices. En plus, je me consacre à la défense des droits de l'homme.

_____ e. Je suis membre d'une armée spéciale. Nous faisons peur aux gens pour les informer sur nos croyances et sur nos luttes. Nous utilisons aussi la violence et la cruauté pour détruire ce qui est injuste dans le monde. Nous utilisons fréquemment le chantage pour atteindre notre but.

**3**

**Définir et inventer** Dans un groupe de trois ou quatre, définissez les mots de la liste. Ensuite, inventez une histoire qui inclut au moins huit des douze mots.

| | | | |
|---|---|---|---|
| chantage | démocratie | espionner | politique |
| combattre | dictature | libéral | scandale |
| criminel | égalité | pacifique | sécurité |

**4**

**Au tribunal** Imaginez que vous soyez avocat(e). Décrivez quelle sorte de droit vous pratiquez. Si vous choisissez le droit pénal (*criminal*), défendez-vous des clients qui sont coupables? Qu'est-ce qui est le plus important: défendre la justice ou gagner un salaire élevé? Discutez de vos idées avec celles d'un(e) camarade de classe.

Practice more at
vhlcentral.com.

# Préparation

### Vocabulaire du court métrage

**bête** *stupid*

**bifurquer** *to turn off course; to change direction*

**carré(e)** *square*

**se casser** *to scram*

**se douter (de)** *to suspect*

**un(e) esclave** *slave*

**les mœurs (f.)** *customs, habits*

**passionnant(e)** *exciting*

**rigoler** *to laugh; to joke*

**une tare** *defect*

**une trajectoire** *path*

### Vocabulaire utile

**basculer** *to change radically; to tip over*

**un bateau** *boat*

**déçu(e)** *disappointed*

**faire exprès** *to do it on purpose*

**se libérer** *to free oneself*

**mangeable** *edible*

### EXPRESSIONS

**À quelque chose malheur est bon.** *Some things are a blessing in disguise.*

**Bref…** *In short…*

**C'est pas tout, ça!** *Well, it was nice talking to you…*

**voir le jour** *to be born (lit. first see the light of day)*

**1** **Vocabulaire**

**A. Complétez la grille.**

| Horizontalement | | Verticalement |
|---|---|---|
| A. Idiot, inepte. | | 1. Changer radicalement. |
| C. Changer de direction. | | 5. Un défaut ou un inconvénient. |
| F. Manières de vivre; coutumes. | | 8. Soupçonner. |
| J. Pour être heureux dans la vie, il faut _____. | | 10. J'en ai marre de cette fête. Je vais me _____. |

|   | 1 | 2 | 3 | 4 | 5 | 6 | 7 | 8 | 9 | 10 |
|---|---|---|---|---|---|---|---|---|---|---|
| A |   |   |   |   |   |   |   |   |   |   |
| B |   |   |   |   |   |   |   |   |   |   |
| C |   |   |   |   |   |   |   |   |   |   |
| D |   |   |   |   |   |   |   |   |   |   |
| E |   |   |   |   |   |   |   |   |   |   |
| F |   |   |   |   |   |   |   |   |   |   |
| G |   |   |   |   |   |   |   |   |   |   |
| H |   |   |   |   |   |   |   |   |   |   |
| I |   |   |   |   |   |   |   |   |   |   |
| J |   |   |   |   |   |   |   |   |   |   |

**B. Écrivez quatre phrases en utilisant au moins quatre mots de la grille.**

**2** **Changer sa vie** Répondez aux questions par des phrases complètes.

1. À l'école ou à la maison, quelle est la décision la plus significative que vous ayez jamais prise?

2. Comment cette décision a-t-elle changé, ou même bouleversé, votre vie familiale ou scolaire?

3. Décrivez une situation devant laquelle vous vous êtes senti(e) impuissant(e)? Avez-vous réussi à altérer le cours des choses?

4. Dans le contexte du lycée, avez-vous l'impression que tout est possible ou y a-t-il des limites aux changements que vous pouvez suggérer?

ressources

v̂Text

vhlcentral.com
Leçon 4

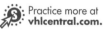
Practice more at **vhlcentral.com.**

**3** **Citations** Par groupes de trois, décidez si vous êtes d'accord ou pas avec chaque citation. À quel contexte, scolaire ou familial, associez-vous chacune de ces citations? Comparez vos idées avec celles des autres groupes.

> ## Qui a confiance en soi conduit les autres.
> **Horace, poète latin**
>
> ## L'individu n'agit que s'il éprouve (*feels*) un besoin.
> **Gaston Bachelard, philosophe français**

**4** **Questions** À deux, répondez aux questions.

1. Est-ce que l'opinion des autres influence vos actions?

2. Quel effet l'image qu'on a de soi a-t-elle sur notre humeur? Est-ce que l'opinion qu'on a de soi-même peut avoir un impact sur nos décisions? Si oui, de quelle manière?

3. Est-il préférable d'être original(e) au risque de se marginaliser ou de respecter les conventions même si cela vous oblige à trahir vos idéaux (*betray your ideals*)?

4. Quel est le plus difficile, affirmer (*assert*) son originalité ou se conformer à la masse?

5. Pensez-vous qu'une seule personne puisse changer les mœurs de tout un groupe? Expliquez et donnez des exemples historiques.

**5** **Que se passe-t-il?** Regardez les images et décrivez ce que vous voyez. Ensuite, imaginez ce qui va se passer.

**Video: Short Film**

Prix du meilleur film d'animation, Brooklyn International Film Festival, 2006; Prix du Public, Annecy, 2004

Une production de METRONOMIC PRODUCTIONS
Scénario, réalisation, animation ARTHUR DE PINS
Production JÉRÉMY ROCHIGNEUX/ARTHUR DE PINS
Photographie ARTHUR DE PINS
Montage ARTHUR DE PINS  Musique GÉRARD CALVI  Son OLIVIER MORTIER
Voix ÉMILIE VERGNEAU/ARTHUR DE PINS

**INTRIGUE** *Les «crabes dépressifs» vont-ils enfin être capables de changer de trajectoire?*

**NARRATEUR** Personne ne se doute de la tragédie qui nous frappe depuis cent vingt millions d'années. Nous, les Pachygrapsus marmoratus, ou «crabes dépressifs», nous sommes les crabes carrés, les pas beaux, même pas bouffables°.

**NARRATEUR** La nature ne nous a pas accordé le droit de pouvoir tourner. Une tare génétique qui nous condamne à marcher toute notre vie suivant la même ligne droite.

**NARRATEUR** Un jour, un gamin a arraché° les pattes° de l'un d'entre nous. Le pauvre a tourné en rond pendant des mois. Le crabe réfléchissait, et il est devenu philosophe. Enfin, disons un peu moins bête que les autres. Il a compris beaucoup de choses sur notre condition.

**NARRATEUR** Ses pattes ayant repoussé°, il est monté sur un rocher.
**CRABE** Mes frères, nous sommes esclaves de notre carapace°! Les tourteaux° savent tourner, mais ne vont nulle part. Nous, on va tout droit, mais au moins, on va quelque part!

**NARRATEUR** D'accord, on ne peut toujours pas tourner. Mais maintenant, on est fier. Bien des années plus tard, à la suite d'une catastrophe... j'allais me faire aplatir° par un ferry qui recouvrait toute ma trajectoire. J'étais foutu°!

**NARRATEUR** J'avais tourné, et compris que si on ne tournait pas, ce n'était pas à cause de notre carapace. C'est parce qu'on était trop con°.

**bouffables** *edible* **arraché** *ripped off* **pattes** *legs*
**ayant repoussé** *having grown back* **carapace** *shell*
**tourteaux** *edible crabs* **me faire aplatir** *get flattened*
**foutu** *done for* **con** *stupid*

### Note
## CULTURELLE

**Pachygrapsus marmoratus**

Le Pachygrapsus marmoratus est un crabe qui vit principalement sur les côtes de la Méditerranée, de la mer Noire et sur les côtes atlantiques françaises et marocaines. Il peut mesurer jusqu'à 4 cm de long et possède une carapace presque entièrement carrée. Il est caractérisé par une couleur marbrée°, d'où son nom scientifique «marmoratus». Ce crustacé vit dans l'eau, sur les rochers, mais il peut rester assez longtemps hors de° l'eau. Le «crabe dépressif» est aussi connu sous le nom de «crabe qui court», parce que ses mouvements sont très rapides.

**marbrée** *marbled* **hors de** *out of*

La valeur des idées

# Analyse

**1** **Compréhension** Répondez aux questions par des phrases complètes.

1. Quel est le problème de ces crabes?

2. Pourquoi les humains ne veulent-ils pas de ces crabes?

3. Pourquoi ces crabes ne tournent-ils pas, d'après le narrateur?

4. Comment un des crabes est-il devenu philosophe?

5. Qu'a fait le crabe narrateur pour changer son destin?

6. Comment les autres crabes ont-ils réagi à ce qu'a fait le crabe narrateur?

**2** **À compléter** Complétez ces phrases à l'aide des mots de vocabulaire de la page 114.

1. Personne ne _____ de la tragédie des Pachygrapsus marmoratus.

2. Ce sont les crabes _____, les pas beaux, et même pas bouffables.

3. C'est une espèce qui n'a jamais demandé à _____.

4. Ils ont _____ qui les condamne à suivre la même ligne droite.

5. «Nous sommes _____ de notre carapace!» dit le philosophe.

6. Chez ces crabes, on ne _____ pas avec _____.

**3** **À relier**

**A. À deux, faites correspondre les images aux phrases.**

1.       2.       3.

4.       5.       6.

_____ a. Après avoir tourné en rond pendant longtemps, il est devenu philosophe.

_____ b. À cet endroit précis, un Pachygrapsus marmoratus a changé de direction.

_____ c. «On dirait que c'est mon jour de chance! Je change de trajectoire!»

_____ d. Les enfants s'amusent à torturer les crabes.

_____ e. Ils finissent par devenir fonctionnaires.

_____ f. Maintenant, ils sont fiers d'être des Pachygrapsus marmoratus.

**B. Remettez les six séquences dans l'ordre chronologique.**

1. _____     2. _____     3. _____     4. _____     5. _____     6. _____

**4**

**Interprétation** À deux, répondez aux questions et expliquez vos réponses.

1. Comment expliquez-vous que cette espèce de crabes soit aussi appelée "crabe dépressif"?

2. Après le premier monologue, deux crabes se quittent et l'un d'eux est frustré. Expliquez la situation.

3. Comment le crabe philosophe a-t-il donné une nouvelle perspective à son peuple?

4. À votre avis, pourquoi le crabe narrateur a-t-il décidé de se remettre sur sa trajectoire d'origine?

**5**

**Et vous?** Répondez aux questions.

1. Êtes-vous d'accord avec le proverbe «à quelque chose malheur est bon»? Donnez des exemples.

2. Avez-vous déjà vécu une mauvaise expérience qui avait finalement un bon côté?

3. Connaissez-vous quelqu'un qui a vécu quelque chose de similaire? Si oui, quel en a été le point positif?

4. Quelles sont les similarités entre le monde des crabes et le monde des êtres humains, tel que (*as*) vous le voyez?

5. Si vous étiez le crabe qui a bifurqué, quel destin auriez-vous choisi?

**6**

**Si, c'est possible!** Le crabe narrateur a osé (*dared*) tourner et la réaction de ses semblables (*fellow crabs*) a été très négative. Si vous essayiez un jour de remettre en question une convention établie de la vie au lycée, comment réagiraient l'administration, ou même vos camarades? Divisez la classe en deux camps. D'abord, le groupe des agitateurs doit déterminer le changement radical que ses membres vont proposer. Ensuite, pendant que l'équipe des révolutionnaires développe son argumentaire, l'autre groupe, qui représente l'ordre établi, prépare une liste de réactions conformistes. Confrontez ensuite vos idées au cours d'un petit débat et n'hésitez pas à improviser.

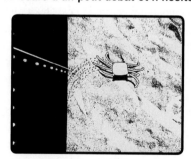

— Mais il est fou!

— Il a bifurqué! Mais où est donc passée sa dignité?

**7**

**La fin**

**A.** Par petits groupes, imaginez comment finit la vie du crabe narrateur de l'histoire selon deux scénarios possibles. Ensuite, écrivez un paragraphe d'au moins six lignes pour chaque scénario.

- sa vie avec sa trajectoire d'origine
- sa vie avec sa nouvelle trajectoire

**B.** Lisez votre paragraphe à la classe, qui choisira la meilleure fin.

ressources

v̂ Text

CE
pp. 70–71

vhlcentral.com
Leçon 4

# IMAGINEZ
## Alerte! Les pirates!

«À l'abordage°!» Au 17ᵉ siècle, tous les voyageurs des **Antilles** avaient peur d'entendre ce cri. En effet, chaque traversée° les livrait à la merci° d'horribles pirates qui hantaient la **mer des Caraïbes**. Des noms comme le **capitaine Morgan** ou le **capitaine Kidd** pour les **Britanniques**, et **Jean Bart** ou **Robert Surcouf** pour les **Français** semaient l'épouvante°. **Pirates**, corsaires, et boucaniers… leur réputation était terrible!

Pourtant la piraterie avait son utilité. À l'époque, les nations européennes se disputaient les Caraïbes et n'avaient pas les moyens financiers de mettre en place une force navale dans une région aussi vaste. Les **Espagnols** constituaient la plus grande puissance coloniale des Antilles, mais en 1564, ce sont les **Français** qui ont été les premiers non-espagnols à s'y installer, à **Fort Caroline**, aujourd'hui près de **Jacksonville**, en **Floride**. Bien qu'ils n'y soient pas restés très longtemps — ils en ont vite été chassés par les **Espagnols** — les Français ont profité de l'emplacement de leurs colonies pour saisir° l'or et l'argent que les **Espagnols** extrayaient° des mines sud-américaines. La piraterie permettait aussi aux Français de s'emparer° des bateaux marchands qui visitaient les ports de **Saint-Pierre** en **Martinique**, **Basse-Terre** en **Guadeloupe** ou **Cap Français** à **Saint-Domingue** (aujourd'hui **Haïti**), trois colonies françaises à l'époque.

Il existait différents types d'équipages°. Les **corsaires** étaient souvent des nobles ou de riches entrepreneurs qui travaillaient directement pour le roi. Cette piraterie-là rapportait bien°. Les pirates ordinaires, eux, étaient indépendants et beaucoup vivaient sur **l'île de la Tortue**, colonie française au nord de Saint-Domingue. Les **boucaniers**, les

Un galion, bateau armé des temps anciens

Vue aérienne d'une île de l'archipel des Saintes, Guadeloupe

pirates des Antilles, étaient de véritables aventuriers. Leur nom vient du «boucan», une grille de bois sur laquelle ils faisaient griller la viande et les poissons, à la manière des populations locales, les **Amérindiens Arawak**. C'est un groupe linguistique qui comprend plusieurs tribus. Ils sont les premiers à avoir contact avec les Européens. Les boucaniers étaient réputés pour leur vie en plein air et leurs festins bruyants. Parmi leurs lieux favoris: **Saint-Barthélemy**, **Port-de-Paix** à Saint-Domingue et des petites îles comme **les Saintes**, en Guadeloupe.

Les sociétés de pirates, qu'on appelait aussi des **flibustiers**, étaient égalitaires, et même révolutionnaires pour l'époque. Les pirates étaient les seuls marins à pouvoir élire leur capitaine démocratiquement. Celui-ci combattait avec eux, au lieu de° leur donner des ordres de loin. Le butin° était partagé entre tous les membres de l'équipage, et les invalides recevaient des indemnités°. En temps de guerre, la piraterie devenait très active. En temps de paix, les pirates faisaient de la contrebande°, pour le bonheur de tous. Beaucoup allaient par exemple au petit village

**À l'abordage!** *a pirate cry used when taking over another ship* **traversée** *crossing* **livrait à la merci** *put at the mercy* **semaient l'épouvante** *spread terror* **saisir** *seize* **extrayaient** *extracted* **s'emparer** *to grab* **équipages** *crews* **rapportait bien** *was profitable* **au lieu de** *instead of* **butin** *booty* **indemnités** *compensation* **contrebande** *smuggling*

**ressources**

v̂Text

CE
p. 58

vhlcentral.com
Leçon 4

# Découvrons les Antilles

**Saint-Barthélemy** **Saint-Barth** est une île du nord des Caraïbes, qui porte le nom du frère de **Christophe Colomb**.

Aujourd'hui, l'île fait partie des **Antilles françaises**, mais elle a aussi été espagnole et suédoise. À présent, elle est connue pour son tourisme de luxe. Entre une chaîne de montagnes et une barrière de corail°, ses 14 plages ont chacune un caractère unique. Cette grande diversité s'accompagne d'un climat paradisiaque. L'île fait ainsi le bonheur des vacanciers et des stars.

**Les yoles rondes** La yole ronde est un voilier° inventé en **Martinique**, dans les années 1940. Elle s'inspire du **gommier**, le bateau traditionnel, et de la yole européenne. Ses premiers utilisateurs étaient les marins pêcheurs°, qui faisaient la course° quand ils rentraient de la pêche. La yole ronde est aujourd'hui un véritable sport nautique, dont l'événement le plus populaire est le **Tour de la Martinique**, une course en sept étapes° autour de l'île.

**Le carnaval de Guyane** En **Guyane française**, le carnaval ne ressemble à aucun autre. Il est d'abord exceptionnellement

long, parce qu'il dure deux mois: du jour de l'Épiphanie, le 6 janvier, au mercredi des Cendres, début mars. Il est aussi à la fois populaire, multiethnique et traditionnel, avec des costumes historiques comme celui du boulanger ou de l'ours°. C'est surtout une grande fête qui rassemble tous les Guyanais.

**John James Audubon** (1785–1851) Tout le monde en Amérique connaît **J. J. Audubon**, le fameux ornithologue et naturaliste, et la **National Audubon Society** créée en sa mémoire. Audubon, d'origine française, est né en Haïti. Il a grandi en France, près de Nantes,

et a émigré aux États-Unis en 1803. Dans son œuvre, *Les oiseaux d'Amérique* (1840), il a dessiné, en quatre volumes, toutes les espèces connues d'oiseaux d'Amérique du Nord.

**barrière de corail** *coral reef* **voilier** *sailboat* **marins pêcheurs** *fishermen* **faisaient la course** *raced* **étapes** *stages* **ours** *bear*

---

de **Pointe-Noire**, en Guadeloupe, pour vendre leurs marchandises à très bon prix. Ce village doit son nom aux roches volcaniques qu'on aperçoit au nord.

Aujourd'hui, si vous allez aux Antilles, vous aurez peu de chance de rencontrer des pirates. Par contre, vous pourrez toujours déguster° un bon poulet boucané en souvenir du passé!

**déguster** *savor*

## Des mots utilisés aux Antilles

### Guadeloupe et Martinique

| | |
|---|---|
| **un acra** | un beignet de poisson ou de légumes |
| **une anse** | une baie |
| **une doudou** | une chérie |
| **le giraumon** | le potiron; *pumpkin* |
| **une habitation** | une plantation, un domaine agricole |
| **le maracudja** | le fruit de la passion |
| **une morne** | une colline; *hill* |
| **une trace** | un chemin; *path* |
| **le vesou** | le jus de la canne à sucre |
| **un zombi** | un revenant; *ghost*; *zombie* |

# Qu'avez-vous appris?

**1 Correspondances** Faites correspondre les mots et les noms avec les définitions.

1. _____ John James Audubon

2. _____ le boucan

3. _____ Saint-Barthélemy

4. _____ la yole ronde

5. _____ le Tour de la Martinique

6. _____ l'ours

a. une course nautique en sept étapes

b. une île qui fait le bonheur des touristes et des stars

c. un des costumes traditionnels du carnaval de Guyane

d. un voilier qui s'inspire du gommier et de la yole européenne

e. une grille de bois pour faire cuire le poisson ou la viande

f. un ornithologue né en Haïti

**2 Complétez** Complétez chaque phrase de manière logique.

1. … est un cri qui faisait peur aux voyageurs du 17ᵉ siècle.

2. Aux Antilles, au 17ᵉ siècle, on risquait de rencontrer des pirates…

3. La piraterie était utile quand les nations…

4. Les touristes qui visitent Saint-Barth peuvent apprécier…

5. Le carnaval de Guyane est…

6. John James Audubon était gardien du patrimoine naturel américain parce qu'…

## Projet

### Dans la peau d'un boucanier

Imaginez que vous soyez un pirate ou un boucanier du 17ᵉ siècle. Recherchez les informations dont vous avez besoin pour écrire un extrait de votre journal. En au moins dix phrases, expliquez ce qui s'est passé pendant une journée, et présentez-le à la classe.

- Inventez des aventures et donnez des détails. Où êtes-vous allé(e)s? Qui avez-vous rencontré? Quels problèmes avez-vous eus? Comment avez-vous survécu?

- Dessinez un plan de la route que vous avez suivie.

 Practice more at **vhlcentral.com**.

---

**ÉPREUVE**

Trouvez la bonne réponse.

1. Des noms comme le capitaine Morgan, le capitaine Kidd, Jean Bart et Robert Surcouf semaient _____.

   a. la joie      b. l'épouvante
   c. le bonheur      d. le calme

2. _____ travaillaient directement pour le roi.

   a. Les flibustiers      b. Les corsaires
   c. Les pirates      d. Les boucaniers

3. Les pirates ordinaires étaient _____.

   a. riches      b. anglais
   c. nobles      d. indépendants

4. Le boucan était à l'origine utilisé par _____.

   a. les boucaniers      b. les colons
   c. les Amérindiens Arawak      d. les marins

5. Les sociétés pirates étaient très avancées pour leur époque, parce qu'elles étaient _____.

   a. hiérarchiques      b. célèbres
   c. riches      d. égalitaires

6. Le butin était partagé entre _____ de l'équipage.

   a. tous les membres      b. tous les capitaines
   c. tous les bateaux      d. tous les invalides

7. En temps de paix, les pirates faisaient _____.

   a. du commerce      b. de la contrebande
   c. la guerre      d. des réparations

8. La recette qui rappelle les pirates des Antilles s'appelle _____.

   a. le poulet boucané      b. le rhum
   c. le poisson      d. la viande cuite

9. _____ porte le nom du frère de Christophe Colomb.

   a. Saint-Barthélemy      b. Cap Français
   c. Saint-Domingue      d. Fort Caroline

10. Les premiers utilisateurs des yoles rondes étaient _____.

   a. les boucaniers      b. les Espagnols
   c. les marins pêcheurs      d. les Amérindiens Arawak

# Galerie de Créateurs

## Danse: Léna Blou

**1** **Préparation** Répondez à ces questions sur les arts et l'expression artistique.

1. Il existe beaucoup de formes d'arts. Nommez-en quelques-unes. Lesquelles parmi ces formes d'arts vous attirent le plus? Pourquoi?

2. Quels sont vos artistes préférés? Dans quels types d'art s'illustrent-ils? Quelles sont leurs idées? Comment les expriment-ils à travers l'art?

3. Et vous, vous exprimez-vous à travers une pratique artistique? Laquelle? Si vous n'avez pas de pratique artistique, décrivez de quelle manière vous préférez vous exprimer et pourquoi?

### Et Léna Blou créa Techni' Ka

Cette danseuse guadeloupéenne obtient plusieurs diplômes d'interprétation chorégraphique en jazz et en danse contemporaine. Elle perfectionne d'abord sa formation par des stages en Europe et aux États-Unis auprès d' (*with*) éminentes personnalités de cette discipline. Forte de son expérience, elle ouvre une école de danse à Pointe-à-Pitre, et en 1995, crée la troupe de danseurs Trilogie. Elle veut faire connaître et transmettre (*pass on*) l'esthétique chorégraphique traditionnelle des Caraïbes. Elle modernise même la danse traditionnelle guadeloupéenne, le Gwo-Ka, en créant (*by creating*) la technique de danse «Techni' Ka». Blou est ainsi une artiste à la fois (*both*) moderne et traditionnelle qui désire mettre la danse de son île au même rang de popularité que la salsa ou le tango. Pour cela, elle dirige des stages de Techni' Ka en Europe et aux États-Unis.

**2** **Compréhension** Répondez par des phrases complètes.

1. Décrivez la préparation professionnelle de Léna Blou.

2. Identifiez et décrivez les choses suivantes, selon la lecture: Trilogie, Gwo-Ka, Techni' Ka.

3. Quel est le but professionnel de Blou en ce qui concerne la danse guadeloupéenne?

**3** **Discussion** Discutez en groupes puis avec la classe. En quoi est-ce que les traditions d'une culture influencent les arts de cette culture? Pensez à votre culture ou à une autre que vous connaissez, et donnez des exemples d'arts qui expriment les traditions de cette culture.

**4** **Application** Au cœur d'une culture

Le Gwo-Ka raconte les traditions et la culture guadeloupéennes par la musique et la danse. Le Techni' Ka s'inspire de cette danse et la modernise. Choisissez des exemples d'art qui racontent votre culture ou, si vous préférez, créez votre propre œuvre d'art pour exprimer les traditions de votre culture. Faites une présentation à la classe.

Practice more at **vhlcentral.com**.

**Presentation**

## 4.1 The *plus-que-parfait*

—*Eh oui,* ***j'avais tourné****.*

- The **plus-que-parfait** is used to talk about what someone *had done* or what *had occurred* before another past action, event, or state. Like the **passé composé**, the **plus-que-parfait** uses a form of **avoir** or **être** — in this case, the **imparfait** — plus a past participle.

| The *plus-que-parfait* | | |
|---|---|---|
| **voter** | **finir** | **perdre** |
| j'avais voté | j'avais fini | j'avais perdu |
| tu avais voté | tu avais fini | tu avais perdu |
| il/elle avait voté | il/elle avait fini | il/elle avait perdu |
| nous avions voté | nous avions fini | nous avions perdu |
| vous aviez voté | vous aviez fini | vous aviez perdu |
| ils/elles avaient voté | ils/elles avaient fini | ils/elles avaient perdu |

RECENT PAST

**Nous lui** avons dit
*We told her*

REMOTE PAST

**que Sarkozy** avait gagné **les élections.**
*that Sarkozy had won the election.*

RECENT PAST

**L'accusé** souriait
*The accused was smiling*

REMOTE PAST

**parce que les juges ne l'**avaient **pas** mis **en prison.**
*because the judges had not put him in prison.*

**BLOC-NOTES**

See **Fiche de grammaire 5.5, p. 390**, for a review of agreement with past participles.

- Recall that some verbs of motion, as well as a few others, take **être** instead of **avoir** as the auxiliary verb in the **passé composé**. Use the **imparfait** of **être** to form the **plus-que-parfait** of such verbs and make the past participle agree with the subject.

Les avocats ne savaient pas que vous **étiez** déjà **partie**.
*The lawyers didn't know that you had already left.*

On a découvert que les victimes **étaient mortes** à la suite de leurs blessures.
*They discovered that the victims had died of their injuries.*

- Use the **imparfait** of **être** as the auxiliary for reflexive and reciprocal verbs. Make agreement whenever you would do so for the **passé composé**.

Avant le dîner, le président et sa femme **s'étaient levés** pour recevoir les invités.
*Before dinner, the president and his wife had gotten up to welcome the guests.*

Il ne savait pas que nous **nous étions téléphoné** hier soir.
*He didn't know that we had phoned each other last night.*

M. Vartan a reçu une amende. Il ne **s'était** pas **arrêté** au feu.

- In all other cases as well, agreement of past participles in the **plus-que-parfait** follows the same rules as in the **passé composé**.

La police a trouvé les armes qu'il avait **cachées**.
*The police found the weapons that he had hidden.*

Le président a signé la loi que le congrès avait **approuvée**.
*The president signed the law that the congress had passed.*

- Use the **plus-que-parfait** to emphasize that something happened in the past before something else happened. Use the **passé composé** to describe completed events in the more recent past and the **imparfait** to describe conditions or habitual actions in the more recent past.

| Action in remote past . . . | completed action in recent past |
| --- | --- |

L'activiste n'**avait** pas **fini** de parler quand vous **avez coupé** le micro.
*The activist hadn't finished talking when you cut off the microphone.*

| Condition in recent past . . . | action in remote past |
| --- | --- |

Il y **avait** des drapeaux partout parce que le président **était arrivé** la veille.
*There were flags everywhere because the president had arrived the day before.*

- The **plus-que-parfait** is also used after the word **si** to mean *if only...* (*something else had taken place*). It expresses regret.

**Si** j'**avais su** que tu avais un plan!
*If only I had known you had a map!*

**Si** seulement il n'**était** pas **arrivé** en retard!
*If only he hadn't arrived late!*

- To say that something had *just* happened in the past, use a form of **venir** in the **imparfait** + **de** + the infinitive of the verb that describes the action.

Je **venais de raccrocher** quand le téléphone a sonné de nouveau.
*I had just hung up when the phone rang again.*

Le président **venait de signer** l'accord quand on a entendu l'explosion.
*The president had just signed the treaty when we heard the explosion.*

**ATTENTION!**

In informal speech, speakers of English sometimes use the simple past to imply the past perfect. In French, you still use the **plus-que-parfait**.

**Le voleur a cherché les papiers que l'avocate avait posés sur son bureau.**

*The thief looked for the papers that the lawyer placed (had placed) on her desk.*

**BLOC-NOTES**

**Si** clauses can also contain a verb in the present tense or **imparfait**. See **Structures 10.3, pp. 354–357**, to learn more about **si** clauses.

# Mise en pratique

**1** **Un prix Nobel** Pendant une interview, une militante de l'organisation «Un monde tranquille» parle de sa vie avant 1998, année où elle a reçu le prix Nobel de la paix. Employez le plus-que-parfait pour compléter ses phrases.

Quand j'étais petite, mes parents m' (1) _____ (apprendre) que les gens avaient besoin d'aide et j' (2) _____ (essayer) de nombreuses fois de me rendre utile. À l'université aussi, avant 1998, j' (3) _____ (combattre) l'injustice et j' (4) _____ (défendre) la liberté. Mes amis et moi, nous (5) _____ (se promettre) d'aider les opprimés. À cette époque, j' (6) _____ (penser) devenir avocate. Mais avant de prendre ma décision, la présidente de l'organisation (7) _____ (venir) me parler et elle (8) _____ (finir) par me convaincre de devenir militante.

**2** **Dans le journal** Les phrases suivantes viennent d'un journal politique. Mettez-les au plus-que-parfait.

| se consacrer | fuir | perdre |
| élire | gagner | retourner |

**Modèle** La femme politique _avait eu de l'influence_ dans son parti, mais au moment des élections, elle n'en avait plus.

1. Le candidat _____ les élections, et il ne le savait pas encore.

2. Les gouvernements _____ à la lutte contre l'inégalité.

3. Tu _____ un bon représentant, le meilleur depuis des années.

4. Les kidnappeurs du fils du président _____ à l'approche de la police.

5. Monsieur et Madame Duval, vous _____ au tribunal avant midi?

6. Je leur disais que nous _____ notre lutte contre la dictature.

**3** **De cause à effet** Employez le plus-que-parfait pour expliquer pourquoi ces choses se sont passées.

**Modèle** Je me suis réveillé dans la nuit. Le téléphone a sonné.
Je me suis réveillé dans la nuit parce que le téléphone avait sonné.

1. Elle n'a pas pu rentrer chez elle le soir. Elle a perdu les clés de la maison le matin.

2. Nous avons voté dimanche. Nous avons regardé le débat politique à la télévision samedi.

3. Ma mère nettoyait la cuisine. Les invités sont partis.

4. Le parti conservateur a perdu les élections. Le peuple a voté pour le parti écologiste.

5. Elles sont sorties. Personne ne leur a dit que j'arrivais.

6. J'ai caché (*hid*) les confitures de fraises. Mon colocataire a mangé toutes les confitures de pêches.

7. Les activistes entraient dans la salle. Le maire a fini son discours.

8. La justice régnait. La démocratie a gagné.

Practice more at
vhlcentral.com.

# Communication

**4**

**Vacances antillaises** Claire revient de ses vacances aux Antilles et raconte tout à son ami. À deux, créez le dialogue avec ces verbes. Employez le plus-que-parfait.

| | |
|---|---|
| adorer | permettre |
| aller | préférer |
| apprécier | savoir |
| avoir de la chance | visiter |
| finir | voir |

**Modèle**    **JULIEN** Qu'est-ce que tu as apprécié à la Martinique?

**CLAIRE** J'ai vu des milliers de papillons dans un jardin. Jamais je n'avais eu la chance d'assister à un tel spectacle!

**5**

**À votre avis?** Que pensez-vous du gouvernement actuel? Est-il meilleur que le gouvernement précédent? À deux, donnez votre opinion et servez-vous du plus-que-parfait.

**Modèle**    —Le gouvernement actuel a fait de bonnes choses jusqu'à maintenant.

—Peut-être, mais je pense que le gouvernement précédent avait réussi à…

**6**

**Avant la guerre** Une guerre a éclaté (*erupted*) dans un pays européen et le Conseil de l'Europe se réunit. Par groupes de trois, imaginez que chacun(e) de vous représente un pays différent. Utilisez le plus-que-parfait pour débattre du rôle du conseil avant la guerre. Consultez la carte de l'Europe au début du livre et servez-vous du vocabulaire suivant.

**Modèle**    —Avant la guerre, nous avions déjà accusé votre président d'abus de pouvoir.

—Peut-être, mais c'est mon pays qui avait combattu pour les droits de tous les Européens.

—Tous nos pays avaient espionné leur armée, et personne n'avait rien dit!

| | |
|---|---|
| abuser | espionner |
| approuver | faire du chantage |
| avoir de l'influence | juger |
| combattre | kidnapper |
| se consacrer à | sauver |
| défendre | voter |

## Note CULTURELLE

Le **Jardin des papillons** (*butterflies*), à l'**Anse Latouche**, en **Martinique**, est un parc dédié (*dedicated*) à l'élevage (*breeding*) de papillons du monde entier. Les plantes de ce jardin y créent un écosystème idéal. Les visiteurs ont la chance d'évoluer au milieu des innombrables (*countless*) insectes qui y vivent en toute liberté.

ressources

**vText**

CE
pp. 59–61

vhlcentral.com
Leçon 4

**Presentation**

4.2

# Negation and indefinite adjectives and pronouns

—*Nous sommes une espèce qui **n**'a **jamais** demandé à voir le jour.*

## Negation

**ATTENTION!**

When forming a question with inversion, place **ne** first, then any pronouns, then the verb. Place **pas** in last position.

**Ne vous êtes-vous pas consacré à la lutte contre la criminalité?**

*Did you not dedicate yourself to the fight against crime?*

**BLOC-NOTES**

To review commands and how to negate them, see **Fiche de grammaire 1.5, p. 374**. To learn how to negate an infinitive, see **Structures 8.1, pp. 272–273**.

Moi and **toi** are disjunctive pronouns. To learn more about them, see **Fiche de grammaire 6.4, p. 392**.

- To negate a phrase, you typically place **ne... pas** around the conjugated verb. If you are negating a phrase with a compound tense such as the **passé composé** or the **plus-que-parfait**, place **ne... pas** around the auxiliary verb.

| Infinitive construction | Passé composé |
|---|---|
| Ça **ne** va **pas** faire un scandale, j'espère. | La famille **n**'a **pas** fui la ville pendant la guerre. |
| *This won't cause a scandal, I hope.* | *The family didn't flee the town during the war.* |

- To be more specific, use variations of **ne... pas**, such as **ne... pas du tout** and **ne... pas encore**.

| | |
|---|---|
| Le président **n**'aime **pas du tout** les brocolis. | La voleuse **n**'a **pas encore** choisi sa victime. |
| *The president doesn't like broccoli at all.* | *The thief has not chosen her victim yet.* |

- Use **non plus** to mean *neither* or *not either*. Use **si**, instead of **oui**, to contradict a negative statement or question.

| | |
|---|---|
| —Je n'aime pas la violence. | —Tu n'aimes pas la démocratie? |
| —*I don't like violence.* | —*You don't like democracy?* |
| —Moi **non plus**. | —Mais **si**. |
| —*I don't either.* | —*Yes, I do.* |

- To say *neither... nor*, use **ne... ni... ni...** Place **ne** before the conjugated verb or auxiliary, and **ni** before the word(s) it modifies. Omit the indefinite and partitive articles after **ni**, but use the definite article when appropriate.

| | |
|---|---|
| Il **n**'y a **ni** justice **ni** liberté dans une dictature. | **Ni** le juge **ni** l'avocat **ne** va juger l'accusé. |
| *There is neither justice nor liberty under a dictatorship.* | *Neither the judge nor the lawyer will judge the accused.* |

- It is also possible to combine several negative elements in one sentence.

| | |
|---|---|
| On **ne** fait **plus jamais rien**. | **Personne** n'a **plus rien** écouté. |
| *We never do anything anymore.* | *No one listened to anything anymore.* |

• Note how the placement of these expressions varies according to their function.

### More negative expressions

| | |
|---|---|
| **ne... aucun(e)**<br>*none (not any)* | Le congrès **n**'a approuvé **aucune** loi cette année.<br>*The congress didn't approve any laws this year.* |
| **ne... jamais**<br>*never (not ever)* | Tu **n**'as **jamais** voté?<br>*You've never voted?* |
| **ne... nulle part**<br>*nowhere (not anywhere)* | On **n**'a trouvé l'arme du crime **nulle part**.<br>*They didn't find the crime weapon anywhere.* |
| **ne... personne**<br>*no one (not anyone)* | **Personne ne** peut voter; les machines sont en panne.<br>*No one can vote; the machines are broken.*<br><br>Ils **n**'ont vu **personne**.<br>*They didn't see anyone.* |
| **ne... plus**<br>*no more (not anymore)* | Il **ne** veut **plus** être analphabète.<br>*He doesn't want to be illiterate anymore.* |
| **ne... que**<br>*only* | Je **n**'ai parlé **qu**'à Mathieu.<br>*I only spoke to Mathieu.* |
| **ne... rien**<br>*nothing (not anything)* | Les jurés **n**'ont **rien** décidé.<br>*The jury members haven't decided anything.*<br><br>**Rien ne** leur fait peur.<br>*Nothing frightens them.* |

> **ATTENTION!**
>
> To negate a phrase with a partitive article, you usually replace the article with **de** or **d'**.
>
> **Il y a des activistes dans la capitale.**
>
> *There are activists in the capital.*
>
> **Il n'y a pas d'activistes dans la capitale.**
>
> *There aren't any activists in the capital.*

## Indefinite adjectives and pronouns

• Many indefinite adjectives and pronouns can also be used in affirmative phrases.

| Indefinite adjectives | Indefinite pronouns |
|---|---|
| **autre(s)** *other* | **chacun(e)** *each one* |
| **un(e) autre** *another* | **la plupart** *most (of them)* |
| **certain(e)(s)** *certain* | **plusieurs** *several (of them)* |
| **chaque** *each, every single* | **quelque chose** *something* |
| **plusieurs** *several* | **quelques-un(e)s** *some, a few (of them)* |
| **quelques** *some* | **quelqu'un** *someone* |
| **tel(le)(s)** *such (a)* | **tous/toutes** *all (of them)* |
| **tout(e)/tous/toutes (les)** *every, all* | **tout** *everything* |

• The adjectives **chaque**, **plusieurs**, and **quelques** are invariable.

**Chaque** élève a droit à des livres gratuits.
*Each student is entitled to free books.*

**Plusieurs** terroristes ont fui.
*Several terrorists fled.*

• The pronouns **la plupart**, **plusieurs**, **quelque chose**, **quelqu'un**, and **tout** are invariable.

**Tout** va bien au gouvernement.
*Everything goes well in the government.*

Il y a **quelqu'un** dehors?
*Is there someone outside?*

> **ATTENTION!**
>
> Note that the final **-s** of **tous** is pronounced when it functions as a pronoun, but silent when it functions as an adjective.
>
> ———
>
> When you wish to modify **personne, rien, quelqu'un,** or **quelque chose**, add **de** + [*masculine singular adjective*].
>
> **Ce week-end, nous ne faisons rien d'intéressant.**
>
> *This weekend, we aren't doing anything interesting.*

# Mise en pratique

**1** **Une nouvelle loi** Pendant un débat, un défenseur des droits de l'homme contredit les déclarations d'une avocate. Complétez leur dispute à l'aide des nouvelles structures.

**Modèle** **AVOCATE** Il faut absolument approuver cette nouvelle loi!

**DÉFENSEUR** Mais non! Il _____*ne faut pas*_____ approuver cette loi!

**AVOCATE** La loi donne le pouvoir au peuple de notre nation.

**DÉFENSEUR** Mais non! La loi (1) _____ pouvoir au peuple, et tout le pouvoir au président.

**AVOCATE** Calmez-vous! Avec cette loi, nous serons toujours une démocratie.

**DÉFENSEUR** Mais non. Avec cette loi, nous (2) _____ une démocratie.

**AVOCATE** Le gouvernement sera juste et puissant avec ces changements.

**DÉFENSEUR** Mais non. Il (3) _____ avec ces changements.

**AVOCATE** Certains citoyens apprécient les choses que j'essaie de faire.

**DÉFENSEUR** Mais non. (4) _____ ce que vous essayez de faire.

**AVOCATE** Une telle loi va réduire la menace du terrorisme partout dans le pays.

**DÉFENSEUR** Mais non. Elle (5) _____ la menace du terrorisme.

**AVOCATE** (6) _____ m'a dit que vous étiez désagréable, et maintenant je vois pourquoi.

**2** **Voyager** Imaginez que vous soyez un homme ou une femme politique qui voyage souvent avec un(e) collègue. Vous l'entendez parler de vos voyages, mais vous n'êtes pas d'accord.

**Modèle** **Quand je voyage à l'étranger, je mange toujours des repas authentiques.**

Non, quand vous voyagez à l'étranger, vous ne mangez jamais de repas authentiques.

1. J'ai toujours aimé voyager en avion.
2. Tous sortent dîner avec moi le soir.
3. Toutes les villes que je visite sont dangereuses.
4. Je suis allé(e) partout dans le monde francophone.
5. Je n'ai pas encore vu de pays où il y avait une guerre civile.
6. Je m'intéresse encore à la politique des pays que je visite.

**3** **Disputes** À deux, imaginez les échanges qui provoqueraient ces réponses. Utilisez les adjectifs et les pronoms indéfinis. Ensuite, jouez l'un des dialogues devant la classe.

JE NE FERAI JAMAIS ÇA!

Rien ne t'en empêchera!

Dommage, personne ne s'y intéresse.

Moi non plus.

Je ne devrais ni le voir ni lui parler.

Chacun de nous doit envoyer une lettre.

Un tel scandale ne détruit que la réputation.

Practice more at **vhlcentral.com**.

# Communication

**4**

**Vos idées** Avec un(e) camarade de classe, posez-vous ces questions à tour de rôle. Développez vos réponses et utilisez les nouvelles structures le plus possible. Ensuite, discutez de vos opinions respectives.

**Modèle** —Es-tu déjà allé(e) dans un tribunal?

—Non, je ne suis jamais allé(e) dans un tribunal.

## Les gens

Es-tu déjà allé(e) dans un tribunal?

Es-tu un(e) militant(e)? En connais-tu un(e)?

As-tu déjà été la victime d'un voleur?

## Les lois

Approuves-tu toutes les lois?

Un prisonnier est-il toujours coupable?

L'égalité est-elle présente partout? Dans quelles circonstances ne l'est-elle pas?

## La sécurité

As-tu l'impression d'être en sécurité? Pourquoi?

Y a-t-il beaucoup de violence où tu habites?

La menace terroriste te fait-elle peur?

**ressources**

**vText**

CE
pp. 62–64

vhlcentral.com
Leçon 4

**5**

**Débat politique** Vous participez à un débat politique. Votre adversaire est le président sortant (*outgoing*) et vous n'êtes pas d'accord avec ce qu'il a fait pendant son mandat. Jouez le dialogue devant la classe.

**Modèle** —Vous n'avez pas encore démontré que vous êtes le meilleur candidat.

—Je ne l'ai peut-être pas encore démontré, mais pendant ces dernières années, vous ne l'avez jamais démontré non plus.

### Note
### CULTURELLE

Née en **Guyane**, **Christiane Taubira** est une femme politique qui a été candidate aux élections présidentielles françaises de 2002. Elle est surtout connue pour être à l'origine d'une loi de 2001 où la France reconnaît que la traite négrière (*slave trade*) transatlantique et l'esclavage (*slavery*) sont des crimes contre l'humanité. Depuis 2012, elle est garde des Sceaux, c'est-à-dire, ministre de la Justice.

**4.3**

 **Presentation Tutorial**

# Irregular *-ir* verbs

—*Le crabe* **est devenu** *philosophe.*

### BLOC-NOTES

For a review of the present-tense conjugation of regular **-ir** verbs, see **Fiche de grammaire 1.4, p. 372**.

- Many commonly used **-ir** verbs are irregular.
- The following irregular **-ir** verbs have similar present-tense forms.

| | courir | dormir | partir | sentir | sortir |
|---|---|---|---|---|---|
| je | cours | dors | pars | sens | sors |
| tu | cours | dors | pars | sens | sors |
| il/elle | court | dort | part | sent | sort |
| nous | courons | dormons | partons | sentons | sortons |
| vous | courez | dormez | partez | sentez | sortez |
| ils/elles | courent | dorment | partent | sentent | sortent |

### ATTENTION!

**Sentir** means *to sense* or *to smell*. The reflexive verb **se sentir** is used with an adverb to tell how a person feels.

**Cette fleur sent très bon!**
*This flower smells very good!*

**Je sens qu'il t'aime, même s'il ne le dit pas.**
*I sense that he loves you, even if he doesn't say it.*

**Tu es rentrée parce que tu ne te sentais pas bien?**
*You went home because you didn't feel well?*

- The past participles of these verbs are, respectively, **couru**, **dormi**, **parti**, **senti**, and **sorti**. **Sortir** and **partir** take **être** as the auxiliary in the **passé composé** and **plus-que-parfait**.

Pourquoi est-ce que vous **avez dormi** au bureau hier soir?
*Why did you sleep in the office last night?*

Les armées **sont** définitivement **parties** en 1945, après la guerre.
*The armies left for good in 1945, after the war.*

### BLOC-NOTES

To review formation of the **passé composé** with **être**, see **Structures 3.2, pp. 92–93**.

- Use **sortir** to say that someone is leaving, as in exiting a building. Use **partir** to say that someone is leaving, as in departing. The preposition **de** often accompanies **sortir**, and the preposition **pour** often accompanies **partir**.

Nous ne **sortons** jamais **de** la salle avant la sonnerie.
*We never leave the room before the bell rings.*

Le premier ministre **part pour** l'Espagne demain.
*The prime minister leaves for Spain tomorrow.*

- **Mourir** (*to die*) also is conjugated irregularly in the present tense. Its past participle is **mort**, and it takes **être** as an auxiliary in the **passé composé** and **plus-que-parfait**.

Il fait chaud et je **meurs** de soif!
*It's hot, and I'm dying of thirst!*

En quelle année la présidente **est**-elle **morte**?
*In which year did the president die?*

| mourir | |
|---|---|
| je meurs | nous mourons |
| tu meurs | vous mourez |
| il/elle meurt | ils/elles meurent |

- These verbs are conjugated with the endings normally used for **-er** verbs in the present tense.

|  | couvrir | découvrir | offrir | ouvrir | souffrir |
|---|---|---|---|---|---|
| je | couvre | découvre | offre | ouvre | souffre |
| tu | couvres | découvres | offres | ouvres | souffres |
| il/elle | couvre | découvre | offre | ouvre | souffre |
| nous | couvrons | découvrons | offrons | ouvrons | souffrons |
| vous | couvrez | découvrez | offrez | ouvrez | souffrez |
| ils/elles | couvrent | découvrent | offrent | ouvrent | souffrent |

- The past participles of the verbs above are, respectively, **couvert**, **découvert**, **offert**, **ouvert**, and **souffert**.

Qu'est-ce que les organisateurs vous **ont offert** comme boisson?
*What did the organizers offer you to drink?*

Le criminel **avait ouvert** la porte pour entrer dans le garage.
*The criminal had opened the door to enter the garage.*

- These verbs are conjugated similarly, with one stem for **je**, **tu**, **il/elle/on**, and **ils/elles**, and a different stem for **nous** and **vous**.

|  | devenir | maintenir | revenir | tenir | venir |
|---|---|---|---|---|---|
| je | deviens | maintiens | reviens | tiens | viens |
| tu | deviens | maintiens | reviens | tiens | viens |
| il/elle | devient | maintient | revient | tient | vient |
| nous | devenons | maintenons | revenons | tenons | venons |
| vous | devenez | maintenez | revenez | tenez | venez |
| ils/elles | deviennent | maintiennent | reviennent | tiennent | viennent |

- The past participles of these verbs are, respectively, **devenu**, **maintenu**, **revenu**, **tenu**, and **venu**. **Venir** and its derivatives **devenir** and **revenir** take **être** as the auxiliary in the **passé composé** and **plus-que-parfait**.

Le criminel **a tenu** son arme à la main pendant quelques secondes.
*The criminal held the weapon in his hand for a few seconds.*

La juge **était revenue** de son bureau pour parler aux jurés.
*The judge came back from her chambers to talk to the jury.*

- The construction **venir** + **de** + [*infinitive*] means to have *just* done something. Use it in the present or **imparfait** to say that something happened in the very recent past.

Les militants **viennent de faire** un discours à l'ONU.
*The activists have just made a speech at the UN.*

Je **venais** juste **de poser** mon sac par terre quand le voleur l'a pris.
*I had just put my bag down on the ground when the thief took it.*

**BLOC-NOTES**

Remember that a past participle usually agrees with its subject in number and gender for verbs that take **être** as an auxiliary. To learn more about past participle agreement, see **Fiche de grammaire 5.5, p. 390**.

# Mise en pratique

**1**

**À compléter** Assemblez les éléments des colonnes pour former des phrases complètes. Chaque élément ne doit être utilisé qu'une fois.

_____ 1. Tous les enfants…
_____ 2. Cet animal…
_____ 3. Tu…
_____ 4. Mon ami et moi…
_____ 5. Le scandale…
_____ 6. Vous…

a. vient d'un journaliste.
b. devenons avocats à la fin de l'année.
c. tenez une conférence à quelle heure?
d. dorment paisiblement.
e. sent toujours d'où vient le danger.
f. souffres toujours d'un mal de tête.

**2**

**Cuisine créole** Stéphanie et Daniel parlent de leur expérience au restaurant hier soir. Choisissez le bon verbe et conjuguez-le au temps qui convient.

Vous savez que nous (1) _____ (devenir / découvrir) une cuisine exotique tous les mois. Eh bien, hier soir, Daniel et moi (2) _____ (sortir / sentir) manger dans ce nouveau restaurant créole que vous nous aviez suggéré. Il faut dire que je (3) _____ (dormir / mourir) d'envie d'y aller depuis que vous nous en aviez parlé. Nous (4) _____ (sentir / venir) la délicieuse odeur épicée depuis la rue. Nous avons essayé toutes sortes de plats traditionnels. Après ça, nous (5) _____ (ouvrir / revenir) enchantés de notre soirée. Finalement, nous (6) _____ (courir / partir) pour Saint-Martin la semaine prochaine!

**Note CULTURELLE**

La **cuisine créole** raconte l'histoire des **îles antillaises**, qui sont marquées par l'empreinte du peuple **Caraïbe**, des **Africains**, des **Français** et des **Indiens**. Elle est à base de produits de la mer, souvent macérés (_marinated_) dans un assaisonnement pour qu'ils aient encore meilleur goût.

**3**

**À choisir** Créez des phrases cohérentes avec les éléments du tableau. Faites attention au temps. N'utilisez chaque élément qu'une fois.

| A | B | C |
|---|---|---|
| Les jurés | courir | me voir pendant les vacances d'été. |
| La victime | découvrir | son jugement. |
| Vous | maintenir | dans le tribunal pour prononcer la sentence il y a quelques secondes. |
| Les policiers | offrir | de l'hôpital, mais elle ne nous l'avait pas dit. |
| Tu | partir | mes compliments au nouveau président. |
| Le juge | revenir | une nouvelle île chaque fois que tu vas aux Antilles. |
| Nous | sortir | toujours après les voleurs. |
| Je/J' | venir | très bientôt pour Saint-Barthélemy. |
| ? | ? | ? |

 Practice more at **vhlcentral.com**.

# Communication

**4** **Votre personnalité** À deux, posez-vous des questions à tour de rôle. Utilisez des verbes irréguliers en **-ir** dans vos réponses.

- Tu dors jusqu'à quelle heure le week-end?
- Sors-tu souvent le week-end? Avec qui?
- Souffres-tu beaucoup de la chaleur en été? Du froid en hiver?
- Qu'offres-tu à tes parents pour leur anniversaire? À ton/ta meilleur(e) ami(e)?
- Quelle personne rêves-tu de devenir?
- Pars-tu en vacances tous les ans? Où vas-tu?

**5** **Saint-Barthélemy ou Marie-Galante?** Sandra et Timothée planifient leurs prochaines vacances. Sandra veut aller à Saint-Barthélemy, mais Timothée préfère visiter l'île de Marie-Galante.

**A.** À deux, décidez quelles phrases de la liste correspondent à chaque île, puis complétez le tableau.

> - *Partir en randonnée*
> - *Dormir sur la plage*
> - *Devenir un(e) aventurier/aventurière*
> - *Découvrir la nature luxuriante de l'île*
> - *Sortir en boîte de nuit*
> - *Revenir enchanté(e) de ses vacances*

ressources

v̂ Text

CE
pp. 65-68

vhlcentral.com
Leçon 4

| Saint-Barthélemy | Marie-Galante |
|---|---|
|  |  |
| | |
| | |
| | |
| | |
| | |

**Note**
**CULTURELLE**

**Saint-Barthélemy** est la Côte d'Azur des Antilles françaises. Par contre, loin d'être le paradis des milliardaires, **Marie-Galante** est une île de rêve pour les fous de nature, qui apprécient beaucoup ses plages. Elles appartiennent au département de la **Guadeloupe**.

**B.** Sandra et Timothée reviennent de leur voyage. À l'aide des phrases ci-dessus, imaginez un dialogue où ils expliquent ce qu'ils ont fait. Faites-le pour chaque île.

# Synthèse  Reading

L'Union pour la démocratie française

## (UDF)

### Vous avez voté pour Antoine Éraste en 2002

**Parce que vous n'aviez jamais eu un candidat aussi incorruptible!**

**Sortez de chez vous et votez UDF!**

**Il faut réélire Antoine!**

Le Parti socialiste guyanais **PSG**

*Personne n'a le droit d'être au chômage!*

*Tel est l'idéal de* **THÉLOR MADIN.**

**Pour ne plus souffrir, courez aux urnes°!**

## Le Front national (FN)

*Pour maintenir une Cayenne en action et pour ne pas revenir en arrière°!*

**Votez pour Jean-Baptiste Pancrace, qui n'a jamais peur de prendre les bonnes décisions.**

*LE PARTI ÉCOLOGIQUE*

## LES VERTS

*Pour ne plus jamais perdre face à la pollution,*

**FLEUR DESMARAIS** *est la solution!*

*Chacun doit voter pour les Verts!*

**urnes** *polls* **en arrière** *backward*

**1** **Interview** En Guyane, c'est le moment d'élire un nouveau député. Lisez les slogans des différents partis politiques. Choisissez un slogan et imaginez un entretien entre le candidat et un journaliste. Utilisez le plus-que-parfait et d'autres structures de cette leçon.

**2** **Reproches** Vous rencontrez l'ancien(ne) député(e) de la Guyane, dont vous n'êtes pas satisfait(e). À deux, imaginez la scène. Utilisez des expressions négatives, et des pronoms et des adjectifs indéfinis pour lui donner votre opinion.

> **Modèle** Vous n'aviez jamais écouté la voix de certaines personnes avant de commencer votre campagne.

**3** **Demandes** On demande beaucoup de choses aux hommes et aux femmes politiques, pendant la période des élections. Par petits groupes, imaginez qu'un(e) élève soit le/la candidat(e) et inventez cinq questions que les gens lui poseraient. Utilisez le plus possible les structures et le vocabulaire de cette leçon.

**4** **Élection** Avez-vous déjà pris part à une élection ou à sa préparation? Pour quel événement était-ce? Qu'avez-vous fait? Par groupes de quatre, expliquez à vos camarades les impressions positives et négatives que vous avez ressenties à cette occasion.

**ressources**

**v̂Text**

vhlcentral.com
Leçon 4

# Préparation

| Vocabulaire de la lecture | Vocabulaire utile | |
|---|---|---|
| **un colon** *colonist* | **l'asservissement** (*m.*) *enslavement* | **un régime totalitaire** *totalitarian regime* |
| **l'esclavage** (*m.*) *slavery* | **la guerre de Sécession** *the American Civil War* | **la sûreté publique** *public safety* |
| **évadé(e)** *escaped* | | |
| **renverser** *to overthrow* | **une monarchie absolue** *absolute monarchy* | **un système féodal** *feudal system* |
| **se révolter** *to rebel* | **la noblesse** *nobility* | **la traite des Noirs** *slave trade* |
| **vaincre** (*irreg.*) *to defeat* | **l'ordre** (*m.*) **public** *public order* | |

**1**  **Un peuple révolté**  Complétez ce petit résumé (*summary*) de la Révolution française à l'aide des mots de la liste de vocabulaire.

Avant la Révolution, la France était une (1) _____. La population était divisée en trois grandes classes: le peuple, le clergé et la (2) _____. En 1789, le peuple commence à (3) _____ contre l'injustice du (4) _____ qui existait en France depuis le Moyen Âge et qui perpétuait (5) _____ d'une grande partie de la population française au profit des nobles. Le 14 juillet 1789, le peuple prend la Bastille, un symbole de la tyrannie royale. Quelques années plus tard, le roi Louis XVI est (6) _____, la royauté est abolie en France et l'An I de la République française est proclamé.

**2**  **Colonisation et esclavage**  Répondez aux questions et comparez vos réponses avec celles d'un(e) camarade.

1. Citez les différents types de régimes politiques. Quelles sont leurs caractéristiques?

2. Quels ont été les grands empires coloniaux? Pourquoi ces pays sont-ils devenus colonisateurs?

3. Pouvez-vous citer d'anciennes colonies françaises? Où sont-elles situées? Savez-vous quand et comment elles ont obtenu leur indépendance?

4. À quoi vous fait penser le terme «esclavage»? Expliquez.

5. Que savez-vous d'Haïti?

**3**  **Les droits de l'homme**  Par groupes de quatre, discutez de ces deux extraits de la **Déclaration des droits de l'homme et du citoyen**. Puis, comparez vos idées avec celles d'un autre groupe.

> *Article 1: Les hommes naissent et demeurent (remain) libres et égaux en droits.*
>
> *Article 6: La loi est l'expression de la volonté générale [...] Elle doit être la même pour tous. [...]*

- Êtes-vous d'accord avec les valeurs présentées par ces deux extraits?

- Connaissez-vous des pays où ces principes ne sont pas en vigueur?

- L'égalité existe-t-elle pour tout le monde aux États-Unis?

ressources

v̂Text

vhlcentral.com
Leçon 4

Practice more at
**vhlcentral.com.**

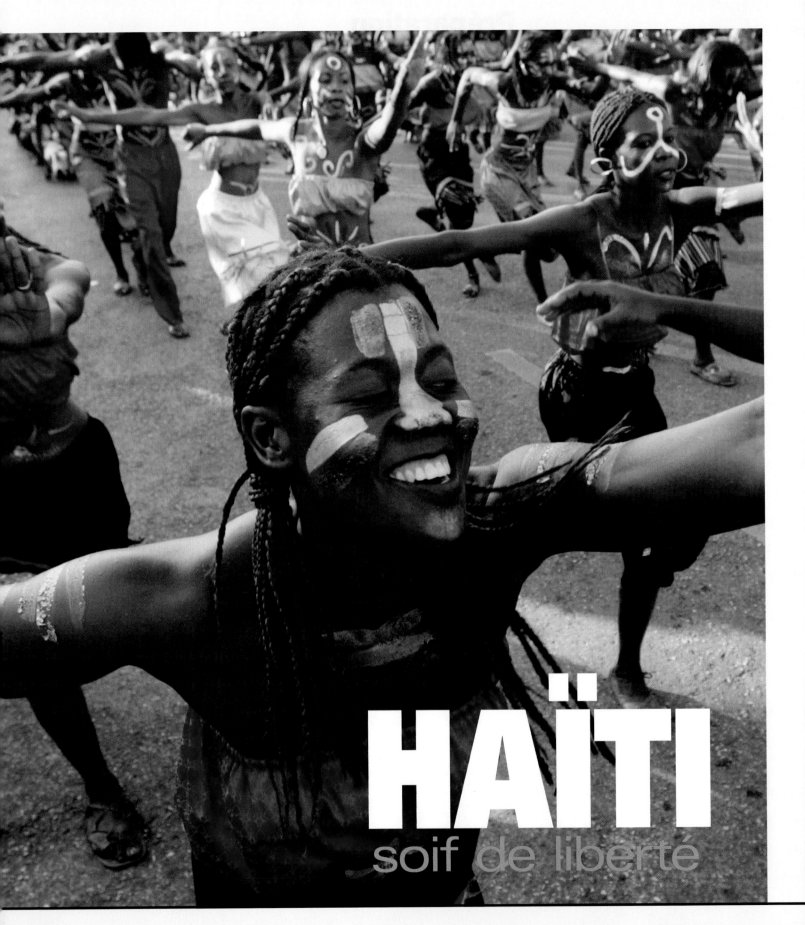

# HAÏTI
soif de liberté

Haïti est réellement née le 1ᵉʳ janvier 1804, le jour de la proclamation de son indépendance. L'île devient alors le premier État noir indépendant. Comment y est-elle arrivée?

La société haïtienne, basée sur l'esclavage, était composée de Blancs, de libres°, *free black men*
d'esclaves et de Noirs marrons. Extrêmement prospère, l'île était le premier producteur mondial de sucre et la plus riche des colonies françaises. C'est la Déclaration des droits de l'homme en France (1789) qui constitue l'élément déclencheur° de la révolution. *trigger*

En 1791, des esclaves noirs se révoltent contre les colons blancs: c'est le début de la Révolution haïtienne. Pierre Dominique Toussaint Louverture (1743–1803) est un ancien esclave et un des seuls Noirs révolutionnaires qui sachent lire et écrire. Il se joint aux Espagnols, qui occupent l'est de l'île, pour combattre les Français et l'esclavage. Il est fait prisonnier en 1802 et déporté en France, où il mourra en 1803. Avant de quitter Haïti, il dira: «En me renversant°, on n'a abattu° à Saint-Domingue *By overthrowing me / brought down*
que le tronc de l'arbre de la liberté, mais il repoussera° car ses racines° sont profondes et *will grow again / roots*
nombreuses.» Il a raison. Jacques Dessalines, son lieutenant, continue la lutte et finira par vaincre les Français en automne 1803. Il proclame l'indépendance en 1804.

«Cet achat de nègres, pour les réduire en esclavage, est un négoce° qui viole la *trade*
religion, la morale, les lois naturelles, et tous les droits de la nature humaine.» Cette phrase est écrite en France en 1776, mais la France n'abolit l'esclavage qu'en 1794, par une loi qui ne sera jamais appliquée. Il faut attendre 1848 pour que la France l'abolisse vraiment. La fin de l'esclavage en Haïti est la conséquence de sa lutte pour l'indépendance et de la victoire du peuple haïtien sur les planteurs blancs.

Aujourd'hui, Haïti a une culture où les arts français et africains fusionnent. La France a eu beaucoup d'influence en Haïti jusqu'au milieu du 20ᵉ siècle, et cela se ressent dans les textes, marqués par les courants° littéraires français. Puis, dans *trends*

## Des mots...

**Gary Victor** (1958–) l'un des écrivains les plus lus, est l'auteur de nouvelles,° de livres pour *short stories*
la jeunesse et de romans. **Kettly Mars** (1958–) décrit, dans ses poèmes, les émotions qu'elle ressent devant l'amour, la beauté de la nature et les objets quotidiens. Avec d'autres auteurs de l'île, qui écrivent en français ou en créole, ils sont garants d'une réelle littérature haïtienne.

les années 1950, il y a une révolution de l'écriture. Les écrivains prennent conscience du sentiment d'être haïtiens et cessent de copier les auteurs français. Les racines africaines et la réalité sociale de l'île les inspirent. D'ailleurs°, le créole devient *Moreover*
langue littéraire.

Mais en Haïti, c'est la peinture qui est le moyen d'expression artistique le plus courant. Elle est présente partout, et tout le monde a peint au moins une fois dans sa vie. C'est pourquoi le style artistique haïtien va d'un extrême à l'autre, du naïf au surréalisme. On y trouve les mêmes thèmes que dans la littérature: l'origine, les peines° *sufferings*
et les espoirs de la société haïtienne.

Le 12 janvier 2010, Haïti est frappé par un terrible tremblement de terre, le plus meurtrier de l'histoire de l'île. En 2011, le peuple élit Michel Martelly, le quatrième président élu démocratiquement. On peut donc espérer un avenir meilleur pour cette société qui, ne l'oublions pas, est la première à s'être libérée de l'esclavage. ■

## Des couleurs...

La peinture haïtienne, c'est d'abord de la couleur, vive et généreuse. **Gérard Fortune** (vers 1930–) est l'un des peintres les plus importants de sa génération. Il commence à peindre en 1978, après avoir été cuisinier. Dans ses tableaux, il mélange le vaudou et le christianisme. **Michèle Manuel** (1935–) vient d'une famille riche et apprend à peindre à **Porto-Rico** et aux **États-Unis**. Ses scènes de marchés sont particulièrement appréciées.

# Analyse

**1**

**Compréhension** Répondez aux questions par des phrases complètes.

1. Décrivez brièvement la société haïtienne avant 1804.

2. Qu'est-ce que la Déclaration des droits de l'homme de 1789 a déclenché en Haïti?

3. Qu'est-ce que l'île d'Haïti a obtenu en 1804?

4. Qui était Pierre Dominique Toussaint Louverture?

5. Quelle différence y a-t-il entre la littérature haïtienne d'avant 1950 et celle d'aujourd'hui?

6. Quelle est la forme d'expression artistique la plus courante en Haïti?

**2**

**Réflexion** Répondez aux questions, puis comparez vos réponses avec celles d'un(e) camarade de classe.

1. Ce sont la Déclaration des droits de l'homme de 1789 et la Révolution française qui ont été les éléments déclencheurs de la révolte des esclaves en Haïti. Pourquoi, à votre avis?

2. Commentez cette citation de Toussaint Louverture: «En me renversant, on n'a abattu à Saint-Domingue que le tronc de l'arbre de la liberté, mais il repoussera car ses racines sont profondes et nombreuses.»

3. En 1776, on pouvait lire que l'esclavage violait les droits de la nature humaine. Mais il a fallu plus de 70 ans à la France pour réellement abolir l'esclavage. Pourquoi, à votre avis?

**3**

**Perdu** Par groupes de trois, imaginez que vous soyez naufragé(e)s (*shipwrecked*) sur une île déserte des Antilles. Vous devez créer une nouvelle civilisation. Quels sont les dix droits principaux dont bénéficieront les citoyens de cette île? Comparez votre nouvelle déclaration des droits de l'homme avec celle des autres groupes.

**4**

**Sûreté publique ou liberté individuelle?** Les attentats terroristes de ce début de siècle ont déclenché un débat sur l'équilibre entre la sûreté publique et la liberté individuelle. À votre avis, est-il nécessaire de sacrifier certaines libertés individuelles pour assurer une plus grande sécurité? Par groupes de trois, discutez de ce sujet, puis présentez le résultat de votre discussion à la classe.

**ressources**

v Text

vhlcentral.com
Leçon 4

Practice more at
**vhlcentral.com.**

 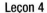

# Préparation

## À propos de l'auteur

**V**ictor Hugo (1802–1885) est l'un des plus célèbres auteurs français. Poète, dramaturge, critique, romancier, mais aussi intellectuel engagé et homme politique, il est le chef de file (*leader*) du mouvement romantique. Parmi ses principales œuvres, on peut citer *Les Misérables*, *Notre-Dame de Paris*, *Ruy Blas*, et *Hernani*, ainsi que plusieurs recueils de poésie, tels que *Les feuilles d'automne et Les contemplations*. Au cours de sa vie, Hugo a souvent défendu les plus démunis (*destitute*) et il s'est surtout intéressé aux problèmes de société et à la justice. Entre 1840 et 1850, il s'est principalement consacré à la politique. C'est pendant cette période qu'il a été élu député à l'Assemblée nationale législative, le parlement français. Dans son célèbre *Discours sur la misère*, qu'il y prononce en 1849, il s'adresse à ses collègues au sujet de la nécessité de combattre la misère.

| Vocabulaire de la lecture | |
|---|---|
| **le devoir** *duty* | |
| **épargner** *to spare* | |
| **un fait** *fact* | |
| **la misère** *poverty* | |
| **la souffrance** *suffering* | |
| **un tort** *wrong* | |

| Vocabulaire utile | |
|---|---|
| **le contenu** *content* | |
| **l'inaction (f.)** *lack of action* | |
| **le manque** *lack* | |
| **la pauvreté** *poverty* | |
| **la précarité** *insecurity, instability* | |
| **un problème de société** *societal issue* | |
| **la responsabilité** *responsibility* | |
| **s'indigner** *to be angered* | |
| **le ton** *tone* | |

**1** **Associations** Indiquez les associations logiques.

_____ 1. la maladie
_____ 2. la faim
_____ 3. les hommes et les femmes politiques
_____ 4. mourir
_____ 5. une personne qui souffre

a. l'absence de nourriture
b. se porter mal
c. perdre la vie
d. une victime
e. le gouvernement

**2** **Discussion** Par groupes de trois ou quatre, répondez aux questions.

1. Comment imaginez-vous la vie quotidienne dans les quartiers pauvres de Paris au dix-neuvième siècle? Quels sont les problèmes principaux que les gens rencontrent?

2. Et aujourd'hui, quels sont les problèmes de société auxquels les gens doivent faire face? Sont-ils les mêmes qu'au dix-neuvième siècle? Ces problèmes sont-ils semblables dans tous les pays du monde? Discutez de ces questions.

3. À votre avis, à qui revient la responsabilité de résoudre (*resolve*) les problèmes de société? Au gouvernement? Aux citoyens? À des organisations charitables (*charities*)? À d'autres personnes? Est-ce que cette responsabilité devrait être partagée? Donnez votre point de vue en utilisant des exemples pour le justifier.

ressources

**vText**

vhlcentral.com
Leçon 4

# Détruire la misère

## Discours à l'Assemblée nationale législative: 9 juillet 1849

Victor Hugo

Je ne suis pas, messieurs, de ceux qui croient qu'on peut supprimer la souffrance en ce monde; la souffrance est une loi divine; mais je suis de ceux qui pensent [5] et qui affirment qu'on peut détruire la misère.

Remarquez-le bien, messieurs, je ne dis pas diminuer, amoindrir°, *reduce* limiter, circonscrire°, je dis détruire. Les [10] *confine* législateurs et les gouvernants doivent y songer° sans cesse; car, en pareille matière, *think about it* tant que le possible n'est pas fait, le devoir n'est pas rempli.

villes, où des créatures s'enfouissent° *bury themselves* toutes vivantes pour échapper au froid de [35] l'hiver.

Voilà un fait. En voulez-vous d'autres? Ces jours-ci, un homme, mon Dieu, un malheureux homme de lettres, car la misère n'épargne pas plus les professions libérales [40] que les professions manuelles, un malheureux homme est mort de faim, mort de faim à la lettre°, et l'on a constaté, après sa mort, qu'il *literally* n'avait pas mangé depuis six jours.

Voulez-vous quelque chose de plus [45] douloureux encore? Le mois passé, pendant la recrudescence du choléra°, on *cholera outbreak*

---

## Je ne suis pas [...] de ceux qui croient qu'on peut supprimer la souffrance en ce monde [...] mais je suis de ceux qui pensent et qui affirment qu'on peut détruire la misère.

---

La misère, messieurs, j'aborde ici le [15] vif de la question°, voulez-vous savoir *I get to the heart of the matter* jusqu'où elle est, la misère? Voulez-vous savoir jusqu'où elle peut aller, jusqu'où elle va, je ne dis pas en Irlande, je ne dis pas au Moyen Âge, je dis en France, je dis à Paris, [20] et au temps où nous vivons? Voulez-vous des faits?

Il y a dans Paris, dans ces faubourgs° *neighborhoods* de Paris que le vent de l'émeute soulevait naguère° si aisément, il y a des rues, des [25] *where the revolt stirred not long ago* maisons, des cloaques°, où des familles, *cesspools* des familles entières, vivent pêle-mêle, hommes, femmes, jeunes filles, enfants, n'ayant pour lits, n'ayant pour couvertures, j'ai presque dit pour vêtement, que [30] des monceaux infects de chiffons° en *piles of disgusting rags* fermentation, ramassés dans la fange° du *mire* coin des bornes°, espèce de fumier° des *limits, manure*

a trouvé une mère et ses quatre enfants qui cherchaient leur nourriture dans les débris immondes° et pestilentiels des charniers° [50] *filthy, mass graves* de Montfaucon!

Eh bien, messieurs, je dis que ce sont là des choses qui ne doivent pas être; je dis que la société doit dépenser toute sa force, toute sa sollicitude, toute son intelligence, [55] toute sa volonté, pour que de telles choses ne soient pas! Je dis que de tels faits, dans un pays civilisé, engagent la conscience de la société toute entière; que je m'en sens, moi qui parle, complice et solidaire°, et que [60] *knowing and united* de tels faits ne sont pas seulement des torts envers° l'homme, que ce sont des crimes *against* envers Dieu!

Vous n'avez rien fait, j'insiste sur ce point, tant que l'ordre matériel raffermi° n'a [65] *strengthened* point pour base l'ordre moral consolidé! ■

# Analyse

 **1** **Compréhension** Répondez aux questions.

1. À qui s'adresse Victor Hugo dans ce discours?

2. Quel est le but (*goal*) du discours? Que souhaite Victor Hugo?

3. Quels sont les problèmes que Victor Hugo mentionne dans son discours?

4. Comment vivent les familles dans les quartiers pauvres de Paris d'après Hugo?

5. D'après le texte, est-ce que la misère est seulement un problème pour les gens qui ont des professions manuelles? Expliquez et donnez un exemple du texte.

6. Quel problème particulier très grave y a-t-il eu à Paris, d'après le texte?

7. Quelle est la responsabilité de la société envers les problèmes décrits?

8. Est-ce que Victor Hugo pense que les hommes politiques font assez pour détruire la misère? Justifiez votre réponse avec un exemple du texte.

**2** **Interprétation** À deux, répondez par des phrases complètes.

1. Que pensez-vous du ton et du contenu de ce discours? Victor Hugo est-il convaincant, d'après vous? Pourquoi? Justifiez votre opinion.

2. Dans son discours, Hugo dit: «Je dis [...] que de tels faits ne sont pas seulement des torts envers l'homme, que ce sont des crimes envers Dieu!» Que veut-il dire par cette phrase? Comment l'interprétez-vous?

3. Hugo critique l'inaction du gouvernement mais il n'offre pas de suggestions ni de recommandations pour «détruire la misère». Que pensez-vous de cela? Peut-on critiquer le manque d'action des autres sans offrir de solutions?

**3** **La réponse de l'Assemblée nationale** Par petits groupes, imaginez la réponse des hommes politiques de l'Assemblée nationale au discours de Victor Hugo. Que vont suggérer ceux qui sont d'accord avec son évaluation? Et ceux qui ne sont pas d'accord?

**4** **À vous!** Et vous, qu'est-ce que vous suggéreriez pour «détruire la misère» et résoudre les problèmes mentionnés par Victor Hugo? Discutez de ces questions par petits groupes, puis partagez vos idées avec la classe.

**5** **Rédaction** Suivez le plan de rédaction pour écrire un discours que vous aimeriez faire à une personnalité politique pour lui parler d'un problème de société dans votre pays. Employez le plus-que-parfait, la négation, des verbes irréguliers en **-ir** et des adjectifs et des pronoms indéfinis.

| **Plan** |

**1** **Réflexion** Pensez aux problèmes de société qui existent aujourd'hui dans votre ville, votre région ou votre pays, par exemple l'injustice, l'inégalité, la violence, la criminalité. Choisissez le problème qui vous semble le plus important.

**2** **Discours** Écrivez le texte pour un discours dans lequel vous présentez et expliquez le problème qui vous inquiète. Parlez de ses causes et de ses conséquences en exprimant des regrets sur la situation.

**3** **Conclusion et recommandations** À la fin de votre discours, résumez brièvement le problème et faites des recommandations pour améliorer la situation.

**ressources**

 **v̂Text**

CE
pp. 69–71

vhlcentral.com
Leçon 4

# La justice et la politique

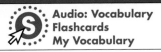

Audio: Vocabulary
Flashcards
My Vocabulary

## Les lois et les droits

**un crime** *crime*
**la criminalité** *crime*
**un délit** *(a) crime*
**les droits (*m.*) de l'homme** *human rights*
**une (in)égalité** *(in)equality*
**une (in)justice** *(in)justice*
**la liberté** *freedom*
**un tribunal** *court*

**abuser** *to abuse*
**approuver une loi** *to pass a law*
**défendre** *to defend*
**emprisonner** *to imprison*
**juger** *to judge*

**analphabète** *illiterate*
**coupable** *guilty*
**(in)égal(e)** *(un)equal*
**(in)juste** *(un)fair*
**opprimé(e)** *oppressed*

## La politique

**un abus de pouvoir** *abuse of power*
**une armée** *army*
**une croyance** *belief*
**la cruauté** *cruelty*
**la défaite** *defeat*
**une démocratie** *democracy*
**une dictature** *dictatorship*
**un drapeau** *flag*
**le gouvernement** *government*
**la guerre (civile)** *(civil) war*
**la paix** *peace*
**un parti politique** *political party*
**la politique** *politics*
**la victoire** *victory*

**avoir de l'influence (sur)** *to have influence (over)*
**se consacrer à** *to dedicate oneself to*
**élire** *to elect*
**gagner/perdre les élections** *to win/lose elections*
**gouverner** *to govern*
**voter** *to vote*

**conservateur/conservatrice** *conservative*
**libéral(e)** *liberal*

**modéré(e)** *moderate*
**pacifique** *peaceful*
**puissant(e)** *powerful*
**victorieux/victorieuse** *victorious*

## Les gens

**un(e) activiste** *militant activist*
**un(e) avocat(e)** *lawyer*
**un(e) criminel(le)** *criminal*
**un(e) député(e)** *deputy (politician); representative*
**un homme/une femme politique** *politician*
**un(e) juge** *judge*
**un(e) juré(e)** *juror*
**un(e) président(e)** *president*
**un(e) terroriste** *terrorist*
**une victime** *victim*
**un voleur/une voleuse** *thief*

## La sécurité et le danger

**une arme** *weapon*
**une menace** *threat*
**la peur** *fear*
**un scandale** *scandal*
**la sécurité** *security, safety*
**le terrorisme** *terrorism*
**la violence** *violence*

**combattre** *(irreg.)* *to fight*
**enlever/kidnapper** *to kidnap*
**espionner** *to spy*
**faire du chantage** *to blackmail*
**sauver** *to save*

## Court métrage

**un bateau** *boat*
**un(e) esclave** *slave*
**les mœurs (*f.*)** *customs, habits*
**une tare** *defect*
**une trajectoire** *path*

**basculer** *to tip over*
**bifurquer** *to turn off course, to change direction*
**se casser** *to scram*
**se douter (de)** *to suspect*
**faire exprès** *to do it on purpose*

**se libérer** *to free oneself*
**rigoler** *to laugh; to joke*

**bête** *stupid*
**carré(e)** *square*
**déçu(e)** *disappointed*
**mangeable** *edible*
**passionnant(e)** *exciting*

## Culture

**l'asservissement (*m.*)** *enslavement*
**un colon** *colonist*
**l'esclavage (*m.*)** *slavery*
**la guerre de Sécession** *the American Civil War*
**une monarchie absolue** *absolute monarchy*
**la noblesse** *nobility*
**l'ordre (*m.*) public** *public order*
**un régime totalitaire** *totalitarian regime*
**la sûreté publique** *public safety*
**un système féodal** *feudal system*
**la traite des Noirs** *slave trade*

**renverser** *to overthrow*
**se révolter** *to rebel*
**vaincre** *(irreg.)* *to defeat*

**évadé(e)** *escaped*

## Littérature

**le contenu** *content*
**le devoir** *duty*
**un fait** *fact*
**l'inaction (*f.*)** *lack of action*
**le manque** *lack*
**la misère** *poverty*
**la pauvreté** *poverty*
**la précarité** *insecurity, instability*
**un problème de société** *societal issue*
**la responsabilité** *responsibility*
**la souffrance** *suffering*
**le ton** *tone*
**un tort** *wrong*

**épargner** *to spare*
**s'indigner** *to be angered*

ressources

CE
p. 72

vhlcentral.com
Leçon 4

# La société en évolution

Le mur des *je t'aime* sur la butte Montmartre, à Paris. Avec plus de 300 déclarations d'amour dans plus de 250 langues, un mur prouve qu'il n'est pas fait que pour diviser!

Dans un monde où les cultures se rencontrent de plus en plus, quel est le rôle du dialogue? Comment profiter des différences dans la manière de penser, de vivre et de voir le monde? Que devons-nous faire pour assurer l'harmonie et, en même temps, éliminer les conflits? Si la diversité donne l'occasion d'enrichir sa propre culture, qu'apporte-t-elle d'autre à une société?

## 150 COURT MÉTRAGE

Le jour de la Fête nationale suisse, Samb, un jeune Africain, passe l'après-midi au commissariat de police. Dans *Samb et le commissaire* d'**Olivier Sillig**, l'homme et l'enfant finissent par se comprendre.

## 156 IMAGINEZ

Attachez vos ceintures! Vous allez partir à la découverte de trois pays d'**Afrique de l'Ouest** avec Grace, une jeune Française. Puis, vous allez découvrir l'association belge **Oxfam**.

## 173 CULTURE

L'Afrique de l'Ouest se développe de plus en plus dans le domaine éducatif. L'article, *La jeunesse africaine va à l'école sur Internet*, nous montre comment les écoles, les universités et les gouvernements africains utilisent l'Internet.

## 177 LITTÉRATURE

*Le marché de l'espoir*, un conte de la Congolaise **Ghislaine Sathoud**, révèle la cruauté dont les humains peuvent être capables. Mais tout espoir n'est pas perdu...

153

174

**Destination:**
# AFRIQUE DE L'OUEST

## 148 POUR COMMENCER

## 160 STRUCTURES

**5.1 Partitives**

**5.2 The pronouns y and en**

**5.3 Order of pronouns**

## 183 VOCABULAIRE

# Crises et horizons

Audio:
Vocabulary Practice
My Vocabulary

## En mouvement

l'assimilation (*f.*)  *assimilation*
un but  *goal*
une cause  *cause*
le développement  *development*
la diversité  *diversity*
un(e) émigré(e)  *emigrant*
une frontière  *border*
l'humanité (*f.*)  *humankind*
l'immigration (*f.*)  *immigration*
un(e) immigré(e)  *immigrant*
l'intégration (*f.*)  *integration*
une langue maternelle  *native language*
une langue officielle  *official language*
le luxe  *luxury*
la mondialisation  *globalization*
la natalité  *birthrate*

le patrimoine culturel  *cultural heritage*
les principes (*m.*)  *principles*

aller de l'avant  *to forge ahead*
s'améliorer  *to better oneself*
attirer  *to attract*
augmenter  *to grow; to raise*

baisser  *to decrease*
deviner  *to guess*
prédire (*irreg.*)  *to predict*

---

exclu(e)  *excluded*
(non-)conformiste  *(non)conformist*

polyglotte  *multilingual*
prévu(e)  *foreseen*
seul(e)  *alone*

## Les problèmes et les solutions

le chaos  *chaos*
la compréhension  *understanding*
le courage  *courage*
un dialogue  *dialogue*

une incertitude  *uncertainty*
l'instabilité (*f.*)  *instability*
la maltraitance  *abuse*
un niveau de vie  *standard of living*
une polémique  *controversy*
la surpopulation  *overpopulation*
un travail manuel  *manual labor*
une valeur  *value*
un vœu  *wish*

---

avoir le mal du pays  *to be homesick*
faire sans  *to do without*
faire un effort  *to make an effort*
lutter  *to fight; to struggle*

du/due à  *due to*
surpeuplé(e)  *overpopulated*

## Les changements

s'adapter  *to adapt*
appartenir (à)  *to belong (to)*
dire au revoir  *to say goodbye*

s'enrichir  *to become rich*

s'établir  *to settle*
manquer à  *to miss*
parvenir à  *to attain; to achieve*
projeter  *to plan*
quitter  *to leave behind*
réaliser (un rêve)  *to fulfill (a dream)*
rejeter  *to reject*

ressources

 vText

CE
pp. 73–75

vhlcentral.com
Leçon 5

# Mise en pratique

**1**

**L'intrus** Dans chaque cas, indiquez le mot qui ne convient pas.

1. **diversité**

   a. immigration   c. mondialisation
   b. patrimoine    d. humanité

2. **population**

   a. habitants   c. résidents
   b. citoyens    d. touristes

3. **but**

   a. faire un effort   c. projeter
   b. incertitude       d. parvenir

4. **prévu**

   a. prédit   c. attendu
   b. exclu    d. deviné

5. **manquer**

   a. appartenir          c. quitter
   b. avoir le mal du pays   d. dire au revoir

6. **polémique**

   a. débat        c. cause
   b. controverse  d. contestation

**2**

**Dans le contexte** Écrivez le mot de la liste qui correspond le mieux au contexte de chaque phrase.

| s'adapter | émigré | mal du pays | quitter |
|-----------|--------|-------------|---------|
| courage | faire sans | polyglotte | rejeter |

1. Il est important de parvenir à se débrouiller (*to manage*) face à une nouvelle situation. _____

2. Au travail, on me demande souvent de voyager parce que je parle plusieurs langues. _____

3. Quand j'étais petit, ma famille n'était pas riche, mais on n'était pas malheureux non plus. _____

4. Je n'hésite pas à dire «non» et je refuse les propositions qu'on me fait neuf fois sur dix. _____

5. J'ai quitté le pays où je suis né pour trouver un meilleur travail, pas pour des raisons politiques. _____

6. Voyager à l'étranger, c'est important et amusant en même temps, mais le problème, c'est que ma famille me manque. _____

**3**

**Questions personnelles** Répondez à chaque question. Discutez de vos réponses avec un(e) camarade de classe.

1. Quelle est votre langue maternelle? Combien de langues parlez-vous?

2. Avez-vous déjà eu le mal du pays? Expliquez la situation.

3. Êtes-vous pour ou contre la mondialisation? Expliquez votre point de vue.

4. Êtes-vous plutôt conformiste ou non-conformiste? Citez trois exemples.

5. Quel est votre but dans la vie? Comment est-ce que vous espérez l'atteindre?

6. Comment décririez-vous votre niveau de vie? À quel point est-il différent de celui que vous espérez avoir dans dix ans?

**4**

**À l'avenir** Imaginez qu'en 2077, votre enfant trouve une capsule témoin (*time capsule*) que vous aviez préparée cinquante ans auparavant (*prior*). Elle contient des coupures de presse (*clippings*) et des souvenirs de la société de l'époque. À deux, dites ce que vous aviez mis dans cette capsule et expliquez pourquoi ces objets représentent votre génération.

Practice more at vhlcentral.com.

# Préparation

### Vocabulaire du court métrage

**un(e) bavard(e)** *chatterbox*

**brûler** *to burn*

**un commissaire (de police)** *(police) commissioner*

**(un jour) férié** *public holiday*

**un flic** *cop*

**un(e) gamin(e)** *kid*

**un(e) môme** *kid*

**nombreux/nombreuse** *numerous*

### Vocabulaire utile

**avoir des préjugés** *to be prejudiced*

**un châtiment** *punishment*

**défavorisé(e)** *underprivileged*

**supposer** *to assume*

**une supposition** *assumption*

**témoigner de** *to be witness to*

**un témoin** *witness*

**voler** *to steal*

### EXPRESSIONS

**assurer une permanence** *to be on duty*

**Ce n'est pas grave.** *That's okay/not a problem.*

**C'est dingue!** *It's/That's crazy!*

**J'arrive.** *I'll be right there./I'm coming.*

**porter plainte** *to file a complaint*

---

**1**

**À choisir** Parmi (*Among*) les phrases suivantes, choisissez celle qui exprime le mieux l'idée de la première phrase.

1. Je ne vais pas au travail lundi parce que c'est un jour férié.

   a. Je ne vais pas au travail lundi parce qu'on fait la grève.

   b. Je ne vais pas au travail lundi à cause des funérailles de ma grand-mère.

   c. Je ne vais pas au travail lundi parce que c'est le 14 juillet.

2. Thomas et sa copine sont tellement bavards.

   a. Thomas est très fâché contre sa copine.

   b. Thomas n'arrête pas de parler avec sa copine.

   c. Thomas et sa copine hésitent à se quitter.

3. La famille habite dans un quartier défavorisé.

   a. La famille habite une grande maison moderne.

   b. Les loyers des appartements du quartier ne sont pas chers.

   c. La famille s'amuse chaque été dans sa piscine privée.

**2**

**À assortir** À deux, associez logiquement les mots de la première et de la deuxième colonnes. Ensuite, expliquez la différence entre les mots associés.

_____ 1. un témoin      a. voler

_____ 2. un commissaire      b. un(e) môme

_____ 3. un(e) gamin(e)      c. témoigner de

_____ 4. un châtiment      d. un flic

**ressources**

**v̂ Text**

**vhlcentral.com**
Leçon 5

 Practice more at **vhlcentral.com.**

**3**

**Que feriez-vous si…?** À deux, répondez aux questions et expliquez vos réponses.

1. Vous êtes professeur et deux de vos élèves ont séché (*skipped*) le cours. L'un est très studieux et l'autre ne travaille pas beaucoup. Les jugez-vous de la même manière ou favorisez-vous l'élève sérieux?

2. Une personne défavorisée et une personne privilégiée commettent le même crime. Devraient-elles recevoir la même punition? Recevraient-elles le même châtiment dans notre société actuelle?

3. Quand un voleur vole quelque chose, est-ce que la valeur de ce qu'il vole devrait être prise en compte au moment de le punir?

4. Votre frère/sœur aîné(e) vous a tourmenté(e) pendant toute votre enfance. Vous comportez-vous de la même manière envers votre frère/sœur cadet(te) ou, au contraire, vous entendez-vous bien avec lui/elle?

5. À la suite d'une erreur commise par son université, on expulse votre frère pour des raisons financières. Est-ce que cette injustice lui donnerait le droit d'endommager (*damage*) sa résidence universitaire?

**4**

**Question d'opinion** À deux, répondez aux questions et expliquez vos réponses.

1. Vous est-il déjà arrivé de supposer certaines choses au sujet de quelqu'un qui est différent de vous?

2. Pensez-vous que l'immigration permette de mieux apprécier différentes cultures ou encourage-t-elle au contraire le recours aux stéréotypes?

3. Est-ce que quelqu'un vous a déjà jugé(e) sur votre apparence physique, votre nationalité ou votre ethnicité? Comment avez-vous réagi?

**5**

**Qui est-ce?** Regardez les images et imaginez la vie de ces personnages. Écrivez cinq phrases qui expliquent ce qu'ils aiment faire, qui ils sont et d'où ils viennent.

La société en évolution

**Video: Short Film**

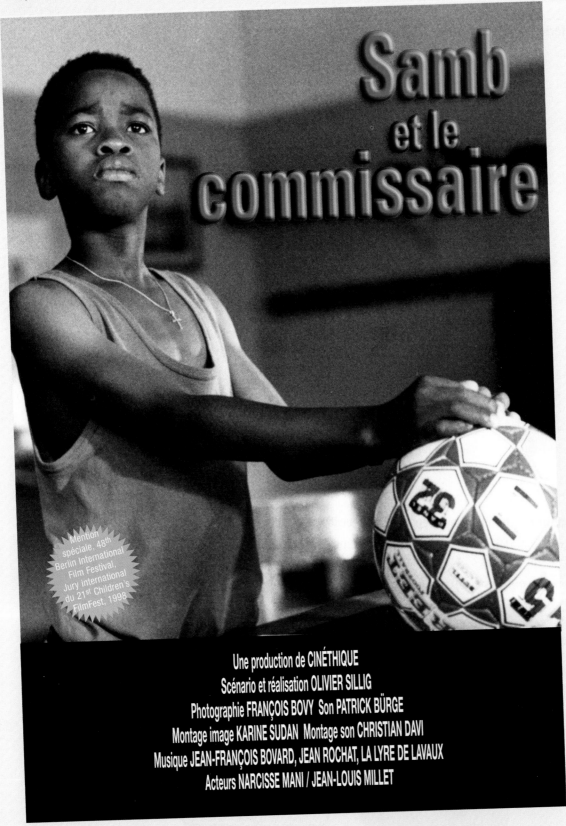

Mention spéciale, 48th Berlin International Film Festival, Jury international du 21st Children's FilmFest, 1998

# Samb et le commissaire

Une production de CINÉTHIQUE
Scénario et réalisation OLIVIER SILLIG
Photographie FRANÇOIS BOVY  Son PATRICK BÜRGE
Montage image KARINE SUDAN  Montage son CHRISTIAN DAVI
Musique JEAN-FRANÇOIS BOVARD, JEAN ROCHAT, LA LYRE DE LAVAUX
Acteurs NARCISSE MANI / JEAN-LOUIS MILLET

**INTRIGUE** *Le jour de la Fête nationale, en Suisse, un commissaire de police interroge un jeune garçon d'origine africaine qui vient de voler un ballon.*

**OFFICIER** Ils en ont marre, les gens, ils en ont marre.

**COMMISSAIRE** Je sais, ils sont toujours plus nombreux. Enfin, appeler les flics pour un gamin. Ces stations-service, ils… ils exagèrent, vraiment. Envoyez-le-moi.

**COMMISSAIRE** Alors, c'est vrai ce qu'on dit? Vous êtes tous des voleurs. Incroyable! À ton âge, tu es déjà un voleur. Tu t'appelles comment? Ton nom?

**SAMB** S…

**COMMISSAIRE** Juste ton nom. Je vous connais, vous êtes des bavards terribles.

### Note
## CULTURELLE

### La Fête nationale suisse

Célébrée le 1er août, la Fête nationale suisse commémore la naissance de ce pays en 1291. Les hommes politiques font des discours°. On voit des drapeaux sur toutes les façades. On allume° des feux de joie°. Les enfants défilent° dans les rues avec des lanternes en papier et les gens illuminent leurs fenêtres avec des bougies°. Enfin, on se réunit sur les places pour chanter ensemble l'hymne national. La journée se termine souvent par un feu d'artifice et par un barbecue en famille ou entre amis.

**discours** *speeches* **allume** *light* **feux de joie** *bonfires* **défilent** *parade* **bougies** *candles*

**COMMISSAIRE** Vingt francs. Vingt francs. Porter plainte pour vingt balles. Il faut vraiment que les gens en aient marre de vous. Et tes parents? Ils sont où aujourd'hui, tes parents? Ah, eux aussi, ils sont allés apprendre l'hymne° national?

**SAMB** Monsieur, je m'appelle Samb. Samb, et toi? Non, non. Juste votre nom.

**COMMISSAIRE** Knöbel.

**SAMB** Elle est en vie, votre maman?

**COMMISSAIRE** Ah oui. Bien sûr.

**SAMB** Et votre papa, aussi?

**COMMISSAIRE** Ah oui, aussi.

**SAMB** Vous avez de la chance.

**COMMISSAIRE** De la chance?

**SAMB** Oui. Mes parents à moi, ils sont morts. Kakachnikov! Ils se sont mis à tirer° sur moi, mais j'ai réussi à me cacher°. Quand je suis revenu, tout brûlait. Même mon ballon. Il n'y avait plus rien.

**COMMISSAIRE** Ah, c'est vous les parents? Ce n'est pas grave. C'est un môme. Bon, on laisse tomber la plainte, on écrase°.
*Samb revient.*

**SAMB** Eh, mon ballon!

**COMMISSAIRE** Ton ballon?

**hymne** *anthem* **tirer** *shoot* **me cacher** *hide* **écrase** *oublie*

# Analyse

**1**

**Compréhension** Répondez aux questions par des phrases complètes.

1. Quel jour sommes-nous dans le film? Que signifie cette date?
2. Comment s'appelle l'homme?
3. Qui est-il?
4. Qu'est-ce que le garçon a volé?
5. Pourquoi l'a-t-il volé?
6. Combien cet objet a-t-il coûté?
7. Qu'est-il arrivé aux parents du garçon?
8. Comment cela s'est-il passé?
9. Pourquoi le garçon dit-il que le commissaire a de la chance?
10. Avec qui part le garçon à la fin du film?

**2**

**Interprétation** À deux, répondez aux questions et expliquez vos réponses.

1. Pourquoi le commissaire est-il de mauvaise humeur au début du film?
2. De qui parle le commissaire quand il dit: «Vous êtes tous des voleurs»?
3. Pourquoi le commissaire pense-t-il que Samb ne mangera pas le hamburger?
4. Que veut dire le commissaire quand il dit que Samb «connaît» les bananes?
5. Que pense le commissaire quand on lui dit que les parents de Samb sont arrivés?
6. Pourquoi le commissaire met-il de l'argent sur son bureau à la fin du film?

**3**

**Stéréotypes**

A. Listez les commentaires du commissaire qui révèlent certains stéréotypes.

*Vous êtes tous des voleurs.*

 B. Comparez votre liste avec celle d'un(e) camarade et discutez de chaque commentaire à l'aide de ces questions.

- Comment réagissez-vous à ce que dit le commissaire?
- Comment le jugez-vous? Pensez-vous que ce soit quelqu'un de bien?

**4** **Rapports humains** Dans quel sens l'opinion du commissaire change-t-elle à propos de Samb? À deux, discutez-en et citez des exemples du film.

**5** **Au tribunal** Imaginez que Samb soit jugé par un tribunal. Le jury n'est pas parvenu à un verdict, et vous êtes les jurés. Formez deux groupes et présentez cinq arguments pour ou contre Samb. Les injustices du passé excusent-elles ses actes d'aujourd'hui?

| Pour | Contre |
|------|--------|
|      |        |
|      |        |
|      |        |
|      |        |
|      |        |

**6** **Trois vœux** *Samb et le commissaire* témoigne des changements de la société actuelle et de la diversité culturelle de plus en plus grande dans les pays occidentaux (*western*). Par groupes de trois, imaginez les trois vœux qu'un génie vous accorde pour créer une société plus harmonieuse.

Vous avez droit à trois vœux. Que me demandez-vous?

**7** **Intégration** Par groupes de trois, commentez cette déclaration. Dans une société multiculturelle, qui doit s'adapter? Les immigrés ou les habitants? Discutez de cette question et comparez votre point de vue avec la classe.

> "Les musulmans ne mangent pas de porc. Vous devriez savoir ça. Faut s'adapter, nom de bleu."
>
> — COMMISSAIRE KNÖBEL

ressources

vText

CE
pp. 88–89

vhlcentral.com
Leçon 5

S Galerie de Créateurs

# IMAGINEZ

## Sur les traces de mes ancêtres.

**V**ous avez déjà été en Afrique? Moi, une fois, à l'âge de deux ans, mais j'étais trop petite pour m'en souvenir. Mon nom, Grace Kaboré, m'a toujours intriguée sur mes origines. J'habite à Marseille et maintenant que j'ai fini mes études, c'est le moment idéal pour partir! Mais par où commencer? Je décide de suivre les traces de mes ancêtres et commence par le **Burkina Faso**.

J'arrive à **Ouagadougou**, la capitale du «pays des hommes intègres°» fondée au 15e siècle. Les **Ouagalais** sont chaleureux° et je m'y sens comme chez moi. Je visite le Musée National, où j'en apprends plus sur l'histoire du pays et les différentes ethnies. Ensuite, je décide d'approfondir mes connaissances en artisanat burkinabé et me promène au Village Artisanal, un espace de production et de vente où plus de 500 artisans étalent° leurs créations. Après cinq jours dans la capitale dont le nom signifie « là où on reçoit des honneurs, du respect », je décide de faire un long safari en forme de boucle° **au parc national du W**, site qui s'étend sur l'est du Burkina Faso, une partie du **Niger** et du **Bénin**.

Je commence donc le safari au Burkina Faso, puis continue au Niger. Une fois là-bas, j'en profite pour dévier de ma route et passer une journée sur l'**île de Kanazi**. Là-bas, je fais une ballade en pirogue° sur le **fleuve Niger**, prends en photo des hippopotames et admire le spectacle de la vie courante des habitants sur les berges° du fleuve.

Je reprends mon safari facilement car le parc du W est seulement à une heure et demie de la capitale, **Niamey**. D'ailleurs, les habitants de Kanazi m'ont expliqué que le nom du parc vient de la forme en W du fleuve Niger. La partie nigérienne du parc compte 335.000 hectares, autant vous dire que j'ai vu

# L'AFRIQUE DE L'OUEST

d'incroyables paysages! La savane avec ses baobabs, antilopes, babouins, et mon animal préféré, l'éléphant! Grâce au guide Djibril, nous avons pu voir cinq lionnes avec leurs lionceaux° boire sur le bord de l'eau. J'ai dormi dans le village de **Karey Kopto**, où les habitants étaient hospitaliers. On a même pu échanger quelques mots en français!

Les jours suivants, je me dirige vers le site **Alfakoara** au nord du Bénin, et reste deux nuits chez une famille **Mokollé** du village **Tchoka**. Gloria, la fille de la famille, me dit que plus tard, elle veut enseigner le français à la capitale du Bénin, **Porto-Novo**.

Mon parcours touche bientôt à sa fin quand j'entre à la **Réserve Nationale de Faune d'Arly**. Cette zone est très prisée° par les chasseurs pour sa faune et sa flore. Je passe mes derniers jours entre Ouagadougou et le parc du W, à **Fada N'Gourma**, où j'assiste au Festival Dilembu au Gulmu

### D'ailleurs...

Le **tô** est le plat national au Burkina Faso. Il consiste en une boule de mil ou de maïs accompagnée d'une sauce au gombo°. Au Bénin, c'est le **calalou**, un mélange de gombo, viande, crevettes, feuilles de manioc, oignon, piment et riz.

Place des Cinéastes, Ouagadougou, Burkina Faso.

**intègres** *honest* **chaleureux** *welcoming* **étalent** *display* **boucle** *loop* **pirogue** *canoe*
**berges** *riverbank* **lionceaux** *lion cubs* **prisée** *valued* **mil** *millet* **lutte** *wrestling*
**contes** *tales* **ânes** *donkeys* **gombo** *okra*

ressources

v̂ Text

CE
p. 76

S
vhlcentral.com
Leçon 5

# Découvrons l'Afrique de l'Ouest

**La Casamance** Située au sud du **Sénégal**, c'est la région agricole la plus riche du pays, grâce au **fleuve Casamance** et à

une abondante saison des pluies. La **Basse-Casamance**, à l'ouest, en est la partie la plus touristique. On y trouve de nombreux villages installés au milieu de canaux appelés «bolongs». À l'est de la ville de **Cap-Skirring**, on peut admirer le **parc national de Basse-Casamance** avec ses buffles°, ses singes°, ses léopards, ses crocodiles et ses nombreuses espèces d'oiseaux.

**Djenné** C'est une ville du **Mali** à environ 570 km de **Bamako**, la capitale. Fondée au 9$^e$ siècle, elle devient un important centre d'échanges commerciaux° au 12$^e$ siècle. Cette ville est connue pour son architecture exceptionnelle. Ses bâtiments sont construits en

«banco», ou terre crue°, avec des morceaux de bois appelés «terrons» qui traversent les murs. Le marché du lundi enchante le visiteur par ses couleurs et son animation.

**Les Touaregs** On les appelle souvent «les hommes bleus», en raison de la couleur du turban, ou chèche, qu'ils portent sur

la tête. C'est un peuple nomade d'origine berbère. Ils vivent en tribus dans une société très hiérarchisée. Leur territoire couvre la plus grande partie du désert du **Sahara** et une partie importante du **Sahel** central. C'est un peuple hospitalier° qui accueille les visiteurs de passage avec le cérémonial du thé. Le thé est servi trois fois, et il est impoli de refuser de le boire.

**Le cacao et le café ivoiriens**
La culture du café et du cacao constitue l'activité économique la plus importante de Côte d'Ivoire. En effet, la moitié de la population vit de cette culture. La **Côte d'Ivoire** est le premier producteur mondial de cacao (40% de la production

mondiale) et le cinquième producteur de café (200.000 tonnes par an). Le café produit en Côte d'Ivoire est surtout de type «robusta». Près de 80% de la production est destinée à l'**Europe**.

**cases** *huts* **buffles** *buffalos* **singes** *monkeys* **commerciaux** *trade* **terre crue** *mud* **hospitalier** *hospitable*

---

pour fêter les récoltes du mil°. Il y a des activités comme la danse et la lutte° traditionnelles, le récit de contes°, la course d'ânes° et le tir à l'arc. Là-bas, j'ai parlé avec beaucoup de touristes et de locaux!

C'est malheureusement la fin de mon voyage… Je garde d'inoubliables souvenirs et prévois de revenir en Afrique de l'Ouest pour visiter le **Mali**, la **Mauritanie**, la **Côte d'Ivoire**, le **Togo**, le **Sénégal** et la **Guinée**.

## Le français parlé en Afrique de l'Ouest

### Au Sénégal

| | |
|---|---|
| **aller sénégalaisement bien** | aller très bien |
| **un(e) chéri(e)-coco** | un(e) petit(e) ami(e) |
| **un pain chargé** | un sandwich |
| **une tablette de chocolat** | un nid-de-poule; *pothole* |

### En Côte d'Ivoire

| | |
|---|---|
| **un maquis** | un restaurant, un café |
| **mettre papier dans la tête** | éduquer |

### En Afrique de l'Ouest

| | |
|---|---|
| **payer** | acheter |
| **un taxi-brousse** | un taxi collectif; *shared taxi* |

# Qu'avez-vous appris?

**1 Vrai ou faux?** Indiquez si ces affirmations sont vraies ou fausses, et corrigez les fausses.

1. Les habitants de Ouagadougou s'appellent les Kaboré.

2. Le parc national du W s'étend sur trois pays.

3. Le Village Artisanal est un espace d'exposition.

4. La ville de Djenné est connue pour son architecture particulière.

5. La Côte d'Ivoire est le premier producteur mondial de café.

6. La Casamance est une région du Sénégal.

**2 Questions** Répondez aux questions.

1. Quel événement a lieu à Fada N'Gourma?

2. À quelles activités physiques peut-on assister au Festival Dilembu au Gulmu?

3. Pour quelle raison la Réserve Nationale de Faune d'Arly est très appréciée des chasseurs?

4. Qu'est-ce qu'on peut voir en Casamance?

5. Qui sont les Touaregs? De quelle origine sont-ils? Où vivent-ils?

6. Qu'est-ce que les visiteurs aiment beaucoup à Djenné?

**Trouvez la bonne réponse.**

1. Au parc du W, on peut voir des animaux comme _____.
   a. des chiens        b. des antilopes
   c. des ours          d. des tigres

2. Au festival Dilembu au Gulmu on célèbre la récolte _____.
   a. du blé            b. du maïs
   c. du mil            d. des bananes

3. Au Sénégal, on appelle aussi un sandwich _____.
   a. un casse-croûte   b. un pain chargé
   c. un pain au chocolat  d. une fougasse

4. Le maquis est un restaurant _____.
   a. au Mali           b. en Mauritanie
   c. en Côte d'Ivoire  d. au Niger

5. Le _____ est le plat national du Burkina Faso.
   a. mafé              b. calalou
   c. tô                d. yassa

6. La ville de Djenné est connue pour _____.
   a. son architecture  b. sa gastronomie
   c. ses danses        d. ses crocodiles

7. Les maisons de Djenné sont construites avec _____.
   a. de la terre cuite b. du banco
   c. du sable          d. des pierres

8. La Côte d'Ivoire est le premier producteur mondial de _____.
   a. tissus  b. riz  c. cacao  d. café

9. Les «bolongs» sont des _____.
   a. pirogues          b. canaux
   c. villages de pêcheurs  d. animaux

10. _____ sont souvent appelés «les hommes bleus».
   a. Les Peuhls        b. Les Ivoiriens
   c. Les Maliens       d. Les Touaregs

## Projet

### Le parc du W

Faites des recherches sur le parc national du W. Imaginez que vous soyez en train de préparer un voyage dans ce parc. En neuf ou dix phrases, écrivez un blog sur votre safari, que vous présenterez à la classe. Incluez les animaux que vous voyez, le type de végétation, le climat et les personnes que vous rencontrez. Pour plus de renseignements sur ce sujet, visitez **vhlcentral.com**. À la fin, dites à la classe lequel des trois pays qui composent le parc vous aimeriez visiter le plus, et expliquez pourquoi.

  Practice more at **vhlcentral.com**.

# Le Zapping

 Video: TV Clip

## Oxfam

**1 Préparation** Répondez aux questions.

1. En général, vous sentez-vous concerné(e) par les problèmes associés à la surconsommation? Expliquez.

2. Qu'est-ce que les jeunes peuvent faire pour changer les mauvaises habitudes de leurs concitoyens?

### Vocabulaire du film

**un acheteur décérébré** *zombie (brainless) consumer*
**l'empreinte** *(f.) impact*
**point barre** *period, end of story*
**les poubelles** *(f.) de tri (recycling bins)*
**un robinet** *faucet*
**le truc** *thing*

### Des initiatives pour un monde plus responsable

En Belgique, Oxfam-magasins du monde est une association qui cherche à développer la solidarité Nord-Sud et le commerce équitable (*fair trade*). Elle existe depuis 1976 et fait partie de l'organisation internationale pour le commerce équitable ou WFTO. Pour les plus jeunes, cette association a eu la bonne idée de lancer les Jeunes Magasins du monde-Oxfam ou JM. Les JM sont des petits groupes qui se forment dans les écoles avec l'aide des professeurs. Les jeunes s'y réunissent pour discuter des problèmes actuels et organiser des actions. Certains choisissent d'ouvrir un petit magasin à la récré (*recess*) pour vendre des produits équitables. D'autres mènent des campagnes d'information pour encourager leurs camarades à mieux vivre et à consommer plus intelligemment. Un JM a même fait construire une fontaine à eau dans son école. En effet, les bouteilles en plastique sont mauvaises pour l'environnement, et l'eau, c'est bien plus sain que les sodas!

**2 Compréhension** Associez l'initiative à la citation correcte d'après le clip.

1. Action M&M
2. Action (JP)2
3. Action Я/V
4. Action H2O
5. Action 3É

a. «Il faudrait qu'on multiple les poubelles de tri.»
b. «L'eau en bouteille, c'est un luxe qu'on ne peut pas se permettre.»
c. «Je ne suis pas un acheteur décérébré… Je veux faire mes propres choix.»
d. «Je trouve ça super important de savoir que ce qui est produit, ce que je mange […] sont payés équitablement.»
e. «Comment est-ce qu'on peut s'imaginer des fraises à Noël?… Ça vient de… beaucoup trop loin.»

**3 Discussion** Discutez.

Que pensez-vous de l'initiative Jeunes Magasins du monde–Oxfam? Pensez-vous qu'elle puisse vraiment avoir un impact sur les modes de consommation des jeunes? Expliquez.

**4 Application** Votre initiative

En petits groupes, développez votre propre initiative pour avoir un impact positif sur un problème qui menace notre planète.

 Practice more at **vhlcentral.com**.

**Presentation Tutorial**

**BLOC-NOTES**

For a review of definite and indefinite articles, see **Fiche de grammaire 2.4, p. 376.**

**ATTENTION!**

Unlike English contractions such as *don't* or *you're*, French contractions are *not* optional or considered informal.

**5.1**

# Partitives

—*Vous avez **de la chance**.*

- You already know how to use the indefinite articles **un**, **une**, and **des**. They are used to refer to whole items. When you want to talk about *part* of something, use partitive articles.

- Partitive articles refer to uncountable items or mass nouns. They usually correspond to *some* or *any* in English.

- The partitive articles are formed by combining **de** with the definite articles **le**, **la**, **l'**, and **les**. Notice that **de** contracts with **le** and **les**.

| | |
|---|---|
| **de + le** | du |
| **de + la** | de la |
| **de + l'** | de l' |
| **de + les** | des |

—*Il y a sans doute **du porc** là-dedans.*

- In English, sometimes the words *some* and *any* can be omitted. In French, the partitive *must* be used.

| | |
|---|---|
| Cet écrivain a **du** courage. | Elle lui a montré **de la** compréhension? |
| *That writer has (some) courage.* | *Did she show her (any) understanding?* |

- Some nouns can be countable or mass nouns, depending on the context. Compare these sentences.

| | | |
|---|---|---|
| Elle prend **un** café. | *but* | Elle prend **du** café. |
| *She's having a (cup of) coffee.* | | *She's having some coffee.* |

- The article **des** can function as either a plural indefinite or plural partitive article, depending on whether the nouns can be counted.

| Countable | Uncountable |
|---|---|
| Nous visiterons **des** musées à Dakar. | Nous avons mangé **des** pâtes. |
| *We will visit (some) museums in Dakar.* | *We ate (some) pasta.* |

- In a negative sentence, all partitive articles become **de/d'**.

| Les émigrés n'ont plus **de** travail. | La météo n'a pas prédit **de** pluie. |
| *The emigrants no longer have (any) work.* | *The forecast didn't predict (any) rain.* |

- Use **de** with most expressions of quantity.

On va acheter **beaucoup de** viande.

- Here are some common expressions of quantity:

| | |
|---|---|
| **assez de** *enough* | **un paquet de** *a package of* |
| **beaucoup de** *a lot of* | **(un) peu de** *few/(a) little of* |
| **une boîte de** *a can/box of* | **un tas de** *a lot of* |
| **une bouteille de** *a bottle of* | **une tasse de** *a cup of* |
| **un kilo de** *a kilogram of* | **trop de** *too much of* |
| **un litre de** *a liter of* | **un verre de** *a glass of* |

- In a few exceptions, **des** is used with expressions of quantity:

| |
|---|
| **bien des** *many* |
| **la moitié des** *half of* |
| **la plupart des** *most of* |

- No article is used with **quelques** (*a few*) or **plusieurs** (*several*).

| Ils ont mentionné **quelques** incertitudes. | On utilise **plusieurs** langues officielles. |
| *They mentioned a few uncertainties.* | *We use several official languages.* |

**ATTENTION!**

Remember that **des** changes to **de** before an adjective followed by a noun.

**Ils préfèrent embaucher de jeunes travailleurs.**

*They prefer to hire young workers.*

**BLOC-NOTES**

For more information about negation, see **Structures 4.2, pp. 128–129**

Note
**CULTURELLE**

French-speaking countries around the world use the metric system. Here are some conversions of metric liquid and dry measures:

25 centiliters = 1.057 cups

1 liter = 1.057 quarts

500 grams = 1.102 pounds

1 kilogram = 2.204 pounds

# Mise en pratique

1

**Un week-end à Lomé** Thibault écrit un e-mail de Lomé, où il suit une conférence. Complétez le texte à l'aide d'articles indéfinis, de partitifs et d'expressions de quantité.

## Note
### CULTURELLE

**Lomé** est la capitale du **Togo**. Cette ville maritime se situe le long du **Golfe de Guinée**. Lomé est une ville frontalière (*border*); son centre-ville n'est qu'à quelques centaines de mètres du Ghana, où se trouve une de ses banlieues.

| De: | Thibault <thibault44@email.fr> |
| Pour: | Edwige <edwige.martin@email.fr> |
| Sujet: | Un petit coucou de Lomé |

Je passe (1) _____ quelques _____ jours à Lomé. C'est incroyable! Cette ville a
(2) _____ de _____ grandes plages, (3) _____ de _____ petits restaurants
où on sert (4) _____ de la _____ nourriture très variée, et (5) _____ des _____
boîtes de nuit. J'ai (6) _____ du _____ temps le soir pour visiter un peu.
Je suis sorti avec (7) _____ beaucoup de/des _____ collègues hier soir. Il y avait
(8) _____ du _____ monde. Nous avons commandé (9) _____ du _____
poisson. C'est surprenant à quel point il y a (10) _____ de la _____ diversité dans
cette ville.

Grosses bises,
Thibault

---

**2** **Un peu d'ordre** Reconstituez ces phrases. Utilisez votre imagination pour en créer d'autres.

| As-tu | d' | respect de leur part. |
| Nous demandons | de | valeur à cet objet. |
| J'ai acheté | de l' | asperges dans le frigo. |
| Il n'y a plus | de la | courage dans votre vie! |
| Ces personnes donnent | des | argent dans ton sac? |
| Vous n'avez jamais eu | du | olives pour la salade de ce soir. |
| …? | | …? |

1. Ces personnes donnent de respect de leur part.
2. _____
3. _____
4. _____
5. _____
6. _____

**3** **À finir** À deux, finissez les phrases à l'aide de partitifs et d'expressions de quantité.

1. Ce pays a beaucoup…

2. Je ne veux plus manger…

3. Je sais que la moitié…

4. Notre peuple a peu…

5. Veux-tu que je donne…

6. Mes amis ont manqué quelques…

7. La population de notre État a trop…

8. Nous sommes sortis pour acheter une boîte…

Practice more at
**vhlcentral.com.**

# Communication

**4** **Au supermarché** Vous rendez visite à un(e) ami(e) à Abidjan, en Côte d'Ivoire. Vous allez lui préparer un plat typique de votre pays, et vous êtes au supermarché pour acheter les ingrédients. À deux, créez un dialogue où vous expliquez ce qu'il vous faut, et puis échangez vos rôles. Utilisez les partitifs le plus possible.

> **Modèle** —Il te faut des tomates?
> —Non, mais je dois acheter de la crème.

**5** **Le conseil** Le président du Bénin va parler à une conférence de presse. Vous préparez son discours sur les problèmes de son pays et sur leurs solutions. À deux, imaginez ce qu'il va dire. Servez-vous de la liste de vocabulaire. Ensuite, la classe choisira le meilleur discours.

| | |
|---|---|
| s'améliorer | la mondialisation |
| augmenter | le niveau de vie |
| l'incertitude | parvenir à |
| l'intégration | la population |
| lutter | réaliser |

**Note CULTURELLE**

Petit pays d'Afrique de l'Ouest, le **Bénin** a un régime démocratique et connaît la stabilité politique depuis plusieurs années. Il vit de la culture du coton et de son port (*harbor*), **Cotonou**, qui permet beaucoup d'échanges commerciaux avec le **Niger** et le **Burkina Faso**.

**6** **À votre avis?** La société a beaucoup de problèmes. Lesquels? Selon vous, que doit-on faire pour les résoudre (*solve*)? Par groupes de trois, discutez de ces problèmes et essayez de trouver des solutions.

> **Modèle** —Il n'y a pas assez de compréhension entre les peuples.
> —Il faut encourager le dialogue international.

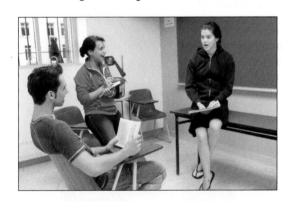

| Problèmes | Solutions |
|---|---|
| | |
| | |
| | |
| | |
| | |
| | |

ressources

v̂ Text

CE
pp. 77–79

vhlcentral.com
Leçon 5

**Presentation Tutorial**

5.2

# The pronouns *y* and *en*

- The pronoun **y** often represents a location. In this case, it usually means *there*.

| | |
|---|---|
| Nous allons **en Côte d'Ivoire**. | Nous **y** allons. |
| *We go to the Ivory Coast.* | *We go there.* |
| Mon sac est **dans ma chambre**. | Mon sac **y** est. |
| *My purse is in my room.* | *My purse is there.* |
| J'habite **à Ouagadougou**. | J'**y** habite. |
| *I live in Ouagadougou.* | *I live there.* |

- The pronoun **y** can stand for these common prepositions of location and their objects.

> **à** *in or at*
> **chez** *at the place or home of*
> **dans** *in or inside*
> **derrière** *behind*
> **devant** *in front of*
> **en** *in or at*
> **sur** *on*

- **Y** can stand for *non-human* objects of the preposition **à**.

| | |
|---|---|
| Tu penses toujours **à l'examen**? | Oui, j'**y** pense toujours. |
| *Are you still thinking about the test?* | *Yes, I'm still thinking about it.* |
| Il a répondu **à la question**? | Oui, il **y** a répondu. |
| *Did he answer the question?* | *Yes, he answered it.* |

- You already know that the preposition **à** can be used in contractions. The pronoun **y** can represent the contraction and its object.

| | |
|---|---|
| Vous assisterez **au cours de maths**? | Oui, nous **y** assisterons. |
| *Will you attend math class?* | *Yes, we will attend.* |
| Tu vas **aux États-Unis**? | Oui, j'**y** vais. |
| *Are you going to the U.S.?* | *Yes, I'm going there.* |

---

**ATTENTION!**

Remember, the indirect object pronouns **me**, **te**, **lui**, **nous**, **vous**, and **leur** stand for *human* objects of the preposition **à**.

—**Avez-vous répondu à Danielle?**

—**Non, je ne lui ai pas encore répondu.**

---

**ATTENTION!**

The prepositions used in English do not necessarily translate literally into French. Notice that sometimes no preposition is used at all in English.

—**Réponds tout de suite à Danielle!**

—*Answer Danielle right away!*

---

**BLOC-NOTES**

For more information about object pronouns, see **Fiche de grammaire 5.4, p. 388**

---

- The pronoun **en** stands for the preposition **de** and its object.

Ils n'ont pas **de villes surpeuplées**.     Ils n'**en** ont pas.
*They don't have overpopulated cities.*     *They don't have any.*

- **En** can replace a partitive article and its object.

Voudriez-vous **de la charcuterie?**     Nous **en** voudrions.
*Would you like some cold cuts?*     *We would like some.*

- **En** can replace a noun that follows an expression of quantity. In this case, omit the noun and the preposition **de/d'**, but retain the expression of quantity.

Les jeunes ont beaucoup **d'idéaux**.     Ils **en** ont beaucoup.
*Young people have a lot of ideals.*     *They have a lot (of them).*

- **En** can replace a noun that follows a number. In this case, omit the noun, but retain the number.

Ils veulent **trois tomates**?     Non, ils **en** veulent **cinq**.
*Do they want three tomatoes?*     *No, they want five (of them).*

- In a negative sentence, the number is not retained.

Nathalie a acheté **deux litres de lait**?     Non, elle n'**en** a pas du tout acheté.
*Did Nathalie buy two liters of milk?*     *No, she didn't buy any at all.*

- **En** can represent **de** plus a location. In this case, it usually means *from there*.

Ils reviennent **de Lomé**.     Ils **en** reviennent.
*They are returning from Lomé.*     *They are returning from there.*

- **En** can also stand for a verbal expression with **de**. In this case, **en** often means *about it, for it,* or *from it.*

Avez-vous la force **de supporter ce chaos**?     Non, je n'**en** ai pas la force.
*Are you strong enough to stand this chaos?*     *No, I am not strong enough for it.*

Tu es capable **de manger tout le gâteau**?     Non, je n'**en** suis pas capable.
*Are you capable of eating the whole cake?*     *No, I am not capable of it.*

**ATTENTION!**

Remember, the indefinite articles **un** and **une** are also numbers.

**J'ai un frère.**

*I have one brother.*

You can use **en** to represent the object of **un** or **une**. In an affirmative sentence, retain the number.

**J'en** ai **un**.

*I have one.*

As with other numbers, in a negative sentence, the number is not retained.

Je n'**en** ai pas.

*I don't have one.*

# Mise en pratique

Note
CULTURELLE

Bien que le **français** soit la langue officielle de la **Côte d'Ivoire**, on y parle aussi d'autres langues. On compte plus d'une soixantaine de **dialectes locaux**, comme le **baoulé**, le **sénoufa** ou l'**agni**. Le **diaoula** est le dialecte choisi par les commerçants; il est parlé dans tout le pays.

**1** **Combien y en a-t-il?** Écrivez une phrase avec les pronoms **y** et **en** pour indiquer le nombre de choses mentionnées.

> **Modèle** **Pays francophones en Afrique de l'Ouest (8)**
> Il y en a huit.

1. Couleurs du drapeau togolais (4)
2. Habitants de Bamako, au Mali, dans dix ans (2.000.000)
3. Langues couramment employées en Côte d'Ivoire (65)
4. Partis politiques en Guinée depuis 1992 (16)
5. Années de colonisation française au Niger dans le passé (60 environ)
6. Festivals du film à Ouagadougou, au Burkina-Faso (1)

**2** **À compléter** Katie et Jabril se sont rencontrés aux États-Unis, dans un cours d'anglais pour étudiants étrangers. Complétez leur dialogue par le pronom qui convient: **y** ou **en**.

**KATIE** Salut, tu vas bien?

**JABRIL** Oui et non. J' (1) _____ ai marre des cours.

**KATIE** Moi aussi! Qu'est-ce qu'on fait?

**JABRIL** Je projette un voyage en Afrique. J'aime ce continent. Je m' (2) _____ intéresse beaucoup. Et toi?

**KATIE** Oui, beaucoup! Où comptes-tu aller?

**JABRIL** J'ai toujours voulu aller au Sénégal.

**KATIE** C'est vrai?! Pourquoi as-tu toujours voulu (3) _____ aller?

**JABRIL** En fait, ma grand-mère est née au Sénégal. Elle m'(4) _____ parle souvent.

**KATIE** Est-ce que tu prépares beaucoup de plats sénégalais?

**JABRIL** Non, je n' (5) _____ prépare pas beaucoup.

**KATIE** D'où vient ton grand-père? Du Sénégal aussi?

**JABRIL** Non, il n' (6) _____ est même jamais allé. Il est né en France.

**KATIE** En France? Moi aussi, j' (7) _____ suis née!

**JABRIL** Tu ne m' (8) _____ avais rien dit! Je croyais que tu avais grandi aux États-Unis.

**KATIE** Non, c'est ma mère qui a passé son enfance à New York.

**JABRIL** New York? J' (9) _____ suis allé une fois, pendant une semaine seulement. J' (10) _____ rêve souvent.

**3** **Notre société** À deux, faites des phrases à propos de chaque idée donnée.

> **Modèle** **aller chez mes grands-parents** J'y vais pendant les vacances.

- habiter aux États-Unis
- aller faire un séjour en Afrique
- avoir du courage face au danger
- réaliser beaucoup de rêves
- s'adapter à la mondialisation
- faire partie du monde des humains

Practice more at
vhlcentral.com.

# Communication

**4**

**Sondage** Circulez parmi vos camarades de classe afin de leur poser ces questions. Essayez de trouver au moins une personne qui réponde oui à chaque question et une qui réponde non.

**Modèle**   **aimer aller à la campagne pour les vacances**
—Aimes-tu aller à la campagne pour les vacances?
—Non, je n'aime pas y aller pour les vacances.
—Moi si, j'aime y aller pour les vacances.

| Et vous? | Noms |
|---|---|
| 1. faire des commérages | _____ |
| 2. assister sans exception au cours de français | _____ |
| 3. s'attendre à réussir le prochain examen de français | _____ |
| 4. aller dans le bureau du principal | _____ |
| 5. discuter souvent des polémiques | _____ |
| 6. souhaiter travailler en Côte d'Ivoire | _____ |
| 7. avoir beaucoup d'incertitudes | _____ |
| 8. accepter trop d'inégalités dans la vie | _____ |
| 9. être parvenu(e) à trouver un travail à mi-temps | _____ |
| 10. connaître des personnes d'Afrique de l'Ouest | _____ |

**5**

**Carte du monde** À deux, demandez-vous dans quels pays vous avez déjà voyagé, ce que vous y avez vu et si vous aimeriez y retourner.

**Modèle**   —Es-tu déjà allé(e) au Sénégal?
—Non, je n'y suis pas allé(e). Mais j'ai fait un séjour en Guinée.
—Qu'est-ce que tu y as vu?
—J'y ai vu…

ressources

v̂Text

CE
pp. 80–82

vhlcentral.com
Leçon 5

La société en évolution

**Presentation
Tutorial**

# Order of pronouns

—*Envoyez-**le-moi**.*

- French sentences may contain more than one object.

|  | DIRECT OBJECT | INDIRECT OBJECT |
|---|---|---|
| **Le politicien explique** | **ses principes** | **au reporter.** |
| *The politician explains* | *his principles* | *to the reporter.* |

- You can replace multiple objects with multiple object pronouns. Use the same pronouns you would use if there were only one object.

Il **les** explique au reporter.
*He explains them to the reporter.*

Il **lui** explique ses principes.
*He explains his principles to him.*

> Il **les lui** explique.
> *He explains them to him.*

- Where there is more than one object pronoun, they are placed in this order.

| me | | | | | |
|---|---|---|---|---|---|
| te | le | | | | |
| se | la | lui | | | |
| | *before* | la *before* | lui *before* | y *before* | en |
| | les | leur | | | |
| nous | l' | | | | |
| vous | | | | | |

Le guide montre **la sculpture aux touristes**.
*The guide shows the sculpture to the tourists.*

Il **la leur** montre.
*He shows it to them.*

Qui **s'occupe des réservations**?
*Who is taking care of the reservations?*

Hubert **s'en** occupe.
*Hubert is taking care of them.*

- Double object pronouns are placed in the same position relative to verbs as single object pronouns.

- In simple tenses, such as the present, the **imparfait**, and the future, pronouns are placed in front of the verb.

Il apporte **le courrier à Mme Delorme**.
*He brings the mail to Mrs. Delorme.*

Il **le lui** apporte.
*He brings it to her.*

**ATTENTION!**

The pronouns **me, te, se, le,** and **la** drop their vowel before other vowel sounds. This always occurs before **y** and **en** and frequently occurs in the **passé composé**.

—**Nous t'avons parlé de la polémique?**

—*Did we talk to you about the controversy?*

—**Oui, vous m'en avez parlé.**

—*Yes, you talked to me about it.*

J'attendrai **Jules à la gare**.
*I will wait for Jules at the station.*

Je **l'y** attendrai.
*I will wait for him there.*

**BLOC-NOTES**

For a review of past participle agreement, see **Fiche de grammaire 5.5, p. 390**.

- In compound tenses, such as the **passé composé** and the **plus-que-parfait**, pronouns are placed in front of the helping verb.

On **nous** a parlé **du patrimoine culturel**.
*They spoke to us about the cultural heritage.*

On **nous en** a parlé.
*They spoke to us about it.*

Vous aviez rendu **les passeports aux voyageurs**.
*You had returned the passports to the travelers.*

Vous **les leur** aviez rendus.
*You had returned them to them.*

- When there is more than one verb, the pronouns are usually placed in front of the second verb, typically an infinitive.

Tu vas offrir **un biscuit aux enfants**?
*Are you going to buy the children a cookie?*

Tu vas **leur en** offrir un?
*Are you going to buy them one?*

Je voudrais poser **cette question au prof**.
*I would like to ask the teacher this question.*

Je voudrais **la lui** poser.
*I would like to ask it to her.*

- When negating sentences with pronouns in simple tenses, place **ne** in front of the pronouns and **pas** after the verb. In compound tenses, place **ne... pas** around the pronouns and the helping verb. When there is more than one verb, **ne... pas** is usually placed around the first one.

Il **ne** le lui apporte **pas**.   On **ne** nous en a **pas** parlé.   Je **ne** voudrais **pas** la lui poser.

- The order of object pronouns is different in affirmative commands. Notice that hyphens are placed between the verb and the pronouns.

**BLOC-NOTES**

For a review of the imperative, see **Fiche de grammaire 1.5, p. 374**.

| le la les | before | moi toi lui nous vous leur | before | y | before | en |
|---|---|---|---|---|---|---|

Apportez **le courrier à Mme Delorme**!
*Bring the mail to Mrs. Delorme!*

Apportez-**le-lui**!
*Bring it to her!*

Racontez **l'histoire aux gamins**.
*Tell the story to the kids.*

Racontez-**la-leur**.
*Tell it to them.*

- Note that **me** and **te** become **moi** and **toi**. They revert to **m'** and **t'** before **y** or **en**.

Parle-**moi de ta vie**.
*Talk to me about your life.*

Parle-**m'en**.
*Talk to me about it.*

- The order of pronouns in negative commands is the same as in affirmative statements. Compare these sentences.

Dis-**le-lui**!
*Tell it to him!*

Ne **le lui** dis pas!
*Don't tell it to him!*

# Mise en pratique

**1**

**À remplacer** Remplacez les mots soulignés (*underlined*) par des pronoms.

1. N'oublions pas de mettre <u>les valises</u> <u>dans la voiture</u>.
2. Les voisins ont apporté <u>des cadeaux</u> <u>à mes parents</u>.
3. Pouvez-vous <u>nous</u> emmener <u>à la gare</u>?
4. Laisse <u>son ballon</u> <u>à ton frère</u>!
5. Tu ne <u>m'</u>avais jamais dit <u>que tu voulais y aller</u>.

**2**

**À transformer** Faites des phrases avec les éléments et changez les objets en pronoms.

> **Modèle**   **je / parler / à vous / de mes cours**
> Je vous parle de mes cours. Je vous en parle.

1. on / avoir / voir / émigrés / à la frontière / au sud de Sissako / hier soir
2. Matthieu / donner / toujours / des conseils / à ses amis
3. il faut / beaucoup / courage / à cet homme
4. Christine / ne / avoir / jamais / laisser / de pourboire / aux serveurs
5. ma mère / aller / présenter / deux nouveaux produits / au directeur du marketing

**3**

**Carte postale** Jérôme est en train de faire un trekking dans le désert mauritanien et raconte ses aventures à sa sœur. Trouvez les phrases qui ont deux objets et transformez-les en faisant attention à l'ordre des pronoms.

### Note
### CULTURELLE

Le désert du **Sahara** couvre une grande partie de la **Mauritanie**. Dans les oasis, le pays célèbre l'une des fêtes les plus importantes de l'année, la «**Guetna**». Aux mois de juillet et d'août, on y récolte les **dattes** qui serviront de base à un grand nombre de plats mauritaniens. La musique, la danse et les festins (*feasts*) durent tout le temps de la fête.

Un grand bonjour de l'oasis de Chinguetti où je passe des moments incroyables! Je rencontre souvent les nomades mauritaniens dans cette oasis. Je leur montrerai mes photos pendant mon prochain séjour ici. Des guides locaux m'ont fait visiter l'oasis hier. En ce moment, c'est la grande fête des dattes. Tout le monde les cueille° et on m'a offert des pâtisseries délicieuses faites avec ces dattes. Les gens chez qui je suis m'ont donné leurs recettes.

Quand je partirai, je dirai à mes nouveaux amis que j'ai beaucoup apprécié mon séjour. J'espère que tu recevras bien cette carte du bout du monde.

À bientôt,

Jérôme

Viviane Dubosc

28, rue des Lilas

Montpellier, France

**cueille** *picks*

1. _____
2. _____
3. _____
4. _____
5. _____
6. _____

# Communication

**4** **Qui fait quoi?** À tour de rôle, posez-vous des questions à partir de ces illustrations, répondez-y et employez des pronoms. Utilisez votre imagination. Attention à l'ordre des pronoms.

1.

2.

3.

4.

5.

6.

**5** **À votre avis** Que pensez-vous de ces affirmations? Discutez-en par groupes de trois. Chaque membre du groupe donne son avis et les deux autres réagissent. Ensuite, imaginez d'autres affirmations.

- L'immigration est une bonne chose pour l'économie d'un pays.
- Il n'est pas nécessaire de connaître la langue officielle du pays dans lequel on vit pour y habiter.
- La mondialisation est la cause de certains problèmes dans le monde.
- Le travail manuel a beaucoup de valeur.
- La lutte des classes est encore une réalité pour certaines personnes.
- La surpopulation diminue le niveau de vie d'un pays.
- …?

**6** **Vos solutions** Vous n'êtes pas d'accord sur les solutions prévues par le gouvernement pour répondre aux problèmes que le pays connaît. Par groupes de trois, exprimez (*express*) votre mécontentement (*dissatisfaction*) par des verbes à l'impératif, à la forme affirmative et négative, avec des pronoms.

**Modèle** —Il faut que le gouvernement change de tactique immédiatement. Pourquoi ne pas lui envoyer une pétition?

—Oui, écrivons-lui une pétition!

—Et envoyons-la-lui dès que possible!

ressources

v̂ Text

CE
pp. 83–86

vhlcentral.com
Leçon 5

# Synthèse  Reading

**M**oussa est ivoirien et vit à Yamoussoukro. Il y a deux ans, il a décidé de quitter la campagne pour aller travailler en ville. Il vient d'une famille d'agriculteurs qui le lui a demandé, pour lui apporter une aide financière. Il lui a fallu du courage et de la ténacité pour faire face aux problèmes de la grande ville et pour réussir à atteindre son but.

Moussa est un homme parmi beaucoup d'autres qui ont fait le même choix. C'est une tendance qui s'est accélérée dans les années 1980 en Afrique de l'Ouest, mais surtout en Côte d'Ivoire. Beaucoup de villes ont connu une explosion démographique; le nombre des citadins s'est multiplié par dix. Plus d'une dizaine° de villes ont passé le cap du million d'habitants, alors qu'il n'y en avait qu'une dans les années 1960.

Mais ce phénomène d'«exode rural» n'en est pas vraiment un. En effet, si les villes ont bénéficié de la venue° des populations rurales, l'inverse est vrai aussi pour deux raisons principales. L'espace urbain a attiré les populations et empiété sur° l'espace rural où le nombre de villes, petites ou grandes, a augmenté, soit en élargissant un village, soit en créant une nouvelle ville. Mais au-delà de ces nouvelles villes, les campagnes existent toujours et continuent à nourrir les villes. Et celles-ci le leur rendent bien. Elles apparaissent comme un facteur de développement du monde rural. Donc tout le monde s'y retrouve. Et Moussa, comme tous les autres, prend part à cet échange. Mais il ne faudrait pas que la surpopulation de toutes ces villes en soit le résultat néfaste°.

*arrivée*

*encroached upon*

*ten*

*mauvais*

**1** **Qu'en pensez-vous?** Le phénomène d'exode rural existe-t-il ou a-t-il existé où vous habitez? Quelles sont les similarités et les différences de l'exode rural en Afrique de l'Ouest et dans votre région? Écrivez un paragraphe de cinq ou six phrases qui justifie votre opinion. Utilisez les structures de cette leçon.

**2** **Conséquences** Par petits groupes, discutez des conséquences positives et négatives de l'exode rural dans votre pays, à l'aide des structures de cette leçon. Servez-vous de la liste pour regrouper vos idées.

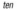

| Idées | Effets positifs | Effets négatifs |
|---|---|---|
| La surpopulation | | |
| L'intégration | | |
| Le développement | | |
| ? | | |

ressources

**v̂ Text**

vhlcentral.com
Leçon 5

# Préparation

| Vocabulaire de la lecture | Vocabulaire utile |
|---|---|
| **bouger** *to move* | **bénéficier de** *to enjoy* |
| **un collège** *middle school* | **un défi** *challenge* |
| **l'enseignement** (*m.*) *education* | **un écart** *discrepancy, gap* |
| **la formation à distance** *distance learning* | **le partage des richesses** *distribution of wealth* |
| **lancer** *to launch* | **un partisan** *proponent* |
| **un manque** *lack* | **la perte de l'individualité** *loss of individuality* |
| | **revendiquer** *to demand* |

**1**

**Le mouvement altermondialiste** Complétez ce petit texte sur José Bové, une des figures du mouvement altermondialiste.

José Bové, un des (1) _____ les plus connus du mouvement *altermondialiste*, critique la mondialisation. Il (2) _____ un mode de développement plus respectueux à la fois de l'homme — entre autres en ce qui concerne le (3) _____ d'accès à l'éducation et à la santé dans les pays pauvres — et de l'environnement. Bové et les altermondialistes dénoncent l' (4) _____ grandissant entre les pays pauvres et les pays riches, qui est, selon eux, une conséquence de la mondialisation. Bové pense que «si l'on ne construit pas un monde de (5) _____, c'est un monde de conflits multilatéraux qui nous attend». Créer un monde humaniste est devenu (6) _____ pour José Bové.

**2**

**L'éducation d'hier et d'aujourd'hui** Répondez aux questions et comparez vos réponses à celles d'un(e) camarade.

1. Pensez-vous que le développement d'Internet ait révolutionné les modes d'éducation traditionnels dans votre pays? Expliquez.

2. Quel rôle la technologie joue-t-elle dans le système éducatif de votre ville ou au lycée?

3. Est-ce que les élèves bénéficient partout des mêmes technologies de l'information (Internet et autres)? Pourquoi ou pourquoi pas, à votre avis?

4. Que pensez-vous de la formation à distance? Est-ce un mode de formation populaire dans votre pays? Expliquez.

**3**

**Le lycée du futur** Imaginez le système éducatif du futur: Tout est virtuel et tout est à l'échelle (*scale*) mondiale. Il n'y a plus de salles de classe, plus de professeurs, plus de camarades, plus de livres. Seulement des ordinateurs avec accès à Internet et donc une fenêtre ouverte sur le village planétaire. Par groupes de trois, répondez aux questions.

- Quels seraient les avantages et les inconvénients de ce système?
- À votre avis, y aurait-il encore des lycées?
- Auriez-vous envie d'étudier dans ces conditions? Pourquoi ou pourquoi pas?

ressources

**v̂ Text**

vhlcentral.com
Leçon 5

 Practice more at **vhlcentral.com**.

La **jeunesse africaine** va à **l'école** sur Internet

La population du continent africain est très jeune: 60% ont moins de 25 ans. Un jour, ces jeunes seront responsables de l'avenir de l'Afrique. Mais aujourd'hui, le système éducatif n'y est pas encore assez développé. Beaucoup d'enfants n'ont pas accès à l'éducation. Il est donc temps que les choses bougent.

Et dans le domaine éducatif, les choses bougent en Afrique de l'Ouest. Depuis quelques années, plusieurs projets ont vu le jour dans différents pays, en particulier avec le soutien de l'ONU et de l'UNESCO. Tous les cycles° de l'enseignement sont concernés.

Entre autres°, pour les lycéens, il s'est formé un réseau éducatif à distance basé sur Internet, le Réseau d'Appui° Francophone pour l'Adaptation et le Développement des technologies de l'information et de la communication en éducation (RESAFAD). Cette idée est née d'un accord entre les gouvernements locaux et le ministère français des Affaires étrangères, pour améliorer l'éducation en français, en Afrique. Le RESAFAD privilégie l'éducation de base et propose des espaces d'échanges et de travail sur Internet. Pour cela, chaque capitale d'Afrique de l'Ouest possède un centre multimédia qui a des ordinateurs, une salle de formation et un espace de production de ressources éducatives. L'élève a ainsi accès à l'école grâce au monde virtuel. Les cours mettent surtout l'accent sur les matières scientifiques.

Ces programmes sont de plus en plus nombreux. Par exemple, le Sénégal a lancé un site Internet (www.examen.sn) destiné aux élèves de dernière année de collège et de lycée. La Direction générale de l'enseignement secondaire y met à leur disposition les annales d'examens des cinq années précédentes en biologie, en physique et en mathématiques. Ainsi, les élèves peuvent consulter des sujets corrigés°. Ils ont aussi la possibilité d'y recevoir des conseils de rédaction et d'orientation.

L'éducation virtuelle s'est également développée au niveau universitaire, en Afrique de l'Ouest. Il existe deux grands programmes: l'Université Virtuelle Africaine (UVA) et l'Agence Universitaire de la Francophonie (AUF). Ces deux institutions ont mis en place des systèmes de formation universitaire à distance. Pour cela, elles utilisent Internet et les nouvelles technologies. L'UVA est un programme tourné essentiellement vers les formations scientifiques et techniques, dont les diplômes ont la même valeur que ceux des universités ordinaires. Les professeurs qui y participent viennent d'Afrique, d'Amérique du Nord et d'Europe.

Pour sa part, l'AUF propose des formations à distance dans le même esprit. Tous ses diplômes sont principalement axés sur le développement du continent africain. Par exemple, les étudiants peuvent choisir un Master en Éducation et promotion de la santé, un Doctorat en Sciences de l'éducation ou encore un Master en Ingénierie du système de santé. Ces programmes constituent une bonne alternative face au manque de moyens des universités africaines qui voient un afflux toujours plus important d'étudiants.

L'éducation est un des piliers° du développement, l'instrument d'un véritable progrès de la société et de l'économie. Internet rythme aujourd'hui la vie du monde entier. L'Afrique n'en est pas exclue et elle aussi peut enfin profiter du cyberespace. La construction d'une Afrique moderne est maintenant en marche. Son développement culturel, économique et social serait-il alors au bout du chemin? ■

**Dans le domaine éducatif, les choses bougent en Afrique de l'Ouest.**

*levels*

*Among other things*

*Support*

*questions with answers*

*pillars*

# Analyse

1

**Compréhension** Répondez aux questions par des phrases complètes.

1. Quel est le problème principal du système éducatif africain?

2. Qu'est-ce que le RESAFAD?

3. Où sont les centres du RESAFAD?

4. Quelle initiative le Sénégal a-t-il prise dans le domaine de l'éducation?

5. Qu'est-ce que les élèves peuvent y consulter?

6. Quel type de formation universitaire l'Université Virtuelle Africaine (UVA) et l'Agence Universitaire de la Francophonie (AUF) ont-elles mis en place récemment?

7. D'où viennent les professeurs qui participent à l'Université Virtuelle Africaine?

8. Quels sont les trois domaines de l'enseignement mentionnés dans l'article qui sont privilégiés par les programmes éducatifs?

**Citation à commenter** À deux, expliquez et commentez cette citation de Léopold Sédar Senghor (1906–2001), poète, homme politique et premier président du Sénégal.

> «Penser et agir par nous-mêmes et pour nous-mêmes, en Nègres..., accéder à la modernité sans piétiner (*trampling on*) notre authenticité.»

- Que dit Senghor dans cette citation?
- Êtes-vous d'accord avec ce qu'il dit? Expliquez.
- Quel lien voyez-vous entre cette citation et l'article que vous venez de lire?
- Senghor parle spécifiquement des Africains noirs, mais cette citation peut-elle s'appliquer à d'autres peuples dans le contexte de la mondialisation et de la modernisation?

ressources

v̂ Text

vhlcentral.com
Leçon 5

**Pour ou contre la mondialisation?** Divisez la classe en deux groupes. Le premier est pour la mondialisation. Le deuxième est contre. Organisez un débat dans lequel chaque groupe explique et défend sa position. Trouvez au moins cinq arguments.

Practice more at **vhlcentral.com.**

# Préparation

## À propos de l'auteur

**G**hislaine Sathoud (1969–), née à Pointe-Noire, capitale économique et grand port de la République du Congo, est une femme écrivain et une poétesse qui défend la cause des femmes. Elle publie son premier recueil (*collection*) de poèmes à l'âge de 18 ans. Elle part faire des études supérieures en France et au Québec, où elle habite actuellement. Elle écrit pour de grands journaux et participe à des activités qui ont pour but d'améliorer les conditions de vie des femmes immigrées. En 2004, elle sort un premier roman intitulé *Hymne à la tolérance*. Elle a aussi écrit deux pièces de théâtre, *Les maux du silence* (2000), qui parle des difficultés d'une Africaine en occident et *Ici, ce n'est pas pareil chérie!* (2005), qui traite de la violence conjugale.

| Vocabulaire de la lecture | | Vocabulaire utile |
|---|---|---|
| **une bande** *gang* | **pareil(le)** *similar; alike* | **s'acharner sur** *to persist relentlessly* |
| **une couche sociale** *social level* | **raffoler de** *to be crazy about* | **se décourager** *to lose heart* |
| **en vouloir (à)** *to have a grudge* | **une règle** *rule* | **s'en vouloir** *to be angry with oneself* |
| **s'installer** *to settle* | **sourd(e)** *deaf* | |
| **se lancer** *to launch into* | **soutenir** *to support* | **la persévérance** *perseverance* |
| **mener** *to lead* | **un(e) tel(le)** *such a(n)* | **la vengeance** *revenge* |

**1 Syllabes** Combinez les syllabes du tableau pour former quatre mots du nouveau vocabulaire. Ensuite, écrivez quatre phrases avec ces mots en utilisant des pronoms.

| me | dé | ra | sta |
|---|---|---|---|
| vou | se | s'a | ger |
| s'in | char | ner | ner |
| ra | cer | cou | ller |

**2 Discussion** Avez-vous déjà vécu une tragédie? Connaissez-vous quelqu'un qui a été victime d'une tragédie? Comment explique-t-on ces tragédies qui surviennent (*happen*) dans notre vie ou dans le monde? Discutez-en par petits groupes.

**3 L'Afrique francophone** Que savez-vous de l'Afrique francophone et de son histoire? À deux, répondez à autant de questions de la liste que possible. Ensuite, comparez vos connaissances avec celles du reste de la classe.

- Combien de pays francophones y a-t-il en Afrique? Quels sont-ils?
- Quelles autres langues y parle-t-on?
- Quelles religions y pratique-t-on?
- Quels types de gouvernement y trouve-t-on?
- À quelle époque les Européens ont-ils commencé à coloniser le continent?
- Quels pays européens ont colonisé l'Afrique?
- Quels ont été les effets de la colonisation?

*Practice more at* **vhlcentral.com.**

**ressources**

**v̂ Text**

vhlcentral.com
Leçon 5

# Le marché

**Ghislaine Sathoud**

Yaba était une femme au courage exceptionnel, une vraie légende. Il y a très longtemps de cela, elle avait décidé de se lancer dans la restauration. À l'époque, personne ne se serait imaginé qu'avec la vie luxueuse qu'elle avait menée du vivant de son mari°, elle en aurait été réduite à s'installer dans un coin de notre rue pour y vendre du poisson grillé. Faute de° moyens financiers, elle avait installé un petit marché de nuit dans un endroit proche de° son domicile. Une telle entreprise demandait beaucoup d'énergie et de courage, mais les clients accueillirent° favorablement l'idée et ses efforts furent° récompensés.

Elle travaillait fort, très fort pour subvenir aux° besoins de ses enfants et au fil des mois et des années° d'autres femmes étaient venues s'installer à côté d'elle pour y vendre leurs spécialités et faire du commerce. La clientèle augmenta° sans qu'on ait besoin de faire de publicité. Pas d'affiches. Pas de publicité dans les journaux. Pas de publicité à la télévision! Seulement du bouche à oreille. De fil en aiguille°, le marché de Yaba devint° un symbole de réussite: Jeunes, adultes, hommes et femmes se retrouvaient là le soir, après de longues journées de travail. Chacun y trouvait son compte à sa manière.

*while her husband was alive*

*Lacking*

*près de*

*ont accueilli*

*étaient*

*to provide for*

*over the months and years*

*a augmenté*

*One thing leading to another / est devenu*

# de l'espoir

Les enfants couraient, criaient, jouaient.
Les garçons avec des ballons. Les filles
avec des cordes à sauter°. De nombreuses    *jump ropes*
35 femmes vendaient du poisson cuit à la
braise avec des bananes frites. Dieu° sait si    *God*
les gourmands en raffolaient.

Les vendeuses s'installaient là tous les
soirs pour vendre leurs produits, se faire un
40 revenu et nourrir° leurs enfants. Chaque    *to nourish*
année, elles étaient plus nombreuses et
les clients aussi. Des clients de toutes les
couches sociales. Tout le monde aimait
bien acheter du poisson auprès des femmes
45 de notre rue. Certains venaient de loin. On
disait que ces femmes avaient une touche
spéciale pour l'apprêter°, une façon à nulle    *to prepare*
autre pareille. Nuit et jour, la rue était
noire de monde. Les jeunes y trouvaient
50 des occupations en assurant la sécurité des
vendeuses. Les vieillards° discutaient en    *old men*
jouant à des jeux de cartes.

Était-il vrai que le poisson vendu
dans cette rue était meilleur que celui des
55 cuisines? Était-ce l'ambiance de fête qui
y régnait qui donnait l'illusion d'un goût
toujours imité mais jamais égalé? Était-ce
la présence des filles de Yaba superbement
habillées avec des ensembles aux couleurs
60 chatoyantes° et rayonnantes° qui donnait    *shimmering / radiant*
cette impression? Le poisson cuit à la
braise servi dans des plats superbement

colorés et accompagné de bananes faisait le bonheur des clients. Les filles qui servaient ces mets° succulents faisaient aussi la réputation de l'endroit et on aurait eu du mal à savoir ce qui attirait le plus la clientèle, de la bonne chère° ou des vendeuses. Les deux sans doute!

Le succès des uns s'accompagnant souvent de la jalousie des autres, des rumeurs commencèrent° à circuler sur les raisons du succès du marché de Yaba. On prétendit° que certaines vendeuses ne respectaient pas les règles élémentaires d'hygiène. On disait aussi que d'autres poussaient° des pères de famille à la débauche° en les exposant à la tentation. Jalouses, les épouses de quelques clients habitués s'inquiétaient. On faisait courir diverses balivernes° pour décourager les clients, de toutes les façons possibles! Mais les vendeuses avaient un moral d'acier° et Yaba qui tenait à son marché comme à la prunelle de ses yeux° affirmait dur comme fer que rien ne pouvait empêcher sa prospérité et celle de ses filles; qu'elles devaient continuer contre vents et marées° leurs activités, des activités qui faisaient par ailleurs° vivre de nombreuses familles élargies°! C'étaient des familles de quatre, cinq voire° six enfants sans compter les autres parents° au sens large du terme.

Sourde aux médisances°, une clientèle fidèle continuait à soutenir les vendeuses et à affluer°. Notre rue continuait à faire le bonheur des habitants de Dilalou. On y mangeait plus que jamais. On y riait. On y dansait. On y rencontrait aussi des amoureux...

Mais un jour, une bande de jeunes inconnus arrivèrent° au marché. Ils firent irruption° brusquement dans notre rue et tout se passa° très vite. Le coup avait certainement été préparé minutieusement°. Les vendeuses furent surprises. Les clients aussi. Et les assaillants devenus furieux cassèrent° tout ce qui pouvait l'être. Ils battirent° à mort les jeunes mères et les vieilles femmes. Ils battirent les clients. Et ceux qui furent les témoins de cette boucherie ne l'oublieront jamais. La radio annonça° plusieurs morts et de très nombreux blessés, mais il était impossible d'en donner le nombre exact. On ne savait pas qui se trouvait là, le jour de la tragédie. En haut lieu°, on ne voulut pas° vraiment savoir qui étaient les victimes ni pourquoi on s'était acharné ainsi° sur des innocents. Comment avait-on pu mettre autant de vies en péril? Pourquoi? Pourquoi?

Par solidarité, nous serrions les coudes°. Nous refusions de donner raison aux responsables de cette tragédie. On

**Margin glosses (left column):**
- delicacies — 65
- good food
- 70
- ont commencé
- claimed
- 75
- drove — 80
- debauchery
- 85
- nonsense
- 90
- steel
- apple of her eye
- 95
- against all odds
- in addition
- extended — 100
- or even
- relatives

**Margin glosses (right column):**
- slander
- 105 to flock
- 110
- sont arrivés
- burst into
- s'est passé
- 115
- consciencieusement
- 120
- ont cassé
- ont battu
- 125
- 130
- a annoncé
- 135 In high places / n'a pas voulu
- thus
- 140
- were sticking together

settling of scores

parlait de règlements de compte°... On parlait de guerre... Mais pourquoi notre
145 marché? Qu'est-ce que notre rue avait fait? Notre marché avait-il vraiment quelque

merciless

chose à voir dans cette impitoyable° tragédie qui transformait des enfants en véritables assassins? Comment pouvait-
150 on en vouloir à notre marché? Personne ne comprenait pourquoi ce marché avait été l'objet d'une telle violence, d'actes

excessive

de vandalisme si démesurés°, pourquoi il avait été la scène de toutes ces horreurs.
155 Personne!

Traumatisés, les habitants avaient perdu leur joie de vivre et quand le ciel

donned 160

revêtait° son manteau noir, on se réfugiait dans les maisons. À la tombée de la nuit, notre rue était
165 déserte. Pas un chat dehors. Nouvelles habitudes et repli°

mouvement de retrait

sur soi-même.

## Rien n'était plus comme avant. Rien ne serait plus jamais comme avant.

C'était tout le contraire du mode de vie

commençaient 170 à chanter

d'ici. Seules les bottes entonnaient° leur chant de désolation dans les rues et dans les esprits. Des soldats nouveaux modèles. Une jeunesse sacrifiée. Des soldats au sang

pillage

frais. Des enfants soldats qui pillent°, qui
175 tuent. Notre rue n'était plus ce qu'elle était. Pour sortir, on attendait impatiemment le chant du coq qui annoncerait un jour nouveau, mais les pauvres coqs, eux aussi terrorisés, oubliaient d'annoncer le jour.
180 Comme de nombreux habitants de Dilalou, Yaba se retrouvait sans rien. À la

suite° des pillages, elle avait tout perdu. La confusion qui s'était abattue° sur nous dans cette période tumultueuse ne l'épargnait° pas. Mais comme à l'époque de ses 185 débuts, elle refusait de se perdre dans une errance° éternelle, toujours à la recherche d'un refuge. Les souvenirs de la guerre la hantaient° et elle ne se sentirait jamais plus vraiment en sécurité. Mais elle refusait 190 l'idée de déambuler° encore et toujours à la recherche d'un refuge qu'elle ne trouverait jamais parce que l'esprit des lieux qu'elle aimait avait été changé à tout jamais par la guerre. Rien n'était 195 plus comme avant. Rien ne serait plus jamais comme avant. Mais elle était en vie.

Comme les 200 autres rescapées° du marché, Yaba se remit° vaillamment° à la tâche. Elle remua° ciel et terre 205 pour remettre les pendules à l'heure° et redonner vie à son marché. Elle espérait que la guerre était bel et bien finie, que le marché ne serait pas détruit à nouveau. 210 Elle avait peur mais elle touchait du bois! Elle espérait que ces femmes dont elle était la doyenne° connaîtraient d'autres espaces de bonheur; que le souvenir des victimes innocentes de la 215 tragédie serait associé à une nouvelle prospérité de son marché, rebaptisé° «Marché de l'espoir». Elle espérait, encore et toujours, car avec l'espoir ne dit-on pas que tout est possible? ■ 220

following

beat down

spared

restless wandering

haunted

to wander

survivors

s'est remise / courageusement

moved

to set the record straight

la plus âgée

renommé

# Analyse

**1**

**Compréhension** Répondez aux questions.

1. Comment les clients ont-ils reçu l'idée du marché de Yaba?

2. Qui venait au marché?

3. Qu'est-ce qui faisait l'énorme succès du marché?

4. Quelles rumeurs ont commencé à circuler à propos du marché?

5. Qu'est-ce qu'une bande de jeunes a fait un jour?

6. Qu'est-ce que les habitants ont pensé de la tragédie?

7. Qu'est-ce que les habitants ont perdu à cause des pillages?

8. Pourquoi est-ce que le marché de Yaba a été rebaptisé «Le marché de l'espoir»?

**2**

**Interprétation** À deux, répondez aux questions par des phrases complètes.

1. Que représente la période de paix et de prospérité de Dilalou?

2. Qu'est-ce que les personnes qui ont fait circuler des rumeurs espéraient gagner par cette réaction de jalousie?

3. Après la tragédie, les habitants de Dilalou ont parlé de règlements de compte. Que pensez-vous de la vengeance?

4. Que veut dire Sathoud quand elle parle de jeunesse sacrifiée et de soldats au sang frais?

5. Qu'est-ce que les habitants de Dilalou avaient en commun avec toutes les victimes de guerre?

6. Que pensez-vous de la fin de cette histoire? Que révèle-t-elle sur la condition humaine?

**3**

**La tragédie** Par groupes de trois, discutez de la bande de jeunes assaillants qui ont terrorisé le marché. Répondez aux questions de la liste.

- Que voulaient-ils?

- Pourquoi ont-ils fait connaître leurs sentiments par la violence?

- Qui étaient-ils exactement? De quel groupe de la société faisaient-ils partie?

- Quel sentiment universel représentaient-ils?

**4**

**Rédaction** Imaginez que vous soyez journaliste et que vous ayez été témoin d'un acte de violence, réel ou fictif, contre un groupe de personnes. Suivez le plan de rédaction pour écrire un article sur cette tragédie. Employez des partitifs et des pronoms.

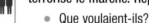
Plan

**1** **Organisation** Organisez les faits que vous avez observés. Commencez par les plus importants.

**2** **Historique** Décrivez le contexte historique des événements.

**3** **Comparaison** Pour terminer, expliquez les répercussions possibles que cet événement pourrait avoir.

ressources

**v̂ Text**

CE
pp. 87–89

vhlcentral.com
Leçon 5

 Practice more at **vhlcentral.com.**

# Crises et horizons

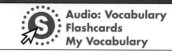

Audio: Vocabulary
Flashcards
My Vocabulary

## En mouvement

**l'assimilation** (*f.*)  *assimilation*
**un but**  *goal*
**une cause**  *cause*
**le développement**  *development*
**la diversité**  *diversity*
**un(e) émigré(e)**  *emigrant*
**une frontière**  *border*
**l'humanité** (*f.*)  *humankind*
**l'immigration** (*f.*)  *immigration*
**un(e) immigré(e)**  *immigrant*
**l'intégration** (*f.*)  *integration*
**une langue maternelle**  *native language*
**une langue officielle**  *official language*
**le luxe**  *luxury*
**la mondialisation**  *globalization*
**la natalité**  *birthrate*
**le patrimoine culturel**  *cultural heritage*
**les principes** (*m.*)  *principles*

**aller de l'avant**  *to forge ahead*
**s'améliorer**  *to better oneself*
**attirer**  *to attract*
**augmenter**  *to grow; to raise*
**baisser**  *to decrease*
**deviner**  *to guess*
**prédire** (*irreg.*)  *to predict*

**exclu(e)**  *excluded*
**(non-)conformiste**  *(non)conformist*
**polyglotte**  *multilingual*
**prévu(e)**  *foreseen*
**seul(e)**  *alone*

## Les problèmes et les solutions

**le chaos**  *chaos*
**la compréhension**  *understanding*
**le courage**  *courage*
**un dialogue**  *dialogue*
**une incertitude**  *uncertainty*
**l'instabilité** (*f.*)  *instability*
**la maltraitance**  *abuse*

**un niveau de vie**  *standard of living*
**une polémique**  *controversy*
**la surpopulation**  *overpopulation*
**un travail manuel**  *manual labor*
**une valeur**  *value*
**un vœu**  *wish*

**avoir le mal du pays**  *to be homesick*
**faire sans**  *to do without*
**faire un effort**  *to make an effort*
**lutter**  *to fight; to struggle*

**dû/due à**  *due to*
**surpeuplé(e)**  *overpopulated*

## Les changements

**s'adapter**  *to adapt*
**appartenir (à)**  *to belong (to)*
**dire au revoir**  *to say goodbye*
**s'enrichir**  *to become rich*
**s'établir**  *to settle*
**manquer à**  *to miss*
**parvenir à**  *to attain; to achieve*
**projeter**  *to plan*
**quitter**  *to leave behind*
**réaliser (un rêve)**  *to fulfill (a dream)*
**rejeter**  *to reject*

## Court métrage

**un(e) bavard(e)**  *chatterbox*
**un châtiment**  *punishment*
**un commissaire (de police)**  *(police) commissioner*
**(un jour) férié**  *public holiday*
**un flic**  *cop*
**un(e) gamin(e)**  *kid*
**un(e) môme**  *kid*
**une supposition**  *assumption*
**un témoin**  *witness*

**avoir des préjugés**  *to be prejudiced*
**brûler**  *to burn*
**supposer**  *to assume*
**témoigner de**  *to be witness to*
**voler**  *to steal*

**défavorisé(e)**  *underprivileged*
**nombreux/nombreuse**  *numerous*

## Culture

**un collège**  *middle school*
**un défi**  *challenge*
**un écart**  *discrepancy, gap*
**l'enseignement** (*m.*)  *education*
**la formation à distance**  *distance learning*
**un manque**  *lack*
**le partage des richesses**  *distribution of wealth*
**un partisan**  *proponent*
**la perte de l'individualité**  *loss of individuality*

**bénéficier de**  *to enjoy*
**bouger**  *to move*
**lancer**  *to launch*
**revendiquer**  *to demand*

## Littérature

**une bande**  *gang*
**une couche sociale**  *social level*
**la persévérance**  *perseverance*
**une règle**  *rule*
**la vengeance**  *revenge*

**s'acharner sur**  *to persist relentlessly*
**se décourager**  *to lose heart*
**en vouloir (à)**  *to have a grudge*
**s'en vouloir**  *to be angry with oneself*
**s'installer**  *to settle*
**se lancer**  *to launch into*
**mener**  *to lead*
**raffoler de**  *to be crazy about*
**soutenir**  *to support*

**pareil(le)**  *similar; alike*
**sourd(e)**  *deaf*
**un(e) tel(le)**  *such a(n)*

ressources

**vText**

CE
p. 90

vhlcentral.com
Leçon 5

# Les générations qui bougent

**L**es enfants vivent souvent des choses que leurs parents n'ont pas vécues. Si, pour cette raison, les générations ne se comprennent pas, cette incompréhension est-elle inévitable? L'affection qui existe entre les enfants et les parents ne permet-elle pas, au contraire, aux générations de se rejoindre et de se comprendre?

À chaque étape de la vie, les générations trouvent des points communs.

## 188 COURT MÉTRAGE

Samir, un jeune Français d'origine algérienne, revient dans son ancien quartier. Il est aujourd'hui avocat. Ses parents et son frère, par contre, n'ont jamais fait d'études. Dans son court métrage *De l'autre côté*, **Nassim Amaouche** nous montre comment tous doivent s'adapter à cette situation.

191

## 194 IMAGINEZ

Connaissez-vous le Proche-Orient? Et le Maghreb? Suivez notre reporter qui s'arrête d'abord à Beyrouth, au Liban, puis découvre la magie du Maghreb. Et pour finir, un petit détour par la France où le grand couturier **Yves Saint Laurent,** né en Algérie, a révolutionné la mode.

## 211 CULTURE

C'est *Jour de mariage*! On vous invite à un mariage algérien traditionnel. Vous ne verrez le couple ensemble qu'un peu plus tard...

212

## 215 LITTÉRATURE

Dans cette nouvelle d'**Olivier Charneux,** un jeune garçon est poussé par ses parents à suivre des cours de musique pour finalement être confronté à *La logique des grands*.

Destination:
### AFRIQUE DU NORD ET LIBAN

## 186 POUR COMMENCER
## 198 STRUCTURES

**6.1 The subjunctive: impersonal expressions; will, opinion, and emotion**

**6.2 Demonstrative pronouns**

**6.3 Irregular -re verbs**

## 221 VOCABULAIRE

# En famille  Audio: Vocabulary Practice / My Vocabulary

## Les membres de la famille

un(e) arrière-grand-père/-mère
  *great-grandfather/grandmother*

un beau-fils/-frère/-père  *son-/brother-/*
  *father-in-law; stepson/father*
une belle-fille/-sœur/-mère
  *daughter-/sister-/mother-in-law;*
  *stepdaughter/mother*
un(e) demi-frère/-sœur  *half brother/sister*
un(e) enfant/fille/fils unique  *only child*
un époux/une épouse  *spouse;*
  *husband/wife*
un(e) grand-oncle/-tante
  *great-uncle/-aunt*
des jumeaux/jumelles
  *twin brothers/sisters*
un neveu/une nièce  *nephew/niece*
un(e) parent(e)  *relative*
un petit-fils/une petite-fille
  *grandson/granddaughter*

## La vie familiale

déménager  *to move*
élever (des enfants)  *to raise (children)*
être désolé(e)  *to be sorry*
gâter  *to spoil*
gronder  *to scold*

punir  *to punish*
regretter  *to regret*
remercier  *to thank*
respecter  *to respect*
surmonter  *to overcome*

## La cuisine

un aliment  *(type or kind of) food*
une asperge  *asparagus*
un citron  *lemon*
un citron vert  *lime*
un conservateur  *preservative*
des épinards (*m.*)  *spinach*
une fromagerie  *cheese store*
un hypermarché  *large supermarket*

un raisin (sec)  *grape (raisin)*
le saumon  *salmon*
une supérette  *mini-market*
la volaille  *poultry, fowl*

alimentaire  *related to food*
bio(logique)  *organic*

## La personnalité

le caractère  *character, personality*

autoritaire  *bossy*
bien/mal élevé(e)  *well-/bad-mannered*
égoïste  *selfish*
exigeant(e)  *demanding*

insupportable  *unbearable*
rebelle  *rebellious*
soumis(e)  *submissive*
strict(e)  *strict*
uni(e)/lié(e)  *close-knit*

## Les étapes de la vie

l'âge (*m.*) adulte  *adulthood*
l'enfance (*f.*)  *childhood*
la jeunesse  *youth*
la maturité  *maturity*
la mort  *death*
la naissance  *birth*

la vieillesse  *old age*

## Les générations

l'amour-propre (*m.*)  *self-esteem*
le fossé des générations  *generation gap*
la patrie  *homeland*
une racine  *root*
un rapport/une relation
  *relation/relationship*
un surnom  *nickname*

hériter  *to inherit*
ressembler (à)  *to resemble, to look like*
survivre  *to survive*

**ressources**

vText
CE
pp. 91–93
vhlcentral.com
Leçon 6

# Mise en pratique

**1**

**Les analogies** Choisissez le meilleur terme pour compléter chaque analogie. Ajoutez l'article ou le partitif devant le nom quand c'est nécessaire.

| alimentaire | gronder | jumelles | supérette |
| arrière-grand-mère | jeunesse | saumon | volaille |

1. un grand-oncle : une grand-tante :: un arrière-grand-père : _____

2. la mort : la naissance :: la vieillesse: _____

3. la famille : familiale :: la nourriture : _____

4. une fromagerie : du camembert :: une poissonnerie : _____

5. un gratte-ciel : une maison :: un hypermarché : _____

6. regretter : être désolé :: punir : _____

**2**

**Les devinettes** Répondez à chaque devinette. Utilisez uniquement le nouveau vocabulaire de cette leçon.

1. Au début, j'étais fils unique. Mes parents ont divorcé et mon père s'est remarié avec une femme qui a deux filles. Qui suis-je pour ma nouvelle maman?

2. Je suis un légume vert, fin et long. Je suis une bonne source d'acide folique et de potassium. Que suis-je?

3. Nous sommes de petits fruits ronds. Nous pouvons être verts ou rouges et on a besoin de nous pour faire du vin. Que sommes-nous?

4. Je suis un produit naturel et sans conservateurs. Quelle sorte de produit suis-je?

5. Je ne pense qu'à moi. Je n'aide jamais les autres. Comment suis-je?

6. Je demande beaucoup à mes enfants: réussir à l'école, faire du sport, manger des fruits et des légumes et plein d'autres choses. Mais je ne suis pas trop stricte. Quelle sorte de mère suis-je?

**3**

**Définissez et devinez** Vous définissez six mots et un(e) camarade définit les six autres mots. Ensuite, à tour de rôle, essayez de deviner quel mot va avec chaque définition.

**Élève 1:**

| déménager | jumeau | soumis |
| hériter | petite-fille | surnom |

**Élève 2:**

| beau-père | gâter | patrie |
| fille/fils unique | insupportable | surmonter |

**4**

**Un repas de famille** Par groupes de cinq, imaginez que vous soyez un membre de la famille Lavelle. Regardez la photo et prenez quelques minutes pour organiser une conversation qui utilise autant de nouveau vocabulaire que possible.

Practice more at **vhlcentral.com.**

# Préparation

**Vocabulaire du court métrage**

**déranger** *to bother, to disturb*
**mépriser** *to have contempt for*
**la pension** *benefits*
**soûler** *to bug; to talk to death*
**traîner** *to hang around; to drag*
**un voyou** *hoodlum*

**Vocabulaire utile**

**chuchoter** *to whisper*
**une cité** *low-income housing development*
**un complexe d'infériorité** *inferiority complex*
**un foulard** *headscarf*
**la gêne** *embarrassment*

**un(e) intellectuel(le)** *intellectual*
**tendu(e)** *tense*
**traiter avec condescendance** *to patronize*
**un(e) travailleur/travailleuse manuel(le)** *blue-collar worker*

**EXPRESSIONS**

**comme d'hab'** *as usual*

**faire son cinéma** *to show off*

**Qu'est-ce que tu me racontes?** *What are you talking about?*

**1** **Le foulard islamique** Complétez à l'aide des mots de vocabulaire.

En France, les écoles publiques sont laïques (*secular*). Les élèves n'ont pas le droit de montrer leur religion. Donc, les musulmanes ne peuvent pas porter leur (1) _____ à l'école. Quand on parle de ce sujet, l'ambiance est (2) _____. C'est un problème qui (3) _____ beaucoup de gens. Certains (4) _____ ces filles, d'autres trouvent qu'elles devraient avoir le droit de le porter. Les filles ressentent de (5) _____, quand un professeur leur demande de l'enlever. C'est une situation difficile où les enfants se retrouvent coincés (*stuck*) entre deux opinions.

**2** **Associez** Trouvez la fin logique de chaque phrase.

_____ 1. Adolescente, Sophie avait un complexe d'infériorité

_____ 2. Tout le monde considère que Thomas est un voyou

_____ 3. Le père de Fatima touche aujourd'hui une très bonne pension

_____ 4. Sylvain a chuchoté pour ne pas déranger les gens

_____ 5. Éric me soûle chaque fois qu'il vient chez moi

a. parce qu'il était travailleur manuel et faisait partie d'un bon syndicat.

b. parce que sa sœur était une grande intellectuelle.

c. parce qu'il fait toujours son cinéma devant ma sœur.

d. parce qu'il traîne tout le temps dans la rue avec ses amis.

e. parce qu'il est arrivé à un moment assez tendu dans le film.

ressources

vText

vhlcentral.com
Leçon 6

 Practice more at **vhlcentral.com**.

**3** Questions À deux, répondez aux questions et expliquez vos réponses.

1. Vos parents s'inquiètent-ils beaucoup pour vous ou sont-ils heureux que vous soyez indépendant(e)?

2. Avez-vous de bonnes relations avec vos parents? Expliquez.

3. Êtes-vous heureux/euse de vivre chez vos parents ou aimeriez-vous avoir déjà votre propre logement?

**4** Changements À deux, discutez des changements des cinquante dernières années. Comment vivait-on avant et comment vit-on aujourd'hui? Remplissez le tableau et comparez vos réponses avec celles des autres groupes.

|  | Il y a 50 ans | Aujourd'hui |
|---|---|---|
| les relations personnelles |  |  |
| les relations professionnelles |  |  |
| les relations familiales |  |  |
| la recherche d'un emploi |  |  |
| les maisons |  |  |
| les villes |  |  |
| le lycée |  |  |
| les moyens de transport |  |  |
| les moyens de communication |  |  |

**5** L'évolution de la famille Répondez aux questions par groupes de trois et comparez vos réponses avec celles des autres groupes.

1. Pourquoi avez-vous une vie plus facile que celle qu'ont eue vos parents? Pourquoi est-elle plus difficile?

2. Êtes-vous fier/fière des origines de votre famille? Pourquoi?

3. Connaissez-vous des gens qui ont honte de leur famille ou de leurs parents? Pourquoi en ont-ils honte?

4. Pensez-vous que les enfants doivent s'occuper de leurs parents quand ils sont âgés?

**6** Qui est-ce? Par petits groupes, regardez les trois images. Imaginez les relations entre tous les personnages. Décrivez comment chacun passe la journée en général.

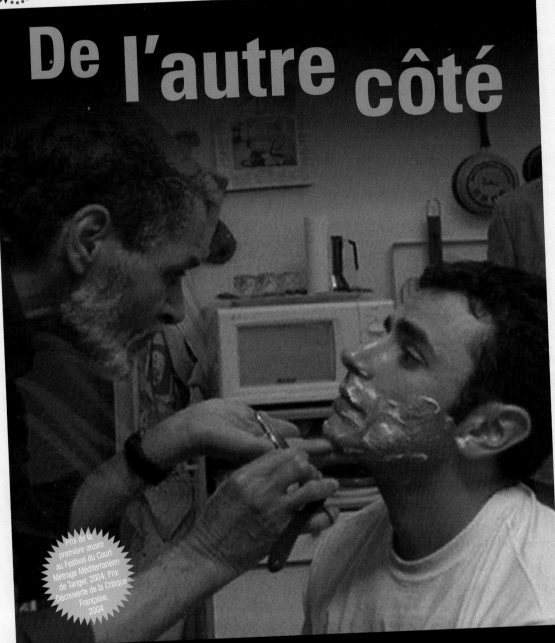

# De l'autre côté

Prix de la première œuvre au Festival du Court Métrage Méditerranéen de Tanger, 2004; Prix Découverte de la Critique Française, 2004

Une production des FILMS DE CLÉOPÂTRE
Scénario et réalisation NASSIM AMAOUCHE
Production HAKIM SAHRAOUI/CHRISTINE BESSARD
Direction de la photographie CÉDRIC FRANÇOIS ASCENCIO
Montage AURÉLIE MONIER  Son JULIEN BROYER  Décors JOSEPH GUÉRIN  Musique CHEB KHALED
Acteurs BENAÏSSA AHOUARI/KEINE BOUHIZA/YASMINE BELMADI/ABDE DEEN

**INTRIGUE** *Un jeune avocat d'origine algérienne retourne chez ses parents «de l'autre côté», pour la fête de circoncision de son petit frère.*

**LA MÈRE** Malik! Ton frère, il va arriver pour la fête. Il prend ta chambre.
**MALIK** Je vais dormir où, moi?
**LA MÈRE** Avec le petit.
**MALIK** S'il te plaît, ne me fais pas ça! Il va me soûler avec ses lapins... J'en ai marre!

**SAMIR** Ça n'a pas trop changé.
**LA MÈRE** Ah oui, on a fait un peu la peinture et tout ça.
**SAMIR** Et Malik, il est où?
**LA MÈRE** Oh, Malik, il traîne toujours... avec les voyous. Il ne change pas.

**SAMIR** Samedi, on va avoir une grande fête. Des gens que tu ne connais pas vont te donner plein d'argent, et tu pourras t'acheter plein de cadeaux!
**LE PETIT** Je sais, Malik m'a dit qu'avec cet argent je pourrai m'acheter une ferme°, des lapins, un coq°, et surtout des lapins!

**LE PÈRE** Allo? Je m'appelle BOUJIRA. Je vous téléphone au sujet d'un dossier°, là... Je me suis trompé...
**LE FONCTIONNAIRE** Mais quand même, faites un effort...
**SAMIR** Il te parle comme à un gamin... Il l'a sentie, ta honte.

**MALIK** Comment ça doit être dur de passer de l'autre côté... Avec tous ces cravatés°-là qui te regardent sûrement comme un objet exotique quand t'es avec eux. Tu crois que je vois pas?... Il [Le père] [n'] a pas gueulé° de la journée. J'ai été voir maman. Elle m'a tout raconté.

**SAMIR** Il n'y a que ça comme rasoir?
**LE PÈRE** Laisse, laisse... tu vas te couper. Tu sais, ton frère, il ne se rase pas. Il a la peau de bébé.
**MALIK** On y va quand vous voulez.

**ferme** *farm* **coq** *rooster* **dossier** *file*
**cravatés** *businesspeople (slang); "suits"*
**gueulé** *yelled*

## Note
## CULTURELLE

### Les Algériens en France

En France, 31% des immigrés viennent du Maghreb. Et la moitié d'entre eux sont algériens. Ils ont commencé à venir en France dans les années 1960 pour des raisons économiques: la France avait besoin de travailleurs et ils avaient besoin de travail. La majorité vit dans la région parisienne et dans le sud-est de la France. Aujourd'hui, 25% d'entre eux font des études supérieures, mais ils doivent encore faire face à° des discriminations quand ils cherchent un travail ou un logement.

**faire face à** *cope with*

# Analyse

**1** **Compréhension** Répondez aux questions par des phrases complètes.

1. Pourquoi Malik est-il fâché contre sa mère au début du film?

2. Pour quelle raison Samir est-il revenu?

3. Comment les parents réagissent-ils face à Malik? Et face à Samir?

4. Comment sont Malik et le petit frère quand ils revoient Samir?

5. Pour qui la famille Boujira organise-t-elle une fête?

6. Pourquoi Samir est-il déçu après la conversation de son père avec le fonctionnaire?

7. Pourquoi Malik et ses copains passent-ils à la maison le samedi soir, avant la fête?

8. Quelle est la réaction de Malik quand Samir lui offre un emploi au cabinet où Samir travaille? Pourquoi Malik réagit-il de cette manière?

**2** **Interprétation** À deux, répondez aux questions et expliquez vos réponses.

1. Pourquoi Samir est-il venu tout seul, sans son amie?

2. Malik est-il jaloux de son frère, Samir?

3. Samir et Malik respectent-ils leurs parents?

4. Quelle est la nature des relations entre la mère et le père?

5. À votre avis, quel membre de la famille Boujira est le plus heureux? Pourquoi?

6. Comment Samir est-il passé «de l'autre côté»? Et pourquoi passer de l'autre côté est-il difficile (comme le dit Malik)?

7. Pourquoi Malik emploie-t-il souvent des mots arabes, et Samir pas du tout?

8. Imaginez l'avenir du petit frère. Deviendra-t-il comme Samir ou comme Malik?

**3** **Samir et Malik** À deux, discutez des différences et des points communs qui existent entre Samir et Malik. Comment se comportent-ils? Qu'est-ce qui les intéresse dans la vie?

**4** **Les thèmes du film** À deux, réfléchissez aux thèmes du film. À votre avis, quel est le thème principal? Écrivez un paragraphe qui explique ce thème et pourquoi vous l'avez choisi. Suggérez au moins deux thèmes secondaires. Quel est le rapport avec le thème principal?

**La famille?**    *Le fossé des générations?*    La honte?    L'immigration?

**5** **La fête** Regardez l'image ci-dessous et pensez à la scène de la fête, à la fin du film. Par petits groupes, décrivez la scène puis répondez aux questions.

- Pourquoi la scène de la fête est-elle différente de la vie quotidienne?
- Quel est le personnage dont le comportement est le plus différent, comparé à la vie de tous les jours? Pourquoi?
- Que ressent le petit frère? Et que ressentent ses parents?

**6** **Les générations** À deux, écrivez un dialogue basé sur une de ces deux situations.

**A**

On vous offre la possibilité de faire un stage dans un pays étranger pendant un an, avant de terminer vos études. Vous devez en discuter avec vos parents. Votre père/mère préférerait que vous terminiez d'abord vos études.

**B**

Votre mère a envie de retourner à l'université pour continuer ses études et elle doit en discuter avec vous. Vous ne pensez pas que ce soit une bonne idée.

ressources

**v̂Text**

CE
pp. 106–107

vhlcentral.com
Leçon 6

# IMAGINEZ
## Voyage inoubliable!

# L'AFRIQUE DU NORD

P arti au **Proche-Orient°** et en **Afrique du Nord**, notre reporter, Jean-Michel Caron, nous fait part de ses impressions de voyage.

«Après un long voyage en avion avec deux escales°, je suis enfin arrivé au **Liban**, le pays du cèdre°, arbre majestueux, qui est devenu le symbole du pays et l'emblème du drapeau. J'ai voulu visiter **Beyrouth**, sa capitale, port de commerce et centre financier, qui est aussi connue pour son intense vie culturelle et nocturne. Cette vie culturelle renaît aujourd'hui et le couturier° à la mode **Elie Saab**, spécialisé dans les somptueuses robes du soir, en est un bel exemple. Comme j'y étais au printemps, je n'ai pas voulu manquer cette expérience unique dont on m'avait parlé: skier le matin dans les montagnes enneigées° de la **chaîne du Liban**, puis aller se baigner dans la **Méditerranée**. Génial!

«J'ai repris l'avion pour me rendre au **Maghreb**, et je me suis d'abord arrêté en **Tunisie**. J'ai choisi d'aller à **Matmata**, au sud-est, où j'ai trouvé un paysage lunaire°, formé de cratères. Saviez-vous que **George Lucas** y avait filmé un épisode de *La guerre des étoiles*? À **Carthage**, près de **Tunis**, la capitale du pays, j'ai visité un site archéologique majeur d'**Afrique du Nord**: les ruines d'une ville dont l'histoire a marqué l'**Antiquité**. Au 9e siècle avant J.-C. (*B.C.*), Carthage, qui veut dire *Nouvelle ville* en phénicien, était un empire tout-puissant. Après avoir été détruite une première fois, elle sera reconstruite et deviendra une grande rivale de **Rome**.

«Puis j'ai quitté la Tunisie pour aller en **Algérie**. **Alger** la blanche offre les charmes d'une capitale portuaire et une vue superbe sur la baie. Elle doit son surnom à la blancheur éclatante des murs de la **Casbah**. La Casbah… on ne peut

La porte Bab Bou Jeloud, à Fès, au Maroc

pas visiter Alger sans passer par ce centre historique. C'est une ancienne forteresse magnifique qui domine la ville. Elle est entourée de petites rues et de maisons aux belles cours intérieures avec une fontaine en leur centre. On voit aussi beaucoup de vestiges° historiques dans la région d'**Oran**, ville côtière à l'ouest d'Alger. Cette ville a aussi inventé le **raï traditionnel**, qui a donné naissance au pop raï moderne et aux artistes comme **Khaled**.

«J'ai terminé mon voyage par le **Maroc**. Si **Rabat** en est la capitale, **Casablanca** est plus moderne. J'y ai admiré la **place Mohamed V**, avec son architecture de style art-déco des années 1930 et sa très belle fontaine, j'ai fait mes courses au marché central et je me suis promené dans le quartier des **Habous**. Construit dans les années 1920, mais dans le style d'une vieille médina, j'ai aimé ce quartier qui mélange le traditionnel et le moderne. À **Fès**, je suis

### D'ailleurs…

Le thé à la menthe est la boisson traditionnelle des pays du Maghreb. Il est aussi symbole d'hospitalité et ne peut se refuser. Contrairement à la cuisine préparée par les femmes, le thé est préparé et servi par les hommes, le chef de famille en général.

Dromadaires dans les dunes du Sahara, au Maroc

**Proche-Orient** *Near East* **escales** *layovers* **cèdre** *cedar* **couturier** *fashion designer* **enneigées** *snowy* **lunaire** *lunar* **vestiges** *remains*

ressources

v Text

CE
p. 94

vhlcentral.com
Leçon 6

# ET LE LIBAN

tombé sous le charme de la **médina**, l'une des plus anciennes du monde. On se promène dans de petites rues étroites, on s'arrête pour regarder travailler les artisans. J'ai d'ailleurs rapporté en souvenir un magnifique service à thé en céramique bleue, spécialité de Fès. Et un petit thé à la menthe, maintenant, ça vous dirait?»

## L'arabe dans le français

### Mots

| | |
|---|---|
| **un bled** | un village |
| **une casbah** | une maison |
| **un chouïa** | un peu |
| **kiffer** | aimer beaucoup |
| **un riad** | une villa traditionnelle |
| **une smala** | une famille |
| **un souk** | un désordre |

### Expressions

| | |
|---|---|
| **C'est pas bézef.** | Ce n'est pas beaucoup. |
| **C'est kif-kif.** | C'est pareil. |
| **faire fissa** | se dépêcher |
| **Il est maboul!** | Il est fou! |
| **Zarma!** | Ma parole!; *No way!* |

# Découvrons le Maghreb!

**Essaouira** Essaouira est un petit port marocain connu pour la douceur de son climat et la gentillesse de ses habitants. Les touristes aiment aussi visiter ses fortifications, sa médina et ses «riads», maisons marocaines traditionnelles, car la ville possède un patrimoine architectural bien conservé. Ses rues, où se rencontrent petits pêcheurs, commerçants, artisans et artistes du monde entier, offrent une atmosphère unique.

**Le site de Timgad** Aux portes du désert en Algérie, c'est un site archéologique exceptionnel par sa beauté et son état de conservation remarquables, classé au Patrimoine mondial de l'humanité. C'est une ville romaine construite par l'**empereur Trajan**, en 100 après J.-C. Son architecture est unique car les artistes **numides** (qui habitaient cette région à l'époque des Romains) ont ajouté des détails qu'on ne trouve nulle part ailleurs.

**Les Berbères** Ils représentent le groupe ethnique le plus ancien d'**Afrique du Nord**. Nombreux au Maroc et en Algérie,  ils vivent aussi en Mauritanie, en Tunisie, en Libye et dans le Sahara. Unifiés sous le terme *Imazighen*, «hommes libres», les **Berbères** se différencient par des dialectes locaux variés, comme le touareg ou le kabyle. Depuis l'an 2000, **Berbère Télévision** émet° à **Paris** et aide à promouvoir° cette culture.

**Sidi Bou Saïd** Ce petit village de pêcheurs, perché sur une falaise, a une vue superbe sur Carthage et sur la baie de Tunis. En 1912, l'arrivée du **baron** français **Rodolphe d'Erlanger**, peintre  et musicologue spécialiste de la musique arabe, a transformé Sidi Bou Saïd. Le baron fait restaurer les anciennes maisons et y impose les couleurs **bleu** et **blanc**. Beaucoup d'artistes, comme **Paul Klee**, s'y sont installés pour profiter de la lumière et des couleurs fantastiques. **Camus**, **Hemingway** et **Flaubert** ont tous visité son mythique **Café des Nattes** et ses ruelles à l'ambiance exotique et ensorcelante°.

**émet** *broadcasts* **promouvoir** *promote* **ensorcelante** *captivating*

# Qu'avez-vous appris?

**1 Vrai ou faux?** Indiquez si ces affirmations sont vraies ou fausses. Corrigez les fausses.

1. Le Liban est aussi grand que la France.

2. Au Liban, vous pouvez, dans la même journée, faire du ski et vous baigner dans la mer.

3. George Lucas a filmé un épisode de *La guerre des étoiles* au Maroc.

4. Oran en Algérie est le lieu d'origine du raï traditionnel.

5. On peut admirer la place Mohamed V à Rabat.

6. Essaouira est connue pour la douceur de son climat et la gentillesse de ses habitants.

**2 Questions** Répondez aux questions.

1. Que représente le thé à la menthe au Maghreb?

2. Quel est le surnom de la ville d'Alger?

3. Que doit-on visiter à Casablanca?

4. Qui sont les Berbères?

5. Qu'est-ce qui caractérise les maisons de Sidi Bou Saïd?

6. Quels écrivains célèbres ont visité Sidi Bou Saïd?

## Projet

### La traversée du Maghreb

Organisez un voyage où vous traverserez entre trois et cinq villes du Maghreb. Préparez votre voyage d'après ces critères et vos intérêts personnels.

- Dans chaque ville, visitez un important site historique, naturel ou culturel.

- Faites une description de chaque visite dans votre journal.

- Racontez vos aventures à la classe et montrez des photos de chaque lieu visité. Expliquez à vos camarades ce que vous avez découvert et donnez vos impressions de voyage pour chaque destination.

---

**ÉPREUVE**

Trouvez la bonne réponse.

1. Le Liban est aussi appelé _____.
   a. le petit pays     b. le Paris du Moyen-Orient
   c. le pays du cèdre     d. le pays du ski

2. Elie Saab est un jeune _____ libanais qui est très à la mode.
   a. couturier     b. sportif
   c. touriste     d. voyageur

3. À Carthage, on peut visiter _____.
   a. des musées     b. des ruines
   c. des oasis     d. des riads

4. La Casbah est _____ d'Alger.
   a. le centre historique     b. le palais
   c. la plage     d. le marché

5. _____ est la capitale du Maroc.
   a. Essaouira     b. Fès
   c. Rabat     d. Casablanca

6. La Médina de _____ est l'une des plus anciennes du monde.
   a. Casablanca     b. Rabat
   c. les Habous     d. Fès

7. La ville d'Essaouira a un _____ architectural bien conservé.
   a. marché     b. patrimoine
   c. palais     d. musée

8. Le site de _____ est une ville romaine construite par l'empereur Trajan.
   a. Essaouira     b. Sidi Bou Saïd
   c. Fès     d. Timgad

9. Les Berbères vivent en Algérie, au Maroc, en Mauritanie, _____, en Tunisie et dans le Sahara.
   a. en Afrique du Nord     b. en Égypte
   c. au Liban     d. en Libye

10. Les Berbères parlent des dialectes locaux comme _____.
    a. le swahili et le touareg     b. le français et le kabyle
    c. le kabyle et le touareg     d. l'arabe et le français

# Galerie de Créateurs

## Couture: Yves Saint Laurent

**1** **Préparation** Répondez à ces questions sur le rôle des vêtements.

1. Pensez au rôle des vêtements dans votre vie. Sont-ils importants? En avez-vous beaucoup? En achetez-vous fréquemment? Préférez-vous des vêtements chers ou bon marché? Suivez-vous la mode? Expliquez en donnant des détails.

2. Que disent vos vêtements au sujet de votre personnalité et de votre caractère?

### YSL: l'innovation dans la mode

«Je n'ai qu'un regret, ne pas avoir inventé le jean», dira-t-il. Ce grand couturier est né à Oran, en Algérie, où il passe toute son enfance. Il commence sa carrière dans la haute couture comme styliste pour Christian Dior. À la mort de celui-ci en 1957, Yves Saint Laurent, alors âgé de 21 ans, est chargé (a la responsabilité) de sauver la maison Dior de la ruine. Il obtient un grand succès avec sa robe trapèze, contraste avec la mode serrée de l'époque, mais est remplacé à la tête de la maison. Il crée alors sa propre maison de couture en 1962. Saint Laurent est un innovateur à l'origine de nombreuses révolutions dans la mode comme la robe transparente, la saharienne (*safari jacket*) et le smoking (*tuxedo*) féminin. Il veut donner ainsi (de cette façon) plus de pouvoir (*power*) aux femmes en leur offrant la possibilité de porter des vêtements dits masculins comme le pantalon. Il introduit les couleurs vives (*bright*), le noir, qui n'est plus réservé aux cérémonies, et l'univers oriental. La simplicité et l'originalité caractérisent depuis le début la maison YSL.

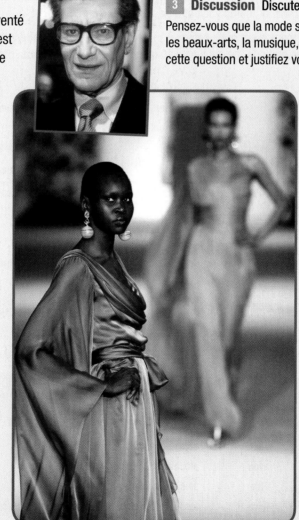

**2** **Compréhension** Répondez par des phrases complètes.

1. Quel vêtement a apporté son premier grand succès à Yves Saint Laurent?

2. Citez trois autres vêtements créés par Saint Laurent qui montrent son désir d'innovation.

3. Pourquoi est-ce qu'on peut dire que Saint Laurent a donné plus de pouvoir aux femmes?

4. Qu'est-ce qui caractérise la maison YSL?

**3** **Discussion** Discutez en groupes puis avec la classe.

Pensez-vous que la mode soit une forme d'art au même titre que les beaux-arts, la musique, la littérature ou le cinéma? Discutez de cette question et justifiez vos opinions.

**4** **Application** Mode et monde

Selon la lecture, Saint Laurent a donné plus de pouvoir aux femmes en leur offrant la posssibilité de porter des vêtements masculins. Cherchez des images de vêtements de la maison YSL, surtout ceux qui étaient innovants. Ensuite, cherchez des images de vêtements qui sont très à la mode actuellement. Préparez une présentation dans laquelle vous comparez leurs styles. Qu'est-ce que ces vêtements disent sur les changements dans la société et dans les attitudes? Parlez des rôles des hommes, des femmes et des jeunes.

Practice more at **vhlcentral.com**.

**Presentation Tutorial**

## 6.1 The subjunctive: impersonal expressions; will, opinion, and emotion

*Samir ne veut pas que son père **ait** honte.*

**BLOC-NOTES**

To review imperfect forms, see **Fiche de grammaire 3.5, p. 382.**

### Forms of the present subjunctive

- You have already been using verb tenses in the indicative mood. You can also use French verbs in the *subjunctive* mood, which is used to express an attitude, an opinion, or personal will, or to imply hypothesis or doubt.

- To form the present subjunctive of most verbs, take the **ils/elles** stem of the present indicative and add the subjunctive endings. For **nous** and **vous**, use their **imparfait** forms.

#### The present subjunctive

|  | parler | finir | attendre |
|---|---|---|---|
|  | parl**ent** | finiss**ent** | attend**ent** |
| que je/j' | parle | finisse | attende |
| que tu | parles | finisses | attendes |
| qu'il/elle | parle | finisse | attende |
| que nous | parlions | finissions | attendions |
| que vous | parliez | finissiez | attendiez |
| qu'ils/elles | parlent | finissent | attendent |

- Use the same pattern to form the subjunctive of verbs with spelling or stem changes.

| | |
|---|---|
| acheter | achète, achètes, achète, achetions, achetiez, achètent |
| croire | croie, croies, croie, croyions, croyiez, croient |
| prendre | prenne, prennes, prenne, prenions, preniez, prennent |
| recevoir | reçoive, reçoives, reçoive, recevions, receviez, reçoivent |

- Some verbs are unpredictably irregular in the present subjunctive.

| | |
|---|---|
| aller | aille, ailles, aille, allions, alliez, aillent |
| avoir | aie, aies, ait, ayons, ayez, aient |
| être | sois, sois, soit, soyons, soyez, soient |
| faire | fasse, fasses, fasse, fassions, fassiez, fassent |
| pouvoir | puisse, puisses, puisse, puissions, puissiez, puissent |
| savoir | sache, saches, sache, sachions, sachiez, sachent |
| vouloir | veuille, veuilles, veuille, voulions, vouliez, veuillent |

## Impersonal expressions and verbs of will and emotion

- Sentences calling for the subjunctive fit the pattern [*main clause*] + **que** + [*subordinate clause*]. In each case, the subjects of the two clauses are different and **que** is used to connect the clauses. Note that although the word *that* is optional in English, the word **que** *cannot* be omitted in French.

| MAIN CLAUSE | CONNECTOR | SUBORDINATE CLAUSE |
|---|---|---|
| **Il est étonnant** | **que** | **Thierry ne connaisse pas ses parents.** |
| *It is surprising* | *(that)* | *Thierry doesn't know his parents.* |

- The subjunctive is used after many impersonal expressions that state an opinion.

### Impersonal expressions followed by the subjunctive

| | |
|---|---|
| **Ce n'est pas la peine que...** *It is not worth the effort...* | **Il est indispensable que...** *It is essential that...* |
| **Il est bon que...** *It is good that...* | **Il est nécessaire que...** *It is necessary that...* |
| **Il est dommage que...** *It is a shame that...* | **Il est possible que...** *It is possible that...* |
| **Il est essentiel que...** *It is essential that...* | **Il est surprenant que...** *It is surprising that...* |
| **Il est étonnant que...** *It is surprising that...* | **Il faut que...** *One must... / It is necessary that...* |
| **Il est important que...** *It is important that...* | **Il vaut mieux que...** *It is better that...* |

- When the main clause of a sentence expresses will or emotion, use the subjunctive in the subordinate clause.

| Expressions of will | Expressions of emotion |
|---|---|
| **demander que...** *to ask that...* | **aimer que...** *to like that...* |
| **désirer que...** *to desire that...* | **avoir peur que...** *to be afraid that...* |
| **exiger que...** *to demand that...* | **être content(e) que...** *to be happy that...* |
| **préférer que...** *to prefer that...* | **être désolé(e) que...** *to be sorry that...* |
| **proposer que...** *to propose that...* | **être étonné(e) que...** *to be surprised that...* |
| **recommander que...** *to recommend that...* | **être fâché(e) que...** *to be mad that...* |
| **souhaiter que...** *to hope that...* | **être fier/fière que...** *to be proud that...* |
| **suggérer que...** *to suggest that...* | **être ravi(e) que...** *to be delighted that...* |
| **vouloir que...** *to want that...* | **regretter que...** *to regret that...* |

Notre grand-père **désire qu'**on lui **rende** visite cet été.
*Our grandfather wants us to visit him this summer.*

Je **suis ravie que** nous **allions** chez notre oncle.
*I'm delighted that we're going to our uncle's house.*

- Although the verb **espérer** expresses emotion, it does not trigger the subjunctive.

J'**espère** que le nouveau prof n'**est** pas trop strict.
*I hope that the new teacher isn't too strict.*

Nous **espérons** qu'ils **ont** des citrons à la supérette.
*We hope they have lemons at the mini-market.*

**BLOC-NOTES**

If there is no change of subject in the sentence, an infinitive is used after the main verb and **que** is omitted. To learn more about using infinitives in place of the subjunctive, see **Structures 8.1, pp. 272–273.**

**ATTENTION!**

Some verbs used only in the third person singular, including some used in impersonal expressions, have irregular present subjunctive forms.

**valoir** (*to be worth it*): qu'il **vaille**

**falloir** (*to be necessary*): qu'il **faille**

**pleuvoir** (*to rain*): qu'il **pleuve**

**Je ne pense pas que ça en vaille la peine.**

*I don't think it's worth the effort.*

**ATTENTION!**

The verb **demander** is often used with an indirect object + **de** + [*infinitive*].

**Papa nous demande de rentrer avant minuit.**

*Dad is asking us to come home before midnight.*

# Mise en pratique

**1**

**À lier** Reliez les éléments de chaque colonne pour former des phrases cohérentes.

_____ 1. Ils sont étonnés que vous…          a. parler avec ton amie au téléphone?

_____ 2. Il est impossible qu'ils…          b. mangions des épinards.

_____ 3. Il est bon que nous…          c. finissent à temps.

_____ 4. As-tu fini de…          d. sois si insupportable?

_____ 5. Vous souhaitez que je/j'…          e. ayez encore vos arrière-grands-parents.

_____ 6. Faut-il que tu…          f. apprenne plus de langues.

**2**

**Vacances à Djerba** Complétez l'e-mail que Géraldine écrit à son agent de voyages. Mettez au présent du subjonctif les verbes entre parenthèses.

### Note
### CULTURELLE

**Djerba** est une île au large des **côtes tunisiennes.** Connue dans le monde entier pour ses plages, elle est la première destination touristique du pays. Les touristes viennent surtout d'Italie, d'Allemagne et de France. Bien que (*Although*) très tournée vers le tourisme, l'île est restée traditionnelle: on y compte plus de 300 mosquées.

| De: | Géraldine Lastricte <géraldine.lastricte@email.fr> |
| Pour: | Marion Cantou <marion.cantou@email.fr> |
| Sujet: | Recommandations |

Madame,
J'espère que vous avez bien pris en considération les souhaits (*wishes*) que
j'ai formulés pour mon voyage à Djerba. Je vous les rappelle, au cas où. Il est
évidemment essentiel que je (1) _____ (voyager) en première classe.
Il faut que mon hôtel (2) _____ (être) situé près de la plage et que ma
chambre (3) _____ (avoir) vue sur la mer. Je désire que tout le monde
à l'hôtel (4) _____ (connaître) mes goûts. Je préférerais que le quartier
(5) _____ (être) vivant, mais pas trop bruyant. Je veux, bien sûr,
qu'une voiture (6) _____ (venir) me chercher à l'aéroport, et dites à la
compagnie de limousine qu'il vaut mieux pour elle que je n' (7) _____
(attendre) pas. Je tiens à ajouter qu'il serait dommage pour votre avenir que vous ne
(8) _____ (pouvoir) pas répondre à ces simples souhaits.
Cordialement,
Géraldine Lastricte

**3**

**L'homme idéal** Eugène a décidé de changer de style de vie. Il veut maintenant ressembler à son frère George. Regardez les images et, avec les éléments de la liste, dites à Eugène ce qu'il doit faire pour devenir l'homme idéal.

| il est nécessaire que | il vaut mieux que | recommander que |
| il est possible que | préférer que | suggérer que |
| il faut que | proposer que | vouloir que |

Eugène

George

# Communication

**4**

**Rêve et réalité** À deux, faites des comparaisons entre ce que vous avez et ce que vous rêvez d'avoir. Aidez-vous des éléments de la liste. N'oubliez pas d'utiliser le présent du subjonctif si nécessaire.

> **Modèle** —As-tu une chambre?
> —Oui, j'ai une chambre, mais j'aimerais qu'elle soit plus grande.

| | |
|---|---|
| aimer que | parents |
| chambre | préférer que |
| enfance | regretter que |
| être content(e) que | relation |
| frère(s)/sœur(s) | souhaiter que |
| ordinateur | vouloir que |

**5**

**Recherche...** À deux, regardez les deux annonces et imaginez que vous soyez d'abord la personne qui vende le chiot, puis les touristes qui cherchent un guide. Écrivez la suite des annonces à l'aide du présent du subjonctif. Ensuite, présentez-les à la classe.

> **Modèle** Il est indispensable que la famille adoptive soit gentille.
> Il est important que notre guide habite à Alger.

La famille Ouagued vend un chiot (puppy) de la race des épagneuls. Voici une photo de sa mère...

Touristes français recherchent un guide pour leur séjour en Algérie...

**6**

**Dialogue parents-enfant** Par groupes de trois, imaginez une conversation entre des parents et leur enfant adolescent(e). Ensuite, jouez la scène devant la classe. Utilisez le plus possible le présent du subjonctif.

> **Modèle** **MÈRE** Il faut que tu comprennes que tu passes le bac cette année.
> **ENFANT** Je veux que vous me laissiez tranquille avec mes amis!
> **PÈRE** On préfère que tu ne sortes pas avec eux ce soir.

**ressources**

**v̂ Text**

CE
pp. 95-97

vhlcentral.com
Leçon 6

Presentation
Tutorial

# Demonstrative pronouns

—*Tu as vu comme il nous fait son cinéma, **celui-là**?*

- The demonstrative pronoun **celui** and its forms mean *this one/that one/the one* or *these/those/the ones.* Use them for pointing something out or indicating a preference.

| | |
|---|---|
| Quel **gâteau** préférez-vous? Le **gâteau** au chocolat ou le **gâteau** aux cerises? | Quel **gâteau** préférez-vous? **Celui** au chocolat ou **celui** aux cerises? |
| *Which cake do you prefer? The chocolate cake or the cherry cake?* | *Which cake do you prefer? The chocolate one or the cherry one?* |

- Demonstrative pronouns agree in number and gender with the noun to which they refer.

| Demonstrative pronouns | | |
|---|---|---|
| | **singular** | **plural** |
| **masculine** | celui *this one; that one; the one* | ceux *these; those; the ones* |
| **feminine** | celle *this one; that one; the one* | celles *these; those; the ones* |

| | |
|---|---|
| Les deux **supérettes** de mon quartier sont nulles! Et **celles** de ton quartier? | Quels **raisins** est-ce que vous avez achetés hier, **ceux**-ci? |
| *My neighborhood's two mini-markets are lame! And the ones in your neighborhood?* | *Which grapes did you buy yesterday, these here?* |

**BLOC-NOTES**

To review using **-ci** and **-là** with demonstrative adjectives, see **Fiche de grammaire 4.4, p. 384.**

- As with demonstrative adjectives, **-ci** and **-là** can be added after a form of **celui** to distinguish between people or objects that are closer (**celle-ci**) or farther (**celui-là**).

- A form of **celui** can also be followed by a relative clause to mean *the one(s) that* or *the one(s) whose.*

**ATTENTION!**

Use a demonstrative pronoun followed by **-ci** or **-là** to express, respectively, the English words *latter* and *former.*

**Tu prends les épinards ou les asperges? Celles-ci sont plus fraîches que ceux-là.**

*Are you having spinach or asparagus? The latter is fresher than the former.*

| | |
|---|---|
| On va à cet hypermarché-ci ou à **celui qui** ouvre plus tôt? | La pâtisserie Michèle, c'est **celle que** tu aimes bien? |
| *Are we going to this supermarket here or the one that opens earlier?* | *Is the Michèle pastry shop the one you like?* |

Ces enfants sont **ceux dont** l'arrière-grand-père est né en 1910.
*These children are the ones whose great-grandfather was born in 1910.*

- A prepositional phrase can also follow a demonstrative pronoun.

**BLOC-NOTES**

To review relative pronouns, see **Structures 9.1, pp. 310–311.**

| | |
|---|---|
| Mes livres et **ceux de** Nathalie sont dans notre chambre. | Cette jupe en coton est moins chère que **celle en** soie. |
| *My books and those of Nathalie are in our bedroom.* | *This cotton skirt is less expensive than the silk one.* |

- Adjectives that modify forms of **celui** must agree with them in number and gender. Past participles should agree with forms of **celui** when appropriate.

  **Ceux** qui sont **beaux** ne sont pas toujours sympathiques.
  *Those that are beautiful are not always nice.*

  Leurs sœurs sont **celles** que nous avons **vues** ici hier?
  *Are their sisters the ones we saw here yesterday?*

- You can use **celui-là** or **celle-là** to refer to someone in a familiar or scornful fashion.

  Le petit ami de Samira? Ah, **celui-là**!
  *Samira's boyfriend? Oh, that one!*

  Elle croit qu'elle sait tout, **celle-là**?
  *Does she think she knows it all, that one?*

- **Ceci** and **cela** are also demonstrative pronouns. Unlike other pronouns, they do not refer to any noun in particular, but rather to an idea. **Ceci** draws attention to something that is about to be said; **cela** refers to something that has already been said.

  Je vous dis **ceci**: il ne faut rien regretter.
  *I say this to you: you must not regret anything.*

  On évite les préjugés. **Cela** va sans dire.
  *We avoid prejudices. That goes without saying.*

- Both **ceci** and **cela** have a literary tone to them. In everyday French, use **ce** or **ça**. Use **ce** before forms of **être**; use **ça** before other verbs.

| | |
|---|---|
| **before a form of *être* beginning with a consonant** | **Ce sont** mes enfants, Abdel et Fatih. *Those/They are my children, Abdel and Fatih.* |
| **before a form of *être* beginning with a vowel** | **C'est** du saumon grillé? *Is that grilled salmon?* |
| **before any other verb** | **Ça** m'énerve! *That annoys me!* |

- **C'est** can be used in many constructions.

| | |
|---|---|
| **C'est + name** *identifies a person.* | **C'est** Ségolène. *That/She is Ségolène.* |
| **C'est + article or adjective + noun** *identifies a person or thing.* | **C'est** mon arrière-grand-mère. *That/She is my great-grandmother.* |
| **C'est + disjunctive pronoun** *identifies a person.* | **C'est** toi qui as trouvé ce chat? *Are you the one that found this cat?* |
| **C'est + adjective** *describes an idea or expresses an opinion.* | Trois semaines de vacances! **C'est** super. *Three weeks of vacation! That's great.* |
| **infinitive + c'est + infinitive** *draws an equivalency between two actions.* | Partir, **c'est** mourir un peu. *To leave is to die a little.* |

**ATTENTION!**

Forms of **celui** cannot stand alone; they must always be followed by **-ci/-là**, a relative clause, or a prepositional phrase.

**BLOC-NOTES**

To review past participle agreement, see **Fiche de grammaire 5.5, p. 390.**

**BLOC-NOTES**

To review the distinction between **il/elle est** and **c'est**, see **Fiche de grammaire 2.5, p. 378.**

# Mise en pratique

**1** **À choisir** Choisissez le bon pronom démonstratif pour compléter ces phrases.

1. Je parle de la nièce de mon voisin, tu sais, _____ qui vient de se marier.

   a. ceux     b. celles-là     c. celle

2. Nous vous avions parlé de _____, mais vous ne nous aviez pas écouté.

   a. ça     b. celui     c. ceux

3. Ils ont l'habitude de faire leurs courses à cet hypermarché, _____ on voit depuis (*from*) l'autoroute.

   a. celui qu'     b. celle dont     c. celui qui

4. De quelle personne veux-tu te plaindre au patron? De _____.

   a. celle pour     b. celle-là     c. cela

5. J'avais plusieurs surnoms quand j'étais enfant. Voici _____ je me souviens: «le peintre», «le fou» et «le gourmet».

   a. ceux-ci     b. celui dont     c. ceux dont

**2** **Fès** Le grand-père de Mohamed lui parle de sa jeunesse. Complétez l'histoire de sa rencontre avec la grand-mère de Mohammed à Fès.

| c'est | cela | celle qui | celui où |
|-------|------|-----------|----------|
| ceci | celle dont | celles que | ceux dont |

## Note CULTURELLE

**Fès** fait partie des quatre villes impériales du **Maroc** avec **Marrakech**, **Meknès** et **Rabat**. Elles ont toutes été capitale du Maroc au moins une fois dans leur histoire. On peut découvrir le palais royal et les tanneries à Fès, la grande place **Jemaa el-Fna** à Marrakech, les ruines d'une antique cité romaine dans la banlieue de Meknès et la grande mosquée **Hassan II** à Rabat.

Fès est la quatrième ville du Maroc. C'est (1) _____ m'est la plus chère parce que (2) _____ là où je suis né. Ah, mais tu sais déjà (3) _____. Ta grand-mère et moi, nous habitions dans cette petite rue, (4) _____ je connais bien le marchand de journaux. Mes amis, (5) _____ je t'ai parlé de nombreuses fois, travaillaient avec moi. Nous allions souvent dans ce petit café à la sortie du marché, tu sais, (6) _____ nous jouions aux échecs tous les jours. Je me souviens d'un après-midi où j'ai vu un groupe de jeunes filles, (7) _____ je voyais passer tous les jours à la même heure. Eh bien, je vais te dire (8) _____: j'ai épousé l'une d'elles.

**3** **Lequel?** Répondez aux questions avec le bon pronom démonstratif.

**Modèle** **Les parents de quelle amie travaillent ensemble?**
**(Salima // ceux de / ceux que)**
Ceux de Salima travaillent ensemble.

1. Quelle capitale Marc veut-il visiter? (Algérie // celle dont / celle de)

2. À quels jours heureux pensez-vous? (notre jeunesse // ceux que / ceux de)

3. Quel manteau avez-vous choisi pour votre femme? (j'ai vu dans le catalogue // celui que / celui pour)

4. Qui sont ces enfants? (Béatrice // ceux de / ceux qui)

5. Quelle voiture regardent-ils? ( Ø // celle-ci / celle dont)

Practice more at **vhlcentral.com**.

# Communication

**4**

**Rencontres** Vous venez de rencontrer un(e) ami(e) d'enfance et vous le racontez à un(e) camarade. À deux, imaginez la conversation et écrivez-la à l'aide de pronoms démonstratifs. Ensuite, jouez la scène devant la classe.

> **Modèle**  —Je viens de voir Éric, celui qui posait toujours des questions au prof.
> —Celui qui parlait toujours en cours d'histoire?
> —Non, celui dont la sœur nous avait montré ses photos de vacances.

**5**

**Qui est qui?** La classe se divise en deux équipes. Un des membres de l'équipe A pense à un(e) camarade de classe et donne trois indices (*clues*) sur lui/elle. Après chaque indice, l'équipe B essaie de deviner de qui il est question. Elle gagne trois points si elle devine avec le premier indice, deux points si elle devine avec deux indices et un point si elle devine avec les trois indices. Ensuite, inversez les rôles.

> **Modèle**  Je pense à celui/celle qui est autoritaire... Je pense à celui/celle pour qui manger des épinards est une obligation... C'est celui/celle dont les parents viennent de faire un voyage en Tunisie.

**6**

**Enquête** Demandez à des camarades de classe de décrire les personnes de cette liste. Ils doivent répondre avec des pronoms démonstratifs. Ensuite, présentez vos résultats à la classe.

> **Modèle**  Ma cousine Sophie est celle dont tout le monde parle dans la famille.

- vos parents
- vos grands-parents
- vos cousin(e)s
- vos frères/sœurs
- votre meilleur(e) ami(e)
- votre professeur

**ressources**

**v̂Text**

CE
pp. 98–100

vhlcentral.com
Leçon 6

**6.3**

# Irregular *-re* verbs

—*Maman t'***a mis** *des draps propres.*

- You can see patterns in irregular **-re** verbs, but it is best to learn each verb individually.

|  | boire | croire | dire | écrire |
|---|---|---|---|---|
| je/j' | bois | crois | dis | écris |
| tu | bois | crois | dis | écris |
| il/elle | boit | croit | dit | écrit |
| nous | buvons | croyons | disons | écrivons |
| vous | buvez | croyez | dites | écrivez |
| ils/elles | boivent | croient | disent | écrivent |
| *past participle* | bu | cru | dit | écrit |

|  | lire | prendre | craindre (*to fear*) | se plaindre |
|---|---|---|---|---|
| je | lis | prends | crains | me plains |
| tu | lis | prends | crains | te plains |
| il/elle | lit | prend | craint | se plaint |
| nous | lisons | prenons | craignons | nous plaignons |
| vous | lisez | prenez | craignez | vous plaignez |
| ils/elles | lisent | prennent | craignent | se plaignent |
| *past participle* | lu | pris | craint | plaint(e)(s) |

**ATTENTION!**

**Croire à** + [*noun*] means *to believe in something,* **croire en** + [*noun*] means *to believe in someone.*

**Blaise Pascal croyait-il en Dieu?**

*Did Blaise Pascal believe in God?*

**Décrire** and **s'inscrire** (*to enroll*) are conjugated like **écrire**.

Remember that **apprendre** and **comprendre** are conjugated like **prendre**.

Mon neveu **a bu** trois verres de lait.

*My nephew drank three glasses of milk.*

Est-ce que vous **comprenez** votre oncle?

*Do you understand your uncle?*

Mais **dis** quelque chose!
*Well, say something!*

Je **crains** qu'elle ne m'aime plus.
*I'm afraid she doesn't love me anymore.*

Mes petits-enfants ne m'**écrivent** jamais.
*My grandchildren never write me.*

Nous **nous sommes plaints** du service.
*We complained about the service.*

- The verb **plaire** (*to please*) is often used in the third person and usually takes an indirect object. Its past participle is **plu**. The English verb *to like* is typically used to translate it.

Cette fromagerie **leur plaît**.
*They like this cheese shop.*

Les produits bio **vous plaisent**?
*Do you like organic food?*

Le repas **lui a plu**.
*She liked the meal.*

|  | mettre | suivre | vivre |
|---|---|---|---|
| je | mets | suis | vis |
| tu | mets | suis | vis |
| il/elle | met | suit | vit |
| nous | mettons | suivons | vivons |
| vous | mettez | suivez | vivez |
| ils/elles | mettent | suivent | vivent |
| *past participle* | mis | suivi | vécu |

|  | rire | conduire | connaître |
|---|---|---|---|
| je | ris | conduis | connais |
| tu | ris | conduis | connais |
| il/elle | rit | conduit | connaît |
| nous | rions | conduisons | connaissons |
| vous | riez | conduisez | connaissez |
| ils/elles | rient | conduisent | connaissent |
| *past participle* | ri | conduit | connu |

Nous **avons mis** un pull pour sortir.
*We put on sweaters to go out.*

Mon grand-père ne **conduit** plus.
*My grandfather no longer drives.*

Mes ancêtres **ont vécu** à Abidjan.
*My ancestors lived in Abidjan.*

Vous ne me **reconnaissez** pas?
*Do you not recognize me?*

Mes petits-enfants me **sourient**
quand je chante pour eux.
*My grandchildren smile at me
when I sing to them.*

Mon grand-oncle **a disparu** pendant
la guerre.
*My great uncle disappeared during
the war.*

- **Se mettre**, when followed by **à** + [*infinitive*], means *to start* (doing something).

  Elle **s'est mise à pleurer**!
  *She started crying!*

  À six heures, je **me mets à faire** la cuisine.
  *At 6 o'clock, I start cooking.*

- Note the double **i** spelling in the **nous** and **vous** forms of **rire** and **sourire** in the **imparfait**.

  Nous **riions** beaucoup à l'école.
  *We used to laugh a lot at school.*

  Vous **souriiez** quand votre tante téléphonait.
  *You used to smile when your aunt called.*

- The verb **naître**, conjugated like **connaître** in the present, is rarely used in this tense. Remember that the past participle agrees with the subject in compound tenses such as the **passé composé** and **plus-que-parfait**.

  Ma grand-mère est **née** en 1935.
  *My grandmother was born in 1935.*

  Les jumeaux étaient-ils **nés** à cette époque?
  *Had the twins been born at that time?*

**ATTENTION!**

Remember that **permettre** and **promettre** are conjugated like **mettre**.

**Survivre** is conjugated like **vivre**.

Use the expression **suivre un/des cours** to say *to take a class*.

**Je suis un cours d'histoire de l'art.**
*I'm taking a course in art history.*

**Sourire** is conjugated like **rire**.

Remember that **construire**, **détruire**, **produire**, **réduire**, and **traduire** are conjugated like **conduire**.

**Disparaître**, **paraître**, and **reconnaître** are conjugated like **connaître**.

**Paraître** is often used in the third person with an indirect object to say that something seems a certain way.

**Ça me paraît difficile.**
*That seems difficult to me.*

**BLOC-NOTES**

For a review on how **connaître** differs from **savoir**, see **Fiche de grammaire 9.4, p. 404.**

# Mise en pratique

## Note CULTURELLE

À **Tunis**, capitale et centre administratif de la **Tunisie**, la ville moderne et la **médina** (vieille ville) offrent un contraste saisissant (*striking*). D'un côté, on peut admirer les grandes villas des quartiers résidentiels. De l'autre, on peut entrer dans la médina par de vieilles portes, vestiges des fortifications qui entouraient autrefois la ville. On trouve dans la médina des **souks** (marchés) et des monuments historiques.

**1**

**Un repas authentique** Claudia passe des vacances à Tunis, dans une famille. Ils voudraient préparer un repas traditionnel. Complétez la conversation logiquement.

| apprendre | croire | plaire |
|---|---|---|
| comprendre | mettre | prendre |
| connaître | se plaindre | rire |

**MÈRE** Alors, Claudia, quels plats tunisiens (1) _____-tu?

**CLAUDIA** Une fois, dans un resto maghrébin, je/j'(2) _____ du couscous.

**PÈRE** Je/J' (3) _____ que ça ferait un bon repas authentique.

**GRAND-MÈRE** Je ne/n' (4) _____ pas — j'adore le couscous!

*Plus tard dans la cuisine...*

**CLAUDIA** Je ne/n' (5) _____ pas cette recette. Peux-tu la traduire en anglais?

**FILLE** Non, moi non plus. Nous avons bien lu la recette. Nous (6) _____ tous les ingrédients dans le bol. Maman, ce n'est pas drôle! Pourquoi est-ce que tu (7) _____?

**MÈRE** Désolée, mais apparemment vous deux, vous ne/n' (8) _____ jamais _____ à cuisiner!

**2**

**Autrement dit** Réécrivez chaque phrase et remplacez le(s) mot(s) souligné(s) par un verbe irrégulier en **-re**. Ajoutez d'autres mots, si nécessaire.

1. Ma demi-sœur <u>est venue au monde</u> en 1998.

   _____

2. Tu n'aimes pas ton plat? Appelle le serveur et <u>dis-lui que tu n'es pas satisfait</u>!

   _____

3. <u>Avez-vous peur des</u> gens rebelles?

   _____

4. Ma famille <u>pense</u> que je n'ai pas assez d'amour-propre.

   _____

**3**

**Phrases logiques**

**A.** Écrivez cinq ou six phrases à l'aide des éléments de chaque colonne. Employez les verbes à des temps différents.

| A | B | C |
|---|---|---|
| Mes parents | construire | une nouvelle maison... |
| Je | craindre | faire du mal à... |
| Le fossé des générations | disparaître | dans quelles circonstances? |
| Les gens bien élevés | écrire | des cartes de remerciement... |
| Mon arrière-grand-mère/père | naître | où et quand? |
| ...? | survivre | ...? |

**B.** À deux, créez un dialogue qui inclut au moins trois de vos phrases de la partie A.

Practice more at **vhlcentral.com**.

# Communication

**4** **Questions spécifiques** À deux, répondez aux questions par des phrases complètes.

1. Combien d'e-mails écris-tu chaque jour? Combien en lis-tu?

2. Écris-tu des cartes de vœux? Ça te plaît? Pourquoi?

3. Quel genre de littérature lis-tu le plus souvent?

4. Quel membre de ta famille se plaint le plus? Et qui rit le plus?

5. T'es-tu déjà plaint(e) de ton père ou de ta mère? Pourquoi?

6. Connais-tu quelqu'un qui vit dans une région francophone? Si oui, laquelle?

7. As-tu déjà conduit une voiture? Si oui, quel âge avais-tu?

8. Tes parents te permettent-ils toujours de suivre les cours que tu veux?

**5** **Une famille unie** Même les membres d'une famille unie ne s'entendent pas toujours parfaitement bien. À deux, posez des questions et décrivez cette scène à l'aide des verbes de la liste. Ensuite, imaginez une conversation entre les membres de la famille sur la photo.

> **Modèle** —Où vivent-ils?
> —Je crois qu'ils vivent aux États-Unis.

| | | |
|---|---|---|
| apparaître | craindre | permettre |
| boire | croire | se plaindre |
| (se) comprendre | dire | plaire |
| contredire | écrire | prendre |

**6** **À votre santé!** Imaginez que vous soyez une équipe de rédacteurs qui travaillent pour un magazine de santé. Par petits groupes, discutez de ce qu'il faut faire pour rester en bonne santé physique et mentale. Ensuite, écrivez un article qui inclut vos suggestions et au moins huit verbes irréguliers en **-re**.

## Prenez en charge votre santé!

Pour rester en bonne santé, riez souvent! Ce qu'il faut faire pour ne pas être malade…

**ressources**

v Text

CE
pp. 101–104

vhlcentral.com
Leçon 6

# Synthèse

## Mariage toujours

Recherchons organisateur/organisatrice de mariages rapide et efficace. Nous retiendrons celui ou celle qui ne craint pas les obstacles, qui plaît et sourit aux clients. Contactez Samira à samira.alhafta@mariage.toujours.tn

## Petits anges à garder

Un(e) baby-sitter est demandé(e) pour garder° deux enfants. Ceux-ci sont bien élevés et obéissants°. Il est indispensable que cette personne connaisse au moins une langue étrangère pour la leur enseigner. Appelez le 62.74.02.16.

*garder to look after*

*obéissants obedient*

## À TABLE!

Un restaurant trois étoiles recherche un chef cuisinier qui connaisse la gastronomie maghrébine. Il est nécessaire que le candidat sache accommoder viandes et poissons avec les saveurs orientales. Il est recommandé que la personne ne se plaigne jamais. Celui dont les qualités correspondent à ces critères doit téléphoner au 78.96.29.54.

## Appart' à partager

Jeunes filles recherchent un(e) colocataire pour partager un appartement au centre-ville. Il est essentiel que celui/celle qu'on choisira ne soit pas égoïste et rie souvent. Toute personne stricte et insupportable s'abstenir! Contactez-nous au 96.08.21.17.

---

**1** **Besoin de travail** Vous avez besoin de travailler cette année. Écrivez votre propre annonce dans laquelle vous expliquez les critères que vous cherchez dans un travail.

> **Modèle** Il faut que je puisse travailler le soir après 18 heures...

**2** **Des annonces** Votre ami(e) n'a pas pu acheter son journal aujourd'hui et vous demande de lui donner les détails des annonces. À deux, alternez les rôles.

> **Modèle** Deux filles ont un appartement à partager. Elles veulent que leur colocataire rie souvent!

**3** **Mise en scène** Vous avez répondu à l'une des quatre annonces ci-dessus et maintenant les choses vont mal. À deux, imaginez la scène pour une de ces situations et jouez les rôles. Utilisez le présent du subjonctif et des pronoms démonstratifs.

**Situation A:** Le couple pour qui vous organisez le mariage est insupportable.

**Situation B:** Les petits anges sont en fait de petits démons.

**Situation C:** Les aide-cuisiniers qui travaillent pour vous sont incompétents.

**Situation D:** Les jeunes filles font trop la fête et vous dérangent souvent.

ressources

v Text

vhlcentral.com
Leçon 6

# Préparation

| Vocabulaire de la lecture | Vocabulaire utile |
|---|---|
| **les affaires** (*f.*) *belongings* | **une alliance** *wedding ring* |
| **affronter** *to face* | **une bague de fiançailles** |
| **confier** *to confide; to entrust* | *engagement ring* |
| **débuter** *to begin* | **le bouquet de la mariée** *bouquet* |
| **se dérouler** *to take place* | **un marié** *groom* |
| **faire une demande en mariage** *to propose* | **une robe de mariée** *wedding gown* |
| **les fiançailles** (*f.*) *engagement* | **un témoin** *witness; best man;* |
| **une mariée** *bride* | *maid of honor* |
| **nécessiter** *to require* | |

**1** **Le mariage** Vous allez vous marier et vous lisez un livre pour tout savoir sur les éléments-clés de la cérémonie. Trouvez le titre de chaque chapitre.

> ## *Sommaire*
>
> **Chapitre 1:** _____ ...... 7
>
> *Vous êtes fiancés? Félicitations! C'est pendant cette période que vous préparez votre mariage.*
>
> **Chapitre 2:** _____ ..... 15
>
> *C'est le symbole de votre union. Comment la choisir?*
>
> **Chapitre 3:** _____ ..... 21
>
> *Ils sont à côté de vous pendant la cérémonie. Qui choisir? Quel cadeau leur offrir? Tout ce qu'il faut faire.*
>
> **Chapitre 4:** _____ ..... 28
>
> *C'est la journée de la mariée! Les hommes seront beaux dans leur costume, mais tout le monde s'intéressera à ce qu'elle portera! Voici notre sélection.*
>
> **Chapitre 5:** _____ ..... 35
>
> *Qu'est-ce qu'un mariage sans fleurs? Il faut choisir avec soin cet accessoire très important pour la mariée! Lisez nos conseils.*

**2** **Célébrations** Répondez aux questions et comparez avec un(e) camarade.

1. Dans votre famille, les traditions du mariage sont-elles similaires à celles mentionnées dans l'activité 1? En avez-vous d'autres? Décrivez-les.

2. Vos traditions incluent-elles une demande en mariage officielle? Offre-t-on une bague de fiançailles?

3. Quelles sont les étapes de la cérémonie du mariage?

4. Célébrez-vous d'une manière particulière d'autres étapes marquantes de la vie? Lesquelles? Comment les célébrez-vous?

 Practice more at **vhlcentral.com.**

**ressources**

**v̂Text**

vhlcentral.com
Leçon 6

# Jour de mariage

**Hier, vendredi, j'étais invité au mariage** d'un charmant couple algérien, Yasmina et Salim. Pour moi, Occidental, ce fut l'occasion d'ouvrir les yeux sur des traditions et un monde différents. Un peu perdu dans cette succession de cérémonies, j'ai posé des
5 questions au jeune couple.

Reading
Audio: Synced Reading

**PAUL**   Quels ont été les grands moments de la journée?

**SALIM**   Tout a commencé en fin d'après-midi. Yasmina est arrivée chez moi, où elle
10 est restée dans une pièce avec ses amies. La fête a vraiment débuté quand je suis arrivé pour la cérémonie avec les hommes, en marchant° au rythme de la musique. Tu as vu que les hommes et les femmes, et
15 notre couple, sont restés séparés pendant toute la fête. Tout était fait pour rendre plus intense le moment où Yasmina et moi nous retrouverions en fin de soirée. Après le repas, les hommes, les femmes âgées et les enfants
20 ont dansé. D'ailleurs°, je t'ai vu danser avec eux. Tu avais l'air de bien t'amuser. Puis, plus tard dans la soirée, la hennayat a tatoué mon index° avec du henné° pour me porter bonheur°. J'ai reçu de l'argent des invités, et
25 j'ai enfin pu rejoindre Yasmina.

**PAUL**   On m'a dit que «le mariage d'une nuit nécessite une année de préparation». Est-ce que cela a été le cas pour le vôtre?

**YASMINA**   À peu près°. Il y a une semaine,
30 Salim et moi sommes allés à la mosquée pour recevoir la bénédiction de l'imam, puis à la mairie pour signer les documents officiels. Deux jours avant la cérémonie du vendredi, j'ai célébré la fête de l'«Outia»
35 qui symbolise le début de la préparation de la mariée. C'est aussi «la nuit du henné», la troisième et dernière nuit où on m'a tatoué les mains au henné. Ce produit végétal a une valeur spirituelle et protectrice. Plus le
40 tatouage est foncé, plus il est beau et plus il a de la valeur. Il faut que le produit soit appliqué° trois fois pour qu'il imprègne la peau. Jeudi, j'ai envoyé toutes mes affaires chez Salim, et j'ai passé la journée à me
45 reposer, afin d'affronter le rythme effréné° du lendemain.

Plus tard, on m'a expliqué que Salim avait fait une demande en mariage
50 traditionnelle qu'on appelle la «shart». Il y a deux mois, il est venu demander la main

*walking*

*By the way*

*forefinger / henna*
*to bring happiness*

*Practically*

*applied*

*frantic*

## Le henné

Le henné est une plante qu'on trouve au **Maghreb**. Les femmes, mais aussi les hommes, se servent de cette poudre comme produit de tatouage, après l'avoir mélangée avec de l'eau. La «**hennayat**», ou tatoueuse, l'applique parfois avec de la dentelle pour créer de jolis motifs. C'est aussi une substance qui sert à la teinture des cheveux.

de Yasmina à ses parents et leur a offert la somme habituelle, équivalente à 1.500 $. Une semaine après, ils ont fêté la «djeria», les fiançailles. La hennayat a appliqué du
55 henné et un Louis d'or° sur la paume de la main de Yasmina, et Salim a offert à sa fiancée un tailleur° blanc pour le mariage.

Salim m'a confié que toute cette effervescence lui a rappelé la cérémonie de
60 sa circoncision. Il avait six ans. Il a vécu là un moment capital de son existence: Il faut passer par ce rite pour devenir musulman. En général, un garçon est circoncis entre la naissance et l'âge de six ans. Quand
65 le garçon est plus âgé, le rite prend plus d'importance, parce qu'il se rend compte de sa signification et il reçoit plein de cadeaux.

Ces fêtes maghrébines ont au moins un point commun. Toutes les femmes
70 mariées de la famille se réunissent dans la maison où vont se dérouler les festivités. Elles procèdent toujours au même rituel: le roulage°, étape importante dans la préparation du couscous. C'est toujours le
75 plat principal des fêtes familiales, en Afrique du Nord.

Je me souviendrai de l'ambiance et des odeurs envoûtantes° qui m'auront fait découvrir un autre univers. Pendant un
80 moment, j'étais à l'autre bout de la Terre. Me voilà de retour. Dommage°... ■

*gold Louis coin*

*woman's suit*

*rolling*

*enchanting*

*Too bad*

# Analyse

**1**

**Compréhension** Répondez aux questions par des phrases complètes.

1. À quelle cérémonie l'auteur a-t-il été invité?

2. Connaît-il bien les traditions de cette culture?

3. Les hommes et les femmes font-ils la fête ensemble dans la culture algérienne?

4. Où va le couple pour officialiser son union?

5. Qu'est-ce que le henné?

6. Quel est le rôle de la hennayat dans la cérémonie?

7. Qu'est-ce que la «shart»?

8. Comment appelle-t-on les fiançailles algériennes? Quand ont-elles lieu?

9. Quelle autre cérémonie traditionnelle le marié mentionne-t-il? Que signifie cette cérémonie?

10. En Afrique du Nord, quel plat fait toujours partie des fêtes familiales?

**2**

**Traditions** Dans l'article, vous avez vu qu'au Maghreb les fêtes sont basées sur un rituel qui peut durer plusieurs jours. Ces grandes cérémonies sont l'essence même de la société maghrébine. À deux, répondez à ces questions.

1. Ce genre de grande cérémonie existe-t-il dans votre famille? Sinon, aimeriez-vous qu'elle joue un plus grand rôle dans votre vie?

2. Connaissez-vous d'autres cultures qui ont cette caractéristique?

**3**

**«Mariage pluvieux, mariage heureux»** Il paraît qu'il y a une erreur dans la transcription de ce proverbe et qu'il faudrait dire: «Mariage plus vieux, mariage heureux». Aujourd'hui, on se marie de plus en plus tard. Par groupes de trois, répondez aux questions.

- Comment expliquez-vous ce phénomène?
- Pensez-vous que si on se marie plus vieux, on a vraiment de meilleures chances d'avoir un mariage heureux?

**4**

**Les grands événements de la vie**

**A.** Quels sont les événements les plus importants de votre vie? Ajoutez quatre autres événements au tableau, puis classez-les (*rank them*) par ordre d'importance.

| | Classement |
|---|---|
| **Passer son permis de conduire** | |
| **Entrer au lycée** | |
| **Partir en vacances sans vos parents** | |
| ? | |
| ? | |
| ? | |
| ? | |

**B.** Pensez-vous que vos parents, quand ils étaient jeunes, ont donné la même importance que vous à ces événements? Par groupes de trois, discutez-en.

ressources

v̂ Text

vhlcentral.com
Leçon 6

Practice more at
**vhlcentral.com.**

# Préparation

## À propos de l'auteur

**O**livier Charneux (1963– ) est né à Charleville-Mézières, France. Tout jeune, il perd son père et sa sœur aînée. Finalement, les Charneux sont obligés de vendre la maison familiale et de partir pour Reims. Olivier fait des études littéraires et artistiques et devient comédien au Théâtre du Soleil. Il entame (*starts*) ensuite sa carrière de dramaturge (*playwright*) et écrit régulièrement pour le théâtre. Il a publié trois romans: *La grande vie* (1995), *Les dernières volontés* (1997) et *Nous vivons des vies héroïques* (2007) et trois récits autobiographiques: *L'enfant de la pluie* (1999), *Être un homme* (2001) et *Tant que je serai en vie* (2014). *La logique des grands* est une nouvelle qui fait partie d'un recueil (*collection*) intitulé *J'ai dix ans* (2005).

| Vocabulaire de la lecture | | Vocabulaire utile |
|---|---|---|
| **adoucir** *to soften* | **obliger** *to force* | **un caprice** *whim* |
| **bougonner** *to grumble* | **plaire** *to please* | **se décider** *to make up one's mind* |
| **céder à** *to give in to* | **un retournement** *turnaround;* | **s'entraîner** *to practice; to train* |
| **s'échapper de** *to escape* | *change of heart* | **doué(e)** *gifted* |
| *from* | **somnoler** *to doze off* | **un passe-temps** *hobby* |
| **effrayer** *to frighten* | **supporter** *to bear;* | |
| **être pris(e)** *to be busy,* | *to put up with* | |
| *taken up* | | |

**1** **Vocabulaire** Complétez ces phrases à l'aide des mots de vocabulaire présentés sur cette page. Faites les conjugaisons ou ajoutez les articles nécessaires.

1. Ce film était tellement ennuyeux que je/j' _____ deux fois pendant la projection.

2. Ma mère _____ toujours aux caprices de ma petite sœur!

3. Ma mère est très occupée! Elle est toujours _____ par son travail.

4. Est-ce que tu viens avec nous ou pas? _____ !

5. Mon frère n'est jamais content. Il _____ tout le temps!

6. Ma meilleure amie est une virtuose du piano et de la flûte. Elle est très _____ pour la musique.

**2** **Discussion** À deux, posez-vous ces questions. Expliquez vos réponses.

1. Quelles relations avais-tu avec tes parents à l'âge de dix ans? Et aujourd'hui?

2. À ton avis, tes parents te comprennent-ils? Te connaissent-ils vraiment?

3. Qui sont les plus capricieux (*capricious*), les adultes ou les enfants/adolescents?

4. Est-ce que tes parents cédaient à tes caprices quand tu étais enfant? Et à ceux de tes frères ou sœurs?

5. Est-ce la responsabilité des parents d'obliger parfois leur(s) enfant(s) à faire des choses qu'ils ne veulent pas faire?

6. Élèveras-tu tes enfants comme tes parents t'ont élevé(e)?

7. Quelles activités pratiquais-tu quand tu avais huit ans? Et maintenant?

8. Est-ce que tu joues d'un instrument? Si oui, duquel? À quel âge est-ce que tu as commencé à apprendre cet instrument?

**ressources**

**v͡Text**

**S**
vhlcentral.com
Leçon 6

**S** Practice more at **vhlcentral.com**.

# La LOGIQUE des GRANDS

**Olivier Charneux**

«Apprendre la musique, ça te fera du bien. La musique adoucit la vie et puis elle ouvre des horizons. Plus tard, tu me remercieras.» Voilà ce que m'avait dit ma mère pour justifier mon inscription au conservatoire de Charleville-Mézières. J'avais dix ans. Ouvrir des horizons ne relevait pas de mes préoccupations. Je pratiquais déjà la gymnastique le samedi, j'allais au patronage° le mercredi après-midi, au catéchisme le mercredi matin, à la messe le dimanche, au centre aéré et en colonie° pendant les vacances. Avec cette nouvelle activité, je serai pris maintenant le mardi soir et le jeudi soir et quelques dimanches après-midi pour des concerts. Ouf! Que me restera-t-il comme temps pour jouer avec mes copains? Pourquoi m'éloignait-on° ainsi de la maison? Je me posais mille questions parce que l'inconnu° effraye toujours et qu'apprendre est fatigant. Pourtant, au fond de moi, l'excitation battait son plein°. Je m'imaginais compositeur de symphonie, de chansons sur la vie, soliste, chef d'orchestre. Avoir mon instrument me paraissait primordial et urgent. Lequel? Après mûres réflexions° mon choix se porta sur la clarinette. Était-ce dû à Sydney Bechet ou au groupe Les Haricots Rouges dont ma mère possédait quelques disques? Leur façon de swinger, de passer du grave à l'aigu°, de parler presque, me plaisait. J'avais procédé par élimination. Le piano, ce n'était pas pour moi: trop de touches, trop volumineux, trop gosse° de riche. La batterie° me séduisait mais personne à la maison n'aurait supporté. La trompette nécessitait sans doute un souffle important°. L'accordéon m'attirait également mais je me jugeais trop petit encore pour pouvoir en porter un. Restait la clarinette. Je l'exigeai illico° pour pouvoir entrer au conservatoire.

*youth center*

*summer camp*

*was I being taken out*  10

*the unknown*

*was at its peak*

*careful consideration*  15

*from low to high (pitch)*

*kid (colloquial)*

*drums*  20

*powerful lungs*

*I demanded it immediately*

—Maman, achète-moi une clarinette tout de suite sinon° je n'y vais pas!

*otherwise*

25     En général, ma mère cédait à mes caprices pour avoir la paix mais là, elle résistait, avec patience et pédagogie. Elle employa la logique des grands en m'expliquant qu'il fallait d'abord apprendre le solfège° puis s'essayer à la flûte à bec° pour voir si la musique me plairait avant d'envisager° l'achat d'un instrument. Elle ajouta qu'il lui paraissait précoce, à ses yeux, de le choisir 30 maintenant, qu'elle connaissait mes retournements et in fine° elle me parla de son prix qui n'était pas comparable à un jouet. Je soupirai° devant tant de prudence et de cartésianisme°. Pourquoi, dans ce cas, ne pas me contenter de continuer à jouer sur des paquets de lessive dont je me servais régulièrement comme batterie? Mon frère aîné, lui, quand il apprit la nouvelle, se moqua 35 de moi.

*music theory*
*recorder / to think about*
*lastly*
*sighed*
*Cartesianism (philosophical doctrine of René Descartes, a form of rationalism)*

—Alors tu vas apprendre le pipeau°? me dit-il dans un rire.

*penny whistle*

Je le détestai et le pipeau avec. Ce mot me semblait ridicule. Je me sentais par avance ridicule. Pratiquer le pipeau me faisait honte.

    Les locaux° du conservatoire étaient situés dans l'ancien hôtel de 40 ville de Mézières, à l'arrière du bâtiment. Comme si l'on montait dans un grenier, il fallait emprunter un petit escalier en bois pour y accéder. Puis, l'on devait parcourir un long couloir sombre et poussiéreux°. Les salles, ayant probablement servi de bureaux à une autre époque, étaient petites.

*classrooms*
*dusty*

*yellowish*
*was flaking off* 45
*pipes / musty smell / filled*

Je me souviens. Le parquet craquait. La peinture jaunâtre° sur les murs s'écaillait°. Les radiateurs étaient brûlants l'hiver et un problème de plomberie faisait chanter les tuyaux°. Pour finir, une odeur de renfermé° emplissait° l'atmosphère. Le tout me donnait envie de dormir. Pendant la plupart des cours de solfège, je somnolais. J'avais la sensation de partir, soit de m'échapper de la Terre, de voler dans l'espace, soit d'aller dans ses profondeurs à travers

*gurgled / piping* 50
*Treble/G clef*
*staffs*
*eighth note*
*trivial circumstances*
*I cursed* 55

l'eau qui gargouillait° dans les canalisations°. Quand je revenais dans le présent de ce drôle d'endroit, je voyageais encore grâce aux notes, à la clef de sol° que je dessinais sur les portées°. Ce nouveau langage fait de blanches, de noires, de rondes, de croches°, me fascinait, m'entraînait lui aussi dans un autre monde, loin des contingences° terrestres. La pratique de la flûte me réveillait, m'excitait davantage que le solfège, même si souvent je pestais° de ne pas y arriver tout de suite. L'impatience coulait dans mon sang. Avec mes petits camarades, nous adorions souffler sans retenue pendant des heures, en

---

## Si je prenais goût à ces «concerts» inhumains aux oreilles des autres, j'arrivais peu à peu à faire regretter à ma mère et à ma famille leur volonté de m'apprendre la musique.

---

*a thought*
*reached*
60

*scales*

65

70

passant des aigus au graves, sans souci° d'harmonie, sans nous rendre compte surtout de l'horreur stridente et insupportable de nos sons. Nul doute que le pire devait être atteint° lorsque le groupe entier s'essayait à l'unisson. Le professeur, confiant et patient, tentait en vain de retenir ses grimaces pour nous encourager. Un mal de tête devait l'attendre à la maison. Le temps passait. Si je prenais goût à ces «concerts» inhumains aux oreilles des autres, j'arrivais peu à peu à faire regretter à ma mère et à ma famille leur volonté de m'apprendre la musique. «Tu nous casses les oreilles avec ton pipeau!» bougonnait mon frère quand je répétais à la maison. «Tu veux pas aller jouer ailleurs!» soupirait ma mère qui ne supportait plus d'entendre mes gammes° et mes fausses notes dans sa cuisine. «Éloigne-toi de nos chambres. Va dehors. On n'arrive plus à faire nos devoirs!» se plaignaient mes sœurs cadettes. Je ne comprenais plus rien. Ils m'avaient obligé à faire de la musique, elle me faisait du bien, adoucissait ma vie, m'ouvrait des horizons et maintenant il fallait que j'arrête! Voilà ce que je pensais: «J'ai dix ans et les grands ne savent vraiment pas ce qu'ils veulent. Ils sont aussi changeants que la couleur des arbres en automne.» Au bout d'un an, je n'ai plus remis les pieds au conservatoire. ■

# Analyse

**1 Compréhension** Répondez aux questions par des phrases complètes.

1. Qu'est-ce que la mère du narrateur l'a obligé à faire au début de la nouvelle?

2. Quel âge avait le narrateur quand il a commencé à suivre des cours de musique?

3. Quelles activités faisait régulièrement le narrateur dans la semaine? Et pendant les vacances?

4. Au début, le narrateur voulait-il apprendre la musique? Pourquoi?

5. Sur quel instrument est-ce que le narrateur a fixé son choix? Quels autres instruments a-t-il considérés avant de se décider?

6. Est-ce que le narrateur a continué de prendre des cours de musique? Expliquez.

**2 Interprétation** Avec un(e) partenaire, répondez aux questions par des phrases complètes.

1. Que ressentait le narrateur à l'idée d'apprendre la musique?

2. Pourquoi la mère du narrateur a-t-elle refusé de lui acheter immédiatement une clarinette?

3. Est-ce que le narrateur aimait ses cours de musique? Justifiez votre réponse.

4. Comment l'auteur décrit-il le conservatoire? Quelle impression souhaite-t-il donner à son lecteur? Quel était l'effet de ce cadre (*surroundings*) sur le narrateur?

5. Pourquoi la mère du narrateur a-t-elle regretté sa volonté de lui faire apprendre la musique?

6. Pourquoi est-ce que le narrateur se sent perdu à la fin? Expliquez votre réponse.

**3 Discussion** En petits groupes, choisissez un des thèmes suivants et discutez-en. Trouvez des exemples pour illustrer vos arguments. Ensuite présentez vos idées au reste de la classe.

- Les parents savent toujours ce qui conviendra (*will suit*) à leurs enfants.
- Les parents ne savent pas ce qu'ils veulent pour leurs enfants.
- Les enfants ont souvent tendance à résister aux volontés des parents.

**4 Rédaction** Vos parents vous ont-ils un jour obligé(e) à faire une activité avec des résultats inattendus? Décrivez un souvenir d'enfance, réel ou imaginaire, qui illustre d'une façon humoristique la «logique des grands» contradictoire que dénonce la nouvelle d'Olivier Charneux. Suivez le plan de rédaction pour écrire votre histoire.

### Plan

**1 Préparation** Choisissez l'incident dont vous allez parler. Faites une liste chronologique des divers événements.

**2 Histoire** Racontez l'histoire avec beaucoup de détails et de descriptions. Quand est-ce que cela s'est passé? Comment est-ce que vos parents vous ont persuadé(e) de faire ce qu'ils voulaient? Comment vous sentiez-vous? Qu'est-ce qui s'est passé? Comment est-ce que votre famille, vos amis ou vos voisins ont réagi? Comment est-ce que l'affaire s'est terminée?

**3 Conclusion** Concluez votre histoire par une phrase humoristique qui reflète votre opinion.

ressources

v̂ Text

CE
pp. 105–107

vhlcentral.com
Leçon 6

Practice more at
vhlcentral.com.

# En famille

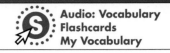

## Les membres de la famille

**un(e) arrière-grand-père/mère** *great-grandfather/grandmother*

**un beau-fils/-frère/-père** *son-/brother-/father-in-law; stepson/father*

**une belle-fille/-sœur/-mère** *daughter-/sister-/mother-in-law; stepdaughter/mother*

**un(e) demi-frère/-sœur** *half brother/sister*

**un(e) enfant/fille/fils unique** *only child*

**un époux/une épouse** *spouse; husband/wife*

**un(e) grand-oncle/-tante** *great-uncle/-aunt*

**des jumeaux/jumelles** *twin brothers/sisters*

**un neveu/une nièce** *nephew/niece*

**un(e) parent(e)** *relative*

**un petit-fils/une petite-fille** *grandson/granddaughter*

## La vie familiale

**déménager** *to move*

**élever (des enfants)** *to raise (children)*

**être désolé(e)** *to be sorry*

**gâter** *to spoil*

**gronder** *to scold*

**punir** *to punish*

**regretter** *to regret*

**remercier** *to thank*

**respecter** *to respect*

**surmonter** *to overcome*

## La cuisine

**un aliment** *(type or kind of) food*

**une asperge** *asparagus*

**un citron** *lemon*

**un citron vert** *lime*

**un conservateur** *preservative*

**des épinards (m.)** *spinach*

**une fromagerie** *cheese store*

**un hypermarché** *large supermarket*

**un raisin (sec)** *grape (raisin)*

**le saumon** *salmon*

**une supérette** *mini-market*

**la volaille** *poultry/fowl*

**alimentaire** *related to food*

**bio(logique)** *organic*

## La personnalité

**le caractère** *character, personality*

**autoritaire** *bossy*

**bien/mal élevé(e)** *well-/bad-mannered*

**égoïste** *selfish*

**exigeant(e)** *demanding*

**insupportable** *unbearable*

**rebelle** *rebellious*

**soumis(e)** *submissive*

**strict(e)** *strict*

**uni(e)/lié(e)** *close-knit*

## Les étapes de la vie

**l'âge (m.) adulte** *adulthood*

**l'enfance (f.)** *childhood*

**la jeunesse** *youth*

**la maturité** *maturity*

**la mort** *death*

**la naissance** *birth*

**la vieillesse** *old age*

## Les générations

**l'amour-propre (m.)** *self-esteem*

**le fossé des générations** *generation gap*

**la patrie** *homeland*

**une racine** *root*

**un rapport/une relation** *relation/relationship*

**un surnom** *nickname*

**hériter** *to inherit*

**ressembler (à)** *to resemble, to look like*

**survivre** *to survive*

## Court métrage

**une cité** *low-income housing development*

**un complexe d'infériorité** *inferiority complex*

**un foulard** *headscarf*

**la gêne** *embarrassment*

**un(e) intellectuel(le)** *intellectual*

**la pension** *benefits*

**un(e) travailleur/travailleuse manuel(le)** *blue-collar worker*

**un voyou** *hoodlum*

**chuchoter** *to whisper*

**déranger** *to bother, to disturb*

**mépriser** *to have contempt for*

**soûler** *to bug; to talk to death*

**traîner** *to hang around; to drag*

**traiter avec condescendance** *to patronize*

**tendu(e)** *tense*

## Culture

**les affaires (f.)** *belongings*

**une alliance** *wedding ring*

**une bague de fiançailles** *engagement ring*

**le bouquet de la mariée** *bouquet*

**les fiançailles (f.)** *engagement*

**un marié** *groom*

**une mariée** *bride*

**une robe de mariée** *wedding gown*

**un témoin** *witness; best man; maid of honor*

**affronter** *to face*

**confier** *to confide; to entrust*

**débuter** *to begin*

**se dérouler** *to take place*

**faire une demande en mariage** *to propose*

**nécessiter** *to require*

## Littérature

**un caprice** *whim*

**un passe-temps** *hobby*

**un retournement** *turnaround; change of heart*

**adoucir** *to soften*

**bougonner** *to grumble*

**céder à** *to give in to*

**se décider** *to make up one's mind*

**s'échapper de** *to escape from*

**effrayer** *to frighten*

**s'entraîner** *to practice; to train*

**être pris(e)** *to be busy, taken up*

**obliger** *to force*

**plaire** *to please*

**somnoler** *to doze off*

**supporter** *to bear; to put up with*

**doué(e)** *gifted*

ressources

**vText**

CE
p. 108

vhlcentral.com
Leçon 6

# À la recherche du progrès

Depuis la naissance de l'humanité, les sciences et la technologie ont tellement progressé qu'on se demande s'il y a des limites à ce que les humains peuvent faire dans ce domaine. Et aujourd'hui, quelle place la technologie a-t-elle dans notre société? Les nouvelles technologies et les découvertes scientifiques ouvrent de nouveaux horizons. Mais que penser de leur mise en application? Est-elle vraiment toujours celle que les scientifiques avaient prévue?

La technologie, produit du cerveau humain

226 **COURT MÉTRAGE**

Dans ce film de **Georges Le Piouffle**, le jeune Martin espère que *Le Manie-Tout*, inventeur mystérieux, pourra tout réparer dans son curieux atelier.

232 **IMAGINEZ**

La **Belgique**, la **Suisse** et le **Luxembourg** sont trois pays multilingues où il se passe beaucoup de choses. Cosmopolites, leurs trois grandes villes francophones, **Bruxelles**, **Genève** et **Luxembourg**, allient passé et modernité. Découvrez aussi **Nao**, le petit robot français intelligent.

249 **CULTURE**

Les recherches que le **CERN** effectue en Suisse sont-elles l'avenir de la science ou bien représentent-elles un danger pour la planète? Partons à la découverte d'un univers particulier.

253 **LITTÉRATURE**

Quand la technologie prend trop de place dans la vie… *Solitude numérique*, une nouvelle de l'écrivain français **Didier Daeninckx**, met en scène un couple qui ne parvient plus à communiquer.

229

250

224 **POUR COMMENCER**

236 **STRUCTURES**

**7.1** The comparative and superlative of adjectives and adverbs

**7.2** The **futur simple**

**7.3** The subjunctive with expressions of doubt and conjunctions; the past subjunctive

257 **VOCABULAIRE**

**Destination:**
**BELGIQUE, SUISSE ET LUXEMBOURG**

# Le progrès et la recherche

**Audio:**
Vocabulary Practice
My Vocabulary

## La technologie

une adresse e-mail  *e-mail address*
un appareil (photo) numérique
   *digital camera*
un CD-ROM  *CD-ROM*
un correcteur orthographique  *spell check*
le cyberespace  *cyberspace*
l'informatique (*f.*)  *computer science*
un lecteur de DVD  *DVD player*
un mot de passe  *password*
un moteur de recherche  *search engine*
un ordinateur portable  *laptop*

un outil  *tool*
un (téléphone) portable  *cell phone*

une puce (électronique)  *(electronic) chip*

effacer  *to erase*
graver (un CD)  *to burn (a CD)*
sauvegarder  *to save*
télécharger  *to download*

avancé(e)  *advanced*
innovant(e)  *innovative*
révolutionnaire  *revolutionary*

## Les inventions et la science

l'ADN (*m.*)  *DNA*
un brevet d'invention  *patent*
une cellule  *cell*

une découverte (capitale)
   *(breakthrough) discovery*
une expérience  *experiment*
un gène  *gene*
la génétique  *genetics*
une invention  *invention*
la recherche  *research*
une théorie  *theory*

cloner  *to clone*
contribuer (à)  *to contribute*
créer  *to create*
guérir  *to cure; to heal*
inventer  *to invent*
prouver  *to prove*
soigner  *to treat; to look after (someone)*

biochimique  *biochemical*
contraire à l'éthique  *unethical*
éthique  *ethical*
spécialisé(e)  *specialized*

## L'univers et l'astronomie

l'espace (*m.*)  *space*

une étoile (filante)  *(shooting) star*
un(e) extraterrestre  *alien*
la gravité  *gravity*
un ovni  *U.F.O.*

la survie  *survival*
un télescope  *telescope*

atterrir  *to land*
explorer  *to explore*

## Les gens dans les sciences

un(e) astrologue  *astrologer*
un(e) astronaute  *astronaut*
un(e) astronome  *astronomer*
un(e) biologiste  *biologist*
un(e) chercheur/chercheuse  *researcher*

un(e) chimiste  *chemist*

un(e) ingénieur  *engineer*
un(e) mathématicien(ne)  *mathematician*
un(e) scientifique  *scientist*

ressources

**vText**

CE
pp. 109–111

vhlcentral.com
Leçon 7

# Mise en pratique

**1**

**Associations** Trouvez le mot de la colonne de droite qui est associé aux termes de la colonne de gauche. Soyez logique!

_____ 1. un extraterrestre, l'espace, atterrir

_____ 2. une astronome, un biologiste, une chimiste

_____ 3. télécharger, sauvegarder

_____ 4. une nouveauté, une invention, une création

_____ 5. avancé, innovant

_____ 6. la génétique, un gène

a. révolutionnaire

b. une découverte

c. des scientifiques

d. un ovni

e. ADN

f. graver

**2**

**Mots mélangés** Cherchez les mots qui correspondent aux définitions et qui sont cachés dans la grille.

1. Personne qui dirige un projet industriel.

2. Force qui attire les corps vers le centre de la Terre.

3. Établir la vérité d'un fait.

4. Ensemble des informations que l'on trouve sur Internet.

5. S'occuper de quelqu'un pour le guérir.

| C | H | E | R | C | H | E | U | S | E |
|---|---|---|---|---|---|---|---|---|---|
| O | O | Q | P | Y | T | É | A | O | É |
| N | N | I | C | B | P | P | A | I | F |
| T | I | A | T | E | G | R | S | G | Y |
| R | N | V | R | R | R | O | T | N | G |
| I | G | É | N | E | I | U | R | E | R |
| B | É | T | T | S | N | V | O | R | A |
| U | N | H | S | P | G | E | L | É | V |
| E | I | I | E | A | E | R | O | S | I |
| R | E | Q | U | C | V | B | G | D | T |
| T | U | U | C | E | U | R | U | U | É |
| I | R | E | C | L | O | N | E | R | E |

6. Femme qui fait de la recherche scientifique.

7. Relatif à la morale.

8. Créer un être qui est identique à l'original.

9. Participer à un travail fait en commun.

10. Personne qui étudie les étoiles pour prédire les événements futurs.

**3**

**Que faut-il pour...?** À deux, dites ce qu'il vous faut dans chaque cas.

| adresse e-mail | correcteur orthographique | moteur de recherche |
|---|---|---|
| appareil numérique | étoile filante | ordinateur portable |
| brevet d'invention | mot de passe | télescope |

1. Pour recevoir des messages électroniques, il faut _____.

2. Pour que votre rêve se réalise, il faut regarder _____ et faire un vœu.

3. Pour surfer sur le web à la plage, il faut _____.

4. Pour taper (*type*) sans faire d'erreurs, il faut _____.

5. Pour entrer sur un site web protégé, il faut _____.

6. Pour prendre des photos que vous pouvez télécharger plus tard, il faut _____.

7. Pour observer les étoiles et les planètes, il faut _____.

8. Pour obtenir le droit exclusif de vendre sa dernière nouveauté, il faut _____.

Practice more at **vhlcentral.com**.

# Préparation

<table>
<tr><td colspan="2">Vocabulaire du court métrage</td></tr>
<tr><td>affolé(e) distraught</td></tr>
<tr><td>atterrir to land</td></tr>
<tr><td>un cartable school bag</td></tr>
<tr><td>se dépêcher to hurry up</td></tr>
<tr><td>lancer to throw</td></tr>
<tr><td>manier to handle, to wield</td></tr>
<tr><td>retenir to hold something back</td></tr>
<tr><td>la virgule comma</td></tr>
</table>

**Vocabulaire utile**

**un atelier** *workshop*
**la curiosité** *curiosity*
**effrayant(e)** *frightening*
**en désordre** *messy, untidy*
**éternuer** *to sneeze*
**un fauteuil roulant** *wheelchair*

**un(e) magicien(ne)** *magician*
**poussiéreux(-euse)** *dusty*
**une ruelle** *alleyway*
**un(e) sorcier / sorcière** *sorcerer, wizard*
**une vitrine** *store window, window display*

### EXPRESSIONS

**un compte à rebours** *countdown*
**décolage immédiat pour…** *immediate take-off for…*
**faire bouger quelque chose** *to set something in motion*
**griller quelqu'un** *to pass, to overtake someone*

**1**

**Mission pour Mars** Thomas est astronaute. Complétez le récit de son voyage dans l'espace à l'aide du vocabulaire et des expressions ci-dessus.

«(1) _____ Mars!» a annoncé le capitaine du vaisseau spatial (*spaceship*). (2) _____ a commencé: 5, 4, 3… Je/J' (3) _____ mon souffle (*breath*) et, quelques secondes plus tard, nous étions dans l'espace. J'étais un peu (4) _____ mais la présence de mon ami et collègue, Gustave, m'a rassuré. Gustave était un personnage étrange: il était paralysé des deux jambes et se déplaçait dans (5) _____, mais il prétendait avoir des pouvoirs surnaturels, un peu comme (6) _____. Il disait qu'il pouvait (7) _____ les objets avec son esprit, comme un chevalier Jedi. À ses pieds, il avait toujours un vieux (8) _____ en cuir noir rempli de documents (9) _____, sans aucune logique d'organisation. Cette mallette (*briefcase*) était toujours (10) _____, comme s'il l'avait laissée sur une étagère pendant des années, et je ne pouvais m'empêcher d' (11) _____ bruyamment (*loudly*) chaque fois qu'il l'ouvrait. Le voyage était assez long, alors nous avons traîné dans (12) _____, au milieu des outils (*tools*) et des robots. Finalement, nous sommes arrivés sur Mars. Notre vaisseau était difficile à (13) _____ mais le capitaine a réussi à (14) _____. Quand nous sommes descendus, nous avons fait la connaissance d'un petit extraterrestre vert très amical et avec un excellent sens de l'humour!

Practice more at **vhlcentral.com.**

**2**

**Innovations** Associez chaque découverte avec le problème qu'elle a résolu (*solved*). Vous ne pouvez pas associer la même innovation à plus d'un problème.

_____ 1. On ne pouvait pas conserver le lait trop longtemps.

_____ 2. On était tout le temps malade.

_____ 3. Les boissons étaient tout le temps chaudes.

_____ 4. La recherche d'informations nécessitait une encyclopédie.

_____ 5. C'était très fatigant d'aller au dernier étage d'un immeuble.

_____ 6. Les personnes handicapées ou blessées ne pouvaient pas se déplacer.

a. le fauteuil roulant

b. les vaccins

c. la pasteurisation

d. l'ascenseur

e. l'internet

f. le réfrigérateur

**3**

**L'espoir** Répondez à chaque question avec un(e) partenaire.

1. Pensez-vous que la science soit la clé du progrès?

2. Comment définissez-vous le progrès? Est-il toujours une bonne chose?

3. Y a-t-il des innovations scientifiques, médicales ou technologiques que vous espérez voir se matérialiser dans le futur?

4. Êtes-vous le genre de personne qui espère ou qui agit (*acts*)? Donnez des exemples concrets.

**4**

**Personnellement** Répondez aux questions avec un(e) partenaire.

1. Êtes-vous déjà allé(e) dans un lieu inconnu par simple curiosité? Où et quand? Que s'est-il passé? Qu'y avez-vous trouvé?

2. La dernière fois qu'un membre de votre famille a eu un sérieux problème de santé, qu'avez-vous fait pour l'aider? Y a-t-il quelque chose que vous auriez espéré pouvoir faire pour lui ou elle?

3. Quand vous êtes à l'école, avez-vous parfois l'impression que le temps passe plus vite que d'ordinaire? Plus lentement? Expliquez quand et pourquoi.

4. Connaissez-vous un inventeur ou une inventrice dans votre entourage? Qu'a-t-il/ elle inventé?

**5**

**Anticipez** Regardez ces trois photographies tirées du court métrage et décrivez ce que vous y voyez. À quel genre de film vous attendez-vous? Selon vous, que va-t-il se passer?

**Video: Short Film**

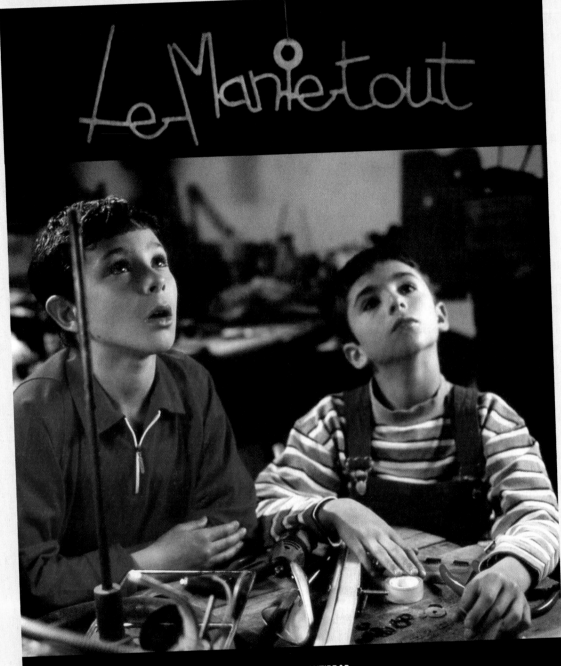

Une production de ANTIPROD
Production PATRICK MAURIN  Réalisation GEORGES LE PIOUFFLE
Scénario GEORGES LE PIOUFFLE, ZOÉ GALERON  Production exécutive ÉLIE-ALEXANDRE LE HOANGAN
Acteurs BERNARD HALLER, JULES-ANGELO BIGARNET, BENJAMIN GABBAY
Exportation/Ventes internationales AGENCE DU COURT MÉTRAGE

**INTRIGUE** *Sur le chemin de l'école, le jeune Martin découvre le mystérieux atelier du Manie-Tout au détour d'une ruelle.*

**MÈRE** L'avion de 8h30 vient d'atterrir... Nous informons Martin qu'il ferait bien de se dépêcher...

**MANIE-TOUT** Comment tu t'appelles?
**MARTIN** Martin.
**MANIE-TOUT** Et ton cartable, il s'appelle comment?
**MARTIN** Mais il n'a pas de nom, c'est un cartable.
**MANIE-TOUT** Chaque chose a un nom… Il suffit de le trouver. Orcus! Allez hop, Orcus!

**MARTIN** Allez, Orcus, allez viens.

**BASILE** C'est qui qui est devant?
**MARTIN** C'est moi.
**BASILE** Oh tu es là?
**MARTIN** Ouais, je te grille.
**BASILE** C'est toujours toi qui gagnes.
**LE PÈRE** Allez, ça suffit les extra-terrestres. Allez, décollage immédiat pour Uranus, le compte-à-rebours a commencé: 4, 3, 2, 1…

**MARTIN** Ouais, allez viens Orcus! Je t'assure, je l'ai vu marcher!
**BASILE** Tu es sûr qu'il s'appelle Arcus?
**MARTIN** Non, c'est Orcus!

**MARTIN** Et vous pouvez tout faire bouger?
**MANIE-TOUT** Tout ce qui a un nom.
**MARTIN** Tout ce qui a un nom…

### Note CULTURELLE

#### le «grand manitou»

Dans la culture des Algonquins, une tribu d'Indiens d'Amérique, le manitou est une entité surnaturelle, une sorte de divinité. Dans le français courant, un «grand manitou» désigne de nos jours une personne importante, avec beaucoup d'influence. Insinuer que quelqu'un se prend pour le «grand manitou» peut également être une critique si vous estimez que cette personne est prétentieuse.

# Analyse

**1** **Compréhension** Répondez aux questions par des phrases complètes.

1. Pourquoi est-ce que la mère de Martin lui dit de se dépêcher au début du film?

2. Dans un premier temps (*At first*), qu'est-ce qui peut laisser Martin penser que l'atelier est abandonné?

3. Que voit Martin à l'intérieur de l'atelier, par la fenêtre?

4. Quel type d'activité est-ce que Martin fait à l'école?

5. Après l'école, Martin retourne à l'atelier du vieil homme puis s'enfuit en courant. Mais il doit y retourner encore une fois. Pourquoi?

6. À la grande surprise de Martin, que fait son cartable?

7. Quand Martin rentre chez lui en fin de journée, sa mère n'est pas très contente. De quoi est-ce qu'elle l'accuse?

8. D'après le Manie-Tout, qu'est-ce qu'il peut faire bouger?

**2** **Interprétation** Répondez aux questions avec un(e) partenaire.

1. Comment interprétez-vous l'annonce d'aéroport qu'entend Martin quand sa mère lui parle au début du film?

2. À quel moment est-ce qu'on découvre que Basile est paralysé? Y a-t-il d'autres indications de son handicap avant cette scène?

3. «Maman, elle dit que tous ses muscles, ils sont dans sa tête.» Que veut dire la mère des deux garçons à propos de Basile? Expliquez avec vos propres mots.

4. Comment interprétez-vous la fenêtre de l'atelier qui se fêle (*cracks*) quand Martin la frappe à la fin du film?

5. Au début, Martin a peur du Manie-Tout. Est-ce que le personnage du vieil homme et son atelier sont vraiment effrayants? Qu'est-ce qui accentue la tension dans ce court métrage et crée une atmosphère inquiétante (*unsettling*)?

**3** **Point commun** Regardez les quatre photos tirées du court métrage ci-dessous. Avec un partenaire, déterminez ce que ces quatre scènes ont en commun.

Practice more at
**vhlcentral.com.**

**4** **Changer le monde** Martin aimerait tellement pouvoir faire quelque chose pour son frère handicapé. Y a-t-il une cause humanitaire, scientifique ou médicale qui vous touche particulièrement? Formez de petits groupes et présentez la cause qui vous est chère à vos camarades. Puis dites ce que vous faites actuellement pour changer les choses. Finalement, dites de quelle manière vous espérez contribuer au progrès dans ce domaine quand vous serez plus âgé(e)s.

**5** **Jeu de mots** Dans la ruelle, Martin découvre une étrange boutique qui s'appelle «Au Manie-Tout». Après avoir lu la note culturelle en marge de la page 229, discutez avec un(e) partenaire du rapport entre le titre du court métrage, le nom de l'atelier et le personnage du vieil homme qui y travaille. Vous comparerez ensuite votre analyse à celle d'une autre paire.

**6** **Citations** Quand Martin pénètre dans l'atelier, le court métrage s'éloigne de la réalité et prend des allures de conte (*tale*). En petits groupes, lisez les citations suivantes et expliquez comment chacune d'entre elles peut s'appliquer au court métrage «Le Manie-Tout».

> «Mais qu'est-ce qu'un conte, sinon
> une vision différente de la réalité?»
> —**Jean Van Hamme**
>
> «La vie est un conte de fée qui perd ses pouvoirs
> magiques lorsque nous grandissons.»
> —**Robert Lalonde**
>
> «Le conte est difficile à croire; Mais tant que
> dans le monde on aura des enfants, des mères et
> des mères-grands, on en gardera la mémoire.»
> —**Charles Perrault**
>
> «La vie ressemble à un conte; ce qui importe,
> ce n'est pas sa longueur, mais sa valeur.»
> —**Sénèque**
>
> «Les génies n'existent que dans les contes pour enfants.»
> —**Marc Gendron**

**7** **C'est pas sorcier!** Avec un(e) partenaire, vous allez écrire un dialogue dans lequel un inventeur un peu «sorcier» trouve une solution innovante à une situation problématique qu'on vient de lui exposer. L'un de vous jouera le rôle de l'inventeur et l'autre celui de la personne qui lui explique le problème. Soyez prêt(e)s à jouer cette scène devant la classe.

ressources

v̂ Text

CE
pp. 124–125

vhlcentral.com
Leçon 7

À la recherche du progrès

Galerie de Créateurs

# IMAGINEZ

## Des cités cosmopolites

La Grand-Place, à Bruxelles

Découvrir l'**Europe** francophone, c'est aussi partir à la rencontre de la **Belgique**, du **Luxembourg** et de la **Suisse**.

En Belgique, on parle le français dans la partie sud du pays, dans la région de la **Wallonie**, et à **Bruxelles**, qui est la capitale du royaume°. Elle abrite° le siège du **Conseil**, de la **Commission** et du **Parlement européens**. Des gens de toute l'Europe viennent donc vivre et travailler à Bruxelles. Cette partie-là de la ville est très moderne. Tout autour de la **Grand-Place**, Bruxelles a aussi une partie historique. Le **Manneken-Pis** et l'**Atomium** en sont sans doute les deux plus grandes attractions. Le Manneken-Pis est le **Belge** le plus célèbre du monde: c'est la petite statue en bronze d'un jeune garçon qui urine dans une fontaine. Il représente l'indépendance d'esprit des Bruxellois. L'**Atomium** est une construction géante de 102 mètres de haut, en forme de molécule de fer° qui a été assemblée pour l'**Exposition universelle** de 1958. De son «atome» le plus élevé, on peut admirer le panorama de la ville entière.

Plus au sud, il y a le **Luxembourg** et sa capitale qui porte le même nom. À l'image de Bruxelles, la population y est très cosmopolite: on dit que 60% seulement des habitants sont luxembourgeois d'origine. La ville, mondialement connue pour son système bancaire, est aussi réputée pour le shopping de luxe et ses magasins. Il y a également beaucoup de musées dédiés à l'art, à la culture, à l'industrie ou à la nature. La partie historique de Luxembourg et les fortifications sont classées au patrimoine mondial de l'**UNESCO**. Pour aller au café ou au restaurant, il faut se diriger vers sa

splendide **place d'Armes**. Après avoir bien profité des terrasses, on peut se balader dans les rues piétonnes et admirer l'architecture.

Certains de ces traits se retrouvent aussi à **Genève**, la plus grande ville francophone de **Suisse**. C'est le siège de nombreuses multinationales et d'organisations internationales et non gouvernementales, dont l'**ONU**° et la **Croix-Rouge**°. C'est également un grand centre bancaire, comme Luxembourg. La rade° est connue pour son jet d'eau° illuminé, mais aussi pour ses quais° fleuris, ses jardins botaniques et ses maisons historiques. Les bains publics des **Pâquis** sont une véritable institution. Tous s'y réunissent dans une atmosphère typiquement genevoise pour profiter de la plage, des saunas et des plongeoirs°. Sur la rive gauche de la rade, il y a aussi le **Jardin anglais** et sa célèbre **horloge**° fleurie, en référence à la spécialité d'horlogerie° de luxe de la ville. Enfin, Genève est la capitale culinaire de la Suisse. Sa spécialité: le filet de perche° du **lac Léman**.

En somme, ces trois métropoles marient parfaitement leur art de vivre traditionnel et leur grande modernité.

**royaume** *kingdom* **abrite** *houses* **fer** *iron* **ONU** *UNO* **Croix-Rouge** *Red Cross* **rade** *harbor* **jet d'eau** *fountain* **quais** *wharves* **plongeoirs** *diving boards* **horloge** *clock* **horlogerie** *clock- and watch-making* **perche** *perch*

Un horloger travaille sur une montre suisse.

ressources

v̂ Text

CE
p. 112

vhlcentral.com
Leçon 7

# Découvrons
## la Belgique, le Luxembourg et la Suisse

**La montagne de Bueren** Ce n'est pas une montagne, mais un escalier monumental, à **Liège,** en Belgique. Ses **373 marches°** ont été construites en 1875 pour faciliter l'ascension des soldats vers la citadelle et on leur a donné le nom d'un défenseur historique de Liège, **Vincent de Bueren.** La montée est dure, mais on peut se reposer sur les bancs installés sur des paliers°, et en haut, la vue est magnifique!

**Le chocolat belge** Qualité et tradition ont fait la réputation du chocolat belge. L'histoire commence avec **Jean Neuhaus** en 1857, qui vendait du chocolat amer° dans sa pharmacie, à **Bruxelles.** Avec son fils, il invente ensuite les **confiseries°.** En 1912, son petit-fils crée la **praline,** le premier chocolat fourré° puis le **ballotin°** à offrir. Aujourd'hui, cette tradition belge est bien vivante. C'est une compagnie belge, **Léonidas,** qui est le leader mondial de la vente de pralines.

**Banques luxembourgeoises** Le Luxembourg est un paradis bancaire. On compte plus de **217 banques** sur le territoire, et le secret bancaire y est garanti par la constitution. Environ 30% de l'économie du pays dépend des banques et de leur rôle financier international. Résultat: le PNB° par habitant est l'un des plus élevés du monde, et les **Luxembourgeois** bénéficient d'un excellent niveau de vie.

**Bertrand Piccard** C'est un homme remarquable! Ce fils et petit-fils d'inventeurs suisses a en effet réalisé en 1999 le premier tour du monde en ballon°. Avec **Brian Jones,** son coéquipier°, ils ont mis 20 jours. C'est un aventurier qui a aussi du cœur. Il a financé une campagne de lutte° en **Afrique** contre le **noma,** une maladie qui touche les enfants. Son dernier projet en date? Construire un avion solaire!

**marches** *steps* **paliers** *landings* **amer** *bitter* **confiseries** *confectioneries* **fourré** *filled* **ballotin** *box of chocolates* **PNB** *GNP* **ballon** *hot air balloon* **coéquipier** *teammate* **lutte** *fight*

## Le français parlé en Belgique et en Suisse

### Les belgicismes

| | |
|---|---|
| **le bassin de natation** | la piscine |
| **blinquer** | briller; *shine* |
| **un essuie** | une serviette |
| **une heure de fourche** | une heure de libre |
| **octante** | quatre-vingts |
| **savoir** | pouvoir |

### La Suisse

| | |
|---|---|
| **c'est bonnard!** | c'est sympa! |
| **un cheni** | un désordre |
| **une chiclette** | un chewing-gum |
| **un cornet** | un sac plastique |
| **fais seulement!** | je t'en prie! |
| **huitante** | quatre-vingts |
| **un linge** | une serviette de bain |
| **un natel** | un téléphone portable |
| **poutser** | nettoyer |

### En Suisse et en Belgique

| | |
|---|---|
| **le déjeuner** | le petit-déjeuner |
| **le dîner** | le repas de midi |
| **nonante** | quatre-vingt-dix |
| **septante** | soixante-dix |

À la recherche du progrès

# Qu'avez-vous appris?

**1** Vrai ou faux? Indiquez si ces affirmations sont vraies ou fausses. Corrigez les fausses.

1. La Belgique, le Luxembourg et la Suisse font partie de l'Europe francophone.

2. Bruxelles abrite le siège du Conseil, de la Commission et du Parlement européens.

3. L'Atomium est une petite statue en bronze d'un jeune garçon qui urine dans une fontaine.

4. Le quartier historique et les fortifications de Bruxelles sont classés au patrimoine mondial de l'UNESCO.

5. La montagne de Bueren est un grand escalier de 373 marches.

6. Le chocolat belge est réputé pour sa qualité.

**2** Complétez Complétez chaque phrase logiquement.

1. L'Atomium est… qui a été assemblée pour l'Exposition universelle de 1958.

2. En référence à sa spécialité d'horlogerie de luxe, …

3. La famille Neuhaus de Bruxelles a inventé…

4. Le Luxembourg est un paradis bancaire car…

5. Avec Brian Jones, Bertrand Piccard est le premier homme à…

6. Le dernier projet de Piccard est…

## Projet

### Les chocolats

Imaginez que vous soyez journaliste et que vous vouliez faire un reportage sur l'importance du chocolat à Bruxelles. Ensuite préparez votre reportage d'après les critères suivants et présentez-le à la classe.

- Choisissez des lieux à visiter à Bruxelles pour mieux connaître l'histoire et la culture du chocolat.
- Trouvez des photos montrant (*showing*) sa fabrication.
- Choisissez une compagnie en particulier dont vous allez faire un portrait.
- Trouvez la recette d'une ou deux spécialités de Bruxelles.

 Practice more at **vhlcentral.com**.

---

 **ÉPREUVE**

Trouvez la bonne réponse.

1. De l'atome le plus haut de l'Atomium, on peut admirer _____.
   a. le Jardin anglais
   b. la place d'Armes
   c. la campagne
   d. le panorama de Bruxelles

2. La capitale du Luxembourg s'appelle _____.
   a. Luxembourg
   b. Genève
   c. Bueren
   d. Piccard

3. Seulement _____ des habitants de Luxembourg sont luxembourgeois d'origine.
   a. 40 %
   b. 50 %
   c. 60 %
   d. le tiers

4. Le symbole de la rade de Genève est _____.
   a. son jet d'eau
   b. son horloge fleurie
   c. sa buvette
   d. ses restaurants

5. Genève est connue pour la fabrication _____.
   a. de montres de luxe
   b. de ballons
   c. de fusées
   d. d'ordinateurs

6. Genève est _____ de la Suisse.
   a. le centre financier
   b. la capitale
   c. le port
   d. la capitale culinaire

7. Quand on monte les marches de la montagne de Bueren, on _____.
   a. doit se dépêcher
   b. peut s'arrêter sur des paliers pour se reposer
   c. ne voit rien de spécial
   d. est suivi par des soldats

8. Léonidas est le leader mondial de la vente de _____.
   a. ballotins
   b. confiseries
   c. chocolats
   d. pralines

9. Bertrand Piccard est non seulement un aventurier, mais il a aussi _____.
   a. une sœur
   b. des enfants
   c. un avion
   d. du cœur

10. Un linge, c'est une serviette de bain _____.
    a. en Suisse
    b. en Belgique
    c. au Luxembourg
    d. en Suisse et en Belgique

# Le Zapping

**Video: TV Clip**

## Nao

**1** **Préparation** Répondez aux questions.

1. Qu'est-ce que la technologie peut faire pour l'humanité que les gens eux-mêmes ne peuvent pas faire?

2. Que pensez-vous de l'intelligence artificielle? Est-ce un cadeau à l'humanité? Est-elle dangereuse? Expliquez votre réponse.

### Vocabulaire du film

**cabochard(e)** *stubborn*
**une cannette** (*beverage*) *can*
**une gamme** *range, model*
**embarqué(e)** *built in*
**viser** *to target*

### l'intelligence artificielle au service de l'homme

Préparez-vous à vivre dans le futur: Nao le robot arrive bientôt chez vous! Ce robot humanoïde unique a été mis au point (*developed*) par Aldebaran Robotics, une compagnie française installée à Paris. S'il est aussi utilisé par les scientifiques, Nao est avant tout pour le grand public. Non seulement il est intelligent, mais il sait aussi parfaitement communiquer. Il est donc destiné à remplacer Aïbo, le petit chien de compagnie de Sony. Dans sa dernière version, Nao mesure environ 60 cm, a deux mains articulées, et utilise la reconnaissance vocale. Ce petit robot est aussi équipé d'un outil de programmation qui permet de lui faire apprendre toutes sortes de comportements (*behaviors*) nouveaux. Ainsi, Nao peut devenir un robot de compagnie, un garde-malade infatigable ou, tout simplement, votre partenaire de jeu favori.

**2** **Compréhension** Répondez aux questions par de phrases complètes

1. Qu'est-ce que Nao peut faire grâce au wifi et à la reconnaissance vocale?

2. À quoi sert l'outil de programmation dont Nao est équipé?

3. Quel type de public est visé par les créateurs de Nao?

**3** **Discussion** Discutez des questions suivantes en petits groupes.

1. D'après vous, à quoi pourrait servir un robot comme Nao à l'avenir?

2. Nao pourrait avoir une personnalité. À votre avis, est-ce une bonne chose? Pourquoi ou pourquoi pas?

3. À votre avis, ce type de robot va-t-il avoir du succès dans les années à l'avenir? Pourquoi ou pourquoi pas?

**4** **Application** Mon propre robot

Si vous pouviez créer le robot idéal, que ferait-il? Quelles gammes de comportements aimeriez-vous que ce robot possède? Comment l'utiliseriez-vous?

Practice more at **vhlcentral.com**.

**Presentation Tutorial**

**7.1**

# The comparative and superlative of adjectives and adverbs

—*Mon vaisseau est **plus** rapide **que** le tien!*

## Adjectives

**ATTENTION!**

Remember that **que** becomes **qu'** before a vowel sound.

**Caroline est plus jeune qu'Ousmane.**

- To make comparisons between people or things, place **plus** (*more*), **moins** (*less*), or **aussi** (*as*) before the adjective, and **que** (*than* or *as*) after it.

  Cette invention est **plus** innovante **que** la précédente.
  *This invention is more innovative than the previous one.*

  Les planètes Uranus et Neptune sont **moins** lumineuses **que** les étoiles.
  *The planets Uranus and Neptune are less bright than stars.*

  Ce moteur de recherche est **aussi** efficace **que** celui-là.
  *This search engine is as efficient as that one.*

- Form the superlative by using the appropriate definite article along with the comparative form.

  C'est l'ordinateur **le plus rapide** de la faculté de médecine.
  *It is the fastest computer in the medical school.*

  C'est elle qui a proposé **la** théorie **la plus révolutionnaire.**
  *She proposed the most revolutionary theory.*

- The preposition **de** following the superlative means *in* or *of*.

*Voici **la meilleure** invention **du** monde.*

- When using the superlative of an adjective that precedes the noun it modifies, the superlative form also precedes the noun as well.

  Vous travaillez sur **le plus petit** ordinateur du lycée.
  *You're working on the smallest computer in the high school.*

  As-tu visité **les plus beaux** monuments de la ville?
  *Did you visit the most beautiful monuments in town?*

**BLOC-NOTES**

For a review of adjectives that are placed in front of the nouns they modify, see **Structures 2.2, pp. 56-57**

- The adjectives **bon** and **mauvais** have irregular comparative and superlative forms.

| Adjective | Comparative | Superlative |
|---|---|---|
| **bon(ne)(s)**<br>*good* | **meilleur(e)(s)**<br>*better* | **le/la/les meilleur(e)(s)**<br>*the best* |
| **mauvais(e)(s)**<br>*bad* | **pire(s)** *or*<br>**plus mauvais(e)(s)**<br>*worse* | **le/la/les pire(s)** *or*<br>**le/la/les plus mauvais(e)(s)**<br>*the worst* |

Djamel a acheté un télescope de **meilleure** qualité.
*Djamel bought a better quality telescope.*

Charlotte a écrit **le plus mauvais** discours de la classe.
*Charlotte wrote the worst speech in the class.*

## Adverbs

- When comparing adverbs, place **plus**, **moins**, or **aussi** before the adverb and **que** after it.

Romane surfe sur le web **plus** rapidement **qu'**Émilie.
*Romane surfs the Web faster than Émilie.*

Ce moteur de recherche va **moins** vite **que** l'autre.
*This search engine works less quickly than the other one.*

**BLOC-NOTES**

To review adverbs, see
**Structures 2.3, pp. 56-57**

- Because adverbs are invariable, the definite article used in the superlative is always **le**.

C'est Laure et moi qui travaillons **le plus sérieusement**.
*Laure and I work the most seriously.*

C'est mon frère qui conduit **le moins patiemment**.
*My brother drives the least patiently.*

- The adverbs **bien** and **mal** have irregular comparative and superlative forms.

| Adverb | Comparative | Superlative |
|---|---|---|
| **bien**<br>*well* | **mieux**<br>*better* | **le mieux**<br>*the best* |
| **mal**<br>*badly* | **plus mal** *or*<br>**pis** (seldom used)<br>*worse* | **le plus mal** *or*<br>**le pis** (seldom used)<br>*the worst* |

Cet outil-ci marche **mieux que** celui-là.
*This tool works better than that one.*

C'est cet outil-là qui marche **le plus mal**.
*That tool works the worst.*

**ATTENTION!**

Be careful not to confuse the adjectives **bon** (*good*) and **mauvais** (*bad*) with the adverbs **bien** (*well*) and **mal** (*badly*).

**La chanson est bonne/mauvaise.**

*The song is good/bad.*

**Elle chante bien/mal.**

*She sings well/badly.*

*C'est Léonie qui joue **le mieux** du violon.*

# Mise en pratique

1

**Le meilleur** Patricia et Fabrice parlent des moyens de transport et ils ne sont pas d'accord. Complétez leur dialogue à l'aide des éléments de la liste.

| aussi | le pire | mieux que | plus |
|-------|---------|-----------|------|
| la plus | le plus | moins | que |

**Note**
**CULTURELLE**

La compagnie aérienne nationale belge, la **Sabena**, est créée en 1923 et disparaît en 2001. **Swissair** était la compagnie aérienne nationale suisse. Elle est créée en 1931 et fusionne avec Crossair en 2002, sous le nom de **Swiss**. En 1934, Swissair est la première à engager (*hire*) des hôtesses de l'air.

**PATRICIA** Je refuse de prendre l'avion. J'ai trop peur.

**FABRICE** Mais l'avion est le transport (1) _____ sûr du monde!

**PATRICIA** Peut-être, mais c'est (2) _____ agréable de prendre le train, parce que tu peux regarder le paysage. Et puis, le train est (3) _____ cher.

**FABRICE** Mais voler, c'est la façon de voyager (4) _____ avantageuse! Tu peux regarder des films et on te sert à manger.

**PATRICIA** Et l'attente à l'aéroport? C'est (5) _____ moment du voyage.

**FABRICE** Eh bien, je trouve qu'attendre à l'aéroport est toujours (6) _____ passer des jours à voyager pour arriver à la même destination.

**PATRICIA** Je t'assure que je ne suis toujours pas convaincue que l'avion soit (7) _____ pratique (8) _____ le train. Alors, je propose que tu prennes l'avion et moi le train, et on se retrouve à l'hôtel.

2

## À former

**A.** Utilisez le superlatif pour faire des phrases complètes avec les éléments proposés.

> **Modèle** L'avion est le mode de transport le plus sûr du monde.

| | | | |
|---|---|---|---|
| l'avion | le mode de transport | sûr | du monde |
| Einstein | scientifique | connu | du 20e siècle |
| Genève | ville | cosmopolite | de Suisse |
| Jacques Brel | chanteur | célèbre | de Belgique |
| *Harry Potter* | livre | populaire | du moment |

**B.** Maintenant, faites des phrases avec le comparatif.

> **Modèle** L'avion est plus sûr que la voiture.

3

**Rendez-vous** Hier soir, votre grand frère avait rendez-vous avec une inconnue (*blind date*). À deux, employez des comparatifs et des superlatifs pour parler de son rendez-vous. Aidez-vous des mots de la liste.

> **Modèle** C'était le pire rendez-vous de sa vie!

| blagues | film | vêtements |
|---------|------|-----------|
| cheveux | restaurant | viande |
| conversation | salade | voiture |

# Communication

**4** **Plus ou moins** Avec un(e) camarade de classe, comparez ces éléments à tour de rôle. Soyez inventifs.

> Modèle —L'écran de mon ordinateur fait 17 pouces.
> —Le mien fait 15 pouces. Il est moins grand que le tien.
> —Ton écran est le moins grand des deux.

- votre appareil (photo) numérique
- votre famille
- votre téléphone portable
- votre maison/appartement
- votre ordinateur
- vos parents
- votre vie sociale
- votre film préféré
- votre connexion Internet
- ?

**5** **Au musée des Sciences** Vos camarades et vous êtes au musée des Sciences où vous découvrez les progrès technologiques des derniers siècles. Par groupes de trois, imaginez la vie aux périodes proposées et faites trois comparaisons pour chacune.

> Modèle Au Moyen Âge, la vie était plus difficile sans le radiateur.

| au Moyen Âge (*Middle Ages*) | à la création des États-Unis | au début du 20e siècle | il y a vingt ans |
|---|---|---|---|
| | | | |
| | | | |
| | | | |

**6** **Et votre vie à vous?** Par groupes de trois, discutez des aspects de votre vie quotidienne qui bénéficient des progrès technologiques. Comment était votre vie avant l'arrivée de ces technologies? Comment est-elle aujourd'hui? Employez des comparatifs et des superlatifs.

ressources

v̂Text

CE
pp. 113–115

vhlcentral.com
Leçon 7

**Presentation Tutorial**

## 7.2 | The *futur simple*

—*Et vous **pourrez** le faire marcher après?*

**BLOC-NOTES**

To review the **futur proche**, see **Structures 1.2, pp. 20-21.**

- You have learned to use **aller** + [*infinitive*] to say that something is going to happen in the immediate future (the **futur proche**). To talk about something that will happen further ahead in time, use the **futur simple**.

| Futur proche | Futur simple |
|---|---|
| Je **vais effacer** la dernière phrase avant de sauvegarder mon essai. | Nous **effacerons** les photos de l'appareil après les avoir imprimées. |
| *I'm going to erase the last sentence before saving my essay.* | *We will erase the pictures on the camera after printing them.* |

- Form the simple future of regular **-er** and **-ir** verbs by adding these endings to the infinitive. For regular **-re** verbs, take the **-e** off the infinitive before adding the endings.

|  | **parler** | **réussir** | **attendre** |
|---|---|---|---|
| je/j' | parler**ai** | réussir**ai** | attendr**ai** |
| tu | parler**as** | réussir**as** | attendr**as** |
| il/elle | parler**a** | réussir**a** | attendr**a** |
| nous | parler**ons** | réussir**ons** | attendr**ons** |
| vous | parler**ez** | réussir**ez** | attendr**ez** |
| ils/elles | parler**ont** | réussir**ont** | attendr**ont** |

- Spelling-change **-er** verbs undergo the same change in the future tense as they do in the present.

| | |
|---|---|
| je me prom**è**ne | je me prom**è**nerai |
| j'emplo**i**e | j'emplo**i**erai |
| j'essa**i**e *or* j'essa**y**e | j'essa**i**erai *or* j'essa**y**erai |
| j'appe**ll**e | j'appe**ll**erai |
| je proje**tt**e | je proje**tt**erai |

- Verbs with an **é** before the infinitive ending, such as **espérer**, **préférer**, and **répéter**, do not undergo a spelling change in the future tense.

| Nous **suggérerons** à Fatih qu'il reste chez nous. | *We will suggest to Fatih that he stay with us.* |
|---|---|

- Many common verbs have an irregular future stem. Add the future endings to these stems.

| infinitive | stem | future | infinitive | stem | future |
|------------|------|--------|------------|------|--------|
| aller | ir- | j'irai | pleuvoir | pleuvr- | il pleuvra |
| avoir | aur- | j'aurai | pouvoir | pourr- | je pourrai |
| courir | courr- | je courrai | recevoir | recevr- | je recevrai |
| devoir | devr- | je devrai | savoir | saur- | je saurai |
| envoyer | enverr- | j'enverrai | tenir | tiendr- | je tiendrai |
| être | ser- | je serai | valoir | vaudr- | il vaudra |
| faire | fer- | je ferai | venir | viendr- | je viendrai |
| falloir | faudr- | il faudra | voir | verr- | je verrai |
| mourir | mourr- | je mourrai | vouloir | voudr- | je voudrai |

- Verbs in the simple future are usually translated with *will* or *shall* in English.

Nous **aurons** un lecteur de DVD
dans notre chambre.
*We will have a DVD player
in our room.*

Un jour, on **pourra** se promener
sur la planète Mars.
*One day, we will be able to walk
on Mars.*

- Use the future tense instead of the imperative to make a command sound more forceful.

Tu **viendras** au restaurant avec
nous ce soir.
*You will come to the restaurant
with us tonight.*

Vous **ferez** passer le message
à votre professeur.
*You'll pass along the message
to your teacher.*

- After **dès que** (*as soon as*) or **quand** put the verb in the future tense if the action takes place in the future. The verb in the main clause should be in the future or the imperative.

| | FUTURE | MAIN CLAUSE: FUTURE OR IMPERATIVE |
|---|--------|-----------------------------------|
| **Dès que** | vous aurez un brevet, | vous pourrez vendre votre invention. |
| **Quand** | tu seras dans l'ovni, | pose des questions aux extraterrestres! |

- The same kind of structure can be used with the conjunctions **aussitôt que** (*as soon as*), **lorsque** (*when*), and **tant que** (*as long as*). Note that in English, the verb following them is most often in the present tense.

Nous vous recevrons **aussitôt que**
vous arriverez au laboratoire.
*We will welcome you as soon as
you arrive at the laboratory.*

**Tant qu'**ils seront curieux, les astronomes
étudieront l'origine de l'univers.
*As long as they're curious, astronomers
will study the universe's origin.*

- To talk about events that might occur in the future, use a **si...** (*if...*) construction. Use the present tense in the **si** clause and the **futur proche**, **futur simple**, or imperative in the main clause. Remember that **si** and **il** contract to become **s'il**.

**S'**il y **a** un film intéressant à la télé
ce soir, **dis**-le-moi.
*If there's an interesting movie on TV
tonight, tell me.*

**Si** Aïcha **achète** un appareil numérique,
elle me **donnera** son appareil traditionnel.
*If Aïcha buys a digital camera,
she'll give me her traditional camera.*

**ATTENTION!**

**Apercevoir** has a future stem like that of **recevoir**. Similarly, **devenir** and **revenir** are like **venir**, and **maintenir** and **retenir** are like **tenir**.

**J'apercevrai.**

**Vous reviendrez.**

**Ils maintiendront.**

**ATTENTION!**

In spoken French, the present tense is used sometimes to express future actions.

**Nous nous retrouvons au cybercafé.**

*We're meeting at the cybercafé.*

Use the present tense of **devoir** + [*infinitive*] to express an action that you suppose will happen.

**Benoît doit arriver dans les prochains jours.**

*Benoît must be arriving in the next few days.*

**BLOC-NOTES**

To learn how to use **si** clauses to express contrary-to-fact situations, see **Structures 10.3, pp. 354-355**.

# Mise en pratique

**1** **Horoscope chinois** Lisez les prédictions de l'horoscope chinois pour le signe du dragon. Mettez les verbes au futur simple.

**TRAVAIL** Cette semaine, vous (1) _____ (devoir) travailler dur. Vous ne (2) _____ (pouvoir) pas vous reposer, parce que votre patron (3) _____ (être) très exigeant. Mais ça (4) _____ (valoir) la peine. On vous (5) _____ (donner) une augmentation et vos collègues (6) _____ (être) jaloux.

**ARGENT** Dès que vous (7) _____ (comprendre) qu'il ne faut pas trop dépenser, votre situation financière (8) _____ (aller) mieux. Pour devenir millionnaire, il vous (9) _____ (falloir) beaucoup de volonté et de patience. Mais vous (10) _____ (tenir) bon. Peut-être que vous (11) _____ (recevoir) l'héritage d'une tante éloignée.

**SANTÉ** Vous (12) _____ (avoir) des problèmes respiratoires. Mais vous (13) _____ (savoir) y faire face. Des membres de votre famille vous (14) _____ (suggérer) sûrement des moyens de combattre ce trouble.

**AMOUR** Quelqu'un (15) _____ (vouloir) faire votre connaissance et (16) _____ (réussir) à vous rendre heureux/heureuse.

**2** **Un autre horoscope** À deux, écrivez l'horoscope de votre camarade de classe. Utilisez les éléments de la liste. Ensuite, comparez vos horoscopes à ceux du reste de la classe.

| aller | devoir | finir | quand | si |
|-------|--------|-------|-------|-----|
| créer | être | maintenir | réussir | tant que |
| dès que | faire | prouver | savoir | venir |

Dragon:
1976-1988-2000

Serpent:
1977-1989-2001

Cheval:
1978-1990-2002

Chèvre:
1979-1991-2003

Singe:
1980-1992-2004

Coq:
1981-1993-2005

Chien:
1982-1994-2006

Cochon:
1983-1995-2007

Rat:
1984-1996-2008

Buffle:
1985-1997-2009

Tigre:
1986-1998-2010

Chat:
1987-1999-2011

**3** **Vos projets** Comment passerez-vous l'été? Répondez à ces questions avec des verbes au futur simple. Expliquez vos réponses à un(e) camarade de classe.

1. Est-ce que vous travaillerez? Où?
2. Sortirez-vous le soir et le week-end?
3. Suivrez-vous des cours? Lesquels?
4. Partirez-vous en vacances? Où?

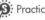 Practice more at **vhlcentral.com**.

# Communication

**4 Invention**

**A.** Avec un(e) camarade de classe, vous devez vous préparer pour une conférence de presse où vous présenterez votre invention. À l'aide du tableau, imaginez ce que vous direz à la presse. Employez le futur simple.

| | |
|---|---|
| **Titre de l'invention** | |
| **À quoi servira-t-elle?** | |
| **À qui sera-t-elle destinée?** | |
| **Comment fonctionnera-t-elle?** | |
| **Améliorera-t-elle la vie quotidienne?** | |

**B.** Ensuite, présentez votre invention à la classe, sans dire exactement ce que c'est. Vos camarades doivent poser des questions pour deviner de quelle sorte d'objet il s'agit. Utilisez le futur simple.

> **Modèle** À quel moment de la journée s'en servira-t-on?

**5 Que se passera-t-il?** Tout change avec le temps. À deux, discutez de l'avenir des éléments suivants.

- la télévision
- New York
- Internet
- les livres
- la génétique
- le clonage
- la conquête spatiale
- l'humanité
- l'ADN
- la religion

**6 Dans 20 ans** Par petits groupes, faites une liste de cinq personnes ou compagnies célèbres dans le domaine de la science et la technologie, et imaginez comment elles seront dans 20 ans.

**7 Situations** À deux, choisissez un de ces thèmes et inventez une conversation au futur simple entre les deux personnes décrites.

- Deux étudiant(e)s viennent d'obtenir leur diplôme scientifique et parlent de ce qu'ils/elles feront pour devenir riches et célèbres.
- Deux astronautes se dirigent vers la planète Mars. Ils/Elles sont les premiers/premières à faire ce voyage et discutent de ce qu'ils/elles feront une fois sur place.
- Deux chercheurs/chercheuses scientifiques viennent de faire une découverte capitale et parlent de ce qu'elle apportera au monde.
- Deux informaticien(ne)s créent un site web et parlent de ses avantages comparé à celui de la concurrence (*competition*).

**Note CULTURELLE**

La **Belgique** et la **Suisse** sont à l'origine de certains objets qui font partie de notre quotidien: de Belgique, les patins à roulette de **Jean-Joseph Merlin** et le saxophone d'**Adolphe Sax**; de Suisse, le velcro de **Georges de Mestral** et le moteur à explosion de **François Isaac de Rivaz**. Cette dernière invention a révolutionné notre monde parce qu'on s'en sert tous les jours pour faire fonctionner nos moyens de transport.

ressources

v̂ Text

CE
pp. 116–118

vhlcentral.com
Leçon 7

**Presentation**

7.3

# The subjunctive with expressions of doubt and conjunctions; the past subjunctive

—*Je doute que tu **te sois dépêché** de rentrer...*

## The subjunctive with expressions of doubt and conjunctions

- Use the subjunctive in subordinate clauses after expressions of doubt or uncertainty.

Il est peu probable qu'il **soit** astronaute.　Il est possible qu'on **atterrisse** en avance.
*It's unlikely that he's an astronaut.*　*It's possible that we're landing early.*

- These expressions of doubt or uncertainty are typically followed by the subjunctive.

**BLOC-NOTES**

To review other expressions that are used with the subjunctive, see **Structures 6.1, pp. 198-199**.

| | | | |
|---|---|---|---|
| **douter que...** | *to doubt that...* | **Il n'est pas évident que...** | *It's not obvious that...* |
| **Il est douteux que...** | *It's doubtful that...* | **Il n'est pas sûr que...** | *It's not sure that...* |
| **Il est impossible que...** | *It's impossible that...* | **Il n'est pas vrai que...** | *It's not true that...* |
| **Il est peu probable que...** | *It's unlikely that...* | **Il semble que...** | *It seems that...* |
| **Il est possible que...** | *It's possible that...* | **Il se peut que...** | *It's possible that...* |

- Some expressions call for the subjunctive in the negative, but take the indicative in the affirmative. This is because only the negative statements express uncertainty or doubt.

| **Indicative** | **Subjunctive** |
|---|---|
| Je suis sûr qu'elle **vient** aujourd'hui. | Je ne suis pas sûr qu'elle **vienne** demain. |
| *I'm sure she's coming today.* | *I'm not sure she's coming tomorrow.* |

- The verbs **croire, espérer,** and **penser** in negative statements or in questions also require the subjunctive in the subordinate clause. In affirmative statements, the verb in the subordinate clause is in the indicative.

**ATTENTION!**

Not all questions containing **croire, espérer,** or **penser** require the subjunctive. In a negative question, the subordinate clause takes the indicative.

**Ne penses-tu pas que c'est une découverte capitale?**

*Don't you think it's a breakthrough discovery?*

| **Indicative** | **Subjunctive** | **Subjunctive** |
|---|---|---|
| Je crois qu'elle **part**. | Je ne crois pas qu'elle **parte**. | Croyez-vous qu'elle **parte**? |
| *I believe she's leaving.* | *I don't believe she's leaving.* | *Do you believe she's leaving?* |

- The subjunctive is also required after these conjunctions.

| | | | |
|---|---|---|---|
| **à condition que** | *on the condition that* | **en attendant que** | *waiting for* |
| **à moins que** | *unless* | **jusqu'à ce que** | *until* |
| **afin que** | *in order that* | **pour que** | *so that* |
| **avant que** | *before* | **pourvu que** | *provided that* |
| **bien que** | *although* | **quoique** | *although* |
| **de peur que** | *for fear that* | **sans que** | *without* |

Bien que ses intentions **soient** bonnes, elle se trompe souvent.
*Although her intentions are good, she is often mistaken.*

Ils expliquent leur recherche pour que nous en **connaissions** les conséquences.
*They explain their research so that we know the consequences.*

## The past subjunctive

- If the verb in a subordinate clause following a subjunctive trigger took place in the past, use the past subjunctive.

- Like the **passé composé** and the **plus-que-parfait**, the past subjunctive is formed by combining a helping verb (**avoir** or **être**) with a past participle. In the past subjunctive, the helping verb is in the present subjunctive.

Il se peut qu'ils **aient oublié** la réunion de neuf heures.
*It's possible that they forgot the 9 o'clock meeting.*

Nous ne sommes pas certains qu'elle **soit arrivée** avant nous.
*We are not certain that she arrived before us.*

- If a verb takes the helping verb **avoir** in the **passé composé** or **plus-que-parfait**, it also takes **avoir** in the past subjunctive.

| | |
|---|---|
| j'ai téléchargé | que j'aie téléchargé |
| tu as téléchargé | que tu aies téléchargé |
| il/elle a téléchargé | qu'il/elle ait téléchargé |
| nous avons téléchargé | que nous ayons téléchargé |
| vous avez téléchargé | que vous ayez téléchargé |
| ils/elles ont téléchargé | qu'ils/elles aient téléchargé |

- If a verb takes the helping verb **être** in the **passé composé** or **plus-que-parfait**, it also takes **être** in the past subjunctive.

| | |
|---|---|
| je me suis adapté(e) | que je me sois adapté(e) |
| tu t'es adapté(e) | que tu te sois adapté(e) |
| il/elle s'est adapté(e) | qu'il/elle se soit adapté(e) |
| nous nous sommes adapté(e)s | que nous nous soyons adapté(e)s |
| vous vous êtes adapté(e)(s) | que vous vous soyez adapté(e)(s) |
| ils/elles se sont adapté(e)s | qu'ils/elles se soient adapté(e)s |

**ATTENTION!**

If the subject of the main clause is the same as the subject of the subordinate clause, these conjunctions are followed by the infinitive instead of the subjunctive: **à condition de, à moins de, afin de, avant de, de peur de, en attendant de, pour,** and **sans.**

**Il est entré sans parler.**

*He came in without speaking.*

**On arrivera en retard à moins de prendre le train.**

*We'll arrive late unless we take the train.*

**ATTENTION!**

The expressions **à moins que, de peur que, de crainte que, sans que,** and **avant que** are often accompanied by the **ne explétif.** The word **ne** is placed before the subjunctive form of the verb; it is not a negation and adds no meaning to the statement.

**Les élèves arrivent avant que le professeur ne commence son cours.**

*The students arrive before the teacher starts his class.*

# Mise en pratique

**1** **À choisir** Choisissez la forme correcte du verbe pour compléter les phrases.

1. Il est évident qu'il _____ (n'est pas venu / ne soit pas venu) nous voir.

2. Il faut y croire jusqu'à ce qu'on _____ (réussit / réussisse).

3. Nous sommes sûrs que tu _____ (vas mettre au point / ailles mettre au point) ton invention.

4. Vous avez visité toute la ville sans qu'elles _____ (se soient reposées / se sont reposées) une seule fois?

5. Il est impossible que vous _____ (avez vu / ayez vu) ce film; il n'est pas encore sorti.

6. Va dire à ta mère que Lucie _____ (dort / dorme) toujours.

7. Quoique nous ne leur _____ (ayons pas rendu / avons pas rendu) visite, nous avons beaucoup pensé à eux.

8. Ils vont m'aider pour que je _____ (finis / finisse) plus tôt.

**2** **Le Thalys** Complétez cet e-mail avec les formes correctes des verbes entre parenthèses.

### Note
### CULTURELLE

**Thalys** est le nom du train qui relie (*links*) **Paris** à **Bruxelles**. Le voyage dure (*lasts*) en général une heure et 20 minutes, pour une distance d'environ 300 km. Il est le prolongement du système ferroviaire (*railway*) français qui utilise le **TGV**. Bien que Bruxelles soit la principale gare du Thalys, cette ville n'est pas sa seule destination depuis Paris. Le train va jusqu'à **Amsterdam**, aux Pays-Bas, et jusqu'à **Cologne**, en Allemagne.

| De: | Caroline <caroline.romain@email.fr> |
|---|---|
| Pour: | Stéphane <stéphane.Bertaud@email.fr> |
| Sujet: | Qu'en penses-tu? |

Je prévois d'aller à Bruxelles la semaine prochaine. Avant de confirmer ma réservation sur le Thalys, je veux m'assurer que c'est une bonne idée. J'ai écrit un e-mail à un ami qui habite là-bas, mais il est peu probable qu'il l' (1) _____ (lire). Je sais qu'il (2) _____ (être) très occupé et je crois qu'il n' (3) _____ (avoir) jamais le temps de répondre à ses e-mails. Alors il se peut que j'y (4) _____ (arriver) sans que sa famille et lui le (5) _____ (savoir). Alors, de peur que je ne (6) _____ (visiter) cette ville toute seule, pourrais-tu m'y accompagner pour que je ne me (7) _____ (sentir) pas isolée?

Réponds-moi vite!
Caroline

**3** **Logique ou illogique?** Par groupes de trois, dites si les phrases sont logiques ou illogiques et employez le subjonctif, si nécessaire, pour justifier votre opinion.

> **Modèle** **Il n'est pas certain que la technologie rende la vie plus facile.**
> C'est illogique! Il est sûr que la technologie rend la vie plus facile.

|  | Logique | Illogique |
|---|---|---|
| 1. Il est évident que les voyages sur la Lune sont inutiles. | ☐ | ☐ |
| 2. Il est douteux qu'on puisse améliorer les ordinateurs. | ☐ | ☐ |
| 3. Il est vrai que les humains ont marché sur la planète Vénus. | ☐ | ☐ |
| 4. Il est possible que les scientifiques aient commencé à cloner des humains. | ☐ | ☐ |
| 5. Il est peu probable que nous connaissions les conséquences de la recherche génétique. | ☐ | ☐ |

# Communication

**4**

**Conseils** Voici Bernard. Il déteste les sciences, mais il veut quand même devenir astronaute. À deux, utilisez ces éléments pour lui dire ce que vous en pensez.

> **Modèle** —Il est possible que tu deviennes astronaute, mais tu devras d'abord avoir de meilleures notes en maths.
> —Tu y arriveras, à condition que tu fasses tes devoirs tous les jours.

| | |
|---|---|
| à condition que | Il est vrai que |
| afin que | Il se peut que |
| croire | jusqu'à ce que |
| (ne pas) douter que | penser |
| Il est possible que | pour que |

**5**

**L'avenir** Par groupes de trois, imaginez comment sera l'avenir en 2050 et en 2100. Utilisez le plus possible des expressions du subjonctif et présentez vos idées à la classe.

> **Modèle** Il est peu probable que les pays arrêtent de faire la guerre.

- la population
- les relations internationales
- la technologie
- la conquête de l'espace

**6**

**Voyage dans l'espace** Imaginez que vous fassiez un voyage dans l'espace pour fonder une nouvelle civilisation sur une autre planète. Par groupes de trois, employez le subjonctif pour discuter de vos craintes et des nouvelles possibilités.

| Craintes concernant la survie | Nouvelles possibilités |
|---|---|
| _____ | _____ |
| _____ | _____ |
| _____ | _____ |
| _____ | _____ |

**ressources**

v̂Text

CE
pp. 119–122

vhlcentral.com
Leçon 7

# Synthèse

*However*

*technique*

*disturbs*

**P**ascal va bientôt hériter d'une grande fortune. Il se rend compte qu'il pourra réaliser ses rêves les plus fous. Cependant°, son seul rêve est de devenir immortel. D'après lui, le seul procédé° capable de répondre à cette demande, c'est le clonage. Mais le clonage reproductif, ou humain, est interdit dans de nombreux pays. Il décide d'en parler à un ami, Gérard, qui est scientifique. Celui-ci va alors tout faire pour convaincre Pascal de ne pas se lancer dans cette entreprise, qui est l'idée la moins intelligente qu'il ait eue.

**GÉRARD** D'un point de vue éthique, c'est un concept qui dérange°. L'ONU et l'UNESCO ont déclaré la manipulation de l'ADN à des fins reproductives contraire à l'éthique. De plus, être cloné ne rend pas immortel. Ensuite, du point de vue scientifique, l'expérience a montré que ces progrès avaient leurs limites. Les cellules clonés des animaux présentaient des tares. Il n'est donc pas évident que le clonage d'un humain puisse marcher. Je doute que cela soit possible un jour.

**PASCAL** Mais il est possible qu'ils aient fait des erreurs. Et le clonage n'est pas forcément mauvais; il sert aussi à soigner.

**GÉRARD** Il est vrai que, d'un autre côté, les chercheurs qui ont fait cette découverte capitale ont permis d'inventer d'autres moyens de guérir. Mais ce dont tu rêves est différent. En résumé, la génétique n'est pas une chose à prendre à la légère. Tu réussiras mieux ta vie si tu arrêtes de penser à ça.

Finalement, bien que cela ait été son désir le plus cher, Pascal se rend compte que c'était une excentricité de sa part. Il décide d'oublier l'idée du clonage et de dépenser son argent autrement. ■

---

**1** **Compréhension** Répondez aux questions à l'aide des nouvelles structures.

1. Quel est le rêve le plus cher de Pascal?
2. Qu'est-ce que Gérard va essayer de faire?
3. Gérard pense-t-il que le clonage humain soit possible?
4. D'après Gérard, comment Pascal réussira-t-il mieux sa vie?

**2** **Votre double** À deux, imaginez que votre camarade et vous ayez été cloné(e)s. À deux, créez une conversation où vous essayez de vérifier si l'autre est vraiment «l'original(e)». Utilisez les nouvelles structures de cette leçon.

**Modèle** —Il est impossible que tu sois l'original(e), il/elle est plus aimable que toi.
—Je serai toujours l'original(e).

**3** **Pour ou contre?** Êtes-vous pour ou contre le clonage? Par groupes de trois, discutez de ce sujet a l'aide des structures de cette leçon. Considérez ces éléments:

- l'aspect éthique
- l'aspect biologique
- l'aspect économique
- l'aspect pratique

ressources

v Text

vhlcentral.com
Leçon 7

# Préparation

**Vocabulaire de la lecture**

l'antimatière (*m.*) *antimatter*

c'est-à-dire *that is to say; i.e*

de pointe *cutting edge*

détruire *to destroy*

envisager *to envision*

la mise en marche *start-up*

nucléaire *nuclear*

une particule *particle*

porter plainte *to file a complaint*

prédire *predict*

la recherche fondamentale
    *basic research*

repousser les limites *to push
    boundaries*

un trou noir *black hole*

**Vocabulaire utile**

faire une expérience
    *to conduct an experiment*

une innovation *innovation*

la recherche appliquée
    *applied research*

**1**

**Complétez** Utilisez le vocabulaire qui convient pour compléter les phrases.

1. Un chimiste doit _____ pour avoir un résultat.

2. Ma meilleure amie dit qu'elle peut _____ le futur en lisant les lignes de ma main.

3. Manon est arachnophobe, _____ qu'elle a peur des araignées (*spiders*).

4. La _____ d'une machine précède toujours son extinction.

5. Si quelqu'un pouvait inventer un robot capable de faire la cuisine, ce serait _____ révolutionnaire!

6. Il est plus facile de _____ que de construire.

7. Quand vous êtes agressé(e) dans la rue, il faut aller au commissariat de police pour _____.

8. Mon frère voudrait être ingénieur dans une industrie _____ comme l'informatique ou l'aérospatiale.

**2**

**La science dans le monde** Répondez aux questions et comparez vos réponses avec celles d'un(e) camarade.

1. Aimez-vous les sciences? Expliquez.

2. Aimeriez-vous être un(e) scientifique? Dans quel domaine?

3. La science joue-t-elle un rôle dans votre vie de tous les jours? Si oui, de quelle manière? Comment est-ce que la recherche scientifique pourrait améliorer votre quotidien?

4. Y a-t-il des inventions ou de nouvelles technologies qui ont rendu votre vie quotidienne plus facile?

5. Que pensez-vous du travail en équipe? Quels en sont les avantages?

6. Est-ce que la recherche scientifique vous inquiète dans certains domaines?

**3**

**L'union fait la force** L'article que vous allez lire évoque la collaboration scientifique entre différents pays. Par groupes de trois ou quatre, imaginez que vous êtes des scientifiques internationaux qui décident de s'associer dans un but commun. Quel mystère voulez-vous percer (*unravel*)? Comment avez-vous l'intention de procéder?

ressources

v̂ Text

vhlcentral.com
Leçon 7

 Practice more at **vhlcentral.com**.

Mise en place du dernier tube contenant les électroaimants (*electromagnets*) supraconducteurs qui parcourent la circonférence du Grand collisionneur de hadrons. Un coup d'œil aux personnes en bas à droite de la photo permet de prendre conscience du gigantisme du LHC.

# CERN A la découverte d'un univers particulier

Reading
Audio: Synced Reading

# Big Bang!

C'est ce que certains avaient prédit qu'il arriverait à l'automne 2008. La terre devait exploser ou être engloutie° dans un trou noir! Pourquoi? À cause du LHC du CERN. Toutefois°, rien de ce que les scientifiques craignaient° ne s'est produit. Mais qu'est-ce que le CERN exactement? Et le LHC?

Le CERN est l'Organisation européenne pour la recherche nucléaire. Créé en 1952, le CERN se trouve à la frontière franco-suisse, à proximité de Genève. Il regroupe° près de 8.000 scientifiques de plus de 85 nationalités différentes qui travaillent ensemble. Il compte 20 états membres°.

À l'origine, l'objectif du CERN était de comprendre de quoi était constitué un atome. Aujourd'hui, ses scientifiques se concentrent sur la physique des particules. Si trouver des réponses aux grandes questions de l'univers et repousser les limites de la technologie font bien sûr partie des missions essentielles du CERN, le centre espère aussi rassembler les nations du monde autour de la science et former les scientifiques de demain.

La recherche fondamentale, c'est-à-dire sans but économique initial, est la raison d'être du CERN. Une des plus fameuses innovations issues de la recherche fondamentale du CERN est le World Wide Web. Eh, oui! Imaginez le monde sans la «toile°»! Mais qui se souvient encore de son origine? C'est pourtant au CERN que l'idée du Web a germé° dans la tête de Tim Berners-Lee et de son collègue Robert Cailliau. Leur idée était d'élaborer un système puissant et convivial alliant° les technologies des ordinateurs personnels, des réseaux informatiques et de l'hypertexte pour permettre aux scientifiques du monde entier de partager des informations. C'est ainsi que le premier site Web a vu le jour en 1991. Et, le 30 avril 1993, le CERN annonçait que le Web serait gratuit pour tout le monde.

Plus récemment, le CERN a fait la une des journaux en raison de la mise en marche de son Grand collisionneur de Hadrons (Large Hadron Collider — LHC). Le LHC est un gigantesque accélérateur de particules de 27 km de circonférence grâce auquel° les physiciens espèrent pouvoir étudier les plus petites particules connues, les trous noirs et l'antimatière, et peut-être ainsi en savoir plus sur la formation de l'univers. Pendant des mois avant sa mise en marche, nombreux étaient ceux qui prédisaient la destruction de la terre, aspirée° dans un trou noir produit par le LHC. Un des arguments avancés était qu'en apprenant comment le monde avait été créé, on risquait de le détruire par la même occasion°. Ainsi, deux Américains ont même porté plainte auprès d°'un juge à Hawaii dans l'espoir d'empêcher la mise en marche du LHC. Or°, le jour de sa mise en marche, il ne s'est rien passé de catastrophique.

> **(…) en apprenant comment le monde avait été créé, on risquait de le détruire par la même occasion.**

Le CERN joue donc un rôle clé dans le développement des technologies du futur. Il tient aussi un rôle primordial dans l'enseignement des technologies de pointe. Et, malgré° les doutes et les inquiétudes de certains, il est désormais° aussi difficile d'envisager l'avenir sans le CERN que d'imaginer le monde moderne sans le World Wide Web! ∎

**Glossary (margin):**
- engulfed
- However
- feared
- brings together
- member nations
- web
- formed
- combining
- thanks to which
- sucked up
- at the same time
- to
- And yet
- despite
- now

# Analyse

**1**
**Compréhension** Répondez aux questions par des phrases complètes.

1. Qu'est-ce qui s'est passé au CERN à l'automne 2008?

2. Qu'est-ce que le CERN?

3. Quels sont les objectifs du CERN?

4. Qu'est-ce que la recherche fondamentale?

5. Quelle invention du CERN est la plus connue et la plus utilisée au quotidien?

6. Qu'est-ce que le Grand Collisionneur de Hadrons?

7. À quoi est supposé servir le LHC?

8. Pourquoi est-ce que le LHC fait peur à certains?

**2**
**La science utile** La recherche scientifique doit-elle être avant tout pratique ou bien nous permettre de trouver des réponses à des questions métaphysiques? Qu'en pensez-vous? À deux, faites une liste des problèmes pratiques ainsi que des questions théoriques auxquels vous espérez que la science puisse un jour apporter une réponse. Classez cette liste selon vos priorités et comparez-la à celle d'une autre paire.

**3**
**Peur de l'inconnu** De nos jours, certains sont préoccupés par la recherche scientifique, et tout particulièrement par les recherches effectuées par le CERN. En petits groupes, discutez de ce phénomène.

- Est-ce un sentiment nouveau ou bien cette peur a-t-elle toujours existé?
- Certaines innovations ou figures de l'histoire ont-elles provoqué une réaction similaire au sein de l'opinion publique? Pensez par exemple à Christophe Colomb et son projet de rejoindre les Indes par l'ouest. Qu'en pensaient les gens à son époque?
- Plus généralement, faut-il se méfier (*distrust*) de ce qu'on ne connaît pas?

**4**
**Sciences et francophonie** En petits groupes, choisissez une innovation technologique ou scientifique issue de la recherche effectuée dans un pays francophone. Préparez une présentation sur cette technologie ou cette avancée scientifique et expliquez comment elle améliore le quotidien de chacun. Vous pourriez par exemple parler des inventions suivantes:

- le TGV (France)
- le cinématographe (France)
- le Velcro® (Suisse)
- l'anti-histamine (Suisse)
- le moteur à combustion interne (Belgique)
- …

ressources

v̂ Text

vhlcentral.com
Leçon 7

 Practice more at **vhlcentral.com**.

# Préparation

## À propos de l'auteur

**D**idier Daeninckx (1949–) est né à Saint-Denis, banlieue parisienne, dans une famille modeste. En 1984, son deuxième roman, *Meurtres pour mémoire*, le fait connaître. Porte-drapeau (*Flag bearer*) du roman noir, Daeninckx place toujours ses œuvres dans la réalité sociale et politique de leur époque. Il écrit aussi des bandes dessinées, des livres pour la jeunesse, des pièces de théâtre et des nouvelles. Aujourd'hui, il travaille pour un journal en ligne, *amnistia.net*, où il dénonce ce qu'il appelle le négationnisme: la tendance à oublier certains événements historiques.

| Vocabulaire de la lecture | | Vocabulaire utile |
|---|---|---|
| **un abonnement** *subscription* | **un loyer** *rent* | **agir** *to take action* |
| **s'adresser la parole** | **numérique** *digital* | **contrarier** *to thwart* |
| *to speak to one another* | **une parabole** *satellite dish* | **obsédé(e)** *obsessed* |
| **couper de** *to cut off from* | **régler** *to adjust* | |
| **le désespoir** *despair* | **une retransmission** *broadcast* | |
| **une échelle** *ladder* | **se taire** (*irreg.*) *to be quiet* | |
| **hurler** *to shout* | | |

**1**

**Énigmes** Lisez les définitions et associez un terme des listes de vocabulaire ci-dessus à chacune d'entre elles.

1. Il est peut être mensuel ou annuel.
2. Si vous ne parlez pas, vous le faites.
3. C'est une bonne idée de vérifier qu'elle est stable avant d'y monter.
4. On doit le payer chaque mois au propriétaire quand on est locataire.
5. Deux personnes ne le font pas quand elles sont très fâchées.
6. C'est ce qu'on a envie de faire quand le dentiste n'utilise pas d'anesthésie.
7. C'est ce qu'il faut faire à votre antenne quand votre réception est mauvaise.
8. Vous pouvez la trouver sur un toit ou dans un livre de maths.
9. Une personne passive ne le fait pas.
10. Vous l'êtes si vous pensez à quelque chose constamment.

**2**

**Discussion** À votre avis, que veut dire le titre *Solitude numérique*? Discutez-en à deux puis présentez vos idées à la classe.

**3**

**La vie quotidienne et la technologie** Par groupes de trois, répondez aux questions.

1. Quelle invention électronique particulière utilisez-vous le plus souvent?
2. Votre vie serait-elle différente sans cette invention? Expliquez.
3. Combien de temps par jour passez-vous à regarder la télé, à surfer sur Internet, à parler au téléphone ou à écouter de la musique?
4. Quelle influence l'utilisation d'appareils électroniques a-t-elle sur vos rapports avec les autres?

**ressources**

**v̂Text**

vhlcentral.com
Leçon 7

Practice more at **vhlcentral.com.**

# solitude NUMÉRIQUE

**Didier Daeninckx**

**Le pire, si Martine y réfléchissait,** c'est
que c'était elle qui avait enclenché° le   *had set in motion*
processus en lui offrant tout le matériel°   *equipment*
et l'abonnement à Gold-Sport, deux
5  ans plus tôt pour son anniversaire...
Et quand elle voulait être sincère, elle
arrivait à s'avouer° qu'elle avait une idée   *to admit to oneself*
derrière la tête en choisissant ce cadeau:
le retenir à la maison, samedis soir et
10  dimanches après-midi tout au long de
la saison footballistique. Le couper de
toute cette bande de supporters assoiffés°   *thirsty*
qui lui volait ses week-ends. Elle le
revoyait qui déballait° la parabole, plus   *was unpacking*
15  heureux encore que le gamin qu'elle
imaginait, agenouillé° près du sapin   *kneeling*
de Noël° devant son premier vélo.   *Christmas tree*
Ils avaient passé deux jours entiers
à déterminer le meilleur angle de la
20  réception, puis à installer la coupole°   *dome*
sur le toit° du pavillon°, à régler la   *roof / house*
monture° polaire motorisée afin de   *mounting*

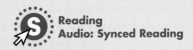

capter° aussi bien le satellite Astra qu'Eutelstat. Régis, qui déprimait dès qu'il fallait changer le sac de l'aspirateur ou nettoyer le filtre du lave-vaisselle, se révéla° un pilote hors pair° dans la conduite du numérique. Les caractéristiques des décodeurs Vidéocrypt et Syster n'eurent plus de secrets pour lui, de même que les signaux oscillants°, les angles d'azimut satellitaires, les Puissances Isotropes Rayonnées Équivalentes° ou l'activation des circuits de clamp°! Il se mit à parler une langue dont elle perdit rapidement la grille de décryptage°, où il était question de «source duo-bloc», de «réchauffeurs souples°», de «doublement de câble coaxial», de «polariseur mécanique», sans même tenir compte des «Low Noise Block» et autres «Duobinaire Multiplexed Analog Components»! Ils ne s'adressèrent plus la parole qu'en de rares occasions, entre deux retransmissions. Le plus souvent elle dormait, quand il venait se coucher, gavé° d'émotions. Un an plus tard, c'est lui qui lui fit un cadeau: la première parabole fut rejointe par sa sœur presque jumelle afin de détecter les signaux d'autres satellites évoluant° plus à l'est ou plus à l'ouest. Au lieu de suivre

> **Ils ne s'adressèrent plus la parole qu'en de rares occasions...**

les péripéties° d'un match P.S.G.-Auxerre sur le plastique froid des fauteuils du Parc, Régis pouvait assister, confortablement installé sur son canapé°, en direct aux matchs de championnat d'Indonésie, de Colombie, de Chine, se tenir au courant°, heure par heure, du goal-average de la troisième division camerounaise, vibrer aux tirs au but° d'une finale amateur disputée au fin fond° de la Finlande. Le budget consacré° aux abonnements atteignait maintenant celui du loyer. Le quatrième décodeur, une merveille permettant également de compresser les images, de les stocker° sur vidéodisques tout en regardant un autre programme, arriva dans le salon débordant° d'électronique pour le deuxième anniversaire de l'abonnement à Gold-Sport. Martine fit une ultime tentative° pour renouer° le dialogue avec Régis en lui apportant son habituel plateau-repas°. Il lui fit signe de se taire, de la main, absorbé par le ralenti° séquentiel qu'il venait de programmer sur une antique lucarne de Platini° dans un but italien. Elle traversa le jardin, sortit l'échelle double du garage pour aller l'appuyer° contre l'arrière du pavillon. Parvenue sur le toit, elle vint se placer à genoux entre les deux paraboles dans lesquelles, pour qu'il l'entende enfin, elle se mit à hurler son désespoir. ■

Glossary (margin):
- to pick up (a signal)
- 25 turned out to be / outstanding
- fluctuating signals
- Equivalent Radiated Isotropic Powers
- clamp circuits
- 30 decyphering grid
- flexible heaters
- 35 filled
- 40 moving
- events
- 45 couch
- to keep informed
- penalty shots
- in the farthest reaches / devoted to
- 50 to store
- overflowing
- last attempt
- to resume
- 55 meal on a tray / slow-motion
- Platini's shot in a top corner of the net
- to lean
- 60

# Analyse

**1**

**Compréhension** Répondez aux questions.

1. Qui sont les deux personnages principaux de cette lecture? Quelles relations ont-ils?

2. Quel cadeau Martine a-t-elle offert à Régis?

3. Quelle idée Martine avait-elle en tête en lui offrant ce cadeau?

4. Quelle est la réaction de Régis en recevant le cadeau?

5. Est-ce que Martine est contente de la réaction de Régis? Pourquoi?

6. Qu'est-ce que Martine fait à la fin de l'histoire? Pourquoi réagit-elle comme ça?

**2**

**Les événements** À deux, mettez les événements de l'histoire dans l'ordre chronologique. Ensuite, comparez vos résultats avec ceux des autres groupes.

_____ Régis passe deux jours à déterminer le meilleur angle de réception.

_____ Régis achète une deuxième parabole.

_____ Régis déballe la parabole.

_____ Martine va sur le toit et hurle.

_____ Martine essaie de parler à Régis.

_____ Martine offre à Régis un abonnement à Gold-Star.

**3**

**Les rapports** Par groupes de trois, discutez des rapports entre Régis et Martine.

1. Décrivez les rapports entre Régis et Martine.

2. Comment sait-on que tout ne va pas bien entre eux? Citez des exemples.

3. Cette lecture contient beaucoup de vocabulaire technique. Pourquoi l'utilisation de ces mots vous aide-t-elle à vous mettre dans la peau de Martine?

4. À votre avis, quelle est la cause des problèmes entre Martine et Régis?

**4**

**Jeu de rôles** Par groupes de trois, jouez les rôles de Régis, de Martine et d'un conseiller matrimonial. À tour de rôle, Martine et Régis expliquent leur point de vue sur la situation, puis le conseiller leur dit ce qu'ils devraient faire. Jouez la scène devant la classe.

**5**

**Rédaction** Imaginez une technologie qui est peut-être pratique aujourd'hui, mais qui, à votre avis, deviendra bientôt obsolète. Suivez le plan de rédaction pour écrire un article qui explique pourquoi. Employez des comparatifs et des superlatifs, le futur simple et le subjonctif.

**ressources**

**vText**

CE
pp. 123-125

vhlcentral.com
Leçon 7

### Plan

**1 Organisation** Faites une liste des avantages et des inconvénients de cette technologie.

**2 Une technologie** Dans un paragraphe, décrivez cette technologie. Dans un autre paragraphe, explorez les problèmes qui lui sont associés.

**3 Conclusion** Pour terminer, décrivez la technologie qui la remplacera.

 Practice more at **vhlcentral.com**.

# Le progrès et la recherche

 Audio: Vocabulary
Flashcards
My Vocabulary

## La technologie

une adresse e-mail  *e-mail address*
un appareil (photo) numérique
    *digital camera*
un CD-ROM  *CD-ROM*
un correcteur orthographique  *spell check*
le cyberespace  *cyberspace*
l'informatique (*f.*)  *computer science*
un lecteur de DVD  *DVD player*
un mot de passe  *password*
un moteur de recherche  *search engine*
un ordinateur portable  *laptop*
un outil  *tool*
un (téléphone) portable  *cell phone*
une puce (électronique)  *(electronic) chip*

effacer  *to erase*
graver (un CD)  *to burn (a CD)*
sauvegarder  *to save*
télécharger  *to download*

avancé(e)  *advanced*
innovant(e)  *innovative*
révolutionnaire  *revolutionary*

## Les inventions et la science

l'ADN (*m.*)  *DNA*
un brevet d'invention  *patent*
une cellule  *cell*
une découverte (capitale)
    *(breakthrough) discovery*
une expérience  *experiment*
un gène  *gene*
la génétique  *genetics*
une invention  *invention*
la recherche  *research*
une théorie  *theory*

cloner  *to clone*
contribuer (à)  *to contribute*
créer  *to create*
guérir  *to cure; to heal*
inventer  *to invent*
prouver  *to prove*
soigner  *to treat; to look after (someone)*

biochimique  *biochemical*
contraire à l'éthique  *unethical*

éthique  *ethical*
spécialisé(e)  *specialized*

## L'univers et l'astronomie

l'espace (*m.*)  *space*
une étoile (filante)  *(shooting) star*
un(e) extraterrestre  *alien*
la gravité  *gravity*
un ovni  *U.F.O.*
la survie  *survival*
un télescope  *telescope*

atterrir  *to land*
explorer  *to explore*

## Les gens dans les sciences

un(e) astrologue  *astrologer*
un(e) astronaute  *astronaut*
un(e) astronome  *astronomer*
un(e) biologiste  *biologist*
un chercheur/une chercheuse  *researcher*
un(e) chimiste  *chemist*
un(e) ingénieur  *engineer*
un(e) mathématicien(ne)  *mathematician*
un(e) scientifique  *scientist*

## Court métrage

un atelier  *workshop*
un cartable  *school bag*
la curiosité  *curiosity*
un fauteuil roulant  *wheelchair*
un(e) magicien(ne)  *magician*
une ruelle  *alleyway*
un(e) sorcier / sorcière  *sorcerer, wizard*
une vitrine  *store window, window display*
la virgule  *comma*

atterrir  *to land*
se dépêcher  *to hurry up*
éternuer  *to sneeze*
lancer  *to throw*
manier  *to handle, to weild*
retenir  *to hold something back*

affolé(e)  *distraught*
effrayant(e)  *frightening*
poussiéreux(-euse)  *dusty*

en désordre  *messy, untidy*

## Culture

l'antimatière (*m.*)  *antimatter*
une innovation  *innovation*
la mise en marche  *start-up*
une particule  *particle*
la recherche appliquée  *applied research*
la recherche fondamentale  *basic research*
un trou noir  *black hole*

détruire  *to destroy*
envisager  *envision*
faire une expérience  *to conduct
    an experiment*
porter plainte  *to file a complaint*
prédire  *predict*
repousser les limites  *to push boundaries*

nucléaire  *nuclear*

c'est-à-dire  *that is to say; i.e*
de pointe  *cutting edge*

## Littérature

un abonnement  *subscription*
le désespoir  *despair*
une échelle  *ladder*
un loyer  *rent*
une parabole  *satellite dish*
une retransmission  *broadcast*

s'adresser la parole
    *to speak to one another*
agir  *to take action*
contrarier  *to thwart*
couper de  *to cut off from*
hurler  *to shout*
régler  *to adjust*
se taire (*irreg.*)  *to be quiet*

numérique  *digital*
obsédé(e)  *obsessed*

ressources

v̂ Text

CE
p. 126

vhlcentral.com
Leçon 7

# 8

# S'évader et s'amuser

Les îles ont toujours fait rêver. Elles donnent au visiteur le sentiment d'être libre. Est-ce parce qu'elles ne sont rattachées à aucune terre? Est-ce pour cela aussi qu'on aime y pratiquer des sports extrêmes? Pourquoi des gens risquent-ils leur vie pour s'amuser? D'autres prennent leur sport préféré très au sérieux. Mais quand le jeu n'est plus qu'une compétition, quand un loisir devient une raison de vivre, que se passe-t-il?

L'évasion et l'amusement sont des besoins fondamentaux.

## 262 COURT MÉTRAGE

Dans *Le ballon prisonnier* du réalisateur français **Cyril Gelblat**, un jeune garçon, **Dylan**, veut réaliser un jour son rêve et devenir footballeur professionnel. Mais ce rêve est-il vraiment le sien?

## 268 IMAGINEZ

Dépaysement et évasion sont au rendez-vous dans cet article sur les îles de l'**océan Indien**! Puis le poète et réalisateur **Khal Torabully** nous entraîne sur son **île Maurice** natale dont il explore le passé comme le présent.

## 285 CULTURE

L'article *La Réunion, île intense*, vous fera découvrir qu'une île lointaine n'est pas toujours synonyme de sieste sur la plage. En fait, l'**île de la Réunion** est un vrai paradis pour les amateurs de sports extrêmes.

## 289 LITTÉRATURE

Dans *Le football*, une histoire extraite du livre *Le petit Nicolas*, de **Sempé** et **Goscinny**, une bande de copains essaie d'organiser un match de foot. Pas facile, car tout le monde a son mot à dire!

265

286

**Destination:**
## OCÉAN INDIEN

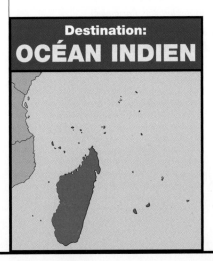

## 260 POUR COMMENCER

## 272 STRUCTURES

**8.1 Infinitives**

**8.2 Prepositions with geographical names**

**8.3 The conditionnel**

## 295 VOCABULAIRE

# Les passe-temps

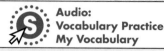
Audio:
Vocabulary Practice
My Vocabulary

## Le sport

l'alpinisme (*m.*)  *mountain climbing*

un arbitre  *referee*
un club sportif  *sports club*
une course  *race*
un(e) fan (de)  *fan (of)*
un pari  *bet*
une patinoire  *skating rink*
le saut à l'élastique  *bungee jumping*
le ski alpin/de fond  *downhill/
cross-country skiing*

un supporter (de)  *fan; supporter (of)*

admirer  *to admire*
(se) blesser  *to injure (oneself); to get hurt*
s'étonner  *to be amazed*
faire match nul  *to tie (a game)*
jouer au bowling  *to go bowling*
marquer (un but/un point)  *to score
(a goal/a point)*
siffler  *to whistle (at)*

## Le temps libre

le billard  *pool*

ressources

 vText

CE
pp. 127–129

vhlcentral.com
Leçon 8

les boules (*f.*)/la pétanque  *petanque*
les cartes (*f.*) (à jouer)  *(playing) cards*
les fléchettes (*f.*)  *darts*

un jeu vidéo/de société
*video/board game*

des loisirs (*m.*)  *leisure; recreation*
un parc d'attractions  *amusement park*
un rabat-joie  *killjoy; party pooper*

bavarder  *to chat*
célébrer/fêter  *to celebrate*
se divertir  *to have a good time*
faire passer  *to spread (the word)*
porter un toast (à quelqu'un)
*to propose a toast*
prendre un verre  *to have a drink*
se promener  *to take a stroll/walk*
valoir la peine  *to be worth it*

## Les arts et le théâtre

un billet/ticket  *ticket*
une comédie  *comedy*
une exposition  *exhibition; art show*

un groupe  *musical group/band*
un(e) musicien(ne)  *musician*
une pièce (de théâtre)  *(theater) play*
un spectacle  *show; performance*
un spectateur/une spectatrice  *spectator*
un tableau  *painting*
un vernissage  *art exhibit opening*

applaudir  *to applaud*
faire la queue  *to wait in line*

obtenir (des billets)  *to get (tickets)*

complet  *sold out*
divertissant(e)  *entertaining*
émouvant(e)  *moving*

## Le shopping et les vêtements

des baskets (*f.*)/des tennis (*f.*)
*sneakers/tennis shoes*
un bermuda  *(a pair of) bermuda shorts*
une boutique de souvenirs  *gift shop*
un caleçon  *boxer shorts*
une culotte  *underpants (for females)*
une garde-robe  *wardrobe*
un gilet  *sweater/sweatshirt
(with front opening)*
une jupe (plissée)  *(pleated) skirt*
un magasin de sport  *sporting goods store*
un nœud papillon  *bow tie*
une robe de soirée  *evening gown*
un slip  *underpants (for males)*
des souliers (*m.*)  *shoes*
des talons (*m.*) (aiguilles)  *(stiletto) heels*

# Mise en pratique

**1** **Les catégories** Mettez chaque mot de la liste dans la bonne catégorie. N'oubliez pas de rajouter l'article qui convient.

| | | | | |
|---|---|---|---|---|
| alpinisme | course | jeu de société | pièce | souliers |
| caleçon | gilet | musicien(ne) | se promener | tableau |
| comédie | groupe | pétanque | saut à l'élastique | vernissage |

**Les sports extrêmes** (1) _alpinisme_, (2) _saut à l'élastique_ (3) _jeu de société_

**Les loisirs** (4) _pétanque_, (5) _course_, (6) _se promener_

**Le théâtre** (7) _comédie_, (8) _pièce_

**La musique** (9) _musicien_, (10) _groupe_

**Les beaux-arts** (11) _tableau_, (12) _vernissage_

**Les vêtements** (13) _gilet_, (14) _souliers_, (15) _caleçon_

**2** **Conversation** Complétez la conversation entre ces trois amis.

**GAVIN** Alors, qu'est-ce que vous faites cet été? Du sport?

**JOCELYNE** Lundi prochain, je pars à la montagne pour faire de (1) _alpinisme_ toute la semaine!

**COLLINE** Toute seule?

**JOCELYNE** Mais non, je préfère en faire avec des amis. Je vous invite. Faites (2) _passer_! Parlez-en aux copains.

**COLLINE** Moi, je ne peux pas y aller. Mercredi, mon ami le sculpteur va avoir son premier (3) _exposition_ au musée d'Art moderne.

**GAVIN** Et moi aussi, j'ai un engagement: mon (4) _groupe_ donne un concert jeudi soir.

**COLLINE** Génial! Comment est-ce que j'obtiens (5) _____?

**GAVIN** Tu ne peux plus en (6) _____. C'est (7) _____ en fait.

**COLLINE** Dommage… mais tant mieux pour ton (8) _____!

**JOCELYNE** Allons prendre (9) _____. Il faut (10) _____ tous ces événements!

**3** **Conversez** À deux, posez-vous ces questions. Ensuite, discutez de vos réponses.

1. À quoi préfères-tu occuper ton temps libre? Quels sont tes loisirs préférés?

2. De quels sports es-tu fan? Lequel aimes-tu le mieux?

3. T'es-tu déjà blessé(e) quand tu pratiquais un sport ou une autre activité?

4. Quel est le spectacle que tu as trouvé le plus émouvant récemment? Pourquoi?

5. Est-ce que quelqu'un t'a déjà traité(e) de (called) rabat-joie? Pour quelle raison?

6. Décris ta garde-robe. Que portes-tu quand tu pratiques ton sport préféré ou pendant tes heures de loisirs?

**4** **Du temps libre** Imaginez que vous et un groupe de vos amis ayez une semaine de libre. Pour en profiter autant que possible, vous faites des projets. Quelles activités pratiquerez-vous? Où irez-vous? Discutez de vos idées avec trois camarades de classe.

Practice more at **vhlcentral.com**.

# Préparation

## Vocabulaire du court métrage

un capitaine *captain*

un centre de formation *sports training school*

un club *team*

un coup franc *free kick*

un duel *one-on-one*

en pointe *forward, up front*

une faute *foul*

lâcher *to let go*

une revanche *revenge*

la veille *day before*

## Vocabulaire utile

un entraîneur *coach*

un maillot *jersey*

un terrain (de foot) *(soccer) field*

les vestiaires (*m.*) *locker room*

vivre quelque chose par l'intermédiaire de quelqu'un *to live something vicariously through someone*

vivre (quelque chose) par procuration *to live (something) vicariously*

### EXPRESSIONS

avoir les jambes coupées *to have legs like lead*

bourrer le crâne à quelqu'un *to fill someone's head*

faire un dessin à quelqu'un *to spell it out for someone*

sortir du lot *to stand out*

**1** **Logique ou illogique?** Décidez si ces phrases sont logiques ou illogiques et corrigez celles qui sont illogiques.

1. J'ai les jambes coupées d'avoir couru si vite.

2. Leur entraîneur est un enfant de trois ans.

3. Ce terrain de foot est en mauvais état.

4. Le match de demain aura lieu dans les vestiaires.

5. Il a bourré le crâne à son maillot.

6. C'est le capitaine qui va tirer le coup franc.

7. Voilà! Vous avez enfin réalisé votre rêve de vous battre en duel!

8. Tu vas la lâcher, la faute, oui ou non?

**2** **Vivre par procuration** Lisez les phrases suivantes et décidez si oui ou non elles décrivent des situations où les gens vivent par procuration.

|  | oui | non |
|---|---|---|
| 1. En ce moment, mes amis d'enfance vivent des choses formidables et j'adore entendre parler de ce qui leur arrive. | ☐ | ☐ |
| 2. Toute la famille a fait une partie (*game*) de foot ensemble. | ☐ | ☐ |
| 3. Michel lit beaucoup de magazines de voyage, mais ne part jamais. | ☐ | ☐ |
| 4. Elle vit devant son poste de télévision. | ☐ | ☐ |
| 5. Mme Vendel voulait devenir joueuse professionnelle de tennis, et aujourd'hui, elle est heureuse, car son fils a peut-être une carrière devant lui dans ce sport. | ☐ | ☐ |
| 6. Nous avons toujours rêvé de vivre ailleurs, et maintenant, c'est fait. | ☐ | ☐ |

ressources

v Text

vhlcentral.com
Leçon 8

Practice more at **vhlcentral.com.**

**3** **Enquête** Demandez à des camarades quels sont leurs loisirs ou quels sports ils pratiquent et pourquoi. À deux, discutez des résultats. Y a-t-il une activité qui est pratiquée plus que les autres? Pour quelles raisons vos camarades la pratiquent-ils?

| Loisirs | Sports |
|---|---|
|  |  |
|  |  |
|  |  |
|  |  |

**4** **Préparation** À deux, discutez des questions et répondez-y par des phrases complètes.

1. Avez-vous les mêmes goûts que vos parents en matière de sports ou de loisirs?
2. Quel âge aviez-vous quand vous avez commencé votre sport préféré ou votre activité préférée?
3. Pourquoi avez-vous décidé d'arrêter ou de continuer cette activité?
4. Qu'est-ce qui vous influence le plus dans le choix d'une activité?

**5** **Devenir pro** Par groupes de quatre, répondez aux questions suivantes.

1. Peut-on faire des études et du sport, sans sacrifier l'un ou l'autre?
2. Les parents doivent-ils soutenir leurs enfants coûte que coûte (*at all costs*)? Vaut-il mieux qu'ils soient réalistes et les encouragent à choisir une autre voie?
3. Parfois, les parents cherchent à vivre un rêve par l'intermédiaire de leurs enfants. Que pensez-vous de cette attitude?

**6** **Que se passe-t-il?** Par petits groupes, regardez les images du film et décrivez ce que vous voyez. Ensuite, imaginez ce qui va se passer.

1.

2.

3.

4.

**Video: Short Film**

**INTRIGUE** *Le jeune Dylan souhaite réaliser le rêve de son père et devenir footballeur professionnel.*

**DYLAN** Il a le ballon… Zidane qui passe à Dylan Belgazi… qui accélère et… but! *(Il imite un commentateur)* … — Dylan, Dylan… on parle de vous dans les plus grands clubs. — Oui, c'est vrai. Il y a des contacts…

**DYLAN** Maman, je peux avoir du poulet?
**PÈRE** Tu fais exprès ou quoi? Les veilles de matchs, c'est féculents° et sucres lents°, sinon tu as les jambes coupées. Demain, c[e n]'est pas des rigolos° en face.

**MÈRE** Tu ne veux pas arrêter de lui bourrer le crâne avec ça? Il y en a combien, un sur cent qui finit professionnel.
**PÈRE** Je n'ai pas dit que je voulais qu'il soit professionnel, j'ai juste dit qu'on allait tout faire pour, c'est tout. Demain, il y aura tous les recruteurs.

**ENTRAÎNEUR** Salut les gars! Vous savez contre qui on joue aujourd'hui. Dylan, tu joues en pointe. Leur libero°, il est pour toi. Il monte souvent sur les corners. Tu [ne] le lâches pas, Dylan.

**ENTRAÎNEUR** Dylan, tu le prends!
**PÈRE** Allez! Allez! Allez!… Mets le pied°! Cours! Cours! Dylan! Ne le lâche pas! Qu'est-ce que tu fais? Tu regardes!

**ENTRAÎNEUR** Qu'est-ce qui se passe en attaque, là? Il faut provoquer! Bon, Jeff, tu vas remplacer Dylan en pointe. Allez, on y va! On se motive, là!

**féculents** *starches* **sucres lents** *carbohydrates*
**rigolos** *jokers* **libero** *sweeper*
**Mets le pied!** *Get your foot in there!*

### Note
## CULTURELLE

### L'argent dans le foot

Pour beaucoup, le foot est un ascenseur social. C'est le sport qui reste de loin le mieux payé de France. Au plus haut niveau, le salaire moyen des joueurs est de 400.000 euros par an. Les meilleurs joueurs gagnent tous des salaires supérieurs au million d'euros. Bientôt, les amateurs de foot pourront investir en bourse dans leurs clubs préférés. Plusieurs clubs européens ont déjà tenté l'expérience, mais rares sont ceux qui sont prouvés rentables. Cela n'arrêtera sans doute pas les investisseurs français: quand on aime, on ne compte pas!

# Analyse

 **Compréhension** Répondez aux questions par des phrases complètes.

1. Qu'est-ce que Dylan imagine quand il joue tout seul au foot?
2. Qu'est-ce que Dylan imagine quand il s'arrête de jouer?
3. Pendant le repas, qu'est-ce que son père conseille à Dylan?
4. Que fait Dylan avec sa mère après le dîner?
5. Le père croit connaître la vraie raison pour laquelle Djibrill est numéro dix. Quelle est cette raison?
6. Que font les joueurs avant que l'entraîneur arrive dans les vestiaires?
7. À quel poste joue Dylan?
8. Qu'est-ce que Dylan doit faire pendant le match?
9. Qui remplace Dylan sur le terrain?
10. Qui gagne le match?

**Interprétation** À deux, répondez aux questions et expliquez vos réponses.

1. Pourquoi la mère n'est-elle pas contente quand le père offre à Dylan des photos de joueurs pour son album?
2. Est-ce que Dylan écoute les conseils de son père? Donnez des exemples.
3. Quelle est l'attitude du père pendant le match?
4. Comprenez-vous la réaction de Dylan quand il est remplacé?
5. Que ressent le père quand il voit Dylan pleurer?
6. Que ressent chaque personnage à la fin, dans la voiture?

 **Et les parents?** Par petits groupes, répondez aux questions.

1. Que pensez-vous du père et de la mère? D'après vous, lequel des deux a la meilleure approche? Justifiez votre réponse.
2. Avez-vous déjà été témoin ou avez-vous déjà entendu parler d'une situation comme celle qui est présentée dans le film? Où cela?
3. Comment les parents devraient-ils se comporter pendant une compétition à laquelle leur enfant participe?
4. Pensez-vous que les enfants soient motivés par l'attitude des parents?
5. Quelles devraient être les raisons pour lesquelles un enfant pratique un sport ou participe à une activité?

 Practice more at **vhlcentral.com**.

**4** **Les thèmes du film** Par groupes de trois, réfléchissez aux thèmes du film. Choisissez chacun un thème et expliquez ce qui le relie à l'histoire. Ensuite, décidez quel est le thème principal du film. N'hésitez pas à en suggérer d'autres.

- La fascination pour le monde du football
- Vivre par procuration
- Réaliser un rêve
- Pousser un enfant à la compétition
- Donner à quelqu'un la possibilité de réussir

**5** **Monologues** À deux, écrivez un petit monologue où chaque personnage du film se présente et raconte son histoire.

**Modèle**    Bonjour. Je m'appelle Dylan…

**6** **Moi, si…** Et si vous pouviez changer l'histoire? À deux, pensez à deux ou trois scènes du film et modifiez-les en fonction de vos envies. Comparez votre nouveau scénario avec celui d'un autre groupe.

**Modèle**    **DYLAN**    Maman, je peux avoir du poulet?

**PÈRE**    Tu peux, Dylan, mais rappelle-toi que tu as un match demain. Il y aura tous les recruteurs.

**7** **La conversation** À deux, imaginez la conversation entre Dylan et son père une fois qu'ils sont arrivés à la maison. Présentez votre dialogue à la classe.

- Qui parle le premier?
- Quel est le ton de la conversation?
- Que font-ils à la fin de la conversation?

ressources

v̂ Text

CE
pp. 142–143

vhlcentral.com
Leçon 8

# IMAGINEZ

## Dépaysement garanti!

Les îles francophones de l'**océan Indien** ont tout pour charmer le voyageur qui recherche l'exotisme. **Madagascar**, la «**perle de l'océan Indien**», située à 400 km à l'est du **Mozambique**, est la plus grande île de cette région du monde. Les habitants, les **Malgaches**, vous saluent d'un «tonga soa» qui signifie «bienvenue» en malgache. L'île est connue pour ses parcs naturels, mais elle vit aussi de la production d'épices comme la cannelle°, le poivre et la **vanille**, dont elle est le premier producteur mondial. À l'origine la vanille vient du Mexique. Les conquistadors espagnols en ont rapporté en Espagne. Et ce sont des colons français qui l'ont importée à Madagascar. La vanille est en fait le fruit d'une orchidée grimpante°, la seule qui produise des fruits.

Dans le **canal du Mozambique**, qui sépare Madagascar du continent africain, on trouve **Mayotte**, département et région d'outre-mer française, et l'archipel des **Comores**. Le **lagon de Mayotte**, qui entoure l'île, est l'un des plus grands du monde avec plus de 200 espèces de coraux° et 100 espèces de mollusques. Et seulement 4% des récifs° ont été explorés! Aux **Comores**, à l'ouest de Mayotte, on trouve l'ilang-ilang, plante dont on se sert en parfumerie. L'archipel en est le premier producteur du monde. On peut y voir aussi une faune unique: les makis, de grands lémuriens venus de Madagascar, et les margouillats, petits lézards de couleur crème dévoreurs de moustiques. Faire de la voile° aux **Seychelles** est le meilleur moyen de découvrir les 115 îles qui composent cet archipel,

# L'OCÉAN INDIEN

Des danseuses de séga

situé au nord-est de Madagascar. Réputées pour leur climat tropical et leurs plages idylliques, les Seychelles vivent essentiellement du tourisme.

L'**île de la Réunion**, à l'est de Madagascar, se distingue par ses paysages volcaniques époustouflants°. Pour vraiment l'apprécier, il faut l'explorer à pied et faire de longues randonnées autour de ses pitons° volcaniques et de ses cirques. Après l'effort, les visiteurs pourront déguster un cari° au son du **séga** et du **maloya**, chants° et danses typiques de l'océan Indien dont le rythme varie d'une île à l'autre. À 250 kilomètres de la Réunion, on trouve l'**île Maurice**. La **colline° de Chamarel**, mosaïque bleue, verte, jaune et rouge, est une curiosité de la nature à voir absolument. Ces couleurs étonnantes seraient dues à l'érosion de roches volcaniques.

Oui, pour celui qui est prêt à faire le voyage, l'exotisme sera au rendez-vous.

### D'ailleurs...

Madagascar produit plus de 700 tonnes de vanille par an. Comme la fleur n'est pas originaire de cette île, il n'existe pas d'insecte capable de la féconder°. La culture de la vanille se fait donc entièrement à la main.

La colline de Chamarel, à l'île Maurice

cannelle *cinnamon* grimpante *climbing* coraux *coral* récifs *reefs*
Faire de la voile *Sailing* époustouflants *breathtaking* pitons *peaks* cari *curry*
chants *songs* colline *hill* féconder *pollinate*

ressources

v̂ Text

CE
p. 130

vhlcentral.com
Leçon 8

# Découvrons des merveilles de la nature

**Le piton de la Fournaise** Il appartient à un grand massif volcanique qui couvre le sud-est de l'île de la Réunion. Son

sommet° est à 2.631 m. À côté, se trouve le piton des Neiges à 3.070 m. Le piton de la Fournaise est moins haut, mais c'est le volcan actif de l'île. Malgré ses éruptions régulières, il n'est pas considéré comme dangereux car ses laves° sont liquides.

**L'île d'Aldabra** C'est un îlot° très sec° et sauvage des Seychelles, et c'est un véritable paradis terrestre pour les tortues géantes. Des

espèces qui vivaient à la Réunion, à Madagascar ou sur l'île Maurice ont disparu, mais sur Aldabra, on compte plus de 150.000 individus. Ces tortues sont les plus grosses du monde: elles peuvent peser jusqu'à 300 kg, et vivre jusqu'à 150 ans!

**Le jardin de Pamplemousse** Pierre Poivre, botaniste royal,

a créé ce jardin sur l'île Maurice en 1767. Avec ses 85 variétés de palmiers°, ce jardin est une invitation au voyage. Le jardin de Pamplemousse° abrite° de vrais trésors botaniques, comme de nombreuses plantes tropicales, des nénuphars° géants et le tallipot, un palmier aux feuilles immenses qui fleurit une fois tous les 60 ans.

**Le dodo** Gros oiseau gris, le dodo est proche du pigeon, avec un bec recourbé°. Il pesait 20 kg et pouvait vivre jusqu'à 30 ans. Le dodo habitait l'île Maurice à l'époque de sa

découverte par le Portugais Alfonso de Albuquerque, en 1598. Comme il ne volait° pas, les marins° le chassaient° pour le manger et il a été rapidement exterminé. Aujourd'hui, on peut en voir une reproduction au musée d'Histoire naturelle de Port-Louis, la capitale.

**sommet** *summit* **laves** *lava* **îlot** *petite île* **sec** *dry* **palmiers** *palm trees* **Pamplemousse** *Grapefruit* **abrite** *houses* **nénuphars** *lili pads* **bec recourbé** *curved beak* **volait** *fly* **marins** *sailors* **chassaient** *hunted*

## Le français parlé dans l'océan Indien

### Mots

| | |
|---|---|
| **un baba** | un bébé |
| **une eau sucrée** | une boisson au citron |
| **un gazon** | une boule de riz ou de maïs *(corn)* froide |
| **l'île rouge** | Madagascar |
| **la langue zoreille** | le français |
| **une magination** | une pensée; *thought* |
| **une tortue bon-dieu** | une coccinelle; *ladybug* |

### Expressions

| | |
|---|---|
| **à coup de main** | à la main |
| **débasculer une porte** | ouvrir une porte |
| **ouvrir le linge** | étendre le linge; *to hang out the laundry* |
| **partager un grain de sel** | se connaître, avoir une relation |
| **prendre pied** | s'installer chez quelqu'un |

# Qu'avez-vous appris?

**1** **Associez** Faites correspondre les mots et les noms avec les définitions.

1. _____ Séga et maloya
2. _____ Les Comores
3. _____ Le lagon de Mayotte
4. _____ Les colons français
5. _____ L'île Maurice
6. _____ L'île d'Aldabra

a. Ce sont eux qui ont importé la vanille à Madagascar.
b. On y trouve des makis et des margouillats.
c. Un îlot sec qui est un véritable paradis terrestre pour les tortues géantes.
d. Les chants et danses typiques de l'océan Indien.
e. Une île où se trouve le jardin de Pamplemousse.
f. On y recense plus de 200 espèces de coraux et 100 espèces de mollusques.

**2** **Questions** Répondez aux questions.

1. Que faut-il faire pour vraiment apprécier la Réunion?

2. Quel est le produit principal de Madagascar?

3. Combien de kilomètres séparent la Réunion de l'île Maurice?

4. Où se trouve le piton de la Fournaise?

5. Qui a créé le jardin de Pamplemousse et quand?

6. À quoi ressemblait le dodo?

## Projet

**Une croisière dans l'océan Indien**

Organisez une croisière dans l'océan Indien. Recherchez toutes les informations dont vous avez besoin pour créer votre itinéraire. Ensuite, préparez votre voyage d'après les critères suivants:

• Choisissez quatre destinations et explorez un port ou un lieu par île.

• Écrivez une description de chaque visite dans votre journal.

• Racontez vos aventures à la classe et montrez des photos de chaque lieu visité. Expliquez où vous êtes allé(e), ce que vous avez vu et parlez de ce que vous avez aimé.

 Practice more at **vhlcentral.com**.

---

**ÉPREUVE**

Trouvez la bonne réponse.

1. _____ est la «perle de l'océan Indien».
   a. La Réunion          b. Madagascar
   c. Le Mozambique       d. L'île Maurice

2. Sur l'île Maurice, _____ est une curiosité de la nature.
   a. la colline de Chamarel   b. le canal du Mozambique
   c. Aldabra                  d. la plage

3. _____ est un plat typique de la cuisine réunionnaise.
   a. La salade          b. Le riz froid
   c. Le cari            d. Le malayo

4. Seulement _____ des récifs de Mayotte ont été explorés.
   a. 4%                 b. 6%
   c. 20%                d. 14%

5. _____ est originaire du Mexique.
   a. Le dodo           b. La vanille
   c. L'ilang-ilang     d. Le séga

6. «Tonga soa» veut dire _____ en malgache.
   a. «bonjour»         b. «comment ça va?»
   c. «merci»           d. «bienvenue»

7. _____ entoure l'île de Mayotte.
   a. Un Malgache       b. Un lagon
   c. Madagascar        d. L'océan Pacifique

8. Le dodo habitait _____.
   a. Madagascar        b. les Seychelles
   c. les Comores       d. l'île Maurice

9. Les Seychelles sont un archipel de _____ îles.
   a. 2                 b. 7
   c. 100               d. 115

10. Le piton de la Fournaise n'est pas dangereux car _____.
    a. c'est un volcan actif
    b. il est à côté du piton des Neiges
    c. il ne mesure que 2.631 mètres
    d. ses laves sont liquides

11. Un baba, c'est _____.
    a. un bébé
    b. un fruit
    c. une boisson au citron
    d. un insecte

# Galerie de Créateurs

## Littérarure/Cinéma: Khaleel «Khal» Torabully

**1 Préparation** Répondez à ces questions sur l'expression individuelle.

1. Avez-vous une passion? Laquelle? Que révèle cette passion au sujet de votre histoire personnelle et de vos valeurs fondamentales?

2. Comment est-ce que vous partagez vos valeurs et vos idées avec les autres?

3. De quels clubs ou groupes est-ce que vous êtes membre? Pourquoi? Quelles actions de ces groupes correspondent à vos valeurs et à vos idées?

### Khal Torabully: défenseur de la «coolitude»

Né à l'île Maurice, Khal Torabully est un poète et un réalisateur qui a étudié en France. Son œuvre abondante raconte l'histoire de son île et de la population mauricienne. Il aime jouer avec les rythmes et les mots. Il révèle dans sa poésie son concept de la «coolitude», le fait de voir au-delà de (beyond) l'époque colonialiste et de créer des ponts entre les peuples, entre les continents et entre les cultures. Il se base sur l'histoire de son peuple pour s'interroger (wonder) sur le monde contemporain. Avec deux autres auteurs, Khal Torabully est à l'origine de la fondation d'une association littéraire, l'Internationale des Poètes. L'idée de cette association est née au moment de la parution de La Cendre des mots, recueil de poèmes écrits à la suite de l'incendie qui a détruit la bibliothèque de Bagdad, pendant la guerre en Irak, en 2003.

**2 Compréhension** Répondez par des phrases complètes.

1. Que raconte l'œuvre de Khal Torabully?

2. Qu'est-ce qu'il aime faire dans sa poésie?

3. Qu'est-ce que la «coolitude»?

4. Qu'est-ce que La Cendre des mots?

5. Qu'est-ce que l'Internationale des Poètes?

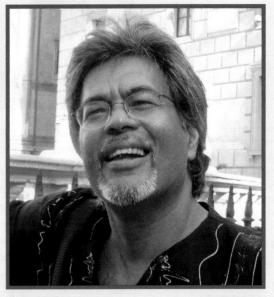

Khaleel «Khal» Torabully

**3 Discussion** Discutez avec un(e) partenaire et puis avec la classe.

Khal Torabully veut créer des ponts entre les peuples et les cultures par l'intermédiaire de la littérature et du cinéma. Pensez-vous que cela soit possible? Expliquez votre opinion personnelle en utilisant des exemples.

**4 Application** Créer des ponts

D'après la lecture, Torabully a rejoint d'autres poètes pour exprimer son message et améliorer la vie des autres. Préparez une présentation dans laquelle (a) vous définissez un message que vous voudriez exprimer aux autres, (b) vous expliquez le moyen que vous allez utiliser pour exprimer ce message et (c) vous citez des personnes ou des groupes qui pourraient vous aider dans cette mission.

Practice more at **vhlcentral.com.**

8.1

**Presentation Tutorial**

# Infinitives

—*Je ne veux rien **voir passer!***

**ATTENTION!**

Remember that **aller** + [*infinitive*] describes actions occurring in the near future and **venir de** + [*infinitive*] describes actions that have or had *just* occurred.

**Ils vont marquer un but!**

*They're going to score a goal!*

**Il venait de fêter son 100<sup>e</sup> anniversaire quand il est mort.**

*He had just celebrated his 100<sup>th</sup> birthday when he died.*

- An infinitive can follow many conjugated verbs directly. To negate the conjugated verb, place **ne... pas** (**jamais**, etc.) around it.

| | | |
|---|---|---|
| **aimer** *to like to* | **devoir** *to have to/must* | **prétendre** *to claim to* |
| **compter** *to expect to* | **espérer** *to hope to* | **regarder** *to watch* |
| **croire** *to believe to be (doing something)* | **laisser** *to allow to* | **savoir** *to know how to* |
| | **oser** *to dare to* | **sembler** *to appear to* |
| **désirer** *to want to* | **paraître** *to seem to* | **souhaiter** *to wish to* |
| **détester** *to hate to* | **penser** *to intend to* | **venir** *to come to* |
| **écouter** *to listen to* | **pouvoir** *to be able to/can* | **voir** *to see* |
| **entendre** *to hear* | **préférer** *to prefer to* | **vouloir** *to want to* |

Nous **comptons obtenir** des billets.
*We're expecting to get tickets.*

Il **ne prétend pas être** un fan de l'équipe.
*He doesn't claim to be a fan of the team.*

**BLOC-NOTES**

The **faire causatif**, formed with **faire** + [*infinitive*], means *to have (someone) do something*. For an explanation of this construction, see **Fiche de grammaire 9.5, p. 406.**

- Many verbs are used with a preposition, usually **à** or **de**, before the infinitive.

Les meilleurs athlètes **arrivent à finir** la course.
*The best athletes manage to run the whole race.*

Ils **n'oublient jamais de siffler** pendant le match.
*They never forget to whistle during the game.*

**BLOC-NOTES**

For a list of verbs accompanied by a preposition and an infinitive, see **Fiche de grammaire 8.4, p. 400.**

- Remember to place any pronouns before either the conjugated verb or the infinitive, depending on which one they are the objects of. Do not contract the prepositions **à** and **de** with the direct object pronouns **le** and **les**.

Je **l'ai entendue chanter** une fois.
*I heard her sing once.*

Tu n'**oublieras** pas **de le faire**.
*You won't forget to do it.*

- To negate an infinitive after a conjugated verb, place both **ne** *and* **pas** directly before the infinitive. Place **ne** and **pas** directly before any pronouns that accompany the infinitive.

Le prof a décidé de **ne pas venir**.
*The teacher decided not to come.*

Vous préférez **ne pas leur en parler**?
*You prefer not to speak to them about it?*

- Impersonal expressions of the type **Il est...** + [*adjective*] are followed by **de** + [*infinitive*] to describe a general opinion. **Il faut...** and **Il vaut mieux...** can be followed directly by an infinitive to express obligation.

**Il est important de faire** de la gym.
*It is important to work out.*

**Il faut se détendre** après le travail.
*One has to relax after work.*

- Some verbs usually take an indirect object before **de** + [*infinitive*]. Such verbs include **commander**, **conseiller**, **demander**, **dire**, **permettre**, **promettre**, and **suggérer**.

  Maman **lui a demandé d'acheter** des épinards.
  *Mom asked him to buy spinach.*

  Nous **leur permettons de rentrer** à onze heures.
  *We let them come home at 11 o'clock.*

- The present participle can act as the subject of a verb in English, but in this case French uses the infinitive.

  **Être** un enfant n'est pas toujours facile.
  *Being a child is not always easy.*

  **Voir**, c'est **croire**.
  *Seeing is believing.*

- The infinitive is often used to give instructions or commands, as in recipes or on public signs.

  **Mettre** au four pendant 15 minutes.
  *Put in the oven for 15 minutes.*

  Ne pas **toucher**!
  *Do not touch!*

- The past infinitive is formed with the infinitive of **avoir** or **être** plus the past participle of the verb. The past infinitive is often used with **après**.

  **Après avoir crié** pendant deux heures au match, j'avais mal à la gorge.
  *After shouting for two hours at the game, my throat hurt.*

  Hier soir, ils ont décidé de voir une pièce **après être sortis**.
  *Last night, they decided to see a play after going out.*

- A past participle used with the past infinitive agrees just as it would if the helping verb were conjugated. Place object pronouns before the helping verb.

  On n'aimait plus la comédie **après l'avoir vue** cinq fois.
  *We didn't like the comedy any more after seeing it five times.*

  **Après s'être promenée** sous la pluie, elle a attrapé un rhume.
  *After walking in the rain, she caught a cold.*

**BLOC-NOTES**

To review past participle agreement, see **Fiche de grammaire 5.5, p. 390.**

- Use an infinitive instead of the subjunctive when there is no change of subject between clauses or with impersonal expressions that have a general meaning and no true subject.

**BLOC-NOTES**

To review the use of **il est/c'est** + [*adjective*] + **de/à** + [*infinitive*], see **Fiche de grammaire 2.5, p. 378.**

| Subjunctive: subject change between clauses | Infinitive: no subject change between clauses |
|---|---|
| Papa désire que nous allions à la plage. <br> *Dad wants us to go to the beach.* | Papa désire aller à la plage. <br> *Dad wants to go to the beach.* |
| Stéphanie et Lionel préfèrent que leurs enfants ne regardent pas trop la télévision. <br> *Stéphanie and Lionel prefer that their children do not watch too much television.* | Stéphanie et Lionel préfèrent ne pas trop regarder la télévision. <br> *Stéphanie and Lionel prefer to not watch too much television.* |
| Il vaut mieux qu'elle mette un anorak pour faire du ski. <br> *She should wear a parka to go skiing.* | Il vaut mieux mettre un anorak pour faire du ski. <br> *It's best to wear a parka to go skiing.* |

# Mise en pratique

**Note**
**CULTURELLE**

Les Jeux des îles de l'océan Indien, ou les **JIOI**, sont des jeux «olympiques» exclusivement réservés aux habitants des îles de **l'océan Indien**. C'est **l'île de la Réunion** qui en est à l'origine. Elle a organisé les premiers jeux en 1979.

**1**

**À compléter** Décidez si le verbe entre parenthèses doit rester à l'infinitif ou être conjugué.

1. Veux-tu _____ (venir) avec moi à la plage?

2. Il croit qu'il _____ (avoir) toujours raison.

3. Nous aimons _____ (regarder) les gens qui _____ (marcher) dans la rue.

4. Nathalie ne veut pas _____ (lire) ce livre; il est trop difficile à _____ (comprendre).

5. Vous désirez _____ (participer) aux Jeux des îles de l'océan Indien?

6. J'ai besoin que tu _____ (faire) les courses aujourd'hui.

7. L'agent de voyage m'a suggéré d' _____ (attendre) un peu avant de _____ (réserver) une chambre d'hôtel.

8. Il semble que vous _____ (avoir peur de) peu de choses.

**2**

**À relier** Formez des phrases complètes à l'aide des éléments donnés.

1. les enfants / aimer / manger / des glaces

2. nous / venir de / participer / à une course nautique

3. tu / ne pas / oser / jouer / aux fléchettes

4. mes parents / avoir l'intention de / prendre / des vacances / à l'île Maurice

5. je / ne pas / avoir / vouloir / sortir / hier soir

6. il / désirer / vous / aller / voir / le spectacle

7. le guide / souhaiter / faire / visiter / les maisons coloniales

8. vous / aller / prendre un verre / après le travail

**3**

**Projets de week-end** Mathilde et Chloé se racontent ce qu'elles prévoient de faire le week-end prochain. Complétez la conversation à l'aide des éléments de la liste.

| | | | |
|---|---|---|---|
| compter faire | falloir faire | paraître | préférer rester |
| à découvrir | avoir l'intention de | penser faire | à préparer |
| entendre dire | laisser bouillir | avoir peur de | vouloir |

**CHLOÉ** Alors? Tu (1) _____ quoi ce week-end?

**MATHILDE** Eh bien, je/j' (2) _____ faire un tour à la campagne.

**CHLOÉ** Et tu sais où exactement?

**MATHILDE** Je/J' (3) _____ que la forêt de l'Est est (4) _____. On y trouve pleins de lémuriens (*lemurs*).

**CHLOÉ** Oui, c'est vrai. Il (5) _____ qu'il y en a beaucoup.

**MATHILDE** Et toi? Que (6) _____ -tu _____?

**CHLOÉ** Oh, je/j' (7) _____ à la maison. J'ai une tonne de choses (8) _____ pour la fête de samedi soir et je/j' (9) _____ ne pas avoir le temps de tout faire.

**MATHILDE** Eh! (10) _____, c'est pouvoir! Bon. Maintenant, il (11) _____ ce gâteau. Que dit la recette?

**CHLOÉ** «(12) _____ pendant 5 minutes.»

Practice more at vhlcentral.com.

# Communication

**4**

**Achats de vêtements** Vous êtes dans un grand magasin de vêtements. À deux, créez un dialogue où votre camarade et vous êtes le client/la cliente et le vendeur/la vendeuse. Utilisez l'infinitif. Ensuite, jouez la scène devant la classe.

> **Modèle** —Que désirez-vous?
>
> —Je souhaite acheter une robe noire que j'ai vue la semaine dernière, mais elle semble ne plus être dans votre magasin.

**5**

**Votre opinion** Que pensez-vous de ces formes de loisirs? À deux, faites part de votre opinion à l'aide de l'infinitif.

- fêter le Nouvel An à Paris
- le saut à l'élastique
- l'alpinisme
- le ski de fond
- aller à un concert de hard rock
- le ski nautique
- faire une croisière (*cruise*)

**6**

**Vos projets** Que souhaitez-vous faire la prochaine fois qu'il y aura un long week-end? Par petits groupes, expliquez vos projets à vos camarades de classe qui vont vous poser des questions pour en savoir plus. Utilisez l'infinitif le plus possible.

> **Modèle** Le long week-end prochain, j'espère aller faire du camping avec ma famille...

ressources

v̂ Text

CE
pp. 131–133

vhlcentral.com
Leçon 8

Presentation

# Prepositions with geographical names

*Dylan et ses parents habitent à Nice.*

**ATTENTION!**

In French, **Mexico** is a false cognate. It means Mexico City, not Mexico.

- Like other French nouns, geographical place names have gender.

- Countries that end in -**e** are feminine, except for **le Belize**, **le Cambodge**, **le Mexique**, **le Mozambique**, and **le Zimbabwe**, which are masculine.

- Countries that do not end in -**e** are masculine, except for **la Guyana**.

| Masculine countries | | Feminine countries | |
|---|---|---|---|
| l'Afghanistan | Afghanistan | l'Algérie | Algeria |
| le Brésil | Brazil | l'Allemagne | Germany |
| le Cambodge | Cambodia | l'Angleterre | England |
| le Canada | Canada | l'Argentine | Argentina |
| le Danemark | Denmark | la Belgique | Belgium |
| l'Iran | Iran | la Colombie | Colombia |
| l'Irak | Iraq | la Côte d'Ivoire | Ivory Coast |
| le Japon | Japan | l'Espagne | Spain |
| le Luxembourg | Luxemburg | la France | France |
| le Maroc | Morocco | la Grèce | Greece |
| le Mexique | Mexico | l'Italie | Italy |
| le Pérou | Peru | la Russie | Russia |
| le Sénégal | Senegal | la Suisse | Switzerland |
| le Viêt-nam | Vietnam | la Turquie | Turkey |

- Some country names are plural: **les États-Unis** and **les Pays-Bas** (*the Netherlands*).

- Masculine islands like **Cuba**, **Haïti**, **Madagascar**, and **Maurice** never take an article. The same is true of small European islands like **Malte** and **Chypre**.

- Provinces and regions generally follow the same rules as countries: **la Bretagne**, **le Manitoba**, **la Normandie**, **la Provence**, **le Québec**.

- States that end in -**e** are usually feminine: **la Floride**, **la Louisiane**, **la Géorgie**, **la Virginie (occidentale)**, **la Californie**, **la Pennsylvanie**, and **la Caroline du Nord/du Sud**. **Le Maine**, **le Tennessee**, and **le Nouveau-Mexique** are exceptions.

- States that do not end in -**e** are masculine: **le Kansas**, **le Michigan**, **l'Oregon**, **le Texas**, etc.

- Do not use an article with a city unless the article is a part of the name, such as **Le Caire**, **Le Havre**, **Le Mans**, **La Nouvelle-Orléans**, and **La Rochelle**.

- All of the continents are feminine: **l'Afrique**, **l'Amérique du Nord**, **l'Amérique du Sud**, **l'Antarctique**, **l'Asie**, **l'Australie**, and **l'Europe**.

- The gender of a place name usually determines the preposition you use. Use this chart to determine which preposition to use to say *to*, *in*, or *at*.

| With... | use: |
|---|---|
| cities | à |
| continents | en |
| feminine countries and provinces | en |
| masculine countries and provinces | au |
| masculine countries and provinces that begin with a vowel | en |
| plural countries | aux |
| feminine states | en |
| most masculine states | dans le/l' *or* dans l'état de/d'/du/de l' |

**ATTENTION!**

To say someone is *in*, *at*, or going *to* a masculine state, you can use either **dans le** or **dans l'état de/du/de l'**. With **Texas** and **Nouveau-Mexique**, use **au**.

**Chicago est dans (l'état de) l'Illinois.**

*Chicago is in (the state of) Illinois.*

but

**Nous sommes au Texas.**

*We are in Texas.*

Vous allez **à** Londres?
*Are you going to London?*

Lucie va **en** Côte d'Ivoire.
*Lucie is going to the Ivory Coast.*

Je vais **au** Maroc.
*I'm going to Morocco.*

La France est **en** Europe.
*France is in Europe.*

Ils sont **aux** Pays-Bas.
*They are in the Netherlands.*

Mon cousin est **en** Irak.
*My cousin is in Iraq.*

- Use this chart to determine which preposition to use to say *from*.

| With... | use: |
|---|---|
| cities | de/d' |
| continents | de/d' |
| feminine countries and provinces | de/d' |
| masculine countries and provinces | du |
| masculine countries and provinces that begin with a vowel | d' |
| plural countries | des |
| feminine states | de/d' |
| masculine states | du/de l' |

**ATTENTION!**

If the definite article is part of a city name, include the article along with the preposition. In this case, form the usual contractions with **à** and **de**.

**Ils sont au Caire.**

*They are in Cairo.*

**Il vient de La Nouvelle-Orléans.**

*He is from New Orleans.*

Nous arrivons **de** New York.
*We are arriving from New York.*

Tu es **d'**Asie?
*Are you from Asia?*

Nous sommes **des** États-Unis.
*We are from the United States.*

Elle est **du** Japon.
*She is from Japan.*

- The prepositions used with certain islands are exceptions to these rules.

| With... | to say *to, in,* or *at,* use: | to say *from,* use: |
|---|---|---|
| **Cuba** | à | de |
| **Haïti** | en | d' |
| **Madagascar** | à | de |
| **Martinique** | à la | de *or* de la |

Elle rêve d'aller **à la Martinique.**

# Mise en pratique

**1** **Où?** Choisissez la bonne réponse parmi celles proposées.

1. _____ Alaska est à l'ouest _____ Canada.

    a. La… de             b. L'… du            c. Le… de la

2. Dans quelle ville es-tu? _____ Saint-Denis?

    a. En                 b. À                c. Au

3. Je vais souvent _____ Madagascar et _____ la Réunion pour mes vacances.

    a. à… à             b. en… à           c. au… au

4. _____ Groenland appartient _____ Danemark.

    a. Le… au           b. Le… en          c. La… dans le

5. Mes parents habitent _____ Pierre, _____ Dakota du Sud.

    a. en… en          b. à… dans le        c. à… au

6. Il s'est perdu quelque part _____ Pérou, _____ Amérique du Sud.

    a. dans le… dans l'    b. dans le… à l'    c. au… en

**2** **L'océan Indien** Louis envoie une carte postale à son frère. Choisissez les bonnes prépositions pour compléter le texte.

## Note
### CULTURELLE

Des personnalités françaises du 18ᵉ siècle sont à l'origine du nom de certains endroits, dans l'océan Indien. **Jean Moreau de Séchelles**, contrôleur des finances sous Louis XV, a donné son nom à l'archipel des **Seychelles**, et le navigateur **Bertrand-François Mahé de La Bourdonnais** à son île principale, **Mahé**, après que les Français ont découvert l'archipel en 1756. Les noms sont restés depuis, même sous domination britannique.

Salut Juju!

Mercredi soir, nous avons fêté notre anniversaire de mariage (1) _____ Port-Louis. Au bout de quelques jours, nous avons pris l'avion pour aller (2) _____ la Réunion. Ensuite, nous avons pu admirer la somptueuse île de Madagascar, et surtout l'art de la marqueterie, (3) _____ Ambositra, une ville située (4) _____ province de Fianarantsoa. Et voilà! Aujourd'hui, nous sommes (5) _____ Seychelles où le temps est magnifique. Nous sommes arrivés hier matin (6) _____ Madagascar. L'archipel des Seychelles est merveilleux. Demain, nous avons prévu d'aller (7) _____ Mahé, l'île principale. L'année prochaine, nous souhaitons aller (8) _____ Afrique. Quand nous pensons au temps pluvieux qu'il doit faire (9) _____ Havre, nous n'avons pas envie de rentrer (10) _____ France.

À +

Louis et Carole

Julien Lacour

74, rue Vendôme

76600 Le Havre

France

**3** **À vous d'écrire** Créez des phrases complètes à l'aide des éléments de chaque colonne. Ensuite, à deux, imaginez une conversation avec les phrases que vous venez d'écrire.

| | | |
|---|---|---|
| aller | à | Caire |
| arriver | au(x) | Europe |
| se divertir | dans le/l' | Massachusetts |
| être | de(s)/d' | Portugal |
| se promener | de l' | Saint-Pétersbourg |
| venir | du | Seychelles |
| ? | en | ? |

# Communication

**4** **Votre rêve** Passez dans la classe et demandez à dix camarades à quel endroit précis de la planète ils rêvent d'habiter. Collectez les informations sur une feuille de papier, puis présentez-les à la classe. N'oubliez pas d'écrire les prépositions correspondantes.

|  | Ville | Pays | Continent |
|---|---|---|---|
| Delphine | à Florence | en Italie | en Europe |
|  |  |  |  |
|  |  |  |  |
|  |  |  |  |
|  |  |  |  |
|  |  |  |  |
|  |  |  |  |
|  |  |  |  |
|  |  |  |  |
|  |  |  |  |

**5** **Un tour du monde** À deux, créez l'itinéraire d'un fabuleux tour du monde. Donnez les détails de la localisation de chaque étape: la ville, la région ou l'état (si c'est le cas), le pays et le continent.

Modèle    Jour 1: départ d'Albany, dans l'état de New York, aux États-Unis, en Amérique du Nord et arrivée à Mexico, au Mexique.

Jour 2: départ de Mexico, au Mexique, en Amérique du Nord et arrivée à Buenos Aires, en Argentine, en Amérique du Sud.

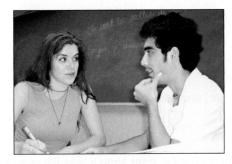

**6** **Et vous?** Racontez vos dernières vacances. À quel endroit êtes-vous allé(e)? Quel était votre itinéraire? Montrez-le sur une carte pour aider vos camarades de classe à visualiser votre voyage. Ensuite, vos camarades vous posent des questions pour savoir ce que vous avez fait.

Modèle    Je suis allé(e) à San Diego, en Californie, pour voir mes grands-parents. Ensuite, je suis allé(e) à Tijuana, au Mexique…

ressources

v̂ Text

CE
pp. 134–136

vhlcentral.com
Leçon 8

**Presentation Tutorial**

8.3

# The *conditionnel*

—*Il y en a combien, un sur cent qui finit professionnel. Pourquoi ce serait lui?*

- The **conditionnel** is used to soften a request, to indicate that a statement might be contrary to reality, or to show that an action was going to happen at some point in the past. It is often translated into English as *would...* or *could...*

- The **conditionnel** is formed with the same stems as the **futur simple**. The endings for the **conditionnel** are the same as those for the **imparfait**.

**BLOC-NOTES**

To review formation of the **futur simple**, see **Structures 7.2, pp. 240–241.**

| The **conditionnel** of regular verbs | | | |
|---|---|---|---|
| | **parler** | **réussir** | **attendre** |
| je/j' | parlerais | réussirais | attendrais |
| tu | parlerais | réussirais | attendrais |
| il/elle | parlerait | réussirait | attendrait |
| nous | parlerions | réussirions | attendrions |
| vous | parleriez | réussiriez | attendriez |
| ils/elles | parleraient | réussiraient | attendraient |

- Any **-er** verbs with spelling changes in their **futur simple** stem have the same changes in the **conditionnel**.

| | |
|---|---|
| je me promènerai | je me promènerais |
| j'emploierai | j'emploierais |
| j'essaierai *or* j'essayerai | j'essaierais *or* j'essayerais |
| j'appellerai | j'appellerais |
| je projetterai | je projetterais |

- Verbs that have an irregular stem in the **futur simple** have the same stem in the **conditionnel**.

Nous **irions** au cinéma s'il y avait des films intéressants à voir.
*We would go to the cinema if there were interesting movies to see.*

Qu'est-ce que tu **ferais**, toi, dans les circonstances actuelles?
*What would you do under the present circumstances?*

- Use the **conditionnel** to describe hypothetical events.

Vous **pourriez** venir à cinq heures.
*You could come at 5 o'clock.*

Un jour, j'**aimerais** visiter les Seychelles.
*One day, I'd like to visit the Seychelles.*

**ATTENTION!**

Remember that the English *would* can be translated with the **imparfait** or the **conditionnel**. To express ongoing or habitual actions in the past in French, use the **imparfait**.

**Pépé parlait souvent de son enfance.**

*Gramps would (used to) talk often about his childhood.*

but

**Pépé parlerait de son enfance s'il était là.**

*Gramps would talk about his childhood if he were here.*

- The hypothetical aspect of the **conditionnel** makes it useful in polite requests and propositions. The verbs most often used in phrases of this type are **aimer**, **pouvoir**, and **vouloir**.

> Nous **aimerions** vous poser
> des questions.
> *We would like to ask you*
> *some questions.*

> Je **voudrais** porter
> un toast.
> *I would like to make*
> *a toast.*

> Est-ce que je **pourrais** parler
> à Bertrand?
> *May I speak to Bertrand?*

> Pardon, monsieur, **auriez**-vous l'heure,
> s'il vous plaît?
> *Pardon, sir, would you have the time,*
> *please?*

- Conditional forms of **devoir** followed by an infinitive tell what *should* or *ought to* happen. Conditional forms of **pouvoir** followed by an infinitive tell what *could* happen.

> Tu **devrais sortir** plus souvent
> avec nous.
> *You should go out more often with us.*

> On **pourrait passer** la matinée
> au parc.
> *We could spend the morning at the park.*

- Another use for the **conditionnel** is in a clause after **au cas où** (*in case*). Note that English uses the indicative for these phrases.

> Apportez de l'argent **au cas où** il y
> **aurait** encore des tickets à vendre.
> *Bring some money in case there are*
> *still tickets for sale.*

> Je mettrai des baskets **au cas où** on **irait** à
> pied au vernissage.
> *I'll wear sneakers in case we go to the art*
> *opening on foot.*

- In some cases, the **conditionnel** is used to express uncertainty about a fact.

> Selon le journal, il y **aurait** plus
> de 100 parcs d'attractions au Texas.
> *According to the newspaper, there*
> *are more than 100 amusement parks*
> *in Texas.*

> Le film dit que nous n'**aurions** plus le
> temps de sauver la planète.
> *The movie is saying that we don't have*
> *any more time to save the planet.*

- The **conditionnel** is used sometimes in the context of the past to indicate what was to happen in the future. This usage is called the *future in the past*.

> Pépé a dit qu'il **fêterait** son
> 95ᵉ anniversaire dans un
> parc d'attractions.
> *Gramps said he would celebrate his*
> *95ᵗʰ birthday at an amusement park.*

> Je pensais que maman **mettrait** mes
> affaires dans ma chambre, mais elle
> les a mises dehors.
> *I thought Mom would put my things*
> *in my room, but she put them outside.*

- Form contrary-to-fact statements about what *would happen* if something else *were to occur* by using the **imparfait** and the **conditionnel**.

> Si j'**étais** toi, je **mettrais** des baskets
> pour aller me promener.
> *If I were you, I would put on sneakers*
> *to take a walk.*

> On **pourrait** arriver avant l'ouverture **si**
> Jean-Yves **faisait** la queue pour nous.
> *We could arrive before the opening if*
> *Jean-Yves stood in line for us.*

---

**ATTENTION!**

To indicate that an event was going to happen in the past, you can also use the verb **aller** in the **imparfait** plus an infinitive.

**M. LeFloch a dit qu'il allait bavarder avec un ami.**

*Mr. LeFloch said he was going to chat with a friend.*

---

**BLOC-NOTES**

To review **si** clauses, see **Structures 10.3, pp. 354–355.**

# Mise en pratique

**1**

**À compléter** Complétez la conversation qu'Aurélie a avec ses copains. Employez le conditionnel du verbe le plus logique. Vous pouvez utiliser certains verbes plus d'une fois.

| aller | avoir | dire | être | hurler | pouvoir |
|-------|-------|------|------|--------|---------|
| appeler | devoir | se divertir | faire | mettre | vouloir |

**GAVIN** Qu'est-ce que tu (1) _____ faire pour fêter ton anniversaire?

**AURÉLIE** Je ne sais pas… Que (2) _____-vous à ma place?

**LEENA** Moi, j' (3) _____ jouer au bowling avec des copains.

**AURÉLIE** Je suis nulle au bowling. Je ne me (4) _____ pas.

**GAVIN** Nous (5) _____ passer une journée au parc d'attractions!

**AURÉLIE** Non, mes parents m'ont dit que j' (6) _____ si peur des montagnes russes (*roller coasters*) que je (7) _____ sans arrêt. Mes amis ne (8) _____ rien faire pour me calmer.

**GAVIN** Je vois. Je (9) _____ que tu n'en as pas de bons souvenirs.

**LEENA** Faisons un pique-nique — ce (10) _____ plus simple.

**AURÉLIE** Quelle bonne idée! Au cas où il (11) _____ frais, on (12) _____ apporter un gilet.

**2**

**Si vous étiez là…** Quelle activité pratiqueriez-vous si vous étiez à ces endroits?

**Modèle** **jouer**
Si j'étais dans un gymnase, je jouerais au basket.

1. **regarder**

2. **prendre**

3. **acheter**

4. **patiner**

5. **faire**

6. **aller voir**

**3**

**Le loto** Imaginez que vous gagniez à la loterie. Que feriez-vous avec cet argent? Expliquez votre réponse en huit à dix phrases. Utilisez le conditionnel dans chaque phrase.

 Practice more at **vhlcentral.com**.

# Communication

Le meilleur moment pour venir visiter **Madagascar**, c'est en hiver et au printemps, entre juillet et octobre. Pendant cette période, il ne fait pas trop chaud et il pleut moins. Avec sa faune et sa flore uniques au monde, on y appréciera les randonnées, le camping, les parcs nationaux et les réserves naturelles. Pour ceux qui préfèrent l'art et l'histoire, il y a le **Palais de la reine** à **Antananarivo**, la capitale. On peut y visiter plusieurs autres musées et sites historiques, par exemple, le **Musée d'art et d'archéologie** et le **Palais de justice**.

**4**

## Un voyage

**A.** Un de vos amis projette de faire avec sa famille un voyage à Madagascar, que vous avez visité l'an dernier. Il vous demande des conseils sur le logement, la meilleure date de départ et sur les activités possibles là-bas. À deux, jouez les rôles à l'aide des éléments ci-dessous et des informations données dans la Note culturelle.

> **Modèle** —Où devrions-nous rester?
> —Je pense que vous devriez rester à Antananarivo.

| | | |
|---|---|---|
| aimer | aller au musée | prendre une chambre à l'hôtel |
| devoir | faire une randonnée | visiter des sites historiques |
| pouvoir | faire du camping | ? |
| vouloir | nager en piscine/dans l'océan | |

Ma sœur, Julie, adore les animaux sauvages et les sciences, surtout la biologie.

Moi, c'est Mike, j'adore l'histoire, l'art, et j'aime aussi beaucoup lire et écrire.

Ma mère, Suzanne, n'aime pas rester dehors trop longtemps parce qu'elle déteste les insectes.

**B.** Imaginez que d'autres membres de la famille voyagent avec Mike, sa sœur et sa mère. Qu'aiment-ils faire? Qu'aimeraient-ils faire et voir à Madagascar?

**5**

**Que feriez-vous?** Pensez à ce que vous feriez dans ces situations. Discutez de chacune par petits groupes.

ressources

v̂ Text

CE
pp. 137–140

vhlcentral.com
Leçon 8

# Synthèse

**1  Sport ou loisir?**  Quand un loisir devient-il un sport? Certains, comme en Russie et dans d'autres pays d'Europe, considèrent que la gymnastique et le patinage artistique sont des sports, et ils aimeraient voir cette idée plus généralement acceptée. Pour d'autres, ce sont des loisirs. De même, le poker, le golf et le bowling peuvent être vus comme de simples passe-temps ou des sports à part entière.

**2  Légitime ou illégitime?**  Depuis plusieurs années, aux États-Unis comme ailleurs, la copie illégale de musique sur Internet a eu un impact néfaste° sur l'industrie des CD et des DVD. D'après certains défenseurs de cette pratique, la raison en est que les produits originaux sont devenus trop chers. D'autres disent que la piraterie est inévitable, parce que tout le monde peut copier de la musique et des films, confortablement installé chez lui.

*harmful*

**3  Violence et divertissement**  La violence dans les médias est de plus en plus choquante. Beaucoup de personnes sont préoccupées par l'impact que ces divertissements peuvent avoir sur les enfants et les adultes, et voudraient que leur utilisation ait des limites. Leurs créateurs veulent se défendre en disant que ces produits n'influencent ni le comportement de l'utilisateur ni celui du spectateur.

**4  L'argent et le jeu**  Dans la plupart des états d'Amérique du Nord, on peut acheter des tickets de grattage°, jouer au loto et faire des paris. D'un autre côté, il est illégal de jouer aux jeux d'argent, comme on le ferait dans les casinos. Quelle est la différence entre les jeux de hasard des établissements spécialisés et ceux auxquels on peut jouer chez soi?

*scratch*

**1**  **Qu'avez-vous compris?**  Répondez aux questions par des phrases complètes.

1. Que voudraient certaines personnes concernant la violence dans les médias?

2. Que peut-on faire chez soi avec Internet?

3. Dans la plupart des états d'Amérique du Nord, à quoi ne peut-on pas jouer?

4. Qu'aimeraient certaines personnes pour la gymnastique et le patinage artistique?

**2**    **À votre avis?**  Par groupes de trois, donnez votre opinion sur les sujets traités dans le texte. Ensuite, défendez-la à l'aide des structures de cette leçon.

**3**    **Vos suggestions**  Avec le même groupe, choisissez un de ces sujets. Créez trois personnages: deux d'entre eux ont une opinion différente, le troisième est indécis. Ensuite, jouez la scène devant la classe qui choisira le groupe le plus convaincant.

> **Modèle**  —Pour moi, toutes les activités qui font bouger sont des sports.
>
> —Non, je ne suis pas d'accord. Beaucoup trop d'activités deviendraient des sports, alors.
>
> —Je dois dire que je ne sais pas quoi penser.

ressources

v̂ Text

vhlcentral.com
Leçon 8

# Préparation

| Vocabulaire de la lecture | Vocabulaire utile |
|---|---|
| **escalader** *to climb, to scale* | **un casse-cou** *daredevil* |
| **glisser** *to glide* | **se dépasser** *to go beyond one's limits* |
| **grimper à** *to climb* | **un frisson** *thrill* |
| **le parapente** *paragliding* | **lézarder au soleil** *to bask in the sun* |
| **parcourir** *to go across* | **une montée d'adrénaline** *adrenaline rush* |
| **la roche** *rock* | **vaincre ses peurs** *to confront one's fears* |
| **sauter** *to jump* | |
| **tenter** *to attempt; to tempt* | |
| **un(e) vacancier/ère** *vacationer* | |
| **voler** *to fly* | |
| **un VTT (vélo tout terrain)** *mountain bike* | |

**1**

**Journal de vacances** Patrick, un jeune Français qui est en vacances à la Réunion avec des amis, tient un journal (*keeps a diary*). Complétez cet extrait à l'aide des mots de vocabulaire.

> *mercredi 12 juillet*
>
> *Nous voici à la Réunion depuis une semaine. C'est assez calme car il n'y a pas trop de (1) _____ en ce moment. L'île est tellement belle qu'en arrivant, nous avons abandonné l'idée de voyager en bus. Nous avons décidé de (2) _____ l'île en (3) _____ pour mieux profiter des paysages. Véritable (4) _____ qui n'a peur de rien, Gilles a voulu tenter (5) _____ et il a réussi à me convaincre d'essayer aussi. Quelle expérience! On a vraiment l'impression de (6) _____ comme un oiseau. Demain, nous allons escalader le piton de la Fournaise, un des volcans les plus actifs du monde! Après tout ça, je pense qu'on va avoir envie d'aller sur la plage pour (7) _____!*

**2** **Les sports extrêmes** Répondez aux questions et comparez vos réponses avec celles d'un(e) camarade.

1. Qu'est-ce que c'est pour vous un sport extrême? Donnez quelques exemples de sports que vous considérez extrêmes.
2. Avez-vous déjà essayé ou bien pratiquez-vous régulièrement un sport extrême? Si oui, lequel? Sinon, aimeriez-vous essayer? Expliquez.
3. Connaissez-vous des endroits dans le monde qui sont réputés pour la pratique des sports extrêmes? Lesquels? Quels sports y pratique-t-on?

**3** **À l'écran** Vous regardez la télé? Vous allez souvent au cinéma? Par groupes de trois, listez quatre films ou émissions de télé et le sport extrême qui y est pratiqué. Comparez vos idées avec celles des autres groupes.

ressources

**v Text**

vhlcentral.com
Leçon 8

Practice more at **vhlcentral.com**.

# La Réunion, île intense

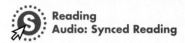

Aaah! La plage! Les cocotiers°! Les bains de soleil! Des vacances de rêve sur une île de l'océan Indien! Qui ne serait pas tenté? Mais… et s'il y avait autre chose à faire sur l'île de la Réunion? Si vous aimez marcher, grimper, escalader, sauter, glisser, voler… c'est bien à la Réunion, à 800 kilomètres à l'est de Madagascar, qu'il faut aller passer vos prochaines vacances. D'ailleurs, ce n'est certainement pas par hasard qu'on la surnomme «l'île intense».

Il ne fait aucun doute que l'Indiana Jones qui sommeille° en vous aura envie de pratiquer les nombreuses activités sportives, souvent extrêmes, présentes sur l'île. Il y en a pour tous les goûts.

L'océan, les rivières, les cascades… l'eau est omniprésente. Côté océan, le fly surf ou kite surf est devenu très à la mode. On se sert d'un immense cerf-volant° pour surfer autant sur l'eau que dans les airs. Côté rivières et cascades, les aventuriers trouveront leur bonheur avec le canyoning. Il existe sur l'île plus de 70 canyons praticables. Certains diront que le canyon du Trou blanc, situé à l'ouest de l'île, est celui qu'il faut absolument essayer. C'est ce qu'on appelle un aqualand naturel, fait de nombreux toboggans° formés dans la roche. Par contre, les intrépides tenteront de descendre le Trou de Fer, canyon grandiose, situé dans la partie nord de l'île. Il faut deux à trois jours pour le parcourir.

La Réunion est aussi un vrai paradis pour les amateurs de courses d'endurance. Depuis quelques années, elle est le théâtre de plusieurs courses à pied extrêmes. La plus impressionnante est sans aucun doute le Grand Raid, surnommée la Diagonale des Fous. Il s'agit de traverser l'île de part en part°. Le parcours équivaut à° huit marathons classiques. Les 2.000 concurrents doivent «survivre» à un dénivelé° de 8.000 mètres formé par cinq sommets dont le plus haut atteint 2.411 mètres. Les trois quart des participants finissent la course et gagnent alors le fameux t-shirt jaune, «J'ai survécu».

La Mégavalanche est une autre épreuve sportive° qui est de plus en plus en vogue. Imaginez plus de 400 concurrents qui descendent à grande vitesse une montagne en VTT. Le départ est à 2.200 mètres d'altitude et l'arrivée au bord de la mer.

L'île est un lieu idéal pour ceux qui rêvent de voler. Il y a plusieurs choix possibles, dont le parapente, le saut à l'élastique et la tyrolienne. Celle-ci compte de plus en plus d'amateurs. Les gens aiment la sensation que leur procure° la traversée d'un ravin à 100 km/h (*65 m/h*), attachés à un câble. Ils ont le sentiment extraordinaire de voler.

Enfin, les fous de vulcanologie, aussi bien que les vacanciers en manque de sensations fortes, seront ravis° de leur ascension du piton de la Fournaise. Mais attention aux éruptions! C'est l'un des quatre volcans les plus actifs du monde et l'un des plus impressionants.

Les 2.500 km² de l'île, soit deux fois la taille de la ville de New York, offrent une succession de paysages aussi divers que ceux d'un continent. Cela explique le grand nombre d'activités sportives et de sports extrêmes qu'on peut y pratiquer. Alors, cette petite île perdue au milieu de l'océan Indien mérite le détour, non? Allez! Patience! Plus que quelques heures d'avion, et vous y serez! ■

*coconut palms*

*lies dormant*

*kite*

*slides*

45 *straight through / est égal à*

*difference in altitude*

*sports event*

*donne*

*très heureux*

**Ce n'est certainement pas par hasard qu'on la surnomme «l'île intense».**

# Analyse

**1**

**Compréhension** Répondez aux questions par des phrases complètes.

1. Où se trouve l'île de la Réunion?

2. Pourquoi l'île de la Réunion est-elle surnommée «l'île intense»?

3. Quelle activité mélange l'escalade et l'eau?

4. Quel sport extrême se fait avec un énorme cerf-volant?

5. Qu'est-ce que c'est, le Grand Raid?

6. À quelle course les fans de VTT peuvent-ils participer? Décrivez-la en une phrase.

7. Pour quel sport faut-il utiliser un câble? Décrivez-le.

8. Si on s'intéresse à la vulcanologie, qu'est-ce qu'on peut faire à la Réunion?

**2**

**En voyage** Répondez aux questions et comparez vos réponses avec celles d'un(e) camarade.

1. L'article vous donne-t-il envie de visiter l'île de la Réunion? Pourquoi?

2. Quand vous voyagez, préférez-vous pratiquer des activités sportives — qu'elles soient extrêmes ou non — ou lézarder au soleil? Pourquoi?

3. Quelles sont les trois choses qui déterminent le plus le choix de votre destination (le climat, l'histoire, les musées, les logements, les restaurants, les prix, les magasins, etc.)? Expliquez.

**3**

**Le sport en évolution?** La pratique des sports extrêmes est un phénomène grandissant. Aujourd'hui en effet, ils sont de plus en plus populaires, surtout auprès (*with*) des jeunes, et on peut en pratiquer presque partout. Pourquoi, à votre avis? Par petits groupes, discutez de cette évolution.

**4**

**Pourquoi visiter...** Par petits groupes, choisissez un endroit que vous connaissez et qui offre un grand choix d'activités (sportives ou non). Faites une liste de tout ce qu'on peut y faire et écrivez un article de trois paragraphes. Puis, présentez ce lieu à la classe et expliquez pourquoi il est, à votre avis, l'endroit idéal.

| Endroit idéal | Activités |
|---|---|
| _____ | 1. _____ |
| | 2. _____ |
| | 3. _____ |
| | 4. _____ |

ressources

v̂Text

vhlcentral.com
Leçon 8

Practice more at
**vhlcentral.com.**

# Préparation

## À propos des auteurs

**J**ean-Jacques Sempé (1932–) est né à Bordeaux, en France. En 1954, il crée avec René Goscinny une bande dessinée, *Les aventures du Petit Nicolas*. Ensemble, ils écriront cinq romans du petit Nicolas. Depuis 1960, Sempé publie ses propres recueils de dessins humoristiques, comme *Les musiciens* en 1979. C'est aussi en 1979 qu'il commence à dessiner régulièrement pour la couverture du magazine *The New Yorker*. Depuis plus de 40 ans, Sempé crée des œuvres à l'humour subtil pour les enfants et pour les adultes.

**R**ené Goscinny (1926–1977) est né à Paris, mais a passé toute son enfance à Buenos Aires, en Argentine. En 1945, il est allé s'installer avec sa mère, aux États-Unis où il a travaillé comme traducteur. Pendant sa carrière, en collaboration avec plusieurs artistes, il a écrit les scénarios de bandes dessinées célèbres, comme *Lucky Luke* avec Morris, *Le Petit Nicolas* avec Jean-Jacques Sempé, *Astérix et Obélix* avec Albert Uderzo. C'est un des scénaristes les plus connus d'Europe. Il est mort à Paris, à l'âge de 51 ans.

| Vocabulaire de la lecture | | Vocabulaire utile |
|---|---|---|
| **s'apercevoir** *to realize, to notice* | **dedans** *inside* | **la concurrence** *competition* |
| **le ballon** *ball* | **un mouchoir** *handkerchief* | **le personnage** *character (in a story or play)* |
| **se battre** (*irreg.*) *to fight* | **une partie** *game, match* | |
| **chouette** *great, cool* | **sauf** *except* | |
| **déchirer** *to tear* | **un sifflet** *whistle* | |
| **de nouveau** *again* | **souffler** *to blow* | |
| | **surveiller** *to keep an eye on* | |

**ressources**

v̂Text

vhlcentral.com
Leçon 8

**1 Définitions** Faites correspondre chaque mot à sa définition.

_____ 1. se rendre compte          a. surveiller

_____ 2. un objet dont se sert l'arbitre          b. de nouveau

_____ 3. un match          c. s'apercevoir

_____ 4. regarder de près          d. une partie

_____ 5. encore une fois          e. un sifflet

_____ 6. super, excellent          f. chouette

**2 Préparation** À quels jeux jouiez-vous avec vos ami(e)s quand vous étiez petit(e)? Quelles sortes de problèmes se présentaient pendant le jeu? Discutez-en avec un(e) camarade de classe.

**3 Discussion** Quel sera le thème de cette lecture? Par groupes de trois, discutez de vos idées.
- Réfléchissez au titre.
- Regardez les illustrations.
- Donnez votre opinion sur ce qui va se passer.

 Practice more at **vhlcentral.com**.

### Note CULTURELLE

Il y a 222 aventures du **Petit Nicolas** écrites par **René Goscinny** et illustrées par **Sempé**. Pour écrire ces histoires, **Goscinny** s'est servi du langage plein de charme des enfants. D'ailleurs, beaucoup de jeunes Français connaissent le petit Nicolas et ses aventures. Ils connaissent aussi: Alceste, son meilleur copain; Agnan, le chouchou de la maîtresse (*teacher's pet*); Geoffroy, dont le papa est très riche; Rufus, fils d'un agent de police; Eudes; Clotaire et les autres.

# Le football

**Sempé-Goscinny**

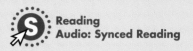

Reading
Audio: Synced Reading

## Il a fallu décider comment former les équipes, pour qu'il y ait le même nombre de joueurs de chaque côté.

Alceste nous a donné rendez-vous, à un tas de° copains de la classe, pour cet après-midi dans le terrain vague°, pas loin de la maison. Alceste c'est mon ami, il est gros, il aime bien manger, et s'il nous a donné rendez-vous, c'est parce que son papa lui a offert un ballon de football tout neuf° et nous allons faire une partie terrible°. Il est chouette, Alceste.

Nous nous sommes retrouvés sur le terrain à trois heures de l'après-midi, nous étions dix-huit. Il a fallu décider comment former les équipes, pour qu'il y ait le même nombre de joueurs de chaque côté.

Pour l'arbitre, ça a été facile. Nous avons choisi Agnan. Agnan c'est le premier de la classe, on ne l'aime pas trop, mais comme il porte des lunettes on ne peut pas lui taper dessus°, ce qui, pour un arbitre, est une bonne combine°. Et puis, aucune équipe ne voulait d'Agnan, parce qu'il est pas très fort pour le sport et il pleure trop facilement. Là où on a discuté, c'est quand Agnan a demandé qu'on lui donne un sifflet. Le seul qui en avait un, c'était Rufus, dont le papa est agent de police.

«Je ne peux pas le prêter, mon sifflet à roulette, a dit Rufus, c'est un souvenir de famille°.» Il n'y avait rien à faire. Finalement, on a décidé qu'Agnan préviendrait° Rufus et Rufus sifflerait à la place d'Agnan.

«Alors? On joue ou quoi? Je commence à avoir faim, moi!» a crié Alceste.

Mais là où c'est devenu compliqué, c'est que si Agnan était arbitre, on n'était plus que dix-sept joueurs, ça en faisait un de trop pour le partage. Alors, on a trouvé le truc: il y en a un qui serait arbitre de touche° et qui agiterait un petit drapeau, chaque fois que la balle sortirait du terrain. C'est Maixent qui a été choisi. Un seul arbitre de touche, ce n'est pas beaucoup pour

*Glossary (margin):*
beaucoup de
vacant lot
nouveau
fantastique
frapper
clever trick
heirloom
would tell
linesman

surveiller tout le terrain mais Maixent court très vite, il a des jambes très longues et toutes maigres, avec de gros genoux sales. Maixent,
35 il ne voulait rien savoir, il voulait jouer au ballon, lui, et puis il nous a dit qu'il n'avait pas de drapeau. Il a tout de même accepté d'être *half-time period* arbitre de touche pour la première mi-temps°. Pour le drapeau, il agiterait son mouchoir qui
40 n'était pas propre, mais bien sûr, il ne savait pas en sortant de chez lui que son mouchoir allait servir de drapeau.

«Bon, on y va?» a crié Alceste.

Après, c'était plus facile, on n'était plus
45 que seize joueurs.

Il fallait un capitaine pour chaque équipe. Mais tout le monde voulait être capitaine. Tout le monde sauf Alceste, qui voulait être goal, parce qu'il n'aime pas
50 courir. Nous, on était d'accord, il est bien, Alceste, comme goal; il est très large et il couvre bien le but. Ça laissait tout de même quinze capitaines et ça en faisait
55 plusieurs de trop.

«Je suis le plus fort, criait Eudes, je dois être capitaine et *punch* je donnerai un coup de poing° sur le nez de celui qui n'est
60 pas d'accord!

—Le capitaine c'est moi, je suis le mieux habillé!» a crié Geoffroy, et Eudes lui a donné un coup de poing sur le nez.
65 C'était vrai, que Geoffroy était bien habillé, son papa, qui est très riche, lui avait acheté un équipement complet de joueur de football, avec une chemise rouge, blanche et bleue.

«Si c'est pas moi le capitaine, a crié 70 Rufus, j'appelle mon papa et il vous met tous en prison!»

Moi, j'ai eu l'idée de tirer au sort° avec *to draw lots* une pièce de monnaie. Avec deux pièces de monnaie, parce que la première s'est perdue 75 dans l'herbe et on ne l'a jamais retrouvée. La pièce, c'était Joachim qui l'avait prêtée et il n'était pas content de l'avoir perdue; il s'est mis à la chercher, et pourtant Geoffroy lui avait promis que son papa lui enverrait un chèque 80 pour le rembourser. Finalement, les deux capitaines ont été choisis: Geoffroy et moi.

«Dites, j'ai pas envie d'être en retard pour le goûter, a crié Alceste. On joue?»

Après, il a fallu former les équipes. Pour 85 tous, ça allait assez bien, sauf pour Eudes.

Geoffroy et moi, on voulait Eudes, parce que, quand il court avec le ballon, personne ne l'arrête. Il ne joue pas très bien, 90 mais il fait peur. Joachim était tout content parce qu'il avait retrouvé sa pièce de monnaie, alors on la lui a demandée pour tirer Eudes au sort, et on a perdu 95 la pièce de nouveau. Joachim s'est remis à la chercher, vraiment fâché, cette fois-ci, et c'est à la courte paille° *by drawing straws* que Geoffroy a gagné Eudes. 100 Geoffroy l'a désigné comme gardien de but, il s'est dit que personne n'oserait s'approcher de la cage et encore moins° mettre le ballon *much less* dedans. Eudes se vexe facilement. Alceste 105 mangeait des biscuits, assis entre les pierres qui marquaient son but. Il n'avait pas l'air content. «Alors, ça vient, oui?» il criait.

On s'est placés sur le terrain. Comme on n'était que sept de chaque côté, à part les gardiens de but, ça n'a pas été facile. Dans chaque équipe on a commencé à discuter. Il y en avait des tas qui voulaient être avant-centres°. Joachim voulait être arrière-droit°, mais c'était parce que la pièce de monnaie était tombée dans ce coin et il voulait continuer à la chercher tout en jouant°.

Dans l'équipe de Geoffroy ça s'est arrangé très vite, parce que Eudes a donné des tas de coups de poing et les joueurs se sont mis à leur place sans protester et en se frottant° le nez. C'est qu'il frappe dur, Eudes!

Dans mon équipe, on n'arrivait pas à se mettre d'accord°, jusqu'au moment où Eudes a dit qu'il viendrait nous donner des coups de poing sur le nez à nous aussi: alors, on s'est placés.

Agnan a dit à Rufus: «Siffle!» et Rufus, qui jouait dans mon équipe, a sifflé le coup d'envoi°. Geoffroy n'était pas content. Il a dit: «C'est malin°! Nous avons le soleil dans les yeux! Il n'y a pas de raison que mon équipe joue du mauvais côté du terrain!»

Moi, je lui ai répondu que si le soleil ne lui plaisait pas, il n'avait qu'à fermer les yeux, qu'il jouerait peut-être même mieux comme ça. Alors, nous nous sommes battus. Rufus s'est mis à souffler dans son sifflet à roulette.

«Je n'ai pas donné l'ordre de siffler, a crié Agnan, l'arbitre c'est moi!» Ça n'a pas plu à Rufus qui a dit qu'il n'avait pas besoin de la permission d'Agnan pour siffler, qu'il sifflerait quand il en aurait envie, non mais tout de même. Et il s'est mis à siffler comme un fou. «Tu es méchant, voilà ce que tu es!» a crié Agnan, qui a commencé à pleurer.

«Eh, les gars!°» a dit Alceste, dans son but.

Mais personne ne l'écoutait. Moi, je continuais à me battre avec Geoffroy, je lui avais déchiré sa belle chemise rouge, blanche et bleue, et lui il disait: «Bah, bah, bah! Ça ne fait rien! Mon papa, il m'en achètera des tas d'autres!» Et il me donnait des coups de pied°, dans les chevilles. Rufus courait après Agnan qui criait: «J'ai des lunettes! J'ai des lunettes!» Joachim, il ne s'occupait de personne, il cherchait sa monnaie, mais il ne la trouvait toujours pas. Eudes, qui était resté tranquillement dans son but, en a eu assez et il a commencé à distribuer des coups de poing sur les nez qui se trouvaient le plus près de lui, c'est-à-dire sur ceux de son équipe. Tout le monde criait, courait. On s'amusait vraiment bien, c'était formidable!

«Arrêtez, les gars!» a crié Alceste de nouveau.

Alors Eudes s'est fâché. «Tu étais pressé de jouer, il a dit à Alceste, eh! bien, on joue. Si tu as quelque chose à dire, attends la mi-temps!»

«La mi-temps de quoi? a demandé Alceste. Je viens de m'apercevoir que nous n'avons pas de ballon, je l'ai oublié à la maison!» ◼

**Tout le monde criait, courait. On s'amusait vraiment bien, c'était formidable!**

*Margin glosses:*
center forwards
right back
while still playing
while rubbing
to come to an agreement
kick-off
Nice going!
guys
kicks

# Analyse

**1 Compréhension** Répondez aux questions.

1. Pourquoi les enfants sont-ils allés sur le terrain vague? Qu'est-ce qui leur a donné cette idée?

2. Qui ont-ils choisi pour arbitre? Pourquoi?

3. Qu'est-ce qui servait de drapeau? Comment était cet objet?

4. Qui voulait être capitaine?

5. Pourquoi Alceste ne voulait-il pas être capitaine?

6. Comment ont-ils choisi les deux capitaines?

7. Quels garçons ont été choisis pour être capitaines?

8. Pourquoi les garçons n'ont-ils pas pu faire une partie de football après tout?

**2 Les personnages** À deux, décrivez le caractère de ces personnages de l'histoire. Comment sont-ils? Qu'est-ce qui les distingue les uns des autres? Ensuite, comparez vos descriptions avec celles de la classe.

1. Alceste
2. Agnan
3. Maixent
4. Geoffroy
5. Eudes
6. Nicolas

**3 Interprétation** À deux, racontez l'essentiel de cette histoire en huit à dix phrases. Utilisez au moins huit verbes de la liste. Comparez votre résumé avec ceux de la classe.

| s'amuser | se battre | courir | jouer | siffler |
|----------|-----------|--------|-------|---------|
| s'apercevoir | choisir | crier | oublier | vouloir |

**4 Discussion** Par groupes de trois, répondez aux questions suivantes pour donner votre opinion sur les personnages principaux.

1. Quel est le personnage que vous aimez le mieux? Pourquoi vous plaît-il?

2. Quel est le personnage que vous aimez le moins? Pourquoi ne vous plaît-il pas?

3. Avez-vous connu des personnes qui ressemblaient aux personnages de cette histoire? Étaient-ce des enfants ou des adultes? Expliquez.

4. Avec quel personnage de l'histoire vous identifiez-vous? Pourquoi?

**5 Rédaction** Racontez une histoire drôle de votre enfance. Suivez le plan de rédaction.

### Plan

**1 Organisation** Choisissez l'histoire que vous allez raconter. Faites une liste des événements et mettez-les dans l'ordre chronologique.

**2 Histoire** Racontez les événements dans un paragraphe. Utilisez le discours direct (*direct quotations*) pour ajouter de l'humour à votre histoire.

**3 Conclusion** Terminez votre histoire par une phrase qui en sera la chute (*punch line*).

**ressources**

v̂ Text

CE
pp. 141–143

vhlcentral.com
Leçon 8

Practice more at **vhlcentral.com**.

# Les passe-temps

Audio: Vocabulary
Flashcards
My Vocabulary

## Le sport

**l'alpinisme** (*m.*) *mountain climbing*
**un arbitre** *referee*
**un club sportif** *sports club*
**une course** *race*
**un(e) fan (de)** *fan (of)*
**un pari** *bet*
**une patinoire** *skating rink*
**le saut à l'élastique** *bungee jumping*
**le ski alpin/de fond** *downhill/
 cross-country skiing*
**un supporter (de)** *fan; supporter (of)*

**admirer** *to admire*
**(se) blesser** *to injure (oneself); to get hurt*
**s'étonner** *to be amazed*
**faire match nul** *to tie (a game)*
**jouer au bowling** *to go bowling*
**marquer (un but/un point)** *to score
 (a goal/a point)*
**siffler** *to whistle (at)*

## Le temps libre

**le billard** *pool*
**les boules** (*f.*)/**la pétanque** *petanque*
**les cartes** (*f.*) **(à jouer)** *(playing) cards*
**les fléchettes** (*f.*) *darts*
**un jeu vidéo/de société** *video/board game*
**des loisirs** (*m.*) *leisure; recreation*
**un parc d'attractions** *amusement park*
**un rabat-joie** *killjoy; party pooper*

**bavarder** *to chat*
**célébrer/fêter** *to celebrate*
**se divertir** *to have a good time*
**faire passer** *to spread (the word)*
**porter un toast (à quelqu'un)**
 *to propose a toast*
**prendre un verre** *to have a drink*
**se promener** *to take a stroll/walk*
**valoir la peine** *to be worth it*

## Les arts et le théâtre

**un billet/ticket** *ticket*
**une comédie** *comedy*
**une exposition** *exhibition; art show*
**un groupe** *musical group/band*

**un(e) musicien(ne)** *musician*
**une pièce (de théâtre)** *(theater) play*
**un spectacle** *show; performance*
**un spectateur/une spectatrice** *spectator*
**un tableau** *painting*
**un vernissage** *art exhibit opening*

**applaudir** *to applaud*
**faire la queue** *to wait in line*
**obtenir (des billets)** *to get (tickets)*

**complet** *sold out*
**divertissant(e)** *entertaining*
**émouvant(e)** *moving*

## Le shopping et les vêtements

**des baskets** (*f.*)/**des tennis** (*f.*)
 *sneakers/tennis shoes*
**un bermuda** *(a pair of) bermuda shorts*
**une boutique de souvenirs** *gift shop*
**un caleçon** *boxer shorts*
**une culotte** *underpants (for females)*
**une garde-robe** *wardrobe*
**un gilet** *sweater/sweatshirt
 (with front opening)*
**une jupe (plissée)** *(pleated) skirt*
**un magasin de sport** *sporting goods store*
**un nœud papillon** *bow tie*
**une robe de soirée** *evening gown*
**un slip** *underpants (for males)*
**des souliers** (*m.*) *shoes*
**des talons** (*m.*) **(aiguilles)** *(stiletto) heels*

## Court métrage

**un capitaine** *captain*
**un centre de formation**
 *sports training school*
**un club** *team*
**un coup franc** *free kick*
**un duel** *one-on-one*
**un entraîneur** *coach*
**une faute** *foul*
**un maillot** *jersey*
**une revanche** *revenge*
**un terrain (de foot)** *(soccer) field*
**la veille** *day before*

**les vestiaires** (*m.*) *locker room*

**lâcher** *to let go*
**vivre quelque chose par l'intermédiaire
 de quelqu'un** *to live something
 vicariously through someone*
**vivre (quelque chose) par procuration**
 *to live (something) vicariously*

**en pointe** *forward, up front*

## Culture

**un casse-cou** *daredevil*
**un frisson** *thrill*
**une montée d'adrénaline** *adrenaline rush*
**le parapente** *paragliding*
**la roche** *rock*
**un(e) vacancier/ère** *vacationer*
**un VTT (vélo tout terrain)** *mountain bike*

**se dépasser** *to go beyond one's limits*
**escalader** *to climb, to scale*
**glisser** *to glide*
**grimper à** *to climb*
**lézarder au soleil** *to bask in the sun*
**parcourir** *to go across*
**sauter** *to jump*
**tenter** *to attempt; to tempt*
**vaincre ses peurs** *to confront one's fears*
**voler** *to fly*

## Littérature

**le ballon** *ball*
**la concurrence** *competition*
**un mouchoir** *handkerchief*
**une partie** *game, match*
**le personnage** *character (in a story or play)*
**un sifflet** *whistle*

**s'apercevoir** *to realize, to notice*
**se battre** (*irreg.*) *to fight*
**déchirer** *to tear*
**souffler** *to blow*
**surveiller** *to keep an
 eye on*

**chouette** *great, cool*
**de nouveau** *again*
**dedans** *inside*
**sauf** *except*

**ressources**

v̂Text

CE
p. 144

vhlcentral.com
Leçon 8

# Perspectives de travail

A près avoir fait des études, on est souvent plein d'ambition. On veut réussir sa carrière professionnelle. Mais qu'est-ce que cela veut dire? Faire ce qu'on aime? Avoir un impact positif sur les autres? Pour ceux qui n'ont pas fait d'études, est-ce qu'il y a la possibilité d'une carrière professionnelle? Pourquoi? N'avons-nous pas tous un talent que nous pouvons transformer en une entreprise?

Avec de l'initiative, on peut surmonter beaucoup d'obstacles.

## 300 COURT MÉTRAGE

Malik et son jeune frère Bilal sont préoccupés par le travail, chacun à sa manière. Dans ce court-métrage de **Bruno Danan**, le nouvel emploi de Malik va le confronter à ses origines, mais l'éthique a-t-elle encore sa place quand votre salaire est en jeu?

## 306 IMAGINEZ

En **Afrique Centrale**, deux capitales, **Brazzaville** et **Kinshasa**, forment une des plus grandes métropoles francophones du monde. Sur un autre continent, l'agence québécoise **Oui Marketing** présente sa vision de l'industrie de la publicité.

## 323 CULTURE

L'article, *Des Africaines entrepreneuses*, pulvérise les préjugés au sujet des femmes en **Afrique**. Grâce au micro-financement, un grand nombre d'entre elles peuvent créer leur propre entreprise.

## 327 LITTÉRATURE

Avec beaucoup d'humour, **Marie Le Drian** nous montre, dans *Profession libérale*, les avantages d'exercer une profession où on n'a pas de patron.

303

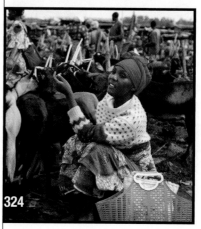

324

Destination:
## AFRIQUE CENTRALE

## 298 POUR COMMENCER
## 310 STRUCTURES

**9.1 Relative pronouns**

**9.2 The present participle**

**9.3 Irregular -oir verbs**

## 331 VOCABULAIRE

# Le travail et les finances

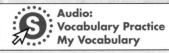

Audio:
Vocabulary Practice
My Vocabulary

## Le monde du travail

**une augmentation (de salaire)** *raise (in salary)*

**un budget** *budget*

**le chômage** *unemployment*

**un(e) chômeur/chômeuse** *unemployed person*

**un entrepôt** *warehouse*

**une entreprise (multinationale)** *(multinational) company*

**un(e) fainéant(e)** *lazybones*

**une formation** *training*

**un grand magasin** *department store*

**un poste** *position, job*

**une réunion** *meeting*

**le salaire minimum** *minimum wage*

**un syndicat** *labor union*

**une taxe** *tax*

**le temps de travail** *work schedule*

**avoir des relations (f.)** *to have connections*

**démissionner** *to quit*

**embaucher** *to hire*

**être promu(e)** *to be promoted*

**être sous pression (f.)** *to be under pressure*

**exiger** *to demand*

**gagner sa vie** *to earn a living*

**gérer/diriger** *to manage; to run*

**harceler** *to harass*

**licencier** *to lay off; to fire*

**poser sa candidature à/pour** *to apply for*

**solliciter un emploi** *to apply for a job*

**au chômage** *unemployed*

**(in)compétent(e)** *(in)competent*

**en faillite** *bankrupt*

## Les finances

**la banqueroute** *bankruptcy*

**une carte de crédit/de retrait** *credit/ATM card*

**un chiffre** *figure; number*

**un compte chèques** *checking account*

**un compte d'épargne** *savings account*

**la crise économique** *economic crisis*

**une dette** *debt*

**un distributeur automatique** *ATM*

**des économies (f.)** *savings*

**un marché (boursier)** *(stock) market*

**la pauvreté** *poverty*

**les recettes (f.) et les dépenses (f.)** *receipts and expenses*

**avoir des dettes** *to be in debt*

**déposer** *to deposit*

**économiser** *to save*

**investir** *to invest*

**profiter de** *to take advantage of; to benefit from*

**toucher** *to get; to receive (a salary)*

**à court/long terme** *short-/long-term*

**disposé(e) (à)** *willing (to)*

**épuisé(e)** *exhausted*

**financier/financière** *financial*

**prospère** *successful; flourishing*

## Les gens au travail

**un cadre** *executive*

**un(e) comptable** *accountant*

**un(e) conseiller/conseillère** *advisor*

**un(e) consultant(e)** *consultant*

**un(e) employé(e)** *employee*

**un(e) gérant(e)** *manager*

**un homme/une femme d'affaires** *businessman/woman*

**un(e) membre/un(e) adhérent(e)** *member*

**un(e) propriétaire** *owner*

**un(e) vendeur/vendeuse** *salesman/woman*

ressources

vText

CE
pp. 145–147

vhlcentral.com
Leçon 9

# Mise en pratique

**1**

**Au travail** Choisissez le meilleur terme pour compléter chaque phrase.

| | | | | |
|---|---|---|---|---|
| adhérent | compte d'épargne | fainéant | licencier | promu |
| comptable | dettes | gérant | pression | syndicats |

1. Je suis _____ d'un magasin, je le dirige.

2. Ma patronne m'a _____, je suis donc au chômage.

3. Je dépense plus d'argent que je n'en touche, alors j'ai des _____.

4. Pour économiser, mon ami dépose souvent de l'argent sur son _____.

5. Je veux devenir _____ parce que j'aime travailler avec les chiffres.

6. J'étais heureux d'être _____ avec augmentation de salaire.

7. Je l'ai licencié parce que c'était un _____.

8. Une femme d'affaires est souvent sous _____.

**2**

**Mots croisés** Complétez la grille par les mots qui correspondent aux définitions.

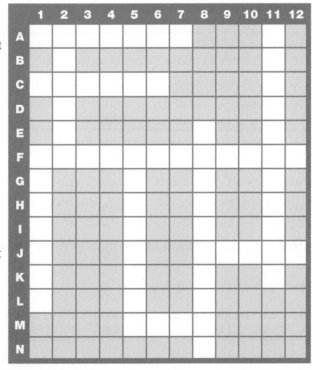

**Horizontalement**

A. Un rendez-vous entre collègues

C. Calcul des recettes et des dépenses

F. Décider d'abandonner son emploi

J. Elle peut être de crédit ou de retrait

M. Somme à payer au gouvernement sur le prix des objets achetés

**Verticalement**

1. Prêt à faire quelque chose

2. Très fatigué

5. Association qui défend les intérêts professionnels communs

8. Poser sa candidature

11. Ce qu'on déclare quand on est en faillite

**3**

**Les solutions** Discutez de ces problèmes à deux. Ensuite, trouvez des solutions.

**A.** Après avoir terminé mes études de finances, j'ai obtenu mon premier emploi à la bourse. J'ai perdu ce travail et j'ai de plus en plus de dettes. Je sollicite toutes sortes d'emplois, mais personne ne m'embauche. Faut-il avoir des relations bien placées?

**B.** Je dirige une entreprise très prospère, et j'ai donc beaucoup d'argent sur mon compte d'épargne. J'ai envie de faire des investissements, mais je ne comprends pas comment ça fonctionne. Quels profits pourrais-je en tirer?

Practice more at **vhlcentral.com.**

# Préparation

<table>
<tr><td colspan="2">

**Vocabulaire du court métrage**

une boîte (de nuit) *(night)club*
un boulot *job*
des consignes (f.) *instructions*
une poésie *poem*
un portier *bouncer*
un(e) pote *friend, buddy*
raconter *to tell*

récupérer *to recover; to rest*
se rendormir *to go back to sleep*
retirer *to take off*
taper *to hit*
se terminer *to end*
</td><td>

**Vocabulaire utile**

la boxe *boxing*
faire carrière (dans) *to pursue a career (in)*
pouvoir se regarder dans une glace *to be able to live with oneself*
s'en sortir *to make it*
une tâche *task*
taquiner *to tease*
</td></tr>
</table>

**EXPRESSIONS**

**donner sa langue au chat** *to give up trying to guess something*

**être à l'essai** *to be on a trial period (at a job)*

**faire une sortie avec l'école** *to go on a school trip*

**point barre** *end of story*

**savoir s'y prendre** *to know how to go about something*

---

**1**

**Au bureau** Complétez les phrases à l'aide des mots de vocabulaire.

1. Le contrat de Claire est bientôt fini, il _____ à la fin du mois.

2. Guillaume est très désorganisé. Pour lui, classer des documents et ranger son bureau sont des _____ inutiles et ennuyeuses.

3. Avant de partir en vacances, Hélène laisse toujours des _____ à son assistant.

4. Avant de se mettre au travail, Benoît aime _____ ses chaussures.

5. La patronne de Clément adore parler et _____ des histoires à ses employés.

6. Pignon, écoutez-moi, c'est tout! Faites ce que je vous dis et _____.

7. Émilie sera d'abord _____. Puis, si tout va bien, elle sera embauchée à temps plein.

8. Quand la photocopieuse ne marche pas, il faut _____ sur son flanc *(side)*.

**2**

**Associations** À deux, reliez les éléments des deux colonnes. Soyez logiques!

\_\_\_\_ 1. Puisque tu ne sais pas,

\_\_\_\_ 2. Les enfants t'adorent,

\_\_\_\_ 3. Si tu travailles bien à l'école,

\_\_\_\_ 4. Si tu veux faire carrière dans un domaine particulier,

\_\_\_\_ 5. Tu es fatigué,

\_\_\_\_ 6. Quand tu n'as pas honte de tes actions,

a. ...va récupérer!

b. ...tu dois vraiment être passionné.

c. ...tu sais vraiment t'y prendre pour leur parler.

d. ...tu peux te regarder dans une glace.

e. ...donne ta langue au chat.

f. ...ce sera plus facile de t'en sortir dans ta vie adulte.

ressources

**v̂ Text**

vhlcentral.com
Leçon 9

Practice more at **vhlcentral.com**.

**3** **Le travail** En petits groupes, répondez aux questions.

1. Pensez-vous qu'il soit important d'aimer son travail? Expliquez.

2. Les gens autour de vous aiment-ils leur travail en général? Qu'est-ce qui semble rendre leur profession plus ou moins agréable?

3. D'après vous, quels sont les problèmes que les gens rencontrent le plus souvent dans leur travail?

4. Comment imaginez-vous votre propre vie professionnelle? Dans quel domaine allez-vous essayer de faire carrière et pourquoi?

5. Pourriez-vous garder un emploi qui serait en opposition avec vos idées?

6. Est-ce qu'il y a des emplois qui peuvent avoir un impact négatif sur votre vie privée ou ne pas être appréciés par votre famille?

**4** **Enquête** Qu'est-ce que c'est, l'emploi idéal? À deux, demandez à vos camarades d'évaluer l'importance (de 1 à 3) de ces critères, puis commentez les résultats en paires.

**Critères**

- Un bon salaire
- La taille de l'entreprise
- Des projets motivants
- Des tâches variées
- Un bureau ou un équipement moderne
- De bons horaires
- Un(e) patron(ne) compréhensif/-ive

- Un vrai esprit d'équipe
- Des collègues sympas
- La tolérance et le respect de la diversité
- Pouvoir rester soi-même
- Avoir le sentiment de faire un travail utile
- Autre (précisez)

**5** **Les lycéens et l'emploi** À deux, posez-vous ces questions. À défaut de pouvoir (*If you cannot*) répondre personnellement à certaines questions, parlez d'une de vos connaissances.

1. As-tu actuellement (*currently*) un job après l'école et/ou pendant le week-end? Si oui, que fais-tu? As-tu eu des difficultés à obtenir ce travail?

2. As-tu déjà été candidat(e) à un emploi pour lequel tu n'as pas été sélectionné(e)? Si oui, comment expliques-tu ce rejet?

3. Est-ce plutôt facile ou difficile de trouver un travail quand on est lycéen(ne) dans ta ville ou ton village? Quels facteurs semblent jouer un rôle dans le processus de sélection? Quels types d'emploi sont généralement accessibles aux lycéen(ne)s?

**6** **Anticipez** En petits groupes, imaginez ce que ce personnage fait comme travail et quelle(s) responsabilité(s) il a dans la vie. A-t-il l'air heureux? Quels problèmes professionnels peut-il avoir?

Video: Short Film

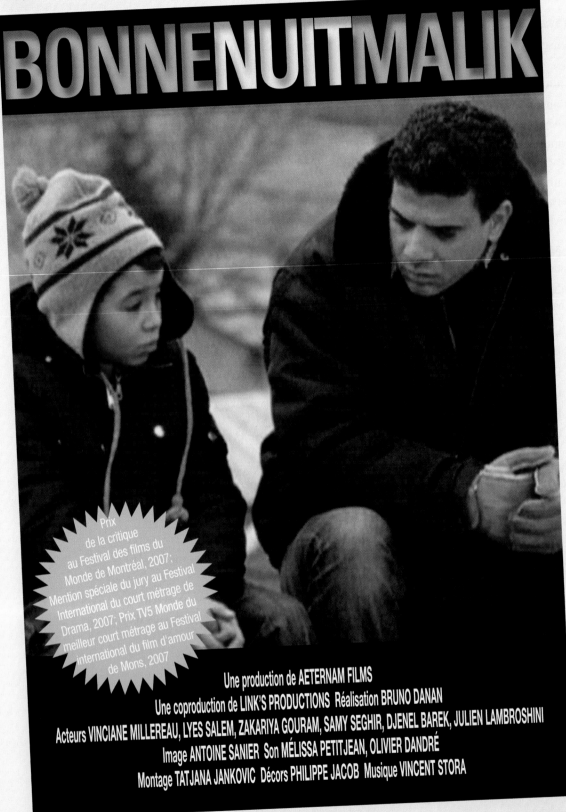

# BONNENUITMALIK

Prix de la critique au Festival des films du Monde de Montréal, 2007; Mention spéciale du jury au Festival International du court métrage de Drama, 2007; Prix TV5 Monde du meilleur court métrage au Festival international du film d'amour de Mons, 2007

Une production de AETERNAM FILMS
Une coproduction de LINK'S PRODUCTIONS  Réalisation BRUNO DANAN
Acteurs VINCIANE MILLEREAU, LYES SALEM, ZAKARIYA GOURAM, SAMY SEGHIR, DJENEL BAREK, JULIEN LAMBROSHINI
Image ANTOINE SANIER  Son MÉLISSA PETITJEAN, OLIVIER DANDRÉ
Montage TATJANA JANKOVIC  Décors PHILIPPE JACOB  Musique VINCENT STORA

**INTRIGUE** *Il encourage son jeune frère Bilal à exprimer son originalité à l'école, mais Malik défendra-t-il sa propre identité dans son nouveau travail?*

**MALIK** La petite Juliette, elle est toujours amoureuse de toi?
**BILAL** N'importe quoi…
**MALIK** La prof m'a dit que vous vous étiez fait des bisous…
**BILAL** Non.
**MALIK** Vas-y, montre-moi comment elle t'a fait un bisou…

**MALIK** «Elles sont parties?»
**BILAL** Féminin?
**MALIK** Féminin quoi?
**BILAL** Féminin pluriel?
**MALIK** Et ça se termine comment alors?
**BILAL** Ah oui! «ies»
**MALIK** Ben ouais, ce n'est pas compliqué!

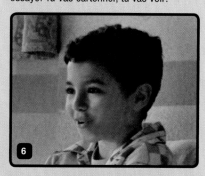

**PATRON** Merci… Bon, c'était du bon boulot ce soir… Tu sais t'y prendre, ça va… Il ne devrait pas y avoir de problème pour la suite. Tiens.
**MALIK** Merci.
**PATRON** Bon, à demain alors?
**MALIK** Tchao.
**PATRON** Bonsoir.

**BILAL** C'est dur, les rimes. Même la professeur, elle a dit qu'on n'était pas obligé.
**MALIK** Mais justement, c'est ça qui fera ton originalité!
**BILAL** Je ne sais pas trop…
**MALIK** Tu n'es pas convaincu? Mais essaye! Tu vas cartonner, tu vas voir!

**MALIK** Bonsoir… Vous êtes ensemble?
**COUPLE** Heu… Ouais!
**MALIK** Désolé, ce ne sera pas possible pour ce soir…
**FEMME** C'est quoi ce délire°?…
**MALIK** N'insistez pas, c'est négatif.

**MALIK** Il est trop tôt, rendors-toi!
**BILAL** C'est pour ma poésie. Il faut que je la récite devant la classe aujourd'hui.
**MALIK** Bon, ben vas-y.
**BILAL** C'est une chauve-souris°, il dort le jour et vit la nuit… Tu dors? Bonne nuit Malik.

**C'est quoi ce délire?** *What's going on here?* **chauve-souris** *bat*

## Note CULTURELLE

### CDD ou CDI?

Il y a beaucoup d'acronymes dans le marché du travail français. Quand on a un emploi, on peut être embauché en intérim si c'est une mission temporaire (on est alors intérimaire); en CDD, ou contrat à durée déterminée, si c'est un travail de quelques mois; et en CDI, ou contrat à durée indéterminée, si le poste est permanent. Le salaire minimum est appelé le SMIC, c'est-à-dire Salaire minimum interprofessionnel de croissance.

# Analyse

 **Compréhension** Dites si ces phrases sont vraies ou fausses. Corrigez les fausses.

1. Au début du film, Malik et Bilal jouent ensemble aux jeux vidéo.

2. Malik travaille au club depuis longtemps.

3. Les habitués du club sont plutôt blancs.

4. Quand Malik et Bilal sont ensemble, ils parlent beaucoup du club.

5. Malik va seul à son entraînement de boxe.

6. L'autre portier du club ne travaille maintenant que le week-end.

7. L'homme et la femme en couple ne veulent pas rentrer dans le club sans leur ami.

8. Le patron de Malik trouve qu'il a eu raison de se mettre en colère.

 **L'histoire** À deux, remettez les événements du court métrage dans le bon ordre. Puis utilisez ces phrases comme point de départ pour un résumé plus détaillé de l'histoire.

\_\_\_\_\_ 1. Malik fait bien son travail de portier et son patron est content.

\_\_\_\_\_ 2. Malik refuse l'entrée du club à un couple accompagné d'un jeune homme d'origine maghrébine.

\_\_\_\_\_ 3. Bilal regarde Malik s'entraîner à la salle de boxe.

\_\_\_\_\_ 4. Malik taquine Bilal au sujet de Juliette.

\_\_\_\_\_ 5. Bilal récite sa poésie à Malik.

\_\_\_\_\_ 6. Malik et Bilal discutent de la poésie que Bilal doit écrire pour l'école.

\_\_\_\_\_ 7. Malik aide Bilal à faire ses devoirs de grammaire.

 **Interprétation** À deux, répondez aux questions et justifiez vos réponses.

1. Est-ce que Malik s'occupe bien de son petit frère?

2. À quoi Malik pense-t-il quand il se rase?

3. Pourquoi est-ce que Bilal admire Malik? Justifiez votre réponse.

4. Est-ce que Bilal a suivi les conseils de Malik pour écrire sa poésie?

5. Pourquoi l'homme qui se présente au club demande-t-il à Malik si «son boulot, [c'est] de ne pas [le] reconnaître»? Malik connaît-il cet homme?

**Professionnel** En petits groupes, comparez le comportement de Malik au travail et dans sa vie privée. Comment sont ses vêtements? Son attitude? Essayez de trouver le plus de différences possible.

 Practice more at **vhlcentral.com**.

**5** **Une soirée sans incident** Vous faites partie du comité en charge de l'organisation de la prochaine fête du lycée et vous voulez être sûr(e)s que tout va bien se passer.

**A.** À deux, écrivez une offre d'emploi pour recruter du personnel de sécurité. Décrivez les responsabilités de ce poste et expliquez les qualités que vous recherchez.

**B.** Préparez une petite scène d'entretien d'embauche (*job interview*) où l'un d'entre vous fait partie du comité et l'autre est un candidat potentiel. Le candidat est-il embauché? Soyez prêt(e)s à jouer la scène pour la classe.

**6** **Le dilemme** Malik se conforme au racisme de son patron, ce qui lui pose un sérieux conflit identitaire. En petits groupes, discutez de sa situation.

- Comprenez-vous les raisons pour lesquelles il veut garder ce poste?
- Feriez-vous les mêmes choix si vous étiez à sa place?
- Dans sa situation, auriez-vous comme lui des difficultés à vous regarder dans une glace?
- Que lui conseilleriez-vous de faire maintenant?
- Pourquoi certaines personnes gardent-elles parfois des postes qu'elles n'aiment pas?

**7** **Le travail en chanson**

**A.** En petits groupes, choisissez un des extraits de chanson suivants. Identifiez son message principal avant de simplifier ce que dit le chanteur avec vos propres mots.

1. Extrait de *Le travail, c'est la santé* par Henri Salvador et Maurice Pon:

> «Hommes d'affaire et meneurs de foule
> Travaillent à en perdre la boule
> Et meurent d'une maladie de cœur,
> C'est très rare chez les pétanqueurs.
>
> (Refrain)
>
> Le travail, c'est la santé.
> Rien faire, c'est la conserver.
> Les prisonniers du boulot
> Ne font pas de vieux os (*bones*).»

2. Extrait de *Il changeait la vie* par Jean-Jacques Goldman:

> «C'était un professeur, un simple professeur,
> Qui pensait que savoir était un grand trésor,
> Que tous les moins que rien n'avaient, pour s'en sortir,
> Que l'école et le droit qu'a chacun de s'instruire.
>
> (Refrain)
>
> Il y mettait du temps, du talent et du cœur.
> Ainsi passait sa vie au milieu de nos heures.
> Et loin des beaux discours, des grandes théories,
> À sa tâche chaque jour, on pouvait dire de lui: il changeait la vie.»

**B.** Ensuite, organisez un débat sur le thème: Qu'est-ce qui est le plus important? Le travail ou la vie privée? Divisez la classe en deux camps et utilisez les chansons, le court métrage et votre expérience personnelle pour trouver des arguments.

ressources

ṽ Text

CE
pp. 160–161

vhlcentral.com
Leçon 9

Galerie de Créateurs

# IMAGINEZ L'AFRIQUE

## Brazzaville et Kinshasa

Imaginez un fleuve majestueux en plein cœur° de l'Afrique et deux cités qui se dressent° fièrement, de part et d'autre°. Ce fleuve, c'est le **Congo**, et ces villes, ce sont **Brazzaville** et **Kinshasa**. Sur la rive droite, Brazzaville, la capitale de la **République du Congo**. Sur la rive gauche, Kinshasa, la capitale de la **République démocratique du Congo** ou **RDC**. Pour différencier ces deux pays, on les appelle souvent **Congo-Brazzaville** et **Congo-Kinshasa**. Leur histoire est parallèle, mais pas identique: durant la période coloniale, le Congo-Brazzaville appartenait à la **France**, alors que le Congo-Kinshasa était **belge**. À l'époque, la capitale du Congo-Kinshasa se nommait **Léopoldville**. Pendant une quinzaine d'années, le Congo-Kinshasa s'est aussi appelé **Zaïre**. Brazzaville et Kinshasa ont donc en commun leur culture francophone. Elles sont aussi réunies par le Congo, qu'on peut facilement traverser en bateau. Les jeunes **Brazzavillois** par exemple préfèrent souvent étudier à Kinshasa. Comme les **Kinois** sont six fois plus nombreux, beaucoup font aussi le trajet en sens inverse.

Brazzaville a été fondée en 1880 par un explorateur français et a su préserver son patrimoine architectural historique. Pensez à visiter la **basilique sainte Anne du Congo**, dont la toiture° verte change de couleur avec la lumière, la **Case des messageries fluviales**, une très belle case° coloniale sur pilotis° qui abritait les bureaux des messageries fluviales, et le **port des pêcheurs de Yoro**, le site du village précolonial. Brazzaville est aussi intéressante pour ses marchés très animés. Près de la poste, vous trouverez de l'artisanat: sculptures en cuivre° ou en bois,

Une vendeuse d'huile de palmier, sur le Congo

vannerie°, bijoux… Goûtez aussi à un plat typique, comme le **saka-saka**, à base de feuilles de manioc°, ou le poulet en sauce à la noix de palme°.

De l'autre côté du fleuve, Kinshasa offre plusieurs points de vue splendides sur le Congo. La **promenade de la Raquette**, promenade plantée d'arbres qui borde le fleuve, est réputée pour ses magnifiques couchers de soleil°. Un autre quartier agréable est celui de la résidence présidentielle, sur le **Mont Ngaliema**. On peut y voir des jardins fleuris, des fontaines, un théâtre de verdure° et même un zoo. Tout près, toujours dans la commune de **Ngaliema**, se trouve le quartier du **Mont Fleury**, qui doit° son nom de «**Beverly Hills de Kinshasa**» à ses riches villas. Parmi les sites historiques de Kinshasa, citons le «**Wenge**» de **Selembau**, un arbre plusieurs fois centenaire°. Si vous aimez l'art, rendez-vous à l'**Académie des beaux-arts**, fondée en

### D'ailleurs…

Ensemble, Brazzaville et Kinshasa forment la plus grande agglomération urbaine d'Afrique subsaharienne. Cette grande métropole totalise environ 9.500.000 habitants, ce qui en fait aussi le deuxième centre urbain du monde francophone, après Paris.

La ville de Brazzaville

cœur centre  se dressent stand  de part et d'autre de chaque côté  toiture roofing  case maison  pilotis stilts  cuivre copper  vannerie basketry  feuilles de manioc cassava leaves  noix de palme palm nut  couchers de soleil sunsets  théâtre de verdure théâtre en plein air  doit owes  centenaire âgé de cent ans

ressources

v Text

CE
p. 148

vhlcentral.com
Leçon 9

# CENTRALE

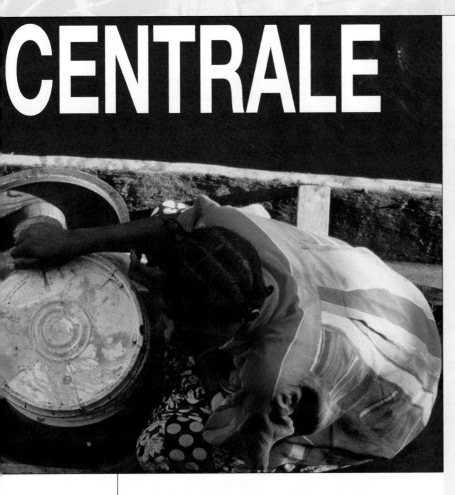

1943, où les artistes vendent leurs œuvres. Mais que vous passiez par Kinshasa ou par Brazzaville, surtout ne limitez pas votre visite à ces deux villes: beaucoup de surprises vous attendent aussi aux alentours°!

**alentours** *surroundings*

## Le français parlé en Afrique Centrale

### Brazzaville

| | |
|---|---|
| **À tout moment!** | À la prochaine! |
| **une coiffe** | une coupe de cheveux; *haircut* |
| **méchant** | fort |
| **mystique** | bizarre |
| **la neige** | une pluie très fine |
| **varier** | s'énerver |

### Kinshasa

| | |
|---|---|
| **un américain** | un original, non-conformiste |
| **casser le bic** | ne plus faire d'études |
| **un chiklé** | un chewing-gum |
| **griffé(e)** | bien habillé(e) |
| **le palais** | la maison |
| **le radio-trottoir** | la rumeur |
| **le retour** | la monnaie |

# Découvrons l'Afrique Centrale

**Écrans noirs** Depuis sa création à **Yaoundé**, au **Cameroun**, en 1997, le festival **Écrans noirs** est devenu une manifestation importante pour les cinéphiles d'**Afrique Centrale**. Il contribue surtout à la promotion et à la diffusion du cinéma francophone africain, mais aussi de films venant° d'autres pays francophones, non africains. Cette rencontre est également l'occasion de séminaires et de débats. Chaque année, l'**Écran d'honneur** est attribué à un jeune réalisateur africain prometteur°.

**BDEAC** La **Banque de développement des États de l'Afrique Centrale** a été créée en 1975 par le Cameroun, la République Centrafricaine, le Congo, le Gabon, la Guinée-Équatoriale et le Tchad. La banque finance aussi parfois les projets d'États africains non membres. Sa mission est d'aider au développement social et économique de ces pays. Elle intervient donc dans des secteurs très variés, aussi bien publics que privés, comme les infrastructures, l'agriculture ou l'industrie.

**Les forêts tropicales du Gabon** Le **Gabon** a de vastes forêts tropicales. Malgré une exploitation intensive, les deux tiers° des

forêts existent encore. L'arbre le plus exploité de cette forêt est l'**okoumé**, qui ne pousse° qu'au Gabon, en Guinée et au Congo. On l'a utilisé dans la construction de la **Bibliothèque nationale de Paris** et du train **Eurostar**, et on en fait aussi du contreplaqué°.

**Esther Kamatari** C'est une femme à plusieurs facettes°. Elle est née et a grandi au **Burundi**. En 1964, son père, le prince, est assassiné et elle s'exile en France à la fin de ses études, en 1970. À Paris, elle sera le premier mannequin° noir à travailler en

France. Mais la princesse Kamatari ne s'arrête pas là: elle participe activement à plusieurs associations humanitaires et en 2004, elle se présente aux élections présidentielles du Burundi.

**venant** *coming* **prometteur** *promising* **tiers** *third* **pousse** *grows*
**contreplaqué** *plywood* **à plusieurs facettes** *multi-faceted* **mannequin** *model*

# Qu'avez-vous appris?

**1 Associez** Indiquez quelles définitions de la colonne de droite correspondent aux mots et aux noms de la colonne de gauche.

1. _____ Kinshasa

2. _____ Brazzaville

3. _____ Brazzaville et Kinshasa

4. _____ Écrans noirs

5. _____ la BDEAC

6. _____ l'okoumé

a. l'arbre le plus exploité de la forêt gabonaise

b. le deuxième centre urbain du monde francophone

c. une institution qui aide au développement social et économique des pays d'Afrique Centrale

d. la capitale de la République du Congo

e. la capitale de la République démocratique du Congo

f. une manifestation importante pour les cinéphiles d'Afrique Centrale

**2 Complétez** Complétez chaque phrase logiquement.

1. Les deux capitales Brazzaville et Kinshasa ont en commun…

2. À Brazzaville, les sites historiques à visiter sont…

3. … sont des plats congolais typiques.

4. Pour se promener à Kinshasa, il faut aller…

5. Parmi les sites historiques de Kinshasa, il y a…

6. Le festival Écrans noirs contribue à…

## Projet

### Un reportage photo

Imaginez que vous soyez photographe pour une grande revue géographique. Recherchez toutes les informations dont vous avez besoin pour écrire un article sur la nature en Afrique Centrale.

- Choisissez trois sites naturels exceptionnels.
- Trouvez des photos qui représentent le patrimoine naturel de ces sites.
- Montrez ces photos à la classe et expliquez pourquoi vous les avez choisies.

---

**ÉPREUVE**

Trouvez la bonne réponse.

1. _____ sépare Kinshasa et Brazzaville.
   a. Un grand lac          b. Une forêt tropicale
   c. Le Congo              d. Zaïre

2. Le Zaïre est l'ancien nom _____.
   a. du Congo-Brazzaville  b. de Léopoldville
   c. du fleuve Congo       d. du Congo-Kinshasa

3. Kinshasa a _____ d'habitants que Brazzaville.
   a. six fois plus         b. autant
   c. six fois moins        d. un peu plus

4. Brazzaville a été fondée en _____ par un explorateur français.
   a. 1800                  b. 1900
   c. 1880                  d. 1770

5. Kinshasa offre plusieurs _____ sur le Congo.
   a. ponts                 b. opinions
   c. ports                 d. points de vue splendides

6. Chaque année, _____ est attribué à un jeune réalisateur africain prometteur.
   a. l'Écran noir          b. l'Écran d'honneur
   c. le film d'honneur     d. le festival

7. La BDEAC peut parfois financer les projets de _____.
   a. pays africains non membres
   b. banques étrangères
   c. pays non africains
   d. membres européens

8. Les _____ de la forêt du Gabon existent encore.
   a. trois quarts          b. un quart
   c. trois tiers           d. deux tiers

9. Esther Kamatari est une femme à plusieurs facettes car _____.
   a. c'est une princesse
   b. elle vit au Burundi et en France
   c. elle a travaillé dans la mode, la politique et l'humanitaire
   d. elle est mannequin

10. À Kinshasa, quand on casse le bic, on _____.
    a. ne fait plus d'études  b. est un original
    c. part très loin         c. s'énerve

Video: TV Clip

## Oui Marketing

**1 Préparation** Répondez aux questions et discutez-en avec la classe.

1. Comment définissez-vous le mot «marketing»? Qu'évoque ce concept, pour vous? S'applique-t-il uniquement aux biens de consommation et aux services ou bien peut-on aussi parler de «marketing» en ce qui concerne les personnes?

2. Dans le monde du travail, quelles stratégies de «marketing» peut-on employer pour plaire à un employeur potentiel? Citez-en quelques exemples.

| Vocabulaire du film |
| --- |
| **le rayonnement des marques** *the big brands' influence* |
| **avoir pour mandat** *to be mandated to* |
| **acharné** *relentless, fierce* |
| **le pouvoir d'achat** *purchasing power* |
| **prendre le dessus** *to get the upper hand* |
| **se fier à** *to rely on, to trust* |

### Oui Marketing: Mais qui s'en préoccupe vraiment?

L'agence Oui Marketing est une agence de marketing québécoise fondée en 1999 et basée dans la ville de Montréal. Elle se spécialise dans les domaines suivants: analyse de marque, marketing interactif, design Web et campagnes publicitaires, entre autres. Dans la vidéo que vous allez voir, qui s'agit d'un clip de promotion pour l'agence elle-même, celle-ci explique sa conception de la publicité grâce à une technique de communication innovante et audacieuse appelée la «pensée inversée».

**2 Compréhension** Répondez aux questions par des phrases complètes.

1. D'après la première partie de la vidéo, quel est le but des publicitaires aujourd'hui? Et dans la deuxième partie, contre quoi se battent les publicitaires?

2. Quelles sont les deux visions contradictoires présentées dans la vidéo au sujet de la technologie?

3. Dans la deuxième partie de la vidéo, comment sont décrites les créations développées par les annonceurs?

**3 Discussion** Discutez en petits groupes puis avec la classe.

1. Dans cette vidéo, Oui Marketing utilise la technique de la «pensée inversée» pour présenter deux façons très différentes de concevoir le marketing. Décrivez ces deux visions et discutez-en. Que pensez-vous de la vidéo et de la technique de communication employée par Oui Marketing? Est-elle originale? Efficace? Si vous étiez un employeur, auriez-vous envie d'embaucher l'agence Oui Marketing pour créer une campagne publicitaire pour vos produits ou vos services? Justifiez votre réponse.

2. Dans le monde d'aujourd'hui où la finance et l'argent jouent un rôle très important, avec laquelle de ces deux déclarations contradictoires qu'on entend dans la vidéo êtes-vous d'accord? Expliquez et justifiez votre opinion.
«L'individu perd toute valeur sans un pouvoir d'achat.»
«Un pouvoir d'achat perd toute valeur sans l'individu.»

**4 Application** Votre campagne marketing

Si vous étiez à la recherche d'un emploi, comment feriez-vous votre propre «marketing» lors d'un entretien avec un employeur potentiel? Que diriez-vous pour le convaincre de vous embaucher? Quelles qualités et expériences mettriez-vous en avant? Préparez votre campagne marketing et présentez-la à la classe.

Practice more at **vhlcentral.com.**

**Presentation
Tutorial**

9.1

# Relative pronouns

*Les rimes... c'est **ce qui** fera ton originalité.*

- Relative pronouns are used to link two ideas containing a common element into a single, complex sentence, thereby eliminating the repetition of the common element. The relative pronoun to use is determined by the grammatical function of the noun it replaces, called the *antecedent*.

- In the sentences below, the common element, or antecedent, is **l'employé**. Because **l'employé** is the subject of the second sentence, the relative pronoun **qui** replaces it.

| On a renvoyé **l'employé**. | **L'employé** était un fainéant. | On a renvoyé l'employé **qui** était un fainéant. |
|---|---|---|
| *They fired the employee.* | *The employee was lazy.* | *They fired the employee who was lazy.* |

- The relative pronoun **que** replaces a direct object.

| **Le poste** est excellent. | J'ai trouvé **le poste**. | Le poste **que** j'ai trouvé est excellent. |
|---|---|---|
| *The job is excellent.* | *I found the job.* | *The job that I found is excellent.* |

- A past participle that follows the relative pronoun **que** agrees in gender and number with its antecedent.

  La tarte **que** tu as **faite** était délicieuse.
  *The pie that you made was delicious.*

- The relative pronoun **où** can stand for a place or a time, so it can mean *where* or *when*.

  C'est un musée **où** on peut voir de l'art moderne.
  *It's a museum where you can see modern art.*

  Téléphone-moi au moment **où** elle arrive.
  *Call me the moment that (when) she arrives.*

**ATTENTION!**

In English, relative pronouns can sometimes be omitted. Relative pronouns cannot be omitted in French.

**Le chat que j'ai perdu est noir et blanc.**

*The cat (that) I lost is black and white.*

Musée des Beaux Arts à Montréal

- The relative pronoun **dont** replaces an object of the preposition **de**.

On a eu **la réunion**. > Je t'ai parlé **de la réunion**. > On a eu la réunion **dont** je t'ai parlé.

*We had the meeting.* | *I talked to you about the meeting.* | *We had the meeting (that) I talked to you about.*

- Since the preposition **de** can indicate possession, **dont** can mean *whose*.

La femme **dont** le mari est soldat est arrivée en avance.
*The woman, whose husband is a soldier, arrived early.*

- Use **lequel** as a relative pronoun to represent the object of a preposition. Note that the preposition is retained and always precedes the relative pronoun.

J'ai un outil **avec lequel** je peux réparer ta voiture.
*I have a tool with which I can fix your car.*

C'est la raison **pour laquelle** je suis venu.
*This is why (the reason for which) I came.*

**BLOC-NOTES**

To review all the forms of **lequel**, see **Structures 1.3, pp. 24–25**.

- Remember that **lequel** and its forms **laquelle**, **lesquels**, and **lesquelles** agree in gender and number with the objects they represent. Remember, too, that when **lequel** combines with **à** or **de**, contractions may be formed.

| With *à* | With *de* |
|---|---|
| auquel | duquel |
| auxquels | desquels |
| auxquelles | desquelles |

- The relative pronoun **lequel** usually does not refer to people. If the object of the preposition is human, use the relative pronoun **qui** along with the preposition.

C'est l'ordinateur **sur lequel** je travaille.
*This is the computer on which I work.*

**but**

C'est la femme **avec qui** je travaille.
*This is the woman with whom I work.*

- If a relative pronoun refers to an unspecified antecedent, use **ce que**, **ce qui**, or **ce dont**, which often mean *what*.

Le problème **qui** m'inquiète, c'est le chômage.
*The problem that worries me is unemployment.*

**Ce qui** m'inquiète, c'est le chômage.
*What worries me is unemployment.*

Le sport **que** je préfère, c'est le ski.
*The sport that I prefer is skiing.*

**Ce que** je préfère, c'est le ski.
*What I prefer is skiing.*

Le chien **dont** elle a peur, c'est un caniche.
*The dog that she's afraid of is a poodle.*

**Ce dont** elle a peur, c'est un caniche.
*What she's afraid of is a poodle.*

# Mise en pratique

**1**

**À choisir** Choisissez le bon mot pour compléter la phrase.

1. Je viens de voir le chef d'entreprise _____ a le plus d'employés dans la ville.

   a. qui     b. que     c. dont

2. La banque _____ j'avais mis toutes mes économies a brûlé!

   a. laquelle   b. dont     c. où

3. Le directeur commercial _____ l'entreprise a embauché est incompétent.

   a. que     b. duquel    c. auquel

4. C'est la réunion pendant _____ Paulette a parlé de son projet.

   a. qui     b. que     c. laquelle

5. Nous avons dépensé l'argent _____ nous devions payer le loyer.

   a. que     b. avec lequel  c. lequel

6. Cette femme cadre _____ on nous a parlé avant-hier sera bientôt licenciée.

   a. dont     b. laquelle   c. qui

**2**

**À compléter** Complétez le paragraphe à l'aide des pronoms relatifs de la liste. Un des pronoms est utilisé deux fois.

| | | | |
|---|---|---|---|
| auquel | dont | où | que |
| avec qui | duquel | pour laquelle | qui |

Notre compagnie, (1) _____ s'occupe d'import-export, nous a demandé d'aller voir un client à Kinshasa. Le patron souhaitait que nous fassions connaissance avec ce client. C'est la raison (2) _____ il nous a envoyés à Kinshasa, le mois dernier. Après avoir travaillé, nous avons fait un tour de bateau sur le fleuve Congo. Les collègues (3) _____ je suis monté sur le bateau ont eu peur de tomber à l'eau. Mais nous avons tous été enchantés de cette journée en plein air. L'hôtel (4) _____ nous étions descendus avait un restaurant (5) _____ la cuisine était délicieuse. J'ai choisi le plat (6) _____ mon amie congolaise m'avait recommandé avant le départ. Le meilleur moment, (7) _____ nous pensons encore mes collègues et moi, est celui (8) _____ nous avons tous été pris en photo, au restaurant, avec notre client congolais.

**3**

**À lier** Liez (*Connect*) les deux phrases avec le bon pronom relatif.

    **Modèle**   **L'entreprise est prospère. Je dirige l'entreprise.**

             L'entreprise que je dirige est prospère.

1. J'ai beaucoup d'économies. J'ai gardé mes économies à la maison.

2. La vendeuse a déménagé hier. Elle habitait à côté de chez moi.

3. Mes collègues ont suivi une formation en informatique. J'avais envie de suivre cette formation.

4. Le poste est encore libre. Je rêve de ce poste.

5. Cette entreprise est en faillite. Ils s'occupent de cette entreprise.

6. Ce projet est un succès. J'ai travaillé sur ce projet.

### Note CULTURELLE

Le **fleuve Congo**, qui prend sa source à 1.435 mètres d'altitude, est le deuxième fleuve d'**Afrique** par sa longueur, après le **Nil**. Il est aussi le deuxième du monde par son débit (*flow rate*), après l'**Amazone**. Il traverse six pays d'Afrique Centrale: principalement le Congo et la RDC, mais aussi l'Angola, le Cameroun, la République Centrafricaine, la Zambie et la Tanzanie.

# Communication

**4** **Une future rencontre** Vous avez fini vos études il y a quelques années et vous rencontrez un(e) ancien(ne) camarade de classe dans la rue. Vous parlez de ce qui est arrivé depuis votre dernière rencontre. À deux, créez la conversation à l'aide des éléments de la liste.

| avec lequel | dont | que |
|---|---|---|
| de laquelle | où | qui |

**Modèle** —Tu te souviens de Richard? Il est propriétaire d'une entreprise dont les profits n'arrêtent pas d'augmenter!

—Et as-tu revu Sabrina? Elle est gérante du grand magasin qui vient d'ouvrir au centre-ville.

**5** **Vos camarades** Sur une feuille de papier, notez les noms de quelques camarades de classe. Pour chacun(e), écrivez une phrase pour le/la décrire à l'aide d'un pronom relatif. Ensuite, partagez vos phrases avec le reste de la classe.

| Valérie | Valérie appartient au groupe d'élèves avec qui je sors souvent. |
|---|---|
| | |
| | |
| | |
| | |

**6** **Votre premier travail** Par petits groupes, décrivez votre premier travail à l'aide de ces éléments. Vos camarades de classe vous poseront des questions qui contiennent des pronoms relatifs. Vous n'avez jamais eu d'emploi? Parlez de votre premier jour à l'école.

**Modèle** —Quelle est la personne dont tu te souviens le mieux?

—Mon patron. C'était la personne avec qui je m'entendais le mieux.

Au travail:
- votre patron(ne)
- vos collègues
- votre temps de travail
- vos clients

À l'école:
- votre professeur
- vos camarades
- votre emploi du temps
- vos devoirs

ressources

**v̂ Text**

CE
pp. 149–151

vhlcentral.com
Leçon 9

**9.2**

# The present participle

***Sachant*** *que son travail l'oblige à discriminer,*
*Malik a du mal à se regarder dans une glace.*

**BLOC-NOTES**

To find the **nous** forms of the present tense of other verbs, consult the verb tables at the end of the book.

- To form the present participle, drop the **-ons** ending from the **nous** form of the present tense of a verb and replace it with **-ant**.

| Present participles of some common verbs | | |
|---|---|---|
| **Infinitive** | ***Nous* form** | **Present participle** |
| aller | allons | allant |
| boire | buvons | buvant |
| choisir | choisissons | choisissant |
| dire | disons | disant |
| écrire | écrivons | écrivant |
| faire | faisons | faisant |
| lire | lisons | lisant |
| parler | parlons | parlant |
| prendre | prenons | prenant |
| vendre | vendons | vendant |
| venir | venons | venant |

- There are only three irregular present participles in French. They are considered irregular because they are *not* based upon the **nous** forms of the present tense.

| Infinitive | Present participle |
|---|---|
| être | étant |
| avoir | ayant |
| savoir | sachant |

***Étant*** *très sociable, elle a présenté*
*son cousin à son petit ami.*

- Present participles are usually the equivalent of English verbs ending in *-ing*. They are typically preceded by the preposition **en**, meaning *while* or *by*.

  Il lui a indiqué le chemin **en regardant** le plan du quartier.
  *He gave her directions while looking at the map of the neighborhood.*

- Use the present participle to say what caused something or how something occurred.

  Gérard s'est cassé le bras **en tombant** du toit.
  *Gérard broke his arm by falling off of the roof.*

- **En** + [*present participle*] can also mean that something is done *as soon as* something else happens. In this case, it is often the equivalent of the English expression *upon* + the *-ing* form of a verb.

  Il va téléphoner **en arrivant** à la gare.
  *He's going to call upon arriving at the station.*

- Use the expression **tout en** to emphasize that two unrelated actions are taking place simultaneously.

  Il conduit **tout en mangeant** un sandwich.
  *He's driving while eating a sandwich.*

- When a present participle is used as an adjective, it agrees in gender and number with the noun it modifies.

  Nous n'avons pas d'eau **courante**!          Ces filles sont **charmantes**.
  *We don't have any running water!*          *These girls are charming.*

- Present participles used as adjectives usually correspond to English words ending in *-ing*. Depending on the interpretation of the adjective, however, this is not always the case.

  Nous avons vu un film **amusant**.
  *We saw a funny (amusing) movie.*

- Present participles can sometimes be used as nouns. These nouns are often professions or other words that refer to a person who engages in a particular activity.

  **consulter** (*to consult*)  >  **un(e) consultant(e)** (*consultant*)
  **gérer** (*to manage*)  >  **un(e) gérant(e)** (*manager*)

---

**ATTENTION!**

The present participle does not correspond to all *-ing* forms of English verbs. Remember, the present tense in French can have several meanings.

**Je parle.**

*I speak. / I do speak. / I am speaking.*

To say that something is happening in the present time, use the present tense, not a present participle.

---

# Mise en pratique

**1**

**À choisir** Mettez au participe présent les verbes entre parenthèses.

1. Charlotte a mangé son repas tout en _____ (lire) son livre.

2. Mon père a fêté sa retraite en _____ (danser) toute la nuit.

3. _____ (Avoir) eu le temps d'arriver à la gare, Mamadou attend le prochain train pour Yaoundé.

4. En _____ (écouter) ce qu'il a à dire, nous trouverons de meilleurs arguments.

5. Antoine gagne sa vie en _____ (investir).

6. En _____ (demander) une augmentation de salaire, j'aimerais améliorer ma situation financière.

7. Il vient d'être licencié. _____ (Être) maintenant au chômage, il a le temps de jouer sur son ordinateur toute la journée.

8. Nous finirons le projet tout en _____ (savoir) que nous ne serons pas toujours d'accord!

**2**

**À trouver** Complétez les phrases. Servez-vous du participe présent des verbes de la liste comme adjectifs ou comme noms. Faites tous les changements nécessaires.

| amuser | émigrer | gagner | tomber |
|--------|---------|--------|--------|
| charmer | exiger | imposer | toucher |

1. En France on peut voir de grands monuments _____.

2. La classe a lu des histoires _____ sur des enfants malades.

3. Cette ville est remplie de beaux princes _____.

4. On n'a pas encore annoncé les _____ du concours (*contest*).

5. La formation que vous faites est très _____, mais elle est indispensable.

6. Nous avons passé deux journées _____ au parc d'attractions.

7. Les _____ ont quitté leur pays pour commencer une nouvelle vie.

8. Nous sommes rentrés à la maison, à la nuit _____.

**3**

**Autrement dit** Liez (*Connect*) ces phrases à l'aide d'un participe présent.

**Modèle**    **Magali prend sa douche. Elle chante *La vie en rose*.**
              Magali prend sa douche tout en chantant *La vie en rose*.

1. La secrétaire parle au téléphone. Elle écrit rapidement.

2. Ces hommes d'affaires préparent le budget de l'année prochaine. Ils discutent des investissements.

3. Ces femmes achètent ce qui leur plaît. Elles dépensent sans compter.

4. Je travaille beaucoup. Je profite des vacances que l'entreprise offre.

5. Ma collègue me raconte son week-end. Elle sait que je ne l'écoute pas.

6. Le nouveau retraité pleure. Il finit son discours d'adieu (*farewell*).

*Practice more at* **vhlcentral.com.**

# Communication

**4**

**Première journée de travail** Aujourd'hui, c'était la première journée de travail de Magali. Par groupes de trois, imaginez ce qu'elle a fait. Employez le participe présent des verbes de la liste.

> **Modèle** Magali est restée calme tout en étant sous pression.

| | |
|---|---|
| assister à une réunion | être sous pression |
| découvrir son bureau | profiter de sa pause |
| déjeuner avec des collègues | rencontrer le syndicat |
| écouter des conseils | répondre au téléphone |
| être épuisée | ? |

**5**

**Qu'est-il arrivé?** Par groupes de quatre, choisissez trois événements de la liste et, pour chacun, racontez quelque chose qui est arrivé pendant que vous y étiez. Comment avez-vous réagi? Utilisez le participe présent dans vos discussions.

> **Modèle** Tout en conduisant pendant l'examen du permis, je me suis aperçu que je n'avais pas attaché ma ceinture.

- un bal de fin d'année
- une cérémonie de remise de diplômes (*graduation*)
- un accident que vous avez eu ou auquel vous avez assisté
- un entretien d'embauche
- le premier jour au lycée
- le moment où vous avez reçu une lettre d'acceptation
- l'examen du permis de conduire
- un anniversaire mémorable

## Note
### CULTURELLE

D'abord appelé le franc des «Colonies Françaises d'Afrique» (CFA) en 1945, **la monnaie** des pays africains francophones devient, en 1958, le franc de la «Communauté Française d'Afrique». Il existe deux sortes de francs **CFA**: le franc de la Communauté Financière d'Afrique pour les pays d'**Afrique de l'Ouest** et le franc de la Coopération Financière en **Afrique Centrale** pour les pays d'Afrique Centrale, les deux monnaies étant distinctes l'une de l'autre.

**6**

**Entretien d'embauche** Kemajou sollicite un poste à la banque du Cameroun. Il passe un entretien avec la chef du personnel, Madame Koua. À deux, imaginez la conversation en employant le participe présent.

> **Modèle** —Connaissez-vous l'équivalence en euros pour gérer des comptes en francs CFA?
> —Oui, madame. Dans mon ancien emploi, j'ai appris à gérer les équivalences en travaillant avec des clients étrangers.

ressources

v̄Text

CE
pp. 152–154

vhlcentral.com
Leçon 9

**Presentation Tutorial**

9.3

# Irregular *-oir* verbs

*Il **vaut** mieux que vous partiez...*

- French verbs that end in **-oir** are irregular. They do not all follow the same pattern.

- The verbs **vouloir** and **pouvoir** follow a similar pattern. Note the stem change in the **nous** and **vous** forms.

| pouvoir (*to be able*) | | vouloir (*to want*) | |
|---|---|---|---|
| je **peux** | nous **pouvons** | je **veux** | nous **voulons** |
| tu **peux** | vous **pouvez** | tu **veux** | vous **voulez** |
| il/elle **peut** | ils/elles **peuvent** | il/elle **veut** | ils/elles **veulent** |
| past participle: **pu** | | past participle: **voulu** | |

**ATTENTION!**

Because the verb **valoir** means *to be worth* (*money, effort, etc.*), its subject is most often an inanimate object rather than a human being. The most common forms encountered are the third-person singular and plural forms.

- Like **pouvoir** and **vouloir**, the singular forms of **valoir** end in **-x**, **-x**, and **-t**. Note the stem in the plural forms.

| valoir (*to be worth*) | |
|---|---|
| je **vaux** | nous **valons** |
| tu **vaux** | vous **valez** |
| il/elle **vaut** | ils/elles **valent** |
| past participle: **valu** | |

*Ces bijoux **valent** beaucoup d'argent.*

**ATTENTION!**

The prefix **re-** usually means *to do something again*. For example, the verb **revoir** means *to see again*. **Revoir** is conjugated like **voir**.

**J'ai revu le film.**

*I saw the film again.*

- The verbs **voir** and **devoir** follow similar patterns. They also have stem changes in the **nous** and **vous** forms.

| voir (*to see*) | | devoir (*to have to, must; to owe*) | |
|---|---|---|---|
| je **vois** | nous **voyons** | je **dois** | nous **devons** |
| tu **vois** | vous **voyez** | tu **dois** | vous **devez** |
| il/elle **voit** | ils/elles **voient** | il/elle **doit** | ils/elles **doivent** |
| past participle: **vu** | | past participle: **dû** | |

- Like **voir** and **devoir**, the singular forms of **savoir** end in **-s**, **-s**, and **-t**. Note the different stems in the singular and plural forms.

| savoir (*to know*) | |
|---|---|
| je **sais** | nous **savons** |
| tu **sais** | vous **savez** |
| il/elle **sait** | ils/elles **savent** |
| past participle: **su** | |

*Ils **savent** danser.*

- The verbs **recevoir**, **apercevoir**, and **percevoir** follow the same pattern. Note the **ç** in all forms except for **nous** and **vous**.

| recevoir (*to receive*) | | apercevoir (*to perceive*) | |
|---|---|---|---|
| je **reçois** | nous **recevons** | j'**aperçois** | nous **apercevons** |
| tu **reçois** | vous **recevez** | tu **aperçois** | vous **apercevez** |
| il/elle **reçoit** | ils/elles **reçoivent** | il/elle **aperçoit** | ils/elles **aperçoivent** |
| past participle: **reçu** | | past participle: **aperçu** | |

- Due to their meanings, the verbs **pleuvoir** and **falloir** have only third-person singular forms.

| pleuvoir (*to rain*) | falloir (*to be necessary, to have to, must*) |
|---|---|
| il **pleut** | il **faut** |
| past participle: **plu** | past participle: **fallu** |

Il **pleut** souvent au printemps.
*It often rains in the spring.*

Il **faut** prendre le train.
*It's necessary to take the train.*

- The verb **s'asseoir** is very irregular. Like other reflexive verbs, it is accompanied by a reflexive pronoun and takes the helping verb **être** in the **passé composé**.

| s'asseoir (*to sit*) | |
|---|---|
| je **m'assieds** | nous nous **asseyons** |
| tu **t'assieds** | vous vous **asseyez** |
| il/elle **s'assied** | ils/elles **s'asseyent** |
| past participle: **assis(e/es)** | |

*Ils **se sont assis** par terre.*

**BLOC-NOTES**

Remember that French has two different verbs that mean *to know*: **savoir** and **connaître**. To review their different uses, see **Fiche de grammaire 9.4, p. 404**.

**ATTENTION!**

The verbs **apercevoir** and **percevoir** both mean *to perceive*, but they are not interchangeable. **Apercevoir** usually refers to visual perception, as in *to see* or *to notice*. **Percevoir** usually refers to more general perception, as in *to detect* or *to sense*.

**ATTENTION!**

You can use **il faut** to refer to a variety of subjects. Depending upon the context, it can mean *I must*, *you must*, *one must*, *they must*, and so on. Regardless of meaning, the subject is always **il**.

# Mise en pratique

**1**

**Mini-dialogues** Complétez logiquement chaque dialogue à l'aide des verbes de la liste.

| s'asseoir | pleuvoir | savoir | voir |
|-----------|----------|--------|------|
| falloir | recevoir | valoir | vouloir |

—J'aime sortir par tous les temps: quand il fait soleil, quand il y a du vent…
même quand il (1) _____ !

—Pas vrai! Je te/t' (2) _____ hier quand ton parapluie s'est cassé. Tu
étais vraiment de mauvaise humeur.

—(3) _____-tu qu'on a changé la date de la réunion?

—Non, je ne le savais pas. (4) _____-il choisir une nouvelle date?

—Est-ce que nous (5) _____ le coup de téléphone de notre entrepôt
en Chine?

—Oui, ils disent que, si on détruit les marchandises, on sera en faillite. Elles
(6) _____ trop cher.

—(7) _____-toi sur cette chaise. Il faut que je te parle.

—D'accord, de quoi (8) _____-tu me parler?

**2**

**Un nouveau règlement** L'entreprise pour laquelle Julie travaille vient de changer de
direction (*management*). Voici quelques règles que son nouveau patron veut mettre en
application. Complétez ces phrases à l'aide de verbes en **-oir**.

**Nouveau règlement:**

1. Vous ne _____ plus varier votre temps de travail.

2. Il _____ absolument arriver à neuf heures, au plus tard.

3. Tous les employés _____ déjeuner entre midi et 13h00.

4. Sur le marché boursier, il _____ mieux investir dans l'entreprise.

5. Si quelqu'un _____ un collègue qui en harcèle un autre, dites-le-
moi tout de suite.

6. Si vous _____ téléphoner à un(e) ami(e), attendez 17h00.

7. Même si nous _____ des salaires différents, il faut nous
respecter mutuellement.

8. Pour être promu, un employé _____ suivre toutes ces règles.

**3**

**Conseils** Yves est sous pression au bureau et sa vie privée est
un désastre. À deux, trouvez huit conseils à lui donner en utilisant
des verbes en **-oir**.

**Modèle**    Vous pouvez démissionner
et chercher un autre emploi.

Practice more at **vhlcentral.com**.

# Communication

**4**

**Questions personnelles** À deux, posez-vous ces questions et soyez créatifs pour expliquer vos réponses.

### La vie scolaire

Que doivent faire les élèves pour réussir aux examens?

Qu'as-tu fait la dernière fois qu'il a plu pendant le cours de sport?

### Les relations personnelles

Que reçois-tu d'habitude pour ton anniversaire? De la part de qui? Qu'as-tu reçu pour ton dernier anniversaire? De la part de qui?

Quand quelqu'un s'intéresse à toi, t'en aperçois-tu facilement?

### L'argent et le travail

À qui peux-tu emprunter de l'argent? Dois-tu de l'argent à quelqu'un en ce moment?

Combien vaut ton bien (*possession*) le plus précieux?

Sais-tu quel travail tu aimerais faire après tes études? Lequel?

Faut-il toucher un salaire élevé pour se sentir riche?

**5** 

**Au syndicat** À deux, imaginez que vous soyez des travailleurs membres du même syndicat. Jouez les rôles de ces deux collègues qui ne sont jamais d'accord, en utilisant des verbes en **-oir**.

**Modèle** —Il faut demander une augmentation de salaire.

—On ne doit pas en demander une. Tu sais qu'ils ne peuvent pas nous la donner.

**6**

**À propos de vos camarades** Par groupes de quatre, devinez pour quel membre de votre groupe ces observations sont vraies. Si vous n'êtes pas d'accord avec l'opinion que vos camarades ont de vous, expliquez-leur votre point de vue.

**Modèle** **vouloir: devenir cadre**

—Dave, tu veux devenir cadre d'une entreprise après l'université, non?

—Pas du tout! Je voulais l'année dernière, mais je ne sais plus. C'est toi, Jessica, qui devrais être cadre. Tu peux diriger un groupe.

1. s'apercevoir: que la richesse ne remplace pas forcément le bonheur

2. s'asseoir: au premier rang

3. devoir: poser sa candidature pour un poste à la bibliothèque

4. ne pas pouvoir: économiser d'argent

5. recevoir: du courrier tous les jours

6. revoir: son film préféré plus de trois fois

ressources

**v̂ Text**

CE
pp. 155–158

vhlcentral.com
Leçon 9

# Synthèse

Le philosophe français, Alain (1868–1951), né sous le nom d'Émile-Auguste Chartier, est connu pour ses idées pacifistes et libérales. Profondément marqué par les horreurs de la Première Guerre mondiale, il écrit des articles en faveur du pacifisme tout en combattant les autoritarismes. Étant professeur, il exerce une grande influence sur ses élèves, dont certains deviennent célèbres et lui doivent leur carrière de philosophe. Dans les citations suivantes on voit que ses idées sur le travail sont assez révolutionnaires pour l'époque°.

*time*

> Ce qui console d'un travail difficile,
> c'est qu'il est «difficile».
>
> La loi suprême de l'invention humaine
> est que l'on n'invente qu'en travaillant.
>
> La vie est un travail
> qu'il faut faire debout°.
>
> *Alain*

*standing up*

**1** **Compréhension** Répondez à ces questions.

1. Quel travail faisait Alain tout en gagnant sa vie comme professeur?

2. Que faisait Alain en même temps qu'il écrivait des articles sur le pacifisme?

3. Que peut-on dire de ses idées sur le travail?

4. Comment Alain décrit-il la vie dans une de ses citations?

**2** **Réactions** Que pensez-vous des trois citations d'Alain? Discutez de chacune avec un(e) camarade, en réfléchissant aux idées ci-dessous.

- Pensez à trois situations dans lesquelles chaque citation vous inspirerait.
- Trouvez des liens entre les pensées d'Alain sur le travail et celles sur la liberté et le pacifisme.
- Dites si vous êtes d'accord ou pas avec chaque citation. Expliquez pourquoi.

**3** **À vous de citer** Par petits groupes, imaginez que vous soyez philosophe (si vous ne l'êtes pas déjà!). Écrivez une phrase qui explique vos pensées sur le travail et son influence sur la vie du travailleur. Pour vous aider, utilisez votre imagination, les citations d'Alain et les structures de cette leçon.

ressources

vText

vhlcentral.com
Leçon 9

# Préparation

| Vocabulaire de la lecture | Vocabulaire utile |
|---|---|
| **un chef d'entreprise** *head of a company* | **demander un prêt** *to apply for a loan* |
| **l'entraide (f.)** *mutual aid* | **l'encadrement (m.)** *supervisory staff* |
| **entreprendre** *to undertake* | **s'entourer de** *to surround oneself with* |
| **évoquer** *to evoke* | **faire un emprunt** *to take out a loan* |
| **inhabituel(le)** *unusual* | **rembourser** *to reimburse* |
| **monter une entreprise** *to create a company* | **retirer (un profit, un revenu) de** *to get (benefit, income) out of* |
| **obtenir un prêt** *to secure a loan* | |
| **la précarité** *insecurity of income* | |
| **un revenu** *income* | |

**1** **Le bon leader** Complétez ce petit texte à l'aide des mots de la liste de vocabulaire.

Qu'est-ce qui caractérise (1) _____ exceptionnel? D'abord ses qualités personnelles, car il doit avoir ambition et volonté. Un bon leader saura aussi s'entourer d' (2) _____ performant et de haut niveau. Il prendra soin de l'ensemble de ses employés pour les protéger de (3) _____ et les motiver. Il encouragera (4) _____ au sein de l'entreprise. Il aura aussi de bonnes relations avec sa banque, pour pouvoir faire (5) _____ quand c'est nécessaire. Un bon dirigeant saura (6) _____ ses dettes à temps. Grâce à lui, l'entreprise se développera et (7) _____ des profits de son activité.

**2** **Aux enfants** Vous devez expliquer ces concepts à des enfants. À deux, trouvez des définitions simples et utilisez des exemples.

| Concepts | Définitions/Exemples |
|---|---|
| le chef d'entreprise | |
| entreprendre | |
| la précarité | |
| un prêt | |
| retirer un profit | |
| un revenu | |

**3** **À votre avis?** Que pensez-vous de ces affirmations? Discutez-en par groupes de trois. Puis choisissez les trois plus utiles pour réussir sa carrière professionnelle.

- Il est nécessaire d'entreprendre pour espérer et de persévérer pour réussir.
- Il n'y a pas un caractère d'entrepreneur, mais il faut du caractère pour en être un.
- La raison d'être d'une entreprise est de trouver des clients et de les garder.
- Les entreprises qui réussissent sont celles qui ont une âme.
- Travailler, c'est bon pour ceux qui n'ont rien à faire.
- Rien de plus simple que de vieillir jeune (*stay young*): il suffit de travailler dans la joie.

 Practice more at **vhlcentral.com**.

ressources

v̂Text

vhlcentral.com
Leçon 9

# Des Africaines entrepreneuses

La confiote. Qu'est-ce que c'est? Pour certains, ce mot familier évoque simplement de la confiture. Mais posez la question à Robertine
5 Bounkeu, et elle vous répondra que c'est toute sa vie. «Les Confiotes» est le nom de l'entreprise qu'elle a récemment montée au Cameroun. Une entreprise alléchante° : *appétissante* la fabrication de produits haut de gamme° *top of the line*
10 à base de fruits, comme des sirops, des confitures ou «confiotes» et des liqueurs. Mais pour celui qui connaît la société camerounaise, y voir une femme devenir chef d'entreprise est inhabituel. En Afrique
15 Centrale, comme sur tout le continent africain, la précarité touche tout particulièrement les femmes, pour des raisons sociales, économiques et juridiques. Quel est donc le secret de la réussite de Robertine Bounkeu?
20 L'Association pour le Soutien et l'Appui à la Femme Entrepreneur ou ASAFE. Cette association en est une parmi beaucoup d'autres du même genre qui fleurissent° *se multiplient* au Cameroun depuis les années 1990.
25 Les organisations non gouvernementales participent à cet effort, principalement au moyen d'aides financières.

Ces associations ont pour but d'améliorer la condition des femmes en les
30 rendant maîtresses de leur destinée. Elles leur proposent donc une aide financière à court terme, des conseils et une formation comme des cours d'informatique. C'est un concept révolutionnaire dans une Afrique
35 où la majorité des femmes reste encore dépendante de l'homme. Dans le cas de Robertine Bounkeu, c'est le programme «Femme Crédit Épargne» (FCE) qui lui a permis d'obtenir un prêt. Ce système
40 encourage l'entraide entre les femmes : celles-ci forment de petits groupes de soutien pour améliorer leurs chances de succès. Robertine Bounkeu dit que «c'est difficile de se lancer dans une telle activité
45 avec peu de moyens et seulement la rage de réussir». Adhérer à l'ASAFE lui a donc «permis de passer progressivement *stage / occasional* du stade° de hobby épisodique° à la petite

## Les confitures d'Afrique

Dans certains pays, la fabrication de confitures pour l'exportation existe depuis plus de cinquante ans. Elles sont à l'ananas, à la banane, à la goyave (*guava*), à la papaye. Leur goût exotique est très apprécié dans les pays occidentaux.

entreprise de plus en plus structurée».

Comme elle, beaucoup de femmes 50 se lancent dans la fondation d'entreprise. L'agriculture est leur principale occupation, mais les revenus ne sont pas suffisants. Elles se tournent alors vers d'autres possibilités. C'est là qu'entrent en scène 55 les organisations et associations destinées à aider les femmes en quête de réussite sociale. Parmi ces organisations, les instituts de microfinance forment la base fondamentale du lancement° d'un 60 *launching* projet. D'ailleurs, le microfinancement s'est rapidement propagé sur le continent. L'Africa Microfinance Network (AFMIN) regroupe plus de 800 organisations qui participent quotidiennement à la création 65 d'entreprises. Grâce à leur collaboration, des femmes courageuses font naître une Afrique nouvelle.

Robertine Bounkeu ne compte pas s'arrêter là. Elle a pour ambition de 70 développer son entreprise, et elle a déjà amélioré son matériel pour répondre à la demande qui s'amplifie. Ses «confiotes» n'ont pas fini de faire des heureux ni des émules°. On ne peut décidément pas arrêter 75 *imitateurs* un esprit qui aime entreprendre.

Dans tous les pays d'Afrique, les femmes sont essentielles à la vie de la communauté. Elles éduquent et nourrissent. Quoi de mieux pour l'avenir de l'Afrique 80 que leur émancipation et l'élargissement de leurs pouvoirs? ■

# Analyse

### 1

**Compréhension** Répondez aux questions par des phrases complètes.

1. Quelles sortes de confitures sont faites en Afrique?
2. Que fabrique l'entreprise «Les Confiotes»?
3. L'exemple de Robertine Bounkeu est-il typique de la société camerounaise?
4. Robertine Bounkeu a-t-elle réussi toute seule?
5. Que propose ce genre d'association aux femmes africaines?
6. Comment fonctionne le programme «Femme Crédit Épargne»?
7. Pourquoi beaucoup de femmes se lancent-elles dans la fondation d'entreprise?
8. Le micro-financement est-il important pour l'Afrique? Pourquoi?
9. Robertine Bounkeu a-t-elle déjà réalisé tous ses projets?
10. Pourquoi les femmes chefs d'entreprises sont-elles une bonne chose pour l'Afrique?

### 2

**Citation à commenter** À deux, expliquez et commentez cette citation d'Alphonse Allais, écrivain et humoriste français du 19ᵉ siècle.

> On ne prête qu'aux riches, et on a raison, les pauvres remboursent plus difficilement.

1. Que dit Alphonse Allais dans cette citation? Y voyez-vous une forme d'humour?
2. Quels liens y a-t-il entre cette citation et l'article que vous venez de lire?
3. Êtes-vous d'accord avec ce que dit Alphonse Allais? Expliquez.

### 3

**Le slogan** À deux, inspirez-vous de la citation ci-dessus pour créer un slogan en faveur du (*in favor of*) micro-financement. Servez-vous du vocabulaire de la lecture. Puis la classe choisira le meilleur slogan.

### 4

**Création d'entreprise** Par groupes de trois, choisissez une idée d'entreprise dans la liste ci-dessous ou créez votre propre idée. Imaginez une conversation entre un jeune entrepreneur et deux banquiers. Utilisez les mots du vocabulaire pour décrire votre projet et demander un prêt. Ensuite, jouez la scène devant la classe.

- un café-laverie
- un service de transport en bateau
- une entreprise de fabrication de snowboards
- un restaurant spécialisé dans les desserts
- un service de décoration d'intérieur
- ?

**Modèle**  **Élève 1:** Je voudrais faire un emprunt pour développer ma nouvelle idée: un café-laverie.

**Élève 2:** Vous allez vous entourer de serveurs sympathiques?

**Élève 3:** Il faudra rembourser le prêt d'ici trois ans.

ressources

v̂Text

vhlcentral.com
Leçon 9

 Practice more at **vhlcentral.com.**

# Préparation

## À propos de l'auteur

**M**arie Le Drian (1949–) est née dans le Morbihan, en Bretagne, une région au nord-ouest de la France. Aujourd'hui elle vit toujours en Bretagne, dans la région du Finistère sud. Dans ses livres, elle parle de la vie quotidienne et des gens ordinaires. Elle prend souvent pour thème des femmes qui se trouvent dans des situations où elles souffrent, mais l'humour est presque toujours présent dans ses œuvres. Le Drian a publié des recueils de nouvelles et plusieurs romans dont le plus récent, *Le Corps perdu de Suzanne Thover*, qui a paru (*published*) en 2013. Son livre *Le petit bout du L,* a obtenu le Prix des écrivains bretons.

### Vocabulaire de la lecture

abîmé(e) *damaged*
un(e) abonné(e) *subscriber*
un bénéfice *profit*
une camionnette *small truck or van*
causer *to chat*
épais(se) *thick*

un horaire *schedule*
une perte *loss*
une revendication *demand*
un sou *penny*

### Vocabulaire utile

un(e) entrepreneur/entrepreneuse *entrepreneur*
fascinant(e) *fascinating*
ingrat(e) *thankless*
la réussite *success*
stimulant(e) *challenging*

**1**

**Qu'est-ce que c'est?** Trouvez les mots qui correspondent aux définitions.

1. l'argent que perd une entreprise: _____
2. une demande: _____
3. l'argent que gagne une entreprise: _____
4. parler: _____
5. quelqu'un qui reçoit régulièrement le même journal: _____
6. une pièce de monnaie: _____

**2**

**Préparation** Répondez individuellement à ces questions, puis discutez-en à deux.

1. Quelle profession voudriez-vous exercer un jour?
2. Quels avantages offre le fait de travailler pour une entreprise multinationale?
3. Quels avantages offre le fait d'être entrepreneur?
4. Quelles sortes de problèmes se présentent entre les employés et les patrons?
5. Quels sont les avantages et les inconvénients que présentent les syndicats?

**3**

**Débat** Réfléchissez individuellement à la déclaration suivante. Puis, défendez votre point de vue dans un groupe composé d'étudiants aux opinions diverses.

Il est préférable d'être entrepreneur que de travailler pour une entreprise.

- Prenez position pour ou contre cette déclaration.
- Préparez-vous à défendre votre position.
- Préparez des arguments contre la position opposée.
- Pensez à des exemples qui soutiennent votre point de vue.

 Practice more at **vhlcentral.com.**

---

**ressources**

**v̄ Text**

**S**
vhlcentral.com
Leçon 9

### Note CULTURELLE

Les professions libérales sont des professions à caractère intellectuel qu'on exerce de manière indépendante. Les avocats, les experts-comptables (*certified public accountants*), les architectes, les ingénieurs, les pharmaciens exercent une profession libérale. Ces professions sont toutes contrôlées par des organisations professionnelles.

# PROFESSION

**Marie Le Drian**

I voulait que j'exerce une profession libérale. Lui: mon père.

— T'es capable. Avec une profession libérale, disait mon père, ils te demanderont sûrement d'aller sur la liste. Tu choisis la bonne et ton avenir est assuré.

J'ai fait mon possible.

Au journal, ils m'ont dit:

— Vous avez le statut de profession libérale.

J'ai signé. 10

— Tu verras, t'as pas de patron sur le dos. Pas de femme de patron non plus! C'est les pires... Le patron, il a parfois le dos tourné°, *is not looking* vraiment tourné, disait mon père, sa femme, elle, a les yeux partout. Elle voit même où on 15 pose les nôtres. T'as pas de syndicat qui tienne le coup avec une femme de patron. Choisis donc une profession libérale. T'es capable. T'as tes propres horaires. T'arrives quand tu veux. T'as pas de sirène. T'as tes pauses. S'il 20 y a du bénéfice, c'est tout pour toi. Au moins, t'en vois la couleur.

— Et s'il y a perte?

— Y'aura pas perte. T'es capable.

Il m'a tout expliqué, mon père. Nous 25 sommes sortis en ville plusieurs samedis. Tous les deux, côte à côte dans les rues. Depuis, je sais reconnaître à vu d'œil une femme de patron: rien qu'à son rouge à lèvres°, à sa *lipstick* manière de demander du feu°, son chemin ou 30 *ask for a light* même l'heure. À l'entendre, grâce à mon père, je la devine.

— Profession libérale sans employé surtout, disait mon père, dès que t'embauches, ta femme devient femme de patron. Les pires! 35

J'ai écouté mon père. J'ai une profession libérale. C'est ce qu'ils ont dit au journal:

— Vous avez le statut de profession libérale. Vous êtes votre propre chef.

Je le suis. J'habite une petite chambre 40 meublée à l'entrée de la cité. Indépendante totalement. C'est préférable avec une profession libérale.

La camionnette freine devant ma porte à 2 h 30 du matin. Le chauffeur jette le paquet 45 de journaux. C'est juste le moment où je finis mon café dans mon coin de cuisine. Je ne sors pas causer avec le type° de la camionnette. Je *guy* préfère éviter les contacts. J'entends le bruit du paquet sur le ciment. Encore une petite 50 lampée°: c'est ma liberté cette resucée° de *gulp / a drop more*

# LIBÉRALE

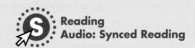

café avant de commencer. Je sors. Le type de la camionnette a déjà filé°. Il est minuté°, lui. Moi aussi, je suis minuté, mais j'organise. Rien à voir! Je prends le paquet et j'enlève les ficelles° sur ma table de cuisine. Je ne regarde rien. Les gros titres° ne m'ont jamais intéressé. Je remplis ma carriole° et mes sacoches°.

Il est pile° 3 heures. Je démarre. Profession libérale de la nuit. J'ai un vélo à sacoches et une carriole derrière. On m'a déconseillé la Mobylette. La Mobylette réveille. À 3 heures du matin, tout le quartier dort. Il paraît que même à vélo certains m'entendent dans la nuit. Je ne vois pas comment mes freins huilés chaque soir pourraient réveiller quelqu'un. Ma dynamo° est silencieuse. Je l'ai changée. D'être en profession libérale occasionne des frais°, mais, côté bruit, j'ai pris mes précautions, alors qu'on ne vienne pas me raconter d'histoires: ceux qui croient m'entendre freiner étaient déjà debout° dans leur cuisine allumée. Pas pour me surprendre, non! Pour deviner mon passage. Savoir que je suis là.

On ne se voit pas. Je n'ai, la nuit, rencontré aucun abonné. Pas plus d'abonnés à boîtes que d'abonnés à tubes. Des tubes exprès. Pour ceux-là, je dois rouler les nouvelles. Elles sont certainement moins abîmées que dans les boîtes. Au journal, on m'a expliqué que je devais préparer mes petites affaires—plier°, rouler—chez moi. Je n'aime pas. Je préfère arranger le journal devant la boîte ou devant le tube. Boîte: je plie. Tube: je roule. J'ai alors vraiment l'esprit de décision de la profession libérale.

Le samedi, le journal sort un supplément télévision. Le supplément est imbriqué°. Ils me l'ont dit:

– Nous imbriquons le supplément du samedi. L'ensemble est plus épais. Vous aurez du mal avec les tubes.

Je m'en débrouille°, du mal. L'épaisseur fait partie des difficultés de la profession libérale.

Par contre, le supplément sportif du lundi n'est pas imbriqué. Le type de la camionnette jette deux paquets le lundi matin à 2 h 30 et je n'ai qu'une demi-heure pour insérer le supplément sportif avec les résultats de première et de deuxième division dans le journal ordinaire. J'imbrique deux cent quatre-vingts suppléments sportifs en me levant de temps en temps pour boire une petite resucée de café.

Ils n'ont sans doute pas de personnel au central pour imbriquer dans la nuit du dimanche au lundi. Ils ne m'ont pas demandé de le faire. J'ai pris l'initiative. Les initiatives sont la base de la profession libérale.

Grâce à moi, chaque lundi matin, les deux cent quatre-vingts foyers de la cité ont les résultats sportifs imbriqués dans les nouvelles régionales. Je ne sais pas comment ils font dans les autres cités. Nous n'avons pas de contacts. Pas de réunions. Pas de syndicat.

Je n'ose pas réclamer° au central qu'ils imbriquent eux-mêmes le lundi. Ce serait une revendication.

– Dans une profession libérale, mon grand, pas de revendication. Si ça ne va pas, tu t'en prends° qu'à toi-même. T'es payé à l'acte°, disait mon père.

L'acte, ici, c'est le pli. Je suis payé au pli. Pas un sou de plus le jour de l'imbrication. C'est ma faute. Je n'avais qu'à prévoir le jour où j'ai signé ce contrat de profession libérale.

Il est 3 heures. Je sors dans la nuit. Libre.

Mon père serait fier. Pas de sirène. Pauses à volonté. Pas de syndicat. On ne m'a pas encore demandé d'aller sur la liste des municipales°, mais c'est pour bientôt. J'ai déjà été pressenti°. Je dirai oui. Je suis libre de mes actes. Je n'ai pas de patron sur le dos.

Sa femme, je ne l'ai jamais vue. Elle ne sait même pas qui je suis. ∎

*Glossary (margin):*
- sped away / timed
- strings
- headlines
- cart / saddlebags
- on the dot
- electrical generator for bicycle light
- expenses
- up
- to fold
- inserted
- manage
- to complain
- take it out on
- by the job
- elections for mayor
- approached

# Analyse

**1** **Compréhension** Répondez aux questions.

1. Quelle profession exerce le narrateur?
2. Quelle sorte de profession son père lui a-t-il conseillé de choisir?
3. Pourquoi est-ce que son père n'aime pas les femmes de patron?
4. Où habite le narrateur?
5. Qu'est-ce que fait le chauffeur de la camionnette à 2h30 du matin?
6. Pourquoi est-ce que le narrateur ne parle pas au chauffeur de la camionnette?
7. Qu'est-ce que le narrateur fait avec le paquet de journaux?
8. Pourquoi est-ce que le narrateur doit être silencieux?
9. Qu'est-ce qu'il fait le lundi? Qui en a eu l'idée?
10. Pourquoi est-ce qu'il ne veut pas présenter de revendication?

**2** **Interprétation** À deux, répondez à ces questions par des phrases complètes.

1. Selon le père du narrateur, quels sont les avantages d'une profession libérale?
2. De quels avantages le narrateur profite-t-il dans sa profession?
3. Quels sont les avantages dont il ne profite pas dans sa profession?
4. À votre avis, est-ce que le narrateur a choisi une profession libérale? Pourquoi?
5. Que pensez-vous de son choix? Croyez-vous que le narrateur en soit satisfait? Pourquoi?

**3** **Imaginez** Le père du narrateur serait-il fier de son fils? Que se diraient-ils? À deux, écrivez une conversation entre eux à l'aide d'au moins six mots de la liste.

| | | | |
|---|---|---|---|
| arriver | embaucher | horaires | patron |
| choisir | employé | libre | profession |

**4** **Discussion** Par groupes de trois, discutez des thèmes de l'histoire.

- Discutez du thème de la solitude. Citez des exemples du texte.
- Discutez du thème de la liberté. Citez des exemples du texte.
- Y a-t-il de l'ironie dans cette histoire? Expliquez.

**5** **Rédaction** Explorez une profession de votre choix. Suivez le plan de rédaction.

**Plan**

**1 Organisation** Pensez à une profession. Faites une liste des avantages et des inconvénients de ce travail. Cherchez des mots dans un dictionnaire, si nécessaire.

**2 Point de vue** Écrivez deux paragraphes. Dans le premier paragraphe, expliquez les avantages de la profession. Dans le deuxième paragraphe, expliquez ses inconvénients.

**3 Conclusion** Expliquez s'il y a plus d'avantages que d'inconvénients ou vice versa. Aimeriez-vous exercer cette profession? Pourquoi?

**ressources**

**v̂ Text**

CE
pp. 159–161

vhlcentral.com
Leçon 9

 Practice more at **vhlcentral.com.**

# Le travail et les finances

Audio: Vocabulary
Flashcards
My Vocabulary

## Le monde du travail

**une augmentation (de salaire)** *raise (in salary)*
**un budget** *budget*
**le chômage** *unemployment*
**un(e) chômeur/chômeuse** *unemployed person*
**un entrepôt** *warehouse*
**une entreprise (multinationale)** *(multinational) company*
**un(e) fainéant(e)** *lazybones*
**une formation** *training*
**un grand magasin** *department store*
**un poste** *position, job*
**une réunion** *meeting*
**le salaire minimum** *minimum wage*
**un syndicat** *labor union*
**une taxe** *tax*
**le temps de travail** *work schedule*

**avoir des relations (f.)** *to have connections*
**démissionner** *to quit*
**embaucher** *to hire*
**être promu(e)** *to be promoted*
**être sous pression (f.)** *to be under pressure*
**exiger** *to demand*
**gagner sa vie** *to earn a living*
**gérer/diriger** *to manage; to run*
**harceler** *to harass*
**licencier** *to lay off; to fire*
**poser sa candidature à/pour** *to apply for*
**solliciter un emploi** *to apply for a job*

**au chômage** *unemployed*
**(in)compétent(e)** *(in)competent*
**en faillite** *bankrupt*

## Les finances

**la banqueroute** *bankruptcy*
**une carte de crédit/de retrait** *credit/ATM card*
**un chiffre** *figure; number*
**un compte chèques** *checking account*
**un compte d'épargne** *savings account*
**la crise économique** *economic crisis*
**une dette** *debt*

**un distributeur automatique** *ATM*
**des économies (f.)** *savings*
**un marché (boursier)** *(stock) market*
**la pauvreté** *poverty*
**les recettes (f.) et les dépenses (f.)** *receipts and expenses*

**avoir des dettes** *to be in debt*
**déposer** *to deposit*
**économiser** *to save*
**investir** *to invest*
**profiter de** *to take advantage of; to benefit from*
**toucher** *to get/receive (a salary)*

**à court/long terme** *short-/long-term*
**disposé(e) (à)** *willing (to)*
**épuisé(e)** *exhausted*
**financier/financière** *financial*
**prospère** *successful; flourishing*

## Les gens au travail

**un cadre** *executive*
**un(e) comptable** *accountant*
**un(e) conseiller/conseillère** *advisor*
**un(e) consultant(e)** *consultant*
**un(e) employé(e)** *employee*
**un(e) gérant(e)** *manager*
**un homme/une femme d'affaires** *businessman/woman*
**un(e) membre/un(e) adhérent(e)** *member*
**un(e) propriétaire** *owner*
**un(e) vendeur/vendeuse** *salesman/woman*

## Court métrage

**une boîte (de nuit)** *(night)club*
**un boulot** *job*
**la boxe** *boxing*
**des consignes (f.)** *instructions*
**une poésie** *poem*
**un portier** *bouncer*
**un(e) pote** *friend, buddy*
**une tâche** *task*

**faire carrière (dans)** *to pursue a career (in)*
**pouvoir se regarder dans une glace** *to be able to live with oneself*

**raconter** *to tell*
**récupérer** *to recover; to rest*
**se rendormir** *to go back to sleep*
**retirer** *to take off*
**s'en sortir** *to make it*
**taper** *to hit*
**taquiner** *to tease*
**se terminer** *to end*

## Culture

**un chef d'entreprise** *head of a company*
**l'encadrement (m.)** *supervisory staff*
**l'entraide (f.)** *mutual aid*
**la précarité** *insecurity of income*
**un revenu** *income*

**demander un prêt** *to apply for a loan*
**s'entourer de** *to surround oneself with*
**entreprendre** *to undertake*
**évoquer** *to evoke*
**faire un emprunt** *to take out a loan*
**monter une entreprise** *to create a company*
**obtenir un prêt** *to secure a loan*
**rembourser** *to reimburse*
**retirer (un profit, un revenu) de** *to get (benefit, income) out of*

**inhabituel(le)** *unusual*

## Littérature

**un(e) abonné(e)** *subscriber*
**un bénéfice** *profit*
**une camionnette** *small truck or van*
**un(e) entrepreneur/entrepreneuse** *entrepreneur*
**un horaire** *schedule*
**une perte** *loss*
**la réussite** *success*
**une revendication** *demand*
**un sou** *penny*

**causer** *to chat*

**abîmé(e)** *damaged*
**épais(se)** *thick*
**fascinant(e)** *fascinating*
**ingrat(e)** *thankless*
**stimulant(e)** *challenging*

**ressources**

**vText**

CE
p. 162

vhlcentral.com
Leçon 9

# Les richesses naturelles

On ne parle sans doute jamais assez des richesses naturelles de la planète et de leur préservation. On pourrait se demander s'il reste encore des paysages intacts. Et si c'est le cas, est-il encore possible de les préserver? Certains parlent de créer des réserves marines dans les océans. Utopie ou réalisme? Ne faut-il pas en effet beaucoup de réalisme pour sauver la planète? Mais ne faut-il pas aussi croire profondément en ce qu'on fait pour parvenir à un résultat?

Les Calanques
Cassis, France

## 336 COURT MÉTRAGE

*L'homme qui plantait des arbres*, le film d'animation de **Frédéric Back**, Canadien d'origine allemande, nous raconte l'histoire d'un homme et de la renaissance d'une région.

## 342 IMAGINEZ

À l'époque de l'**Indochine française**, on parlait français au **Vietnam**, au **Cambodge** et au **Laos**. Que reste-t-il de l'influence francophone dans cette région du monde? Le cinéaste cambodgien **Rithy Panh** revient, lui, sur le génocide des Khmers rouges depuis la France, sa terre d'exile.

## 359 CULTURE

Dans l'article, *Les richesses du Pacifique*, nous voyons que les plus grandes richesses naturelles des îles du **Pacifique** se trouvent sous l'eau.

## 363 LITTÉRATURE

Le poète **Jean-Baptiste Tati-Loutard** évoque, dans son poème *Baobab*, un élément-clé de la nature en Afrique.

**Destination:**
## ASIE ET OCÉANIE

### 334 POUR COMMENCER
### 346 STRUCTURES

**10.1 The past conditional**

**10.2 The future perfect**

**10.3 Si clauses**

### 367 VOCABULAIRE

# Notre monde

**Audio: Vocabulary Practice**
**My Vocabulary**

## La nature

**un arc-en-ciel** *rainbow*

**un archipel** *archipelago*
**une barrière/un récif de corail**
　*barrier/coral reef*
**une chaîne montagneuse** *mountain range*
**un fleuve/une rivière** *river*
**une forêt (tropicale)** *(rain) forest*
**la Lune** *Moon*

**la mer** *sea*
**un paysage** *landscape; scenery*
**le soleil** *sun*
**une superficie** *surface area; territory*
**une terre** *land*

**en plein air** *outdoors*
**insuffisant(e)** *insufficient*
**potable** *drinkable*
**protégé(e)** *protected*
**pur(e)** *pure; clean*
**sec/sèche** *dry*

## Les animaux

**une araignée** *spider*
**un cochon** *pig*
**un lion** *lion*
**un mouton** *sheep*
**un ours** *bear*
**un poisson** *fish*
**un singe** *monkey*
**un tigre** *tiger*

## Les phénomènes naturels

**l'érosion (f.)** *erosion*
**un incendie** *fire*
**une inondation** *flood*
**un ouragan** *hurricane*
**une pluie acide** *acid rain*
**le réchauffement climatique**
　*global warming*
**la sécheresse** *drought*
**un tremblement de terre** *earthquake*

## Se servir de la nature ou la détruire

**le bien-être** *well-being*
**un combustible** *fuel*
**la consommation d'énergie**
　*energy consumption*
**la couche d'ozone** *ozone layer*
**un danger** *danger*
**les déchets (m.)** *trash*

**la déforestation** *deforestation*
**l'environnement (m.)** *environment*
**le gaspillage** *waste*
**un nuage de pollution** *smog*

**la pollution** *pollution*
**une ressource** *resource*
**une source d'énergie** *energy source*

**chasser** *to hunt*
**empirer** *to get worse*
**épuiser** *to use up*
**être contaminé(e)** *to be contaminated*
**gaspiller** *to waste*
**jeter** *to throw away*
**menacer** *to threaten*
**nuire à** *to harm*
**polluer** *to pollute*

**préserver** *to preserve*
**prévenir** *to prevent*
**protéger** *to protect*
**résoudre** *to solve*
**respirer** *to breathe*
**supporter** *to put up with*
**tolérer** *to tolerate*
**urbaniser** *to urbanize*

**en voie d'extinction** *endangered*
**jetable** *disposable*
**nuisible** *harmful*
**renouvelable** *renewable*
**toxique** *toxic*

**ressources**

v̂ Text

CE
pp. 163–165

vhlcentral.com
Leçon 10

# Mise en pratique

**1** **Vrai ou faux?** Indiquez si chaque phrase est vraie ou fausse. Ensuite, corrigez les phrases fausses.

1. Le désert est un endroit très humide.

2. Un paysage est une petite superficie que l'on regarde de près.

3. Il ne faut pas boire d'eau potable parce qu'elle est nuisible à la santé.

4. On dit que l'ours est le roi des animaux.

5. Une trop grande consommation d'énergie nuit à l'environnement.

6. Une sécheresse est une longue période où il pleut beaucoup.

7. Un problème est quelque chose à résoudre.

8. Le gaspillage des sources d'énergie diminue le réchauffement climatique.

**2** **Bonjour de Polynésie** Complétez cette carte postale que Viana a écrite à son copain Loïc. Ajoutez l'article qui convient et faites les accords nécessaires.

| araignée | bien-être | en voie d'extinction | insuffisant | protéger | soleil |
|----------|-----------|----------------------|-------------|----------|--------|
| archipel | déforestation | inondation | préserver | singe | tropicale |

Cher Loïc,

Comment vas-tu? J'espère qu'il fait bon chez toi. Ici, il fait un temps merveilleux! Je suis bien bronzée parce que (1) _____ est brûlant. Par contre, on a eu des pluies torrentielles la semaine dernière et j'ai eu peur qu'il y ait (2) _____.

Hier, j'ai enfin réalisé mon rêve de faire une randonnée près de Mangaréva, l'île principale de (3) _____ des Gambier. J'ai observé toutes sortes d'animaux dans la forêt (4) _____: différentes espèces de (5) _____, comme des orangs-outans et des chimpanzés, et j'ai vu une grosse (6) _____ de six centimètres! Ce n'était pas grave parce que je n'ai pas peur des arachnides. Malheureusement, quelques espèces sont (7) _____, alors il faut bien (8) _____ la biodiversité! Le guide m'a dit que (9) _____ risque de détruire la forêt et que les animaux risquent de disparaître. J'ai envie de me joindre au groupe de gens qui veulent (10) _____ cette belle région, riche en ressources naturelles.

Écris-moi une lettre ou un e-mail pour me donner de tes nouvelles, dès que tu auras un instant. Tu me manques!

Gros bisous,
Viana

Loïc Duperray

2 bis, rue de la Tannerie

40990 St-Paul les Dax

France

**3** **Soyons proactifs!** Imaginez qu'une usine locale pollue la région dans laquelle vous habitez. Par petits groupes, écrivez aux responsables un e-mail dans lequel vous expliquez le problème, faites part de votre inquiétude et donnez des conseils pour améliorer la situation et protéger la nature et les animaux concernés.

Practice more at **vhlcentral.com**.

# Préparation

**Vocabulaire du court métrage**

l'acharnement (*m.*) *determination*
un(e) berger/bergère *shepherd(ess)*
un bûcheron *lumberjack*
le charbon (de bois) *(char)coal*
un chêne *oak tree*
déblayer *to clear away*
un gland *acorn*
jadis *formerly, in the past*

une pépinière *nursery*
pousser *to grow*
une ruche *beehive*
un ruisseau *stream*
se soucier (de quelque chose)
 *to care (about something)*
un troupeau *flock*

**Vocabulaire utile**

le feuillage *foliage*
une source
 *(aquatic) spring*
tenace *tenacious*

**EXPRESSIONS**

**À tout hasard…** *Just in case…*

**en vase clos** *cut off from the outside world*

**Il avait été entendu que…** *It was understood that…*

**L'ambition irraisonnée s'y démesure.** *Irrational ambition runs wild.*

**Les femmes mijotent des rancœurs.** *Rancor simmers among the women.*

**lever le camp** *to break camp, to leave*

**1**

**Définitions** Associez chaque mot ou expression avec sa définition.

_____ 1. un combustible obtenu à partir du bois

_____ 2. là où vivent les abeilles

_____ 3. le fruit du chêne

_____ 4. une personne qui coupe du bois dans les forêts

_____ 5. de l'eau qui sort de terre

_____ 6. endroit où on fait pousser des arbres

_____ 7. une personne qui garde des moutons

_____ 8. le contraire de la tendance à vouloir abandonner

a. une source

b. l'acharnement

c. un bûcheron

d. une pépinière

e. un berger

f. une ruche

g. le charbon de bois

h. un gland

**2**

**Complétez** Complétez les phrases et faites les accords nécessaires.

1. _____, la région était déserte et sans âme.

2. Chaque année, les fleurs de ton jardin _____ de plus en plus abondamment.

3. Nous avons passé nos vacances _____, éloignés de la ville et de nos amis.

4. _____ qu'on mangerait tous ensemble pour son anniversaire.

5. Ils sont passés _____ pour voir si on était là.

6. Dans cette horrible famille, les cousins se battent et leurs femmes _____.

7. Quand vous vous serez assez reposés, _____ pour repartir.

8. Maréva est beaucoup plus _____ que son frère.

**ressources**

**v̂ Text**

vhlcentral.com
Leçon 10

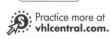

Practice more at
**vhlcentral.com.**

**3 Comparez** À deux, décrivez et comparez ces deux illustrations montrant la même région à 35 ans d'intervalle.

**4 Préparation** À deux, répondez aux questions et expliquez vos réponses.

1. La ténacité est-elle une qualité importante dans la vie?

2. Est-ce qu'un être humain peut agir efficacement sans technologie?

3. La solitude rend-elle les hommes heureux ou malheureux?

4. Est-il rare de trouver des gens qui offrent spontanément leur hospitalité?

5. Quelles sont les raisons pour lesquelles des gens veulent habiter un endroit précis?

6. Quelles sont les caractéristiques d'une terre fertile et prospère?

7. Participez-vous à la protection de l'environnement? Que faites-vous?

8. Est-il possible qu'une seule personne ait un impact sur la qualité de l'environnement?

**5 Enquête** Demandez à des camarades de décrire le personnage le plus extraordinaire qu'ils aient rencontré dans leur vie. Par petits groupes, discutez des résultats. Parmi les personnes mentionnées, qui aimeriez-vous rencontrer et pourquoi?

**6 Décrivez** Par groupes de trois, décrivez les images et dites ce que font les gens. Quels sentiments ces images vous inspirent-elles?

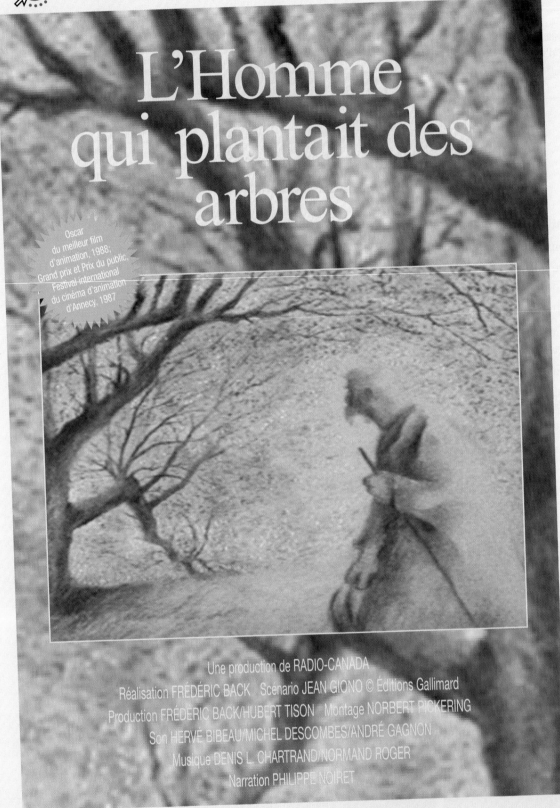

**INTRIGUE** *Un berger transforme une région entière.*

**NARRATEUR** Il y a bien des années, je faisais une course à pied° dans cette région des Alpes qui pénètre en Provence, dans une désolation sans exemple. Il me sembla apercevoir dans le lointain une petite silhouette noire. Je me dirigeai vers elle. C'était un berger.

**NARRATEUR** Il me conduisit à sa bergerie. Le berger déversa° sur la table un tas de glands. Il plantait des chênes. Il s'appelait Elzéard Bouffier. Il avait jugé que ce pays mourait par manque d'arbres. Il avait résolu de remédier à cet état de choses.

**NARRATEUR** L'année d'après, il y eut la guerre de 14. Sorti de la guerre, je repris le chemin de ces contrées désertes. Il avait continué à planter. Les chênes de 1910 avaient dix ans et étaient plus hauts que moi et que lui. Je vis couler° de l'eau dans des ruisseaux qui avaient toujours été à sec.

**NARRATEUR** À partir de 1920, je ne suis jamais resté plus d'un an sans rendre visite à Elzéard Bouffier. En 1935, une véritable délégation administrative vint examiner la *«forêt naturelle»*. Il était impossible de n'être pas subjugué° par la beauté de ces jeunes arbres en pleine santé.

**NARRATEUR** J'ai vu Elzéard Bouffier pour la dernière fois en 1945. Je ne reconnaissais plus les lieux de mes premières promenades. Les maisons neuves étaient entourées de jardins où poussaient les légumes et les fleurs. C'était désormais° un endroit où l'on avait envie d'habiter.

**NARRATEUR** Quand je pense qu'un homme seul, réduit à ses simples ressources physiques et morales, a suffi pour faire surgir du désert ce pays de Canaan, je trouve que, malgré tout, la condition humaine est admirable.

**faisais une course à pied** *was hiking*
**déversa** *poured* **couler** *running*
**subjugué** *enthralled* **désormais** *from then on*

### Note
### CULTURELLE

**Vergons**

Aujourd'hui, Vergons existe toujours. C'est un charmant petit village de montagne, d'une centaine d'habitants, situé à 1.000 mètres d'altitude, dans une partie encore très sauvage du département des Alpes de Haute Provence, pas très loin de Nice. On y voit des collines plantées d'arbres. Si Vergons est bien réel, le personnage d'Elzéard Bouffier, lui, est imaginaire.

# Analyse

**1 Compréhension** Répondez aux questions par des phrases complètes.

1. Où l'histoire se passe-t-elle?
2. Que cherche le narrateur après trois jours de marche?
3. Comment est la maison d'Elzéard Bouffier?
4. Comment sont les villages de la région que le narrateur connaît bien?
5. Pourquoi Elzéard examine-t-il les glands?
6. Que fait-il du petit sac de glands, juste avant de partir avec son troupeau le matin?
7. Comment sont les chênes de 1910 quand le narrateur revient après la guerre?
8. Quelle est l'espèce principale qu'Elzéard a plantée depuis dix ans?
9. Comment était Vergons en 1913?
10. Combien de personnes doivent leur bonheur à Elzéard?

**2 Les arbres**

**A.** Les personnages de l'histoire ont des rapports très différents avec les arbres et la forêt de Vergons. Pour chaque personnage, groupe ou période, faites une liste des citations qui lui correspondent:

   **Modèle** • Elzéard Bouffier
      «Je [le] pris pour le tronc d'un arbre solitaire. Il plantait des chênes.»

• les villages, quand le narrateur passe pour la première fois
   _____

   _____

• la délégation de 1935
   _____

   _____

• le député
   _____

• le capitaine forestier, ami du narrateur
   _____

• la guerre de 1939
   _____

   _____

• les gens de Vergons après 1945
   _____

   _____

**B.** Comparez votre liste avec celle d'un(e) camarade et répondez aux questions.

• Est-ce que l'auteur Jean Giono aime les arbres et la nature? Expliquez.
• Connaissez-vous d'autres artistes (écrivains, musiciens, peintres…) pour qui la nature a beaucoup d'importance?

Practice more at **vhlcentral.com**.

**3** **Interprétation** À deux, répondez aux questions et expliquez vos réponses.

1. Pourquoi le narrateur a-t-il du mal à trouver de l'eau?

2. Que veut dire le narrateur quand il déclare: «La société de cet homme donnait la paix»?

3. Pourquoi Elzéard Bouffier plante-t-il des arbres?

4. Pourquoi le narrateur veut-il rester une journée de plus?

5. Pourquoi Elzéard a-t-il changé de métier quand le narrateur revient après la guerre?

6. Pourquoi les gens parlent-ils d'une «forêt naturelle»?

7. Que veut dire le garde forestier par cette phrase à propos d'Elzéard: «Il en sait beaucoup plus que tout le monde»?

8. Que pense le narrateur d'Elzéard?

**4** **Le symbole** Que représente pour vous le geste, souvent symbolique, de planter un arbre? Discutez-en par petits groupes.

- Donnez des exemples précis et expliquez la signification du geste.
- Connaissez-vous d'autres cultures où planter un arbre est un symbole important?
- Avez-vous déjà planté un arbre? Expliquez.

**5** **Le résumé** Par groupes de trois, résumez en une dizaine de lignes l'histoire d'Elzéard Bouffier. Puis, comparez votre texte à celui d'un autre groupe.

**6** **L'adaptation** Elzéard Bouffier est un homme simple qui poursuit un but généreux dans l'anonymat et la solitude. À deux, réfléchissez à une adaptation de son histoire transposée dans un autre contexte. Ensuite, présentez votre version à la classe.

- Quelle est l'action extraordinaire et anonyme de votre personnage?
- Comment s'appelle-t-il/elle?
- Où et comment vit-il/elle, et quels obstacles doit-il/elle surmonter?

**ressources**

**v̂Text**

CE
pp. 178–179

vhlcentral.com
Leçon 10

# IMAGINEZ
## Fascinante Asie

*«Un jour, j'irai là-bas, un jour, dire bonjour à mon âme. Un jour, j'irai là-bas, te dire bonjour, Vietnam.»*

La baie d'Along, au Vietnam

**C**es vers sont tirés de la chanson *Bonjour Vietnam* que **Marc Lavoine** (1962–), auteur interprète français, a écrite pour la chanteuse belge d'origine vietnamienne, **Pham Quynh Anh** (1987–). Avec ses paroles émouvantes, cette chanson, qui a été diffusée sur Internet au début de l'année 2006, a su toucher le cœur de milliers de Vietnamiens.

Le Vietnam, le Cambodge et le Laos composaient l'**Indochine française**, colonie de l'**Asie du Sud-Est** continentale de 1887 à 1954. Durant cette période, la population d'origine française n'a jamais été très nombreuse, 35.000 personnes au maximum. La France s'intéressait surtout à l'**exploitation économique** du territoire, et non à son peuplement°. Dans les années 1930, les colons français possédaient encore d'immenses plantations et la société était très divisée. Malgré ce passé douloureux, des relations d'amitié se sont créées et des liens culturels se sont tissés°.

Si comme Pham Quynh Anh vous rêvez d'aller un jour au Vietnam, il y a plusieurs endroits à ne pas manquer. La **baie d'Along**, dans le **golfe du Tonkin**, au nord du pays, est connue pour sa beauté, avec ses 2.000 îles et îlots de calcaire° qui émergent des eaux couleur émeraude. Elle doit aussi son charme à ses villages de pêcheurs et à leurs maisons flottantes.

Un tour en cyclopousse° du vieux quartier ou de l'un des nombreux petits lacs bordés° de pagodes révélera tout le charme d'**Hanoï**, capitale du Vietnam. Fondée il y a trois mille ans, Hanoï est le centre culturel du Vietnam. Le **delta du Mékong** et **Hô Chi Minh-Ville**, anciennement **Saïgon**, la capitale coloniale, sont aussi des étapes incontournables.

Angkor Vat, le plus grand temple d'Angkor, au Cambodge

La moitié des produits agricoles du pays proviennent du delta. Et à Hô Chi Minh-Ville, de nombreux monuments rappellent la présence française, comme la Grande poste conçue par **Gustave Eiffel**.

Les voyageurs francophones connaissent moins bien le **Laos** et le **Cambodge**, mais c'est en train de changer. Au Laos, les visiteurs doivent s'arrêter à **Vientiane**, la capitale fondée au 16$^e$ siècle, dont certains monuments rappellent la France, comme le **Patouxai** qui ressemble à l'**Arc de Triomphe**. **Luang Prabang**, magnifique cité royale avec sa trentaine de temples bouddhistes, est un exemple remarquable de fusion entre architecture traditionnelle et urbanisme européen. Le Cambodge, «pays du sourire», est réputé pour son hospitalité. On y trouve **Angkor**, célèbre site de la culture **Khmer**, dont les merveilles d'architecture occupent plus de

### D'ailleurs...

Les paysages du Vietnam, du Laos et du Cambodge sont très variés, mais les rizières° sont partout présentes. Au Cambodge, elles occupent 70% des terres cultivées, au Vietnam 75% et au Laos 80%. Les espèces de riz du Laos sont les plus diverses: On en recense entre 3 et 4.000! Il y a même des rizières au centre de Vientiane, sa capitale.

**peuplement** *population* **se sont tissés** *were forged* **calcaire** *limestone* **cyclopousse** *rickshaw pulled by a bicycle* **bordés** *lined* **rizières** *rice fields*

**ressources**

v̂ Text

CE
p. 166

vhlcentral.com
Leçon 10

## LA POLYNÉSIE LA NOUVELLE-L'ASIE

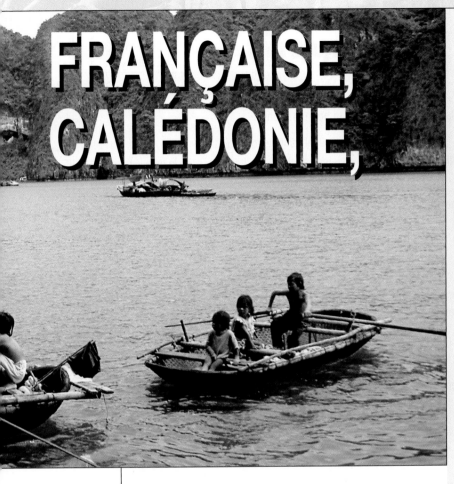

# FRANÇAISE, CALÉDONIE,

## Découvrons l'Asie francophone et les DROM

**Heiva** C'est la fête populaire la plus importante de **Tahiti**. Elle a lieu en juillet et on y organise beaucoup de concours

sportifs traditionnels: courses de pirogues° ou de porteurs de fruits, lancer du javelot°, lever de pierre, tressage°, préparation du coprah à base de noix de coco° et montée de cocotier. Il y a aussi beaucoup de costumes, de danses et de chants traditionnels.

**Pondichéry et Chandernagor** Au 17e siècle, la France a colonisé une partie de l'Inde. **Pondichéry** et **Chandernagor** étaient ses deux comptoirs° les plus importants et ce, jusque dans les années 1950. Chandernagor, sur les rives° du **Gange**, et Pondichéry, sur la côte

sud-est, sont aujourd'hui des villes indiennes où on peut voir des traces de la présence française. Par exemple à Pondichéry, certains noms de rues sont indiqués en français et les policiers portent des képis° rouges.

**Le nickel** Le nickel est rare sur terre et les gisements° de la **Nouvelle-Calédonie** constituent entre 20 et 40% de la

production mondiale. C'est la plus grande richesse de l'île, environ 80% de ses exportations. Excellent conducteur°, le nickel résiste bien aux produits chimiques et s'oxyde peu. Il est donc très utile dans les industries chimique, navale ou automobile, le bâtiment et l'électroménager°. Il sert aussi à fabriquer les pièces de 1 et 2 euros.

**Tahiti Pearl Regatta** La Tahiti Pearl Regatta est le rendez-vous annuel des amateurs de voile° en **Polynésie**. C'est d'abord une course de trois jours, où les participants naviguent en pleine mer° ou dans des lagons et doivent traverser des

passes°. Mais c'est aussi une vraie fête. Plongée, pirogues, jeux polynésiens et pétanque sont au programme. Le soir, les participants se retrouvent autour du tamaara'a géant, un grand repas traditionnel.

**courses de pirogues** *canoe races* **javelot** *spear* **tressage** *weaving* **noix de coco** *coconut* **comptoirs** *trading posts* **rives** *banks* **képis** *French military caps* **gisements** *deposits* **conducteur** *conductive* **électroménager** *home appliances* **voile** *sailing* **pleine mer** *deep sea* **passes** *channels*

---

400 km². Dans ces deux pays, la francophonie a moins d'influence qu'au Vietnam, mais le français y est encore parlé.

Ces dernières années, des classes bilingues ont été créées dans cette partie de l'Asie, pour assurer l'enseignement de la langue aux jeunes générations. Alors, si en visite là-bas, on vous accueille avec un «Bonjour et bienvenue», ne soyez pas étonnés!

## En Asie et en Océanie

### Des mots utilisés au Vietnam, au Cambodge et au Laos

| | |
|---|---|
| **une jonque** | une barque; *boat* |
| **une pagode** | un temple |
| **un pousse-pousse** | *rickshaw* |
| **un sampan** | une barque en bois |

### Le français parlé en Nouvelle-Calédonie

| | |
|---|---|
| **avoir la boulette** | être en forme; *to feel great* |
| **C'est choc!** | C'est super! |
| **les claquettes** | les tongs; *flip-flops* |
| **feinter** | blaguer; *to joke* |
| **Il est bon?** | Ça va? |
| **pète-claquettes** | ennuyeux, casse-pieds; *bore* |
| **Va baigner!** | Va-t-en!; *Go away!* |

Les richesses naturelles

# Qu'avez-vous appris?

**1**

**Vrai ou faux?** Indiquez si les affirmations sont vraies ou fausses, et corrigez les fausses.

1. Marc Lavoine a écrit la chanson *Bonjour Vietnam* pour Pham Quynh Anh.

2. Au Laos, la cité royale de Luang Prabang possède une trentaine de temples bouddhistes.

3. La francophonie a moins d'influence au Vietnam qu'au Cambodge.

4. Des classes bilingues ont été récemment créées pour assurer l'enseignement du français aux jeunes Vietnamiens, Laotiens et Cambodgiens.

5. Le Heiva est fêté en Inde.

6. La Nouvelle-Calédonie est un gros producteur d'argent.

**2**

**Questions** Répondez aux questions.

1. Quels pays composaient l'Indochine française?

2. Quand l'Indochine française a-t-elle disparu?

3. À quoi s'intéressait surtout la France en Indochine?

4. Quelles sortes de concours sont organisés pour le Heiva?

5. Où se trouve Chandernagor?

6. Qu'est-ce que la Tahiti Pearl Regatta?

## Projet

### Voyage culinaire

Imaginez que vous soyez guide et que vous organisiez un circuit à la découverte de la cuisine vietnamienne, laotienne ou cambodgienne. Faites des recherches pour créer votre itinéraire. Ensuite, préparez votre circuit d'après les critères suivants:

- Choisissez trois ou quatre lieux à visiter en rapport avec votre sujet.

- Sélectionnez des plats typiques ou des ingrédients locaux.

- Trouvez des photos des plats, des ingrédients et des lieux que vous avez choisis.

- Montrez les photos et décrivez votre circuit à la classe. Expliquez pourquoi vous avez choisi ces étapes.

---

**ÉPREUVE**

Trouvez la bonne réponse.

1. À Hanoï, il faut faire le tour _____.
   a. d'un des nombreux petits lacs    b. de la baie
   c. d'une de ses 2.000 îles          d. du temple bouddhiste

2. Angkor est un célèbre site _____.
   a. bouddhiste                b. du vieux Saigon
   c. de la culture Khmer       d. du Vietnam

3. Le Laos possède environ _____ espèces de riz.
   a. 3.500                b. 1.500
   c. 10.500               d. 35.000

4. À Tahiti, le Heiva a lieu _____.
   a. le lundi    b. en juillet    c. tous les cinq ans    d. en juin

5. _____ fait partie des concours organisés pour le Heiva.
   a. Le lancer de pierre       b. Le tatouage
   c. Le ramassage de noix      d. La course des porteurs
      de coco                      de fruits

6. Pondichéry et Chandernagor étaient des comptoirs français _____.
   a. en Inde              b. en Asie continentale
   c. au Cambodge          d. au Vietnam

7. Le nickel représente _____ des exportations de Nouvelle-Calédonie.
   a. la moitié            b. 80%
   c. les trois quarts     d. 90%

8. Le nickel _____.
   a. n'est pas utile
   b. résiste bien aux produits chimiques
   c. s'oxyde beaucoup
   d. est abondant sur terre

9. Les participants de la Tahiti Pearl Regatta se retrouvent le soir autour _____.
   a. d'une partie de pétanque
   b. d'un grand repas traditionnel
   c. d'un concert
   d. d'un barbecue sur la plage

10. La Tahiti Pearl Regatta est une course qui dure _____.
    a. une semaine            b. deux jours
    c. trois jours            d. trois semaines

 Practice more at **vhlcentral.com**.

---

# Galerie de Créateurs

## Cinéma: Rithy Panh

**1** **Préparation** Répondez à ces questions sur le partage des expériences. Pensez à une tragédie ou à une difficulté personnelle qui vous a fait souffrir. Avec qui est-ce que vous l'avez partagée? Comment l'avez-vous partagée? Expliquez en quoi vos émotions ont changé en partageant votre expérience.

### Rithy Panh: survivant des Khmers rouges

En 1975, les Khmers rouges exilent Rithy Panh et sa famille de Phnom Penh, la capitale du Cambodge. Puis, en 1980, Rithy Panh se réfugie à Paris où il suit des études de cinéma et obtient son diplôme. Le génocide, dans lequel une partie de sa famille a péri (*perished*), forge depuis le début l'inspiration de ce réalisateur cambodgien. En 1994, *Les Gens de la rizière* raconte la lutte pour la survie d'une famille rurale cambodgienne, après le génocide. Plus récemment, en 2002, dans le documentaire *S21, la machine de mort khmère rouge*, Rithy Panh met en scène des gardiens de prison et les trois survivants du S21, centre de détention, de torture et d'exécution jusqu'en 1979. Des années après la fermeture du camp, il a demandé à ces gardiens de refaire les gestes mécaniques qu'ils faisaient. Par ces images, le réalisateur arrive à rendre présents tous les prisonniers qui sont absents du film. Aujourd'hui, il travaille à la création d'un Centre de ressources audiovisuelles du Cambodge. À l'aide de ses films et de ce centre, Rithy Panh s'efforce (*tries hard*) de ressusciter la culture de son pays.

**2** **Compréhension** Répondez par des phrases complètes.

1. Pourquoi Rithy Panh a-t-il quitté son pays natal?

2. Quel est le sujet des films de Rithy Panh?

3. Qu'est-ce que c'est, le S21?

4. Comment Rithy Panh a-t-il rendu les prisonniers du S21 présents dans son documentaire?

**3** **Discussion** Discutez en groupes et puis avec la classe

Selon la lecture, Panh a mis en scène des gardiens du S21 et leur a demandé de refaire leurs gestes dans le film. Il voulait ainsi aider les Cambodgiens à «guérir» des atrocités commises par les Khmers rouges. Êtes-vous d'accord avec cette idée? Pourquoi? Comment est-ce que les victimes d'une telle tragédie peuvent s'exprimer et «guérir»? Discutez de ces questions et justifiez vos réponses.

**4** **Application** Comment «guérir» les cœurs

Pensez à une tragédie qui a fait souffrir un peuple, une culture, une personne ou vous-même. Comment peut-on partager cette expérience avec le reste du monde afin qu'elle ne se répète pas? Comment peut-on aider les cœurs des victimes à en «guérir»? Préparez une présentation sur ce sujet.

Rithy Panh

**Presentation**

**10.1**

# The past conditional

—*Qui **aurait pu** imaginer... une telle obstination dans la générosité la plus magnifique?*

D'après Jean Giono, *L'Homme qui plantait des arbres*, © Éditions Gallimard

**BLOC-NOTES**

To review formation and use of the **conditionnel**, see **Structures 8.3, pp. 280–281**.

- Use the past conditional (**le conditionnel passé**) to express an action that *would have occurred* in the past.

| Conditionnel | Past conditional |
|---|---|
| Sans les nuages de pollution, on respirerait mieux. | Sans les nuages de pollution, nos ancêtres auraient mieux respiré. |
| *Without smog, we'd breathe better.* | *Without smog, our ancestors would have breathed better.* |

- The past conditional is formed with a **conditionnel** form of **avoir** or **être** and the past participle of the main verb. Use the same helping verb as you would for any other compound tense, such as the **passé composé**, the **plus-que-parfait**, or the future perfect.

|  | faire | partir | se lever |
|---|---|---|---|
| je/j' | aurais fait | serais parti(e) | me serais levé(e) |
| tu | aurais fait | serais parti(e) | te serais levé(e) |
| il/elle | aurait fait | serait parti(e) | se serait levé(e) |
| nous | aurions fait | serions parti(e)s | nous serions levé(e)s |
| vous | auriez fait | seriez parti(e)(s) | vous seriez levé(e)(s) |
| ils/elles | auraient fait | seraient parti(e)s | se seraient levé(e)s |

- Verbs in the past conditional follow the same patterns as they do in other compound tenses for negation, adverb and pronoun placement, and past participle agreement.

Il y a cent ans, **personne ne** nous aurait parlé de la pluie acide.
*100 years ago, no one would have talked to us about acid rain.*

Nathalie aurait **bien** ri si elle avait entendu cette blague.
*Nathalie would have laughed a lot if she had heard that joke.*

Je ne trouve pas **les clés que** vous auriez **vues** hier dans la cuisine.
*I cannot find the keys that you might have seen in the kitchen yesterday.*

Nous serions **déjà** partis si cela avait été possible.
*We would have already left if it had been possible.*

- Use the past conditional with certain verbs to express regret or reproach. In the past conditional, **aimer** + [*infinitive*] means *would have liked to*; **devoir** + [*infinitive*] means *should have*; **pouvoir** + [*infinitive*] means *could have*; and **vouloir** + [*infinitive*] means *would have liked to*.

> Vous **auriez dû étudier** un peu
> plus longtemps.
> *You should have studied a*
> *little longer.*

> Nous **aurions aimé regarder** un
> film différent.
> *We would have liked to watch a*
> *different film.*

> Tu **aurais** quand même **pu** m'**appeler**
> hier soir.
> *You could have at least called me*
> *last night.*

> J'**aurais voulu lire** l'article sur les
> sources d'énergie.
> *I would have liked to read the article*
> *about energy sources.*

- Use the **conditionnel** or the past conditional with the expression **au cas où** (*in case*).

> Prends ton portable **au cas où**
> le train **arriverait** en retard.
> *Bring your cell phone in case*
> *train arrives late.*

> Prends ton portable **au cas où** le train **serait**
> déjà **parti** quand vous arriverez à la gare.
> *Bring your cell phone in case the train has*
> *already left when you arrive at the station.*

**BLOC-NOTES**

To review the *future in the past* use of the **conditionnel**, see **Structures 8.3, pp. 280–281**.

- You have learned that the **conditionnel** can express a future action when talking about the past. The past conditional can act as a *future perfect in the past*, describing events that were to have taken place at a later point.

> Maman nous a dit qu'elle **rentrerait**
> avant minuit.
> *Mom told us that she would come*
> *home before midnight.*

> Maman nous avait dit qu'elle **serait rentrée**
> avant minuit, mais elle n'a pas pu.
> *Mom had told us that she would come*
> *home before midnight, but she couldn't.*

- Just as the **conditionnel** can express uncertainty about events in the present, the past conditional can express uncertainty about events in the past.

> Selon le journal, il y **aurait** une
> centaine d'habitants dans ce village.
> *According to the newspaper, there*
> *might be a hundred or so*
> *inhabitants in this town.*

> Selon le journal, il y **aurait eu** une
> centaine de manifestants samedi.
> *According to the newspaper, there*
> *might have been a hundred or so*
> *protesters on Saturday.*

# Mise en pratique

**1**

**À compléter** Employez le conditionnel passé des verbes entre parenthèses.

1. Selon mon oncle, l'ouragan _____ (détruire) un centaine de bâtiments.

2. Les journaux ont annoncé qu'à cause d'une demande inhabituelle, nous _____ (épuiser) nos réserves de combustibles.

3. Je _____ (s'acheter) la plus grande voiture, mais j'avais peur qu'elle nuise à l'environnement.

4. Je/J' _____ (vouloir voir) moins de pollution, mais j'ai dû rester longtemps dans la capitale.

5. Tu as dit aux représentants de la société de recyclage que tu _____ (ne pas gaspiller) les produits non-renouvelables.

**2**

**Note**
**CULTURELLE**

**Tahiti** est la plus grande des **îles de la Société**, un des cinq archipels qui constituent la **Polynésie française**. De nombreux personnages célèbres sont passés par la Polynésie française, pour des raisons assez diverses. Le peintre français **Paul Gauguin** y a vécu à la fin du 19ᵉ siècle, jusqu'à sa mort en 1903. L'écrivain américain **Herman Melville**, par contre (*on the other hand*), a été emprisonné à Papeete en 1842.

**Y est-il vraiment allé?** Michel a passé des vacances à Tahiti, et ses amis lui demandent comment ça s'est passé. Mais il leur répond évasivement. Employez le conditionnel passé pour répondre comme Michel. Soyez créatif/créative.

> **Modèle** **Tu as visité les quartiers intéressants de Papeete?**
> Je les aurais visités, mais je n'avais pas le plan de la ville.

1. Alors, tu es allé à la plage?

2. On t'a servi de délicieux fruits tropicaux?

3. Est-ce que les habitants t'ont parlé français?

4. T'es-tu fait de nouveaux amis?

5. Alors, tu as découvert d'autres îles de l'archipel de la Société?

6. L'île évoque au moins les tableaux de Gauguin?

**3**

**Qu'aurait-elle fait?** Malika a passé ses vacances en famille, mais elle aurait aimé les passer avec ses amis. Dites ce qu'elle aurait préféré faire en leur compagnie.

> **Modèle** **Malika et sa famille sont allés dans un musée de peintures.**
> **(au centre commercial)**
> Malika, elle, serait allée au centre commercial.

1. Ils ont dormi à l'hôtel. (chez sa copine Manon)

2. Ils ont emporté des jeux de société (*boardgames*). (son ordinateur portable)

3. Ils ont souvent mangé dans une crêperie. (dans une pizzeria)

4. Ils ont joué à la pétanque. (au tennis)

5. Ils sont sortis un soir sur trois. (tous les soirs)

6. Ils ont bronzé dans leur jardin. (à la plage)

7. Le premier jour, ils sont partis à 6 heures du matin. (à midi)

8. Ils sont rentrés un dimanche. (un vendredi)

 Practice more at **vhlcentral.com**.

# Communication

**4**

**Qu'auriez-vous fait?** À deux, regardez les illustrations et, à tour de rôle, dites ce que vous auriez fait dans chaque situation. Servez-vous des mots de la liste, si nécessaire.

> **Modèle** Moi, je me serais fâché contre le garçon avec la glace.

| acheter | crier | un médecin |
| appeler | se fâcher | salir |
| un costume | une glace | téléphoner |

**5**

**Des excuses** Martin, votre meilleur ami, est allé en vacances à Tahiti. Vous lui demandez s'il (*if he*) a fait toute une liste de choses, mais il a toujours une bonne excuse pour expliquer que non. Avec un(e) partenaire, jouez tour à tour le rôle de Martin et imaginez la conversation. Soyez créatifs/créatives!

> **Modèle** **nager dans l'océan Pacifique**
> Vous avez nagé dans l'océan Pacifique?
> J'aurais nagé dans l'océan, mais c'était trop dangereux!

- bronzer sur la plage
- voir la Tahiti Pearl Regatta
- nous acheter des cadeaux
- visiter des musées
- assister au Heiva
- rencontrer des Tahitiens

**6**

**Des regrets?** Qu'est-ce que vous n'avez pas fait dans la vie parce que vous avez choisi de faire autre chose? Le regrettez-vous? Par groupes de trois, employez le conditionnel passé des verbes **aimer**, **devoir**, **pouvoir** et **vouloir** pour parler de vos choix à vos camarades.

> **Modèle** J'aurais pu visiter l'Europe l'été dernier, mais j'ai choisi de passer deux semaines chez ma grand-mère, qui fêtait son 80ᵉ anniversaire.

Qu'auriez-vous...
- aimé faire?
- dû faire?
- pu faire?
- voulu faire?

Qu'avez-vous fait à la place?

ressources

v̂Text

CE
pp. 167–169

vhlcentral.com
Leçon 10

**Presentation**

10.2

# The future perfect

*Elzéard Bouffier **aura planté** des hectares et des hectares d'arbres avant sa mort en 1947.*

- Use the future perfect (**le futur antérieur**) tense to describe an action that *will have occurred* before another action in the future.

| | |
|---|---|
| Quand il arrivera, Martine **sera** déjà **partie**. | Je prendrai une décision quand vous m'**aurez donné** plus d'informations. |
| *By the time he arrives, Martine will have already left.* | *I'll make a decision when you have given me more information.* |

- Verbs in the future perfect are formed with a **futur simple** form of **avoir** or **être** and the past participle of the main verb. Use the same helping verb as for other compound tenses, such as the **passé composé** and the **plus-que-parfait**.

### BLOC-NOTES

To review the forms of the **futur simple**, see **Structures 7.2, pp. 240–241**.

| | faire | partir | se lever |
|---|---|---|---|
| **je/j'** | aurai fait | serai parti(e) | me serai levé(e) |
| **tu** | auras fait | seras parti(e) | te seras levé(e) |
| **il/elle** | aura fait | sera parti(e) | se sera levé(e) |
| **nous** | aurons fait | serons parti(e)s | nous serons levé(e)s |
| **vous** | aurez fait | serez parti(e)(s) | vous serez levé(e)(s) |
| **ils/elles** | auront fait | seront parti(e)s | se seront levé(e)s |

- Verbs in the future perfect follow the same patterns as they do in other compound tenses for negation, adverb and pronoun placement, and past participle agreement.

### BLOC-NOTES

To review…

- negation, see **Structures 4.2, pp. 128–129**.
- pronoun order, see **Structures 5.3, pp. 168–169**.
- past participle agreement, see **Fiche de grammaire 5.5, p. 390**.

| Negation | Cette espèce n'aura pas entièrement disparu en 2040, j'espère. *This species won't have completely disappeared by 2040, I hope.* |
|---|---|
| Adverb placement | Il aura déjà passé deux jours à Papeete quand il viendra nous chercher à l'aéroport. *He will have already spent two days in Papeete when he comes to pick us up at the airport.* |
| Pronoun placement | Nous lui aurons déjà parlé quand nous arriverons en classe demain. *We will have already talked to her when we get to class tomorrow.* |
| Past participle agreement | À minuit, elles se seront déjà couchées. *By midnight, they will have already gone to bed.* |

- You may contrast two clauses —one with a verb in the future perfect and one with a verb in the **futur simple**— in order to establish that one event will happen before another.

**ATTENTION!**

In the main clause, an imperative can appear in the place of a verb in the **futur simple**.

**Quand tu auras fait les courses, téléphone-moi.**

*When you've run your errands, call me.*

| First event | Second event |
|---|---|
| **Quand tu auras fait tes courses,** <br> *When you've run your errands,* | **je viendrai te chercher en voiture.** <br> *I'll come pick you up in the car.* |

Dès qu'elle **sera arrivée** à Paris, *As soon as she has arrived in Paris,*

elle **s'installera** à son hôtel. *she'll settle in at her hotel.*

- You learned that you can use the **futur simple** after the conjunctions **aussitôt que** (*as soon as*), **dès que** (*as soon as*), **lorsque** (*when*), **quand** (*when*), and **tant que** (*as long as*), if they describe a future event. They can also be followed by a verb in the future perfect, which is the tense almost always used after **après que** (*after*) and **une fois que** (*once*).

Il partira **après qu'**on **aura mangé**.
*He'll leave after we've eaten.*

**Aussitôt qu'**elle **aura trouvé** un nouvel appartement, elle nous invitera.
*As soon as she's found a new apartment, she'll invite us over.*

Tu m'appelleras **dès que** tu **seras rentré**?
*Will you call me as soon as you've returned?*

Vous visiterez le zoo **une fois qu'**on **aura ouvert** l'exposition sur les ours.
*You'll visit the zoo once they've opened the bear exhibit.*

**BLOC-NOTES**

To review the use of the **futur simple** with certain conjunctions, see **Structures 7.2, pp. 240–241**.

- When connecting two clauses, note the subtle distinction in meaning between a sentence that uses the **futur simple** after one of these conjunctions and one that uses the future perfect. In neither case are the English equivalents of these conjunctions followed by *will*.

**Quand** j'**aurai** des nouvelles, je vous **écrirai**.
*When I get some news, I'll write you.*

*but*

**Quand** j'**aurai eu** des nouvelles, je vous **écrirai**.
*When I've gotten some news, I'll write you.*

- Use **après que** with a conjugated verb when the subject of a subordinate clause is different from that of the main clause. Use **après** with the past infinitive when the subjects of both clauses are the same.

| Different subjects | Same subjects |
|---|---|
| **Mémé viendra nous rendre visite** <br> **après qu'on aura fait le ménage.** <br> *Grandma will come visit us after we've done the housework.* | **Nous sortirons, mais seulement** <br> **après avoir fait le ménage.** <br> *We'll go out, but only after having done the housework.* |

**BLOC-NOTES**

To review formation and use of the past infinitive, see **Structures 8.1, pp. 272–273**.

# Mise en pratique

**1**

**À compléter...** Mettez les verbes entre parenthèses au futur antérieur.

1. Quand le soleil _____ (réapparaître) après l'inondation, le niveau des eaux commencera à baisser.

2. Mesdames et messieurs, vous pourrez admirer la chaîne montagneuse lorsque vous _____ (arriver) au bout du sentier.

3. Le réchauffement de la planète, s'il continue, _____ (tuer) beaucoup de récifs de corail.

4. Après que nous _____ (finir) de sauver les forêts tropicales, les températures de la planète se stabiliseront.

5. Dès que le nuage de pollution _____ (se lever), je ferai du jogging.

6. On consommera moins de combustibles quand les habitants des grandes villes _____ (apprendre) à se servir des transports en commun.

7. Grâce aux nouveaux styles de construction, les tremblements de terre _____ (détruire) moins de bâtiments au cours de ce siècle.

8. Je dépenserai beaucoup d'argent pour l'électricité tant que je _____ (ne pas jeter) mon vieux chauffe-eau (*water heater*), qui gaspille trop d'énergie.

**2**

**Avant le départ** Monsieur Arnal et sa famille vont partir demain pour Nouméa. Mettez les verbes entre parenthèses au futur antérieur ou à l'infinitif passé.

Demain, ma famille et moi devons partir tôt pour l'aéroport, et nous n'aurons pas de temps à perdre. Après que ma femme (1) _____ (se lever), j'irai réveiller les enfants. Ils devront s'habiller rapidement après (2) _____ (prendre) leur petit-déjeuner. Moi, après (3) _____ (se brosser) les dents, je ferai la vaisselle. Ma femme prendra sa douche aussitôt que je (4) _____ (sortir) de la salle de bains. Après (5) _____ (s'habiller), nous téléphonerons à mes parents pour leur dire au revoir. Enfin, après (6) _____ (chercher) les passeports, ma femme donnera la clé de la maison aux voisins, qui vont la surveiller pendant notre absence.

**Note**
**CULTURELLE**

**Nouméa**, capitale de la **Nouvelle-Calédonie**, collectivité française d'outre-mer (*overseas*) sui generis, c'est-à-dire une collectivité à statut particulier, est une des villes les plus industrialisées du Pacifique Sud. La ville prend pourtant des mesures pour préserver les richesses naturelles, et est aujourd'hui un exemple de l'harmonie entre nature et urbanisation.

**3**

**Dialogue** Pascal énerve souvent Kamil, son camarade de chambre, parce qu'il fait beaucoup de promesses, mais ne fait jamais rien. À deux, terminez le dialogue.

**KAMIL** Mais quand est-ce que tu vas ranger tes livres?

**PASCAL** Aussitôt que je/j' (1) _____, je rangerai mes livres.

**KAMIL** Tes amis ont mangé dans la cuisine et sont partis sans la nettoyer.

**PASCAL** D'accord! Ils la nettoieront dès qu'ils (2) _____.

**KAMIL** Et mes CD? Pourquoi est-ce que vous les avez pris?

**PASCAL** Nous te les rendrons une fois que nous (3) _____.

**KAMIL** Ah, et il n'y a plus rien à manger dans le frigo.

**PASCAL** Je passerai au supermarché demain quand tu (4) _____.

**KAMIL** Et j'en ai marre de tes vêtements sales par terre.

**PASCAL** Je ferai ma lessive aussitôt que je/j' (5) _____.

**KAMIL** Des promesses, toujours des promesses!

Practice more at **vhlcentral.com.**

# Communication

**4** **En 2030** À deux, dites comment ces problèmes écologiques auront évolué en 2030. Ensuite, présentez vos prédictions à la classe.

> **Modèle** **la pluie acide**
> Nous aurons résolu le problème de la pluie acide en 2030. Les usines auront arrêté de polluer l'atmosphère.

- le réchauffement de la planète
- les sécheresses
- la consommation d'énergie
- la diminution de la couche d'ozone
- la déforestation
- ?

**5** **Et vous en 2030?** Par groupes de trois, dites ce qui aura changé dans votre vie personnelle, en 2030. Ensuite, expliquez à la classe ce qui aura changé dans la vie de vos camarades.

> **Modèle** **vos relations avec vos parents**
> Mes parents et moi, nous aurons appris à mieux nous entendre en 2030.

- vos finances
- votre carrière
- vos loisirs
- vos relations avec vos amis
- vos connaissances en français
- ?

**6** **Les plus brillant(e)s** Deux écologistes, chacun(e) se croyant plus brillant(e) que l'autre, parlent de ce qu'ils/elles auront fait à la fin de leur carrière pour sauver l'environnement et recevoir le prix Nobel de la paix. À deux, inventez le dialogue à l'aide du futur antérieur et des éléments donnés.

| | |
|---|---|
| **Votre pays d'origine** | |
| **Le problème sur lequel vous aurez travaillé** | |
| **La solution que vous aurez proposée** | |
| **Le moyen que vous aurez trouvé pour financer vos recherches** | |
| **Les procédures que vous aurez mises en place (*implemented*)** | |

ressources

v̂Text

CE
pp. 170–172

vhlcentral.com
Leçon 10

**Presentation Tutorial**

10.3

# Si clauses

—*Si* on **compte** *l'ancienne population . . . et les nouveaux venus, plus de dix mille personnes* **doivent** *leur bonheur à Elzéard Bouffier.*

D'après Jean Giono, *L'Homme qui plantait des arbres*, © Éditions Gallimard

- **Si** (*If*) clauses express a condition or event upon which another event depends. The **si** clause is the subordinate clause, and the result clause is the main clause.

- If the result clause is the timeless, automatic effect of a general cause or condition introduced by **si,** use the present tense in both clauses.

| Si clause: present tense | Main clause: present tense |
|---|---|
| Si **je** suis **malade,** | **je** reste **chez moi.** |
| *If I am ill,* | *I stay at home.* |

**ATTENTION!**

If the word following **si** is **il** or **ils**, make the contraction **s'il** or **s'ils**.

- To talk about possible future events, use the present tense in the **si** clause to say that if something occurs, something else will result. Use the **futur proche**, **futur simple**, or imperative in the main clause.

| Si clause: present tense | | Main clause |
|---|---|---|
| Si **l'ouragan** arrive **ce soir,** | *FUTUR PROCHE* | **on** va rester **chez nous demain.** |
| *If the hurricane arrives tonight,* | | *we're going to stay home tomorrow.* |
| S'**il** continue **à pleuvoir,** | *FUTUR SIMPLE* | **il y** aura des **inondations.** |
| *If it keeps raining,* | | *there will be floods.* |
| S'**il y** a **des déchets par terre,** | *IMPERATIVE* | jetez-les **dans la poubelle.** |
| *If there is trash on the ground,* | | *throw it in the garbage.* |

- A **si** clause can speculate on what *would happen* if a condition or event *were to occur*. For such contrary-to-fact statements, use a verb in the **imparfait** in the **si** clause and a verb in the **conditionnel** in the main clause.

| Si clause: **imparfait** | Main clause: **conditionnel** |
|---|---|
| Si **on** donnait **à manger aux animaux du zoo,** | **on** mettrait **leur vie en danger.** |
| *If we fed the zoo animals,* | *we would put their lives in danger.* |

- **Si** clauses with the **imparfait** are often used without a main clause to make a suggestion or to express a wish or regret. The main clause may also be omitted in English in these types of expressions.

| | |
|---|---|
| **Suggestion** | Si **on** allait **au zoo demain?** |
| | *What if we went to the zoo tomorrow?* |
| **Expression of wish or regret** | Si **j'**étais **plus grand, plus beau, plus riche!** |
| | *If only I were taller, more handsome, richer!* |

- To make a statement about something that occurred in the past and could have happened differently, use the **plus-que-parfait** in the **si** clause and the **conditionnel passé** in the main clause.

| Si clause: plus-que-parfait | Main clause: conditionnel passé |
|---|---|
| Si **nous** avions fait **du camping,** *If we had gone camping,* | **nous** aurions économisé **de l'argent.** *we would have saved money.* |
| Si **vous** étiez arrivés **dix minutes plus tôt,** *If you had arrived ten minutes earlier,* | **vous n'**auriez **pas** manqué **les bandes-annonces.** *you would not have missed the previews.* |

**Si** vous **étiez passés** par la pâtisserie,
*If you had stopped by the pastry shop,*

on **aurait eu** des croissants pour le petit-déjeuner.
*we would have had croissants for breakfast.*

- When **si** does not mean *if*, use the tense called for by the meaning of the sentence.

| | |
|---|---|
| Ils ne savent pas **si** les singes **aiment** vraiment les bananes. *They do not know whether monkeys really like bananas.* | Mais **si**, je t'ai dit que ce produit était nuisible à l'environnement. *But I did tell you that product was harmful to the environment.* |

### Summary of si clauses

| | Subordinate clause | Main clause |
|---|---|---|
| Possible future events | si + present | futur proche<br>futur simple<br>imperative |
| Contrary-to-fact events | si + imparfait<br>si + plus-que-parfait | conditionnel<br>conditionnel passé |

*Si les villages **étaient** moins dispersés, le narrateur ne **serait** pas **obligé** de marcher autant.*

**ATTENTION!**

In expressions of regret, the main clause with a verb in the conditional is sometimes omitted.

**Si j'avais su!**

*If only I had known!*

**ATTENTION!**

The order of the subordinate and main clauses can vary in any **si** construction.

**Si on allait au zoo, on pourrait voir les tigres.**

*If we went to the zoo, we could see the tigers.*

**Restez à la maison si l'ouragan passe demain.**

*Stay at home if the hurricane comes tomorrow.*

**BLOC-NOTES**

To review...

- the **futur proche**, see **Structures 1.2, pp. 20–21**.
- the **imperative**, see **Fiche de grammaire 1.5, p. 374**.
- the **imparfait**, see **Fiche de grammaire 3.5, p. 382**.
- the **conditionnel**, see **Structures 8.3, pp. 280–281**.
- the **plus-que-parfait**, see **Structures 4.1, pp. 124–125**.
- the **conditionnel passé**, see **Structures 10.1, pp. 346–347**.

# Mise en pratique

**1** **Situations** Complétez les phrases.

**A. Situations possibles dans le futur**

1. Si Thérèse n'_____ (arriver) pas bientôt, nous devrons faire la queue.

2. Si vous _____ (continuer) à chasser les ours, cette espèce va finir par être en voie d'extinction.

**B. Situations hypothétiques dans le présent**

3. Le trou dans la couche d'ozone _____ (être) encore plus grand si on utilisait encore certains produits nuisibles.

4. Si les gens _____ (recycler) plus souvent, il n'y aurait pas autant de déchets par terre (*on the ground*).

**C. Situations hypothétiques dans le passé**

5. S'il _____ (ne pas pleuvoir), nous n'aurions pas vu cet arc-en-ciel.

6. Le prix des combustibles _____ (baisser) si nous avions choisi d'utiliser d'autres sources d'énergie.

**2** **Il faut être optimiste** Carole et Laëtitia travaillent pour Sauveterre, une organisation environnementale. Employez les temps qui conviennent pour compléter le dialogue.

**CAROLE** Si nous (1) _____ (travailler) jusqu'à dix heures ce soir, nous pourrons finir les nouvelles brochures sur le réchauffement de l'atmosphère.

**LAËTITIA** Penses-tu que les gens vont les jeter à la poubelle? S'ils s'inquiétaient vraiment pour l'environnement, les fleuves (2) _____ (être) moins pollués et nous ne (3) _____ (gaspiller) pas autant d'énergie.

**CAROLE** C'est vrai. Mais si le public ne (4) _____ (s'intéresser) pas du tout à l'environnement et ne (5) _____ (faire) pas d'efforts pour le protéger, nous respirerions un air encore plus impur et les forêts (6) _____ (disparaître) plus vite.

**LAËTITIA** Tu as raison. Je ne me pose plus de questions. Alors si nous (7) _____ (voir) quelqu'un jeter sa brochure à la poubelle, recyclons-la et (8) _____ (être) optimistes!

**3** **Si j'étais** À deux, imaginez votre vie si vous étiez une de ces célébrités. Ensuite, à tour de rôle, présentez vos idées à la classe.

**Modèle** **Scarlett Johansson**

Si j'étais Scarlett Johansson, je travaillerais avec un réalisateur français.

- Justin Timberlake
- Madonna
- Will Smith
- Lindsay Lohan
- Zac Efron
- Miley Cyrus
- ?

# Communication

**4** **Que feriez-vous?** À deux, regardez ces scènes et demandez-vous ce que vous feriez si vous étiez dans ces situations-là. Soyez créatifs!

> **Modèle** —Qu'est-ce que tu ferais si quelqu'un te payait un voyage
> en Polynésie?
> —Si quelqu'un me payait un voyage en Polynésie, je prendrais
> le premier avion.

**5** **Que se passerait-il?** Par groupes de trois, dites à vos camarades, à tour de rôle, ce que vous feriez dans les situations suivantes.

> **Modèle** **Si tu étais un(e) athlète célèbre**
> Si j'étais un(e) athlète célèbre, je donnerais une partie de mon salaire à
> mon ancien lycée.

1. Si tu étais un(e) chanteur/chanteuse célèbre
2. Si tu gagnais à la loterie
3. Si les cours étaient annulés pendant une semaine
4. Si tu trouvais une valise pleine d'argent
5. Si tu pouvais devenir invisible

**6** **Trop peu!** Vous parlez à un expert en écologie, qui vous explique pourquoi l'environnement est en danger malgré (*despite*) tous les efforts faits pour le protéger. À deux, dites ce que vous ferez s'il est vrai que certains problèmes existent encore.

> **Modèle** Si la déforestation est encore un problème, je n'achèterai plus le
> journal, mais je le lirai sur Internet.

ressources

v̂ Text

CE
pp. 173-176

vhlcentral.com
Leçon 10

# Synthèse

# La météo

| | Aujourd'hui | Demain | Après-demain |
|---|---|---|---|
| **Bruxelles** | Max. / Min.<br>4° C / −1° C | Max. / Min.<br>8° C / 5° C | Max. / Min.<br>6° C / 4° C |
| **Dakar** | Max. / Min.<br>22° C / 22° C | Max. / Min.<br>24° C / 21° C | Max. / Min.<br>26° C / 23° C |
| **Montréal** | Max. / Min.<br>−2° C / −8° C | Max. / Min.<br>0° C / −4° C | Max. / Min.<br>4° C / 1° C |
| **Nouméa** | Max. / Min.<br>30° C / 25° C | Max. / Min.<br>28° C / 24° C | Max. / Min.<br>31° C / 22° C |
| **Papeete** | Max. / Min.<br>28° C / 24° C | Max. / Min.<br>26° C / 22° C | Max. / Min.<br>30° C / 25° C |

**1** **Les prévisions météo** Vous partez en vacances avec un(e) camarade et vous choisissez un endroit parmi (*among*) les villes présentées dans ces prévisions météo. Employez des phrases avec **si** pour dire vos préférences.

> **Modèle** —J'irais bien à Nouméa, s'il ne pleuvait pas autant.
> —S'il y fait moins chaud la semaine prochaine, partons pour Papeete.

**2** **Quelle impatience!** Votre camarade et vous avez fait vos choix, et vous partez demain. Maintenant vous comptez impatiemment les secondes avant le départ. À tour de rôle, employez le futur antérieur pour dire dix choses que vous aurez faites dans une semaine.

> **Modèle** Dans une semaine, nous aurons déjà nagé dans l'océan Pacifique.

**3** **Catastrophe!** Vous et votre camarade venez de rentrer. Vos vacances se sont très mal passées! Dites chacun(e) cinq choses qui auraient pu les améliorer.

> **Modèle** S'il n'avait pas plu tous les jours, nous serions sortis de l'hôtel.

ressources

v Text

vhlcentral.com
Leçon 10

# Préparation

| Vocabulaire de la lecture | | Vocabulaire utile |
|---|---|---|
| **abriter** *to provide a habitat for* | **une huître** *oyster* | **un dauphin** *dolphin* |
| **un caillou (des cailloux)** *pebble(s)* | **un lagon** *lagoon* | **une éolienne** *wind turbine* |
| **l'épanouissement (*m.*)** *development* | **une perle** *pearl* | **un filet (de pêche)** *(fishing) net* |
| **une ferme** *farm* | **récolter** *to harvest* | **pêcher** *to fish* |
| | **un requin** *shark* | **la plongée (sous-marine/ avec tuba)** *diving; snorkeling* |
| | **une tortue** *turtle* | **une récolte** *harvest* |

**1**

**La rencontre** Un journaliste faisant un reportage en Nouvelle-Calédonie rencontre un pêcheur sur la plage. Complétez leur dialogue à l'aide du vocabulaire fourni dans le tableau.

**JOURNALISTE** Ça fait longtemps que vous êtes pêcheur?

**PÊCHEUR** Depuis tout petit. Mon père (1) _____ au harpon sur la barrière de corail. Moi, je préfère utiliser (2) _____.

**JOURNALISTE** C'est un métier difficile et dangereux?

**PÊCHEUR** Difficile, oui, dangereux, pas tellement. De temps en temps, on entend parler d'une attaque de (3) _____, mais c'est plutôt rare.

**JOURNALISTE** Vous travaillez dans ce grand (4) _____?

**PÊCHEUR** Oui, il (5) _____ une grande variété d'espèces. Et puis, mon frère a (6) _____ marine où il élève des (7) _____ pour les perles. Cette année, (8) _____ a été très abondante.

**JOURNALISTE** Bon, je vous remercie, et bonne continuation.

**2** **Les fautes** Vous avez fait un voyage à Tahiti avec un(e) ami(e). Maintenant vous êtes à une soirée où il/elle explique tout ce qui s'est passé. Corrigez ses fautes de vocabulaire.

> **Modèle** — Nous avons mangé des *cailloux*. C'était délicieux.
> — Non, nous avons mangé des huîtres! C'était délicieux.

1. — J'ai passé toute la journée dans un *filet de pêche* à étudier la vie marine.
   — _____

2. — Nous avons vu deux fois des *dauphins* marcher sur la plage.
   — _____

3. — Les Tahitiens élèvent les huîtres pour leurs *cailloux*.
   — _____

4. — Les lagons *récoltent* des milliers d'espèces de poissons.
   — _____

**3**

**La nature et vous** À deux, répondez aux questions et expliquez vos réponses.

1. Aimez-vous la nature? Pourquoi?
2. Quels endroits naturels sont connus pour leur flore ou faune très diverse?
3. Avez-vous déjà visité un de ces endroits? Si oui, comment était-ce? Sinon, aimeriez-vous en visiter un?
4. Faut-il s'inquiéter de ce qui menace l'environnement dans une autre région du monde?

ressources

**v Text**

vhlcentral.com
Leçon 10

Practice more at **vhlcentral.com.**

# Les richesses
# DU PACIFIQUE

Vous avez sans doute entendu parler de la «grande barrière de corail», en Australie. Mais vous ne savez peut-être pas qu'il en existe
5 une autre, très belle aussi, autour de la Nouvelle-Calédonie. Cette île de l'Océanie peut se vanter° d'avoir le lagon le plus vaste du monde. Ce trésor inestimable est connu pour être le deuxième plus grand
10 ensemble corallien du monde. Il mesure 1.600 kilomètres (*1.000 miles*) de long et abrite 15.000 espèces végétales et animales. C'est l'un des temples de la biodiversité marine mondiale. On n'a identifié que 20%
15 des espèces représentées, et de nouvelles espèces y sont régulièrement découvertes. La barrière de corail est aussi l'un des principaux habitats de la tortue verte, la tortue marine la plus rapide. Elle peut nager
20 à plus de 30 km/h (*20 m/h*).

De nombreux dangers menacent le plein épanouissement de la barrière corallienne, en particulier la pollution et la vente de coraux. Cependant, la barrière
25 autour de la Nouvelle-Calédonie est encore en très bon état de préservation. C'est pour protéger cette richesse écologique que le Ministère français de l'aménagement du territoire° et de l'environnement a proposé
30 que la barrière corallienne soit classée au patrimoine mondial de l'UNESCO en 2008. Ce site serait ainsi le premier du domaine de l'Outre-mer français° à obtenir cette reconnaissance.

35 Et Tahiti? Quel est à votre avis le premier produit d'exportation de cette île paradisiaque? Les fruits de mer? Pas du tout! C'est la perle noire de culture qui arrive en tête des exportations de
40 la Polynésie française, où on compte aujourd'hui près de 800 fermes perlières. Environ 5.000 personnes vivent de cette industrie. La periculture connaît un développement prodigieux depuis les
45 années 1980. Les exportations sont passées de 86 kilogrammes par an en 1980 à plus de 10 tonnes en 2003, en générant un profit

*boast*

*town and country planning*

*French overseas*

## Les étapes de la periculture

La periculture compte six étapes. Ce sont des procédés très complexes et très délicats. Une fois que l'huître est fécondée° et greffée°, on l'élève pendant dix-huit mois pour qu'elle produise des perles qui sont ensuite récoltées.

*fertilized / grafted*

de 85 millions d'euros. Les «richesses» du patrimoine océanique sont donc aussi des richesses au sens propre du terme°.

50 *literally*

Les beautés naturelles sous-marines sont encore mal connues du grand public. C'est pourquoi il existe des endroits en Polynésie française où l'on fait découvrir aux touristes la faune et la flore d'un
55 lagon. Ce sont les lagoonariums, des réserves aquatiques en milieu naturel. Dans l'archipel de la Société, il en existe deux, à Tahiti et à Bora Bora. Ces aquariums géants ont des bassins° dans lesquels évoluent
60 presque toutes les espèces aquatiques de cette région du monde. On a la possibilité d'assister au repas des requins donné à la main. Si on veut vivre une expérience inoubliable, le lagoonarium de Bora Bora
65 propose même à ses visiteurs de nager parmi la faune marine.

*pools*

«L'émerveillement°» est le premier pas vers le respect», affirme l'écologiste Nicolas Hulot, président de la fondation écologique
70 qui porte son nom. Il est essentiel de comprendre notre environnement aquatique pour l'admirer et le respecter. Jacques-Yves Cousteau fut un pionnier dans ce domaine en nous faisant découvrir ce monde du
75 silence, dès les années 1950. Préservons notre patrimoine naturel. N'est-ce pas notre plus grande richesse? ∎

*wonder*

# Analyse

**1**  **Compréhension** Répondez aux questions par des phrases complètes.

1. Quelles sont les deux plus grandes barrières de corail du monde?

2. Quelle est la caractéristique du lagon de la Nouvelle-Calédonie?

3. Pourquoi le lagon de la Nouvelle-Calédonie est-il considéré comme un temple de la biodiversité marine?

4. Que sait-on de la tortue verte?

5. Quelles sont les deux choses qui menacent la barrière corallienne de la Nouvelle-Calédonie?

6. Quelle initiative le gouvernement français a-t-il prise pour aider à sa préservation?

7. Quel est le premier produit d'exportation de Tahiti?

8. La perliculture est-elle facile?

9. Comment obtient-on une perle?

10. Qu'est-ce qu'un lagoonarium et que peut-on y faire?

**2** **Les citations** À deux, lisez ces deux citations et répondez aux questions.

> ### La terre n'est pas un don de nos parents, ce sont nos enfants qui nous la prêtent.
> — **Proverbe indien**

> ### Après moi, le déluge (*flood*).
> — **attribué à Louis XV,**
> **roi de France de 1715 à 1774.**

- Que veut dire le proverbe indien? Est-ce un concept qui vous est familier?
- Que dit Louis XV? Pensez-vous qu'il soit sérieux?
- Êtes-vous d'accord avec ces citations? Expliquez.
- D'après vos observations, les gens autour de vous vivent-ils plutôt en accord avec le proverbe indien ou à la Louis XV?

**3**   **Nos richesses naturelles** À deux, faites la liste des richesses naturelles de votre région et dites si vous les considérez comme menacées. Pensez aux animaux, aux plantes, aux paysages, aux richesses du sous-sol (*subsoil*), etc. Puis, comparez votre liste avec celle d'un autre groupe.

**4**  **Enquête** Demandez à des camarades de classe quelle est, d'après eux/elles, la source d'énergie du futur et celle qui devrait être développée le plus rapidement. Notez leurs arguments. Ensuite, présentez vos résultats à la classe.

- l'énergie solaire
- l'énergie hydraulique
- l'huile végétale
- le nucléaire
- l'hydrogène
- l'énergie éolienne

 Practice more at **vhlcentral.com**.

**ressources**

**v̂ Text**

vhlcentral.com
Leçon 10

# Préparation

## À propos de l'auteur

Jean-Baptiste Tati-Loutard (1938–2009) est né dans la région de Pointe-Noire, en République du Congo. Il a fait des études à Bordeaux, en France, puis il a enseigné la littérature à l'Université de Brazzaville. Il a écrit plusieurs recueils de poèmes, dont *Les feux de la planète* (1977), et des nouvelles, comme *Nouvelles chroniques congolaises* (1980). Il a obtenu plusieurs prix, y compris le Grand Prix littéraire de l'Afrique Noire en 1987. C'est un style simple et classique qui caractérise ses œuvres, dans lesquelles il parle du contact de son pays avec la modernité. En 1975, Tati-Loutard est devenu homme politique. Il a été ministre des Hydrocarbures jusqu'à son décès en juillet 2009.

| Vocabulaire de la lecture | | Vocabulaire utile |
|---|---|---|
| agiter *to shake* | noueux/noueuse *gnarled* | la modernité *modernity* |
| se balancer *to swing* | puiser *to draw from* | la nostalgie *nostalgia* |
| doucement *gently* | raffermi(e) *strengthened* | un sens figuré/littéral |
| exhorter *to urge* | remuer *to move* | *figurative/literal sense* |
| faiblir *to weaken* | se retourner *to turn over* | le ton *tone* |
| mêler *to mix* | | |

**1** **Vocabulaire** Combinez les syllabes du tableau pour former sept mots du nouveau vocabulaire. Ensuite, écrivez sept phrases originales avec ces mots.

| douce | re | a | ment |
|---|---|---|---|
| pui | gi | mê | nou |
| mu | ser | er | fai |
| eux | blir | ler | ter |

**2** **La République du Congo** Que savez-vous de la République du Congo? À deux, répondez à autant de questions de la liste que possible. Ensuite, comparez vos connaissances avec celles de la classe.

- Où, en Afrique, se trouve la République du Congo?
- Quels pays l'entourent?
- Quelle est sa capitale?
- Quelles langues y parle-t-on?

**3** **Préparation** Pour parler de poésie, il faut être sensible aux symboles qui permettent la représentation abstraite d'objets ou de concepts. Dans la littérature, les écrivains emploient parfois des symboles pour enrichir leurs poèmes ou leur prose et en élargir l'interprétation. Réfléchissez à ces symboles. Que représentent-ils pour vous? Comparez vos idées avec celles de vos camarades de classe.

1. un drapeau
2. une croix (*cross*)
3. une colombe (*dove*)
4. une ampoule électrique (*light bulb*)
5. un serpent
6. une balance (*scale*)
7. un cygne (*swan*)
8. une étoile

ressources

v Text

vhlcentral.com
Leçon 10

Practice more at
vhlcentral.com.

# Baobab

**Jean-Baptiste Tati-Loutard**

Reading
Audio: Synced Reading

Et je me sens raffermi
quand ton sang fort
Passe dans mon sang.

| | |
|---|---|
| *a broad-trunked tree found primarily in Africa* | Baobab!° Je suis venu replanter mon être près de toi |
| | Et mêler mes racines à tes racines d'ancêtre; |
| | Je me donne en rêve tes bras noueux |
| *blood* | Et je me sens raffermi quand ton sang° fort |
| | 5 Passe dans mon sang. |
| *weapons* | Baobab! «l'homme vaut ce que valent ses armes°». |
| *small sign* | C'est l'écriteau° qui se balance à toute porte de ce monde. |
| *strength* | Où vais-je puiser tant de forces° pour tant de luttes |
| *brace myself against* | Si à ton pied je ne m'arc-boute°? |
| | 10 Baobab! Quand je serai tout triste |
| *tune* | Ayant perdu l'air° de toute chanson, |
| *gullets* | Agite pour moi les gosiers° de tes oiseaux |
| | Afin qu'à vivre ils m'exhortent. |
| *ground/steps* | Et quand faiblira le sol° sous mes pas° |
| | 15 Laisse-moi remuer la terre à ton pied: |
| | Que doucement sur moi elle se retourne! ■ |

# Analyse

**1** **Compréhension** Répondez aux questions.

1. Ce poème s'adresse à qui ou à quoi?

2. Le narrateur s'identifie avec quoi dans le poème?

3. À quoi sert le baobab pour le narrateur?

4. Que veut dire «l'homme vaut ce que valent ses armes»?

5. Qu'est-ce que le narrateur demande au baobab?

**2** **Interprétation** À deux, regardez cette liste de symboles utilisés dans le poème puis discutez de ce qu'ils représentent.

- le baobab
- les racines
- le sang
- l'écriteau
- la chanson

**3** **Expliquez** Quels sentiments ce poème évoque-t-il? Faites-en une liste d'au moins cinq. Ensuite, écrivez un paragraphe qui explique les sentiments exprimés dans ce poème.

**4** **Discussion** D'après Tati-Loutard, «Le poète ne regarde jamais les choses; il se regarde dans les choses.» Par groupes de trois, discutez de la façon dont cette idée s'applique à ce poème. Ensuite présentez vos idées à la classe.

**5** **Rédaction** Écrivez un poème. Suivez le plan de rédaction.

**Plan**

**1** **Organisation** Pensez à un élément de la nature:

- un animal
- une plante
- une formation géographique
- ?

À quoi vous fait-il penser? Faites une liste de vos idées. Ensuite, faites une liste d'adjectifs qui le décrivent. Utilisez un bon dictionnaire, si nécessaire.

**2** **Votre poème** Écrivez un poème sur le sujet que vous avez choisi selon cette formule.

Premier vers:     Nommez votre sujet.

Deuxième vers:    Décrivez-le à l'aide de trois adjectifs.

Troisième vers:   Décrivez-le à l'aide de deux verbes.

Quatrième vers:   Décrivez-le à l'aide d'une phrase complète.

Cinquième vers:   Décrivez-le à l'aide d'un seul mot.

**3** **Conclusion** Donnez un titre à votre poème puis lisez-le à la classe.

**ressources**

v̂ Text

CE
pp. 177–179

vhlcentral.com
Leçon 10

 Practice more at **vhlcentral.com.**

# Notre monde

Audio: Vocabulary
Flashcards
My Vocabulary

## La nature

un arc-en-ciel *rainbow*
un archipel *archipelago*
une barrière/un récif de corail
  *barrier/coral reef*
une chaîne montagneuse *mountain range*
un fleuve/une rivière *river*
une forêt (tropicale) *(rain) forest*
la Lune *Moon*
la mer *sea*
un paysage *landscape; scenery*
le soleil *sun*
une superficie *surface area; territory*
une terre *land*

en plein air *outdoors*
insuffisant(e) *insufficient*
potable *drinkable*
protégé(e) *protected*
pur(e) *pure; clean*
sec/sèche *dry*

## Les animaux

une araignée *spider*
un cochon *pig*
un lion *lion*
un mouton *sheep*
un ours *bear*
un poisson *fish*
un singe *monkey*
un tigre *tiger*

## Les phénomènes naturels

l'érosion (f.) *erosion*
un incendie *fire*
une inondation *flood*
un ouragan *hurricane*
une pluie acide *acid rain*
le réchauffement climatique
  *global warming*
la sécheresse *drought*
un tremblement de terre *earthquake*

## Se servir de la nature ou la détruire

le bien-être *well-being*
un combustible *fuel*

la consommation d'énergie
  *energy consumption*
la couche d'ozone *ozone layer*
un danger *danger*
les déchets (m.) *trash*
la déforestation *deforestation*
l'environnement (m.) *environment*
le gaspillage *waste*
un nuage de pollution *smog*
la pollution *pollution*
une ressource *resource*
une source d'énergie *energy source*

chasser *to hunt*
empirer *to get worse*
épuiser *to use up*
être contaminé(e) *to be contaminated*
gaspiller *to waste*
jeter *to throw away*
menacer *to threaten*
nuire à *to harm*
polluer *to pollute*
préserver *to preserve*
prévenir *to prevent*
protéger *to protect*
résoudre *to solve*
respirer *to breathe*
supporter *to put up with*
tolérer *to tolerate*
urbaniser *to urbanize*

en voie d'extinction *endangered*
jetable *disposable*
nuisible *harmful*
renouvelable *renewable*
toxique *toxic*

## Court métrage

l'acharnement (m.) *determination*
un(e) berger/bergère *shepherd(ess)*
un bûcheron *lumberjack*
le charbon (de bois) *(char)coal*
un chêne *oak tree*
le feuillage *foliage*
un gland *acorn*
une pépinière *nursery*
une ruche *beehive*
un ruisseau *stream*

une source *(aquatic) spring*
un troupeau *flock*

déblayer *to clear away*
pousser *to grow*
se soucier (de quelque chose) *to care
  (about something)*

tenace *tenacious*

jadis *formerly, in the past*

## Culture

un caillou (des cailloux) *pebble(s)*
un dauphin *dolphin*
une éolienne *wind turbine*
l'épanouissement (m.) *development*
une ferme *farm*
un filet (de pêche) *(fishing) net*
une huître *oyster*
un lagon *lagoon*
une perle *pearl*
la plongée (sous-marine/avec tuba)
  *diving; snorkeling*
une récolte *harvest*
un requin *shark*
une tortue *turtle*

abriter *to provide a habitat for*
pêcher *to fish*
récolter *to harvest*

## Littérature

la modernité *modernity*
la nostalgie *nostalgia*
un sens figuré/littéral *figurative/
  literal sense*
le ton *tone*

agiter *to shake*
se balancer *to swing*
exhorter *to urge*
faiblir *to weaken*
mêler *to mix*
puiser *to draw from*
remuer *to move*
se retourner *to turn over*

noueux/noueuse *gnarled*
raffermi(e) *strengthened*

doucement *gently*

ressources

vText

CE
p. 180

vhlcentral.com
Leçon 10

## Fiches de grammaire

**pages 369–411**

## Appendice A

Dialogues des courts métrages
**pages 412–438**

## Appendice B

Tables de conjugaison
**pages 440–453**

## Appendice C

Vocabulaire
Français-Anglais
**pages 454–482**
Anglais-Français
**pages 483–507**

## Appendice D

Index
**pages 508–509**

## Credits

**pages 510–512**

# FICHES de GRAMMAIRE

**Supplementary Grammar Coverage
for D'ACCORD! 3**

The Fiches de grammaire section is an invaluable tool for both instructors and students of intermediate French. It contains additional grammar concepts not covered within the core lessons of **D'ACCORD! 3**, as well as practice activities. For each lesson in **D'ACCORD! 3**, two additional grammar topics are offered with corresponding practice.

These concepts are correlated to the lessons in **Structures** by means of the **Bloc-notes** sidebars, which provide the exact page numbers where new concepts are taught in the **Fiches**.

This special supplement allows for great flexibility in planning and tailoring your course to suit the needs of whole classes and/or individual students. It also serves as a useful and convenient reference tool for students who wish to review previously learned material.

## Table des matières

### Leçon 1

**1.4** Present tense of regular **-er**, **-ir**, and **-re** verbs. . . . . . . . . . . . . . . . . . 372
**1.5** The imperative. . . . . . . . . . . . . . . . . . . . . . . . . . . . . . . . . . . . . 374

### Leçon 2

**2.4** Nouns and articles. . . . . . . . . . . . . . . . . . . . . . . . . . . . . . . . . . 376
**2.5 Il est** and **c'est** . . . . . . . . . . . . . . . . . . . . . . . . . . . . . . . . . . . 378

### Leçon 3

**3.4** Possessive adjectives . . . . . . . . . . . . . . . . . . . . . . . . . . . . . . . 380
**3.5** The **imparfait**: formation and uses . . . . . . . . . . . . . . . . . . . . . . 382

### Leçon 4

**4.4** Demonstrative adjectives . . . . . . . . . . . . . . . . . . . . . . . . . . . . 384
**4.5** The **passé simple**. . . . . . . . . . . . . . . . . . . . . . . . . . . . . . . . . 386

### Leçon 5

**5.4** Object pronouns . . . . . . . . . . . . . . . . . . . . . . . . . . . . . . . . . . 388
**5.5** Past participle agreement . . . . . . . . . . . . . . . . . . . . . . . . . . . . 390

### Leçon 6

**6.4** Disjunctive pronouns. . . . . . . . . . . . . . . . . . . . . . . . . . . . . . . 392
**6.5** Possessive pronouns. . . . . . . . . . . . . . . . . . . . . . . . . . . . . . . 394

### Leçon 7

**7.4** Past participles used as adjectives . . . . . . . . . . . . . . . . . . . . . . 396
**7.5** Expressions of time . . . . . . . . . . . . . . . . . . . . . . . . . . . . . . . 398

### Leçon 8

**8.4** Prepositions with infinitives. . . . . . . . . . . . . . . . . . . . . . . . . . . 400
**8.5** The subjunctive after indefinite antecedents
    and in superlative statements . . . . . . . . . . . . . . . . . . . . . . . . . 402

### Leçon 9

**9.4 Savoir** vs. **connaître**. . . . . . . . . . . . . . . . . . . . . . . . . . . . . . . .404
**9.5 Faire causatif** . . . . . . . . . . . . . . . . . . . . . . . . . . . . . . . . . . . .406

### Leçon 10

**10.4** Indirect discourse . . . . . . . . . . . . . . . . . . . . . . . . . . . . . . . . .408
**10.5** The passive voice . . . . . . . . . . . . . . . . . . . . . . . . . . . . . . . . .410

**1.4**

# Present tense of regular *-er*, *-ir*, and *-re* verbs

- Most French verbs that end in **-er** follow the same pattern.

| parler | |
|---|---|
| je parl**e** | nous parl**ons** |
| tu parl**es** | vous parl**ez** |
| il/elle parl**e** | ils/elles parl**ent** |

Elle **parle** au téléphone.

- Hundreds of verbs follow this pattern. Here are some more regular **-er** verbs.

| | | | | | |
|---|---|---|---|---|---|
| aimer | (*to like, to love*) | donner | (*to give*) | oublier | (*to forget*) |
| arriver | (*to arrive*) | écouter | (*to listen to*) | penser | (*to think*) |
| chercher | (*to look for*) | habiter | (*to live in*) | regarder | (*to watch*) |
| compter | (*to count*) | inviter | (*to invite*) | travailler | (*to work*) |

**BLOC-NOTES**

The present tense of spelling-change **-er** verbs is explained in **Structures 1.1, pp. 16–17.**

- Most verbs that end in **-ir** follow this pattern.

| finir | |
|---|---|
| je fin**is** | nous fin**issons** |
| tu fin**is** | vous fin**issez** |
| il/elle fin**it** | ils/elles fin**issent** |

Elle **finit** ses devoirs.

**BLOC-NOTES**

A handful of **-ir** verbs are irregular. To find out more about irregular **-ir** verbs, see **Structures 4.3, pp. 132–133.**

- Here are some more regular **-ir** verbs.

| | | | | | |
|---|---|---|---|---|---|
| choisir | (*to choose*) | maigrir | (*to lose weight*) | réfléchir | (*to think (about)*) |
| grossir | (*to gain weight*) | obéir (à) | (*to obey*) | réussir (à) | (*to succeed*) |

- Most verbs that end in **-re** follow this pattern.

| vendre | |
|---|---|
| je vend**s** | nous vend**ons** |
| tu vend**s** | vous vend**ez** |
| il/elle vend | ils/elles vend**ent** |

Elle **vend** un pantalon.

**BLOC-NOTES**

Irregular **-re** verbs are explained in **Structures 6.3, pp. 206–207.**

- Here are some more regular **-re** verbs.

| | | | | | |
|---|---|---|---|---|---|
| attendre | (*to wait (for)*) | descendre | (*to go down*) | perdre | (*to lose*) |
| défendre | (*to defend*) | entendre | (*to hear*) | répondre | (*to answer*) |

# Mise en pratique

**1** **À compléter** Employez la forme correcte des verbes entre parenthèses.

1. Tu _____ (jouer) au tennis samedi après-midi?

2. Mon cousin _____ (obéir) toujours à ses parents.

3. Nous _____ (habiter) à New York.

4. On _____ (grossir) quand on mange trop de pâtes.

5. Mes frères _____ (partager) un bel appartement.

6. Vous _____ (vendre) votre vélo?

7. Ces élèves _____ (s'entendre) bien.

8. Je _____ (compter) sur ma meilleure amie.

**2** **À choisir** Choisissez les verbes qui complètent logiquement ces paragraphes. Faites tous les changements nécessaires. Chaque verbe n'est utilisé qu'une seule fois.

| | | | |
|---|---|---|---|
| agacer | écouter | finir | quitter |
| aimer | énerver | oublier | réussir |
| attendre | entendre | perdre | rêver |
| se disputer | étudier | poser | téléphoner |

**A.** Nicolas, avant d'aller au cinéma, tu (1) _____ tes devoirs. D'accord? Tu (2) _____ toujours la dernière minute. Tu (3) _____ ton temps et ça m' (4) _____! Je ne suis pas contente. Est-ce que tu m' (5) _____? Pourquoi est-ce que tu ne m' (6) _____ jamais? Les élèves qui n' (7) _____ pas ne (8) _____ pas au bac, tu sais!

**B.** J'en ai marre de mon petit ami. Il est charmant, mais il (9) _____ toujours nos rendez-vous. Je ne peux pas vous dire combien il m' (10) _____! Nous (11) _____ souvent parce qu'il me (12) _____ des lapins et qu'il ne me (13) _____ pas. Je l' (14) _____ toujours, mais je (15) _____ d'un petit ami plus sensible. Alors, c'est décidé. Ce week-end, je le (16) _____.

**3** **Assemblez** Assemblez les éléments des trois colonnes pour créer des phrases. Ajoutez tous les mots nécessaires.

| A | B | C |
|---|---|---|
| je | aimer | appartement |
| le prof | arriver | chocolat |
| mes camarades de classe | choisir | cours |
| ma sœur | descendre | devoirs |
| mon ami(e) | écouter | gare |
| mon frère | finir | hôtel |
| mes parents | habiter | montre |
| mon/ma petit(e) ami(e) | perdre | musique |
| nous | répondre | sac |
| tu | rester | question |
| ? | vendre | voiture |
| | ? | ? |

**1.5**

# The imperative

- Use the imperative to give a command or make a suggestion.

**Attends** le bus!          **Attendons** le bus!          **Attendez** le bus!
*Wait for the bus!*          *Let's wait for the bus!*          *Wait for the bus!*

- The imperative forms of **-ir** and **-re** verbs are the same as the present tense forms.

| finir | | répondre | |
|---|---|---|---|
| **Present** | **Imperative** | **Present** | **Imperative** |
| Tu finis. | Finis! | Tu réponds. | Réponds! |
| Nous finissons. | Finissons! | Nous répondons. | Répondons! |
| Vous finissez. | Finissez! | Vous répondez. | Répondez! |

- Form the **tu** command of **-er** verbs by dropping the **-s** from the present tense form. The **nous** and **vous** forms are the same as the present tense forms.

| danser | |
|---|---|
| **Present** | **Imperative** |
| Tu danses. | Danse! |
| Nous dansons. | Dansons! |
| Vous dansez. | Dansez! |

- The imperative forms of **être**, **avoir**, and **savoir** are irregular.

| **avoir:** | aie | ayons | ayez |
|---|---|---|---|
| **être:** | sois | soyons | soyez |
| **savoir:** | sache | sachons | sachez |

**Sois** sage!          **Ayons** de la patience!          **Sachez** que nous fermons.
*Be good!*          *Let's have patience!*          *Be advised that we're closing.*

- In negative commands, place **ne... pas** around the verb.

**Ne** sois **pas** nerveux!          **N'**oubliez **pas** notre rendez-vous!
*Don't be nervous!*          *Don't forget our date!*

- In affirmative commands, object pronouns and reflexive pronouns follow the verb and are joined by a hyphen. In negative commands, pronouns are placed in front of the verb with no hyphen.

Donnez-**les-moi**!          Ne **me les** donnez pas!
*Give them to me!*          *Don't give them to me!*

Lève-**toi**!          Ne **te** lève pas!
*Get up!*          *Don't get up!*

---

**ATTENTION!**

Although **aller** is irregular, like other **-er** verbs, it has no **-s** on the **tu** command form.

**Va au marché!**

*Go to the market!*

**ATTENTION!**

Do not drop the **-s** from the **tu** form of a command when it is followed by a pronoun that begins with a vowel.

**Vas-y!**

*Go (there)!*

**Manges-en!**

*Eat some!*

**BLOC-NOTES**

To review pronoun order, see **Structures 5.3, pp. 168–169.**

---

# Mise en pratique

**1** **Que fait-on?** Employez l'impératif pour donner des ordres ou pour faire des suggestions.

Modèle **Vous parlez à votre meilleur(e) ami(e): vous téléphoner**

Téléphone-moi!

| Vous parlez à... | | |
|---|---|---|
| **votre petit(e) ami(e):** | **de nouveaux élèves:** | **un(e) ami(e) de ce que vous pouvez faire ensemble:** |
| 1. aller à la bibliothèque _____ | 6. faire attention aux profs _____ | 11. aller au cinéma _____ |
| 2. compter sur vous _____ | 7. se lever tôt _____ | 12. aller se promener _____ |
| 3. écrire souvent _____ | 8. aller aux cours _____ | 13. écouter de la musique _____ |
| 4. me donner la main _____ | 9. avoir confiance _____ | 14. nager à la piscine _____ |
| 5. vous attendre après le cours _____ | 10. ne pas sortir le samedi _____ | 15. ne pas rester à la maison _____ |

**2** **De bons conseils** Que dites-vous dans ces situations? Utilisez l'impératif.

1. Votre frère cadet refuse de boire son jus d'orange.
2. Vous étudiez et vos frères et sœurs parlent très fort.
3. Vous demandez à vos parents de vous donner de l'argent.
4. Votre meilleur ami part en vacances.
5. Il est dix heures du soir et votre petite sœur ne veut pas se coucher.
6. Vous et votre ami(e) avez faim.

**3** **Que disent-ils?** Écrivez une phrase à l'impératif qui convient à chaque image.

1.

2.

3.

4.

## 2.4 Nouns and articles

- Definite and indefinite articles agree in gender and number with the nouns they modify.

| | Definite articles | | Indefinite articles | |
|---|---|---|---|---|
| | **singular** | **plural** | **singular** | **plural** |
| **masculine** | **le** musicien | **les** musiciens | **un** musicien | **des** musiciens |
| **feminine** | **la** musicienne | **les** musiciennes | **une** musicienne | **des** musiciennes |

- The gender of nouns that refer to people typically matches the gender of the person: **un garçon** / **une fille**; **un chanteur** / **une chanteuse**; **un enfant** / **une enfant**.

- Certain noun endings provide clues to their gender.

### Typical masculine endings

| | | | | | |
|---|---|---|---|---|---|
| **-age** | le voyage | **-asme** | le sarcasme | **-if** | le tarif |
| **-ail** | le travail | **-eau** | le bureau | **-in** | le bassin |
| **-ain** | l'écrivain | **-ent** | l'argent | **-isme** | le surréalisme |
| **-al** | le journal | **-et** | le bonnet | **-ment** | le dépaysement |
| **-as** | le repas | **-ier** | le clavier | **-oir** | le pouvoir |

### Typical feminine endings

| | | | | | |
|---|---|---|---|---|---|
| **-ace** | la place | **-ère** | la boulangère | **-sion** | l'expression |
| **-ade** | la charade | **-esse** | la tristesse | **-té** | la responsabilité |
| **-aine** | la laine | **-ette** | l'assiette | **-tié** | l'amitié |
| **-ance** | la chance | **-euse** | la chanteuse | **-tion** | l'addition |
| **-ée** | la journée | **-ie** | la pâtisserie | **-trice** | l'actrice |
| **-ence** | la compétence | **-ière** | la cuisinière | **-ture** | la rupture |

- To form the plural of most French nouns, add an **-s**. If a singular noun ends in **-s**, **-x**, or **-z**, its plural form remains the same: **le gaz** → **les gaz; le pays** → **les pays; la voix** → **les voix.**

- If a singular noun ends in **-au**, **-eau**, **-eu**, or **-œu**, its plural form usually ends in **-x**. If a singular noun ends in **-al**, drop the **-al** and add **-aux**.

| | | |
|---|---|---|
| le **chapeau** | le **jeu** | le **cheval** |
| les **chapeaux** | les **jeux** | les **chevaux** |

- A few nouns have very irregular plural forms: **l'œil** → **les yeux; le ciel** → **les cieux; le monsieur** → **les messieurs.**

---

**ATTENTION!**

There are several exceptions to these gender rules. When in doubt, use a dictionary.

| | |
|---|---|
| **l'eau** (*f.*) | **la fin** |
| **le génie** | **le lycée** |
| **la main** | **le musée** |
| **la peau** | **la plage** |

---

**ATTENTION!**

Here are a few exceptions.

| | |
|---|---|
| **le bijou** (*jewel*) | **les bijoux** |
| **le caillou** (*pebble*) | **les cailloux** |
| **le carnaval** | **les carnavals** |
| **le festival** | **les festivals** |
| **le récital** | **les récitals** |
| **le pneu** | **les pneus** |
| **le travail** | **les travaux** |

# Mise en pratique

**1**    **Masculin ou féminin?** Ajoutez les articles indéfinis.

1. _____ acteur
2. _____ charcuterie
3. _____ appartement
4. _____ nation
5. _____ parade
6. _____ cahier
7. _____ pharmacienne
8. _____ adresse
9. _____ château
10. _____ miroir
11. _____ tarif
12. _____ changement
13. _____ animal
14. _____ lundi
15. _____ chance
16. _____ coiffeuse
17. _____ compétition
18. _____ idée
19. _____ million
20. _____ mariage

**2**    **Les pluriels** Dans les phrases suivantes, mettez au pluriel les noms soulignés. Faites tous les autres changements nécessaires.

1. On a volé <u>mon bijou</u>!

   _____

2. <u>Ce mois</u> passe rapidement.

   _____

3. L'aspirine n'est pas bonne pour <u>son mal</u> de ventre.

   _____

4. Hélène aime <u>son</u> nouveau <u>chapeau</u>.

   _____

5. <u>Le chat</u> a fait beaucoup de bruit.

   _____

6. C'est papa qui a préparé <u>le repas</u>.

   _____

7. Tu as acheté <u>la chemise</u> noire?

   _____

8. <u>La couleur</u> de cet arbre est très belle en automne.

   _____

9. As-tu connu <u>le fils</u> de Monsieur Sévigny?

   _____

10. <u>Le feu</u> a commencé à cause d'une allumette.

   _____

**3**    **Ma ville idéale** Employez des articles définis et indéfinis pour parler de votre ville idéale. Utilisez le vocabulaire de la Leçon 2 autant que possible.

       **Modèle**      Les embouteillages ne me gênent pas, mais la vie nocturne doit être animée.

## Il est and c'est

**2.5**

- **C'est** and **il/elle est** can both mean *it is* or *he/she is*. **Ce sont** and **ils/elles sont** mean *they are*. All of these expressions can refer to people or things.

- Use **c'est** and **ce sont** to identify people or things.

    **C'est** mon stylo.          **Ce sont** mes amis.
    *It's my pen.*               *They are my friends.*

**C'est** la famille Delorme.

- Use **il/elle est** and **ils/elles sont** to describe specific people or things that have been previously mentioned.

    Essayez ce pain au chocolat!          Voici Madame Duval et sa fille.
    **Il est** vraiment délicieux!         **Elles sont** bilingues.
    *Try this chocolate croissant.*         *Here are Mrs. Duval and her daughter.*
    *It's really delicious!*                *They are bilingual.*

- When stating a person's nationality, religion, political affiliation, or profession, **il/elle est** and **c'est un/une**, and their respective plural forms **ils/elles sont** and **ce sont des**, are both correct. If you include an adjective, you can only use **c'est un/une** or **ce sont des**.

    **Il est** journaliste.      **C'est un** journaliste.       **C'est un** journaliste célèbre.
    *He's a journalist.*         *He's a journalist.*           *He's a famous journalist.*

- To describe an idea or concept expressed as an infinitive rather than a noun, use the impersonal construction **il est** + [*adjective*] + **de (d')** + [*infinitive*].

    **Il est important de se brosser**       **Il est essentiel d'apprendre**
    les dents après les repas.              une langue étrangère à l'école.
    *It is important to brush one's*         *It is essential to learn*
    *teeth after meals.*                     *a foreign language at school.*

- Use **c'est** + [*adjective*] + **à** + [*infinitive*] if the object of the infinitive is not stated immediately after it or not stated at all. Compare these sentences.

    **Il est facile de vendre**       Une maison, **c'est facile**       **C'est facile**
    une maison.                       **à vendre**.                       **à vendre!**

    *It's easy to sell*              *A house is easy*                  *It's easy*
    *a house.*                       *to sell.*                          *to sell!*

- Use **c'est** + [*adjective*] to describe an idea or concept that has already been mentioned or stated earlier in a sentence.

    Se brosser les dents après les repas,       J'apprends une langue étrangère à l'école.
    **c'est** important.                         **C'est** vrai!
    *Brushing one's teeth after meals*           *I'm learning a foreign language at school.*
    *is important.*                              *It's true!*

**ATTENTION!**

Note that no definite article is used with **il/elle est** and **ils/elles sont**.

**Il est médecin.**

*He is a doctor.*

**Elles sont socialistes.**

*They are socialists.*

**ATTENTION!**

Because infinitives and concepts typically have no gender, use only **il est** or **c'est** with them, never **elle est**. An adjective following **il est** or **c'est** is always in the masculine singular form.

# Mise en pratique

**1**  **À compléter** Complétez les phrases suivantes à l'aide des expressions de la liste.

| c'est | il est | ils sont |
| ce sont | elle est | elles sont |

1. _____ mon ami, Jacques. _____ lycéen. _____ un très bon ami.

2. _____ les parents de Jean-Marc. _____ canadiens. Son père, _____ infirmier et sa mère, _____ avocate.

3. _____ notre chien, Rufus. _____ un berger allemand (*German shepherd*). _____ génial!

4. _____ Louise et Michèle. _____ camarades de classe. Louise, _____ timide et tranquille. Michèle, _____ plutôt mélancolique.

5. _____ mon bureau. _____ grand et confortable. _____ facile d'y travailler.

**2**  **Descriptions** Répondez aux questions. Ensuite, présentez vos descriptions à la classe.

1. Votre meilleur(e) ami(e): Qui est-ce? Comment est-il/elle physiquement? Quel genre de personnalité a-t-il/elle?

2. Une personne célèbre: Qui est-ce? Que fait-il/elle dans la vie? Comment est-il/elle physiquement? Est-ce que vous l'aimez bien? Pourquoi?

3. Une personne que vous admirez: Qui est-ce? Que fait-il/elle dans la vie? Quel genre de personnalité a-t-il/elle? Pourquoi l'admirez-vous?

4. La voiture de vos rêves: Qu'est-ce que c'est? Comment est-elle? Pourquoi vous plaît-elle?

**3**  **Qui est-ce?** Inventez une identité pour chaque personne. Identifiez-les et décrivez-les. Écrivez au moins trois phrases par photo.

**Modèle**  C'est Francine. Elle est reporter. Elle est très professionnelle.

1.

2.

# Possessive adjectives

**3.4**

● Possessive adjectives are used to express ownership or possession.

| English meaning | masculine singular | feminine singular | plural |
|---|---|---|---|
| *my* | mon | ma | mes |
| *your* (familiar and singular) | ton | ta | tes |
| *his, her, its* | son | sa | ses |
| *our* | notre | notre | nos |
| *your* (formal or plural) | votre | votre | vos |
| *their* | leur | leur | leurs |

● Possessive adjectives are placed before the nouns they modify.

C'est **ta** radio? | Non, mais c'est **ma** télévision.
*Is that your radio?* | *No, but that's my television.*

● Unlike English, French possessive adjectives agree in gender and number with the object owned rather than the owner.

**mon** magazine | **ma** bande dessinée | **mes** journaux
*my magazine* | *my comic strip* | *my newspapers*

● **Notre** and **votre** are used with singular nouns whether they are masculine or feminine.

**notre** neveu | **notre** nièce | **votre** oncle | **votre** tante
*our nephew* | *our niece* | *your uncle* | *your aunt*

● Regardless of gender, the plural forms of **notre** and **votre** are **nos** and **vos**.

**nos** cousins | **nos** cousines | **vos** frères | **vos** sœurs
*our cousins* | *our (female) cousins* | *your brothers* | *your sisters*

● The possessive adjectives **son**, **sa**, and **ses** reflect the gender and number of the noun possessed, not the owner. Context should tell you whether they mean *his* or *her*.

**son** père | **sa** mère | **ses** parents
*his/her father* | *his/her mother* | *his/her parents*

● Use **mon**, **ton**, and **son** before a feminine singular noun or adjective that begins with a vowel sound.

**mon** amie Nathalie | *but* | **ma** meilleure amie Nathalie
*my friend Nathalie* | | *my best friend Nathalie*

**son** ancienne publicité | *but* | **sa** publicité
*his/her/its former advertisement* | | *his/her/its advertisement*

**ATTENTION!**

Remember, you cannot use *'s* to express relationship or to show possession in French. Use **de** or **d'** along with the noun instead.

**la maison de ma mère**

*my mother's house*

# Mise en pratique

**1** **À choisir** Pour chaque phrase, choisissez l'adjectif possessif qui convient.

1. Le photographe a perdu (son /sa /ses) appareil photo!

2. Est-ce que c'est (ton / ta / tes) ordinateur?

3. Je vous présente (mon / ma / mes) parents.

4. Ils ont oublié (leur / leurs) parapluie?

5. Vous aimez ce magazine? Ma sœur adore (son / ses / sa) rubrique société.

6. Cette annonce est nulle! Voilà (mon / ma / mes) opinion!

7. (Votre / Vos) amis sont sympathiques.

8. La vedette n'a pas assisté à la première de (son / sa / ses) film.

9. Les critiques ont beaucoup aimé (notre / nos) documentaire.

10. Tu es sorti avec (ton / ta / tes) petite amie?

**2** **À compléter** Trouvez le bon adjectif possessif.

1. (my) _____ copain habite un grand immeuble en ville.

2. (his) _____ femme est critique de cinéma.

3. (her) _____ opinion est toujours impartiale.

4. (their) _____ cousins sont arrivés hier soir.

5. (your, fam.) _____ cours sont intéressants?

6. (our) _____ moyens de communication sont modernes.

7. (its) _____ sous-titres sont en anglais.

8. (your, formal) _____ voisin est animateur de radio?

**3** **C'est ton...?** Pour chaque groupe de mots, écrivez la question et répondez-y par oui ou par non. Employez les adjectifs possessifs qui correspondent.

     **Modèle**   **tu / cahier / elle**
               —C'est ton cahier?
               —Non, c'est son cahier.

1. vous / parents / nous

_____

_____

2. ils / voiture / nous

_____

_____

3. je / devoirs / tu

_____

_____

4. elle / télévision / je

_____

_____

5. tu / vedette préférée / il

_____

_____

6. nous / professeur / vous

_____

_____

## 3.5 The *imparfait*: formation and uses

- The **imparfait** is used to talk about what used to happen or to describe conditions in the past.

Ils **regardaient** le feuilleton tous les jours.
*They used to watch the soap opera every day.*

Ce journaliste **avait** une bonne réputation.
*This journalist had a good reputation.*

- To form the **imparfait**, drop the **-ons** from the **nous** form of the present tense, and add these endings.

|  | penser (nous pens~~ons~~) | finir (nous finiss~~ons~~) | vendre (nous vend~~ons~~) |
|---|---|---|---|
| je | pens**ais** | finiss**ais** | vend**ais** |
| tu | pens**ais** | finiss**ais** | vend**ais** |
| il/elle | pens**ait** | finiss**ait** | vend**ait** |
| nous | pens**ions** | finiss**ions** | vend**ions** |
| vous | pens**iez** | finiss**iez** | vend**iez** |
| ils/elles | pens**aient** | finiss**aient** | vend**aient** |

- Irregular verbs, too, follow this pattern: **j'allais**, **j'avais**, **je buvais**, **je faisais**, **je sortais**, etc.
- Only the verb **être** is irregular in the **imparfait**.

**The imparfait of être**

| | |
|---|---|
| j'**étais** | nous **étions** |
| tu **étais** | vous **étiez** |
| il/elle **était** | ils/elles **étaient** |

Elle **était** fatiguée.

- The **imparfait** is used to talk about actions that took place repeatedly or habitually.

Nous **faisions** du jogging le matin.
*We went jogging every morning.*

Je **lisais** toujours mon horoscope.
*I always used to read my horoscope.*

- When narrating a story in the past, the **imparfait** is used to set the scene, such as describing the weather, what was going on, the time frame, and so on.

Il **faisait** froid.
*It was cold.*

Il n'y **avait** personne dans le parc.
*There was no one in the park.*

- The **imparfait** is used to describe states of mind that continued over an unspecified period of time in the past.

Nous **avions** peur.
*We were afraid.*

Je **voulais** partir.
*I wanted to leave.*

**ATTENTION!**

The **imparfait** and the **passé composé** are both used to talk about the past, but they are not interchangeable. Use the **passé composé** to talk about completed actions or events in the past. To review the **passé composé** vs. the **imparfait**, see **Structures 3.3, pp. 97–98.**

**ATTENTION!**

Verbs that end in **-ger** add an **e** before all endings except in the **nous** and **vous** forms. Similarly, the **c** in verbs that end in **-cer** becomes **ç** before all endings except in the **nous** and **vous** forms.

**je mangeais** *but* **nous mangions**

**il commençait** *but* **vous commenciez**

# Mise en pratique

**1** **À compléter** Mettez les verbes à l'imparfait pour compléter ce paragraphe.

Quand j' (1) _____ (être) petit, j' (2) _____ (avoir) beaucoup
de copains. Nous (3) _____ (faire) du vélo et nous (4) _____
(jouer) dans le parc, en face de notre école. J' (5) _____ (être) un élève
assez sérieux. L'après-midi, mon meilleur ami et moi, nous (6) _____
(étudier) ensemble. Je ne (7) _____ (regarder) pas trop la télé parce que
mes parents (8) _____ (penser) que les publicités (9) _____
(être) mauvaises pour les enfants. Mais j' (10) _____ (aimer) aller
au cinéma avec mon frère. Il (11) _____ (être) plus fort que moi. Il
me (12) _____ (protéger) contre les garçons trop agressifs et il
me (13) _____ (permettre) de sortir avec lui quelquefois. Il
n' (14) _____ (être) pas toujours gentil, mais je l' (15) _____
(adorer) quand même.

**2** **Il y a dix ans** Comparez ces deux scènes. C'était comment il y a dix ans? C'est
comment aujourd'hui?

Il y a dix ans                              Aujourd'hui

**3** **Quand j'avais huit ans** Utilisez les éléments donnés pour dire comment vous étiez à
l'âge de huit ans.

　　　**Modèle**　**avoir peur des monstres sous son lit**
　　　　　　　J'avais peur des monstres.
　　　　　　　J'appelais mes parents au milieu de la nuit!

1. avoir peur des monstres sous son lit
2. manger beaucoup de bonbons
3. jouer au football
4. offrir des cadeaux à ses parents
5. lire des bandes dessinées
6. ranger souvent sa chambre
7. aider sa mère ou son père
8. embêter son frère ou sa sœur
9. jouer à des jeux vidéo
10. faire du vélo

**4.4**

# Demonstrative adjectives

- Demonstrative adjectives specify a noun to which a speaker is referring. They mean *this/these* or *that/those*. They can refer to people or things.

Ce cadeau est pour toi.

| Demonstrative adjectives | | |
|---|---|---|
| | **singular** | **plural** |
| **masculine** (before a consonant) | ce | |
| **masculine** (before a vowel sound) | cet | ces |
| **feminine** | cette | |

Ce drapeau est bleu, blanc et rouge.
*This (That) flag is blue, white, and red.*

Cette croyance est absurde, à mon avis.
*That (This) belief is absurd, in my opinion.*

Ces droits sont très importants.
*These (Those) rights are very important.*

- A noun must be masculine singular and begin with a vowel sound in order to use **cet**.

Cet homme politique était victorieux.
*This (That) politician was victorious.*

Cet avocat défend les minorités.
*This (That) lawyer defends minorities.*

- **Ce**, **cet**, **cette**, and **ces** can refer to a noun that is near (*this/these*) or far (*that/those*). Context will usually make the meaning clear.

- To distinguish between two different nouns of the same kind, add **-ci** (*this/these*) or **-là** (*that/those*) to the noun.

Ce parti politique-**ci** est libéral.
*This political party is liberal.*

Ce parti politique-**là** est conservateur.
*That political party is conservative.*

- The suffixes **-ci** and **-là** can also be used together to distinguish between similar items that are near and far.

Je voudrais **ce** gâteau-**ci**, s'il vous plaît, pas **ce** gâteau-**là**.
*I would like this cake (here), please, not that cake (there).*

On a lu **ces** magazines-**ci** et **ces** magazines-**là** aussi.
*We read these magazines (here) and those magazines (there) too.*

**ATTENTION!**

Use **cet** before an adjective that begins with a vowel sound and precedes a masculine singular noun.

**cet ancien professeur de littérature**

*this former literature professor*

Do not use **cet** before an adjective that begins with a consonant, even if the noun is masculine singular and begins with a vowel sound.

**ce jeune homme**

*this young man*

These exceptions occur with adjectives that are placed before the nouns they modify. Most adjectives go after the noun.

# Mise en pratique

**1** **À remplacer** Remplacez le singulier par le pluriel et vice versa.

> **Modèle** **Cette voiture est vieille.**
> Ces voitures sont vieilles.

1. Ces hommes politiques sont puissants.

   _____

2. Ce juge est juste.

   _____

3. Ces criminels sont analphabètes.

   _____

4. Ces voleuses veulent fuir.

   _____

5. Ce terroriste désire faire la guerre.

   _____

6. Ces activistes sont fâchés.

   _____

**2** **Je déteste mon quartier!** Ajoutez les adjectifs démonstratifs qui conviennent.

Je déteste habiter dans (1) _____ quartier. On entend toujours du bruit à cause de (2) _____ commissariat de police et de (3) _____ caserne de pompiers. Et regardez (4) _____ place! (5) _____ palais de justice est trop moderne, à mon avis. (6) _____ autres édifices sont vraiment laids! (7) _____ jardin public n'est jamais propre parce que (8) _____ poubelle est trop petite. Vous voyez (9) _____ circulation et (10) _____ embouteillages? Quelle horreur! En plus, (11) _____ rue n'a même pas de trottoir et (12) _____ arrêt de bus n'a pas d'abri.

**3** **Préférences** À l'aide du vocabulaire de la liste, dites quelles sont vos préférences et expliquez pourquoi. Employez des adjectifs démonstratifs.

> **Modèle** J'aime le musée du Louvre. J'aime ce musée parce que...

| | |
|---|---|
| chiens | passe-temps |
| dessert | réalisateur/réalisatrice |
| film | restaurant |
| jardin public | saison |
| légumes | sports |
| magasin | station de radio |
| musée | voiture |
| parti politique | ? |

# The *passé simple*

- The **passé simple** is the literary equivalent of the **passé composé**. Like the **passé composé**, it denotes actions and events that have been completed in the past.

| Passé composé | Passé simple |
|---|---|
| **Elle a lu le livre.** *She read the book.* | **Elle lut le livre.** *She read the book.* |

- To form the stem of the **passé simple**, you usually drop the **-er**, **-re**, or **-ir** ending from the infinitive. Then add these endings for regular verbs.

| -er verbs: **donner** | | -ir verbs: **choisir** | | -re verbs: **rendre** | |
|---|---|---|---|---|---|
| je | donnai | je | choisis | je | rendis |
| tu | donnas | tu | choisis | tu | rendis |
| il/elle | donna | il/elle | choisit | il/elle | rendit |
| nous | donnâmes | nous | choisîmes | nous | rendîmes |
| vous | donnâtes | vous | choisîtes | vous | rendîtes |
| ils/elles | donnèrent | ils/elles | choisirent | ils/elles | rendirent |

- Here are the **passé simple** forms of some common irregular verbs.

| | être | avoir | faire | venir |
|---|---|---|---|---|
| je/j' | fus | eus | fis | vins |
| tu | fus | eus | fis | vins |
| il/elle | fut | eut | fit | vint |
| nous | fûmes | eûmes | fîmes | vînmes |
| vous | fûtes | eûtes | fîtes | vîntes |
| ils/elles | furent | eurent | firent | vinrent |

- The **passé simple** stems of many irregular verbs are based on their past participles.

| | boire (bu) | lire (lu) | partir (parti) | rire (ri) |
|---|---|---|---|---|
| je | bus | lus | partis | ris |
| tu | bus | lus | partis | ris |
| il/elle | but | lut | partit | rit |
| nous | bûmes | lûmes | partîmes | rîmes |
| vous | bûtes | lûtes | partîtes | rîtes |
| ils/elles | burent | lurent | partirent | rirent |

Sidebar notes:

**ATTENTION!**

Because the **passé simple** is a literary tense, it is not usually spoken unless a person is reading a text aloud. It is most important that readers be able to recognize and understand it.

**ATTENTION!**

Although **aller** is an irregular verb, in the **passé simple** it is like other **-er** verbs.

| j'allai | nous allâmes |
|---|---|
| tu allas | vous allâtes |
| il/elle alla | ils/elles allèrent |

**ATTENTION!**

Several verbs have very irregular forms in the **passé simple**, such as **naître: naqui-** and **mourir: mouru-**. Look verbs up in a dictionary or use the verb conjugation tables in the appendix until you learn to recognize them.

**ATTENTION!**

The **passé simple** stems of these verbs are also based on their past participles: **connaître, croire, devoir, fuir, mettre, plaire, pouvoir, savoir, sortir,** and **vivre**.

4.5

# Mise en pratique

**1** **À identifier** Identifiez l'infinitif de ces verbes puis donnez leur passé composé.

> **Modèle** **je vendis**
> vendre: j'ai vendu

1. nous fîmes
2. vous eûtes
3. je chantai
4. il alla
5. tu vins

6. Michel finit
7. je dus
8. elles connurent
9. vous rendîtes
10. elle fut

**2** **À transformer** Mettez ces phrases au passé composé.

1. Ils allèrent en Asie.

   _____

2. Je mangeai une pizza et je bus un coca.

   _____

3. Vous fîtes un voyage en Australie.

   _____

4. Nous vînmes avec Stéphanie et Paul.

   _____

5. Il eut un accident de voiture.

   _____

6. Tu vendis ta maison.

   _____

7. Lise et Luc finirent leurs devoirs.

   _____

8. Catherine fit sa valise.

   _____

**3** **Un scandale** Remplacez le passé simple par le passé composé.

> Un homme kidnappa la femme d'un député. Il téléphona au
> député au milieu de la nuit et le menaça. Il demanda la liberté de
> quelques terroristes emprisonnés. Heureusement, le criminel était
> plutôt bête parce qu'on sut tout de suite son numéro de téléphone
> et on l'arrêta le lendemain. Quand il se présenta devant le
> tribunal, le juge prononça une sentence assez sévère. L'homme
> passa 15 ans en prison.

**5.4**

# Object pronouns

- Direct and indirect object pronouns generally precede the verbs of which they are objects. In a simple tense, such as the present, the **futur**, or the **imparfait**, the object pronoun is placed in front of the verb.

Philippe **me** téléphone quelquefois.

| Direct object pronouns | | Indirect object pronouns | |
|---|---|---|---|
| me / m' | nous | me / m' | nous |
| te / t' | vous | te / t' | vous |
| le / la / l' | les | lui | leur |

- Direct object pronouns directly receive the action of a verb.

Je **l'**aime.
*I love him/her.*

Elles **nous** voient.
*They see us.*

- Indirect object pronouns identify *to* whom or *for* whom an action is done.

Tu **me** parles?
*Are you speaking to me?*

Elle **vous** a acheté une robe bleue?
*She bought a blue dress for you?*

- When a pronoun is the object of a compound tense, such as the **passé composé**, it is placed in front of the helping verb.

Vous **l'**avez attendu?
*Did you wait for him/it?*

Je **lui** ai envoyé une lettre.
*I sent him/her a letter.*

- When a pronoun is the object of an infinitive, it is placed in front of the infinitive.

Nous voudrions **t'**inviter chez nous.
*We would like to invite you to our place.*

Elle va **leur** écrire une carte postale.
*She is going to write them a postcard.*

**ATTENTION!**

In the third person, singular direct object pronouns have gender. The indirect object pronoun **lui** does not. **Lui** and **leur** refer only to people and animals. Direct object pronouns **le**, **la**, and **les** refer to people, animals, or things.

**Nous le voyons.**

*We see him/it.*

**Nous la voyons.**

*We see her/it.*

**Nous lui parlons.**

*We are speaking to him/her.*

**ATTENTION!**

In most negative sentences, place **ne... pas** around the object pronoun and the conjugated verb.

**Il ne m'aime pas.**

*He doesn't like me.*

**Je ne t'ai pas vu(e).**

*I didn't see you.*

In sentences with infinitives, **ne... pas** goes around the conjugated verb, but the object pronoun usually goes before the infinitive.

**Tu ne vas pas l'écouter.**

*You are not going to listen to it.*

# Mise en pratique

**1** **À réécrire** Réécrivez ces phrases et remplacez les mots soulignés par des pronoms d'objet direct ou indirect.

1. Nous avons répondu <u>au professeur</u>.

   _____

2. J'ai perdu <u>mon sac</u>.

   _____

3. Vous avez regardé <u>le film</u> avec Aurélie?

   _____

4. Elle parle <u>à ses parents et à moi</u>.

   _____

5. Ils ont modifié <u>les frontières</u> après la guerre.

   _____

**2** **À compléter** Remplacez l'objet par un pronom d'objet direct ou indirect.

1. —Tu as pris l'autobus?

   —Oui, je _____ ai pris.

2. —Nous allons expliquer la situation à ses parents?

   —Oui, vous allez _____ expliquer la situation.

3. —Vous m'avez invité à votre fête?

   —Oui, nous _____ avons invité.

4. —Il va nous attendre à la gare?

   —Non, il va _____ attendre chez lui.

5. —Elle a parlé à Jules?

   —Oui, elle _____ a parlé ce matin.

**3** **À l'aéroport** Utilisez les verbes de la liste et des pronoms d'objet direct ou indirect pour décrire ce que font les personnages et expliquer pourquoi.

> **Modèle** Sylvie lit le livre. Elle le lit parce qu'elle s'ennuie.

| acheter | avoir | demander | écouter | parler | trouver |
|---------|-------|----------|---------|--------|---------|
| apporter | chercher | donner | lire | porter | ? |

Mélanie   M. Sylvain   Olivier   M. Heudier

Mme Sylvain   Sylvie   Mathieu

**5.5**

# Past participle agreement

● Past participle agreement occurs in French for several different reasons.

Vous êtes **allés** au théâtre.

● When the helping verb is **être**, the past participle agrees with the *subject*.

Anne est **partie** à six heures.
*Anne left at 6 o'clock.*

Nous sommes **arrivés** en avance.
*We arrived early.*

● Verbs that take **être** as the helping verb usually do not have direct objects. When they do, they take the helping verb **avoir**, in which case there is no past participle agreement.

Elle **est sortie**.
*She went out.*

Elle **a sorti** la poubelle.
*She took out the trash.*

● Reflexive verbs take the helping verb **être** in compound tenses such as the **passé composé** and **plus-que-parfait**. The past participle agrees with the reflexive pronoun if the reflexive pronoun functions as a direct object.

Nous **nous** sommes **habillées**.
*We got dressed.*

Michèle **s'était réveillée**.
*Michèle had woken up.*

**BLOC-NOTES**

To review the **passé composé** with **être** and with reflexive and reciprocal verbs, see **Structures 3.2, pp. 92–93.**

● If a direct object *follows* the past participle of a reflexive verb, no agreement occurs.

Nadia s'est **coupée**.
*Nadia cut herself.*

*but*

Nadia s'est **coupé** le doigt.
*Nadia cut her finger.*

● If an object pronoun is indirect, rather than direct, the past participle does not agree. This also means there is no past participle agreement with several common reciprocal verbs, such as **se demander, s'écrire, se parler, se rendre compte,** and **se téléphoner**.

Elle nous a **téléphoné**.
*She called us.*

Nous nous sommes **téléphoné**.
*We called each other.*

● In compound tenses with **avoir**, past participles agree with preceding direct object pronouns.

J'ai **mis** les fleurs sur la table.
*I put the flowers on the table.*

Je **les** ai **mises** sur la table.
*I put them on the table.*

**ATTENTION!**

While the rules pertaining to past participle agreement may seem complex, just keep these two general points in mind: Past participles agree with direct objects when the object is placed in front of the verb for *any* reason. Past participles do not agree with indirect objects.

● In structures that use the relative pronoun **que**, past participles agree with their direct objects.

Voici les pommes **que** j'ai **achetées**.
*Here are the apples that I bought.*

Il parle des buts **qu'il** a **atteints**.
*He's talking about the goals he reached.*

# Mise en pratique

**1** **À compléter** Faites les accords, si nécessaire. S'il n'y a pas d'accord, mettez un X.

1. Marie est né_____ en Belgique.

2. Voici les hommes que j'ai vu_____ en ville.

3. Céline a visité_____ le musée du Louvre.

4. Mon ami et moi, nous sommes resté_____ à l'hôtel.

5. Nos tantes se sont écrit_____ beaucoup de lettres.

6. Sa copine et sa sœur sont allé_____ au Canada.

7. Je me suis lavé_____ les mains.

8. Grégoire et Inès se sont couché_____ tôt hier soir.

9. Ces poires? Je les ai acheté_____ au marché.

10. Tu as passé_____ l'examen de français?

**2** **Mini-dialogues** Reconstituez les questions et inventez les réponses. Employez le passé composé et faites les accords nécessaires.

> **Modèle** **où / vous / naître**
> —Où est-ce que vous êtes né(e)?
> —Je suis né(e) à Dakar.

1. à quelle heure / tu / se coucher / samedi

_____

_____

2. quand / le président Kennedy / mourir

_____

_____

3. pourquoi / vous / ne pas sortir

_____

_____

4. avec quoi / elle / se brosser / les dents

_____

_____

5. chez qui / ils / rester

_____

_____

**3** **Mon enfance** Écrivez au passé composé un paragraphe sur votre enfance. Utilisez au moins huit verbes de la liste. Faites tous les accords nécessaires.

| | | |
|---|---|---|
| aller | habiter | rester |
| arriver | finir | se trouver |
| avoir | naître | venir |
| faire | rentrer | voyager |

## 6.4 Disjunctive pronouns

- Disjunctive pronouns correspond to subject pronouns. Compare their meanings:

| Subject pronouns | Disjunctive pronouns | Subject pronouns | Disjunctive pronouns |
|---|---|---|---|
| je (*I*) | moi (*me*) | nous (*we*) | nous (*us*) |
| tu (*you*) | toi (*you*) | vous (*you*) | vous (*you*) |
| il (*he*) | lui (*him*) | ils (*they*) | eux (*them*) |
| elle (*she*) | elle (*her*) | elles (*they*) | elles (*them*) |

- Disjunctive pronouns have several uses. For example, they are used after most prepositions.

  Ma nièce dîne chez **lui**.
  *My niece has dinner at his house.*

  Tu veux jouer au tennis avec **eux**?
  *Do you want to play tennis with them?*

- Use them with **être** when identifying people and after **que** in comparisons.

  Qui sonne à la porte? C'est **toi**?
  *Who is at the door? Is it you?*

  Ma belle-mère est plus âgée que **vous.**
  *My stepmother is older than you.*

- Use disjunctive pronouns to express contrast.

  **Moi**, j'ai peur des chiens, mais **lui**,
  il n'en a pas peur.
  *Me, I'm afraid of dogs, but*
  *he isn't afraid of them.*

  Mamie ne vous parle pas à **vous**.
  Elle nous parle à **nous**.
  *Grandma is not talking to you.*
  *She's talking to us.*

- When **-même(s)** is added to a disjunctive pronoun, it means *myself, yourself*, etc.

  Mon neveu la répare **lui-même**.
  *My nephew repairs it himself.*

  Elles remercient leur tante **elles-mêmes**.
  *They thank their aunt themselves.*

- Normally, indirect object pronouns take the place of **à** + [*person*]. With certain verbs, however, disjunctive pronouns are typically used instead.

| | |
|---|---|
| s'adresser à (*to address*) | s'habituer à (*to get used to*) |
| être à (*to belong to*) | s'intéresser à (*to be interested in*) |
| faire attention à (*to pay attention to*) | penser à (*to think about, to have on one's mind*) |

  Cette montre est à **moi**.
  *This watch belongs to me.*

  Personne ne s'intéresse à **elle**.
  *No one is interested in her.*

- Whereas indirect object pronouns are placed in front of the verb and replace both the preposition and the noun, disjunctive pronouns follow the preposition and replace only the noun.

| Indirect object pronoun | Disjunctive pronoun |
|---|---|
| Je **vous** ai téléphoné. | J'ai pensé à **vous**. |
| *I called you.* | *I thought about you.* |

**ATTENTION!**

In English, to emphasize the subject or object of a verb, you can pronounce the pronoun with added stress. In French, add a disjunctive pronoun.

Tu n'en sais rien, **toi**!

*You don't know anything about it.*

On ne les a pas punis, **eux**.

*We didn't punish them.*

**ATTENTION!**

**Penser de** means *to think of*, as in *to have an opinion*. It is not interchangeable with **penser à**. Use disjunctive pronouns after **penser de**.

**Qu'est-ce que tu penses d'eux?**

*What do you think of them?*

# Mise en pratique

**1** **À compléter** Trouvez les pronoms disjoints correspondants pour compléter les phrases.

1. Olivier a visité le musée avec _____ (*them*).

2. Maman est allée à la pharmacie pour _____ (*her*).

3. Ma copine connaît ce quartier mieux que _____ (*me*).

4. Je me suis assis derrière _____ (*them*, fem.).

5. Ma nièce a couru après _____ (*him*).

6. C'est _____ (*you*, fam.) qui as préparé les tartes, n'est-ce pas?

7. Voici Robert et Lise. Vous vous souvenez d'_____ (*them*)?

8. Caroline est française, mais _____ (*us*), nous sommes suisses.

9. Est-ce qu'on va aller chez _____ (*you*, formal)?

10. Ma demi-sœur n'a que trois ans, mais elle peut s'habiller _____ (*herself*).

**2** **À remplacer** Remplacez les mots soulignés par des pronoms disjoints.

1. Je suis allée à la fête avec <u>Jean-Pierre</u>.

2. Tu as étudié chez <u>Denise</u>?

3. Qui vient avec <u>ton époux et toi</u>?

4. Elle partage un appartement avec <u>ses sœurs jumelles</u>.

5. C'est <u>Paul</u> qui n'a plus vingt ans.

6. Il faut faire attention à <u>tes parents</u>.

7. Ces chiens sont à <u>Michèle et à moi</u>.

8. Mon beau-fils s'intéresse à <u>Mireille</u>.

**3** **Votre famille** Parlez de votre famille à l'aide des prépositions de la liste et des pronoms disjoints.

> **Modèle** Ma mère est toujours occupée, alors je fais souvent des courses pour elle.

| | |
|---|---|
| à | entre |
| à côté de | pour |
| avec | sans |
| chez | ? |
| de | |

**6.5**

# Possessive pronouns

- Whereas possessive adjectives modify nouns, possessive pronouns replace them.

| Possessive adjective | Possessive pronoun |
|---|---|
| —C'est **mon frère qui t'a téléphoné?** | —Non, c'est le mien **qui m'a téléphoné.** |
| —*Is it my brother who called you?* | —*No, it's mine who called me.* |

Tu m'as déjà donné mon cadeau. Voici **le tien**.

- Possessive pronouns agree in gender and number with the nouns they replace. Like possessive adjectives, they also change forms according to the possessor.

|  | singular | | plural | |
|---|---|---|---|---|
|  | **masculine** | **feminine** | **masculine** | **feminine** |
| *mine* | **le mien** | **la mienne** | **les miens** | **les miennes** |
| *yours* | **le tien** | **la tienne** | **les tiens** | **les tiennes** |
| *his, hers, its* | **le sien** | **la sienne** | **les siens** | **les siennes** |
| *ours* | **le nôtre** | **la nôtre** | **les nôtres** | **les nôtres** |
| *yours* | **le vôtre** | **la vôtre** | **les vôtres** | **les vôtres** |
| *theirs* | **le leur** | **la leur** | **les leurs** | **les leurs** |

- **Le sien**, **la sienne**, **les siens**, and **les siennes** can mean *his*, *hers*, or *its*. The form is determined by the gender and number of the noun possessed, not the possessor.

- Notice that possessive pronouns include definite articles. When combined with the prepositions **à** and **de**, the usual contractions must be formed.

| Mme Michelin a parlé à mes parents et **aux tiens**. | Je me souviens de mon premier chien. Vous souvenez-vous **du vôtre**? |
|---|---|
| *Mme Michelin spoke to my parents and to yours.* | *I remember my first dog. Do you remember yours?* |

- Possessive pronouns can also replace possessive structures with **de**.

| **Les voitures des voisins** sont belles. | **Les leurs** sont belles. |
|---|---|
| *The neighbors' cars are beautiful.* | *Theirs are beautiful.* |
| **La grand-mère d'Ahmed** a 92 ans. | **La sienne** a 92 ans. |
| *Ahmed's grandmother is 92 years old.* | *His is 92 years old.* |

**ATTENTION!**

Notice the **accent circonflexe** on **nôtre(s)** and **vôtre(s)**, which indicates that the **ô** is pronounced as a closed **o**, like **-eau** in the word **beau**. The **o** in the possessive adjectives **votre** and **notre**, however, is pronounced as an open **o**, like the **o** in the word **donne**.

# Mise en pratique

**1** À transformer Donnez le pronom possessif qui correspond.

> Modèle **le beau-frère de Suzanne**
> le sien

1. les parents de mes cousins
2. mon enfance
3. votre caractère
4. tes ancêtres
5. nos neveux
6. l'épouse de Franck
7. mes jumelles
8. leur voiture

**2** À compléter Employez des pronoms possessifs pour compléter ces phrases.

> Modèle **J'habite avec mes grands-parents, mais tu n'habites pas avec _____.**

1. Tu as ton vélo et j'ai _____.
2. Elle s'occupe de ses enfants et nous nous occupons _____.
3. On peut prendre mon camion ou vous pouvez prendre _____.
4. Nous avons besoin de nos congés et eux, ils ont besoin _____.
5. Je m'entends bien avec ma famille. Tu t'entends bien avec _____?
6. Moi, j'aime bien mon professeur, mais Valérie, elle n'aime pas _____.

**3** À qui est...? Écrivez des questions et répondez-y par oui ou par non à l'aide des éléments donnés. Utilisez des pronoms possessifs.

> Modèle **vous / disques compacts / elle**
> —Ces disques compacts sont à vous?
> —Non, ce sont les siens.

**1.**
tu / photos / je
_____
_____

**2.**
nous / ordinateur / elles
_____
_____

**3.**
je / voiture / tu
_____
_____

**4.**
ils / valises / nous
_____
_____

## 7.4 Past participles used as adjectives

- You may have noticed that the past participles of verbs can function as adjectives.

Nous sommes **mariés**.

- When a past participle is used as an adjective, it agrees in gender and number with the noun it modifies. Notice the different adjective forms based on the past participle of **construire**.

Cet immeuble est **construit** en briques.
*This building is built out of bricks.*

Ces immeubles sont **construits** en briques.
*These buildings are built out of bricks.*

Cette maison est **construite** en briques.
*This house is built out of bricks.*

Ces maisons sont **construites** en briques.
*These houses are built out of bricks.*

- Like other adjectives, past participles may follow a form of the verb **être** or they may be placed after the noun they modify.

La porte est **ouverte**.
*The door is open.*

Fermez cette porte **ouverte**.
*Close that open door.*

- Compare the meanings of these verbs with their past participles when used as adjectives. Notice that past participles often correspond to English words ending in *-ed*.

| Infinitive | | Past participle | |
|---|---|---|---|
| **s'agenouiller** | *to kneel* | **agenouillé(e)** | *kneeling* |
| **s'asseoir** | *to sit* | **assis(e)** | *seated* |
| **couvrir** | *to cover* | **couvert(e)** | *covered* |
| **décevoir** | *to disappoint* | **déçu(e)** | *disappointed* |
| **écrire** | *to write* | **écrit(e)** | *written* |
| **fatiguer** | *to tire* | **fatigué(e)** | *tired* |
| **fermer** | *to close* | **fermé(e)** | *closed* |
| **se fiancer** | *to become engaged* | **fiancé(e)** | *engaged* |
| **se marier** | *to marry* | **marié(e)** | *married* |
| **ouvrir** | *to open* | **ouvert(e)** | *open* |
| **payer** | *to pay* | **payé(e)** | *paid* |
| **peindre** | *to paint* | **peint(e)** | *painted* |
| **prendre** | *to take* | **pris(e)** | *taken* |
| **préparer** | *to prepare* | **préparé(e)** | *prepared* |
| **réparer** | *to repair* | **réparé(e)** | *repaired* |
| **terminer** | *to finish* | **terminé(e)** | *finished* |

**ATTENTION!**

In certain expressions, some past participles are used as prepositions. In this case, they are placed in front of the noun and are invariable.

| **attendu** | *considering* |
|---|---|
| **étant donné** | *given* |
| **excepté** | *except* |
| **passé** | *past, beyond* |
| **vu** | *given, in view of* |
| **y compris** | *including* |

**Vu toutes les solutions possibles, on atteindra le but.**

*Given all the possible solutions, we'll reach the goal.*

# Mise en pratique

**1** **À compléter** Utilisez le participe passé des verbes entre parenthèses pour compléter ces phrases. Faites les accords nécessaires.

1. Pardon, madame, est-ce que cette chaise est _____ (prendre)?

2. Quand Mylène a entendu les nouvelles, elle a été _____ (décevoir).

3. Après la tempête, nos maisons étaient _____ (couvrir) de neige.

4. Delphine et Rachid sont _____ (marier).

5. Il est sept heures et le magasin est _____ (fermer).

6. Cette lettre est _____ (écrire) à la main.

7. Marc était _____ (s'agenouiller) quand il lui a demandé de l'épouser.

8. Je suis heureux parce que toutes mes dettes sont _____ (payer)!

**2** **Descriptions** Décrivez ces photos à l'aide du participe passé des verbes suivants.

| s'asseoir | se fiancer | réparer |
|-----------|-----------|---------|
| fatiguer | préparer | terminer |

1.
Ces lycéens sont _____.

2.
Cet homme et cette femme sont _____.

3.
Il est 10h00. Ce cours est _____.

4.
Micheline est très _____.

5.
Les plats ont été _____ et sont sur la table.

6.
Votre voiture est _____, monsieur.

**7.5**

# Expressions of time

**ATTENTION!**

Note that unlike English, to talk about something that *has gone on* or *has been going on* in the past and is *still* going on, French uses the present tense.

- To say someone has been doing something *for* an amount of time or *since* a certain point in time, you can use the present tense along with **depuis**.

Leyla étudie le français **depuis** un an.
*Leyla has been studying French for one year.*

Nous habitons Nice **depuis** 2005.
*We have lived in Nice since 2005.*

- When combined with **que**, these expressions can be used instead of **depuis** to convey similar meanings. Notice the different word order.

**Ça fait** deux semaines **que** Chantal est serveuse.
**Il y a** deux semaines **que** Chantal est serveuse.
**Voilà** deux semaines **que** Chantal est serveuse.
*Chantal has been a waitress for two weeks.*

- When talking about the past, **il y a** + [*time expression*] means *ago*.

Corinne a visité Paris **il y a six mois**.
*Corinne visited Paris six months ago.*

**Il y a 20 ans**, cette frontière n'existait pas.
*Twenty years ago, this border didn't exist.*

**ATTENTION!**

The prepositions **depuis**, **pendant**, and **pour** can each mean *for*, but they are not interchangeable. Use **pour** with the present tense to talk about the planned duration of an action.

**Il part pour six mois.**
*He's leaving for six months.*

- To talk about something that occurred in the past *for* a certain amount of time, but is no longer occurring, use **pendant** + [*time expression*].

Elle a habité chez Karine **pendant six mois**.
*She lived at Karine's for six months.*

**Pendant neuf ans** ils ont étudié ces étoiles.
*For nine years they studied those stars.*

- To ask for how long something that is no longer going on took place in the past, use **pendant combien de temps?** (*for how long?*). In this case, the verb is in the **passé composé**.

**Pendant combien de temps** a-t-il travaillé pour vous?
*For how long did he work for you?*

Il est resté dans le laboratoire **pendant combien de temps**?
*For how long did he stay in the lab?*

- To ask for how long something *has gone on* or *has been going on* that is *still going on*, use **depuis quand?** (*since when?*) or **depuis combien de temps?** (*for how long?*). The verb should be in the present tense.

**Depuis quand** est-ce que tu as cet ordinateur portable?
*Since when have you had that laptop?*

**Depuis combien de temps** assistes-tu à ce cours?
*For how long have you attended this class?*

- The **passé composé** may be used with **depuis** to say that something has *not* occurred for an amount of time.

Mon copain ne m'a pas téléphoné **depuis** quatre jours.
*My friend has not called me for four days.*

Nous n'avons pas regardé la télé **depuis** le week-end dernier.
*We haven't watched TV since last weekend.*

# Mise en pratique

**1** **À compléter** Complétez ces phrases. Employez les expressions **depuis**, **pendant**, **il y a** ou **pour**.

1. _____ un an que j'ai cet appareil photo numérique.

2. Mes parents ont acheté des vêtements _____ mon frère et moi.

3. Calista a vécu en France _____ cinq ans.

4. _____ son arrivée, Florent est déprimé.

5. Nous avons écouté de la musique _____ trois heures, hier soir.

6. Manger léger (*light*), c'est bon _____ la santé.

7. Ma fille n'a pas été malade _____ un an!

8. Cet été, je pars à Bruxelles _____ trois mois.

**2** **Depuis quand?** Parlez des thèmes suivants à l'aide des expressions de la liste.

> **Modèle** **habiter cette ville**
>
> Ça fait trois ans que j'habite cette ville.

> il y a    ça fait    voilà

1. habiter cette ville

2. être lycéen(ne) ici

3. avoir un permis de conduire

4. connaître son/sa meilleur(e) ami(e)

5. étudier le français

**3** **Et hier?** Parlez des activités suivantes. Utilisez le mot **pendant** dans vos réponses.

> **Modèle** **étudier**
>
> J'ai étudié pendant deux heures.

1. étudier

2. être sur le portable

3. regarder la télévision

4. surfer sur le web

5. faire du sport

**4** **Et quoi d'autre?** Quels sont vos passe-temps? Depuis quand? Qu'avez-vous fait par le passé? Pendant combien de temps? Parlez de vos centres d'intérêt.

> **Modèle** **jouer au football**
>
> Je joue au football depuis six ans.

1. jouer au football, au basket, au volley...

2. chanter dans un chœur

3. jouer du piano, du violon, de la guitare...

4. se spécialiser dans...

5. sortir avec...

**8.4**

# Prepositions with infinitives

**BLOC-NOTES**

To review verbs that can be followed directly by an infinitive, see **Structures 8.1, pp. 272–273**.

- You are already familiar with many verbs that can be followed directly by another verb. Only the first verb in a clause is conjugated. The rest are in the infinitive form.

  J'**aime jouer** à la pétanque.
  *I like to play petanque.*

  Tu **vas aller faire** un bowling?
  *Are you going to go bowling?*

- Several verbs require the preposition **à** before an infinitive.

  Marithé **apprend à** faire de l'alpinisme.
  *Marithé learns to mountain climb.*

  Ils **se mettent à** jouer aux fléchettes.
  *They begin to play darts.*

- These verbs take the preposition **à** before an infinitive.

| | | | |
|---|---|---|---|
| aider à | *to help to* | s'habituer à | *to get used to* |
| s'amuser à | *to pass time by* | hésiter à | *to hesitate to* |
| apprendre à | *to learn to; to teach to* | inviter à | *to invite to* |
| arriver à | *to manage to* | se mettre à | *to begin to* |
| commencer à | *to begin to* | réussir à | *to succeed in* |
| continuer à | *to continue to* | tenir à | *to insist on* |
| encourager à | *to encourage to* | | |

**ATTENTION!**

Do not confuse the preposition **à** that precedes indirect objects with the prepositions **à** and **de** required before an infinitive.

**On apprend à nager à Claude.**

*We're teaching Claude to swim.*

**Mes parents défendent à mon frère de conduire.**

*My parents forbid my brother to drive.*

- Several verbs require the preposition **de** before an infinitive.

| | | | |
|---|---|---|---|
| accepter de | *to accept to* | finir de | *to finish* |
| arrêter de | *to stop* | s'occuper de | *to take care of* |
| choisir de | *to choose to* | oublier de | *to forget to* |
| conseiller de | *to advise to* | permettre de | *to permit to* |
| décider de | *to decide to* | promettre de | *to promise to* |
| demander de | *to ask to* | refuser de | *to refuse to* |
| dire de | *to tell to* | rêver de | *to dream about* |
| empêcher de | *to prevent from* | risquer de | *to risk* |
| essayer de | *to try to* | se souvenir de | *to remember to* |
| être obligé(e) de | *to be required to* | venir de | *to have just* |

  Il **refuse de s'arrêter de** fumer.
  *He refuses to stop smoking.*

  Attention! Vous **risquez de** tomber!
  *Careful! You risk falling!*

- Several expressions with **avoir** also take the preposition **de** before an infinitive.

| | | | |
|---|---|---|---|
| avoir besoin de | *to need to* | avoir peur de | *to be afraid to* |
| avoir envie de | *to feel like* | avoir raison de | *to be right to* |
| avoir hâte de | *to be impatient to* | avoir tort de | *to be wrong in* |
| avoir l'intention de | *to intend to* | | *(doing something)* |

# Mise en pratique

**1** **À compléter** Complétez ce paragraphe. Ajoutez les prépositions qui conviennent. S'il ne faut pas de préposition, mettez un X.

La semaine dernière, ma cousine Julie a reçu un appel de Florence, sa copine mauricienne. Florence l'a invitée (1) _____ venir visiter l'île Maurice. Mon oncle et ma tante lui ont permis (2) _____ y aller et Julie n'a pas hésité (3) _____ accepter l'invitation. Elle s'est tout de suite mise (4) _____ faire des projets pour le voyage. Elle adore (5) _____ voyager et elle rêve (6) _____ visiter un pays francophone depuis longtemps. Maintenant, elle n'arrête pas (7) _____ parler de son voyage. Elle m'a promis (8) _____ me rapporter un beau souvenir. Alors, j'essaie (9) _____ être compréhensive, mais je commence (10) _____ en avoir marre! J'aimerais bien (11) _____ aller en vacances, moi aussi. Je suis peut-être un peu jalouse, mais il faut (12) _____ penser aux autres quand même!

**2** **À inventer** Faites des phrases originales à l'aide des éléments de chaque colonne. N'oubliez pas d'ajouter des prépositions, s'il le faut.

| A | B | C |
|---|---|---|
| je | apprendre | aller au parc d'attractions |
| tu | avoir peur | applaudir |
| les élèves | essayer | bavarder |
| mes amis et moi | finir | faire de l'alpinisme |
| mes parents | rêver | faire de la sculpture |
| mon/ma meilleur(e) ami(e) | réussir | faire du sport |
| | souhaiter | se promener |
| ? | vouloir | siffler |
| | ? | voyager à l'étranger |
| | | ? |

**3** **Questions** Répondez à ces questions.

1. Qu'est-ce que vos parents vous encouragent à faire?
2. Qu'est-ce que vous avez promis à vos parents de ne jamais faire?
3. Qu'est-ce que vos professeurs vous ont demandé de faire cette semaine?
4. Qu'est-ce qu'on vous a invité(e) à faire ce week-end?
5. Qu'est-ce que vous rêvez de faire un jour?
6. Qu'est-ce que vous avez appris à faire récemment?
7. Qu'est-ce que vous êtes obligé(e) de faire la semaine prochaine?
8. Qu'est-ce que vous allez commencer à faire ce week-end?

**8.5**

# The subjunctive after indefinite antecedents and in superlative statements

## The subjunctive after indefinite antecedents

**ATTENTION!**

Remember that an antecedent is a noun that another sentence element, such as a pronoun, follows and to which it refers.

**Ces joueurs de foot? Je les admire.**

*Those soccer players? I admire them.*

In this example, **Ces joueurs de foot** is the antecedent of the direct object pronoun **les**.

- Use the subjunctive in a subordinate clause when the antecedent in the main clause is unknown or nonexistent. If the antecedent is known and specific, use the indicative.

| **Subjunctive: non-specific** | | **Indicative: specific** |
|---|---|---|
| **Je cherche un ordinateur qui** puisse **ouvrir mes documents plus vite.** *I'm looking for a computer that can open my documents faster.* | *but* | **Voici l'ordinateur qui** peut **ouvrir mes documents plus vite.** *Here's the computer that can open my documents faster.* |
| **L'équipe a besoin de joueurs qui** aient **déjà** été **professionnels.** *The team needs players who have already been professionals.* | *but* | **L'équipe vient de trouver cinq joueurs qui** ont **déjà** été **professionnels.** *The team just found five players who have already been professionals.* |

- The subjunctive is used in indefinite structures that correspond to several English words ending in *-ever*.

| quoi que... | whatever... |
|---|---|
| où que... | wherever... |
| qui que... | who(m)ever... |

**Quoi que tu fasses,** n'oublie pas d'obtenir des billets.

*Whatever you do, don't forget to get tickets.*

**Qui que ce soit** au téléphone, ne répondez pas encore.

*Whoever it is on the phone, don't answer it yet.*

## The subjunctive in superlative statements

- In subordinate clauses following superlative statements, use the subjunctive when expressing an opinion. When stating a fact, use the indicative.

L'île de la Réunion a les plages **les plus agréables que nous ayons visitées**.

*Reunion Island has the most pleasant beaches that we visited.*

*but* La tour Eiffel est **le plus grand** monument **qu'on a construit** à Paris.

*The Eiffel Tower is the tallest monument ever built in Paris.*

- Some absolute statements are considered superlatives. Use the subjunctive in the subordinate clause after a main clause containing one of these expressions: **le/la/les seul(e)(s)** (*the only*), **ne... personne** (*nobody*), **ne... rien** (*nothing*), and **ne... que** (*only*).

Il **n'**y a **personne qui puisse** m'étonner.

*There's nobody who can surprise me.*

Houda est **la seule qui fasse** du ski.

*Houda is the only one who skis.*

# Mise en pratique

**1** **À compléter** Complétez les phrases à l'aide des expressions de la liste.

> où que (qu')     qui que (qu')     quoi que (qu')

1. _____ ce soit qui sonne à la porte, n'ouvrez pas!
2. _____ nous cherchions, nous ne trouvons pas nos clés.
3. _____ il fasse, son chien ne vient pas quand il l'appelle.
4. _____ tu dises, il ne faut pas porter de bermuda au restaurant.
5. _____ vous alliez au Louvre, vous verrez toujours de grandes œuvres d'art.

**2** **Subjonctif ou indicatif?** Choisissez la forme du verbe qui convient le mieux.

1. «Papa» est le seul mot que ma fille (a / ait) dit jusqu'à maintenant.
2. Nous aimons bien le nouvel hypermarché qui (vend / vende) une plus grande variété de légumes.
3. La Suisse est le pays le plus propre qu'il y (a / ait) en Europe.
4. Elles cherchent un restaurant qui (sert / serve) de la cuisine japonaise.
5. Mon frère Henri est la seule personne qui me (comprend / comprenne).
6. Tu vas lire le roman d'Alexandre Jardin qui (est / soit) sorti cette semaine?
7. Vous voudriez élire un maire qui (sait / sache) prendre de bonnes décisions pour votre ville.
8. Il n'y a personne qui (connaît / connaisse) la bonne réponse.

**3** **Mon opinion** Donnez votre opinion pour compléter chaque phrase.

> **Modèle** _____ **est le meilleur plat (que / qu' / qui)** _____ .
> Le poisson est le meilleur plat qu'on serve au restaurant.

1. _____ est le plus mauvais film (que / qu' / qui) _____ .
2. _____ est la seule personne (que / qu' / qui) _____ .
3. _____ est le cours le moins intéressant (que / qu' / qui) _____ .
4. _____ est la plus jolie actrice (que / qu' / qui) _____ .
5. _____ sont les vêtements les plus confortables (que / qu' / qui) _____ .
6. _____ est le plus beau pays (que / qu' / qui) _____ .
7. _____ est le meilleur professeur (que / qu' / qui) _____ .
8. _____ sont les voitures les plus rapides (que / qu' / qui) _____ .
9. _____ est le styliste le plus chic (que / qu' / qui) _____ .
10. _____ est la plus forte équipe de basket (que / qu' / qui) _____ .

## 9.4 *Savoir* vs. *connaître*

- **Savoir** and **connaître** both mean *to know*, but they are used differently.

| savoir | |
|---|---|
| je **sais** | nous **savons** |
| tu **sais** | vous **savez** |
| il/elle **sait** | ils/elles **savent** |

Mon oncle est vendeur dans une épicerie, tu **sais**.

| connaître | |
|---|---|
| je **connais** | nous **connaissons** |
| tu **connais** | vous **connaissez** |
| il/elle **connaît** | ils/elles **connaissent** |

Vous **connaissez** Natifah?
Elle est propriétaire de ce restaurant.

- **Savoir** means *to know a fact* or *to know how to do something*.

  Il **sait** économiser.
  *He knows how to save.*

  **Savez-vous** où se trouve le distributeur?
  *Do you know where the ATM is located?*

- **Connaître** means *to know* or *to be familiar with a person, place, or thing*.

  Marc **connaît** un bon comptable.
  *Marc knows a good accountant.*

  Nous **connaissons** bien ce grand magasin.
  *We know this department store well.*

- In the **passé composé**, **se connaître** means *met for the first time*.

  Ils **se sont connus** en mai.
  *They met in May.*

  Nous **nous sommes connues** au bureau.
  *We met at the office.*

- In the **passé composé**, **savoir** means *found out*.

  Nous **avons su** qu'il avait beaucoup de dettes.
  *We found out that he had a lot of debts.*

  Elles **ont su** que leur père était au chômage.
  *They found out their father was unemployed.*

- Note the meaning of **savoir** when it is negated in the **conditionnel**. In this context, **ne** is often used without **pas**. This particular usage is used mostly in literary French.

  Il **ne saurait** vivre sans toi!
  *He wouldn't know how to live without you!*

  Je **ne saurais** vous le dire.
  *I couldn't tell you.*

**ATTENTION!**

The verb **reconnaître** (*to recognize*) is conjugated like **connaître**: **je reconnais, tu reconnais, il/elle reconnaît, nous reconnaissons, vous reconnaissez, ils/elles reconnaissent**. Its past participle is **reconnu**.

# Mise en pratique

**1** **À compléter** Décidez s'il faut employer **savoir** ou **connaître**.

1. Est-ce que vous _____ où se trouve la bibliothèque?

2. François _____ conduire.

3. Nous nous sommes _____ il y a deux ans.

4. _____-tu la date de son anniversaire?

5. Ils _____ jouer à la pétanque.

6. Nous _____ où Marc habite.

7. Vous _____ bien la ville?

8. Tu ne _____ pas pourquoi il est venu?

9. Christian _____ bien Bruxelles.

10. Quand est-ce qu'elle a _____ ce qui s'était passé?

11. Est-ce que tu _____ quelqu'un qui habite en Afrique?

12. Mon frère ne _____ pas passer l'aspirateur.

**2** **À assembler** Faites des phrases en assemblant les éléments des colonnes.

| A | B | C |
|---|---|---|
| je | connaître | parler français |
| tu | ne pas connaître | la ville de Washington |
| mon prof de français | savoir | faire une mousse au chocolat |
| mon/ma meilleur(e) ami(e) | ne pas savoir | faire le ménage |
| mon/ma frère/sœur | | jouer de la guitare |
| le président | | nager |
| mes parents | | bien chanter |
| ? | | une personne célèbre |
| | | naviguer sur Internet |
| | | ce quartier |
| | | ? |

**3** **Qui et quoi** Choisissez la forme de **savoir** ou de **connaître** qui convient pour décrire votre famille, vos amis ou des personnes célèbres.

> **Modèle** **faire la cuisine**
> Mes frères savent faire la cuisine.

1. faire du ski

2. parler une langue étrangère

3. réparer une voiture

4. une actrice célèbre

5. un homme politique

6. danser

7. un bon restaurant

8. cette ville

9. jouer au billard

10. où se trouve un centre commercial

11. à quelle heure ferme la bibliothèque

12. bien étudier

## 9.5 *Faire causatif*

- The verb **faire** is often used as a helping verb along with an infinitive to mean *to have something done*.

> **J'ai fait réparer** ma voiture.
> *I had my car repaired.*

- **Faire causatif** can also mean *to cause something to happen* or *to make someone do something*.

> Ce film me **fait pleurer**.
> *This movie makes me cry.*

> Nous vous **faisons perdre** votre temps?
> *Are we making you waste your time?*

- When the infinitive that follows the verb **faire** takes only one object, it is always a direct object. Note, however, that pronouns are placed before the form of **faire**, rather than the infinitive.

> Le propriétaire **fait travailler son fils**.
> *The owner makes his son work.*

> Le propriétaire **le fait travailler**.
> *The owner makes him work.*

> Tu **fais manger la soupe à tes enfants**.
> *You make your children eat the soup.*

> Tu **la leur fais manger**.
> *You make them eat it.*

- The reflexive verb **se faire** means *to have something done for* or *to oneself*.

> Tu **t'es fait couper** les cheveux!
> *You had your hair cut!*

### ATTENTION!

In the **faire causatif** construction, the infinitive phrase introduced by **faire** functions as its direct object. Therefore, the past participle **fait** never agrees with a preceding direct object pronoun.

**Il a fait licencier les employés.**

*He had the employees laid off.*

**Il les a fait licencier.**

*He had them laid off.*

- **Faire causatif** often has idiomatic meanings that do not translate literally as *to do* or *to make*.

| | | | |
|---|---|---|---|
| faire bouillir | to boil | faire savoir | to inform |
| faire circuler | to circulate | faire sortir | to show someone out |
| faire cuire | to cook | faire suivre | to forward |
| faire entrer | to show someone in | faire tomber | to drop |
| faire fondre | to melt | faire venir | to summon |
| faire remarquer | to point out | faire voir | to show, to reveal |

- While **faire** is used with verbs to mean *to make someone do something*, it is not used with adjectives. Use **rendre** with adjectives.

> Cette crise économique me **rend** triste.
> *This economic crisis makes me sad.*

> Les dettes **rendent** la vie difficile.
> *Debts make life difficult.*

# Mise en pratique

**1** **Les phrases** Assemblez les éléments pour faire des phrases.

> **Modèle** **Nous étudions. / le professeur**
> Le professeur nous fait étudier.

1. Leurs employés travaillent. / les gérants
2. Je pleure. / Élodie
3. L'entreprise signe des contrats. / la consultante
4. Mes sœurs font la cuisine. / mes parents
5. Nous avons vu ses photos. / Séverine
6. Tu as remarqué le problème. / Daniel
7. Je suis entré dans le salon. / tu
8. Il tape des lettres. / le cadre
9. Je suis venu. / la présidente de l'université
10. Tu fais la vaisselle. / ta mère

**2** **À compléter** Décidez s'il faut employer **faire** ou **rendre**.

1. Les films romantiques me _____ heureuse.
2. Les histoires tristes me _____ pleurer.
3. Leur patron les _____ furieux.
4. Cet article me _____ réfléchir.
5. Cette bande dessinée me _____ rire.
6. Toi, tu me _____ fou!

**3** **Questions** Répondez à ces questions.

1. Qui vous fait étudier?
2. Qu'est-ce qui vous fait rire?
3. Qu'est-ce qui vous rend triste?
4. Qu'est-ce qui vous fait éternuer?
5. Qu'est-ce qui vous rend malade?
6. Qu'est-ce qui vous fait perdre patience?
7. Qu'est-ce qui vous rend heureux/heureuse?
8. Vous coupez-vous les cheveux vous-même ou vous les faites-vous couper?
9. Réparez-vous votre voiture vous-même ou la faites-vous réparer?
10. Si vous en aviez la possibilité, que feriez-vous faire à votre professeur de français?

## 10.4 Indirect discourse

- To tell what someone else says or said, you can use a direct quote or you can use indirect discourse.

| Direct discourse | Indirect discourse |
|---|---|
| Marc dit: «Je ne veux pas chasser.» | Marc dit qu'il ne veut pas chasser. |
| *Marc says, "I don't want to hunt."* | *Marc says that he doesn't want to hunt.* |

- Indirect discourse usually includes a verb related to speech, such as **crier**, **demander**, **dire**, **expliquer**, **répéter**, or **répondre**.

  Solange **explique** que l'ouragan a causé des inondations.
  *Solange is explaining that the hurricane caused flooding.*

- When relating what someone said *in the past*, the tense of the verb in the indirect statement differs from that of the verb in the direct statement.

| Direct: present tense | Indirect: imparfait |
|---|---|
| Abdel a dit: «La rivière est polluée.» | Abdel a dit que la rivière était polluée. |
| *Abdel said, "The river is polluted."* | *Abdel said that the river was polluted.* |

| Direct: passé composé | Indirect: plus-que-parfait |
|---|---|
| Tu as crié: «Un singe a pris mon appareil photo!» | Tu as crié qu'un singe avait pris ton appareil photo. |
| *You yelled, "A monkey took my camera!"* | *You yelled that a monkey had taken your camera.* |

| Direct: futur simple | Indirect: conditionnel |
|---|---|
| Ils ont répété: «Une sécheresse menacera les poissons.» | Ils ont répété qu'une sécheresse menacerait les poissons. |
| *They repeated, "A drought will threaten the fish."* | *They repeated that a drought would threaten the fish.* |

- Even when the introductory statement is in the past, if the **imparfait** or the **plus-que-parfait** is used in the direct statement, then it is also used in the indirect statement.

| Direct: imparfait | Indirect: imparfait |
|---|---|
| Houda a dit: «J'utilisais des produits renouvelables.» | Houda a dit qu'elle utilisait des produits renouvelables. |
| *Houda said, "I used to use renewable products."* | *Houda said that she used to use renewable products.* |

| Direct: plus-que-parfait | Indirect: plus-que-parfait |
|---|---|
| Nous avons demandé: «Vous aviez vu des lions?» | Nous avons demandé si vous aviez vu des lions. |
| *We asked, "Had you seen lions?"* | *We asked if you had seen lions.* |

**ATTENTION!**

If the introductory statement is in the present, the **futur simple**, the imperative, or the **conditionnel**, the tense of the verb in the indirect statement is the same as that of the verb in the direct statement.

**Vous direz: «L'ouragan est imminent.»**

*You will say, "The hurricane is imminent."*

**Vous direz que l'ouragan est imminent.**

*You will say that the hurricane is imminent.*

**ATTENTION!**

Note that a question reported through indirect discourse includes a clause that begins with **si** instead of **que**.

**On demande toujours: «Économisez-vous de l'énergie?»**

*People always ask, "Do you save energy?"*

**On demande toujours si nous économisons de l'énergie.**

*People always ask if we save energy.*

# Mise en pratique

**1**   **Direct ou indirect?**   Ces phrases sont-elles écrites au discours direct ou indirect?

1. Samuel répond toujours que tout va bien.

2. Caroline répétait: «Je ne comprends pas la question.»

3. Le prof nous a dit que le cours commencerait à une heure.

4. Tante Habiba a crié: «Bonjour les enfants!»

5. Coralie m'a demandé si j'avais dix euros.

**2**   **À transformer**   Transformez ces phrases en les mettant au discours indirect.

> **Modèle**   **Michèle dit: «Je suis malade.»**
> Michèle dit qu'elle est malade.

1. Françoise dit: «Je vois une araignée!»

2. Mariam me demande: «Tu gardes ta sœur?»

3. Louise expliquera: «Ces singes habitaient dans la forêt tropicale.»

4. Édouard dit: «Vous n'aurez pas faim.»

5. Mes parents répondront: «Tu as fait attention à la consommation d'énergie.»

6. Nadège répète: «Je n'aime pas les cochons.»

**3**   **Au passé**   Transformez ces phrases en les mettant au discours indirect. Cette fois, vous parlez de choses qui ont été dites hier.

> **Modèle**   **Michèle a dit: «Je suis malade.»**
> Michèle a dit qu'elle était malade.

1. Isabelle a dit: «J'ai déjà mangé.»

2. Karine a crié: «J'ai faim!»

3. Manon a demandé: «Où sont les toilettes?»

4. Daniel a expliqué: «Ils seront en retard ce soir.»

5. Nos amis ont répété: «Nous avons déjà vu ce film!»

6. Nathalie a répondu: «Je ne sais pas où sont les clés.»

**10.5**

# The passive voice

- The passive voice consists of a form of **être** followed by a past participle which agrees in gender and number with the subject.

| **Active voice** | **Passive voice** |
|---|---|
| Les ours mangent les poissons. | Les poissons sont mangés par les ours. |
| *Bears eat fish.* | *Fish are eaten by bears.* |

- In the active voice, word order is normally [*subject*] + [*verb*] + [*object*].

| SUBJECT | VERB | OBJECT |
|---|---|---|
| L'incendie | a détruit | les forêts. |
| *The fire* | *destroyed* | *the forests.* |

- The passive voice places the focus on what happened rather than on the agent (the person or thing that performs an action). Word order changes to [*subject*] + [*verb*] + [*agent*], and the direct object of an active sentence becomes the subject in the passive voice.

| SUBJECT | VERB | AGENT |
|---|---|---|
| Les forêts | ont été détruites | par l'incendie. |
| *The forests* | *were destroyed* | *by the fire.* |

- The verb **être** can be used in different tenses with the passive voice. Note that the past participle always agrees with the subject of **être**.

L'eau **est contaminée** par l'usine.
*The water is contaminated by the factory.*

L'eau **a été contaminée** par l'usine.
*The water was contaminated by the factory.*

L'eau **sera contaminée** par l'usine.
*The water will be contaminated by the factory.*

- In a passive sentence, the agent is not necessarily mentioned at all.

La forêt **a été détruite**.
*The forest was destroyed.*

Les poissons **seront mangés**.
*The fish will be eaten.*

- If you want to mention the agent, you usually use **par** (*by*).

La couche d'ozone est menacée **par** la pollution.
*The ozone layer is threatened by pollution.*

- With certain verbs that convey a state resulting from an event or that express a feeling or a figurative sense, use **de** instead of **par**. Such verbs include **admirer**, **aimer**, **couvrir**, **craindre**, **détester**, and **entourer**.

Le toit était couvert **de** neige.
*The roof was covered with snow.*

Les peintures sont admirées **des** visiteurs.
*The paintings are admired by the visitors.*

---

**ATTENTION!**

The passive voice is not appropriate in some types of formal writing. Nevertheless, it has some useful applications, such as when you want to place emphasis on the event rather than on the agent or when the agent is unknown. Journalists and scientists often use the passive voice.

---

**ATTENTION!**

You can avoid mentioning an agent without using the passive voice by using the pronoun **on**.

**On protège l'environnement.**

*The environment is protected (by someone).*

# Mise en pratique

**1** **Voix active ou passive?** Ces phrases sont-elles à la voix active ou passive?

1. Le village a été détruit par un tremblement de terre.

2. Les policières ont prévenu le public.

3. Les hommes ont chassé les lions.

4. Les pluies acides sont causées par la pollution.

5. La forêt est protégée par les écologistes.

6. Jamel et Philippe ont vu le film.

7. On chasse les ours.

8. Le château est entouré d'un mur.

**2** **À transformer** Transformez ces phrases en les mettant à la voix passive.

1. Tom Selleck interprète Dwight Eisenhower dans un film.

2. Léonard de Vinci a peint ces magnifiques tableaux.

3. On a détruit le mur de Berlin en 1989.

4. Alexander Fleming a découvert la pénicilline.

5. On a célébré le bicentenaire des États-Unis en 1976.

6. Jonas Salk a mis au point un vaccin contre la polio.

**3** **Et les femmes?** Transformez ces phrases en les mettant à la voix active.

1. La Résistance a été soutenue par l'action de Joséphine Baker.

2. Certains avions ont été pilotés par Amelia Earhart.

3. La série *Harry Potter* est écrite par J. K. Rowling.

4. Helen Keller a été aidée par Anne Sullivan.

5. Beaucoup de matchs ont été gagnés par Billie Jean King.

6. Des thèmes vietnamiens sont choisis par Nguyen Dieu Thuy pour ses peintures.

# Dialogues des courts métrages

## LEÇON 1

### Court métrage: *À tes amours*

Réalisateur: Olivier Peyon
Pays: France

LA SŒUR  C'est incroyable ce que tu as grandi, hein! L'année dernière, tu étais aussi grand que moi, puis là tu me dépasses d'une tête.

LE FRÈRE  Ben, tu n'es pas très grande aussi.

LA SŒUR  Ben attends, je ne suis pas une naine, non plus. C'est bizarre, c'est que tu es long aussi. Tu fais du sport?

LE FRÈRE  Du sport?

LA SŒUR  Ouais.

LE FRÈRE  Tu plaisantes.

LA SŒUR  Mais, ça t'étofferait, tu vois. C'est vachement joli le cadeau que tu as acheté à Papa. Tu me diras combien je te dois? Et à qui tu les racontes tes histoires?

LE FRÈRE  Ben à personne.

LA SŒUR  Si tu étais amoureux, tu me le dirais?

LE FRÈRE  Ça ne te regarde pas.

LA SŒUR  Ben allez, tu es amoureux? Ben alors, tu me dis? Comment elle s'appelle?

LE FRÈRE  Tu sais que tu es chiante, toi. Elle s'appelle Céleste.

LA SŒUR  Céleste! C'est joli, c'est très joli même. Et elle t'aime?

LE FRÈRE  Ben je ne sais pas.

LA SŒUR  Comment ça tu ne sais pas? Tu ne lui as pas demandé, tu ne lui as rien dit?

LE FRÈRE  Oh mais ça ne se fait pas comme ça, hein.

LA SŒUR  Ben tu es con, qu'est-ce que tu attends, de te la faire piquer?

LE FRÈRE  Si tu crois que c'est facile.

LA SŒUR  Ben ce n'est facile pour personne, hein.

LE FRÈRE  De toute façon, elle va se foutre de moi.

LA SŒUR  Ben peut-être, mais peut être pas, peut-être qu'elle n'attend que ça. On va s'asseoir? ... Bon, tu ne vas pas être comme tous ces mecs. Je te jure, s'il y en avait un qui pouvait se lancer, je crois que je ne l'enverrais pas chier.

LE FRÈRE  Qu'est ce qu'il y a?

LA SŒUR  Tu es amoureux. Mon petit frère est amoureux.

LE FRÈRE  Pfff... Tu es chiante, tu vois on ne peut jamais rien te dire.

LA SŒUR  Non mais arrête! Je ne me moque pas. Je trouve ça bien, je trouve ça très bien même.

LE FRÈRE  Je n'y arriverai jamais.

LA SŒUR  Mais si. Dis lui ce qui te passe par la tête, c'est tout.

LE FRÈRE  Je te dis que je ne pourrai pas.

LA SŒUR  Mais arrête, tu pourras. Je suis sûre que tu en meurs d'envie. Tiens! On n'a qu'à essayer. Imagine que je suis Céleste. Je te dis d'imaginer.

LE FRÈRE  Ben oui, mais là...

LA SŒUR  Ben quoi là! Ben avec moi tu ne prends aucun risque. Bon allez. On y va.

LE FRÈRE  Bon.... Céleste... heu, je t'aime.

LA SŒUR  C'est bien... C'est bien, mais c'est un peu court, non?

LE FRÈRE  Ah bon?

LA SŒUR  Mais attends... "Je t'aime", c'est quand même une sacrée nouvelle, non? [Il ne] Faut pas que ça tombe comme un cheveu sur la soupe. [Il] Faut que tu la prépares. Et puis une fois qu'elle est prête, paf, tu lui dis en conclusion.

LE FRÈRE  Ah tu crois...?

LA SŒUR  Ben ouais.

LE FRÈRE  Et je lui dis quoi avant?

LA SŒUR  Ben je ne sais pas moi. Tu lui parles d'elle, de toi, de ce que tu aimes chez elle...

**LE FRÈRE**  Et puis si elle part, je ne suis pas comme un con.

**LA SŒUR**  Ah oui, mais ça, c'est le risque... mais bon, tu n'en mourras pas, hein! Bon allez, on y retourne! Tu veux me prendre la main?

**LE FRÈRE**  Ça [ne] va pas!

**LA SŒUR**  Attends, mais moi je dis ça, c'est pour t'aider.

**LE FRÈRE**  Ce n'est pas ça, mais je préfère essayer sans. Céleste... heu... Je voulais te parler, mais ce n'est pas évident. Ce n'est pas évident parce que je n'ai pas l'habitude... heu Céleste... heu... Je t'aime.

**LA SŒUR**  Développe!

**LE FRÈRE**  Mais comment tu veux que je développe là, si tu parles tout le temps!

**LA SŒUR**  Bon ben d'accord, excuse-moi, je me tais!

**LE FRÈRE**  Merci! Céleste... bon... heu... Tu crois sûrement que... que la première fois qu'on s'est rencontré, c'était à la fête de Fabrice. Eh ben ce n'est pas vrai. Non moi... Ça faisait deux mois que je rêvais de toi. Je ne savais pas que c'était toi hein... Non je ne savais même pas que tu existais pour de vrai. J'étais peinard dans mes rêves, on était heureux, plus rien n'avait d'importance. Alors quand j'ai débarqué dans cette fête et que je t'ai vue là, dans un coin en train de danser, et ben, ben moi j'ai cru que j'étais en train de dormir. Alors je me suis approché de toi en... en faisant semblant de danser, et... Non, tu as eu raison de me foutre un pain, mais... Il fallait que je te pince, pour être sûr. Enfin ce qui est sûr, c'est... Je t'ai tout de suite préférée à mon rêve. L'autre jour là, quand on discutait tous ensemble, eh ben, je te regardais l'air de rien, et tu avais un truc bizarre dans les... dans les yeux. Moi je croyais que c'était du maquillage qui avait fait une petite boule, mais non, en fait c'était un cil, un long cil. Il est tombé de ta joue, je ne sais pas, tu avais dû fermer l'œil, rien qu'un tout petit peu, un petit battement. J'étais comme un con, je.... j'avais envie de le... le cueillir, le manger, enfin... enfin tu vois... Toi, tu me parlais, mais moi je n'écoutais plus, je regardais ton cil. Alors j'ai fait un vœu. Et c'est là que tu as... tu as remonté ta mèche derrière ton oreille, comme tu fais, tu as passé ton doigt sur ta joue délicatement. Hop, le cil, il est tombé. Oh moi, j'étais fou, je n'en pouvais plus, j'avais envie de t'embrasser. Je te jure. Mais enfin je... je ne veux pas te faire peur hein, je veux juste que tu saches. Je sais qu'on est jeune, qu'on a tout le temps, mais... Ce n'est pas une raison non plus. Il y a des gens qui attendent toute leur vie, moi j'en connais. Alors heu... Si tu penses que... que ça pourrait coller, ben... ben je suis là quoi. Voilà! ... Alors... C'é... Ce n'était pas trop? Tu es sûre hein? Tu n'as rien à me dire alors? Mais alors quoi?!!!!

**LA SŒUR**  Tu as oublié de dire "je t'aime".

## LEÇON 2

### Court métrage: *J'attendrai le suivant…*

Réalisateur: Philippe Orreindy
Pays: France

**ANTOINE** Mesdames, Mesdemoiselles… Messieurs, bonsoir. Excusez-moi de vous déranger… Je sais bien que vous êtes énormément sollicités à l'heure actuelle. Tout d'abord, je m'en excuse… et puis, je me présente. Je m'appelle Antoine et j'ai 29 ans. Rassurez-vous, je ne vais pas vous demander d'argent. Ce qui m'amène à vous ce soir, eh bien, c'est que j'ai lu récemment, dans un magazine qu'il y avait en France près de 5 millions de femmes célibataires. Où sont-elles? Ça fait bientôt trois ans et demi que je suis tout seul. Je n'ai pas honte de le dire… Mais j'en ai marre! Pour passer ses soirées devant son micro-onde, pour regarder ses programmes débiles à la télé, ce n'est pas une vie. Minitel, Internet… pour se faire poser des lapins… Ça ne m'intéresse pas! Je suis informaticien… je gagne bien ma vie… 2.600 euros par mois… je suis assez sportif… je fais bien la cuisine… Vous pouvez rire, vous pouvez rire… Moi, je crois au bonheur. Je cherche simplement une femme, ou bien une jeune femme… de 18 à 55 ans, voilà, qui aurait, elle aussi, du mal à rencontrer quelqu'un… par les voies normales… et qui voudrait, pourquoi pas… partager quelque chose de sincère avec quelqu'un. Voilà… Si l'une d'entre vous se sent intéressée… eh bien, elle peut descendre discrètement à la station suivante… Je la rejoindrai sur le quai.

**HOMME** Mais arrêtez vos salades, là! Restez célibataire! Moi, ça fait cinq ans que je suis marié avec une emmerdeuse! Si vous voulez, je vous donne son numéro de téléphone au boulot… Elle est coiffeuse. Vous l'appelez, vous voyez avec elle… Mais il ne faudra pas venir vous plaindre après, hein!…
**ANTOINE** C'est très aimable à vous, Monsieur, mais je ne cherche pas la femme d'un autre. Ou alors, il faudrait peut-être lui demander son avis, non?
**HOMME** Mais non! Elle est d'accord, j'en suis sûr! Il n'y a que l'argent qui l'intéresse! Et je crois que vous en avez, vous, non?
**ANTOINE** Je cherche l'amour, moi, Monsieur, je ne cherche pas un marché!
**HOMME** Oh là là, eh, vous êtes mal barré dans la vie, vous, hein! Il va falloir que vous en fassiez des rames de métro!
**ANTOINE** Excusez ce monsieur, qui, je pense, ne connaîtra jamais l'amour.
**HOMME** Abruti!
**ANTOINE** C'est ça… C'est ça… Mesdemoiselles, je réitère ma proposition. S'il y en a une parmi vous qui est sensible à ma vision de l'amour, eh bien, qu'elle descende… Mademoiselle, c'était un sketch.

**ANTOINE** Si le spectacle vous a plu…
**HOMME** …une petite pièce sera la bienvenue.

## LEÇON 3

### Court métrage: *Le Technicien*

Réalisateur: Simon-Olivier Fecteau
Pays: Canada

CLIENT  C'est ma TV. Elle est toute brisée. Elle est toute brisée.
TECHNICIEN  OK. OK. Ben, si vous me laissez entrer, on va regarder ça.
CLIENT  Regarde!

*Jour 238 de cette guerre qui, jusqu'à présent, a fait des milliers de victimes...*

CLIENT  Voilà...
TECHNICIEN  Ben, écoutez, c'est une vieille TV. C'est normal, c'est un peu flou.
CLIENT  Non, non, non, regarde!

*Depuis 2005, l'incidence des cancers s'est accrue de 35% pour les hommes et de 43% pour les femmes...*

CLIENT  Et ça?

*La crise économique mondiale frappe à tous les niveaux. Les PME sont particulièrement touchées par cette décroissance qui a pris le secteur...*

CLIENT  Et ça?

*La famine en Éthiopie touche des millions d'enfants entraînant chez plusieurs la malnutrition grave ou même la mort. L'Éthiopie a une longue histoire...*

CLIENT  Regarde!

*Émilie aurait été aperçue pour la dernière fois près du parc Wilbrod à l'angle des rues Lanouette...*

CLIENT  Peux-tu me réparer ma TV?

*... et les affiches sont distribuées un peu partout...*

TECHNICIEN  Écoutez, euh... c'est pas le genre d'affaires qu'on prend, juste... Y a pas de formation qui... qui...
CLIENT  Peux-tu la réparer?
TECHNICIEN  Bien... On va regarder si c'est pas un problème technique. Peut-être les câbles...

*Ça va très mal, cette année... Randy Furby va pouvoir faire une croix sur son rêve olympique...*

TECHNICIEN  Ouais, ben, comme je pensais, c'est pas le câble, hein. Tout est bon au *reset*. Je peux toujours aller vérifier dehors aussi.

*Pour Furby, cette année, ça va mal, ça va très mal...*

*Nous avons, dans la région... nous avons des images en direct. On voit ici ce que l'on croit être le repaire d'Abdu Al-Maoud, le chef de la rébellion sudiste alors que... Attendez, on m'informe qu'un homme, oui, on le voit à l'écran, un homme inconnu semble faire son chemin à travers les balles. Il se protège et il entre à l'intérieur du repaire. Il semble discuter avec quelqu'un et il est prêt à ressortir de l'édifice. Il semble être en compagnie d'Abdu Al-Maoud qui agite un drapeau blanc. Mesdames et messieurs, c'est absolument incroyable. Le chef des sudistes offrirait sa reddition, se rendrait. C'est un conflit quasi-centenaire qui serait réglé. Nous assistons à un jour véritablement historique. Maintenant, l'information qui demeure, c'est de connaître l'identité de cet homme...*

*Aujourd'hui, à la bourse mondiale, le NASDAQ a affiché une hausse saisissante de 2400 points et qui semble avoir redémarré l'économie mondiale. Aucun analyste n'est en mesure d'expliquer cette hausse. Par ailleurs, la devise d'Éthiopie a également fait un gain historique de 1200%, ce qui a propulsé le pays le plus pauvre au rang des plus riches en une après-midi.*

*On aurait peut-être trouvé un remède... On soupçonne cet individu d'être à l'origine de cette découverte extraordinaire...*

*Complètement raté! Mais, mais... Ils reçoivent l'aide d'un balayeur et... c'est réussi! Furby s'en va aux Olympiques!*

*—J'étais tombée dans un trou dans la forêt et puis il y a un monsieur qui m'a sortie.*
*—Et il est où, ce monsieur?*
*—Là-bas.*

*Mesdames et messieurs, nous apprenons à l'instant qu'un tsunami a frappé la côte ouest du Japon.*

CLIENT *T'as pas fini.*

*La secousse sismique d'une magnitude de 9,3 sur l'échelle de Richter s'est produite...*

## LEÇON 4

### Court métrage: *La révolution des crabes*

Réalisateur: Arthur de Pins
Pays: France

**CRABE NARRATEUR** Dans les eaux marronâtres de l'estuaire de la Gironde, entre les rochers repeints au fuel et le sable vaseux qui abrite les meilleures huîtres du monde, personne ne se doute de la tragédie qui nous frappe depuis 120 millions d'années: nous, les Pachygrapsus marmoratus, appelés communément «chancres mous» ou plus souvent, «crabes dépressifs». Vous savez, nous sommes les crabes carrés, les pas beaux, même pas bouffables, ceux que les gamins s'amusent à attraper afin de leur arracher les pattes. Les crabes qui puent, les crabes qui donnent des maladies. Bref, une espèce qui n'a jamais demandé à voir le jour.

**CRABE 1** Bon, ben… ce n'est pas tout ça, mais il faut que j'y aille. Tu pars par où?

**CRABE 2** Par là. Et toi?

**CRABE 1** Ah, moi, je vais par là.

**CRABE 2** Bon, à la revoyure!

**CRABE 1** Tchao.

**CRABE 2** Tchao.

**CRABE 1** Et merde!

**CRABE NARRATEUR** Car notre tragique destin est bien pire que tout cela. Si la nature nous a permis de nous déplacer sur le côté, comme nos cousins les étrilles ou les tourteaux, elle ne nous a pas, en revanche, accordé le droit de pouvoir tourner. Une tare génétique qui nous condamne à marcher toute notre vie suivant la même ligne droite.

**CRABE 3** Alors, poupée, toujours dans le droit chemin?

**CRABE 4** Ouais, c'est ça. Casse-toi!

**CRABE NARRATEUR** Notre destin est tracé dès notre naissance en fonction de l'emplacement de notre ponte. Certains ont de la chance, d'autres moins. Certains ont une vie passionnante, d'autres moins. Malgré toutes ces inégalités, nous finissons tous par devenir fonctionnaires. Mais certains peuvent voir leur destin changer d'une minute à l'autre.

**CRABE 5** Eh! Qu'est-ce qui se passe? On dirait que c'est mon jour de chance! Ouais! Super! Je change de trajectoire! Tchao, mon pote!

**CRABE 6** Veinard!

**CRABE 5** À moi la nouvelle vie! Brazil!

**CRABE NARRATEUR** De qui tenons-nous ce handicap? Je ne saurais même pas vous dire où nous nous trouvons dans l'échelle de l'évolution. Je crois qu'on est par là. Ou alors, euh, non, peut-être quelque part par là. Je ne sais pas. Un jour, un gamin a arraché les pattes de l'un d'entre nous. Le pauvre a tourné en rond pendant des mois. Mais à quelque chose, malheur est bon. Et à mesure qu'il tournait, le crabe réfléchissait. Et il est devenu philosophe; enfin, disons un peu moins bête que les autres. Il a compris beaucoup de choses sur notre condition. Ses pattes ayant repoussé, il est monté sur un rocher et on l'a écouté.

**CRABE PHILOSOPHE** Mes frères, nous sommes esclaves de notre carapace!

**CRABE NARRATEUR** Et il nous a dit ceci:

**CRABE PHILOSOPHE** Les tourteaux savent tourner, mais ne vont nulle part. Nous, on va tout droit, mais au moins, on va quelque part!

**CRABE NARRATEUR** Alors, qu'est-ce qui a changé? D'accord, on ne peut toujours pas tourner. Mais maintenant, on est fier d'être des Pachygrapsus marmoratus. Mais attendez de savoir ce qui m'est arrivé bien des années plus tard, à la suite d'une catastrophe, comme vous seuls, les humains, savez les faire. J'allais me faire aplatir par un ferry de 200 mètres de long qui recouvrait toute ma trajectoire. J'étais foutu. Eh oui, j'avais tourné, et compris du même coup que si on ne tournait pas, ce n'était pas à cause de notre carapace, c'est parce qu'on était trop cons. Mais déjà les miens me regardaient avec un drôle d'air.

CRABE 7  Mais il est fou!

CRABE NARRATEUR  …disaient-ils.

CRABE 8  Il a bifurqué!

CRABE 9  Mais où est donc passé sa dignité?

CRABE NARRATEUR  Oui, chez les crabes, on ne rigole pas avec les mœurs. Je me suis donc remis dans mon axe et j'ai poursuivi mon destin. Mais un jour peut-être, se souviendra-t-on qu'à cet endroit précis, un Pachygrapsus marmoratus a délibérément changé de direction.

## LEÇON 5

### Court métrage: *Samb et le commissaire*

Réalisateur: Olivier Sillig
Pays: Suisse

Depuis 1994, suite à une décision du peuple suisse, le 1er août, jour de la fête nationale, est férié. Évidemment certains services assurent une permanence.

**VOIX** C'est normal, les gens, ils en ont marre. Il faut toujours que ce soit eux.

**COMMISSAIRE** Mais je sais! Ils sont de plus en plus nombreux. Mais enfin! Appeler les flics pour un gamin! Non! À cette station-service, ils... ils exagèrent! Vraiment! Tiens! Envoyez-le-moi! Entrez!

**VOIX** Voilà le client, Commissaire.

**COMMISSAIRE** Oui, merci. Alors, c'est vrai ce qu'on dit? Vous êtes tous des voleurs? Incroyable! Incroyable! À ton âge, tu es déjà un voleur! Eh ben! vous êtes jolis! Assieds-toi! Assieds-toi, nomdebleu! Bon! Alors! Tu t'appelles comment? Ton nom? Non! non! non! non! Te, te, te, te! Te! Juste ton nom. Je vous connais, vous êtes des bavards terribles, vous! Alors, ton nom? Comment t'appelles-tu? Tu t'appelles comment? Tu ne veux pas parler? Quel âge as-tu? Il ne sait pas son âge! Écoute! Tu vois, moi, je m'appelle Knöbel, Commissaire Knöbel. Et toi? Tu ne sais pas dire ton nom. C'est dingue! Vingt francs. Vingt francs! Porter plainte pour vingt balles! Il faut vraiment que les gens en aient marre de vous, hein! Et tes parents? Ils sont où aujourd'hui, tes parents? Ah! Eux aussi, ils sont allés apprendre l'hymne national! Alors quoi?

**VOIX** Ça ne répond nulle part. C'est férié aujourd'hui.

**COMMISSAIRE** Férié! Férié! Mais ce que les gens sont patriotes aujourd'hui! Alors, c'est comment, ton nom? Hein? Ben, attends! Je ne veux pas te manger! Je veux juste voir s'il y a ton nom sur le collier! Je roque. Knöbel! Oui, oui! Petit roque. Nimzo-Indienne? Je... Oui, oui, je crois, oui! Salut! Knöbel. Des carottes. Oui. Trois citrons. De la «Saint-Marc». Du pain. Oui. Ah! Ben oui, maman, oui, c'est jour férié, tout est fermé. Mais non, ce n'est pas grave. Oui, à tout à l'heure, maman. Mais, dis donc! Tu dois avoir faim, toi! Apportez à manger au gamin!

**VOIX** Tout est fermé.

**COMMISSAIRE** Tout est fermé, tout est fermé! Et alors, en face?

**COMMISSAIRE** Mange! Mais mange! Il y a sans doute du porc là-dedans! Les musulmans ne mangent pas de porc! Vous devriez savoir ça! Il faut s'adapter, nomdebleu! Les Africains sont musulmans! L'Islam! Ah! C'est tout ce que j'ai trouvé! Mais enfin au moins, tu connais!

**SAMB** Monsieur! Je m'appelle Samb. Samb. Et toi? Non! non! Juste votre nom!

**COMMISSAIRE** Knöbel. Commissaire Knöbel.

**SAMB** Non! Non! Votre nom! Votre vrai nom!

**COMMISSAIRE** Aah! Hugo. Avec un H.

**SAMB** Et votre papa?

**COMMISSAIRE** François, Louis.

**SAMB** En un seul mot ou en deux mots?

**COMMISSAIRE** François, virgule, Louis. Ouais, c'est... c'est presque ça.

**SAMB** Et le nom de votre maman?

**COMMISSAIRE** Louise, Irène, Augustine, née Roulet.

**SAMB** Roulet?

**COMMISSAIRE** Oui, c'est son nom de jeune fille. Ça veut dire qu'avant, elle s'appelait Roulet. Et maintenant, elle s'appelle Knöbel. Comme mon père, comme mon papa. Comme moi.

**SAMB** Parce qu'elle est encore en vie, votre maman?

**COMMISSAIRE** Ben ouais, bien sûr!

**SAMB** Et votre papa aussi?

**COMMISSAIRE** Ben oui! Aussi.

**SAMB** Vous avez de la chance.

**COMMISSAIRE** De la chance?

SAMB  Oui, mes parents à moi, ils sont morts! Kakachnikov! Et puis... mon oncle, ma tante, Bassala, Anny, Isamfam. Ils se sont mis à tirer sur moi. Mais j'ai réussi à me cacher. Quand je suis revenu, ils avaient foutu le feu à tout! Tout brûlait. Même mon ballon! Il n'y avait plus rien!

COMMISSAIRE  Les parents! Quels parents? Bon! J'arrive. Ah! c'est vous les parents? Messieurs dames! Bon, ce n'est pas grave. Ce n'est pas grave du tout! Ce n'est qu'un gamin, nomdebleu! C'est, c'est un môme, hein?... Bon! Pour ce qui est de la plainte, là, on laisse tomber, on écrase!
SAMB  Eh! Mon ballon!
COMMISSAIRE  *Ton* ballon!

## LEÇON 6

### Court métrage: *De l'autre côté*

Réalisateur: Nassim Amaouche
Pays: Algérie/France

**PÈRE** Le bouchon! Tu as compris? Je vais t'expliquer. Soulève le bouchon et baisse le bouchon! Regarde! Toc, toc, toc, toute la nuit, elles restent, les gouttes! Toc, toc, toc, il y en a marre! Tu as compris? Il y en a marre! Regarde! Monte et descend toute la nuit!

**MALIK** Ah, c'est ça qui fait toc, toc, toc! Tu vois, je le savais. Je l'ai entendu, tout ça! hop! hop! toc! toc! Mais bientôt, je vais le faire bien! hop! hop! hop!

**MÈRE** Malik!

**MALIK** Ouais, ouais! Qu'est-ce qu'il y a? Qu'est-ce qu'il y a encore?

**MÈRE** Ton frère, il va arriver pour la fête.

**MALIK** Il n'est pas encore mort, celui-là?

**MÈRE** Il t'a pris la chambre, aussi.

**MALIK** Et je vais dormir où, moi?

**MÈRE** Avec le petit!

**MALIK** Non, s'il te plaît! Ne me fais pas ça! Il va me soûler encore avec ses lapins! Je veux un jaune, je veux un rouge, un lapin vert, un lapin…! En plus, il pue, ton môme! J'en ai marre!

**PÈRE** Tu as compris?

*(Malik: Vas-y, toi, avec tes toc, toc, toc chelous, là!)*

**MÈRE** Samir!

**SAMIR** Tu es toute seule?

**MÈRE** Ton père, il est sorti. Il va acheter le pain, il va arriver, hein… Ça va?

**SAMIR** Mmm… Ça va, ça n'a pas trop changé.

**MÈRE** Ah oui. On a fait un peu la peinture et tout ça.

**SAMIR** Et Malik, il est où?

**MÈRE** Oh, Malik il traîne toujours au café, avec les voyous! Il ne change pas! Je suis contente, mon fils…

**SAMIR** Et le petit, ça va?

**MÈRE** Oui, il dort. Il est fatigué un petit peu. Tu as maigri.

**SAMIR** Bah, je mange plus comme avec toi!

**MÈRE** Mais j'ai téléphoné chez toi. Je suis tombée sur une fille qui était très gentille.

**SAMIR** Ouais, elle m'a dit que tu avais appelé.

**MÈRE** Comment elle s'appelle?

**SAMIR** Julie.

**MÈRE** Julie! Oh! Amène-la, s'il te plaît, amène-la!

**SAMIR** Ouais, je la ramènerai, un jour.

**MÈRE** Amène-la!

**SAMIR** Tiens, c'est pour la fête. Vous faites ça où?

**MÈRE** Chez Farida. On fait une petite fête entre les amis, la famille, un petit orchestre. C'est bien.

**SAMIR** Je la ramènerai. Mais…

**MÈRE** Attends, attends! Ça, le jour où elle vient, Julie, on fait ça. Moi, j'achète une belle robe et pour ton père, un beau costume, cravate. Mais Malik, il sort!

**SAMIR** Qu'est-ce que tu me racontes là? Je ne te demande pas de te déguiser ni de cacher Malik!

**MÈRE** J'ai dit qu'il faut aller au centre!

**PÈRE** Je sais, je sais, le centre, il est fermé! Il y a rien que ça, il n'y a pas le choix!

**SAMIR** Non, mais, ça va. Il est très bien, celui-là!

**PÈRE** Ça va, toi?

**SAMIR** Ça va bien, papa?

**PÈRE** Oui, ça va, oui.

**SAMIR** C'est la forme?

**PÈRE** Ouais, ça va… ça va…

SAMIR  Ça va mieux, ta jambe?

PÈRE  Ça va, ça va… L'hiver, quand il fait froid, ça me fait mal… Mais l'été, ça va…

MÈRE  Ils vont lui couper la pension parce qu'il traîne, il traîne, il traîne avec les papiers! Tu ne peux pas l'aider, ton père?

SAMIR  Mais si, bien sûr.

PÈRE  Arrête un peu, toi, avec les papiers! Toujours pension! Papiers! Pension! Oh! Arrête. Je vais les faire, ces papiers, ça va!

SAMIR  Non, mais, je peux t'aider si tu veux, ça ne me dérange pas.

PÈRE  Non, non. Ça va, merci. Alors, tu as mis la robe pour aider les voyous, maintenant?

SAMIR  Ben ouais, hein. Je commence… Je suis stagiaire et… je suis commis d'office…

PÈRE  Ouais, ouais, d'office.

SAMIR  Tu sais, quand les gens, ils n'ont pas d'argent pour…

PÈRE  Je sais, je sais, je sais qu'est-ce que c'est «d'office». Je sais.

SAMIR  Bon. Je vais aller voir le petit.


ABDEL  Non! Le retour! Samir! Bien?

SAMIR  Tu as changé ton carrosse?

ABDEL  Ben, ouais, dis donc. Ils me l'ont explosé, les petits, à monter dessus tout le temps!

SAMIR  Comment ça va, Abdel?

ABDEL  Ça va? Bien? Et toi, tranquille?

SAMIR  Tranquille, ouais.

ABDEL  Ça me fait plaisir! Tu es frais, là! Je parie que tu as pris un appart' et tout?

SAMIR  Oui, un petit truc. Il faudrait que vous passiez.

ABDEL  On va passer, dès qu'on aura le temps. Tu sais, en ce moment… Tu as appris pour Stéphane?

SAMIR  Je sais. Sa mère, elle m'a donné son numéro d'écrou. Je vais m'occuper de son dossier.

ABDEL  Ne t'occupe de rien! Franchement, les mecs, ils font n'importe quoi! Ils croient que…

MANU  Alors, Samir, tu vas bien? La forme?

SAMIR  Alors, Manu?

MANU  Ça va, la petite… Alors, Abdel, ça va? La forme?

SAMIR  Comment tu vas, toi? Tu as grandi, toi. Oh! Elle a poussé, hein!

MANU  Tu as vu, elle grandit tous les jours, trois centimètres, je sais pas! Alors, tu es là pour la fête!

ABDEL  Manu, explique-moi un truc… Ta fille, à chaque fois qu'elle me voit, elle a le syndrome fauteuil! J'ai mal au pied!

MANU  Abdel, tu la connais.

ABDEL  Tu as mal au pied?

MANU  Elle a une entorse! Allez, c'est bon.

ABDEL  Allez, arrête le cinéma et monte! Bon, Manu je te l'embarque!

MANU  Tu essaies de ne pas être trop long, Abdel!

ABDEL  Tranquille. Comme d'hab'!

MANU  Mais non, pas comme d'hab', pas comme d'hab'! Là, ce coup-ci, il y a sa mère qui l'attend! Je compte sur toi!

ABDEL  Pas de problème. Samir, je te vois après, le jeune homme, à la soirée. [Ne] t'inquiète [pas]! Bon, Manu! [Ne] t'inquiète [pas]! Ça va, les gars? Bien?

JEUNE  Eh! Abdel! Fais attention au virage du 37!

ABDEL  Rentre chez toi avec tes blagues à deux francs!

JEUNE  C'est pour ton bien!

PETITE FILLE  Toboggan!


MALIK  Oh! Le grand frère! Ça va? Tu vas bien?

SAMIR  Comment tu vas?

MALIK  Maman, elle t'a mis des draps propres…

SAMIR  J'aurais pu dormir avec le petit.

MALIK  Non, mais attends, tu rigoles! C'est encore ta chambre! Je prends juste une chemise et je m'en vais! En plus, si tu pues toujours autant des pieds, tu vas le tuer, le môme! Allez, à tout à l'heure!

SAMIR  Bonne nuit, Malik.

SAMIR  Salut crapule!

GARÇON  Samir!

SAMIR  Comment ça va?

GARÇON  Ils m'ont coupé la zézette!

SAMIR  Non! En entier?

GARÇON  Non, il m'en reste un peu, quand même! Pourquoi ils m'ont fait ça?

SAMIR  Ben, je ne sais pas. Maintenant, tu deviens un homme!

GARÇON  Et à l'école, ils ne sont pas des hommes alors?

SAMIR  Si, mais un peu moins que toi... Mais ne t'inquiète pas. Le plus dur, il est passé. Maintenant, samedi, il va y avoir une grande fête avec des gens que tu ne connais pas qui vont te donner plein d'argent! Tu pourras t'acheter plein de cadeaux.

GARÇON  Je sais. Malik, il m'a dit. Avec cet argent, je vais pouvoir m'acheter une ferme, des lapins, des coqs, et puis surtout des lapins! Mais je vais quand même prendre un lion parce que Malik, il a dit que son chien, il allait bouffer mes lapins!

SAMIR  N'écoute pas Malik! Mais le lion, c'est une très bonne idée pour te défendre! Allez, au lit! Va te coucher! À demain!


MÈRE  Laisse, laisse, laisse, laisse, laisse-moi faire! Donne! Donne!

PÈRE  Qu'est-ce qui te fait rire, toi? Pourquoi tu rigoles? Allez, dis-moi, pourquoi tu rigoles?

MALIK  Ce n'est pas moi qui rigole!

PÈRE  Si, tu rigoles!

MALIK  Arrête de rigoler, toi!

PÈRE  Allez, dis-moi pourquoi tu rigoles.

SAMIR  Non, mais, tu peux laisser. Ça ne me dérange pas.

PÈRE  Non, de toute façon, ça sert à rien de le voir. C'est idiot, ça.

SAMIR  Si, j'aime bien. Je regarde de temps en temps, ce n'est pas mal.

PÈRE  Ah, oui? Tu t'intéresses à ça?

SAMIR  Ben, de temps en temps, je regarde à la maison, quand j'ai le temps.

PÈRE  De toute façon, moi, ça ne m'intéresse pas.

SAMIR  Il s'est passé quoi depuis la dernière fois, là, depuis la semaine dernière?

PÈRE  Ben, la blonde a laissé tomber son mari... elle est partie avec un autre.

MALIK  Mais qu'est-ce que tu racontes! Elle est toujours avec le grand du premier épisode!

PÈRE  Quel grand?

MALIK  Le grand du premier épisode!

PÈRE  Ah, oui?

MALIK  Il ne regarde pas! Tu as vu comme il nous fait son cinéma, celui-là! Tu fais ton cinéma parce qu'il est là!

PÈRE  Qu'est-ce tu parles [racontes], toi?

MALIK  Tu es un malin, toi!

PÈRE  Qu'est-ce tu parles [racontes]?

MALIK  En vérité, sur la tête de ma mère, il kiffe sur elle! Il kiffe! Il kiffe! Tu aimes bien les bonnes...

PÈRE  Allez! Va, va! Hier soir, tu as encore oublié le bouchon! Va, va! Il ne faut pas l'écouter, lui! Il est malade!


PÈRE  Allô?

FONCTIONNAIRE  Oui, j'écoute.

PÈRE  Bonjour, monsieur. Voilà, je m'appelle Boujira. Je vous téléphone au sujet d'un dossier. Voilà, j'ai retrouvé la feuille... Elle est là!

FONCTIONNAIRE  Oui. Attendez, attendez... Vous avez dû avoir mon collègue... C'est pour une pension d'invalidité?

PÈRE  Voilà, c'est ça, oui.

FONCTIONNAIRE  Rappelez-moi votre nom?

PÈRE  Boujira.

FONCTIONNAIRE  Une minute, s'il vous plaît... Ah! Ben oui. Effectivement, il manque la B110.

PÈRE  Oui, parce que je me suis trompé. Au lieu de vous envoyer la bleue, je vous ai envoyé la rouge.

FONCTIONNAIRE  Mais non, mais, la rouge, vous la conservez! Dites-moi, votre dossier, vous l'avez rempli vous-même?

PÈRE  Oui, oui, moi-même, oui.

FONCTIONNAIRE  Eh ben, vous avez de la chance d'être tombé sur mon collègue! Les dossiers comme celui-ci, moi, je les renvoie à l'expéditeur! Non, mais, vous vous rendez compte qu'on passe parfois une heure à déchiffrer l'écriture? On reçoit vingt dossiers par jour! Faites le calcul! Bon, que vous ne sachiez pas très bien écrire, je comprends tout à fait. Mais quand même, faites un effort! Appliquez-vous un minimum ou faites-vous aider!

PÈRE  Oui, parce que voilà, j'ai fait les cases avec un stylo blanc à la fin.

FONCTIONNAIRE  Allez, ce n'est pas grave. Renvoyez-moi l'attestation… et la feuille bleue cette fois, hein?

PÈRE  Oui, monsieur, oui. Merci.

FONCTIONNAIRE  Au revoir.

PÈRE  Au revoir, monsieur, bonne journée.

SAMIR  C'était la sécu?

PÈRE  Oui.

SAMIR  Et ils te reçoivent toujours comme ça?

PÈRE  Ah! Ils sont braves avec moi.

SAMIR  Ah, tu trouves? Ils te parlent comme à un gamin et ça ne te pose pas de problèmes?

PÈRE  Non, mais ils sont sympas. De toute façon, c'est moi qui ai rempli tout ça avec le blanc…

SAMIR  Et alors? Ce n'est pas ton professeur, et tu n'as pas 10 ans pour qu'il te parle comme ça, celui-là!

PÈRE  Ce n'est pas grave…

SAMIR  Bientôt, il va te donner des devoirs à faire, c'est ça?

PÈRE  Mais non, ce n'est pas grave!

SAMIR  Bien sûr que c'est grave! Mais si, c'est grave! Tu te fais humilier et en plus, tu le remercies! Pourquoi tu rampes toujours comme ça! D'où elle vient, ta honte? Explique-moi, papa! D'où elle vient? Tu sais pourquoi il te parle comme ça, ce mec-là? Parce qu'il l'a sentie, ta honte! Tu commences à me respecter comme tu respectes cet abruti au téléphone! Mais je n'en veux pas de ce respect-là, papa! C'est quoi votre truc, là? Vous croyiez que j'allais vous mépriser, c'est ça?


JEUNE  Ça va, Samir?

SAMIR  Ça va?


MALIK  Il est là, le petit?

SAMIR  Non, il est à la salle avec les parents.

MALIK  Dépêche-toi! Dépêche-toi! Dépêche-toi!

SAMIR  Qu'est-ce que c'est que ça?

MALIK  C'est [Ce sont] des lapins pour le petit. Comme ça, il me casse plus les…! Ah! Voilà! Je veux des lapins! Je veux des lapins! Comme ça, il me casse plus les pieds! Je suis content! Hein, ma caille? Quoi, qu'est-ce qu'il y a?

SAMIR  Ben, rien.

MALIK  Comme tu m'as parlé! Tu es comme ça. Tu ne te reconnais pas? Non, mais, il croit qu'on les a tapés! On ne les a pas tapés! Hein?

SAMIR  J'ai dit ça, moi?

MALIK  Tu me regardais comme ça! Attends! On a frappé, on a frappé [chez le] mec! Tu crois qu'on les a tapés?

AMIS  Mais, bien sûr qu'on les a volés!

MALIK  Ah ouais, on les a volés… Vous êtes graves, vous! Eh! Samir! Viens voir, je te dis!


ABDEL  Moi, je suis d'accord avec toi là-dessus. Franchement, il n'y a pas de problème. Mais lui, il…

MALIK  Allez, il faut y aller, maintenant.

ABDEL  Ouais. On se voit tout à l'heure, de toute façon.

MALIK  Eh! Mets une chemise, mets un costume, un truc bien!

ABDEL  Ça va! On n'est pas des sauvages, quand même! On sait s'habiller!

MALIK  N'oublie pas les tunes pour le petit!

ABDEL  C'est à lui qu'il faut le dire pour la tune!

MALIK  Il faut des tunes, ce soir! Et mets une chemise, et enlève-moi ton blouson.

SAMIR Sinon, tu es toujours avec Stéphanie?

MALIK Ouais. Mais elle me soûle en ce moment, grave. Mais bon, je crois que c'est ce que je kiffe. Et toi?

SAMIR Bof.

MALIK Quoi, bof? Arrête de mentir. Maman m'a dit qu'elle avait eu une meuf au téléphone.

SAMIR Tu connais maman… elle s'emballe vite.

MALIK Arrête! Un avocat, ça peut bander! Je n'aurais jamais cru!

SAMIR Espèce de bouffon! Et le boulot, alors, comment ça se passe?

MALIK Ça va. Toujours dans les inventaires. En plus, là, c'est la période, il y a beaucoup de boulot. Mais bon, ça va. Pas très intéressant, mais au moins, je ne m'encroûte pas dans la même boîte… ça, c'est bien.

SAMIR Il doit y avoir un truc pour toi au cabinet, je crois… coursier. Bon, ça va, c'est tranquille et en plus, ce n'est pas très, très compliqué.

MALIK Parce que si c'était compliqué, tu ne me l'aurais jamais proposé… con comme je suis!

SAMIR Qu'est-ce que tu me racontes là!

MALIK Rien. Ne te retourne pas, Samir! Fonce! Tu ne dois rien à personne. Moi, ça va. La dernière fois chez le boucher, papa a fait tomber ta photo par terre, tu sais, celle où tu es sapé comme une gonzesse, avec ta robe. Maman m'a dit que ce n'est pas la première fois, en plus, qu'il fait tomber son portefeuille devant les gens. Regardez mon fils comme il est beau! Il a mis 30 ans à construire sa vengeance. Et je crois qu'elle ressemble beaucoup à ta gueule. Comment ça doit être dur de passer de l'autre côté… Lourd à porter… Avec tous ces cravatés qui te regardent sûrement comme un objet exotique quand tu es avec eux. Tu crois que je ne vois pas? Et les parents… Quand tu reviens, qu'ils ne savent même plus comment te prendre… Eh ouais. Mais, dis-toi que c'est un luxe de te prendre la tête dessus! Tu sais, ça? Maintenant, tu y es, de l'autre côté. Que tu le veuilles ou pas, tu y es et tu n'as pas mille questions à te poser! Il n'a pas gueulé de la journée. J'ai été voir maman, elle m'a tout raconté…

PÈRE Il faut vous dépêcher! Il y a la mère qui attend!

MALIK Ouais, c'est bon! Vas-y! Dépêche-toi, toi! Il n'est pas beau, ton fils?

PÈRE Ton père, il est beau. Moi, je suis l'original. Toi, tu n'es rien que la photocopie!

MALIK Ah bon. Je ne suis pas beau, moi?

PÈRE Ah! Tu es beau.

MALIK C'est toi le plus beau!

PÈRE Où il est, ton frère?

MALIK Dans la salle de bain, là-bas. Vas-y! Dépêchez-vous, on y va!

PÈRE Samir, il faut se dépêcher. Il y a ta mère qui nous attend.

SAMIR Je sais… mais il n'y a que ça comme rasoir?

PÈRE Laisse, laisse! Tu vas te couper! Tu sais, ton frère, il ne se rase pas. Il a la peau de bébé.

MALIK On y va quand vous voulez!

Dialogue des courts métrages

**LEÇON 7**

## Court métrage: *Le Manie-Tout*

Réalisateur: Georges le Piouffle
Pays: France

**MARTIN** Vas-y, lance, ouais vas-y… Lance!
**MÈRE** L'avion de 8h30 vient d'atterrir... Nous informons Martin qu'il ferait bien de se dépêcher...

**MAÎTRESSE** Les chevaux affolés, virgule, les chevaux affolés…

**MARTIN** C'est mon cartable.
**MANIE-TOUT** Comment tu t'appelles?
**MARTIN** Martin.
**MANIE-TOUT** Et ton cartable, il s'appelle comment?
**MARTIN** Mais il n'a pas de nom, c'est un cartable.
**MANIE-TOUT** Chaque chose a un nom… Il suffit de le trouver. Orcus! Allez hop!
**MARTIN** Au revoir. Allez, Orcus, allez viens.

**MÈRE** Tu as encore traîné... Ton frère t'attend... Dépêche-toi. Donne-moi ton cartable.
**MARTIN** Et puis d'abord, c'est Orcus.
**BASILE** Ouais, je suis là, viens! Ouais, super!
**PÈRE** Ouh la la, j'ai attrapé un gros poisson, mon gros poisson. Martin, tu sors s'il te plaît!
**MARTIN** Déjà?
**PÈRE** Et oui, déjà!
**BASILE** C'est qui qui est devant?
**MARTIN** C'est moi.
**BASILE** Oh tu es là?
**MARTIN** Ouais, je te grille.
**BASILE** C'est toujours toi qui gagnes.
**PÈRE** Allez, ça suffit les extra-terrestres. Allez, décollage immédiat pour Uranus, le compte-à-rebours a commencé: 4,3,2,1…
**MARTIN** Orcus, allez viens Orcus! Je t'assure, je l'ai vu marcher!
**BASILE** Tu es sûr qu'il s'appelle Arcus?
**MARTIN** Non, c'est Orcus.

**MANIE-TOUT** Et Orcus, qu'est-ce que tu en as fait?
**MARTIN** Il se repose. Et vous pourrez le faire marcher après?
**MANIE-TOUT** Allez Ahurin… Et voilà. Oh! Un œuf! Il est gentil, l'oiseau. Un œuf, tout petit et invisible, mais c'est un vrai!
**MARTIN** Et vous pouvez tout faire bouger?
**MANIE-TOUT** Tout ce qui a un nom.
**MARTIN** Tout ce qui a un nom…

**MARTIN** C'est par ici, dépêche-toi! Regarde, c'est lui le MANIE-TOUT. Maman, elle dit que tous ses muscles, ils sont dans sa tête.
**BASILE** Regarde, ouaaaaaaa, c'est des vraies dents. Tu as vu les grandes oreilles?
**MANIE-TOUT** Je ne peux pas le faire marcher.
**MARTIN** Mais si, il a un nom, il s'appelle Basile.
**BASILE** Bah, qu'est-ce qu'il fait?
**MARTIN** C'est quoi, ça?
**MANIE-TOUT** Retenez-le avec les mains. Attention, je coupe!
**MARTIN** Ça va?
**BASILE** Ouais, c'est bizarre…

## LEÇON 8

### Court métrage: *Le ballon prisonnier*

Réalisateur: Cyril Gelblat
Pays: France

**DYLAN** 1, 2, 3, 4… 1, 2, 3, 4, 5, 6, 7, 8, 9, 10, 11, 12, 13
*(À lui-même: Ouais, il a le ballon… Il en dribble 1, 2. Ouais. Il continue son action, il déborde. Zidane qui passe à Dylan Belgazi… Talonnade… Thierry Henry… qui accélère et But! Ouais!)*
Ouais! Ouais!
Eh, Dylan, Dylan! Qu'est ce que vous ressentez après cette victoire? Oui, euh, je suis très content, mais c'est avant tout la victoire d'un groupe, et à partir de là, on a répondu présent dans les duels, et voilà, quoi… On parle de vous dans les plus grands clubs. Oui, c'est vrai, il y a des contacts, mais, euh… je suis encore sous contrat avec l'ASPTT Nice et rien n'est fait.
**MÈRE** Dylan! Tu rentres, on va dîner!

**DYLAN** Maman, je peux avoir du poulet?
**PÈRE** Mais tu fais exprès ou quoi? Qu'est-ce que je t'ai dit? Les veilles de match, c'est féculents et sucres lents, sinon tu as les jambes coupées et tu ne cours pas.
**MÈRE** Enfin, ça va, il peut quand même manger une cuisse de poulet la veille d'un match!
**PÈRE** Ne fais pas l'idiot, Dylan, demain c'est [ce ne sont] pas des rigolos en face, si tu sors du lot, ils vont te contacter. Alors, tu manges tes pâtes.

**MÈRE** Translate in English. Caterpillar.
**DYLAN** Mille-pattes.
**MÈRE** Très bien. Goat.
**DYLAN** Euh… Contrarié.
**MÈRE** Ah non, ça, c'est chèvre. Alors, vas-y, contrarié.
**DYLAN** Euh… Worri-ed.
**MÈRE** Non. Wooorried.
**DYLAN** Worried.
**MÈRE** Worried.
**DYLAN** Worried.
**MÈRE** Très bien. Bon allez, finis tes mots et commence les verbes.
**PÈRE** Eh! Dylan, Dylan, dans quelle main? Gagné. Si tu marques un but demain, tu en auras 5 de plus. OK?
**MÈRE** Bon, Dylan, va réviser tes verbes dans ta chambre, mon cœur. Non, mais, tu ne veux pas un peu arrêter de lui bourrer le crâne avec ça? Il y en a combien, un sur cent qui finit professionnel. Pourquoi ça serait lui?
**PÈRE** Oui, c'est ça, vas-y, décourage-le, toi. Je n'ai pas dit que je voulais qu'il soit professionnel, j'ai juste dit qu'on allait tout faire pour, c'est tout. Demain, il y aura tous les recruteurs, c'est l'OGC Nice en face. Dans 3 ans, il a l'âge du centre de formation, c'est maintenant que ça se joue.
**MÈRE** Et qu'est-ce qu'il fera de ses 10 doigts si ça se passe pas comme tu le dis?
**PÈRE** Mais arrête de parler de ce que tu ne connais pas! Attends, dans tous les centres de formation, ils étudient maintenant. Qu'est ce que tu crois, toi? C'est [Ce ne sont] plus des débiles mentaux, les joueurs. C'est fini, ça.
**MÈRE** Ah bon?
**PÈRE** Ben ouais. Puis, de toute façon, il n'est pas question qu'il en sorte avec rien dans la tête. À 35 ans, il est fini, le joueur de foot. Regarde les joueurs, quand ils arrêtent, ils sont tous, je ne sais pas moi, commentateurs à CANAL+ ou euh…
**MÈRE** Ou quoi? Non mais, ou quoi?
**PÈRE** Eh ben, tout ça, quoi.
Allez, Dylan. 9 heures. Tu te couches.
**DYLAN** Mais je ne suis pas fatigué.
**PÈRE** Ce n'est pas le problème que tu sois fatigué ou pas, petit bonhomme. C'est l'heure. Allez. Au dodo. Bon, on reprend. Tu mets le pied, hein? Dans tous les duels et agressif, hein? Et sur tous les ballons. Et s'il y a un coup franc ou un penalty, ben, tu t'imposes pour le tirer.

MÈRE Mais puisqu'il te dit que c'est Djibrill qui joue les coups-francs.

PÈRE Attends, tu frappes mieux que Djibrill. Attends, je ne vois pas pourquoi c'est toujours lui qui les tire. Ça va, Djibrill il est capitaine, il est numéro 10, il ne veut pas jouer tout seul aussi.

MÈRE C'est vrai! Pourquoi ce n'est pas toi qui est le numéro 10?

DYLAN Parce que je suis attaquant et l'attaquant, il a le 9.

PÈRE Ouais, c'est ça. Je vais te dire, moi, pourquoi il ne l'a pas. C'est parce que le père de Djibrill, il est pote avec l'entraîneur, c'est tout. Hein, depuis 10 ans qu'ils bossent ensemble au tri. C'est même lui qui l'a fait rentrer à la CGT, le père à Djibrill.

ENTRAÎNEUR 1 Salut, les gars!

ENFANTS Salut!

ENTRAÎNEUR 1 Bon, allez! Les photos, les albums, on arrête, là, maintenant, hein. Et on se concentre. Bon, je n'ai pas besoin de vous faire un dessin, vous savez contre qui on joue, aujourd'hui, hein? Entre les Postes et l'OGC NICE, c'est trente ans de concurrence derrière. C'est un peu les pros contre les amateurs, là. Alors, si vous avez une revanche à prendre, c'est maintenant.

ENTRAÎNEUR 2 Allez, les gars! De l'agressivité! On va au charbon!

ENTRAÎNEUR 1 Bon, ce n'est pas compliqué, ils sont plus grands que vous, alors surtout, vous ne jouez pas en l'air, sinon ils vont vous bouffer, les gars. Leur point faible, c'est leur gardien, alors je veux que vous provoquiez des fautes, d'accord? Djibrill, c'est toi qui tire les coups francs. Hein, petit? Allez! Yazid, Julien, costauds en défense, je ne veux rien voir passer, d'accord? Dylan, tu joues en pointe. Alors, devant, tu pivotes, tu percutes et tu provoques des fautes. OK? Leur libero, le grand noir, là, c'est un tout bon, lui. Il est pour toi. Il monte souvent sur les corners, alors tu ne le lâches pas, Dylan. Ce n'est pas compliqué, quand il va pisser, tu vas pisser avec lui. OK? Bon, allez! De l'énergie, là! Oh! Réveillez-vous un peu, là! Oh! Qu'est-ce que c'est que ça?

PÈRE Dylan, tu as compris? S'il va pisser, tu vas pisser avec lui. Allez, Dylan!

PÈRE Regarde-le. Le type, là, il mesure combien?

AUTRE PÈRE Oh, il est grand.

PÈRE Il mesure 1m60 déjà.

AUTRE PÈRE Non, mais c'est bon, on va y arriver.

ENTRAÎNEUR 1 Djibrill, à l'extérieur! Yazid, tu montes. Ouais, voilà. Très bien. Monte! Monte! Mets le pied! Julien, monte! Allez! Va, va, va! Tu gardes le ballon! Allez! Va! C'est bien! Garde le ballon! Dylan, tu le prends!

PÈRE Reviens, reviens, reviens! Allez, allez, allez! Mets le pied, mets le pied!

AUTRE PÈRE Mais, vas-y!

ENTRAÎNEUR 1 C'est bien! Djibrill, monte!

PÈRE Voilà, cours, cours! Dylan! Ne le lâche pas! Ne le lâche pas, on te dit! Reste en pointe, reste en pointe! Mais qu'est-ce que tu fais?

ENTRAÎNEUR 1 Dylan! Qu'est-ce que tu fais?

PÈRE Tu regardes!

ENTRAÎNEUR 1 Bon, allez les gars, corner! Allez! Chacun le sien, les gars! Voilà! Dylan!

PÈRE Ne le lâche pas! Dylan!

ENTRAÎNEUR 1 Allez asseyez-vous, tranquille, tranquille… On se détend, on se relaxe… Venez boire un peu. Voilà. On n'est mené que 1-0, hein? C'est rattrapable. Ce n'est pas très grave. Alors on ne se laisse pas aller, les gars! D'accord? Jouez davantage sur les ailes, jouez davantage sur Julien. OK? Et pressez-moi les défenseurs latéraux. Hein, ils ne savent pas jouer au ballon, ces deux-là. Bon, eh! Et qu'est ce qu'il se passe en attaque, là! Hein? Franchement. Il faut provoquer! On dirait des gonzesses avec un ballon, là. Je ne comprends pas très bien! Parce que c'est [ce sont] des hommes en face, comme vous. Alors, montrez-moi ce que vous avez dans le ventre! Bon, Jeff, tu vas remplacer Dylan en pointe. Tu joues en pivot. Libère les espaces pour Djibrill. D'accord? Et le grand black, tu ne me le lâches pas d'une semelle. OK? On a compris? C'est bon? Allez, on y va! C'est pour l'avenir qu'on se motive! Allez, les gars! Allez! On se motive, là!

ÉQUIPE On a gagné! On a gagné! Pour Djibrill Hip hip hip hourra! Hip hip hip hourra! A tchic, a tchic, a tchic, aïe aïe aïe! A tchic aïe, a tchic aïe!

## LEÇON 9

### Court métrage: *Bonne nuit Malik*

Réalisateur: Bruno Danan

Pays: France

**MALIK**  La petite Juliette, elle est toujours amoureuse de toi?

**BILAL**  N'importe quoi…

**MALIK**  Allez, elle m'a dit, la prof, que vous vous étiez fait des bisous…

**BILAL**  N'importe quoi!

**MALIK**  Ce n'est pas vrai?

**BILAL**  Non.

**MALIK**  Vas-y, montre-moi comment elle t'a fait un bisou…

**BILAL**  Et toi… Tu n'as même pas de copine et tu parles avec moi…

**MALIK**  Je n'ai pas de copine parce que je ne sais pas faire de bisous. Vas-y, montre-moi comment tu fais des bisous, comme ça je vais apprendre et j'aurai une copine après.

**BILAL**  Arrête, je n'en ai pas fait de bisous!

**MALIK**  Vas-y, fais-le moi s'il te plaît!

**BILAL**  Non, je n'ai pas fait de bisous!

**MALIK**  Attends… Comment elle t'a fait? Elle t'a fait comme ça?

**BILAL**  Arrête, mais non, mais non….

**MALIK**  Vas-y, elle t'a fait comme ça?

**BILAL**  Mais je ne sais pas!

**MALIK**  Vas-y, vas-y…

**BILAL**  Mais je te jure, elle ne m'a pas fait de bisous.

**MALIK**  Mais si, arrête… Elle t'a vu, la prof. Elle me l'a dit!

**BILAL**  C'est une menteuse…

**MALIK**  Eh! Regarde, comme ça! Vous vous êtes regardés droit dans les yeux… Attends, je t'explique comment elle a fait… Vous vous êtes regardés droit dans les yeux… Après, toi, tu as fait… Et elle, elle est venue et elle a fait…

**MALIK**  «Elles sont parties?»

**BILAL**  Féminin?

**MALIK**  Féminin quoi?

**BILAL**  Féminin pluriel?

**MALIK**  Ben oui! Et ça se termine comment alors? «i»… Cherche, écris-le… «i»… oui, «ie».

**BILAL**  Ah oui! «ies».

**MALIK**  Ben ouais, ce n'est pas compliqué! Bon, j'y vais… N'oublie pas de te brosser les dents…

**PATRON**  Ouais, c'est bon ceux-là. Tu les repères… C'est des habitués.

**MALIK**  Bonsoir.

**CLIENTE**  Bonsoir.

**MALIK**  Bonne soirée…

**CLIENT**  Allez, soyez sympa, quoi! J'ai travaillé toute la journée, j'ai envie de me détendre un peu…

**MALIK**  Écoutez, moi aussi je travaille… Désolé.

**MALIK**  Désolé, messieurs dames. Ce n'est pas possible pour ce soir… Bonne soirée.

**PATRON**  Merci… Bon ben, c'était du bon boulot ce soir… Tu sais t'y prendre, ça va… Il ne devrait pas y avoir de problème pour la suite. Tiens.

**MALIK**  Merci.

**PATRON**  Bon, à demain alors?

**MALIK**  Tchao.

**PATRON**  Bonsoir.

BILAL  Malik…

MALIK  Chut… Tais-toi, rendors-toi…

ENTRAÎNEUR  Lève bien tes bras…Voilà… Regarde ce qui se passe… Feinte-le, feinte-le un peu… Voilà… Lève les bras… On ne pousse pas… Bouge, bouge…

ENTRAÎNEUR  Ça va? C'est bon? Ça va aller?

PARTENAIRE  Ouais, ça va…

ENTRAÎNEUR  Ok, retire le casque… Bon, bien les gars, bon crochet en tous cas. Super, ok, ça va aller, maintenant récup'. C'est parti, vous retirez les gants et vous allez en récup'.

PARTENAIRE  Bravo.

MALIK  Merci.

ENTRAÎNEUR  Ok, deux autres… On y va. Messieurs, en garde, protège-dents… tous les deux… Allez!

MALIK  Vas-y, tape…

BILAL  Arh!

MALIK  Arh quoi?!

BILAL  Jérémy raconte ses vacances à la mer, alors moi je ne sais pas trop… Comme on avait fait une sortie au zoo avec l'école, j'ai pensé faire quelque chose sur les animaux… Tu crois que c'est bien, toi, une poésie sur les animaux?

MALIK  Ben… Ouais, c'est bien les animaux… Mais, à mon avis, c'est mieux si tu racontes quelque chose sur toi… Tu vois, tu parles de toi, je ne sais pas, de tes potes, d'où tu habites… Tu vois, c'est plus original… Non?... Et puis, si tu essaies de le faire en plus avec des rimes… C'est…. Tu vois?

BILAL  C'est dur les rimes. Même la professeur, elle a dit qu'on n'était pas obligé.

MALIK  Ce n'est pas, d'abord, la professeur, c'est le professeur.

BILAL  Oui. Même le professeur, elle a dit qu'on n'est pas obligé.

MALIK  Ben, on n'est pas obligé! Mais justement, c'est ça qui fera ton originalité! Et forcément, ce sera beaucoup mieux!

BILAL  Je ne sais pas trop…

MALIK  Tu n'es pas convaincu? Mais essaye! Tu vas cartonner, tu vas voir!

MALIK  Bonsoir… Ça va?... Bonne soirée…

COUPLE  Bonsoir.

MALIK  Bonsoir… Vous êtes tous les trois ensemble?

COUPLE  Heu… Ouais!

MALIK  Désolé, ce ne sera pas possible pour ce soir…

FEMME  Ah oui, mais on doit rejoindre des gens à l'intérieur.

MALIK  Désolé.

FEMME  C'est quoi, ce délire?

HOMME  Écoutez, je vous promets que c'est vrai. On est avec trois amis, on a passé la soirée ensemble. Ils ont dû arriver il y a une dizaine de minutes, pas plus…

MALIK  N'insistez pas, c'est négatif.

FEMME  Mais puisqu'on vous dit qu'on est en train de fêter un anniversaire, il y a des gens qui nous attendent à l'intérieur. C'est fou! Pourquoi on ne peut pas entrer?!

MALIK  Il est tard, je ne vous connais pas, et je ne laisse entrer que les habitués.

HOMME  Ah, moi, je suis déjà venu une fois!

MALIK  D'accord… Alors, l'ancien portier ne travaille plus ici, je suis le nouveau portier et je ne vous connais pas… D'accord?!

FEMME  Bon… et on fait quoi alors?

AMI DU COUPLE  Pourquoi tu ne dis pas que c'est parce que je suis là?

MALIK  Ce n'est pas le problème. Le truc ici, c'est que c'est un club privé.

AMI DU COUPLE  Une boîte privée qui n'accepte pas les arabes?

MALIK  Un club privé, c'est tout!

AMI DU COUPLE  On n'a pas de baskets, on est bien habillé, on doit rejoindre du monde… Qu'est-ce qui te gêne à part ma gueule?

MALIK  J'ai des consignes. Je ne laisse entrer que les habitués.

FEMME  Comment tu sais qu'on est habitué ou pas puisque tu es nouveau?

**HOMME** Attends s'il te plaît… Voilà, si c'est ça, c'est vraiment un bon ami, on a fait nos études ensemble, il n'y a pas plus sympa que lui et il n'y aura aucun problème, d'accord?

**AMI DU COUPLE** Attends, qu'est-ce que tu dis, là? Je suis le bicot qui ne tâche pas, c'est ça? Tu n'as rien à lui dire, moi je suis comme je suis… Si monsieur ne veut pas, c'est qu'il a ses consignes!

**MALIK** Si je ne veux pas, pourquoi tu insistes?!… Écoute, je n'ai rien contre toi, ok? Si je te laisse entrer, je perds mon boulot. Je suis à l'essai ici.

**AMI DU COUPLE** Et c'est quoi ton boulot, de ne pas me reconnaître?… De quoi tu as peur, là?

**MALIK** Tu arrêtes de foutre ton bordel et tu dégages! Putain, mais tu dégages, je t'emmerde, ok!! Tu arrêtes!

**PATRON** Oh! Oh! Ce n'est pas bientôt fini votre bordel, là! Et toi, tu te casses! Tu te casses, tu n'as rien à faire ici, tu es trop excité, ok!

**AMI DU COUPLE** Qu'est-ce que tu crois, tu ne vois pas qu'on se sert de toi, non?!

**PATRON** Vous, vous pouvez rentrer si vous voulez rejoindre vos amis.

**FEMME** Non mais tu crois qu'on va le laisser tout seul?! Allez, viens, on se casse!

**PATRON** Et ben, cassez-vous!

**AMI DU COUPLE** *phrase en arabe*

**PATRON** Et toi, je ne veux plus te voir ici, tu as compris?!

**AMI DU COUPLE** *phrase en arabe*

**PATRON** Vas-y, rentre!

**PATRON** Mais qu'est-ce que tu fais ce soir?! Tu t'es fait bouffer… Tu es frappé ou quoi?! Tu n'as pas à te poser de questions: «Bonsoir. Vous, vous rentrez. Lui, non». Après, ils décident. Tu ne parles pas, tu ne réfléchis pas, tu n'hésites pas et tu fermes ta gueule! Tu es payé pour faire un boulot, tu le fais, point barre!… D'autant plus que tu aurais pu te faire bouffer si c'était un vrai malade, le mec… Tu le connais?… Tu le connais ou quoi?!

**MALIK** Non, je ne le connais pas…

**PATRON** Vas-y, va fumer une cigarette, va…


**BILAL** Malik!

**MALIK** Il est trop tôt, rendors-toi!

**BILAL** Non, c'est 7h30, je me lève. C'est pour ma poésie. Je peux te la réciter.

**MALIK** Non mais, vas-y, laisse tomber, je suis crevé. Tu me la réciteras demain.

**BILAL** S'il te plaît, je la connais bien en plus. Il faut que je la récite devant la classe aujourd'hui.

**MALIK** Bon ben, vas-y.

**BILAL** C'est une chauve-souris, il dort le jour et vit la nuit.
Quand il va travailler, moi, je vais me coucher.
C'est un grand zèbre bizarre,
il a une chemise blanche sous une veste noire.
Sur ses cheveux, il met de drôles de lotions.
Je ne le reconnais plus, c'est comme un caméléon.
Quand il sort du bâtiment, il croise un angora.
Je ne sais pas où il va, je donne ma langue au chat.
Mon grand frère, ce n'est pas comme un hibou, ou encore une chouette,
mais, si vous le connaissez, vous verrez qu'il est chouette.

… Tu dors?… Bonne nuit Malik.

Dialogue des courts métrages

## LEÇON 10

### Court métrage: *L'Homme qui plantait des arbres*

Réalisateur: Frédéric Back
Pays: Québec (Canada)

D'après Jean Giono, *L'Homme qui plantait des arbres*, © Éditions Gallimard

**NARRATEUR** Il y a bien des années, je faisais une longue course à pied, sur des hauteurs absolument inconnues des touristes, dans cette très vieille région des Alpes qui pénètre en Provence. [...] C'était, au moment où j'entrepris ma longue promenade dans ces déserts, des landes nues et monotones, vers 1.200 ou 1.300 mètres d'altitude. Il n'y poussait que des lavandes sauvages.

Je traversais ce pays dans sa plus grande largeur et, après trois jours de marche, je me trouvais dans une désolation sans exemple. Je campais à côté d'un squelette de village abandonné. Je n'avais plus d'eau depuis la veille et il me fallait en trouver. Ces maisons agglomérées, en ruine, comme un vieux nid de guêpes, me firent penser qu'il avait dû y avoir là, dans le temps, une fontaine ou un puits. Il y avait bien une fontaine, mais sèche. Les cinq à six maisons, sans toiture, rongées de vent et de pluie, la petite chapelle au clocher écroulé, étaient rangées comme le sont les maisons et les chapelles dans les villages vivants. Mais toute la vie avait disparu.

C'était un beau jour de juin avec un grand soleil, mais sur ces terres sans abri et hautes dans le ciel, le vent soufflait avec une brutalité insupportable. Ses grondements dans les carcasses des maisons étaient ceux d'un fauve dérangé dans son repas. Il me fallut lever le camp. À cinq heures de marche de là, je n'avais toujours pas trouvé d'eau et rien ne pouvait me donner l'espoir d'en trouver. C'était partout la même sécheresse, les mêmes herbes ligneuses. Il me sembla apercevoir, dans le lointain, une petite silhouette noire, debout. Je la pris pour le tronc d'un arbre solitaire. À tout hasard, je me dirigeai vers elle. C'était un berger! Une trentaine de moutons couchés sur la terre brûlante se reposaient près de lui.

Il me fit boire à sa gourde. Un peu plus tard, il me conduisit à sa bergerie, dans une ondulation du plateau. Il tirait son eau, excellente, d'un trou naturel, très profond, au-dessus duquel il avait installé un treuil rudimentaire.

Cet homme parlait peu. C'est le fait des solitaires. Mais on le sentait sûr de lui et confiant dans cette assurance. C'était insolite, dans ce pays dépouillé de tout. Il n'habitait pas une cabane mais une vraie maison en pierre où l'on voyait très bien comment son travail personnel avait rapiécé la ruine qu'il avait trouvée là à son arrivée. Son toit était solide et étanche. Le vent qui le frappait faisait sur les tuiles le bruit de la mer sur les plages. Son ménage était en ordre, son parquet balayé, son fusil graissé. La soupe bouillait sur le feu. Je remarquai alors qu'il était aussi rasé de frais, que tous ses boutons étaient solidement cousus, que ses vêtements étaient reprisés avec le soin minutieux qui rend les reprises invisibles.

Il me fit partager sa soupe. Comme après, je lui offrais ma blague à tabac, il me dit qu'il ne fumait pas. Son chien, silencieux comme lui, était bienveillant, sans bassesse.

Il avait été entendu que je passerais la nuit là, le village le plus proche étant encore à plus d'une journée et demie de marche. Je connaissais parfaitement le caractère des rares villages de cette région. Il y en a quatre ou cinq dispersés loin les uns des autres sur les flancs de ces hauteurs, dans les taillis de chênes blancs à la toute extrémité des routes carrossables. Ils sont habités par des bûcherons qui font du charbon de bois. Ce sont des endroits où l'on vit mal. Les familles, serrées les unes contre les autres dans ce climat qui est d'une rudesse excessive, aussi bien l'été que l'hiver, exaspèrent leur égoïsme en vase clos. L'ambition irraisonnée s'y démesure, dans le désir continu de s'échapper de cet endroit. Les hommes vont porter leur charbon à la ville, puis retournent. Les plus solides qualités craquent sous cette perpétuelle douche écossaise. Les femmes mijotent des rancœurs. Il y a concurrence sur tout, aussi bien pour la vente du charbon de bois que pour le banc à l'église, pour les vertus qui se combattent entre elles, pour les vices qui se combattent entre eux, et pour la mêlée générale des vices et des vertus, sans repos. Par là-dessus, le vent, également sans repos, irrite les nerfs. Il y a des épidémies de suicides et de nombreux cas de folie, presque toujours meurtriers.

Le berger, qui ne fumait pas alla chercher un petit sac et déversa sur la table un tas de glands. Il se mit à les examiner un après l'autre avec beaucoup d'attention, séparant les bons des mauvais. Je fumais ma pipe. Je proposai de l'aider. Il me dit que c'était son affaire. En effet: voyant le soin qu'il mettait à ce travail, je n'insistai pas. Ce fut toute notre conversation. Quand il eut du côté des bons un tas de glands assez gros, il les compta par paquet de dix. Ce faisant, il éliminait encore les petits fruits ou ceux qui étaient légèrement fendillés, car il les examinait de fort près. Quand il eut ainsi devant lui cent glands parfaits, il s'arrêta et nous allâmes nous coucher.

La société de cet homme donnait la paix. Je lui demandai le lendemain la permission de me reposer tout le jour chez lui. Il trouva [cela] tout naturel, ou, plus exactement, il me donna l'impression que rien ne pouvait le déranger. Ce repos ne m'était pas absolument obligatoire, mais j'étais intrigué et je voulais en savoir plus. Il fit sortir son troupeau et le mena à la pâture. Avant de partir, il trempa dans un seau d'eau le petit sac où il avait mis les glands soigneusement choisis et comptés.

Je remarquai qu'en guise de bâton, il emportait une tringle de fer grosse comme le pouce et longue d'environ un mètre cinquante. Je fis celui qui se promène en se reposant et je suivis une route parallèle à la sienne. La pâture de ses bêtes était dans un fond de combe. Il laissa le petit troupeau à la garde du chien, et monta vers l'endroit où je me tenais. J'eus peur qu'il vînt pour me reprocher mon indiscrétion, mais pas du tout. C'était sa route et il m'invita à l'accompagner si je n'avais rien de mieux à faire. Il allait à deux cents mètres de là, sur la hauteur.

Arrivé à l'endroit où il désirait aller, il se mit à planter sa tringle de fer dans la terre. Il faisait ainsi un trou, dans lequel il mettait un gland, puis il rebouchait le trou. Il plantait des chênes! Je lui demandai si la terre lui appartenait. Il me répondit que non. Savait-il à qui elle était? Il ne le savait pas. Il supposait que c'était une terre communale ou peut-être était-elle la propriété de gens qui ne s'en souciaient pas? Lui ne se souciait pas de connaître les propriétaires. Il planta ainsi ses cent glands avec un soin extrême.

Après le repas de midi, il recommença à trier sa semence. Je mis, je crois, assez d'insistance dans mes questions puisqu'il y répondit. Depuis trois ans, il plantait des arbres dans cette solitude. Il en avait planté cent mille. Sur les cent mille, vingt mille étaient sortis. Sur ces vingt mille, il comptait encore en perdre la moitié, du fait des rongeurs ou de tout l'imprévisible dessein de la Providence. Restaient dix mille chênes qui allaient pousser dans cet endroit où il n'y avait rien auparavant.

C'est à ce moment-là que je me souciai de l'âge de cet homme. Il avait visiblement plus de cinquante ans. Cinquante-cinq, me dit-il. Il s'appelait Elzéard Bouffier. Il avait possédé une ferme dans les plaines. Il y avait réalisé sa vie. Il avait perdu son fils unique, puis sa femme. Il s'était retiré dans la solitude où il prenait plaisir à vivre lentement, avec ses brebis et son chien. Il avait jugé que ce pays mourait par manque d'arbres. Il ajouta que, n'ayant pas d'occupations très importantes, il avait résolu de remédier à cet état de choses.

[Mon jeune âge me forçait] à imaginer l'avenir en fonction de moi-même et d'une certaine recherche du bonheur. Je lui dis que, dans trente ans, ces dix mille chênes seraient magnifiques. Il me répondit très simplement que si Dieu lui prêtait vie, dans trente ans, il en aurait planté tellement d'autres que ces dix mille seraient comme une goutte d'eau dans la mer.

Il étudiait déjà la reproduction des hêtres et il en avait, près de sa maison, une pépinière issue des faines. Les sujets qu'il avait protégés de ses moutons étaient de toute beauté. Il pensait également à des bouleaux pour les fonds où, me dit-il, une certaine humidité dormait à quelques mètres de la surface du sol.

Nous nous séparâmes le lendemain.

L'année d'après, il y eut la guerre de 1914, dans laquelle je fus engagé pendant cinq ans. Un soldat d'infanterie ne pouvait guère y réfléchir à des arbres.

Sorti de la guerre, je me trouvai à la tête d'une prime de démobilisation minuscule, mais avec le grand désir de respirer un peu d'air pur. C'est sans idée préconçue, sauf celle-là, que je repris le chemin de ces contrées désertes.

Le pays n'avait pas changé. Toutefois, au-delà du village mort, j'aperçus dans le lointain une sorte de brouillard gris qui recouvrait les hauteurs comme un tapis. Depuis la veille, je m'étais remis à penser à ce berger planteur d'arbres. «Dix mille chênes, me disais-je, occupent vraiment un très large espace».

J'avais vu mourir trop de monde pendant cinq ans pour ne pas imaginer facilement la mort d'Elzéard Bouffier. D'autant que, lorsqu'on en a vingt, on considère les hommes de cinquante comme des vieillards à qui il ne reste plus qu'à mourir. Il n'était pas mort! Il avait changé de métier! Il ne possédait plus que quatre brebis, mais, par contre, une centaine de ruches. Il s'était débarrassé des moutons qui mettaient en péril ses plantations d'arbres. Il ne s'était pas du tout soucié de la guerre. Il avait imperturbablement continué à planter.

Les chênes de 1910 avaient alors dix ans et étaient plus hauts que moi et que lui. Le spectacle était impressionnant. J'étais littéralement privé de parole! Et comme lui ne parlait pas, nous passâmes tout le jour en silence à nous promener dans sa forêt. Elle avait, en trois tronçons, onze kilomètres de long et trois kilomètres dans sa plus grande largeur. Quand on se souvenait que tout était sorti des mains et de l'âme de cet homme, sans moyen technique, on comprenait que les hommes pourraient être aussi efficaces que Dieu dans d'autres domaines que la destruction.

Il avait suivi son idée, et les hêtres qui m'arrivaient aux épaules, répandus à perte de vue, en témoignaient. Les chênes étaient drus et avaient dépassé l'âge où ils étaient à la merci des rongeurs. Quant aux desseins de la Providence elle-même, pour détruire l'œuvre créée, il lui faudrait avoir désormais recours aux cyclones. Il me montra d'admirables bosquets de bouleaux qui dataient de cinq ans, c'est-à-dire de 1915, de l'époque où je combattais à Verdun. Il leur avait fait occuper tous les fonds où il soupçonnait, avec juste raison, qu'il y avait de l'humidité presque à fleur de terre. Ils étaient tendres comme des adolescents, et très décidés.

La création avait l'air, d'ailleurs, de s'opérer en chaîne. Il ne s'en souciait pas. Il poursuivait obstinément sa tâche très simple. Mais en redescendant par le village, je vis couler de l'eau dans des ruisseaux qui, de mémoire d'homme, avaient toujours été à sec. C'était la plus formidable opération de réaction qu'il m'ait été donné de voir. Ces ruisseaux secs avaient jadis porté de l'eau dans des temps très anciens. Certains de ces villages tristes dont j'ai parlé au début de mon récit s'étaient construits sur les emplacements d'anciens villages gallo-romains dont il restait encore des traces, dans lesquelles les archéologues avaient fouillé et ils avaient trouvé des hameçons à des endroits où, au vingtième siècle, on était obligé d'avoir recours à des citernes pour avoir un peu d'eau.

Le vent aussi dispersait certaines graines. En même temps que l'eau réapparut, réapparaissaient les saules, les osiers, les prés, les jardins, les fleurs et une certaine façon de vivre.

Mais la transformation s'opérait si lentement qu'elle entrait dans l'habitude sans provoquer d'étonnement. Les chasseurs qui montaient dans les solitudes à la poursuite des lièvres ou des sangliers avaient bien constaté le foisonnement des petits arbres, mais ils l'avaient mis sur le compte des malices naturelles de la terre. C'est pourquoi personne ne touchait à l'œuvre de cet homme. Si on l'avait soupçonné, on l'aurait contrarié. Il était insoupçonnable. Qui aurait pu imaginer, dans les villages et les administrations, une telle obstination dans la générosité la plus magnifique?

À partir de 1920, je ne suis jamais resté plus d'un an sans rendre visite à Elzéard Bouffier. Je ne l'ai jamais vu fléchir ni douter. Et pourtant, Dieu sait si Dieu même y pousse! Je n'ai pas fait le compte de ses déboires. On imagine bien, cependant, que pour une réussite semblable, il a fallu vaincre l'adversité. Que, pour assurer la victoire d'une telle passion, il a fallu lutter avec le désespoir. [...]

Pour avoir une idée à peu près exacte de ce caractère exceptionnel, il ne faut pas oublier qu'il s'exerçait dans une solitude totale… Si totale que, vers la fin de sa vie, il avait perdu l'habitude de parler. Ou, peut-être, n'en voyait-il pas la nécessité?

En 1933, il reçut la visite d'un garde-forestier éberlué! Ce fonctionnaire lui intima l'ordre de ne pas faire de feu dehors, de peur de mettre en danger la croissance de cette «*forêt naturelle*». C'était la première fois, lui dit cet homme naïf, qu'on voyait une forêt pousser toute seule. [...]

En 1935, une véritable délégation administrative vint examiner la «forêt naturelle». Il y avait un grand personnage des Eaux et Forêts, un député, des techniciens. On prononça beaucoup de paroles inutiles. On décida de faire quelque chose et, heureusement, on ne fit rien, sinon la seule chose utile: mettre la forêt sous la sauvegarde de l'État et interdire qu'on vienne y charbonner. Car il était impossible de n'être pas subjugué par la beauté de ces jeunes arbres en pleine santé. Et elle exerça son pouvoir de séduction sur le député lui-même.

J'avais un ami, parmi les capitaines forestiers, qui était de la délégation. Je lui expliquai le mystère. Un jour de la semaine d'après, nous allâmes tous les deux à la recherche d'Elzéard Bouffier. Nous le trouvâmes en plein travail, à vingt kilomètres de l'endroit où avait eu lieu l'inspection.

Ce capitaine forestier n'était pas mon ami pour rien. Il connaissait la valeur des choses. J'offris les quelques œufs que j'avais apportés en présent. Nous partageâmes notre casse-croûte en trois et quelques heures passèrent dans la contemplation muette du paysage.

Le côté d'où nous venions était couvert d'arbres de six à sept mètres de haut. Je me souvenais de l'aspect du pays en 1913… Le désert. Le travail paisible et régulier, l'air vif des hauteurs, la frugalité et surtout la sérénité de l'âme avaient donné à ce vieillard une santé presque solennelle. C'était un athlète de Dieu. Je me demandais combien d'hectares il allait encore couvrir d'arbres?

Avant de partir, mon ami fit simplement une brève suggestion à propos de certaines essences auxquelles le terrain d'ici paraissait devoir convenir. Il n'insista pas, pour la bonne raison, me dit-il après, que [«Ce bonhomme en sait plus que moi»]. Au bout d'une heure de marche, l'idée ayant fait son chemin en lui, il ajouta: «Il en sait beaucoup plus que tout le monde. Il a trouvé un fameux moyen d'être heureux!» C'est grâce à ce capitaine que, non seulement la forêt, mais le bonheur de cet homme furent protégés [...]

L'œuvre ne courut un risque grave que pendant la guerre de 1939. Les automobiles marchant alors au gazogène, on n'avait jamais assez de bois. On commença à faire des coupes dans les chênes de 1910, mais ces quartiers sont si loin de tous réseaux routiers que l'entreprise se révéla très mauvaise au point de vue financier. On l'abandonna. Le berger n'avait rien vu. Il était à trente kilomètres de là, continuant paisiblement sa besogne, ignorant la guerre de [19]39, comme il avait ignoré la guerre de [19]14.

J'ai vu Elzéard Bouffier pour la dernière fois en juin 1945. Il avait alors quatre-vingt-sept ans. J'avais donc repris la route du désert, mais maintenant, malgré le délabrement dans lequel la guerre avait laissé ce pays, il y avait un car qui faisait le service entre la vallée de la Durance et la montagne. Je mis sur le compte de ce moyen de transport relativement rapide le fait que je ne reconnaissais plus les lieux de mes premières promenades. J'eus besoin d'un nom de village pour conclure que j'étais bien cependant dans cette région jadis en ruines et désolée. Le car me débarqua à Vergons.

En 1913, ce hameau de dix à douze maisons avait trois habitants. Ils étaient sauvages, se détestaient, vivaient de chasse au piège. [...] Leur condition était sans espoir.

Tout était changé. L'air lui-même. Au lieu des bourrasques sèches et brutales qui m'accueillaient jadis, soufflait une brise souple chargée d'odeurs. Un bruit semblable à celui de l'eau venait des hauteurs. C'était celui du vent dans les forêts. Enfin, chose plus étonnante, j'entendis le vrai bruit de l'eau coulant dans un bassin. Je vis qu'on avait fait une fontaine, qu'elle était abondante et, ce qui me toucha le plus: on avait planté près d'elle un tilleul, symbole incontestable d'une résurrection.

Par ailleurs, Vergons portait les traces d'un travail pour l'entreprise duquel l'espoir est nécessaire. L'espoir était donc revenu. On avait déblayé les ruines, abattu les pans de murs délabrés. Les maisons neuves, crépies de frais, étaient entourées de jardins potagers où poussaient, mélangés mais alignés, les légumes et les fleurs, les choux et les rosiers, les poireaux et les gueules-de-loup, les céleris et les anémones. C'était désormais un endroit où l'on avait envie d'habiter.

À partir de là, je fis mon chemin à pied. La guerre dont nous sortions à peine n'avait pas permis l'épanouissement complet de la vie, mais Lazare était hors du tombeau. Sur les flancs abaissés de la montagne, je voyais de petits champs d'orge et de seigle en herbe. Au fond des étroites vallées, quelques prairies verdissaient.

Il n'a fallu que les huit ans qui nous séparent de cette époque pour que tout le pays resplendisse de santé et d'aisance. Sur l'emplacement des ruines que j'avais vues en 1913 s'élèvent maintenant des fermes propres, bien crépies, qui dénotent une vie heureuse et confortable. Les vieilles sources, alimentées par les pluies et les neiges que retiennent les forêts, se sont remises à couler. À côté de chaque ferme, dans des bosquets d'érables, les bassins des fontaines débordent sur des tapis de menthe fraîche. Les villages se sont reconstruits peu à peu. Une population venue des plaines où la terre se vend cher s'est fixée dans le pays, y apportant de la jeunesse, du mouvement, de l'esprit d'aventure. On rencontre dans les chemins des hommes et des femmes bien nourris, des garçons et des filles qui savent rire et ont repris goût aux fêtes campagnardes. Si on compte l'ancienne population, méconnaissable depuis qu'elle vit avec douceur, et les nouveaux venus, plus de dix mille personnes doivent leur bonheur à Elzéard Bouffier.

Quand je réfléchis qu'un homme seul, réduit à ses simples ressources physiques et morales, a suffi pour faire surgir du désert ce pays de Canaan, je trouve que, malgré tout, la condition humaine est admirable. Mais, quand je fais le compte de tout ce qu'il a fallu de constance dans la grandeur d'âme et d'acharnement dans la générosité pour obtenir ce résultat, je suis pris d'un immense respect pour ce vieux paysan sans culture qui a su mener à bien cette œuvre digne de Dieu.

Elzéard Bouffier est mort paisiblement en 1947, à l'hospice de Banon.

# Tables de conjugaison

## Guide to the Verb List and Tables

The list of verbs below includes irregular, reflexive, and spelling-change verbs introduced as active vocabulary in **D'ACCORD! 3**. Each verb is followed by a model verb that has the same conjugation pattern. The number in parentheses indicates where in the verb tables (pages 442–453) you can find the model verb. Regular **-er**, **-ir**, and **-re** verbs are conjugated like **parler** (1), **finir** (2) and **vendre** (3), respectively. The phrase **p.c.** with **être** after a verb means that it is conjugated with **être** in the **passé composé** and other compound tenses. (See page 463.) Reminder: All reflexive (pronominal) verbs use être as their auxiliary verb, and they are alphabetized under the non-reflexive infinitive.

**accueillir** like ouvrir (34)

**s'acharner** like se laver (4)

**acheter** (7)

**s'adapter** like se laver (4)

**s'adresser** like se laver (4)

**agacer** like commencer (9)

**aller** (13); p.c. with être

**s'améliorer** like se laver (4)

**amener** like acheter (7)

**s'amuser** like se laver (4)

**apercevoir** like recevoir (40)

**s'apercevoir** like recevoir (40) *except* p.c. with être

**appartenir** like tenir (48)

**appeler** (8)

**apprendre** like prendre (39)

**s'appuyer** like employer (10) *except* p.c. with être

**s'arrêter** like se laver (4)

**arriver** like parler (1) *except* p.c. with être

**s'asseoir** (14); p.c. with être

**s'assimiler** like se laver (4)

**s'associer** like se laver (4)

**atteindre** like éteindre (26)

**s'attendre** like vendre (3) *except* p.c. with être

**avancer** like commencer (9)

**avoir** (5)

**se balancer** like commencer (9) *except* p.c. with être

**balayer** like employer (10) *except*

y to i change optional

**se battre** (15); p.c. with être

**se blesser** like se laver (4)

**boire** (16)

**se brosser** like se laver (4)

**se casser** like se laver (4)

**célébrer** like préférer (12)

**se coiffer** like se laver (4)

**combattre** like se battre (15) *except* p.c. with **avoir**

**commencer** (9)

**se comporter** like se laver (4)

**comprendre** like prendre (39)

**conduire** (17)

**connaître** (18)

**se connecter** like se laver (4)

**se consacrer** like se laver (4)

**considérer** like préférer (12)

**construire** like conduire (17)

**convaincre** like vaincre (49)

**se coucher** like se laver (4)

**se couper** like se laver (4)

**courir** (19)

**couvrir** like ouvrir (34)

**craindre** like éteindre (26)

**croire** (20)

**se croiser** like se laver (4)

**déblayer** like essayer (10)

**se débrouiller** like se laver (4)

**se décourager** like manger (11) *except* p.c. with **être**

**découvrir** like ouvrir (34)

**décrire** like écrire (23)

**se demander** like se laver (4)

**déménager** like manger (11)

**se dépasser** like se laver (4)

**se dépêcher** like se laver (4)

**se déplacer** like commencer (9)

**déranger** like manger (11)

**se dérouler** like se laver (4)

**descendre** like vendre (3) *except* p.c. with **être**; p.c. w/**avoir** if takes a direct object

**se déshabiller** like se laver (4)

**se détendre** like vendre (3) *except* p.c. with **être**

**détruire** like conduire (17)

**devenir** like venir (51); p.c. with **être**

**devoir** (21)

**dire** (22)

**diriger** like manger (11)

**disparaître** like connaître (18)

**se disputer** like se laver (4)

**se divertir** like finir (2) *except* p.c. with **être**

**divorcer** like commencer (9)

**dormir** like partir (35) *except* p.c. with **avoir**

**se douter** like se laver (4)

**écrire** (23)

**effacer** like commencer (9)

**élever** like acheter (7)

**élire** like lire (30)

**s'embrasser** like se laver (4)

**emménager** like manger (11)

**emmener** like acheter (7)

**émouvoir** (24)

**employer** (10)

**s'endormir** like partir (35); p.c. with **être**

**enlever** like acheter (7)

**s'énerver** like se laver (4)

**s'enfoncer** like commencer (9) *except* p.c. with **être**

**s'engager** like manger (11) *except* p.c. with **être**

**ennuyer** like employer (10)

**s'ennuyer** like employer (10) *except* p.c. with **être**

**s'enrichir** like finir (2) *except* p.c. with **être**

**s'entendre** like vendre (3) *except* p.c. with **être**

**s'étonner** like se laver (4)

**s'entourer** like se laver (4)

**entreprendre** like prendre (39)

**entrer** like parler (1) *except* p.c. with **être**

**entretenir** like tenir (48)

**s'entretenir** like tenir (48) *except* p.c. with **être**

**envoyer** (25)

**épeler** like appeler (8)

**espérer** like préférer (12)

**essayer** like employer (10) *except* y to i change optional

**essuyer** like employer (10)

**s'établir** like finir (2) *except* **p.c.** with **être**

**éteindre** (26)

**s'étendre** like vendre (3) *except* p.c. with **être**

**être** (6)

**s'excuser** like se laver (4)

**exiger** like manger (11)

**se fâcher** like se laver (4)

**faire** (27)

**falloir** (28)

**se fiancer** like commencer (9) *except* **p.c.** with **être**

**finir** (2)

**forcer** like commencer (9)

**se fouler** like se laver (4)

**fuir** (29)

**s'habiller** like se laver (4)

**s'habituer** like se laver (4)

**harceler** like acheter (7)

**s'informer** like se laver (4)

**s'inquiéter** like préférer (12) *except* **p.c.** with **être**

**s'inscrire** like écrire (23) *except* p.c. with **être**

**s'installer** like se laver (4)

**interdire** like dire (22) *except* **vous interdisez** (present) and **interdisez** (imperative)

**s'intégrer** like préférer (12) *except* **p.c.** with **être**

**s'intéresser** like se laver (4)

**s'investir** like finir (2) *except* **p.c.** with **être**

**jeter** like appeler (8)

**lancer** like commencer (9)

**se lancer** like commencer (9) *except* **p.c.** with **être**

**se laver** (4)

**lever** like acheter (7)

**se lever** like acheter (7) *except* p.c. with **être**

**se libérer** like se laver (4)

**lire** (30)

**loger** like manger (11)

**maintenir** like tenir (48)

**manger** (11)

**se maquiller** like se laver (4)

**se marier** like se laver (4)

**se méfier** like se laver (4)

**menacer** like commencer (9)

**mener** like acheter (7)

**mentir** like partir (35) *except* **p.c.** with **avoir**

**mettre** (31)

**se mettre** like mettre (31) *except* p.c. with **être**

**monter** like parler (1) *except* p.c. with **être**; p.c. w/**avoir** if takes a direct object

**se moquer** like se laver (4)

**mourir** (32); **p.c.** with **être**

**nager** like manger (11)

**naître** (33); **p.c.** with **être**

**nettoyer** like employer (10)

**nuire** like conduire (17)

**obtenir** like tenir (48)

**s'occuper** like se laver (4)

**offrir** like ouvrir (34)

**s'orienter** like se laver (4)

**ouvrir** (34)

**paraître** like connaître (18)

**parcourir** like courir (19)

**parler** (1)

**partager** like manger (11)

**partir** (35); **p.c.** with **être**

**parvenir** like venir (51)

**passer** like parler (1) *except* **p.c.** with **être**

**payer** like employer (10) *except* **y** to **i** change optional

**se peigner** like se laver (4)

**percevoir** like recevoir (40)

**permettre** like mettre (31)

**peser** like acheter (7)

**placer** like commencer (9)

**se plaindre** like éteindre (26) *except* p.c. with **être**

**plaire** (36)

**pleuvoir** (37)

**plonger** like manger (11)

**posséder** like préférer (12)

**pouvoir** (38)

**prédire** like dire (22) *except* **vous prédisez** (present) and **prédisez** (imperative)

**préférer** (12)

**prendre** (39)

**prévenir** like venir (51) *except*

p.c. with **avoir**

**prévoir** like voir (53)

**produire** like conduire (17)

**projeter** like appeler (8)

**se promener** like acheter (7) *except* p.c. with **être**

**promettre** like mettre (31)

**protéger** like préférer (12) *except* takes **e** between **g** and vowels **a** and **o**

**provenir** like venir (51)

**ranger** like manger (11)

**rappeler** like appeler (8)

**se rappeler** like appeler (8) *except* p.c. with **être**

**se raser** like se laver (4)

**se rassurer** like se laver (4)

**se rebeller** like se laver (4)

**recevoir** (40)

**se réconcilier** like se laver (4)

**reconnaître** like connaître (18)

**réduire** like conduire (17)

**régner** like préférer (12)

**rejeter** like appeler (8)

**rejoindre** (41)

**se relever** like acheter (7) *except* p.c. with **être**

**remplacer** like commencer (9)

**renouveler** like appeler (8)

**rentrer** like parler (1) *except* **p.c.** with **être**

**renvoyer** like envoyer (25)

**répéter** like préférer (12)

**se reposer** like se laver (4)

**reprendre** like prendre (39)

**résoudre** (42)

**ressentir** like partir (35) *except* p.c. with **avoir**

**rester** like parler (1) *except* **p.c.** with **être**

**retenir** like tenir (48)

**retourner** like parler (1) *except* p.c. with **être**

**se retourner** like se laver (4)

**retransmettre** like mettre (31)

**se réunir** like finir (2) *except* **p.c.** with **être**

**se réveiller** like se laver (4)

**revenir** like venir (51); **p.c.** with **être**

**revoir** like voir (53)

**se révolter** like se laver (4)

**rire** (43)

**rompre** (44)

**savoir** (45)

**se sécher** like préférer (12) *except* p.c. with **être**

**séduire** like conduire (17)

**sentir** like partir (35) *except* **p.c.** with **avoir**

**servir** like partir (35) *except* **p.c.** with **avoir**

**se servir** like partir (35); **p.c.** with **être**

**sortir** like partir (35); **p.c.** with **être**

**se soucier** like se laver (4)

**souffrir** like ouvrir (34)

**soulager** like manger (11)

**soulever** like acheter (7)

**sourire** like rire (43)

**soutenir** like tenir (48)

**se souvenir** like venir (51); **p.c.** with **être**

**subvenir** like venir (51) *except* **p.c.** with **avoir**

**suffire** like lire (30)

**suggérer** like préférer (12)

**suivre** (46)

**surprendre** like prendre (39)

**survivre** like vivre (52)

**se taire** (47)

**télécharger** like manger (11)

**tenir** (48)

**tomber** like parler (1) *except* **p.c.** with **être**

**traduire** like conduire (17)

**se tromper** like se laver (4)

**se trouver** like se laver (4)

**vaincre** (49)

**valoir** (50)

**vendre** (3)

**venir** (51); **p.c.** with **être**

**vivre** (52)

**voir** (53)

**vouloir** (54)

**voyager** like manger (11)

# Tables de conjugaison

## Regular verbs

**1**

| Infinitive / Present participle / Past participle / Past infinitive | Subject Pronouns | INDICATIVE Present | Passé simple | Imperfect | Future | CONDITIONAL Present | SUBJUNCTIVE Present | IMPERATIVE |
|---|---|---|---|---|---|---|---|---|
| parler (to speak) parlant parlé avoir parlé | je | parle | parlai | parlais | parlerai | parlerais | parle | |
| | tu | parles | parlas | parlais | parleras | parlerais | parles | parle |
| | il/elle/on | parle | parla | parlait | parlera | parlerait | parle | |
| | nous | parlons | parlâmes | parlions | parlerons | parlerions | parlions | parlons |
| | vous | parlez | parlâtes | parliez | parlerez | parleriez | parliez | parlez |
| | ils/elles | parlent | parlèrent | parlaient | parleront | parleraient | parlent | |

**2**

| Infinitive / Present participle / Past participle / Past infinitive | Subject Pronouns | INDICATIVE Present | Passé simple | Imperfect | Future | CONDITIONAL Present | SUBJUNCTIVE Present | IMPERATIVE |
|---|---|---|---|---|---|---|---|---|
| finir (to finish) finissant fini avoir fini | je | finis | finis | finissais | finirai | finirais | finisse | |
| | tu | finis | finis | finissais | finiras | finirais | finisses | finis |
| | il/elle/on | finit | finit | finissait | finira | finirait | finisse | |
| | nous | finissons | finîmes | finissions | finirons | finirions | finissions | finissons |
| | vous | finissez | finîtes | finissiez | finirez | finiriez | finissiez | finissez |
| | ils/elles | finissent | finirent | finissaient | finiront | finiraient | finissent | |

**3**

| Infinitive / Present participle / Past participle / Past infinitive | Subject Pronouns | INDICATIVE Present | Passé simple | Imperfect | Future | CONDITIONAL Present | SUBJUNCTIVE Present | IMPERATIVE |
|---|---|---|---|---|---|---|---|---|
| vendre (to sell) vendant vendu avoir vendu | je | vends | vendis | vendais | vendrai | vendrais | vende | |
| | tu | vends | vendis | vendais | vendras | vendrais | vendes | vends |
| | il/elle/on | vend | vendit | vendait | vendra | vendrait | vende | |
| | nous | vendons | vendîmes | vendions | vendrons | vendrions | vendions | vendons |
| | vous | vendez | vendîtes | vendiez | vendrez | vendriez | vendiez | vendez |
| | ils/elles | vendent | vendirent | vendaient | vendront | vendraient | vendent | |

## Reflexive (Pronominal)

**4**

| Infinitive / Present participle / Past participle / Past infinitive | Subject Pronouns | INDICATIVE Present | Passé simple | Imperfect | Future | CONDITIONAL Present | SUBJUNCTIVE Present | IMPERATIVE |
|---|---|---|---|---|---|---|---|---|
| se laver (to wash oneself) se lavant lavé s'être lavé(e)(s) | je | me lave | me lavai | me lavais | me laverai | me laverais | me lave | |
| | tu | te laves | te lavas | te lavais | te laveras | te laverais | te laves | lave-toi |
| | il/elle/on | se lave | se lava | se lavait | se lavera | se laverait | se lave | |
| | nous | nous lavons | nous lavâmes | nous lavions | nous laverons | nous laverions | nous lavions | lavons-nous |
| | vous | vous lavez | vous lavâtes | vous laviez | vous laverez | vous laveriez | vous laviez | lavez-vous |
| | ils/elles | se lavent | se lavèrent | se lavaient | se laveront | se laveraient | se lavent | |

## Auxiliary verbs: *avoir* and *être*

**5**

| Infinitive / Present participle / Past participle / Past infinitive | Subject Pronouns | INDICATIVE Present | Passé simple | Imperfect | Future | CONDITIONAL Present | SUBJUNCTIVE Present | IMPERATIVE |
|---|---|---|---|---|---|---|---|---|
| avoir (to have) / ayant / eu / avoir eu | j' | ai | eus | avais | aurai | aurais | aie | |
| | tu | as | eus | avais | auras | aurais | aies | aie |
| | il/elle/on | a | eut | avait | aura | aurait | ait | |
| | nous | avons | eûmes | avions | aurons | aurions | ayons | ayons |
| | vous | avez | eûtes | aviez | aurez | auriez | ayez | ayez |
| | ils/elles | ont | eurent | avaient | auront | auraient | aient | |

**6**

| Infinitive / Present participle / Past participle / Past infinitive | Subject Pronouns | INDICATIVE Present | Passé simple | Imperfect | Future | CONDITIONAL Present | SUBJUNCTIVE Present | IMPERATIVE |
|---|---|---|---|---|---|---|---|---|
| être (to be) / étant / été / avoir été | je (j') | suis | fus | étais | serai | serais | sois | sois |
| | tu | es | fus | étais | seras | serais | sois | |
| | il/elle/on | est | fut | était | sera | serait | soit | |
| | nous | sommes | fûmes | étions | serons | serions | soyons | soyons |
| | vous | êtes | fûtes | étiez | serez | seriez | soyez | soyez |
| | ils/elles | sont | furent | étaient | seront | seraient | soient | |

## Compound tenses

| Subject pronouns | INDICATIVE Passé composé | Pluperfect | Future perfect | CONDITIONAL Past | SUBJUNCTIVE Past |
|---|---|---|---|---|---|
| j' | ai | avais | aurai | aurais | aie |
| tu | as | avais | auras | aurais | aies |
| il/elle/on | a ⎫ parlé | avait ⎫ parlé | aura ⎫ parlé | aurait ⎫ parlé | ait ⎫ parlé |
| nous | avons ⎬ fini | avions ⎬ fini | aurons ⎬ fini | aurions ⎬ fini | ayons ⎬ fini |
| vous | avez ⎭ vendu | aviez ⎭ vendu | aurez ⎭ vendu | auriez ⎭ vendu | ayez ⎭ vendu |
| ils/elles | ont | avaient | auront | auraient | aient |
| je (j') | suis | étais | serai | serais | sois |
| tu | es | étais | seras | serais | sois |
| il/elle/on | est ⎫ allé(e)(s) | était ⎫ allé(e)(s) | sera ⎫ allé(e)(s) | serait ⎫ allé(e)(s) | soit ⎫ allé(e)(s) |
| nous | sommes ⎬ | étions ⎬ | serons ⎬ | serions ⎬ | soyons ⎬ |
| vous | êtes ⎭ | étiez ⎭ | serez ⎭ | seriez ⎭ | soyez ⎭ |
| ils/elles | sont | étaient | seront | seraient | soient |

# Verbs with spelling changes

| Infinitive / Present participle / Past participle / Past infinitive | Subject Pronouns | INDICATIVE | | | | CONDITIONAL | SUBJUNCTIVE | IMPERATIVE |
|---|---|---|---|---|---|---|---|---|
| | | Present | Passé simple | Imperfect | Future | Present | Present | |
| **7** acheter (to buy) | j' | achète | achetai | achetais | achèterai | achèterais | achète | |
| achetant | tu | achètes | achetas | achetais | achèteras | achèterais | achètes | achète |
| acheté | il/elle/on | achète | acheta | achetait | achètera | achèterait | achète | |
| avoir acheté | nous | achetons | achetâmes | achetions | achèterons | achèterions | achetions | achetons |
| | vous | achetez | achetâtes | achetiez | achèterez | achèteriez | achetiez | achetez |
| | ils/elles | achètent | achetèrent | achetaient | achèteront | achèteraient | achètent | |
| **8** appeler (to call) | j' | appelle | appelai | appelais | appellerai | appellerais | appelle | |
| appelant | tu | appelles | appelas | appelais | appelleras | appellerais | appelles | appelle |
| appelé | il/elle/on | appelle | appela | appelait | appellera | appellerait | appelle | |
| avoir appelé | nous | appelons | appelâmes | appelions | appellerons | appellerions | appelions | appelons |
| | vous | appelez | appelâtes | appeliez | appellerez | appelleriez | appeliez | appelez |
| | ils/elles | appellent | appelèrent | appelaient | appelleront | appelleraient | appellent | |
| **9** commencer (to begin) | je | commence | commençai | commençais | commencerai | commencerais | commence | |
| commençant | tu | commences | commenças | commençais | commenceras | commencerais | commences | commence |
| commencé | il/elle/on | commence | commença | commençait | commencera | commencerait | commence | |
| avoir commencé | nous | commençons | commençâmes | commencions | commencerons | commencerions | commencions | commençons |
| | vous | commencez | commençâtes | commenciez | commencerez | commenceriez | commenciez | commencez |
| | ils/elles | commencent | commencèrent | commençaient | commenceront | commenceraient | commencent | |
| **10** employer (to use; to employ) | j' | emploie | employai | employais | emploierai | emploierais | emploie | |
| employant | tu | emploies | employas | employais | emploieras | emploierais | emploies | emploie |
| employé | il/elle/on | emploie | employa | employait | emploiera | emploierait | emploie | |
| avoir employé | nous | employons | employâmes | employions | emploierons | emploierions | employions | employons |
| | vous | employez | employâtes | employiez | emploierez | emploieriez | employiez | employez |
| | ils/elles | emploient | employèrent | employaient | emploieront | emploieraient | emploient | |
| **11** manger (to eat) | je | mange | mangeai | mangeais | mangerai | mangerais | mange | |
| mangeant | tu | manges | mangeas | mangeais | mangeras | mangerais | manges | mange |
| mangé | il/elle/on | mange | mangea | mangeait | mangera | mangerait | mange | |
| avoir mangé | nous | mangeons | mangeâmes | mangions | mangerons | mangerions | mangions | mangeons |
| | vous | mangez | mangeâtes | mangiez | mangerez | mangeriez | mangiez | mangez |
| | ils/elles | mangent | mangèrent | mangeaient | mangeront | mangeraient | mangent | |

| Infinitive / Present participle / Past participle / Past infinitive | Subject Pronouns | INDICATIVE Present | Passé simple | Imperfect | Future | CONDITIONAL Present | SUBJUNCTIVE Present | IMPERATIVE |
|---|---|---|---|---|---|---|---|---|
| **préférer** (to prefer) préférant préféré avoir préféré | je tu il/elle/on nous vous ils/elles | préfère préfères préfère préférons préférez préfèrent | préférai préféras préféra préférâmes préférâtes préférèrent | préférais préférais préférait préférions préfériez préféraient | préférerai préféreras préférera préférerons préférerez préféreront | préférerais préférerais préférerait préférerions préféreriez préféreraient | préfère préfères préfère préférions préfériez préfèrent | préfère préférons préférez |

## Irregular verbs

| Infinitive / Present participle / Past participle / Past infinitive | Subject Pronouns | INDICATIVE Present | Passé simple | Imperfect | Future | CONDITIONAL Present | SUBJUNCTIVE Present | IMPERATIVE |
|---|---|---|---|---|---|---|---|---|
| **aller** (to go) allant allé être allé(e)(s) | je (j') tu il/elle/on nous vous ils/elles | vais vas va allons allez vont | allai allas alla allâmes allâtes allèrent | allais allais allait allions alliez allaient | irai iras ira irons irez iront | irais irais irait irions iriez iraient | aille ailles aille allions alliez aillent | va allons allez |
| **s'asseoir** (to sit down, to be seated) s'asseyant assis s'être assis(e)(s) | je tu il/elle/on nous vous ils/elles | m'assieds t'assieds s'assied nous asseyons vous asseyez s'asseyent | m'assis t'assis s'assit nous assîmes vous assîtes s'assirent | m'asseyais t'asseyais s'asseyait nous asseyions vous asseyiez s'asseyaient | m'assiérai t'assiéras s'assiéra nous assiérons vous assiérez s'assiéront | m'assiérais t'assiérais s'assiérait nous assiérions vous assiériez s'assiéraient | m'asseye t'asseyes s'asseye nous asseyions vous asseyiez s'asseyent | assieds-toi asseyons-nous asseyez-vous |
| **se battre** (to fight) se battant battu s'être battu(e)(s) | je tu il/elle/on nous vous ils/elles | me bats te bats se bat nous battons vous battez se battent | me battis te battis se battit nous battîmes vous battîtes se battirent | me battais te battais se battait nous battions vous battiez se battaient | me battrai te battras se battra nous battrons vous battrez se battront | me battrais te battrais se battrait nous battrions vous battriez se battraient | me batte te battes se batte nous battions vous battiez se battent | bats-toi battons-nous battez-vous |

| Infinitive / Present participle / Past participle / Past infinitive | Subject Pronouns | INDICATIVE | | | | CONDITIONAL | SUBJUNCTIVE | IMPERATIVE |
|---|---|---|---|---|---|---|---|---|
| | | Present | Passé simple | Imperfect | Future | Present | Present | |
| **16** boire (to drink) buvant bu avoir bu | je | bois | bus | buvais | boirai | boirais | boive | |
| | tu | bois | bus | buvais | boiras | boirais | boives | bois |
| | il/elle/on | boit | but | buvait | boira | boirait | boive | |
| | nous | buvons | bûmes | buvions | boirons | boirions | buvions | buvons |
| | vous | buvez | bûtes | buviez | boirez | boiriez | buviez | buvez |
| | ils/elles | boivent | burent | buvaient | boiront | boiraient | boivent | |
| **17** conduire (to drive; to lead) conduisant conduit avoir conduit | je | conduis | conduisis | conduisais | conduirai | conduirais | conduise | |
| | tu | conduis | conduisis | conduisais | conduiras | conduirais | conduises | conduis |
| | il/elle/on | conduit | conduisit | conduisait | conduira | conduirait | conduise | |
| | nous | conduisons | conduisîmes | conduisions | conduirons | conduirions | conduisions | conduisons |
| | vous | conduisez | conduisîtes | conduisiez | conduirez | conduiriez | conduisiez | conduisez |
| | ils/elles | conduisent | conduisirent | conduisaient | conduiront | conduiraient | conduisent | |
| **18** connaître (to know, to be acquainted with) connaissant connu avoir connu | je | connais | connus | connaissais | connaîtrai | connaîtrais | connaisse | |
| | tu | connais | connus | connaissais | connaîtras | connaîtrais | connaisses | connais |
| | il/elle/on | connaît | connut | connaissait | connaîtra | connaîtrait | connaisse | |
| | nous | connaissons | connûmes | connaissions | connaîtrons | connaîtrions | connaissions | connaissons |
| | vous | connaissez | connûtes | connaissiez | connaîtrez | connaîtriez | connaissiez | connaissez |
| | ils/elles | connaissent | connurent | connaissaient | connaîtront | connaîtraient | connaissent | |
| **19** courir (to run) courant couru avoir couru | je | cours | courus | courais | courrai | courrais | coure | |
| | tu | cours | courus | courais | courras | courrais | coures | cours |
| | il/elle/on | court | courut | courait | courra | courrait | coure | |
| | nous | courons | courûmes | courions | courrons | courrions | courions | courons |
| | vous | courez | courûtes | couriez | courrez | courriez | couriez | courez |
| | ils/elles | courent | coururent | couraient | courront | courraient | courent | |
| **20** croire (to believe) croyant cru avoir cru | je | crois | crus | croyais | croirai | croirais | croie | |
| | tu | crois | crus | croyais | croiras | croirais | croies | crois |
| | il/elle/on | croit | crut | croyait | croira | croirait | croie | |
| | nous | croyons | crûmes | croyions | croirons | croirions | croyions | croyons |
| | vous | croyez | crûtes | croyiez | croirez | croiriez | croyiez | croyez |
| | ils/elles | croient | crurent | croyaient | croiront | croiraient | croient | |

| Infinitive / Present participle / Past participle / Past infinitive | Subject Pronouns | INDICATIVE Present | Passé simple | Imperfect | Future | CONDITIONAL Present | SUBJUNCTIVE Present | IMPERATIVE |
|---|---|---|---|---|---|---|---|---|
| **21** devoir (to have to; to owe) / devant / dû / avoir dû | je | dois | dus | devais | devrai | devrais | doive | |
| | tu | dois | dus | devais | devras | devrais | doives | dois |
| | il/elle/on | doit | dut | devait | devra | devrait | doive | |
| | nous | devons | dûmes | devions | devrons | devrions | devions | devons |
| | vous | devez | dûtes | deviez | devrez | devriez | deviez | devez |
| | ils/elles | doivent | durent | devaient | devront | devraient | doivent | |
| **22** dire (to say, to tell) / disant / dit / avoir dit | je | dis | dis | disais | dirai | dirais | dise | |
| | tu | dis | dis | disais | diras | dirais | dises | dis |
| | il/elle/on | dit | dit | disait | dira | dirait | dise | |
| | nous | disons | dîmes | disions | dirons | dirions | disions | disons |
| | vous | dites | dîtes | disiez | direz | diriez | disiez | dites |
| | ils/elles | disent | dirent | disaient | diront | diraient | disent | |
| **23** écrire (to write) / écrivant / écrit / avoir écrit | j' | écris | écrivis | écrivais | écrirai | écrirais | écrive | |
| | tu | écris | écrivis | écrivais | écriras | écrirais | écrives | écris |
| | il/elle/on | écrit | écrivit | écrivait | écrira | écrirait | écrive | |
| | nous | écrivons | écrivîmes | écrivions | écrirons | écririons | écrivions | écrivons |
| | vous | écrivez | écrivîtes | écriviez | écrirez | écririez | écriviez | écrivez |
| | ils/elles | écrivent | écrivirent | écrivaient | écriront | écriraient | écrivent | |
| **24** émouvoir (to move) / émouvant / ému / avoir ému | j' | émeus | émus | émouvais | émouvrai | émouvrais | émeuve | |
| | tu | émeus | émus | émouvais | émouvras | émouvrais | émeuves | émeus |
| | il/elle/on | émeut | émut | émouvait | émouvra | émouvrait | émeuve | |
| | nous | émouvons | émûmes | émouvions | émouvrons | émouvrions | émouvions | émouvons |
| | vous | émouvez | émûtes | émouviez | émouvrez | émouvriez | émouviez | émouvez |
| | ils/elles | émeuvent | émurent | émouvaient | émouvront | émouvraient | émeuvent | |
| **25** envoyer (to send) / envoyant / envoyé / avoir envoyé | j' | envoie | envoyai | envoyais | enverrai | enverrais | envoie | |
| | tu | envoies | envoyas | envoyais | enverras | enverrais | envoies | envoie |
| | il/elle/on | envoie | envoya | envoyait | enverra | enverrait | envoie | |
| | nous | envoyons | envoyâmes | envoyions | enverrons | enverrions | envoyions | envoyons |
| | vous | envoyez | envoyâtes | envoyiez | enverrez | enverriez | envoyiez | envoyez |
| | ils/elles | envoient | envoyèrent | envoyaient | enverront | enverraient | envoient | |

| Infinitive / Present participle / Past participle / Past infinitive | Subject Pronouns | INDICATIVE Present | INDICATIVE Passé simple | INDICATIVE Imperfect | INDICATIVE Future | CONDITIONAL Present | SUBJUNCTIVE Present | IMPERATIVE |
|---|---|---|---|---|---|---|---|---|
| **26** éteindre (to turn off) / éteignant / éteint / avoir éteint | j' | éteins | éteignis | éteignais | éteindrai | éteindrais | éteigne | |
| | tu | éteins | éteignis | éteignais | éteindras | éteindrais | éteignes | éteins |
| | il/elle/on | éteint | éteignit | éteignait | éteindra | éteindrait | éteigne | |
| | nous | éteignons | éteignîmes | éteignions | éteindrons | éteindrions | éteignions | éteignons |
| | vous | éteignez | éteignîtes | éteigniez | éteindrez | éteindriez | éteigniez | éteignez |
| | ils/elles | éteignent | éteignirent | éteignaient | éteindront | éteindraient | éteignent | |
| **27** faire (to do; to make) / faisant / fait / avoir fait | je | fais | fis | faisais | ferai | ferais | fasse | |
| | tu | fais | fis | faisais | feras | ferais | fasses | fais |
| | il/elle/on | fait | fit | faisait | fera | ferait | fasse | |
| | nous | faisons | fîmes | faisions | ferons | ferions | fassions | faisons |
| | vous | faites | fîtes | faisiez | ferez | feriez | fassiez | faites |
| | ils/elles | font | firent | faisaient | feront | feraient | fassent | |
| **28** falloir (to be necessary) / fallu / avoir fallu | il | faut | fallut | fallait | faudra | faudrait | faille | |
| **29** fuir (to flee) / fuyant / fui / avoir fui | je | fuis | fuis | fuyais | fuirai | fuirais | fuie | |
| | tu | fuis | fuis | fuyais | fuiras | fuirais | fuies | fuis |
| | il/elle/on | fuit | fuit | fuyait | fuira | fuirait | fuie | |
| | nous | fuyons | fuîmes | fuyions | fuirons | fuirions | fuyions | fuyons |
| | vous | fuyez | fuîtes | fuyiez | fuirez | fuiriez | fuyiez | fuyez |
| | ils/elles | fuient | fuirent | fuyaient | fuiront | fuiraient | fuient | |
| **30** lire (to read) / lisant / lu / avoir lu | je | lis | lus | lisais | lirai | lirais | lise | |
| | tu | lis | lus | lisais | liras | lirais | lises | lis |
| | il/elle/on | lit | lut | lisait | lira | lirait | lise | |
| | nous | lisons | lûmes | lisions | lirons | lirions | lisions | lisons |
| | vous | lisez | lûtes | lisiez | lirez | liriez | lisiez | lisez |
| | ils/elles | lisent | lurent | lisaient | liront | liraient | lisent | |

| Infinitive / Present participle / Past participle / Past infinitive | Subject Pronouns | INDICATIVE Present | INDICATIVE Passé simple | INDICATIVE Imperfect | INDICATIVE Future | CONDITIONAL Present | SUBJUNCTIVE Present | IMPERATIVE |
|---|---|---|---|---|---|---|---|---|
| **31** mettre (to put) / mettant / mis / avoir mis | je | mets | mis | mettais | mettrai | mettrais | mette | |
| | tu | mets | mis | mettais | mettras | mettrais | mettes | mets |
| | il/elle/on | met | mit | mettait | mettra | mettrait | mette | |
| | nous | mettons | mîmes | mettions | mettrons | mettrions | mettions | mettons |
| | vous | mettez | mîtes | mettiez | mettrez | mettriez | mettiez | mettez |
| | ils/elles | mettent | mirent | mettaient | mettront | mettraient | mettent | |
| **32** mourir (to die) / mourant / mort / être mort(e)(s) | je | meurs | mourus | mourais | mourrai | mourrais | meure | |
| | tu | meurs | mourus | mourais | mourras | mourrais | meures | meurs |
| | il/elle/on | meurt | mourut | mourait | mourra | mourrait | meure | |
| | nous | mourons | mourûmes | mourions | mourrons | mourrions | mourions | mourons |
| | vous | mourez | mourûtes | mouriez | mourrez | mourriez | mouriez | mourez |
| | ils/elles | meurent | moururent | mouraient | mourront | mourraient | meurent | |
| **33** naître (to be born) / naissant / né / être né(e)(s) | je | nais | naquis | naissais | naîtrai | naîtrais | naisse | |
| | tu | nais | naquis | naissais | naîtras | naîtrais | naisses | nais |
| | il/elle/on | naît | naquit | naissait | naîtra | naîtrait | naisse | |
| | nous | naissons | naquîmes | naissions | naîtrons | naîtrions | naissions | naissons |
| | vous | naissez | naquîtes | naissiez | naîtrez | naîtriez | naissiez | naissez |
| | ils/elles | naissent | naquirent | naissaient | naîtront | naîtraient | naissent | |
| **34** ouvrir (to open) / ouvrant / ouvert / avoir ouvert | j' | ouvre | ouvris | ouvrais | ouvrirai | ouvrirais | ouvre | |
| | tu | ouvres | ouvris | ouvrais | ouvriras | ouvrirais | ouvres | ouvre |
| | il/elle/on | ouvre | ouvrit | ouvrait | ouvrira | ouvrirait | ouvre | |
| | nous | ouvrons | ouvrîmes | ouvrions | ouvrirons | ouvririons | ouvrions | ouvrons |
| | vous | ouvrez | ouvrîtes | ouvriez | ouvrirez | ouvririez | ouvriez | ouvrez |
| | ils/elles | ouvrent | ouvrirent | ouvraient | ouvriront | ouvriraient | ouvrent | |
| **35** partir (to leave) / partant / parti / être parti(e)(s) | je | pars | partis | partais | partirai | partirais | parte | |
| | tu | pars | partis | partais | partiras | partirais | partes | pars |
| | il/elle/on | part | partit | partait | partira | partirait | parte | |
| | nous | partons | partîmes | partions | partirons | partirions | partions | partons |
| | vous | partez | partîtes | partiez | partirez | partiriez | partiez | partez |
| | ils/elles | partent | partirent | partaient | partiront | partiraient | partent | |

| Infinitive / Present participle / Past participle / Past infinitive | Subject Pronouns | INDICATIVE | | | | CONDITIONAL | SUBJUNCTIVE | IMPERATIVE |
|---|---|---|---|---|---|---|---|---|
| | | Present | Passé simple | Imperfect | Future | Present | Present | |
| **36** plaire (to please) / plaisant / plu / avoir plu | je | plais | plus | plaisais | plairai | plairais | plaise | |
| | tu | plais | plus | plaisais | plairas | plairais | plaises | plais |
| | il/elle/on | plaît | plut | plaisait | plaira | plairait | plaise | |
| | nous | plaisons | plûmes | plaisions | plairons | plairions | plaisions | plaisons |
| | vous | plaisez | plûtes | plaisiez | plairez | plairiez | plaisiez | plaisez |
| | ils/elles | plaisent | plurent | plaisaient | plairont | plairaient | plaisent | |
| **37** pleuvoir (to rain) / pleuvant / plu / avoir plu | il | pleut | plut | pleuvait | pleuvra | pleuvrait | pleuve | |
| **38** pouvoir (to be able) / pouvant / pu / avoir pu | je | peux | pus | pouvais | pourrai | pourrais | puisse | |
| | tu | peux | pus | pouvais | pourras | pourrais | puisses | |
| | il/elle/on | peut | put | pouvait | pourra | pourrait | puisse | |
| | nous | pouvons | pûmes | pouvions | pourrons | pourrions | puissions | |
| | vous | pouvez | pûtes | pouviez | pourrez | pourriez | puissiez | |
| | ils/elles | peuvent | purent | pouvaient | pourront | pourraient | puissent | |
| **39** prendre (to take) / prenant / pris / avoir pris | je | prends | pris | prenais | prendrai | prendrais | prenne | |
| | tu | prends | pris | prenais | prendras | prendrais | prennes | prends |
| | il/elle/on | prend | prit | prenait | prendra | prendrait | prenne | |
| | nous | prenons | prîmes | prenions | prendrons | prendrions | prenions | prenons |
| | vous | prenez | prîtes | preniez | prendrez | prendriez | preniez | prenez |
| | ils/elles | prennent | prirent | prenaient | prendront | prendraient | prennent | |
| **40** recevoir (to receive) / recevant / reçu / avoir reçu | je | reçois | reçus | recevais | recevrai | recevrais | reçoive | |
| | tu | reçois | reçus | recevais | recevras | recevrais | reçoives | reçois |
| | il/elle/on | reçoit | reçut | recevait | recevra | recevrait | reçoive | |
| | nous | recevons | reçûmes | recevions | recevrons | recevrions | recevions | recevons |
| | vous | recevez | reçûtes | receviez | recevrez | recevriez | receviez | recevez |
| | ils/elles | reçoivent | reçurent | recevaient | recevront | recevraient | reçoivent | |
| **41** rejoindre (to join) / rejoignant / rejoint / avoir rejoint | je | rejoins | rejoignis | rejoignais | rejoindrai | rejoindrais | rejoigne | |
| | tu | rejoins | rejoignis | rejoignais | rejoindras | rejoindrais | rejoignes | rejoins |
| | il/elle/on | rejoint | rejoignit | rejoignait | rejoindra | rejoindrait | rejoigne | |
| | nous | rejoignons | rejoignîmes | rejoignions | rejoindrons | rejoindrions | rejoignions | rejoignons |
| | vous | rejoignez | rejoignîtes | rejoigniez | rejoindrez | rejoindriez | rejoigniez | rejoignez |
| | ils/elles | rejoignent | rejoignirent | rejoignaient | rejoindront | rejoindraient | rejoignent | |

| Infinitive / Present participle / Past participle / Past infinitive | Subject Pronouns | INDICATIVE Present | Passé simple | Imperfect | Future | CONDITIONAL Present | SUBJUNCTIVE Present | IMPERATIVE |
|---|---|---|---|---|---|---|---|---|
| **42** résoudre (to solve) résolvant résolu avoir résolu | je | résous | résolus | résolvais | résoudrai | résoudrais | résolve | |
| | tu | résous | résolus | résolvais | résoudras | résoudrais | résolves | résous |
| | il/elle/on | résout | résolut | résolvait | résoudra | résoudrait | résolve | |
| | nous | résolvons | résolûmes | résolvions | résoudrons | résoudrions | résolvions | résolvons |
| | vous | résolvez | résolûtes | résolviez | résoudrez | résoudriez | résolviez | résolvez |
| | ils/elles | résolvent | résolurent | résolvaient | résoudront | résoudraient | résolvent | |
| **43** rire (to laugh) riant ri avoir ri | je | ris | ris | riais | rirai | rirais | rie | |
| | tu | ris | ris | riais | riras | rirais | ries | ris |
| | il/elle/on | rit | rit | riait | rira | rirait | rie | |
| | nous | rions | rîmes | riions | rirons | ririons | riions | rions |
| | vous | riez | rîtes | riiez | rirez | ririez | riiez | riez |
| | ils/elles | rient | rirent | riaient | riront | riraient | rient | |
| **44** rompre (to break) rompant rompu avoir rompu | je | romps | rompis | rompais | romprai | romprais | rompe | |
| | tu | romps | rompis | rompais | rompras | romprais | rompes | romps |
| | il/elle/on | rompt | rompit | rompait | rompra | romprait | rompe | |
| | nous | rompons | rompîmes | rompions | romprons | romprions | rompions | rompons |
| | vous | rompez | rompîtes | rompiez | romprez | rompriez | rompiez | rompez |
| | ils/elles | rompent | rompirent | rompaient | rompront | rompraient | rompent | |
| **45** savoir (to know) sachant su avoir su | je | sais | sus | savais | saurai | saurais | sache | |
| | tu | sais | sus | savais | sauras | saurais | saches | sache |
| | il/elle/on | sait | sut | savait | saura | saurait | sache | |
| | nous | savons | sûmes | savions | saurons | saurions | sachions | sachons |
| | vous | savez | sûtes | saviez | saurez | sauriez | sachiez | sachez |
| | ils/elles | savent | surent | savaient | sauront | sauraient | sachent | |
| **46** suivre (to follow) suivant suivi avoir suivi | je | suis | suivis | suivais | suivrai | suivrais | suive | |
| | tu | suis | suivis | suivais | suivras | suivrais | suives | suis |
| | il/elle/on | suit | suivit | suivait | suivra | suivrait | suive | |
| | nous | suivons | suivîmes | suivions | suivrons | suivrions | suivions | suivons |
| | vous | suivez | suivîtes | suiviez | suivrez | suivriez | suiviez | suivez |
| | ils/elles | suivent | suivirent | suivaient | suivront | suivraient | suivent | |
| **47** se taire (to be quiet) se taisant tu s'être tu(e)(s) | je | me tais | me tus | me taisais | me tairai | me tairais | me taise | |
| | tu | te tais | te tus | te taisais | te tairas | te tairais | te taises | tais-toi |
| | il/elle/on | se tait | se tut | se taisait | se taira | se tairait | se taise | |
| | nous | nous taisons | nous tûmes | nous taisions | nous tairons | nous tairions | nous taisions | taisons-nous |
| | vous | vous taisez | vous tûtes | vous taisiez | vous tairez | vous tairiez | vous taisiez | taisez-vous |
| | ils/elles | se taisent | se turent | se taisaient | se tairont | se tairaient | se taisent | |

| Infinitive / Present participle / Past participle / Past infinitive | Subject Pronouns | INDICATIVE Present | Passé simple | Imperfect | Future | CONDITIONAL Present | SUBJUNCTIVE Present | IMPERATIVE |
|---|---|---|---|---|---|---|---|---|
| **48** tenir (to hold) / tenant / tenu / avoir tenu | je | tiens | tins | tenais | tiendrai | tiendrais | tienne | |
| | tu | tiens | tins | tenais | tiendras | tiendrais | tiennes | tiens |
| | il/elle/on | tient | tint | tenait | tiendra | tiendrait | tienne | |
| | nous | tenons | tînmes | tenions | tiendrons | tiendrions | tenions | tenons |
| | vous | tenez | tîntes | teniez | tiendrez | tiendriez | teniez | tenez |
| | ils/elles | tiennent | tinrent | tenaient | tiendront | tiendraient | tiennent | |
| **49** vaincre (to defeat) / vainquant / vaincu / avoir vaincu | je | vaincs | vainquis | vainquais | vaincrai | vaincrais | vainque | |
| | tu | vaincs | vainquis | vainquais | vaincras | vaincrais | vainques | vaincs |
| | il/elle/on | vainc | vainquit | vainquait | vaincra | vaincrait | vainque | |
| | nous | vainquons | vainquîmes | vainquions | vaincrons | vaincrions | vainquions | vainquons |
| | vous | vainquez | vainquîtes | vainquiez | vaincrez | vaincriez | vainquiez | vainquez |
| | ils/elles | vainquent | vainquirent | vainquaient | vaincront | vaincraient | vainquent | |
| **50** valoir (to be worth) / valant / valu / avoir valu | je | vaux | valus | valais | vaudrai | vaudrais | vaille | |
| | tu | vaux | valus | valais | vaudras | vaudrais | vailles | vaux |
| | il/elle/on | vaut | valut | valait | vaudra | vaudrait | vaille | |
| | nous | valons | valûmes | valions | vaudrons | vaudrions | valions | valons |
| | vous | valez | valûtes | valiez | vaudrez | vaudriez | valiez | valez |
| | ils/elles | valent | valurent | valaient | vaudront | vaudraient | vaillent | |
| **51** venir (to come) / venant / venu / être venu(e)(s) | je | viens | vins | venais | viendrai | viendrais | vienne | |
| | tu | viens | vins | venais | viendras | viendrais | viennes | viens |
| | il/elle/on | vient | vint | venait | viendra | viendrait | vienne | |
| | nous | venons | vînmes | venions | viendrons | viendrions | venions | venons |
| | vous | venez | vîntes | veniez | viendrez | viendriez | veniez | venez |
| | ils/elles | viennent | vinrent | venaient | viendront | viendraient | viennent | |
| **52** vivre (to live) / vivant / vécu / avoir vécu | je | vis | vécus | vivais | vivrai | vivrais | vive | |
| | tu | vis | vécus | vivais | vivras | vivrais | vives | vis |
| | il/elle/on | vit | vécut | vivait | vivra | vivrait | vive | |
| | nous | vivons | vécûmes | vivions | vivrons | vivrions | vivions | vivons |
| | vous | vivez | vécûtes | viviez | vivrez | vivriez | viviez | vivez |
| | ils/elles | vivent | vécurent | vivaient | vivront | vivraient | vivent | |
| **53** voir (to see) / voyant / vu / avoir vu | je | vois | vis | voyais | verrai | verrais | voie | |
| | tu | vois | vis | voyais | verras | verrais | voies | vois |
| | il/elle/on | voit | vit | voyait | verra | verrait | voie | |
| | nous | voyons | vîmes | voyions | verrons | verrions | voyions | voyons |
| | vous | voyez | vîtes | voyiez | verrez | verriez | voyiez | voyez |
| | ils/elles | voient | virent | voyaient | verront | verraient | voient | |

| Infinitive | | INDICATIVE | | | | | CONDITIONAL | SUBJUNCTIVE | IMPERATIVE |
|---|---|---|---|---|---|---|---|---|---|
| **Present participle** **Past participle** **Past infinitive** | **Subject Pronouns** | **Present** | **Passé simple** | **Imperfect** | **Future** | | **Present** | **Present** | |
| vouloir | je | veux | voulus | voulais | voudrai | | voudrais | veuille | |
| (to want, to wish) | tu | veux | voulus | voulais | voudras | | voudrais | veuilles | veuille |
| | il/elle/on | veut | voulut | voulait | voudra | | voudrait | veuille | |
| voulant | nous | voulons | voulûmes | voulions | voudrons | | voudrions | voulions | veuillons |
| voulu | vous | voulez | voulûtes | vouliez | voudrez | | voudriez | vouliez | veuillez |
| avoir voulu | ils/elles | veulent | voulurent | voulaient | voudront | | voudraient | veuillent | |

# Vocabulaire

## Guide to Vocabulary

This glossary contains the words and expressions listed on the **Vocabulaire** page found at the end of each unit or lesson of **D'ACCORD!** The number following an entry indicates the **D'ACCORD!** level and unit/lesson where the term was introduced or considered. For example, the first entry in the glossary, **à**, was introduced in **D'ACCORD!** Level 1 Unit 4 and covered again in Level 3 Lesson 5.

### Abbreviations used in this glossary

| | | | | | | | | | |
|---|---|---|---|---|---|---|---|---|---|
| *adj.* | adjective | *disj.* | disjunctive | *interj.* | interjection | *part.* | partitive | *rel.* | relative |
| *adv.* | adverb | *d.o.* | direct object | *interr.* | interrogative | *p.p.* | past participle | *sing.* | singular |
| *art.* | article | *f.* | feminine | *inv.* | invariable | *pl.* | plural | *sub.* | subject |
| *comp.* | comparative | *fam.* | familiar | *i.o.* | indirect object | *poss.* | possessive | *super.* | superlative |
| *conj.* | conjunction | *form.* | formal | *m.* | masculine | *prep.* | preposition | *v.* | verb |
| *def.* | definite | *imp.* | imperative | *n.* | noun | *pron.* | pronoun | | |
| *dem.* | demonstrative | *indef.* | indefinite | *obj.* | object | *refl.* | reflexive | | |

## Français–Anglais

### A

**à** *prep.* at, in, to; **I-4, III-5**
  **à ce moment-là** *adv.* at that moment **III-3**
  **à condition de** *prep.* provided (that) **III-7**
  **à condition que** *conj.* on the condition that **III-7**
  **à moins de** *prep.* unless **III-7**
  **à moins que** *conj.* unless **III-7**
  **à partir de** *prep.* from **III-**
  **à travers** *prep.* throughout
  **au chômage** *adj.* unemployed **III-9**
  **À bientôt.** See you soon. **I-1**
  **à condition que** on the condition that, provided that **II-7**
  **à côté de** *prep.* next to **I-3**
  **À demain.** See you tomorrow. **I-1**
  **à droite (de)** *prep.* to the right (of) **I-3**
  **à gauche (de)** *prep.* to the left (of) **I-3**
  **à ... heure(s)** at ... (o'clock) **I-4**
  **à la radio** on the radio **II-7**
  **à la télé(vision)** on television **II-7**
  **à l'étranger** abroad, overseas **I-7**
  **à mi-temps** half-time (*job*) **II-5**
  **à moins que** unless **II-7**
  **à plein temps** full-time (*job*) **II-5**
  **À plus tard.** See you later. **I-1**
  **À quelle heure?** What time?; When? **I-2**
  **À qui?** To whom? **I-4**
  **À table!** Let's eat! Food is on! **II-1**
  **à temps partiel** part-time (*job*) **II-5**
  **À tout à l'heure.** See you later. **I-1**

**au bout (de)** *prep.* at the end (of) **II-4**
**au contraire** on the contrary **II-7**
**au fait** by the way **I-3**
**au printemps** in the spring **I-5**
**Au revoir.** Good-bye. **I-1**
**au secours** help **II-3**
**au sujet de** on the subject of, about **II-6**
**abîmé(e)** *adj.* damaged **III-9**
**abolir** *v.* to abolish **II-6**
**abonné(e)** *m., f.* subscriber **III-9**
**abonnement** *m.* subscription **III-7**
**aborder** *v.* to tackle; to approach
**abriter** *v.* to provide a habitat for **III-10**
**absolument** *adv.* absolutely **I-8, III-2**
**abus de pouvoir** *m.* abuse of power **III-4**
**abuser** *v.* to abuse **III-4**
**accablé(e)** *adj.* overwhelmed **III-1**
**accident** *m.* accident **II-3**
  **avoir un accident** to have/to be in an accident **II-3**
**accompagner** *v.* to accompany **II-4**
**accoucher** *v.* to give birth
**acharnement** *m.* determination **III-10**
**acharner: s'acharner sur** *v.* to persist relentlessly **III-5**
**acheter** *v.* to buy **I-5, III-1**
**acteur** *m.* actor **I-1**
**actif/active** *adj.* active **I-3, III-2**
**activement** *adv.* actively **I-8**
**activiste** *m., f.* militant activist **III-4**
**actrice** *f.* actress **I-1**
**actualisé(e)** *adj.* updated **III-3**

**actualité** *f.* current events **III-3**
**adapter: s'adapter** *v.* to adapt **III-5**
**addition** *f.* check, bill **I-4**
**adhérent(e)** *m., f.* member **III-9**
**adieu** farewell **II-6**
**admirer** *v.* to admire **III-8**
**ADN** *m.* DNA **III-7**
**adolescence** *f.* adolescence **I-6**
**adorer** *v.* to love **I-2**
  **s'adorer** *v.* to adore one another **II-3**
  **J'adore...** I love... **I-2**
**adoucir** *v.* to soften **III-6**
**adresse** *f.* address **II-4**
  **adresse e-mail** *f.* e-mail address **III-7**
**adresser: s'adresser la parole** *v.* to speak to one another **III-7**
**aérobic** *m.* aerobics **I-5**
  **faire de l'aérobic** *v.* to do aerobics **I-5**
**aéroport** *m.* airport **I-7**
**affaires** *f.* belongings **III-6**
**affaires** *f., pl.* business **I-3**
**affectueux/affectueuse** *adj.* affectionate **III-1**
**affiche** *f.* poster **I-8**
**afficher** *v.* to post **II-5**
**affolé(e)** *adj.* distraught **III-7**
**affronter** *v.* to face **III-6**
**afin de** *prep.* in order to **III-2**
  **afin que** *conj.* in order that **III-7**
**agacer** *v.* to annoy **III-1**
**âge** *m.* age **I-6**
  **âge adulte** *m.* adulthood **I-6, III-6**
**agence de voyages** *f.* travel agency **I-7**

**agent** *m.* officer; agent **II-3**
  **agent de police** *m.* police officer **II-3, III-2**
  **agent de voyages** *m.* travel agent **I-7**
  **agent immobilier** *m.* real estate agent **II-5**
**agir** *v.* to take action **III-7**
  **il s'agit de** it's a matter of; it's about
**agiter** *v.* to shake **III-10**
**agréable** *adj.* pleasant **I-1**
**agriculteur/agricultrice** *m., f.* farmer **II-5**
**aider (à)** *v.* to help (*to do something*) **I-5**;
  **s'aider** *v.* to help one another **II-3**
**aie (avoir)** *imp. v.* have **I-7**
**ail** *m.* garlic **II-1**
**aimer** *v.* to like **I-2, III-1**; to love **III-1**
  **s'aimer (bien)** *v.* to love (like) one another **II-3**
  **aimer mieux** to prefer **I-2**
  **aimer que…** to like that… **II-6**
  **J'aime bien…** I really like… **I-2**
  **Je n'aime pas tellement…** I don't like … very much. **I-2**
**aîné(e)** *adj.* elder **I-3**
**ainsi** *adv.* thus **III-2**
**air** *m.* air
  **en plein air** *adj.* outdoors **III-10**
**algérien(ne)** *adj.* Algerian **I-1**
**aliment** *m.* (type or kind of) food **II-1, III-6**
**alimentaire** *adj.* related to food **III-6**
**Allemagne** *f.* Germany **I-7**
**allemand(e)** *adj.* German **I-1**
**aller** *v.* to go **I-4, III-1**
  **s'en aller** *v.* to go/fade away
  **aller de l'avant** *v.* to forge ahead **III-5**
  **aller à la pêche** to go fishing **I-5**
  **aller aux urgences** to go to the emergency room **II-2**
  **aller avec** to go with **I-6**
  **aller-retour** *adj.* round-trip **I-7**
  **billet aller-retour** *m.* round-trip ticket **I-7**
  **Allons-y!** Let's go! **I-2**
  **Ça va?** What's up?; How are things? **I-1**
  **Comment allez-vous?** *form.* How are you? **I-1**
  **Comment vas-tu?** *fam.* How are you? **I-1**
  **Je m'en vais.** I'm leaving. **I-8**
  **Je vais bien/mal.** I am doing well/badly. **I-1**
  **J'y vais.** I'm going/coming. **I-8**
  **Nous y allons.** We're going/coming. **II-1**

**allergie** *f.* allergy **II-2**
**Allez.** Come on. **I-5**
**alliance** *f.* wedding ring **III-6**
**allô** *(on the phone)* hello **I-1**
**allumer** *v.* to turn on **II-3**;
  **s'allumer** *v.* to light up **II-3**
**alors** *adv.* so **III-2**; then **III-2**; at that moment **I-2**
**alpinisme** *m.* mountain climbing **III-8**
**amants** *m.* lovers
**ambiance** *f.* atmosphere **III-2**
**âme sœur** *f.* soul mate **III-1**
**améliorer** *v.* to improve **II-5, III-2**
  **s'améliorer** *v.* to better oneself **III-5**
**amende** *f.* fine **II-3**
**amener** *v.* to bring (*someone*) **I-5, III-1**
**américain(e)** *adj.* American **I-1**
  **football américain** *m.* football **I-5**
**ami(e)** *m., f.* friend **I-1**
  **petit(e) ami(e)** *m., f.* boyfriend/girlfriend **I-1**
**amitié** *f.* friendship **I-6, III-1**
**amour** *m.* love **I-6**
**amoureux/amoureuse** *adj.* in love **I-6, III-1**
  **tomber amoureux/amoureuse (de)** to fall in love (with) **I-6, III-1**
**amour-propre** *m.* self-esteem **III-6**
**amusant(e)** *adj.* fun **I-1**
**amuser** *v.* to amuse **III-2**;
  **s'amuser** *v.* to play; to have fun **II-2, III-2**
  **s'amuser à** *v.* to pass time by **II-3**
**an** *m.* year **I-2**
**analphabète** *adj.* illiterate **III-4**
**ancêtre** *m., f.* ancestor **III-1**
**ancien(ne)** *adj.* ancient, old; former **II-7, III-2**
**ange** *m.* angel **I-1**
**anglais(e)** *adj.* English **I-1**
**angle** *m.* corner **II-4**
**Angleterre** *f.* England **I-7**
**animal** *m.* animal **II-6**
**animateur/animatrice de radio** *m., f.* radio presenter **III-3**
**animé(e)** *adj.* lively **III-2**
**année** *f.* year **I-2**
  **cette année** this year **I-2**
**anniversaire** *m.* birthday **I-5**
  **C'est quand l'anniversaire de… ?** When is …'s birthday? **I-5**
  **C'est quand ton/votre anniversaire?** When is your birthday? **I-5**
**annuler (une réservation)** *v.* to cancel (a reservation) **I-7**
**anorak** *m.* ski jacket, parka **I-6**
**antimatière** *f.* antimatter **III-7**

**antipathique** *adj.* unpleasant **I-3**
**anxieux/anxieuse** *adj.* anxious **III-1**
**août** *m.* August **I-5**
**apercevoir** *v.* to catch sight of **II-4, III-2**; to perceive **III-9**
  **s'apercevoir** *v.* to realize **II-4, III-2, III-8**; to notice **III-8**
  **aperçu (apercevoir)** *p.p.* seen, caught sight of **II-4**
**apparaître** *v.* to appear **III-1**
**appareil** *m.* (on the phone) telephone **II-5**
  **appareil (électrique/ménager)** *m.* (electrical/household) appliance **I-8**
  **appareil photo (numérique)** *m.* (digital) camera **II-3, III-7**
  **C'est M./Mme/Mlle … à l'appareil.** It's Mr./Mrs./Miss … on the phone. **II-5**
  **Qui est à l'appareil?** Who's calling, please? **II-5**
**appartement** *m.* apartment **I-7**
**appartenir (à)** *v.* to belong (to) **III-5**
**appeler** *v.* to call **II-5, III-1**;
  **s'appeler** *v.* to be named, to be called **II-2**
  **Comment t'appelles-tu?** *fam.* What is your name? **I-1**
  **Comment vous appelez-vous?** *form.* What is your name? **I-1**
  **Je m'appelle…** My name is… **I-1**
**applaudir** *v.* to applaud **II-7, III-8**
**applaudissement** *m.* applause **II-7**
**apporter** *v.* to bring, to carry (*something*) **I-4**
**apprendre (à)** *v.* to teach; to learn (*to do something*) **I-4**
**appris (apprendre)** *p.p., adj.* learned **I-6**
**approuver une loi** *v.* to pass a law **III-4**
**appuyer: s'appuyer sur** *v.* to rely on
**après** *prep.* after **I-2, III-8**
  **après que** *conj.* after **III-7**
**après-demain** *adv.* day after tomorrow **I-2**
**après-midi** *m.* afternoon **I-2**
  **cet après-midi** this afternoon **I-2**
  **de l'après-midi** in the afternoon **I-2**
  **demain après-midi** *adv.* tomorrow afternoon **I-2**
  **hier après-midi** *adv.* yesterday afternoon **I-7**
**araignée** *f.* spider **III-10**
**arbitre** *m.* referee **III-8**
**arbre** *m.* tree **II-6**
**arc-en-ciel** *m.* rainbow **III-10**
**archipel** *m.* archipelago **III-10**
**architecte** *m., f.* architect **I-3**
**architecture** *f.* architecture **I-2**

**argent** *m.* money **II-4**
  **dépenser de l'argent** *v.* to spend money **I-4**
  **déposer de l'argent** *v.* to deposit money **II-4**
  **retirer de l'argent** *v.* to withdraw money **II-4**
**argent** *m.* silver **III-2**
**argument de vente** *m.* selling point
**arme** *f.* weapon **III-4**
**armée** *f.* army **III-4**
**armoire** *f.* armoire, wardrobe **I-8**
**arrêt d'autobus (de bus)** *m.* bus stop **I-7, III-2**
**arrêter (de faire quelque chose)** *v.* to stop (doing something) **II-3**
  **s'arrêter** *v.* to stop (oneself) **II-2, III-2**
**arrière-grand-mère** *f.* great-grandmother **III-6**
**arrière-grand-père** *m.* great-grandfather **III-6**
**arrivée** *f.* arrival **I-7**
**arriver (à)** *v.* to arrive; to manage (*to do something*) **I-2, III-3**
**art** *m.* art **I-2**
  **beaux-arts** *m., pl.* fine arts **II-7**
**artifice: feu d'artifice** *m.* fireworks display **III-2**
**artiste** *m., f.* artist **I-3**
**ascenseur** *m.* elevator **I-7, III-3**
**asperge** *f.* asparagus **III-6**
**aspirateur** *m.* vacuum cleaner **I-8**
  **passer l'aspirateur** to vacuum **I-8**
**aspirine** *f.* aspirin **II-2**
**asseoir: s'asseoir** *v.* to sit **II-2, III-9**
**asservissement** *m.* enslavement **III-4**
**Asseyez-vous! (s'asseoir)** *imp. v.* Have a seat! **II-2**
**assez** *adv.* (*before adjective or adverb*) pretty; quite **I-8**
  **assez (de)** (*before noun*) enough (of) **I-4**
  **pas assez (de)** not enough (of) **I-4**
**assez** *adv.* quite **III-2**
  **assez de** enough **III-5**
**assiette** *f.* plate **II-1**
**assimilation** *f.* assimilation **III-5**
**assimiler: s'assimiler à** *v.* to blend in **III-1**
**assis (s'asseoir)** *p.p., adj.* (*used as past participle*) sat down; (*used as adjective*) sitting, seated **II-2**
**assister** *v.* to attend **I-2**
**associer: s'associer à** *v.* to join forces with
**assurance (maladie/vie)** *f.* (health/life) insurance **II-5**
**astrologue** *m., f.* astrologer **III-7**
**astronaute** *m., f.* astronaut **III-7**
**astronome** *m., f.* astronomer **III-7**
**atelier** *m.* workshop **III-7**
**athlète** *m., f.* athlete **I-3**

**attacher** *v.* to attach **II-3**
  **attacher sa ceinture de sécurité** to buckle one's seatbelt **II-3**
**atteindre** *v.* to reach
**attendre** *v.* to wait for **I-6, III-2**
  **s'attendre à quelque chose** *v.* to expect something **III-2, III-3**
**attendrissant(e)** *adj.* endearing
**attention** *f.* attention **I-5**
  **faire attention (à)** *v.* to pay attention (to) **I-5**
  **attention: attirer l'attention (sur)** *v.* to draw attention to
**atterrir** *v.* to land **III-7**
**attirer** *v.* to attract **III-5**
  **attirer l'attention sur** *v.* to draw attention to **III-3**
**au (à + le)** *prep.* to/at the **I-4**
**au cas où** *conj.* in case **III-10**
**auberge de jeunesse** *f.* youth hostel **I-7**
**aucun(e)** *adj.* no; *pron.* none **II-2**
  **ne… aucun(e)** none, not any **II-4**
**audace** *f.* boldness
**auditeur/auditrice** *m., f.* (radio) listener **III-3**
**augmentation (de salaire)** *f.* raise (in salary) **II-5, III-9**
**augmenter** *v.* to grow **III-5**
**aujourd'hui** *adv.* today **I-2, III-2**
**auquel (à + lequel)** *pron., m., sing.* which one **II-5**
**aussi** *adv.* too, as well; as **I-1**
  **Moi aussi.** Me too. **I-1**
  **aussi … que** (*used with an adjective*) as … as **II-1, III-7**
**aussitôt que** *conj.* as soon as **III-7**
**autant** *adv.* so much/many **III-2**
  **autant de … que** *adv.* (*used with noun to express quantity*) as much/as many … as **II-6**
**auteur/femme auteur** *m., f.* author **II-7**
**autobus** *m.* bus **I-7, III-2**
  **arrêt d'autobus** *m.* bus stop **I-7, III-2**
  **prendre un autobus** to take a bus **I-7**
**automne** *m.* fall **I-5**
  **à l'automne** in the fall **I-5**
**autoritaire** *adj.* bossy **III-6**
**autoroute** *f.* highway **II-3**
**autour (de)** *prep.* around **II-4**
**autre** *adj.* another **III-2**; different **III-2**; other **III-4**
**autrefois** *adv.* in the past **I-8**
**aux (à + les)** to/at the **I-4**
**auxquelles (à + lesquelles)** *pron., f., pl.* which ones **II-5**
**auxquels (à + lesquels)** *pron., m., pl.* which ones **II-5**
**avance** *f.* advance **I-2**
  **en avance** *adv.* early **I-2**
**avancé(e)** *adj.* advanced **III-7**

**avancer** *v.* to advance, to move forward **III-1**
**avant (de/que)** *adv.* before **I-7, III-7**
**avant-hier** *adv.* day before yesterday **I-7**
**avec** *prep.* with **I-1**
  **Avec qui?** With whom? **I-4**
**avenir** *m.* future
**aventure** *f.* adventure **II-7**
  **film d'aventures** *m.* adventure film **II-7**
**avenue** *f.* avenue **II-4**
**avion** *m.* airplane **I-7**
  **prendre un avion** *v.* to take a plane **I-7**
**avocat(e)** *m., f.* lawyer **I-3**
**avocat(e)** *m., f.* lawyer **III-4**
**avoir** *v.* to have **I-2, III-1**
  **aie** *imp. v.* have **I-2**
  **avoir besoin (de)** to need (*something*) **I-2**
  **avoir chaud** to be hot **I-2**
  **avoir confiance en soi** to be confident **III-1**
  **avoir de la chance** to be lucky **I-2**
  **avoir de l'influence (sur)** to have influence (over) **III-4**
  **avoir des dettes** to be in debt **III-9**
  **avoir des préjugés** to be prejudiced **III-5**
  **avoir des relations** to have connections **III-9**
  **avoir envie (de)** to feel like (*doing something*) **I-2**
  **avoir faim** to be hungry **I-4**
  **avoir froid** to be cold **I-2**
  **avoir l'habitude de** to be used to **III-1**
  **avoir honte (de)** to be ashamed (of) **I-2, III-1**; to be embarrassed (of) **III-1**
  **avoir le mal du pays** to be homesick **III-5**
  **avoir le trac** to have stage fright **III-3**
  **avoir mal** to have an ache **II-2**
  **avoir mal au cœur** to feel nauseated **II-2**
  **avoir peur (de/que)** to be afraid (of/that) **I-2, III-2**
  **avoir raison** to be right **I-2**
  **avoir soif** to be thirsty **I-4**
  **avoir sommeil** to be sleepy **I-2**
  **avoir tort** to be wrong **I-2**
  **avoir un accident** to have/to be in an accident **II-3**
  **avoir un compte bancaire** to have a bank account **II-4**
  **en avoir marre** to be fed up **I-3**
**avouer** *v.* to admit
**avril** *m.* April **5**
**ayez (avoir)** *imp. v.* have **I-7**
**ayons (avoir)** *imp. v.* let's have **I-7**

## B

**bac(calauréat)** *m.* an important exam taken by high-school students in France **I-2**

**bague** *f.* ring **III-3**
  **bague de fiançailles** *f.* engagement ring **III-6**

**baguette** *f.* baguette **I-4**

**baignoire** *f.* bathtub **I-8**

**bain** *m.* bath **I-6**
  **salle de bains** *f.* bathroom **I-8**

**baisser** *v.* to decrease **III-5**

**balai** *m.* broom **I-8**

**balancer: se balancer** *v.* to swing **III-10**

**balayer** *v.* to sweep **I-8, III-1**

**balcon** *m.* balcony **I-8**

**ballon** *m.* ball **III-8**

**banane** *f.* banana **II-1**

**banc** *m.* bench **II-4**

**bancaire** *adj.* banking **II-4**
  **avoir un compte bancaire** *v.* to have a bank account **II-4**

**bande dessinée (B.D.)** *f.* comic strip **5**

**bande** *f.* gang **III-5**
  **bande originale** *f.* sound track **III-3**

**banlieue** *f.* suburb **I-4, III-2;** outskirts **III-2**

**banque** *f.* bank **II-4**

**banqueroute** *f.* bankruptcy **III-9**

**banquier/banquière** *m., f.* banker **II-5**

**barbant** *adj.*,
  **barbe** *f.* drag **I-3**

**barrière de corail** *f.* barrier reef **III-10**

**bas(se)** *adj.* low **III-2**

**basculer** *v.* to tip over **III-4**

**baseball** *m.* baseball **I-5**

**basket(-ball)** *m.* basketball **I-5**

**baskets** *f.* sneakers **III-8,** tennis shoes **I-6, III-8**

**bateau** *m.* boat **I-7, III-4**
  **bateau-mouche** *m.* riverboat **I-7**
  **prendre un bateau** *v.* to take a boat **I-7**

**bâtiment** *m.* building **II-4**

**batterie** *f.* drums **II-7, III-2**

**battre: se battre** *v.* to fight **III-8**

**bavard(e)** *m., f.* chatterbox **III-5**

**bavarder** *v.* to chat **I-4, III-8**

**beau (belle)** *adj.* handsome; beautiful **I-3, III-2**
  **faire quelque chose de beau** *v.* to be up to something interesting **II-4**
  **Il fait beau.** The weather is nice. **I-5**

**beaucoup (de)** *adv.* a lot **III-2,** (of) **I-4**
  **Merci (beaucoup).** Thank you (very much). **I-1**

**beau-fils** *m.* son-in-law **III-6;** stepson **III-6**

**beau-frère** *m.* brother-in-law **I-3, III-6**

**beau-père** *m.* father-in-law; stepfather **I-3; III-6**

**beaux-arts** *m., pl.* fine arts **II-7**

**belge** *adj.* Belgian **I-7**

**Belgique** *f.* Belgium **I-7**

**belle** *adj., f. (feminine form of* **beau***)* beautiful **I-3**

**belle-fille** *f.* daughter-in-law **III-6;** stepdaughter **III-6**

**belle-mère** *f.* mother-in-law; stepmother **I-3, III-6**

**belle-sœur** *f.* sister-in-law **I-3, III-6**

**bénéfice** *m.* profit **III-9**

**bénéficier de** *v.* to enjoy **III-5**

**berger/bergère** *m., f.* shepherd(ess) **III-10**

**bermuda** *m.* (a pair of) bermuda shorts **III-8**

**besoin** *m.* need **I-2**
  **avoir besoin (de)** to need (*something*) **I-2**

**bête** *adj.* stupid **III-4**

**beurre** *m.* butter **I-4**

**bibliothèque** *f.* library **I-1**

**bien** *adv.* well **I-7, III-2**
  **bien des** *adj.* many **III-5**
  **bien que** *conj.* although **III-7**
  **bien sûr** *adv.* of course **I-2**
  **Je vais bien.** I am doing well. **I-1**
  **Très bien.** Very well. **I-1**

**bien-être** *m.* well-being **III-10**

**bientôt** *adv.* soon **I-1, III-2**
  **À bientôt.** See you soon. **I-1**

**bienvenu(e)** *adj.* welcome **I-1**

**bière** *f.* beer **I-6**

**bifurquer** *v.* to turn off course **III-4;** to change direction **III-4**

**bijouterie** *f.* jewelry store **II-4**

**bilingue** *adj.* bilingual **III-1**

**billard** *m.* pool **III-8**

**billet** *m.* (*travel*) ticket **I-7;** (*money*) bills, notes **II-4**
  **billet aller-retour** *m.* round-trip ticket **I-7**

**billet** *m.* ticket **III-8**

**bio(logique)** *adj.* organic **III-6**

**biochimique** *adj.* biochemical **III-7**

**biologie** *f.* biology **I-2**

**biologiste** *m., f.* biologist **III-7**

**biscuit** *m.* cookie **I-6**

**blague** *f.* joke **I-2**

**blanc(he)** *adj.* white **I-6, III-2**

**blesser: (se) blesser** *v.* to injure (oneself) **II-2, III-8;** to get hurt **III-8**

**blessure** *f.* injury, wound **II-2**

**bleu(e)** *adj.* blue **I-3**

**blond(e)** *adj.* blonde **I-3**

**blouson** *m.* jacket **I-6**

**bœuf** *m.* beef **II-1**

**boire** *v.* to drink **I-4, III-3**

**bois** *m.* wood **II-6**

**boisson (gazeuse)** *f.* (carbonated) drink/beverage **I-4**

**boîte** *f.* box; can **II-1, III-5;** box **III-5**
  **boîte aux lettres** *f.* mailbox **II-4**
  **boîte de conserve** *f.* can (of food) **II-1**
  **boîte de nuit** *f.* nightclub **I-4, III-9**

**boiter** *v.* to limp

**bol** *m.* bowl **II-1**

**bon(ne)** *adj.* kind; good **I-3, III-2**
  **bon marché** *adj.* inexpensive **I-6**
  **Il fait bon.** The weather is good/warm. **I-5**

**bonbon** *m.* candy **I-6**

**bonheur** *m.* happiness **I-6**

**Bonjour.** Good morning.; Hello. **I-1**

**Bonsoir.** Good evening.; Hello. **I-1**

**bonté** *f.* kindness

**bouche** *f.* mouth **II-2**

**boucherie** *f.* butcher's shop **II-1**

**boue** *f.* mud

**bouger** *v.* to move **III-5**

**bougonner** *v.* to grumble **III-6**

**boulangerie** *f.* bread shop, bakery **II-1**

**boules** *f.* petanque **III-8**

**boulevard** *m.* boulevard **II-4**
  **suivre un boulevard** *v.* to follow a boulevard **II-4**

**boulot** *m.* job **III-9**

**bouquet de la mariée** *m.* bouquet **III-6**

**bourse** *f.* scholarship, grant **I-2**

**bout** *m.* end **II-4**
  **au bout (de)** *prep.* at the end (of) **II-4**

**bouteille (de)** *f.* bottle (of) **I-4, III-5**

**boutique** *f.* boutique, store **II-4**
  **boutique de souvenirs** *f.* gift shop **III-8**

**boxe** *f.* boxing **III-9**

**bras** *m.* arm **II-2**

**brasserie** *f.* café; restaurant **II-4**

**bref/brève** *adj.* brief **III-2**

**Brésil** *m.* Brazil **I-7**

**brésilien(ne)** *adj.* Brazilian **I-7**

**brevet d'invention** *m.* patent **III-7**

**bricoler** *v.* to tinker; to do odd jobs **I-5**

**brièvement** *adv.* briefly **III-2**

**brillant(e)** *adj.* bright **I-1**

**bronzer** *v.* to tan **I-6**

**brosse (à cheveux/à dents)** *f.* (hair/tooth)brush **II-2**

**brosser: se brosser** *v.*
  **(les cheveux/les dents)** *v.* to brush one's (hair/teeth) **II-1, III-2**

**brûler** *v.* to burn **III-5**
**bruit** *m.* noise **III-1**
**brun(e)** *adj.* (*hair*) dark **I-3**
**bruyamment** *adv.* noisily **III-2**
**bruyant(e)** *adj.* noisy **III-2**
**bu (boire)** *p.p.* drunk **I-6**
**bûcheron** *m.* lumberjack **III-10**
**budget** *m.* budget **III-9**
**bureau** *m.* desk; office **I-1**
    **bureau de poste** *m.* post office
    **II-4**
**bus** *m.* bus **I-7**
    **arrêt d'autobus (de bus)** *m.* bus
    stop **I-7**
    **prendre un bus** *v.* to take a bus **I-7**
**but** *m.* goal **III-5**

**C**

**c'est...** *it/that is...* **I-1**
    **C'est de la part de qui?** On behalf
    of whom? **II-5**
    **C'est le 1er (premier) octobre.** It
    is October first. **I-5**
    **C'est M./Mme/Mlle ... (à
    l'appareil).** It's Mr./Mrs./Miss
    ... (on the phone). **II-5**
    **C'est quand l'anniversaire de... ?**
    When is ...'s birthday? **I-5**
    **C'est quand ton/votre
    anniversaire?** When is your
    birthday? **I-5**
    **Qu'est-ce que c'est?** What is it?
    **I-1**
**ça** *pron.* that; this; it **I-1**
    **Ça dépend.** It depends. **I-4**
    **Ça ne nous regarde pas.** That has
    nothing to do with us.; That is
    none of our business. **II-6**
    **Ça suffit.** That's enough. **I-5, III-4**
    **Ça te dit?** Does that appeal to
    you? **II-6**
    **Ça va?** What's up?; How are
    things? **I-1**
    **ça veut dire** that is to say **II-2**
    **Comme ci, comme ça.** So-so. **I-1**
**cabine téléphonique** *f.* phone booth
    **II-4**
**cadeau** *m.* gift **I-6**
    **paquet cadeau** wrapped gift **I-6**
**cadet(te)** *adj.* younger **I-3**
**cadre** *m.* executive **III-9**
**cadre/femme cadre** *m., f.* executive
    **II-5**
**café** *m.* café; coffee **I-1**
    **terrasse de café** *f.* café terrace
    **I-4**
    **cuillère à café** *f.* teaspoon **II-1**
**cafetière** *f.* coffeemaker **I-8**
**cahier** *m.* notebook **I-1**
**caillou (cailloux)** *m.* pebble(s)
    **III-10**
**calculatrice** *f.* calculator **I-1**
**caleçon** *m.* boxer shorts **III-8**
**calme** *adj.* calm **I-1**; *m.* calm **I-1**

**camarade** *m., f.* friend **I-1**
    **camarade de chambre** *m., f.*
    roommate **I-1**
    **camarade de classe** *m., f.*
    classmate **I-1**
**caméra vidéo** *f.* camcorder **II-3**
**caméscope** *m.* camcorder **II-3**
**camionnette** *f.* small truck or van
    **III-9**
**campagne** *f.* country(side) **I-7**
    **pain de campagne** *m.* country-
    style bread **I-4**
    **pâté (de campagne)** *m.* pâté, meat
    spread **II-1**
**camping** *m.* camping **I-5**
    **faire du camping** *v.* to go camping
    **I-5**
**Canada** *m.* Canada **I-7**
**canadien(ne)** *adj.* Canadian **I-1,
    III-2**
**canapé** *m.* couch **I-8**
**candidat(e)** *m., f.* candidate;
    applicant **II-5**
**cantine** *f.* (school) cafeteria **II-1**
**capitaine** *m.* captain **III-8**
**capitale** *f.* capital **I-7**
**capot** *m.* hood **II-3**
**caprice** *m.* whim **III-6**
**capter** *v.* to get a signal
**car** *conj.* for; because **III-4**
**caractère** *m.* character, personality
    **III-6**
**carafe (d'eau)** *f.* pitcher (of water)
    **II-1**
**carie** *f.* cavity
**carotte** *f.* carrot **II-1**
**carré(e)** *adj.* square **III-4**
**carrefour** *m.* intersection **II-4**
**carrière** *f.* career **II-5**
**cartable** *m.* school bag **III-7**
**carte** *f.* card **III-8**
    **carte de crédit** *f.* credit card **III-9**
    **carte de retrait** *f.* ATM card **III-9**
    **cartes (à jouer)** *f.* (playing) cards
    **III-8**
**carte** *f.* map **I-1**; menu **II-1**; card **II-4**
    **payer avec une carte de crédit** to
    pay with a credit card **II-4**
    **carte postale** *f.* postcard **II-4**
    **cartes** *f. pl.* (*playing*) cards **I-5**
**cas: au cas où** *conj.* in case **III-10**
**caserne de pompiers** *f.* fire station
    **II-2**
**casquette** *f.* (baseball) cap **I-6**
**casse-cou** *m.* daredevil **III-8**
**casser: se casser** *v.* to break **II-2**; to
    scram **III-4**
**cassette vidéo** *f.* videotape **II-3**
**catastrophe** *f.* catastrophe **II-6**
**cauchemar** *m.* nightmare
**cause** *f.* cause **III-5**
**causer** *v.* to chat **III-9**
**cave** *f.* basement, cellar **I-8**
**CD** *m.* CD(s) **II-3**
**ce** *dem. adj., m., sing.* this; that **I-6**

**ce matin** this morning **I-2**
**ce mois-ci** this month **I-2**
**Ce n'est pas grave.** It's no big
    deal. **I-6**
**ce soir** this evening **I-2**
**ce sont...** those are... **I-1**
**ce week-end** this weekend **I-2**
**céder à** *v.* to give in to **III-6**
**ceinture** *f.* belt **I-6**
    **attacher sa ceinture de
    sécurité** *v.* to buckle one's
    seatbelt **II-3**
**célèbre** *adj.* famous **II-7**
**célébrer** *v.* to celebrate **I-5, III-8**
**célibataire** *adj.* single **I-3, III-1**
**celle** *pron., f., sing.* this one; that
    one; the one **II-6**
**celles** *pron., f., pl.* these; those; the
    ones **II-6**
**cellule** *f.* cell **III-7**
**celui** *pron., m., sing.* this one; that
    one; the one **II-6**
**censure** *f.* censorship **III-3**
**cent** *m.* one hundred **I-3**
    **cent mille** *m.* one hundred
    thousand **I-5**
    **cent un** *m.* one hundred one **I-5**
    **cinq cents** *m.* five hundred **I-5**
**centième** *adj.* hundredth **I-7**
**centrale nucléaire** *f.* nuclear plant
    **II-6**
**centre commercial** *m.* shopping
    center, mall **I-4**
**centre de formation** *m.* sports
    training school **III-8**
**centre-ville** *m.* city/town center,
    downtown **I-4, III-2**
**cependant** *adv.* yet
**certain(e)** *adj.* certain **II-1, III-4**
    **Il est certain que...** It is certain
    that... **II-7**
    **Il n'est pas certain que...** It is
    uncertain that... **II-7**
**certainement** *adv.* certainly **III-3**
**cerveau** *m.* brain
**ces** *dem. adj., m., f., pl.* these; those
    **I-6**
**c'est-à-dire** that is to say **III-7**
**cet** *dem. adj., m., sing.* this; that **I-6**
    **cet après-midi** this afternoon **I-2**
**cette** *dem. adj., f., sing.* this; that **I-6**
    **cette année** this year **I-2**
    **cette semaine** this week **I-2**
**ceux** *pron., m., pl.* these; those; the
    ones **II-6**
**chacun(e)** *pron.* each one
**chagrin** *m.* sorrow; affliction **III-3**
**chaîne (de télévision)** *f.* (television)
    channel **II-3**
**chaîne** *f.* network **III-3**
    **chaîne montagneuse** *f.* mountain
    range **III-10**
**chaîne stéréo** *f.* stereo system **II-3**
**chaise** *f.* chair **I-1**
**chambre** *f.* bedroom **I-8**

**chambre (individuelle)** *f.* (single) room **I-7**
  **camarade de chambre** *m., f.* roommate **I-1**
**champ** *m.* field **II-6**
**champagne** *m.* champagne **I-6**
**champignon** *m.* mushroom **II-1**
**chance** *f.* luck **I-2**
  **avoir de la chance** *v.* to be lucky **I-2**
**chanson** *f.* song **II-7**
**chantage** *m.* blackmail **III-2**
  **faire du chantage** to blackmail **III-4**
**chanter** *v.* to sing **I-5**
**chanteur/chanteuse** *m., f.* singer **I-1**
**chaos** *m.* chaos **III-5**
**chapeau** *m.* hat **I-6**
**chaque** *adj.* each **I-6, III-4**, every single **III-4**
**charbon (de bois)** *m.* char(coal) **III-10**
**charcuterie** *f.* delicatessen **II-1**
**charmant(e)** *adj.* charming **I-1, III-1**
**chasse** *f.* hunt **II-6**
**chasser** *v.* to hunt **II-6, III-10**
**chat** *m.* cat **I-3**
**châtain** *adj.* (*hair*) brown **I-3, III-2**
**châtiment** *m.* punishment **III-5**
**chaud** *m.* heat **I-2**
  **avoir chaud** *v.* to be hot **I-2**
  **Il fait chaud.** (*weather*) It is hot. **I-5**
**chauffeur de taxi/de camion** *m.* taxi/truck driver **II-5**
**chaussette** *f.* sock **I-6**
**chaussure** *f.* shoe **I-6**
**chef d'entreprise** *m.* head of a company **II-5, III-9**
**chef-d'œuvre** *m.* masterpiece **II-7**
**chemin** *m.* path; way **II-4**
  **suivre un chemin** *v.* to follow a path **II-4**
**chemise (à manches courtes/ longues)** *f.* (short-/long-sleeved) shirt **I-6**
**chemisier** *m.* blouse **I-6**
**chêne** *m.* oak tree **III-10**
**chèque** *m.* check **II-4**
  **compte-chèques** *m.* checking account **II-4**
  **payer par chèque** *v.* to pay by check **II-4**
**cher/chère** *adj.* dear **III-2**; expensive **I-6, III-2**
**chercher** *v.* to look for **I-2**
  **chercher un/du travail** to look for work **II-4**
**chercheur/chercheuse** *m., f* researcher **II-5, III-7**
**chéri(e)** *adj.* dear, beloved, darling **I-2**
**cheval** *m.* horse **I-5**
  **faire du cheval** *v.* to go horseback riding **I-5**
**cheveux** *m., pl.* hair **II-1**

**brosse à cheveux** *f.* hairbrush **II-2**
**cheveux blonds** blond hair **I-3**
**cheveux châtains** brown hair **I-3**
  **se brosser les cheveux** *v.* to brush one's hair **II-1**
**cheville** *f.* ankle **II-2**
  **se fouler la cheville** *v.* to twist/ sprain one's ankle **II-2**
**chez** *prep.* at the place or home of **I-3, III-5**
  **passer chez quelqu'un** *v.* to stop by someone's house **I-4**
**chic** *adj.* chic **I-4**
**chien** *m.* dog **I-3**
**chiffre** *m.* figure **III-9**; number **III-9**
**chimie** *f.* chemistry **I-2**
**chimiste** *m., f.* chemist **III-7**
**Chine** *f.* China **I-7**
**chinois(e)** *adj.* Chinese **I-7**
**choc culturel** *m.* culture shock **III-1**
**chocolat (chaud)** *m.* (hot) chocolate **I-4**
**chœur** *m.* choir, chorus **II-7**
**choisir** *v.* to choose **I-4, III-3**
**chômage** *m.* unemployment **II-5**
  **être au chômage** *v.* to be unemployed **II-5**
**chômage** *m.* unemployment **III-9**
  **au chômage** *adj.* unemployed **III-9**
**chômeur/chômeuse** *m., f.* unemployed person **II-5**
**chômeur/chômeuse** *m., f.* unemployed person **III-9**
**chose** *f.* thing **I-1**
  **quelque chose** *m.* something; anything **I-4**
**chouette** *adj.* great **III-8**; cool **III-8**
**chronique** *f.* column **III-3**
**chrysanthèmes** *m., pl.* chrysanthemums **II-1**
**chuchoter** *v.* to whisper **III-6**
**chut** shh **II-7**
**-ci** (*used with demonstrative adjective* **ce** *and noun or with demonstrative pronoun* **celui**) here **I-6**
  **ce mois-ci** this month **I-2**
**ciel** *m.* sky **II-6**
**cil** *m.* eyelash **III-1**
**cinéma (ciné)** *m.* movie theater, movies **I-4**
**cinéma** *m.* cinema **III-2**, movie theater **III-2**
**cinémathèque** *f.* film library **III-2**
**cinq** *m.* five **I-1**
**cinquante** *m.* fifty **I-1**
**cinquième** *adj.* fifth **I-7**
**circulation** *f.* traffic **II-3, III-2**
**cirque** *m.* circus **III-3**
**citadin(e)** *m., f.* city/town dweller **III-2**
**cité** *f.* low-income housing development **III-6**
**citoyen(ne)** *m., f.* citizen **III-2**

**citron** *m.* lemon **III-6**; *adj.* lemon **III-2**
**citron vert** *m.* lime **III-6**
**clair(e)** *adj.* clear **II-7**
  **Il est clair que…** It is clear that… **II-7**
**classe** *f.* (*group of students*) class **I-1**
  **camarade de classe** *m., f.* classmate **I-1**
  **salle de classe** *f.* classroom **I-1**
**clavier** *m.* keyboard **II-3**
**clé** *f.* key **I-7**
**client(e)** *m., f.* client; guest **I-7**
**clip vidéo** *m.* music video **III-3**
**cloîtrer** *v.* to cloister **III-2**; to enclose **III-2**
**cloner** *v.* to clone **III-7**
**clous** *m.* crosswalk **III-2**
**club** *m.* team **III-8**
  **club sportif** *m.* sports club **III-8**
**cochon** *m.* pig **III-10**
**cœur** *m.* heart **II-2**
  **avoir mal au cœur** to feel nauseated **II-2**
**coffre** *m.* trunk **II-3**
**se coiffer** *v.* to do one's hair **II-2**
**coiffeur/coiffeuse** *m., f.* hairdresser **I-3**
**coin** *m.* corner **II-4**
**colère** *f.* anger **1, III-4**
  **se mettre en colère contre** to get angry with **III-1**
**colis** *m.* package **II-4**
**collège** *m.* middle school **III-5**
**colocataire** *m, f.* roommate **III-2**; cotenant **III-2**
**colocataire** *m., f.* roommate (*in an apartment*) **I-1**
**colon** *m.* colonist **III-4**
**combattre** *v.* to fight **III-4**
**Combien (de)… ?** *adv.* How much/ many… ? **I-1**
  **Combien coûte… ?** How much is… ? **I-4**
**combiné** *m.* receiver **II-5**
**combustible** *m.* fuel **III-10**
**comédie (musicale)** *f.* comedy (musical) **II-7, III-8**
**comédien(ne)** *m., f.* actor **III-3**
**commander** *v.* to order **II-1**
**comme** *adv.* how; like, as **I-2**
  **Comme ci, comme ça.** So-so. **I-1**
**commencer (à)** *v.* to begin (*to do something*) **I-2**
**commencer** *v.* to begin **III-1**
**comment** *adv.* how **I-4**
  **Comment?** *adv.* What? **I-4**
  **Comment allez-vous?,** *form.* How are you? **I-1**
  **Comment t'appelles-tu?** *fam.* What is your name? **I-1**
  **Comment vas-tu?** *fam.* How are you? **I-1**
  **Comment vous appelez-vous?** *form.* What is your name? **I-1**
**commérages** *m.* gossip **III-1**

**commerçant(e)** *m., f.* shopkeeper **II-1**

**commissaire (de police)** *m.* (police) commissioner **III-5**

**commissariat de police** *m.* police station **II-4, III-2**

**commode** *f.* dresser, chest of drawers **I-8**

**communication** *f.* communication **III-3**

**compact disque** *m.* compact disc **II-3**

**compétent(e)** *adj.* competent **III-9**

**complet/complète** *adj.* full (no vacancies) **I-7**; complete **III-2**; sold out **III-8**

**complexe d'infériorité** *m.* inferiority complex **III-6**

**complicité** *f.* deep, intimate bond **III-1**

**comportement** *m.* behavior **III-3**

**comporter: se comporter** *v.* to behave **III-3**, to act **III-3**

**composer (un numéro)** *v.* to dial (a number) **II-3**

**compositeur** *m.* composer **II-7**

**compréhension** *f.* understanding **III-5**

**comprendre** *v.* to understand **I-4**

**compris (comprendre)** *p.p., adj.* understood; included **I-6**

**comptable** *m., f.* accountant **II-5, III-9**

**compte d'épargne** *m.* savings account **III-9**

**compte** *m.* account (at a bank) **II-4**

    **avoir un compte bancaire** *v.* to have a bank account **II-4**

    **compte-chèques** *m.* checking account **II-4, III-9**

    **compte d'épargne** *m.* savings account **II-4**

    **se rendre compte** *v.* to realize **II-2**

**compter** *v.* to expect to **III-8**

    **compter sur** *v.* to rely on **III-1**

    **compter sur quelqu'un** *v.* to count on someone **I-8**

**concert** *m.* concert **II-7**

**concurrence** *f.* competition **III-8**

**condition** *f.* condition

    **à condition de** *prep.* provided (that) **III-7**

    **à condition que** *conj.* on the condition that **III-7**

**condition** *f.* condition **II-7**

    **à condition que** on the condition that…, provided that… **II-7**

**conducteur/conductrice** *m., f.* driver **III-2**

**conduire** *v.* to drive **I-6, III-3**

**conduit (conduire)** *p.p., adj.* driven **I-6**

**confiance** *f.* confidence **III-1**

**avoir confiance en soi** to be confident **III-1**

**faire confiance (à quelqu'un)** to trust (someone) **III-1**

**confier** *v.* to confide **III-6**; to entrust **III-6**

**confiture** *f.* jam **II-1**

**conformiste** *adj.* conformist **III-5**

**confusément** *adv.* confusedly **III-2**

**congé** *m.* day off **I-7**

    **jour de congé** *m.* day off **I-7**

    **prendre un congé** *v.* to take time off **II-5**

**congélateur** *m.* freezer **I-8**

**connaissance** *f.* acquaintance **I-5**

    **faire la connaissance de** *v.* to meet (*someone*) **I-5**

**connaître** *v.* to know, to be familiar with **I-8, III-3**;

**se connaître** *v.* to know one another **II-3**

**connecté(e)** *adj.* connected **II-3**

    **être connecté(e) avec quelqu'un** *v.* to be online with someone **I-7, II-3**

**connu (connaître)** *p.p., adj.* known; famous **I-8**

**consacrer: se consacrer à** *v.* to dedicate oneself to **III-4**

**conseil** *m.* advice **II-5, III-1**

**conseiller/conseillère** *m., f.* consultant; advisor **II-5, III-9**

**conservateur/conservatrice** *adj.* conservative **III-2, III-4**; *m.* preservative **III-6**

**considérer** *v.* to consider **I-5, III-1**

**consignes** *f pl.* instructions **III-9**

**console de jeux** *f.* game console

**consommation d'énergie** *f.* energy consumption **III-10**

**constamment** *adv.* constantly **I-8, III-2**

**constater** *v.* to notice; to ascertain

**construire** *v.* to build, to construct **I-6, III-2**

**consultant(e)** *m., f.* consultant **III-9**

**consulter** *v.* to consult **III-9**

**contaminé(e)** *adj.* contaminated **III-10**

    **être contaminé(e)** to be contaminated **III-10**

**conte** *m.* tale **II-7**

**content(e)** *adj.* happy **II-5, III-6**

    **être content(e) que** *v.* to be happy that… **II-6**

**contestation** *f.* (a) protest **III-2**

**continuer (à)** *v.* to continue (*doing something*) **II-4**

**contraire** *adj.* contrary **II-7**

    **au contraire** on the contrary **II-7**

**contraire à l'éthique** *adj.* unethical **III-7**

**contrarié(e)** *adj.* upset **III-1**

**contrarier** *v.* to thwart **III-7**

**contribuer (à)** *v.* to contribute **III-7**

**controverse** *f.* controversy

**convaincre** *v.* to convince **III-3**

**copain/copine** *m., f.* friend **I-1**

**corbeille (à papier)** *f.* wastebasket **I-1**

**corps** *m.* body **II-2**

**correcteur orthographique** *m.* spell check **III-7**

**costume** *m.* (*man's*) suit **I-6**

**côte** *f.* coast **II-6**

**coton** *m.* cotton **II-4**

**cou** *m.* neck **II-2**

**couche d'ozone** *f.* ozone layer **III-10**

**couche d'ozone** *f.* ozone layer **II-6**

    **trou dans la couche d'ozone** *m.* hole in the ozone layer **II-6**

**couche sociale** *f.* social level **III-5**

**coucher: se coucher** *v.* to go to bed **II-2, III-2**

**couler** *v.* to flow; to run (water)

**couleur** *f.* color **I-6**

    **De quelle couleur… ?** What color… ? **I-6**

**couloir** *m.* hallway **I-8**

**coup franc** *m.* free kick **III-8**

**coupable** *adj.* guilty **III-4**

**couper de** *v.* to cut off from **III-7**

    **se couper** *v.* to cut oneself **III-2**

**couple** *m.* couple **I-6**

**courage** *m.* courage **II-5, III-5**

**courageux/courageuse** *adj.* courageous, brave **I-3**

**couramment** *adv.* fluently **I-8**

**courir** *v.* to run **I-5, III-3**

**courrier** *m.* mail **II-4**

**cours d'art dramatique** *m.* drama course **III-3**

**cours** *m.* class, course **I-2, III-3**

**course** *f.* errand **II-1**

    **faire les courses** *v.* to go (grocery) shopping **II-1**

**course** *f.* race **III-8**

**court(e)** *adj.* short **I-3, III-2**

    **à court terme** *adj.* short-term **III-9**

    **chemise à manches courtes** *f.* short-sleeved shirt **I-6**

**couru (courir)** *p.p.* run **I-6**

**cousin(e)** *m., f.* cousin **I-3**

**couteau** *m.* knife **II-1**

**coûter** *v.* to cost **I-4**

    **coûter cher** *v.* to cost a lot **III-2**

    **Combien coûte… ?** How much is… ? **I-4**

**couvert (couvrir)** *p.p.* covered **II-3**

**couverture** *f.* blanket, cover **I-8, III-3**

**couvrir** *v.* to cover **II-3, III-4**

**covoiturage** *m.* carpooling **II-6**

**craindre** *v.* to fear **III-6**

**crainte: de crainte que** *conj.* for fear that **III-7**

**cravate** *f.* tie **I-6**

**crayon** *m.* pencil **I-1**

**créer** *v.* to create **III-7**
**crème** *f.* cream **II-1, III-2;**
  *adj.* cream **III-2**
  **crème à raser** *f.* shaving cream
  **II-2**
**crêpe** *f.* crêpe **I-5**
**crevé(e)** *adj.* deflated; blown up **II-3**
  **pneu crevé** *m.* flat tire **II-3**
**cri** *m.* shout, cry **III-2**
**crier** *v.* to yell
**crime** *m.* crime **III-4**
**criminel(le)** *m., f.* criminal **III-4**
**crise** *f.* crisis **III-9**
  **crise d'hystérie** *f.* nervous
  breakdown
  **crise économique** *f.* economic
  crisis **III-9**
**critique** *f.* review; criticism **II-7**
**croire (que)** *v.* to believe (that) **II-7,**
  **III-3**
  **ne pas croire que...** to not believe
  that… **II-7**
**croisement** *m.* intersection **III-2**
**croissant** *m.* croissant **I-4**
**croissant(e)** *adj.* growing **II-6**
  **population croissante** *f.* growing
  population **II-6**
**croyance** *f.* belief **III-4**
**cru (croire)** *p.p.* believed **II-7**
**cruauté** *f.* cruelty **III-4**
**cruel(le)** *adj.* cruel **I-3, III-2**
**cueillir** *v.* to pick **III-1;**
  to pluck **III-1**
**cuillère (à soupe/à café)** *f.* (soup/
  tea)spoon **II-1**
**cuir** *m.* leather **II-4**
**cuisine** *f.* cooking; kitchen **I-5**
**cuisiner** *v.* to cook **II-1**
  **faire la cuisine** *v.* to cook **I-5**
**cuisinier/cuisinière** *m., f.* cook **II-5**
**cuisinière** *f.* stove **I-8**
**cuisse** *f.* thigh
**culotte** *f.* underpants (for females)
  **III-8**
**curieux/curieuse** *adj.* curious **I-3**
**curiosité** *f.* curiosity **III-7**
**curriculum vitæ (C.V.)** *m.* résumé
  **II-5**
**cybercafé** *m.* cybercafé **II-4**
**cyberespace** *m.* cyberspace **III-7**

## D

**d'abord** *adv.* first **I-7, III-2**
**d'accord** *(tag question)* all right? **I-2;**
  *(in statement)* okay **I-2**
  **être d'accord** to be in agreement
  **I-2**
**d'autres** *m., f.* others **I-4**
**d'habitude** *adv.* usually **I-8**
**danger** *m.* danger **II-6, III-10**
**dangereux/dangereuse** *adj.*
  dangerous **II-3, III-2**
**dans** *prep.* in **I-3, III-5;** inside **III-5**

**danse** *f.* dance **II-7**
**danser** *v.* to dance **I-4**
**danseur/danseuse** *m., f.* dancer **II-7**
**date** *f.* date **I-5**
  **Quelle est la date?** What is the
  date? **I-5**
**dauphin** *m.* dolphin **III-10**
**de l'** *part. art., m., f., sing.* some **I-4**
**de la** *part. art., f., sing.* some **I-4**
**de/d'** *prep.* from; of **I-1, I-3, III-7**
  **de crainte que** *conj.* for fear that
  **III-7**
  **de l'après-midi** in the afternoon
  **I-2**
  **de laquelle** *pron., f., sing.* which
  one **II-5**
  **de nouveau** *adv.* again **III-8**
  **de peur de** *prep.* for fear of **III-7**
  **de peur que** *conj.* for fear that
  **III-7**
  **de pointe** cutting edge **III-7**
  **De quelle couleur... ?** What
  color… ? **I-6**
  **De rien.** You're welcome. **I-1**
  **de taille moyenne** of medium
  height I-3
  **de temps en temps** *adv.* from time
  to time **I-8, III-2**
**débarrasser la table** *v.* to clear the
  table **I-8**
**débarquer** *v.* to arrive (colloquial)
  **III-1**
**débile** *adj.* moronic **III-2**
**déblayer** *v.* to clear away **III-10**
**déboisement** *m.* deforestation **II-6**
**débrouiller: se débrouiller** *v.* to
  figure it out; to manage
**début** *m.* beginning; debut **II-7**
**débuter** *v.* to begin **III-6**
**décédé(e)** *adj.* deceased
**décembre** *m.* December **I-5**
**déchets** *m.* trash **III-10**
  **déchets toxiques** *m., pl.* toxic
  waste **II-6**
**déchirer** *v.* to tear **III-8**
**décider (de)** *v.* to decide (*to do
  something*) **II-3;**
  **se décider** *v.* to make up one's
  mind **III-6**
**déclencher** *v.* to cause
**décourager: se décourager** *v.* to
  lose heart **III-5**
**découvert (découvrir)** *p.p.*
  discovered **III-3**
**découverte (capitale)** *f.*
  (breakthrough) discovery **III-7**
**découvrir** *v.* to discover **II-3, III-4**
**décrire** *v.* to describe **I-7, III-6**
**décrit (décrire)** *p.p., adj.* described
  **I-7**
**décrocher** *v.* to pick up **II-5**
**déçu(e)** *adj.* disappointed **III-4**
**dedans** *adv.* inside **III-2, III-8**
**défaite** *f.* defeat **III-4**

**défaut** *m.* flaw **III-3**
**défavorisé(e)** *adj.* underprivileged
  **III-5**
**défendre** *v.* to defend **III-4**
**défi** *m.* challenge **III-5**
**défilé** *m.* parade **III-2**
**déforestation** *f.* deforestation **III-10**
**degrés** *m., pl.* (*temperature*) degrees
  **I-5**
  **Il fait ... degrés.** (*to describe
  weather*) It is ... degrees. **I-5**
**dehors** *adv.* outside **III-2**
**déjà** *adv.* already **I-5, III-2**
**déjeuner** *m.* lunch **II-1;** *v.* to eat
  lunch **I-4**
**délicieux/délicieuse** *delicious* **I-8**
**demain** *adv.* tomorrow **I-2, III-2**
  **À demain.** See you tomorrow. **I-1**
  **après-demain** *adv.* day after
  tomorrow **I-2**
  **demain matin/après-midi/
  soir** *adv.* tomorrow morning/
  afternoon/evening **I-2**
**demande** *f.* proposal **III-6**
  **faire une demande en mariage** *to*
  propose **III-6**
**demander** *v.* to ask for **III-2;**
  **se demander** *v.* to wonder **III-2**
  **demander (à)** *v.* to ask (someone),
  to make a request (of someone)
  **I-6**
  **demander que…** *v.* to ask that…
  **II-6**
  **demander un prêt** to apply for a
  loan **III-9**
**démarrer** *v.* to start up **II-3**
**déménager** *v.* to move **I-1, I-8, III-6**
**demie** half **I-2**
  **et demie** half past ... (o'clock) **I-2**
**demi-frère** *m.* half-brother,
  stepbrother **I-3, III-6**
**demi-sœur** *f.* half-sister, stepsister
  **I-3, III-6**
**démissionner** *v.* to quit, to resign
  **II-5, III-9**
**démocratie** *f.* democracy **III-4**
**dent** *f.* tooth **II-1**
  **brosse à dents** *f.* toothbrush **II-2**
  **se brosser les dents** *v.* to brush
  one's teeth **II-1**
**dentifrice** *m.* toothpaste **II-2**
**dentiste** *m., f.* dentist **I-3**
**départ** *m.* departure **I-7**
**dépasser** *v.* to pass; to overtake
  **III-1;**
  **se dépasser** *v.* to go beyond one's
  limits; to go over; to pass **II-3,
  III-8**
**dépaysement** *m.* change of scenery
  **III-1;** disorientation **III-1**
**dépêcher: se dépêcher** *v.* to hurry
  **II-2, III-2, III-7**
**dépense** *f.* expenditure, expense **II-4**
**dépenser** *v.* to spend **I-4**

**dépenser de l'argent** *v.* to spend money **I-4**

**dépenses** *f.* expenses **III-9**

**déplacer: se déplacer** *v.* to move, to change location **II-4**

**déposer** *v.* to deposit **III-9**

  **déposer de l'argent** *v.* to deposit money **II-4**

**déprimé(e)** *adj.* depressed **II-2, III-1**

**depuis** *adv.* since; for **II-1**

**député(e)** *m., f.* deputy (politician) **III-4**; representative **III-4**

**déranger** *v.* to bother **I-1, III-6**; to disturb **III-6**

**dernier/dernière** *adj.* last **I-2, III-2**; final **III-2**

  **lundi (mardi, etc.) dernier** *last* Monday (Tuesday, etc.) **III-3**

**dernièrement** *adv.* lastly, finally **I-8**

**dérouler: se dérouler** *v.* to take place **III-6**

**derrière** *prep.* behind **I-3, III-5**

**des (de + les)** *m., f., pl.* of the **I-3**

**des** *part. art., m., f., pl.* some **I-4**

**dès que** *adv.* as soon as **II-5, III-7**

**désabusé(e)** *adj.* disillusioned

**désagréable** *adj.* unpleasant **I-1**

**descendre** *v.* to go down **III-2**; to get off **III-2**

  **descendre (de)** *v.* to go downstairs; to get off; to take down **I-6**

**désert** *m.* desert **II-6**

**désespéré(e)** *adj.* desperate

**désespoir** *m.* despair **III-7**

**déshabiller: se déshabiller** *v.* to undress **II-2, III-2**

**désirer** *v.* to want (that) **I-5**; to desire **III-6**; to want to **III-8**

**désolé(e)** *adj.* sorry **I-6, III-6**

  **être désolé(e) que** to be sorry that… **II-6**

**desquelles (de + lesquelles)** *pron., f., pl.* which ones **II-5**

**desquels (de + lesquels)** *pron., m., pl.* which ones **II-5**

**dessert** *m.* dessert **I-6**

**dessin animé** *m.* cartoon **II-7**

**dessiner** *v.* to draw **I-2**

**détendre: se détendre** *v.* to relax **II-2, III-2**

**détester** *v.* to hate **I-2, III-8**

  **Je déteste…** I hate… **I-2**

**détruire** *v.* to destroy **I-6, III-7**

**détruit (détruire)** *p.p., adj.* destroyed **I-6**

**dette** *f.* debt **III-9**

  **avoir des dettes** to be in debt **III-9**

**deuil** *m.* bereavement; grief **III-1**

**deux** *m.* two **I-1**

**deuxième** *adj.* second **I-7**

**devant** *prep.* in front of **I-3, III-5**

**développement** *m.* development **III-5**

**développer** *v.* to develop **II-6**

**devenir** *v.* to become **II-1, III-3**

**deviner** *v.* to guess **III-5**

**devoir** *m.* homework **I-2**; *v.* to have to, must **II-1, III-3**; to owe **III-9**

**dialogue** *m.* dialog **III-5**

**dictature** *f.* dictatorship **III-4**

**dictionnaire** *m.* dictionary **I-1**

**différemment** *adv.* differently **I-8**

**différence** *f.* difference **I-1**

**différent(e)** *adj.* different **I-1**

**difficile** *adj.* difficult **I-1**

**dimanche** *m.* Sunday **I-2**

**dîner** *m.* dinner **II-1**; *v.* to have dinner **I-2**

**diplôme** *m.* diploma, degree **I-2**

**dire** *v.* to say **I-7, III-3**;

  **se dire** *v.* to tell one another **II-3**

  **Ça te dit?** Does that appeal to you? **II-6**

  **ça veut dire** that is to say **II-2**

  **dire au revoir** to say goodbye **III-5**

  **veut dire** *v.* means, signifies **II-1**

**direct: en direct** *adj., adv.* live **III-3**

**diriger** *v.* to manage **II-5, III-9**; to run **III-9**

**discret/discrète** *adj.* discreet; unassuming **I-3**

**discuter** *v.* discuss **I-6**

**disposé(e) (à)** *adj.* willing (to) **III-9**

**disposer de** *v.* to have at one's disposal

**disputer: se disputer (avec)** *v.* to argue (with) **II-2**

**disque** *m.* disk **II-3**

  **compact disque** *m.* compact disc **II-3**

  **disque dur** *m.* hard drive **II-3**

**dissertation** *f.* essay **II-3**

**distance** *f.* distance **III-5**

  **formation à distance** *f.* distance learning **III-5**

**distributeur automatique/de billets** *m.* ATM **II-4, III-9**

**dit (dire)** *p.p., adj.* said **I-7**

**diversité** *f.* diversity **III-5**

**divertir** *v.* to entertain **III-3**

  **se divertir** *v.* to have a good time **III-8**

**divertissant(e)** *adj.* entertaining **III-8**

**divertissement** *m.* entertainment **III-3**

**divorce** *m.* divorce **I-6**

**divorcé(e)** *adj.* divorced **I-3**

**divorcer** *v.* to divorce **I-3, III-1**

**dix** *m.* ten **I-1**

**dix-huit** *m.* eighteen **I-1**

**dixième** *adj.* tenth **I-7**

**dix-neuf** *m.* nineteen **I-1**

**dix-sept** *m.* seventeen **I-1**

**documentaire** *m.* documentary **II-7, III-3**

**doigt** *m.* finger **II-2**

**doigt de pied** *m.* toe **II-2**

**domaine** *m.* field **II-5**

**dommage** *m.* harm **II-6**

  **Il est dommage que…** It's a shame that… **II-6**

**donc** *adv.* so **III-2**, therefore **I-7, III-2**

**donner (à)** *v.* to give (*to someone*) **I-2**

**donner** *v.* to give **III-2**;

  **se donner** *v.* to give one another **II-3**

  **donner des indications** to give directions **III-2**

**dont** *rel. pron.* of which; of whom; whose; that **II-3, III-9**

**dormir** *v.* to sleep **I-5, III-4**

**dos** *m.* back **II-2**

  **sac à dos** *m.* backpack **I-1**

**douane** *f.* customs **I-7**

**doucement** *adv.* gently **III-2**

**douche** *f.* shower **I-8**

  **prendre une douche** *v.* to take a shower **II-2**

**doué(e)** *adj.* talented, gifted **II-7; III-6**

**douleur** *f.* pain **II-2, III-1**; suffering **III-1**

**douter** *v.* to doubt (that) **II-7, III-2**;

  **se douter (de)** *v.* to suspect **III-2, III-4**

**douteux/douteuse** *adj.* doubtful **II-7**

  **Il est douteux que…** It is doubtful that… **II-7**

**doux/douce** *adj.* sweet; soft **I-3, III-2**

**douze** *m.* twelve **I-1**

**draguer** *v.* to flirt **III-1**; to try to "pick up" **III-1**

**dramaturge** *m.* playwright **II-7**

**drame (psychologique)** *m.* (psychological) drama **II-7**

**drapeau** *m.* flag **III-4**

**draps** *m., pl.* sheets **I-8**

**droit** *m.* law **I-2**; right **III-4**

  **droits de l'homme** *m.* human rights **III-4**

**droite** *f.* the right (side) **I-3**

  **à droite de** *prep.* to the right of **I-3**

**drôle** *adj.* funny **I-3**

**dû (devoir)** *p.p., adj.* (*used with infinitive*) had to; (*used with noun*) due, owed **II-1**

**du** *part. art., m., sing.* some **I-4**

  **du (de + le)** *m., sing.* of the **I-3**

**dû/due à** *adj.* due to **III-5**

**duel** *m.* one-on-one **III-8**

**duper** *v.* to trick **III-2**

**duquel (de + lequel)** *pron., m., sing.* which one **II-5**

---

**E**

**eau (minérale)** *f.* (mineral) water **I-4**

  **carafe d'eau** *f.* pitcher of water **II-1**

**écart** *m.* discrepancy **III-5**; gap **III-5**
**s'échapper de** *v.* to escape from **III-6**
**écharpe** *f.* scarf **I-6**
**échecs** *m., pl.* chess **I-5**
**échelle** *f.* ladder **III-7**
**écœurer** *v.* to sicken, to nauseate **III-1**
**échouer** *v.* to fail **I-2**
**éclair** *m.* éclair **I-4**
**école** *f.* school **I-2**
**écologie** *f.* ecology **II-6**
**écologique** *adj.* ecological **II-6**
**économe** *adj.* thrifty **III-1**
**économie** *f.* economics **I-2**
**économies** *f.* savings **III-9**
**économiser** *v.* to save **III-9**
**écotourisme** *m.* ecotourism **II-6**
**écouter** *v.* to listen (to) **I-2, III-8**
**écouteurs** *m.* headphones **II-3**
**écran** *m.* screen **II-3, III-3**
**écraser** *v.* to crush; to run over
**écrire** *v.* to write **I-7, III-3**;
  **s'écrire** *v.* to write one another **II-3**
**écrit (écrire)** *p.p., adj.* written **I-7**
**écrivain/femme écrivain** *m., f.* writer **I-7**
**écureuil** *m.* squirrel **II-6**
**édifice** *m.* building **III-2**
**éditeur/éditrice** *m., f.* publisher **III-3**
**éducation physique** *f.* physical education **I-2**
**effacer** *v.* to erase **I-1, I-3, III-7**
**effet de serre** *m.* greenhouse effect **II-6**
**effets spéciaux** *m.* special effects **III-3**
**effort** *m.* effort **III-5**
**effrayant(e)** *adj.* frightening **III-7**
**effrayer** *v.* to frighten **III-6**
**égal(e)** *adj.* equal **III-4**
**égaler** *v.* to equal **I-3**
**égalité** *f.* equality **III-4**
**église** *f.* church **I-4**
**égocentrique** *adj.* egocentric **III-3**
**égoïste** *adj.* selfish **I-1, III-6**
**Eh!** *interj.* Hey! **I-2**
**élection** *f.* election **III-4**
  **gagner les élections** to win elections **III-4**
  **perdre les élections** to lose elections **III-4**
**électricien/électricienne** *m., f.* electrician **II-5**
**électrique** *adj.* electric **I-8**
  **appareil électrique/ménager** *m.* electrical/household appliance **I-8**
**élégant(e)** *adj.* elegant **I-1**
**élevé** *adj.* high **II-5**
**élève** *m., f.* pupil, student **I-1**
**élevé(e)** *p.p.* raised
  **bien élevé(e)** *adj.* well-mannered **III-6**

**mal élevé(e)** *adj.* bad-mannered **III-6**
**élever (des enfants)** *v.* to raise (children) **III-6**
**élire** *v.* to elect **III-4**
**elle** *pron., f.* she; it **I-1**; her **I-3**
  **elle est…** she/it is… **I-1**
**elles** *pron., f.* they **I-1**; them **I-3**
  **elles sont…** they are… **I-1**
**e-mail** *m.* e-mail **II-3**
**emballage (en plastique)** *m.* (plastic) wrapping/packaging **II-6**
**embaucher** *v.* to hire **II-5, III-9**
**embouteillage** *m.* traffic jam **III-2**
**embrasser: s'embrasser** *v.* to kiss one another **II-3**
**embrayage** *m.* (*automobile*) clutch **II-3**
**émigré(e)** *m., f.* emigrant **III-5**
**émigrer** *v.* to emigrate **III-1**
**émission (de télévision)** *f.* (television) program **II-7, III-3**
**emménager** *v.* to move in **I-8**
**emmener** *v.* to take (*someone*) **I-5, III-1**
**émotif/émotive** *adj.* emotional
**émouvant(e)** *adj.* moving **III-8**
**émouvoir** *v.* to move **III-3**
**empêcher (de)** *v.* to stop **III-2**; to keep from (doing something) **III-2**
**empirer** *v.* to get worse **III-10**
**emploi** *m.* job **II-5, III-9**
  **emploi à mi-temps/à temps partiel** *m.* part-time job **II-5**
  **emploi à plein temps** *m.* full-time job **II-5**
  **solliciter un emploi** to apply for a job **III-9**
**employé(e)** *m., f.* employee **I-5, III-9**
**employer** *v.* to use, to employ **I-5**
**emprisonner** *v.* to imprison **III-4**
**emprunt** *m.* loan **III-9**
  **faire un emprunt** to take out a loan **III-9**
**emprunter** *v.* to borrow **II-4**
**en** *prep.* in **I-3, III-5**; at **III-5**
  **en attendant de** *prep.* waiting to **III-7**
  **en attendant que** *conj.* waiting for **III-7**
  **en automne** in the fall **5**
  **en avance** *early* **I-2**
  **en avoir marre** to be fed up **I-6**
  **en désordre** messy, untidy **III-7**
  **en direct** *adj., adv.* live **III-3**
  **en effet** indeed; in fact **II-6**
  **en été** in the summer **I-5**
  **en face (de)** *prep.* facing, across (from) **I-3**
  **en faillite** *adj.* bankrupt **III-9**
  **en fait** in fact **I-7**
  **en général** *adv.* in general **I-8, III-2**

**en hiver** in the winter **I-5**
**en moyenne** on average **III-3**
**en outre** *adv.* in addition
**en plein air** in fresh air **II-6, III-10**
**en pointe** *adv.* forward **III-8**, up front **III-8**
**en retard** late **I-2**
**en sécurité** *adj.* sure **III-2**
**en tout cas** in any case **I-6**
**en vacances** on vacation **I-7**
**en voie d'extinction** *adj.* endangered **III-10**
**être en ligne** to be online **II-3**
**en** *pron.* some of it/them; about it/them; of it/them; from it/them **II-2**
  **Je vous en prie.** *form.* Please.; You're welcome. **I-1**
  **Qu'en penses-tu?** What do you think about that? **II-6**
**encadrement** *m.* supervisory staff **III-9**
**enceinte** *adj.* pregnant **II-2**
**Enchanté(e).** Delighted. **I-1**
**encore** *adv.* again; still **I-3, III-2**
**s'endormir** *v.* to fall asleep, to go to sleep **II-2**
**endroit** *m.* place **I-4**
**énergie** *f.* energy **III-10**
  **énergie (nucléaire/solaire)** *f.* (nuclear/solar) energy **II-6**
**énerver** *v.* to annoy **III-1**;
  **s'énerver** *v.* to get worked up, to become upset **II-2**
**enfance** *f.* childhood **I-6, III-6**
**enfant** *m., f.* child **I-3**
  **enfant unique** *m., f.* only child **III-6**
**enfin** *adv.* finally, at last **I-7, III-2**
**enfler** *v.* to swell **II-2**
**enfoncer: s'enfoncer** *v.* to drown
**engager: s'engager (envers quelqu'un)** *v.* to commit (to someone) **III-1**; to get involved **III-3**
**enlever la poussière** *v.* to dust **I-8**
**enlever** *v.* to kidnap **III-4**
**ennuyer** *v.* to bore **III-1**; to bother **III-2**; s'ennuyer *v.* to get bored **II-2, III-2**
**ennuyeux/ennuyeuse** *adj.* boring **I-3**
**énorme** *adj.* enormous, huge **I-2**
**énormément** *adv.* enormously **III-2**
**enquête** *f.* investigation
**enquêter (sur)** *v.* to research **III-3**; to investigate **III-3**
**enregistrer** *v.* to record **II-3, III-3**
**enregistreur DVR** *m.* DVR **II-3**
**enrichir: s'enrichir** *v.* to become rich **III-5**
**enseigne** *f.* store name **III-3**
**enseignement** *m.* education **III-5**
**enseigner** *v.* to teach **I-2**
**ensemble** *adv.* together **I-6**

**ensuite** *adv.* then, next **I-7, III-2**
**entendre** *v.* to hear **I-6, III-2;**
  **s'entendre bien** *v.* to get along
  well **II-2, III-1**
**enthousiaste** *adj.* enthusiastic **III-1;**
  excited **III-1**
**entourer: s'entourer de** *v.* to
  surround oneself with **III-9**
**entracte** *m.* intermission **II-7**
**entraide** *f.* mutual aid **III-9**
**s'entraîner** *v.* to practice; to train
  **III-1, III-6**
**entraîneur** *m.* coach **III-8**
**entre** *prep.* between **I-3**
**entrée** *f.* appetizer, starter **II-1**
**entrepôt** *m.* warehouse **III-9**
**entreprendre** *v.* to undertake **III-9**
**entrepreneur/entrepreneuse** *m., f.*
  entrepreneur **III-9**
**entreprise (multinationale)** *f.*
  (multinational) company **III-9;**
  firm, business **II-5**
  **monter une entreprise** to create a
  company **III-9**
**entrer** *v.* to enter **I-7, III-3**
**entretenir: s'entretenir (avec)** *v.* to
  talk **III-2,** to converse **III-2**
**entretien** *m.* interview **III-3**
  **entretien d'embauche** *m.* job
  interview
  **passer un entretien** *to* have an
  interview **II-5**
**envahir** *v.* to invade **III-3**
**enveloppe** *f.* envelope **II-4**
**envie** *f.* desire, envy **I-2**
  **avoir envie (de)** *to* feel like (*doing
  something*) **I-2**
**environnement** *m.* environment **II-6,
  III-10**
**envisager** *v.* to envision **III-7**
**envoyé(e) spécial(e)** *m., f.*
  correspondent **III-3**
**envoyer (à)** *v.* to send (*to someone*)
  **I-5, III-1**
**éolienne** *f.* wind turbine **III-10**
**épais(se)** *adj.* thick **III-9**
**épanouissement** *m.* development
  **III-10**
**épargne** *f.* savings **II-4**
  **compte d'épargne** *m.* savings
  account **II-4**
**épeler** *v.* to spell **III-1**
**épicerie** *f.* grocery store **I-4**
**épinards** *m.* spinach **III-6**
**épouser** *v.* to marry **I-3**
  **épouvantable** *adj.* dreadful **I-5**
  **Il fait un temps épouvantable.**
    The weather is dreadful. **I-5**
**époux/épouse** *m., f.* spouse **III-6;**
  husband/wife **I-3, III-6**
**épuisé(e)** *adj.* exhausted **III-9**
**épuiser** *v.* to use up **III-10**
**équipe** *f.* team **I-5**

**érosion** *f.* erosion **III-10**
**escalader** *v.* to climb **III-8,** to scale
  **III-8**
**escalier** *m.* staircase **I-8**
**escargot** *m.* escargot, snail **II-1**
**esclavage** *m.* slavery **III-4**
**esclave** *m., f.* slave **III-4**
**espace** *m.* space **II-6, III-7**
**Espagne** *f.* Spain **I-7**
**espagnol(e)** *adj.* Spanish **I-1**
**espèce (menacée)** *f.* (endangered)
  species **III-10**
**espérer** *v.* to hope **I-5, III-1**
**espionner** *v.* to spy **III-4**
**espoir** *m.* hope **III-2**
**esprit** *m.* spirit **III-1**
**essayer** *v.* to try **I-5, III-1**
**essence** *f.* gas **II-3**
  **réservoir d'essence** *m.* gas tank
  **II-3**
  **voyant d'essence** *m.* gas warning
  light **II-3**
**essentiel(le)** *adj.* essential **II-6, III-6**
  **Il est essentiel que…** It is
  essential that… **II-6**
**essuie-glace** *m.* **(essuie-glaces** *pl.*)
  windshield wiper(s) **II-3**
**essuyer (la vaisselle/la table)** *v.* to
  wipe (*the dishes/the table*) **I-8**
**est** *m.* east **II-4**
**Est-ce que… ?** (*used in forming
  questions*) **I-2**
**estropié(e)** *m., f.* cripple
**et** *conj.* and **I-1**
  **Et toi?** *fam.* And you? **I-1**
  **Et vous?** *form.* And you? **I-1**
**établir: s'établir** *v.* to settle **III-5**
**étage** *m.* floor **I-7**
**étagère** *f.* shelf **I-8**
**étape** *f.* stage **I-6**
**état d'âme** *m.* qualm; feeling **III-1**
**état civil** *m.* marital status **I-6**
**États-Unis** *m., pl.* United States **I-7**
**été (être)** *p.p.* been **I-6**
**été** *m.* summer **I-5**
  **en été** in the summer **I-5**
**éteindre** *v.* to turn off **II-3**
**étendre: s'étendre** *v.* to spread **III-2**
**éternuer** *v.* to sneeze **II-2, III-7**
**éthique** *adj.* ethical **III-7**
**étoile** *f.* star **II-6**
  **étoile (filante)** *f.* (shooting) star
  **III-7**
**étonnant(e)** *adj.* surprising **III-6**
**étonné(e)** *adj.* surprised **III-6**
**étonner: s'étonner** *v.* to be amazed
  **III-8**
**étranger** *m.* (*places that are*) abroad,
  overseas **I-7**
  **à l'étranger** abroad, overseas **I-7**

**étranger/étrangère** *m., f.*
  foreigner **III-2;** stranger **III-2**
**étranger/étrangère** *adj.* foreign
  **I-2**
  **langues étrangères** *f., pl.* foreign
  languages **I-2**
**étrangler** *v.* to strangle **II-5**
**être** *v.* to be **I-1, III-1**
  **être à la une** to be on the front
  page **III-3**
  **être bien/mal payé(e)** to be well/
  badly paid **II-5**
  **être connecté(e) avec
  quelqu'un** to be online with
  someone **I-7, II-3**
  **être contaminé(e)** to be
  contaminated **III-10**
  **être désolé(e)** to be sorry **III-6**
  **être en ligne avec** to be online
  with **II-3**
  **être en pleine forme** to be in
  good shape **II-2**
  **être perdu(e)** to be lost **III-2**
  **être pris(e)** to be busy, taken up
  **III-6**
  **être promu(e)** to be promoted
  **III-9**
  **être sous pression** to be under
  pressure **III-9**
**études (supérieures)** *f., pl.* studies;
  (higher) education **I-2**
**étudiant(e)** *m., f.* student **I-1**
**étudier** *v.* to study **I-2**
**eu (avoir)** *p.p.* had **I-6**
**eux** *disj. pron., m., pl.* they, them **I-3**
**évadé(e)** *adj.* escaped **III-4**
**événement** *m.* event **III-3**
**évidemment** *adv.* obviously,
  evidently; of course **I-8, III-2**
**évident(e)** *adj.* evident, obvious **II-7,
  III-1, III-7**
  **Il est évident que** It is evident
  that… **II-7**
**évier** *m.* sink **I-8**
**éviter (de)** *v.* to avoid (*doing
  something*) **II-2**
**évoluer** *v.* to evolve **III-10**
**évoquer** *v.* to make think of **III-9**
**exactement** *adv.* exactly **II-1**
**examen** *m.* exam; test **I-1**
  **être reçu(e) à un examen** *v.* to
  pass an exam **I-2**
  **passer un examen** *v.* to take an
  exam **I-2**
**exclu(e)** *adj.* excluded **III-5**
**Excuse-moi.** *fam.* Excuse me. **I-1**
**exercice** *m.* exercise **II-2**
  **faire de l'exercice** *v.* to exercise
  **II-2**
**exhorter** *v.* to urge **III-10**
**exigeant(e)** *adj.* demanding **II-5,
  III-6**

**profession (exigeante)** *f.* a (demanding) profession **II-5**
**exiger** *v.* to demand **III-6, III-9**
  **exiger (que)** *v.* to demand (that) **II-6**
**expérience (professionnelle)** *f.* (professional) experience **II-5**
**expérience** *f.* experiment **III-7**
**expliquer** *v.* to explain **I-2**
**explorer** *v.* to explore **I-4, III-7**
**exposition** *f.* exhibition **II-7, III-8**; art show **III-8**
**exprès** *adv.* on purpose **III-4**
  **faire exprès** to do it on purpose **III-4**
**exprimer** *v.* to express **III-1, III-3**
**extinction** *f.* extinction **II-6**
  **en voie d'extinction** *adj.* endangered **III-10**
**extrait** *m.* excerpt **III-3**
**extraterrestre** *m., f.* alien **III-7**

## F

**fâché(e)** *adj.* angry **III-1**; mad **III-1**
**fâcher: se fâcher (contre)** *v.* to get angry (with) **III-2**
**facilement** *adv.* easily **I-8**
**facteur** *m.* mailman **II-4**
**faculté** *f.* university; faculty **I-1**
**faible** *adj.* weak **I-3**
**faiblir** *v.* to weaken **III-10**
**faillite: en faillite** *adj.* bankrupt **III-9**
**faim** *f.* hunger **I-4**
  **avoir faim** *v.* to be hungry **I-4**
**fainéant(e)** *m., f.* lazybones **III-9**
**faire** *v.* to do; to make **I-5, III-1**
  **faire attention (à)** *v.* to pay attention (to) **I-5**
  **faire carrière (dans)** to pursue a career (in) **III-9**
  **faire confiance (à quelqu'un)** to trust (someone) **III-1**
  **faire de l'aérobic** *v.* to do aerobics **I-5**
  **faire de l'exercice** *v.* to exercise **II-2**
  **faire de la gym** *v.* to work out **I-5**
  **faire de la musique** *v.* to play music **II-5**
  **faire de la peinture** *v.* to paint **II-7**
  **faire de la planche à voile** *v.* to go windsurfing **I-5**
  **faire des projets** *v.* to make plans **II-5**
  **faire du camping** *v.* to go camping **I-5**
  **faire du chantage** to blackmail **III-4**
  **faire du cheval** *v.* to go horseback riding **I-5**
  **faire du jogging** *v.* to go jogging **I-5**

**faire du shopping** *v.* to go shopping **I-7**
**faire du ski** *v.* to go skiing **I-5**
**faire du sport** *v.* to do sports **I-5**
**faire du vélo** *v.* to go bike riding **I-5**
**faire exprès** to do it on purpose **III-4**
**faire la connaissance de** *v.* to meet (*someone*) **I-5**
**faire la cuisine** *v.* to cook **I-5**
**faire la fête** *v.* to party **I-6**
**faire la lessive** *v.* to do the laundry **I-8**
**faire la poussière** *v.* to dust **I-8**
**faire la queue** to wait in line **II-4, III-8**
**faire match nul** to tie (a game) **III-8**
**faire la vaisselle** *v.* to do the dishes **I-8**
**faire le lit** *v.* to make the bed **I-8**
**faire le ménage** *v.* to do the housework **I-8**
**faire le plein** *v.* to fill the tank **II-3**
**faire les courses** *v.* to run errands **II-1**
**faire les musées** *v.* to go to museums **II-7**
**faire les valises** *v.* to pack one's bags **I-7**
**faire mal** *v.* to hurt **II-2**
**faire passer** to spread (the word) **III-8**
**faire plaisir à quelqu'un** *v.* to please someone **II-5**
**faire quelque chose de beau** *v.* to be up to something interesting **II-4**
**faire sa toilette** *v.* to wash up **II-2**
**faire sa déclaration d'amour** *v.* to declare one's love **III-1**
**faire sans** to do without **III-5**
**faire un effort** to make an effort **III-5**
**faire un emprunt** to take out a loan **III-9**
**faire un séjour** *v.* to spend time (somewhere) **I-7**
**faire un tour (en voiture)** *v.* to go for a walk (drive) **I-5**
**faire une demande en mariage** to propose **III-6**
**faire une expérience** to carry out an experiment **III-7**
**faire une piqûre** *v.* to give a shot **II-2**
**faire une promenade** *v.* to go for a walk **I-5**
**faire une randonnée** *v.* to go for a hike **I-5**
**faire visiter** *v.* to give a tour **I-8**
**fait (faire)** *p.p., adj.* done; made **I-6**
**faits divers** *m.* news items **III-3**

**falaise** *f.* cliff **II-6**
**falloir** *v.* to be necessary **III-6**; to have to **III-9**
  **Il faut que...** *One* must... **III-6**; It is necessary that... **III-6**
**fallu (falloir)** *p.p.* (*used with infinitive*) had to... **I-6**
  **Il a fallu...** It was necessary to... **I-6**
**famille** *f.* family **I-3**
**fan (de) m.,** *f.* fan (of) **III-8**
**fanfare** *f.* marching band **III-2**
**fascinant(e)** *adj.* fascinating **III-9**
**fatigué(e)** *adj.* tired **I-3**
**faut (falloir)** *v.* (*used with infinitive*) is necessary to... **I-5**
  **Il a fallu...** It was necessary to... **I-6**
  **Il fallait...** One had to... **I-8**
  **Il faut que...** One must.../It is necessary that... **II-6**
**faute** *f.* foul **III-8**
**fauteuil** *m.* armchair **I-8**
**fauteuil rolant** *m.* wheelchair **III-7**
**faux/fausse** *adj.* false **III-2**; wrong **III-2**
**favori(te)** *adj.* favorite **I-3, III-2**
**fax** *m.* fax (machine) **II-3**
**félicitations** congratulations **II-7**
**femme** *f.* woman; wife **I-1**
  **femme d'affaires** businesswoman **I-3, III-9**
  **femme au foyer** housewife **II-5**
  **femme auteur** author **II-7**
  **femme cadre** executive **II-5**
  **femme écrivain** writer **II-7**
  **femme peintre** painter **II-7**
  **femme politique** politician **II-5, III-4**
  **femme pompier** firefighter **II-5**
  **femme sculpteur** sculptor **II-7**
**fenêtre** *f.* window **I-1**
**fer à repasser** *m.* iron **I-8**
**férié(e)** *adj.* holiday **I-6, III-5**
  **jour férié** *m.* holiday **I-6**
**ferme** *f.* farm **III-10**
**fermé(e)** *adj.* closed **II-4**
**fermer** *v.* to close; to shut off **II-3**
**festival (festivals pl.)** *m.* festival **II-7**
**fête** *f.* party **I-6**; celebration **I-6**
  **fête foraine** *f.* carnival **III-2**
  **faire la fête** *v.* to party **I-6**
**fêter** *v.* to celebrate **I-6, III-8**
**feu (tricolore)** *m.* traffic light **III-2**
**feu d'artifice** *m.* fireworks display **III-2**
**feu de signalisation** *m.* traffic light **II-4**
**feuillage** *m.* foliage **III-10**
**feuille de papier** *f.* sheet of paper **I-1**
**feuilleton** *m.* soap opera **II-7, III-3**; series **III-3**
**février** *m.* February **I-5**
**facile** *adj.* easy **I-2**

**fiançailles** *f.* engagement **III-6**
**fiancé(e)** *adj.* engaged **I-3**
**fiancé(e)** *m., f.* fiancé **I-6**
**fiancer: se fiancer** *v.* to get engaged **III-1**
**fichier** *m.* file **II-3**
**fidèle** *adj.* faithful **III-1**
**fier/fière** *adj.* proud **I-3, III-2**
**fierté** *f.* pride
**fièvre** *f.* fever **II-2**
   **avoir de la fièvre** *v.* to have a fever **II-2**
**filet (de pêche)** *m.* (fishing) net **III-10**
**fille** *f.* girl; daughter **I-1**
   **fille unique** *f.* only child **III-6**
**film (d'aventures, d'horreur, de science-fiction, policier)** *m.* (adventure, horror, science-fiction, crime) film **II-7**
**film** *m.* movie **III-3**
   **sortir un film** to release a movie **III-3**
**fils** *m.* son **I-3**
   **fils unique** *m.* only child **III-6**
**fin** *f.* end **II-7**
**finalement** *adv.* finally **I-7, III-3**
**financier/financière** *adj.* financial **III-9**
**fini (finir)** *p.p., adj.* finished, done, over **I-4**
**finir (de)** *v.* to finish (doing something) **I-4**
**fléchettes** *f.* darts **III-8**
**fleur** *f.* flower **I-8**
**fleuve** *m.* river **II-6, III-10**
**flic** *m.* cop **III-5**
**foire** *f.* fair **III-2**
**fois** *f.* time **I-8**
   **deux fois** *adv.* twice **I-8, III-3**
   **une fois** *adv.* once **I-8, III-3**
   **une fois que** *conj.* once **III-10**
**fonctionner** *v.* to work, to function **II-3**
**fonds** *m.* funds
**fontaine** *f.* fountain **II-4**
**foot(ball)** *m.* soccer **I-5**
   **football américain** *m.* football **I-5**
**forcer** *v.* to force **III-1**
**forêt (tropicale)** *f.* (rain) forest **II-6, III-10**
**forfait** *m.* phone plan; fixed rate **III-3**
**formateur/formatrice** *m., f.* trainer
**formation** *f.* education; training **II-5, III-9**
   **formation à distance** *f.* distance learning **III-5**
**forme** *f.* shape; form **II-2**
   **être en pleine forme** *v.* to be in good shape **II-2**
**formidable** *adj.* great **I-7**
**formulaire** *m.* form **II-4**
   **remplir un formulaire** to fill out a form **II-4**
**fort(e)** *adj.* strong **I-3**

**fossé des générations** *m.* generation gap **III-6**
**fou/folle** *adj.* crazy **I-3, III-2**
**foulard** *m.* headscarf **III-6**
**foule** *f.* (the) masses; crowd **III-4;** mob **III-4**
**fouler: se fouler (la cheville)** *v.* to twist/to sprain one's (ankle) **II-2**
**four (à micro-ondes)** *m.* (microwave) oven **I-8**
**fourchette** *f.* fork **II-1**
**frais/fraîche** *adj.* fresh; cool **I-5, III-2**
   **Il fait frais.** (*weather*) It is cool. **I-5**
**fraise** *f.* strawberry **II-1**
**franc/franche** *adj.* frank **III-1, III-2**
**français(e)** *adj.* French **I-1**
**France** *f.* France **I-7**
**franchement** *adv.* frankly, honestly **I-8, III-2**
**frappant(e)** *adj.* striking **III-3**
**frapper** *v.* to knock; to hit
**freiner** *v.* to brake **II-3**
**freins** *m., pl.* brakes **II-3**
**fréquenter** *v.* to frequent; to visit **I-4**
**frère** *m.* brother **I-3**
   **beau-frère** *m.* brother-in-law **I-3**
   **demi-frère** *m.* half-brother, stepbrother **I-3**
**frigo** *m.* refrigerator **I-8**
**frisé(e)** *adj.* curly **I-3**
**frisson** *m.* thrill **III-8**
**frites** *f., pl.* French fries **I-4**
**froid** *m.* cold **I-2**
   **avoir froid** to be cold **I-2**
   **Il fait froid.** (*weather*) It is cold. **I-5**
**fromage** *m.* cheese **I-4**
**fromagerie** *f.* cheese store **III-6**
**front** *m.* forehead
**frontière** *f.* border **III-5**
**fruit** *m.* fruit **II-1**
**fruits de mer** *m., pl.* seafood **II-1**
**fuir** *v.* to flee **III-1**
**fumé(e)** *adj.* smoked **III-6**
**fumer** *v.* to smoke **II-2**
**funérailles** *f., pl.* funeral **II-1**
**furieux/furieuse** *adj.* furious **II-6**
   **être furieux/furieuse que** *v.* to be furious that… **II-6**
**fusée** *f.* rocket

**G**

**gagner** *v.* to win; to earn **I-5, II-5, III-4**
   **gagner les élections** to win elections **III-4**
   **gagner sa vie** to earn a living **III-9**
**gamin(e)** *m., f.* kid **III-5**
**gamme de produits** *f.* line of products
**gant** *m.* glove **I-6**
**garage** *m.* garage **I-8**

**garer: se garer** *v.* to park **II-3**
**garanti(e)** *adj.* guaranteed **I-5**
**garçon** *m.* boy **I-1**
**garder la ligne** *v.* to stay slim **II-2**
**garde-robe** *f.* wardrobe **III-8**
**gare (routière)** *f.* train station (bus station) **I-7**
**gaspillage** *m.* waste **II-6, III-10**
**gaspiller** *v.* to waste **II-6, III-10**
**gâteau** *m.* cake **I-6**
**gâter** *v.* to spoil **III-6**
**gauche** *f.* the left (side) **I-3**
   **à gauche (de)** *prep.* to the left (of) **I-3**
**gazeux/gazeuse** *adj.* carbonated, fizzy **I-4**
   **boisson gazeuse** *f.* carbonated drink/beverage **I-4**
**gêne** *f.* embarrassment **III-6**
**gêné(e)** *adj.* embarrassed **III-2**
**gène** *m.* gene **III-7**
**gêner** *v.* to bother **III-1;** to embarrass **III-1**
**généreux/généreuse** *adj.* generous **I-3**
**génétique** *f.* genetics **III-7**
**génial(e)** *adj.* great **I-3, III-1;** terrific **III-1**
**genou** *m.* knee **II-2**
**genre** *m.* genre **II-7**
**gens** *m., pl.* people **I-7**
**gentil(le)** *adj.* nice **I-3, III-2**
**gentiment** *adv.* nicely **I-8, III-2;** kindly **III-2**
**géographie** *f.* geography **I-2**
**gérant(e)** *m., f.* manager **II-5, III-9**
**gérer** *v.* to manage **III-9;** to run **III-9**
**gestion** *f.* business administration **I-2**
**gilet** *m.* sweater **III-8;** sweatshirt (with front opening) **III-8**
**glace** *f.* ice cream **I-6**
**glaçon** *m.* ice cube **I-6**
**gland** *m.* acorn **III-10**
**glissement de terrain** *m.* landslide **II-6**
**glisser** *v.* to glide **III-8**
**golf** *m.* golf **I-5**
**gorge** *f.* throat **II-2**
**goûter** *m.* afternoon snack **II-1;** *v.* to taste **II-1**
**gouvernement** *m.* government **II-6, III-4**
**gouverner** *v.* to govern **III-4**
**grâce à** *prep.* thanks to **III-1**
**grand magasin** *m.* department store **III-9**
**grand(e)** *adj.* big **I-3, III-2;** tall **III-2;** great **III-2**
   **grand magasin** *m.* department store **I-4**
**grandir** *v.* to grow up
**grand-mère** *f.* grandmother **I-3**
**grand-oncle** *m.* great-uncle **III-6**
**grand-père** *m.* grandfather **I-3**
**grands-parents** *m., pl.* grandparents **I-3**

**grand-tante** *f.* great-aunt **III-6**
**gras/grasse** *adj.* fat, plump **III-4**
**gratin** *m.* gratin **II-1**
**gratte-ciel** *m.* skyscraper **III-2**
**gratuit(e)** *adj.* free **II-7, III-3**
**grave** *adj.* serious **II-2**
  **Ce n'est pas grave.** It's okay.; No problem. **I-6**
**graver** *v.* to record, to burn (CD, DVD) **II-3, III-7**
**gravité** *f.* gravity **III-7**
**grec/grecque** *adj.* Greek **III-2**
**greffer** *v.* to transplant **III-2**; to graft **III-2**
**grève (sur le tas)** *f.* (sit-in) strike **III-2**
**grillé(e)** *adj.* grilled **III-6**, broiled **III-6**
**grille-pain** *m.* toaster **I-8**
**grimper à** *v.* to climb **III-8**
**grippe** *f.* flu **II-2**
**gris(e)** *adj.* gray **I-6**
**gronder** *v.* to scold **III-6**
**gros(se)** *adj.* fat **I-3, III-2**
**grossir** *v.* to gain weight **I-4**
**grotte** *f.* cave **III-3**
**groupe** *m.* musical group **III-8**; band **III-8**
**guérir** *v.* to get better **II-2**; to cure **III-7**, to heal **III-7**
**guerre** *f.* war
  **guerre (civile)** *f.* (civil) war **III-4**
  **guerre de Sécession** *f.* American Civil War **III-4**
**guitare** *f.* guitar **II-7**
**gym** *f.* exercise **I-5**
  **faire de la gym** *v.* to work out **I-5**
**gymnase** *m.* gym **I-4**

**H**

**habiller: s'habiller** *v.* to get dressed **II-2, III-2**
**habitat** *m.* habitat **II-6**
  **sauvetage des habitats** *m.* habitat preservation **II-6**
**habitation** *f.* housing **III-2**
**habiter (à)** *v.* to live (in/at) **I-2**
**habituer: s'habituer à** *v.* to get used to **III-2**
**haine** *f.* hatred **III-4**
**harceler** *v.* to harass **III-9**
**haricots verts** *m., pl.* green beans **II-1**
**haut(e)** *adj.* high **III-2**
**hebdomadaire** *m.* weekly magazine **III-3**
**hégémonie** *f.* hegemony
**Hein?** *interj.* Huh?; Right? **I-3**
**herbe** *f.* grass **II-6**
**hériter** *v.* to inherit **III-6**
**hésiter (à)** *v.* to hesitate (*to do something*) **II-3**
**heure(s)** *f.* hour, o'clock; time **I-2**
  **à … heure(s)** at … (o'clock) **I-4**

**À quelle heure?** What time?; When? **I-2**
**À tout à l'heure.** See you later. **I-1**
  **Quelle heure avez-vous?** *form.* What time do you have? **I-2**
  **Quelle heure est-il?** What time is it? **I-2**
**heureusement** *adv.* fortunately, happily **I-8, III-2**
**heureux/heureuse** *adj.* happy **I-3, III-2**
  **être heureux/heureuse que …** to be happy that… **II-6**
**hier (matin/après-midi/soir)** *adv.* yesterday (morning/afternoon/evening) **I-7, III-2**
  **avant-hier** *adv.* day before yesterday **I-7**
  **hier (matin, soir, etc.)** *adv.* yesterday (morning, evening, etc.) **III-3**
**histoire** *f.* history; story **I-2, III-1**
**hiver** *m.* winter **I-5**
  **en hiver** in the winter **I-5**
**homme** *m.* man **I-1**
  **homme d'affaires** *m.* businessman **I-3, III-9**
  **homme politique** *m.* politician **II-5, III-4**
**honnête** *adj.* honest **II-7, III-1**
**honte** *f.* shame **I-2, III-1**
  **avoir honte (de)** *v.* to be ashamed (of) **I-2, III-1**; to be embarrassed (of) **III-1**
**hôpital** *m.* hospital **I-4**
**horaire** *m.* schedule **III-9**
**horloge** *f.* clock **I-1**
**hors-d'œuvre** *m.* hors d'oeuvre, appetizer **II-1**
**hôte/hôtesse** *m., f.* host **I-6**
**hôtel de ville** *m.* city/town hall **III-2**
**hôtel** *m.* hotel **I-7**
**hôtelier/hôtelière** *m., f.* hotel keeper **I-7**
**huile** *f.* oil **II-1**
  **huile** *f.* (automobile) oil **II-3**
  **huile d'olive** *f.* olive oil **II-1**
  **vérifier l'huile** to check the oil **II-3**
  **voyant d'huile** *m.* oil warning light **II-3**
**huit** *m.* eight **I-1**
**huitième** *adj.* eighth **I-7**
**huître** *f.* oyster **III-10**
**humain(e)** *adj.* human **III-1**
**humanité** *f.* humankind **III-5**
**humeur** *f.* mood **I-8**
  **être de bonne/mauvaise humeur** *v.* to be in a good/bad mood **I-8I**
**hurler** *v.* to shout **III-7**
**hypermarché** *m.* large supermarket **III-6**

**I**

**ici** *adv.* here **I-1**
**ici** *adv.* here **III-2**
**idéaliste** *adj.* idealistic **III-1**
**idée** *f.* idea **I-3**
**il** *sub. pron.* he; it **I-1**
  **il est…** he/it is… **I-1**
  **Il n'y a pas de quoi.** It's nothing.; You're welcome. **I-1**
  **Il vaut mieux que…** It is better that… **II-6**
**Il faut (falloir)** *v.* (*used with infinitive*) It is necessary to… **I-6**
  **Il a fallu…** It was necessary to… **I-6**
  **Il fallait…** One had to… **I-8**
  **Il faut (que)…** One must…/It is necessary that… **II-6**
**il y a** there is/are **I-1**
  **il y a eu** there was/were **I-6**
  **il y avait** there was/were **I-8**
  **Qu'est-ce qu'il y a?** What is it?; What's wrong? **I-1**
  **Y a-t-il… ?** Is/Are there… ? **I-2**
**il y a…** (*used with an expression of time*) … ago **II-1**
**île** *f.* island **II-6**
**ils** *sub. pron., m., pl.* they **I-1**
  **ils sont…** they are… **I-1**
**immédiatement** *adv.* immediately **III-3**
**immeuble** *m.* building **I-8**
**immigration** *f.* immigration **III-5**
**immigré(e)** *n.* immigrant **III-5**
**immigrer** *v.* to immigrate **III-1**
**impartial(e)** *adj.* impartial **III-3**; unbiased **III-3**
**impatient(e)** *adj.* impatient **I-1**
**imperméable** *m.* rain jacket **I-5**
**important(e)** *adj.* important **I-1, III-6**
  **Il est important que…** It is important that… **II-6**
**impossible** *adj.* impossible **II-7, III-7**
  **Il est impossible que…** It is impossible that… **II-7**
**imprimante** *f.* printer **II-3**
**imprimer** *v.* to print **II-3**
**inattendu(e)** *adj.* unexpected **III-2**
**incendie** *m.* fire **II-6, III-10**
  **prévenir l'incendie** to prevent a fire **I-6**
**incertitude** *f.* uncertainty **III-5**
**incompétent(e)** *adj.* incompetent **III-9**
**incontournable** *adj.* to be reckoned with
**incroyable** *adj.* incredible **II-3**
**indépendamment** *adv.* independently **I-8**
**indépendant(e)** *adj.* independent **I-1**
**indications** *f.* directions **II-4, III-2**
  **donner des indications** to give directions **III-2**

**indice** *m.* clue, indication **III-4**
**indiquer** *v.* to indicate **I-5**
**indispensable** *adj.* essential, indispensable **II-6, III-6**
    **Il est indispensable que…** It is essential that… **II-6**
**individualité** *f.* individuality **III-5**
    **perte de l'individualité** *f.* loss of individuality **III-5**
**individuel(le)** *adj.* single, individual **I-7**
    **chambre individuelle** *f.* single (hotel) room **I-7**
**inégal(e)** *adj.* unequal **III-4**
**inégalité** *f.* inequality **III-4**
**inférieur(e)** *adj.* inferior **III-2**
**infidèle** *adj.* unfaithful **III-1**
**infirmier/infirmière** *m., f.* nurse **II-2**
**influence** *f.* influence **III-4**
    **avoir de l'influence (sur)** to have influence (over) **III-4**
**influent(e)** *adj.* influential **III-3**
**informations (infos)** *f., pl.* news **II-7**
**informatique** *f.* computer science **I-2, III-7**
**informer: s'informer (par les médias)** *v.* to keep oneself informed (through the media) **III-3**
**ingénieur** *m.* engineer **I-3, III-7**
**ingrat(e)** *adj.* thankless **III-9**
**inhabituel(le)** *adj.* unusual **III-9**
**injuste** *adj.* unfair **III-4**
**injustice** *f.* injustice **III-4**
**innovant(e)** *adj.* innovative **III-7**
**innovation** *f.* innovation **III-7**
**inondation** *f.* flood **III-10**
**inoubliable** *adj.* unforgettable **III-1**
**inquiet/inquiète** *adj.* worried **I-3, III-1, III-2**
**inquiéter: s'inquiéter** *v.* to worry **II-2, III-2**
**inscrire: s'inscrire** *v.* to enroll **III-6**
**insensible** *adj.* insensitive **III-2**
**instabilité** *f.* instability **III-5**
**installer: s'installer** *v.* to settle **III-5**
**instrument** *m.* instrument **I-1**
**insuffisant(e)** *adj.* insufficient **III-10**
**insupportable** *adj.* unbearable **III-6**
**intégration** *f.* integration **III-5**
**intégrer: s'intégrer (à un groupe)** *v.* to belong (to a group) **III-1**
**intellectuel(le)** *adj.* intellectual **I-3, III-6;** *adj.* intellectual **III-2**
**intelligent(e)** *adj.* intelligent **I-1**
**interdire** *v.* to forbid, to prohibit **II-6**
**intéressant(e)** *adj.* interesting **I-1**
**intéresser: s'intéresser (à)** *v.* to be interested (in) **II-2, III-2**
**interview** *f.* interview **III-3**
**inutile** *adj.* useless **I-2**
**inventer** *v.* to invent **III-7**
**invention** *f.* invention **III-7**

**investir** *v.* to invest **III-9;**
    **s'investir** *v.* to put oneself into
**invité(e)** *m., f.* guest **I-6**
**inviter** *v.* to invite **I-4**
**irlandais(e)** *adj.* Irish **I-7**
**Irlande** *f.* Ireland **I-7**
**Italie** *f.* Italy **I-7**
**italien(ne)** *adj.* Italian **I-1**

## J

**jadis** *adv.* formerly **III-10**, in the past **III-10**
**jaloux/jalouse** *adj.* jealous **I-3, III-1**
**jamais** *adv.* never **I-5, III-2**
    **ne… jamais** never, not ever **II-4**
**jambe** *f.* leg **II-2**
**jambon** *m.* ham **I-4**
**janvier** *m.* January **I-5**
**Japon** *m.* Japan **I-7**
**japonais(e)** *adj.* Japanese **I-1**
**jardin** *m.* garden; yard **I-8**
    **jardin public** *m.* public garden **III-2**
**jaune** *adj.* yellow **I-6**
**je/j'** *sub. pron.* I **I-1**
    **Je vous en prie.** *form.* Please.; You're welcome. **I-1**
**jean** *m., sing.* jeans **I-6**
**jetable** *adj.* disposable **III-10**
**jeter** *v.* to throw **I-1;** to throw away **II-6, III-10**
**jeu** *m.* game **I-5, III-8**
    **jeu de société** *m.* board game **III-8**
    **jeu télévisé** *m.* game show **II-7**
    **jeu vidéo (des jeux vidéo)** *m.* video game(s) **II-3**
**jeudi** *m.* Thursday **I-2**
**jeune** *adj.* young **I-3, III-2**
    **jeunes mariés** *m., pl.* newlyweds **I-6**
**jeunesse** *f.* youth **I-6, III-6**
    **auberge de jeunesse** *f.* youth hostel **I-7**
**jogging** *m.* jogging **I-5**
    **faire du jogging** *v.* to go jogging **I-5**
**joie** *f.* joy
**joli(e)** *adj.* handsome; beautiful; pretty **I-3, III-2**
**joue** *f.* cheek **II-2, III-1**
**jouer (à/de)** *v.* to play (a sport/a musical instrument) **I-5**
    **jouer un rôle** *v.* to play a role **II-7**
    **jouer au bowling** *to* go bowling **III-8**
**joueur/joueuse** *m., f.* player **I-5**
**jour** *m.* day **I-2**
    **jour de congé** *m.* day off **I-7**
    **jour férié** *m.* holiday **I-6, III-5**
    **Quel jour sommes-nous?** What day is it? **I-2**

**journal** *m.* newspaper; journal **I-7, III-3**
**journaliste** *m., f.* journalist **I-3, III-3**
**journée** *f.* day **I-2**
**juge** *m., f.* judge **III-4**
**juger** *v.* to judge **III-4**
**juillet** *m.* July **I-5**
**juin** *m.* June **I-5**
**jumeaux/jumelles** *m., f.* twin brothers/sisters **III-6**
**jungle** *f.* jungle **II-6**
**jupe (plissée)** *f.* (pleated) skirt **I-6, III-8**
**juré(e)** *m., f.* juror **III-4**
**jus (d'orange/de pomme)** *m.* (orange/apple) juice **I-4**
**jusqu'à (ce que)** *prep.* until **II-4, III-7**
**juste** *adv.* just; right **I-3, III-4**
    **juste à côté** *right* next door **I-3**
**justice** *f.* justice **III-4**

## K

**kidnapper** *v.* to kidnap **III-4**
**kilo(gramme)** *m.* kilo(gram) **II-1, III-5**
**kiosque** *m.* kiosk **I-4**

## L

**l'** *def. art., m., f. sing.* the **I-1;** *d.o. pron., m., f.* him; her; it **I-7**
**l'un(e) à l'autre** to one another **II-3**
**l'un(e) l'autre** one another **II-3**
**-là** *(used with demonstrative adjective* **ce** *and noun or with demonstrative pronoun* **celui***)* there **I-6**
**la** *def. art., f. sing.* the **I-1;** *d.o. pron., f.* her; it **I-7**
**là(-bas)** (over) there **I-1, III-2**
**laboratoire** *m.* laboratory
**lac** *m.* lake **II-6**
**lâcher** *v.* to let go **III-8**
**lagon** *m.* lagoon **III-10**
**laid(e)** *adj.* ugly **I-3**
**laine** *f.* wool **II-4**
**laisser** *v.* to let, to allow **II-3, III-8**
    **laisser tranquille** *v.* to leave alone **II-2**
    **laisser un message** *v.* to leave a message **II-5**
    **laisser un pourboire** *v.* to leave a tip **I-4**
**lait** *m.* milk **I-4**
**laitue** *f.* lettuce **II-1**
**lampe** *f.* lamp **I-8**
**lancement** *m.* launch
**lancer** *v.* to throw **III-1, III-7;** to launch **III-5;**
    **se lancer** *v.* to launch into; to take the plunge **III-1, III-5**

**langue** *f.* language **III-5**
  **langues (étrangères)** *f., pl.* (foreign) languages **I-2**
  **langue maternelle** *f.* native language **III-5**
  **langue officielle** *f.* official language **III-5**
**langueur** *f.* listlessness **III-1**
**lapin** *m.* rabbit **II-6, III-1**
  **poser un lapin (à quelqu'un)** to stand (someone) up **III-1**
**laquelle** *pron., f., sing.* which one **II-5**
  **à laquelle** *pron., f., sing.* which one **II-5**
  **de laquelle** *pron., f., sing.* which one **II-5**
**large** *adj.* loose; big **I-6**
**larme** *f.* tear **III-1**
**las/lasse** *adj.* weary
**lavabo** *m.* bathroom sink **I-8**
**lave-linge** *m.* washing machine **I-8**
**laver** *v.* to wash **I-8**
  **se laver (les mains)** *v.* to wash oneself (one's hands) **II-2, III-2**
**laverie** *f.* laundromat **II-4**
**lave-vaisselle** *m.* dishwasher **I-8**
**le** *def. art., m. sing.* the **I-1;** *d.o. pron.* him; it **I-7**
**le/la meilleur(e)** *adj.* the best **III-7**
**lecteur MP3 / (de) CD/DVD** *m.* MP3/CD/DVD player **II-3, III-7**
**légume** *m.* vegetable **II-1**
**lendemain** *m.* next day
**lent(e)** *adj.* slow **I-3**
**lentement** *adv.* slowly **III-2**
**lequel** *pron., m., sing.* which one **II-5**
  **auquel (à + lequel)** *pron., m., sing.* which one **II-5**
  **duquel (de + lequel)** *pron., m., sing.* which one **II-5**
**les** *def. art., m., f., pl.* the **I-1;** *d.o. pron., m., f., pl.* them **I-7**
**lesquelles** *pron., f., pl.* which ones **II-5**
  **auxquelles (à + lesquelles)** *pron., f., pl.* which ones **II-5**
  **desquelles (de + lesquelles)** *pron., f., pl.* which ones **II-5**
**lesquels** *pron., m., pl.* which ones **II-5**
  **auxquels (à + lesquels)** *pron., m., pl.* which ones **II-5**
  **desquels (de + lesquels)** *pron., m., pl.* which ones **II-5**
**lessive** *f.* laundry **I-8**
  **faire la lessive** *v.* to do the laundry **I-8**
**lettre** *f.* letter **II-4**
  **boîte aux lettres** *f.* mailbox **II-4**
  **lettre de motivation** *f.* letter of application **II-5**
  **lettre de recommandation** *f.* letter of recommendation, reference letter
  **lettres** *f., pl.* humanities **I-2**

**leur** *i.o. pron., m., f., pl.* them **I-6**
**leur(s)** *poss. adj., m., f.* their **I-3**
**lever** *v.* to lift **III-1;**
  **se lever** *v.* to get up, to get out of bed **II-2, III-2**
**lézarder au soleil** *v.* to bask in the sun **III-8**
**liaison** *f.* affair; relationship
**libéral(e)** *adj.* liberal **III-4**
**libérer: se libérer** *v.* to free oneself **III-4**
**liberté** *f.* freedom **III-3, III-4**
  **liberté de la presse** *f.* freedom of the press **III-3**
**librairie** *f.* bookstore **I-1**
**libre** *adj.* available **I-7**
**licencier** *v.* to lay off **III-9;** to fire **III-9**
**lié(e)** *adj.* close-knit **III-6**
**lien** *m.* link **II-3,** connection **III-2**
**lieu** *m.* place **I-4**
**ligne** *f.* figure, shape **II-2**
  **garder la ligne** *v.* to stay slim **II-2**
**limitation de vitesse** *f.* speed limit **I-3**
**limonade** *f.* lemon soda **I-4**
**linge** *m.* laundry **I-8**
  **lave-linge** *m.* washing machine **I-8**
  **sèche-linge** *m.* clothes dryer **I-8**
**lion** *m.* lion **III-10**
**liquide** *m.* cash (*money*) **II-4**
  **payer en liquide** *v.* to pay in cash **II-4**
**lire** *v.* to read **I-7, III-3**
**lit** *m.* bed **I-7**
  **faire le lit** *v.* to make the bed **I-8**
**litre** *m.* liter **III-5**
**littéraire** *adj.* literary **II-7**
**littérature** *f.* literature **I-1**
**livre** *m.* book **I-1**
**logement** *m.* housing **I-8, III-2**
**logiciel** *m.* software, program **II-3**
**loi** *f.* law **II-6, III-4**
  **approuver une loi** to pass a law **III-4**
**loin de** *prep.* far from **I-3**
**lointain(e)** *adj.* distant
**loisir** *m.* leisure activity **I-5**
  **loisirs** *m.* leisure **III-8;** recreation **III-8**
**long(ue)** *adj.* long **I-3, III-2**
  **à long terme** *adj.* long-term **III-9**
  **chemise à manches longues** *f.* long-sleeved shirt **I-6**
**longtemps** *adv.* for a long time **I-5, III-3**
**lorsque** *conj.* when **III-7**
**louer** *v.* to rent **I-8**
**loyer** *m.* rent **I-8, III-7**
**lu (lire)** *p.p.* read **I-7**
**lui** *pron., sing.* he **I-1;** him **I-3;** *i.o. pron.* (*attached to imperative*) to him/her **II-1**
**lundi** *m.* Monday **I-2**

**Lune** *f.* Moon **II-6, III-10**
**lunettes (de soleil)** *f., pl.* (sun) glasses **I-6**
**lutte** *f.* fight
**lutter** *v.* to fight **III-5;** to struggle **III-5**
**luxe** *m.* luxury **III-5**
**lycée** *m.* high school **I-1**
**lycéen(ne)** *m., f.* high school student **I-2**

## M

**ma** *poss. adj., f., sing.* my **I-3**
**Madame** *f.* Ma'am; Mrs. **I-1**
**Mademoiselle** *f.* Miss **I-1**
**magasin** *m.* store **I-4**
  **grand magasin** *m.* department store **I-4**
  **magasin de sport** *m.* sporting goods store **III-8**
**magazine** *m.* magazine **II-7**
**magicien(ne)** *m., f.* magician **III-7**
**magnétophone** *m.* tape recorder **II-3**
**magnétoscope** *m.* videocassette recorder (VCR) **II-3**
**mai** *m.* May **I-5**
**maigre** *adj.* thin, scrawny **III-4**
**maigrir** *v.* to lose weight **I-4**
**maillot** *m.* jersey **III-8**
**maillot de bain** *m.* swimsuit, bathing suit **I-6**
**main** *f.* hand **I-5**
  **sac à main** *m.* purse, handbag **I-6**
**maintenant** *adv.* now **I-5, III-2**
**maintenir** *v.* to maintain **II-1, III-4**
**maire** *m.* mayor **III-2**
**mairie** *f.* town/city hall; mayor's office **II-4**
**mais** *conj.* but **I-1**
  **mais non** (but) of course not; no **I-2**
**maison** *f.* house **I-4**
  **rentrer à la maison** *v.* to return home **I-2**
**mal** *adv.* badly **I-7, III-2**
  **Je vais mal.** I am doing badly. **I-1**
  **le plus mal** *super. adv.* the worst **II-1, III-7**
  **se porter mal** *v.* to be doing badly **II-2**
**mal** *m.* illness; ache, pain **II-2**
  **avoir mal** *v.* to have an ache **II-2**
  **avoir mal au cœur** *v.* to feel nauseated **II-2**
  **faire mal** *v.* to hurt **II-2**
**malade** *adj.* sick, ill **II-2**
  **tomber malade** *v.* to get sick **II-2**
  **maladie** *f.* illness **II-5**
  **assurance maladie** *f.* health insurance **II-5**
**maladroit(e)** *adj.* awkward, clumsy **III-1**
**malheureusement** *adv.* unfortunately, unhappily **I-2, III-2**

**malheureux/malheureuse** *adj.*
   unhappy **I-3**
**malhonnête** *adj.* dishonest **III-1**
**maltraitance** *f.* abuse **III-5**
**manche** *f.* sleeve **I-6**
   **chemise à manches courtes/**
   **longues** *f.* short-/long-sleeved
   shirt **I-6**
**mangeable** *adj.* edible **III-4**
**manger** *v.* to eat **I-2, III-1**
   **salle à manger** *f.* dining room **I-8**
**manier** *v.* to handle, to wield **III-7**
**manifestation** *f.* demonstration **III-2**
**manque** *m.* lack **III-5**
**manquer à** *v.* to miss **III-5**
**manteau** *m.* coat **I-6**
**maquillage** *m.* makeup **II-2**
   **se maquiller** *v.* to put on makeup
   **II-2, III-2**
**marchand de journaux** *m.*
   newsstand **II-4**
**marché** *m.* deal **III-2**
   **marché (boursier)** *m.* (stock)
   market **I-4, III-9**
   **bon marché** *adj.* inexpensive **I-6**
**marcher** *v.* to walk (*person*) **I-5**; to
   work (*thing*) **II-3**
**mardi** *m.* Tuesday **I-2**
**mari** *m.* husband **I-3**
**mariage** *m.* marriage; wedding
   (*ceremony*) **I-6, III-1**
   **faire une demande en mariage** to
   propose **III-6**
**marié** *m.* groom **III-6**
**marié(e)** *adj.* married **I-3**
**mariée** *f.* bride **III-6**
   **robe de mariée** *f.* wedding gown
   **III-6**
**marier: se marier avec** *v.* to marry
   **III-1**
**mariés** *m., pl.* married couple **I-6**
   **jeunes mariés** *m., pl.* newlyweds
   **I-6**
**marocain(e)** *adj.* Moroccan **I-1**
**marquant(e)** *adj.* striking **III-3**
**marque** *f.* brand **III-3**
**marquer (un but/un point)** *v.* to score
   (a goal/a point) **III-8**
**marre: en avoir marre (de)** to be fed
   up (with) **III-1**
**marron** *adj., inv.* (not for hair) brown
   **I-3, III-2**
**marron** *m.* chestnut **III-2**
**mars** *m.* March **I-5**
**martiniquais(e)** *adj.* from Martinique
   **I-1**
**match** *m.* game **I-5**
**matériau** *m.* material
**maternel(le)** *adj.* maternal
**mathématicien(ne)** *m., f.*
   mathematician **III-7**
**mathématiques (maths)** *f., pl.*
   mathematics **I-2**
**matière première** *f.* raw materia

**matin** *m.* morning **I-2**
   **ce matin** *adv.* this morning **I-2**
   **demain matin** *adv.* tomorrow
   morning **I-2**
   **hier matin** *adv.* yesterday morning
   **I-7**
**matinée** *f.* morning **I-2**
**maturité** *f.* maturity **III-6**
**mauvais(e)** *adj.* bad **I-3, III-2**
   **Il fait mauvais.** The weather is
   bad. **I-5**
   **le/la plus mauvais(e)** *super. adj.*
   the worst **II-1, III-7**
   **plus mauvais(e)** *adj.* worse **III-7**
**mayonnaise** *f.* mayonnaise **II-1**
**me/m'** *pron., sing.* me; myself **I-6**
**mec** *m.* guy **II-2, III-1**
**mécanicien(ne)** *m.,f.* mechanic **II-3**
**méchant(e)** *adj.* mean **I-3**
**médecin** *m.* doctor **I-3**
**médias** *m.* media **III-3**
**médicament (contre/pour)** *m.*
   medication (against/for) **II-2**
**méfier: se méfier de** *v.* to be
   distrustful/wary of **III-2**, to
   distrust **III-2**
**meilleur(e)** *comp. adj.* better **II-1,**
   **III-2**
   **le/la meilleur(e)** *super. adj.* the
   best **II-1**
**mélancolique** *adj.* melancholic
**mélange** *m.* mix **III-1**
**mêler** *v.* to mix **III-10**
**membre** *m.* member **II-7, III-9**
**même** *adj.* even **I-5**; same **III-2**; very
   **III-2**
**-même(s)** *pron.* -self/-selves **I-6**
**menace** *f.* threat **III-4**
**menacé(e)** *adj.* endangered **II-6**
   **espèce menacée** *f.* endangered
   species **II-6**
**menacer** *v.* to threaten **III-1**
**ménage** *m.* housework **I-8**
   **faire le ménage** *v.* to do
   housework **I-8**
**ménager/ménagère** *adj.* household
   **I-8**
   **appareil ménager** *m.* household
   appliance **I-8**
   **tâche ménagère** *f.* household
   chore **I-8**
**mener** *v.* to lead **III-1, III-5**
**mensonger/mensongère** *adj.* lying
   **III-2**; deceptive **III-2**
**mensuel** *m.* monthly magazine **III-3**
**mention** *f.* distinction **II-5**
**mentir** *v.* to lie **III-1**
**menu** *m.* menu **II-1**
**mépriser** *v.* to have contempt for
   **III-6**
**mer** *f.* sea **I-7, III-10**
**Merci (beaucoup).** Thank you (very
   much). **I-1**
**mercredi** *m.* Wednesday **I-2**

**mère** *f.* mother **I-3**
   **belle-mère** *f.* mother-in-law;
   stepmother **I-3**
**mériter** *v.* to deserve **III-1**; to be
   worth **III-1**
**mes** *poss. adj., m., f., pl.* my **I-3**
**message** *m.* message **II-5**
   **laisser un message** *v.* to leave a
   message **II-5**
   **message publicitaire** *m.*
   advertisement **III-3**
**messagerie** *f.* voicemail **II-5**
**mesure: prendre des mesures**
   **pour** to take action to
**métaphore** *f.* metaphor **III-4**
**météo** *f.* weather **II-7**
**métier** *m.* profession **II-5**
**métro** *m.* subway **I-7, III-2**
   **rame de métro** *f.* subway train
   **III-2**
   **station de métro** *f.* subway station
   **I-7, III-2**
**metteur en scène** *m.* director (*of a
   play*) **II-7**
**mettre** *v.* to put, to place **I-6, III-2**;
   **se mettre** *v.* to put (*something*) on
   (*yourself*) **II-2**
   **mettre au point** to develop
   **mettre la table** to set the table **I-8**
   **se mettre à** *v.* to begin **II-2, III-2**
   **se mettre en colère contre** to get
   angry with **II-2, III-1**
**meuble** *m.* piece of furniture **I-8**
**mexicain(e)** *adj.* Mexican **I-1**
**Mexique** *m.* Mexico **I-7**
**Miam!** *interj.* Yum! **I-5**
**micro-onde** *m.* microwave oven **I-8**
   **four à micro-ondes** *m.* microwave
   oven **I-8**
**midi** *m.* noon **I-2**
   **après-midi** *m.* afternoon **I-2**
**mieux** *adv.* better **II-1, III-2**
   **aimer mieux** *v.* to prefer **I-2**
   **Il vaut mieux que** It is better
   that… **III-6**
   **le mieux** *super. adv.* the best **II-1,**
   **III-7**
   **se porter mieux** *v.* to be doing
   better **II-2**
**mignon(ne)** *adj.* cute **III-2**
**militant(e)** *m., f.* activist **III-4**
**mille** *m.* one thousand **I-5**
   **cent mille** *m.* one hundred
   thousand **I-5**
**milliardaire** *m., f.* billionaire **III-3**
**million, un** *m.* one million **I-5**
   **deux millions** *m.* two million **I-5**
**minuit** *m.* midnight **I-2**
**miroir** *m.* mirror **I-8**
**mis (mettre)** *p.p.* put, placed **I-6**
**mise en marche** *f.* start-up **III-7**
**miser sur** *v.* to count on
**se mobiliser** *v.* to rally **III-3**
**mode** *f.* fashion **I-2**
**modéré(e)** *adj.* moderate **III-4**

**modernité** *f.* modernity **III-10**
**modeste** *adj.* modest **II-5**
**mœurs** *f.* customs **III-4**, habits **III-4**
**moi** *disj. pron., sing.* I, me **I-3**; *pron.*
   *(attached to an imperative)* to
   me, to myself **II-1**
   **Moi aussi.** Me too. **I-1**
   **Moi non plus.** Me neither. **I-2**
**moins** *adv.* before … (o'clock) **I-2**;
   less **III-7**
   **à moins de** *prep.* unless **III-7**
   **à moins que** *conj.* unless **III-7**
**moins (de)** *adv.* less (of); fewer **I-4**
   **le/la moins** *super. adv. (used with*
   *verb or adverb)* the least **II-1**
   **le moins de…** *(used with noun to*
   *express quantity)* the least… **II-6**
   **moins de… que…** *(used with*
   *noun to express quantity)* less…
   than… **II-6**
**mois** *m.* month **I-2**
   **ce mois-ci** this month **I-2**
**moitié** *f.* half **III-5**
**môme** *m., f.* kid **III-5**
**moment** *m.* moment **I-1**
**mon** *poss. adj., m., sing.* my **I-3**
**monarchie absolue** *f.* absolute
   monarchy **III-4**
**monde** *m.* world **I-7**
**mondialisation** *f.* globalization **III-5**
**moniteur** *m.* monitor **II-3**
**monnaie** *f.* change, coins; money
   **II-4**
**Monsieur** *m.* Sir; Mr. **I-1**
**montagne** *f.* mountain **I-4**
**montée d'adrénaline** *f.* adrenaline
   rush **III-8**
**monter** *v.* to go up, to come up; to
   get in/on, to ascend **I-7**, **III-3**
   **monter (dans une voiture, dans**
   **un train)** *v.* to get (in a car, on a
   train) **III-2**
   **monter une entreprise** to create a
   company **III-9**
**montre** *f.* watch **I-1**
**montrer (à)** *v.* to show *(to someone)*
   **I-6**
**moquer: se moquer de** *v.* to make
   fun of **III-1**, **III-2**
**morale** *f.* moral **III-4**
**morceau (de)** *m.* piece, bit (of) **I-4**
**mort (mourir)** *p.p., adj. (as past*
   *participle)* died; *(as adjective)*
   dead **I-7**
**mort** *f.* death **I-6**, **III-6**
**mot de passe** *m.* password **II-3**,
   **III-7**
**moteur** *m.* engine **II-3**
   **moteur de recherche** *m.* search
   engine **III-7**
**mouchoir** *m.* handkerchief **III-8**
**mourir** *v.* to die **I-7**, **III-3**
**moutarde** *f.* mustard **II-1**
**mouton** *m.* sheep **III-10**

**moyen(ne)** *adj.* medium **I-3**
   **de taille moyenne** of medium
   height **I-3**
   **en moyenne** on average **III-3**
**moyens de communication** *m.*
   media **III-3**
**MP3** *m.* MP3 **II-3**
**muet(te)** *adj.* mute **III-2**
**multinationale** *f.* multinational
   company **III-3**
**mur** *m.* wall **I-8**
**mûr(e)** *adj.* mature **III-1**
**musée** *m.* museum **I-4**, **III-2**
   **faire les musées** *v.* to go to
   museums **II-7**
**musical(e)** *adj.* musical **II-7**
   **comédie musicale** *f.* musical **II-7**
**musicien(ne)** *m., f.* musician **I-3**,
   **III-8**
**musique: faire de la musique** *v.* to
   play music **II-7**

## N

**naïf/naïve** *adj.* naïve **I-3**, **III-2**
**naissance** *f.* birth **I-6**, **III-6**
**naître** *v.* to be born **I-7**, **III-3**
**nappe** *f.* tablecloth **II-1**
**natalité** *f.* birthrate **III-5**
**nationalité** *f.* nationality **I-1**
   **Je suis de nationalité** I am of …
   nationality. **I-1**
   **Quelle est ta nationalité?** *fam.*
   What is your nationality? **I-1**
   **Quelle est votre**
   **nationalité?** *fam., pl., form.*
   What is your nationality? **I-1**
**nature** *f.* nature **II-6**
**naturel(le)** *adj.* natural **II-6**
   **ressource naturelle** *f.* natural
   resource **II-6**
**naturellement** *adv.* naturally **III-2**
**navette spatiale** *f.* space shuttle
**naviguer sur Internet/le web** to
   search the Web **III-3**
**né (naître)** *p.p., adj.* born **I-7**
**ne/n'** no, not **I-1**
   **ne… aucun(e)** none, not any **II-4**
   **ne… jamais** never, not ever **II-4**
   **ne… ni… ni…** neither… nor…
   **II-4**
   **ne… pas** no, not **I-2**
   **ne… personne** nobody, no one
   **II-4**
   **ne… plus** no more, not anymore
   **II-4**
   **ne… que** only **II-4**
   **ne… rien** nothing, not anything
   **II-4**
   **N'est-ce pas?** *(tag question)* Isn't
   it? **I-2**
**nécessaire** *adj.* necessary **II-6**, **III-6**
   **Il est nécessaire que…** It is
   necessary that… **II-6**

**nécessiter** *v.* to require **III-6**
**neiger** *v.* to snow **I-5**
   **Il neige.** It is snowing. **I-5**
**nerveusement** *adv.* nervously **I-8**
**nerveux/nerveuse** *adj.* nervous **I-3**
**net(te)** *adj.* clean **III-2**
**nettoyer** *v.* to clean **I-5**, **III-1**
**neuf** *m.* nine **I-1**
**neuvième** *adj.* ninth **I-7**
**neveu** *m.* nephew **I-3**, **III-6**
**nez** *m.* nose **II-2**
**ni** *nor* **II-4**
   **ne… ni… ni…** neither… nor **II-4**
**nièce** *f.* niece **I-3**, **III-6**
**niveau** *m.* level **II-5**
**niveau de vie** *m.* standard of living
   **III-5**
**nager** *v.* to swim **I-4**
**noblesse** *f.* nobility **III-4**
**nœud papillon** *m.* bow tie **III-8**
**noir(e)** *adj.* black **I-3**
**nombreux/nombreuse** *adj.*
   numerous **III-5**
**non** no **I-2**
   **mais non** (but) of course not; no
   **I-2**
**non-conformiste** *adj.* nonconformist
   **III-5**
**nord** *m.* north **II-4**
**nos** *poss. adj., m., f., pl.* our **I-3**
**nostalgie** *f.* nostalgia **III-10**
**note** *f. (academics)* grade **I-2**
**notoriété** *f.* fame **III-3**
**notre** *poss. adj., m., f., sing.* our **I-3**
**noueux/noueuse** *adj.* gnarled **III-10**
**nourrir** *v.* to feed
**nourriture** *f.* food, sustenance **II-1**
**nous** *pron.* we **I-1**; us **3**; ourselves
   **II-2**
**nouveau/nouvelle** *adj.* new **I-3**,
   **III-2**
**nouveauté** *f.* development
**nouvelle vague** *f.* new wave **III-1**
**nouvelles** *f., pl.* news **II-7**
   **nouvelles locales/**
   **internationales** *f.* local/
   international news **III-3**
**novembre** *m.* November **I-5**
**nuage de pollution** *m.* pollution
   cloud; smog **II-6**, **III-10**
**nuageux/nuageuse** *adj.* cloudy **I-5**
   **Le temps est nuageux.** It is
   cloudy. **I-5**
**nucléaire** *adj.* nuclear **II-6**, **III-7**
   **centrale nucléaire** *f.* nuclear
   plant **II-6**
   **énergie nucléaire** *f.* nuclear
   energy **II-6**
**nuire à** *v.* to harm **III-10**
**nuisible** *adj.* harmful **III-10**
**nuit** *f.* night **I-2**
   **boîte de nuit** *f.* nightclub **I-4**
**nul(le)** *adj.* useless **I-2**
**nulle part** *adv.* nowhere **III-2**

**numérique** *adj.* digital **III-7**
**numéro** *m.* (telephone) number **II-3**
  **composer un numéro** *v.* to dial a number **II-3**
  **recomposer un numéro** *v.* to redial a number **II-3**

### O

**O.R.T.F. Office de la Radio et de la Télévision françaises** *m.* **III-2**
**oser** *v.* to dare to **III-8**
**objet** *m.* object **I-1**
**obliger** *v.* to force **III-6**
**obsédé(e)** *adj.* obsessed **III-7**
**obtenir (des billets)** *v.* to get (tickets) **III-8**
  **obtenir un prêt** to secure a loan **III-9**
**obtenir** *v.* to get, to obtain **II-5**
**occupé(e)** *adj.* busy **I-1**
**occuper: s'occuper (de)** *v.* to take care (*of something*), to see to **II-2**
**octobre** *m.* October **I-5**
**œil (les yeux)** *m.* eye (eyes) **II-2**
**œuf** *m.* egg **II-1**
**œuvre** *f.* artwork, piece of art **II-7**
  **chef-d'œuvre** *m.* masterpiece **II-7**
  **hors-d'œuvre** *m.* hors d'oeuvre, starter **II-1**
**offert (offrir)** *p.p.* offered **II-3**
**office du tourisme** *m.* tourist office **II-4**
**offrir** *v.* to offer **II-3, III-4**
**oignon** *m.* onion **II-1**
**oiseau** *m.* bird **I-3**
**olive** *f.* olive **II-1**
  **huile d'olive** *f.* olive oil **II-1**
**ombre** *f.* shadow **III-3**
**omelette** *f.* omelette **5**
**on** *sub. pron., sing.* one (we) **I-1**
  **on y va** let's go **II-2**
**oncle** *m.* uncle **I-3**
**onze** *m.* eleven **I-1**
**onzième** *adj.* eleventh **I-7**
**opéra** *m.* opera **II-7**
**opprimé(e)** *adj.* oppressed **III-4**
**optimiste** *adj.* optimistic **I-1**
**or** *m.* gold **III-2**
**orageux/orageuse** *adj.* stormy **I-5**
  **Le temps est orageux.** It is stormy. **I-5**
**orange** *adj. inv.* orange **I-6, III-2**; *f.* orange **II-1, III-2**
**orateur/oratrice** *m., f.* speaker **III-2**; orator **III-2**
**orchestre** *m.* orchestra **II-7**
**ordinateur** *m.* computer **I-1**; portable laptop **III-7**
**ordonnance** *f.* prescription **II-2**
**ordre public** *m.* public order **III-4**
**ordures** *f., pl.* trash **II-6**
  **ramassage des ordures** *m.* garbage collection **II-6**

**oreille** *f.* ear **II-2**
**oreiller** *m.* pillow **I-8**
**organiser (une fête)** *v.* to organize/to plan (a party) **I-6**
**orgueilleux/orgueilleuse** *adj.* proud **III-1**
**orienter: s'orienter** *v.* to get one's bearings **II-4**
**origine** *f.* heritage **I-1**
  **Je suis d'origine…** I am of… heritage. **I-1**
**orteil** *m.* toe **II-2**
**où** *adv., rel. pron.* where **I-4, III-9**; when **III-9**
**ou** *or* **I-3**
**ouais** *adv.* yeah **I-2**
**oublier (de)** *v.* to forget (*to do something*) **I-2**
**ouest** *m.* west **II-4**
**oui** *adv.* yes **I-2**
**ouragan** *m.* hurricane **III-10**
**ours** *m.* bear **III-10**
**outil** *m.* tool **III-7**
**outre** *prep.* besides
  **en outre** *adv.* in addition
**ouvert (ouvrir)** *p.p., adj.* (*as past participle*) opened; (*as adjective*) open **II-3**
**ouvrier/ouvrière** *m., f.* worker, laborer **II-5**
**ouvrir** *v.* to open **II-3, III-3**
**ovni** *m.* U.F.O. **III-7**
**ozone** *m.* ozone **II-6**
  **trou dans la couche d'ozone** *m.* hole in the ozone layer **II-6**

### P

**pacifique** *adj.* peaceful **III-4**
**page d'accueil** *f.* home page **II-3**
**page sportive** *f.* sports page **III-3**
**pain (de campagne)** *m.* (country-style) bread **I-4**
**paix** *f.* peace **III-4**
**palais de justice** *m.* courthouse **III-2**
**paniquer** *v.* to panic
**panne** *f.* breakdown, malfunction **II-3**
  **tomber en panne** *v.* to break down **II-3**
**panneau** *m.* road sign **III-2**
  **panneau d'affichage** *m.* billboard **III-2**
**pantalon** *m., sing.* pants **I-6**
**pantoufle** *f.* slipper **II-2**
**papeterie** *f.* stationery store **II-4**
**papier** *m.* paper **I-1**
  **corbeille à papier** *f.* wastebasket **I-1**
  **feuille de papier** *f.* sheet of paper **I-1**
**paquet** *m.* package **III-5**

**paquet cadeau** *m.* wrapped gift **I-6**
**par** *prep.* by, through; on **I-3**
  **par jour/semaine/mois/an** per day/week/month/year **I-5**
  **par rapport à** *prep.* compared to
  **par terre** on the ground **III-1**
**parabole** *f.* satellite dish **III-7**
**paraître** *v.* to seem, to appear
**parapente** *m.* paragliding **III-8**
**parapluie** *m.* umbrella **I-5**
**paroi** *f.* wall **III-3**
**parc** *m.* park **I-4**
  **parc d'attractions** *m.* amusement park **III-8**
**parce que** *conj.* because **I-2**
**parcourir** *v.* to go across **III-8**
**parcours** *m.* career
**Pardon.** Pardon (me). **I-1**
**Pardon?** What? **I-4**
**pare-brise** *m.* windshield **II-3**
**pare-chocs** *m.* bumper **II-3**
**pareil(le)** *adj.* similar **III-5**; alike **III-5**
**parent(e)** *m., f.* relative **III-6**
**parents** *m., pl.* parents **I-3**
**paresseux/paresseuse** *adj.* lazy **I-3**
**parfait(e)** *adj.* perfect **I-4**
**parfois** *adv.* sometimes **I-5, III-2**
**pari** *m.* bet **III-8**
**parking** *m.* parking lot **II-3**
**parler (à)** *v.* to speak (to) **I-6**;
  **se parler** *v.* to speak to one another **II-3**
  **parler (au téléphone)** *v.* to speak (on the phone) **I-2**
  **parler bas/fort** *v.* to speak loudly/softly **III-2**
**partage des richesses** *m.* distribution of wealth **III-5**
**partager** *v.* to share **I-2, III-1**
**parti politique** *m.* political party **III-4**
**partial(e)** *adj.* partial **III-3**; biased **III-3**
**particule** *f.* particle **III-7**
**partie** *f.* game **III-8**; match **III-8**
**partir** *v.* to leave **I-5, III-3**
  **à partir de** *prep.* from **III-1**
  **partir en vacances** *v.* to go on vacation **I-7**
**partisan** *m.* proponent **III-5**
**partout** *adv.* everywhere **III-2**
**parvenir à** *v.* to attain **III-5**; to achieve **III-5**
**pas (de)** *adv.* no, none **II-4**
  **ne… pas** no, not **I-2**
  **pas de problème** no problem **II-4**
  **pas du tout** not at all **I-2**
  **pas encore** not yet **I-8**
  **Pas mal.** Not badly. **I-1**
**passager/passagère** *m., f.* passenger **I-7, III-2**; *adj.* fleeting **III-1**

**passé** *m.* past **III-2**
**passeport** *m.* passport **I-7**
**passer** *v.* to pass by; to spend time **I-7, III-3**
   **passer (devant)** *v.* to go past **III-2**
   **passer chez quelqu'un** *v.* to stop by someone's house **I-4**
   **passer l'aspirateur** *v.* to vacuum **I-8**
   **passer un examen** *v.* to take an exam **I-2**
**passe-temps** *m.* pastime, hobby **1-5, III-6**
**passionnant(e)** *adj.* exciting **III-4**
**pâté (de campagne)** *m.* pâté, meat spread **II-1**
**paternel(le)** *adj.* paternal
**pâtes** *f., pl.* pasta **II-1**
**patiemment** *adv.* patiently **I-8, III-2**
**patient(e)** *m., f.* patient **II-2;** *adj.* patient **I-1**
**patienter** *v.* to wait (on the phone), to be on hold **II-5**
**patiner** *v.* to skate **I-4**
**patinoire** *f.* skating rink **III-8**
**pâtisserie** *f.* pastry shop, bakery, pastry **II-1**
**patrie** *f.* homeland **III-6**
**patrimoine culturel** *m.* cultural heritage **III-5**
**patron(ne)** *m., f.* boss
**patte** *f.* paw **III-4**
**pauvre** *adj.* poor **I-3, III-2;** unfortunate **III-2**
**pauvreté** *f.* poverty **III-9**
**payé (payer)** *p.p., adj.* paid **II-5**
   **être bien/mal payé(e)** *v.* to be well/badly paid **II-5**
**payer** *v.* to pay **I-5, III-1**
   **payer avec une carte de crédit** *v.* to pay with a credit card **II-4**
   **payer en liquide** *v.* to pay in cash **II-4**
   **payer par chèque** *v.* to pay by check **II-4**
**pays** *m.* country **I-7**
**paysage** *m.* landscape **III-10;** scenery **III-10**
**peau** *f.* skin **II-2**
**pêche** *f.* fishing **I-5;** peach **II-1**
   **aller à la pêche** *v.* to go fishing **I-5**
**pêcher** *v.* to fish **III-10**
**peigne** *m.* comb **II-2**
**peigner: se peigner** *v.* to comb **III-2**
**peinard(e)** *adj.* happy, tranquil, at ease (slang) **III-1**
**peine** *f.* sorrow; grief **III-1**
   **Ce n'est pas la peine que...** It is not worth the effort... **III-6**

**peintre/femme peintre** *m., f.* painter **II-7**
**peinture** *f.* painting **II-7**
**pendant (que)** *prep.* during, while **I-7**
   **pendant** (*with time expression*) *prep.* for **II-1**
   **pendant une heure (un mois, etc.)** *adv.* for an hour (a month, etc.) **III-3**
**pénible** *adj.* tiresome **I-3**
**penser (que)** *v.* to think (that) **I-2;** to intend to **III-8**
   **ne pas penser que...** to not think that... **II-7**
   **Qu'en penses-tu?** What do you think about that? **II-6**
**pension** *f.* benefits **III-6**
**pépinière** *f.* nursery **III-10**
**percevoir** *v.* to perceive **III-9**
**perdre** *v.* to lose **I-6, III-4**
   **perdre les élections** to lose elections **III-4**
   **perdre son temps** *v.* to lose/to waste time **I-6**
**perdu** *p.p., adj.* lost **I-4**
   **être perdu(e)** to be lost **II-4, III-2**
**père** *m.* father **I-3**
   **beau-père** *m.* father-in-law; stepfather **I-3**
**perle** *f.* pearl **III-10**
**permettre (de)** *v.* to allow (*to do something*) **I-6**
**permis (permettre)** *p.p., adj.* permitted, allowed **I-6**
**permis** *m.* permit; license **II-3**
   **permis de conduire** *m.* driver's license **II-3**
**persévérance** *f.* perserverance **III-5**
**personnage** *m.* character (in a story or play) **III-8**
   **personnage (principal)** *m.* (main) character **II-7**
**personne** *f.* person **I-1;** *pron.* no one **II-4**
   **ne... personne** nobody, no one **II-4**
**personnifier** *v.* to personify **III-4**
**perte** *f.* loss **III-9**
   **perte de l'individualité** *f.* loss of individuality **III-5**
**peser** *v.* to weigh **III-1**
**pessimiste** *adj.* pessimistic **I-1**
**pétanque** *f.* petanque **III-8**
**petit(e)** *adj.* small; short (*stature*) **I-3, III-2**
   **petit(e) ami(e)** *m., f.* boyfriend/ girlfriend **I-1**
**petit-déjeuner** *m.* breakfast **II-1**
**petite-fille** *f.* granddaughter **I-3, III-6**
**petit-fils** *m.* grandson **I-3, III-6**
**petits pois** *m., pl.* peas **II-1**
**petits-enfants** *m., pl.* grand-children **I-3**
**peu** *adv.* little; not much (of) **I-2, III-2**

**peu (de)** *m.* few **III-5;** a little (of) **III-5**
**peu mûr(e)** *adj.* immature **III-1**
**peuplé(e)** *adj.* populated **III-2**
   **(peu/très) peuplé(e)** *adj.* (sparsely/ densely) populated **III-2**
**peupler** *v.* to populate **III-2**
**peur** *f.* fear **I-2, III-4**
   **avoir peur (de/que)** *v.* to be afraid (of/that) **I-2, III-2**
   **de peur de** *prep.* for fear of **III-7**
   **de peur que** *conj.* for fear that **III-7**
   **vaincre ses peurs** to confront one's fears **III-8**
**peut-être** *adv.* maybe, perhaps **I-2, III-2**
**phares** *m., pl.* headlights **II-3**
**pharmacie** *f.* pharmacy **II-2**
**pharmacien(ne)** *m., f.* pharmacist **II-2**
**philosophie** *f.* philosophy **I-2**
**photo(graphie)** *f.* photo(graph) **I-3**
**photographe** *m., f.* photographer **III-3**
**physique** *f.* physics **I-2**
**piano** *m.* piano **II-7**
**pièce (de théâtre)** *f.* (theater) play **II-7, II-8**
**pièce** *f.* room **I-8**
**pièces de monnaie** *f., pl.* change **II-4**
**pied** *m.* foot **II-2**
**pierre** *f.* stone **II-6**
**piéton(ne)** *m., f.* pedestrian **III-2**
**pilule** *f.* pill **II-2**
**pique-nique** *m.* picnic **II-6**
**piquer** *v.* to steal (slang) **III-1**
**piqûre** *f.* shot, injection **II-2**
   **faire une piqûre** *v.* to give a shot **II-2**
**pire** *adj.* worse **II-1, III-7**
   **le/la pire** *super. adj.* the worst **II-1, III-1, III-7**
**pis** *adv.* worse **III-7**
   **le pis** *adv.* the worst **III-7**
**piscine** *f.* pool **I-4**
**placard** *m.* closet; cupboard **I-8**
**place** *f.* square; place; plaza **I-4, III-2;** *f.* seat **II-7**
**placer** *v.* to place **1**
**plage** *f.* beach **I-7**
**plaindre: se plaindre** *v.* to complain **III-2**
**plaire** *v.* to please **III-6**
**plaisir** *m.* pleasure, enjoyment **II-5**
   **faire plaisir à quelqu'un** *v.* to please someone **II-5**
**plan** *m.* map **I-7**
   **utiliser un plan** *v.* to use a map **I-7**
**planche à voile** *f.* windsurfing **I-5**
   **faire de la planche à voile** *v.* to go windsurfing **I-5**

**planète** *f.* planet **II-6**
  **sauver la planète** *v.* to save the planet **II-6**
**plainte: porter plainte** to file a complaint **III-7**
**plaire** *v.* to please **III-6**
**plante** *f.* plant **II-6**
**plastique** *m.* plastic **II-6**
  **emballage en plastique** *m.* plastic wrapping/packaging **II-6**
**plat (principal)** *m.* (main) dish **II-1**
**plein air** *m.* outdoor, open-air **II-6**
**plein(e)** *adj.* full **III-2**
**pleine forme** *f.* good shape, good state of health **II-2**
  **être en pleine forme** *v.* to be in good shape **II-2**
**pleurer** *v.* to cry **III-1**
**pleuvoir** *v.* to rain **I-5, III-3**
  **Il pleut.** It is raining. **I-5**
**plombier** *m.* plumber **II-5**
**plongée (sous-marine/avec tuba)** *f.* diving/snorkeling **III-10**
**plonger** *v.* to dive **III-1**
**plu (pleuvoir)** *p.p.* rained **I-6**
**pluie acide** *f.* acid rain **II-6, III-10**
**plupart** *f., pron.* most (of them) **III-4**
**plus** *adv.* (used in comparatives, superlatives, and expressions of quantity) more **I-4, III-7**
  **le/la plus …** *super. adv.* (used with adjective) the most **II-1**
  **le/la plus mauvais(e)** *super. adj.* the worst **II-1**
  **le plus** *super. adv.* (used with verb or adverb) the most **II-1**
  **le plus de…** (used with noun to express quantity) the most… **II-6**
  **le plus mal** *super. adv.* the worst **II-1**
  **ne… plus** no more, not anymore **II-4**
  **plus… que** (used with adjective) more… than **II-1**
  **plus de** more of **I-4**
  **plus de… que** (used with noun to express quantity) more… than **II-6**
  **plus mal** *comp. adv.* worse **II-1**
  **plus mauvais(e)** *comp. adj.* worse **II-1**
**plus mal** *adv.* worse **III-7**
**plusieurs** *adj.* several **I-4, III-4;** *pron.* several (of them) **III-4**
**plutôt** *adv.* rather **I-2**
**pneu (crevé)** *m.* (flat) tire **II-3**
  **vérifier la pression des pneus** *v.* to check the tire pressure **II-3**
**poème** *m.* poem **II-7**
**poésie** *f.* poem **III-9**
**poète/poétesse** *m., f.* poet **II-7**
**point** *m.* (punctuation mark) period **II-3**

**pointe: en pointe** *adv.* forward **III-8,** up front **III-8;**
  **de pointe** cutting edge **III-7**
**poire** *f.* pear **II-1**
**poisson** *m.* fish **I-3, III-10**
**poissonnerie** *f.* fish shop **II-1**
**poitrine** *f.* chest **II-1**
**poivre** *m.* (spice) pepper **II-1**
**poivron** *m.* (vegetable) pepper **II-1**
**polémique** *f.* controversy **III-5**
**police** *f.* police (force) **II-3, III-2**
  **agent de police** *m.* police officer **II-3, III-2**
  **commissaire (de police)** *m.* police commissioner **III-5**
  **commissariat de police** *m.* police station **II-4, III-2**
  **préfecture de police** *f.* police headquarters **III-2**
**policier** *m.* police officer **II-3**
  **film policier** *m.* detective film **II-7**
**policière** *f.* police officer **II-3**
**poliment** *adv.* politely **I-8, III-2**
**politique** *adj.* political **I-2**
  **femme politique** *f.* politician **II-5**
  **homme politique** *m.* politician **II-5**
  **sciences politiques (sciences po)** *f., pl.* political science **I-2**
**politique** *f.* policy; politics **III-4**
**polluer** *v.* to pollute **II-6, III-10**
**pollution** *f.* pollution **II-6, III-10**
  **nuage de pollution** *m.* pollution cloud **II-6**
**polyglotte** *adj.* multilingual **III-5**
**pomme de terre** *f.* potato **II-1**
**pomme** *f.* apple **II-1**
**pompier/femme pompier** *m., f.* firefighter **II-5**
**pont** *m.* bridge **II-4, III-2**
**population croissante** *f.* growing population **II-6**
**porc** *m.* pork **II-1**
**portable** *m.* cell phone **II-3, III-7**
**porte** *f.* door **I-1**
**porter** *v.* to carry; to wear **I-6;**
  **se porter mal/mieux** *v.* to be ill/better **II-2**
  **porter plainte** to file a complaint **III-7**
  **porter un toast (à quelqu'un)** to propose a toast (to someone) **III-8**
**portier/portière** *m., f.* bouncer, doorman **III-9**
**portière** *f.* car door **II-3**
**portrait** *m.* portrait **5**
**poser** *v.* to pose
  **poser sa candidature à/pour** to apply for **III-9**
  **poser un lapin (à quelqu'un)** to stand (someone) up **III-1**

**poser une question (à)** *v.* to ask (someone) a question **I-6**
**posséder** *v.* to possess, to own **I-5, III-1**
**possible** *adj.* possible **II-7, III-6**
  **Il est possible que…** It is possible that… **II-6**
**poste** *f.* postal service; post office **II-4**
  **bureau de poste** *m.* post office **II-4**
**poste** *m.* position **II-5, III-9,** job **III-9**
**poste de télévision** *m.* television set **II-3**
**poster une lettre** *v.* to mail a letter **II-4**
**postuler** *v.* to apply **II-5**
**potable** *adj.* drinkable **III-10**
**pote** *m., f.* friend, buddy **III-9**
**poulet** *m.* chicken **II-1**
**pour** *prep.* for **I-5, III-7;** in order to **III-7**
  **pour qui?** for whom? **I-4**
  **pour rien** for no reason **I-4**
  **pour que** *conj.* so that **II-7, III-7**
**pourboire** *m.* tip **I-4**
  **laisser un pourboire** *v.* to leave a tip **I-4**
**pourquoi?** *adv.* why? **I-2**
**pourtant** *adv.* though; however
**pourvu que** *conj.* provided that **III-7**
**pousser** *v.* to grow **III-10**
**poussière** *f.* dust **I-8**
  **enlever/faire la poussière** *v.* to dust **I-8**
**poussiéreux(-euse)** *adj.* dusty **III-7**
**pouvoir** *m.* power; *v.* to be able to, *v.* can **II-1, III-3**
  **Il se peut que…** It's possible that… **III-7**
  **pouvoir se regarder dans une glace** to be able to live with oneself **III-9**
**pratiquer** *v.* to play regularly, to practice **I-5**
**préavis** *m.* notice **III-2**
**précarité** *f.* insecurity of income **III-9**
**précisément** *adv.* precisely **III-2**
**prédire** *v.* to predict **III-5, III-7**
**préfecture de police** *f.* police headquarters **III-2**
**préférer** *v.* to prefer **III-1**
  **préférer (que)** *v.* to prefer (that) **I-5**
**préféré(e)** *adj.* favorite, preferred **I-2**
**préjugé** *m.* prejudice **III-5**
  **avoir des préjugés** to be prejudiced **III-5**
**premier** *m.* the first (day of the month) **I-5**

**C'est le 1er (premier) octobre.** It is October first. **I-5**
**premier/première** *adj.* first **I-2, III-2**
**première** *f.* premiere **III-3**
**prendre** *v.* to take **I-4, III-3**; to have **I-4, III-3**
 **prendre des mesures pour** to take action to
 **prendre sa retraite** *v.* to retire **I-6**
 **prendre un train/avion/taxi/ autobus/bateau** *v.* to take a train/plane/taxi/bus/boat **I-7**
 **prendre un congé** *v.* to take time off **II-5**
 **prendre une douche** *v.* to take a shower **II-2**
 **prendre (un) rendez-vous** *v.* to make an appointment **II-5**
 **prendre un verre** to have a drink **III-8**
**préparer** *v.* to prepare (for) **I-2**;
 **se préparer (à)** *v.* to get ready; to prepare (*to do something*) **II-2**
**près (de)** *prep.* close (to), near **I-3**
 **tout près (de)** very close (to) **II-4**
**présenter** *v.* to present, to introduce **II-7**
 **Je te présente...** *fam.* I would like to introduce... to you. **I-1**
 **Je vous présente...** *fam.,* form. I would like to introduce... to you. **I-1**
**préservation** *f.* protection **II-6**
**préserver** *v.* to preserve **II-6, III-10**
**président(e)** *m., f.* president **III-4**
**presque** *adv.* almost **I-2, III-3**
**presse** *f.* press **III-3**
 **liberté de la presse** *f.* freedom of the press **III-3**
 **presse à sensation** *f.* tabloid(s) **III-3**
**pressé(e)** *adj.* hurried **II-1**
**pression** *f.* pressure **II-3, III-9**
 **être sous pression** to be under pressure **III-9**
 **vérifier la pression des pneus** to check the tire pressure **II-3**
**prêt** *m.* loan **III-9**
 **demander un prêt** to apply for a loan **III-9**
 **obtenir un prêt** to secure a loan **III-9**
**prêt(e)** *adj.* ready **I-3**
**prétendre** *v.* to claim to **III-8**
**prêter (à)** *v.* to lend (to someone) **I-6**
**prévenir** *v.* to prevent **III-10**
 **prévenir l'incendie** *v.* to prevent a fire **II-6**
**prévoir** *v.* to predict
**prévu(e)** *adj.* foreseen **III-5**
**prime** *f.* bonus
**principal(e)** *adj.* main, principal **II-1**
 **personnage principal** *m.* main character **II-7**

**plat principal** *m.* main dish **II-1**
**principes** *m.* principles **III-5**
**printemps** *m.* spring **I-5**
 **au printemps** in the spring **I-5**
**pris (prendre)** *p.p., adj.* taken **I-6**
**prise de conscience** *f.* realization
**privé(e)** *adj.* private **III-2**
**prix** *m.* price **I-4**
**probable: peu probable** *adj.* unlikely **III-7**
**probablement** *adv.* probably **III-2**
**problème** *m.* problem **I-1**
**procédé** *m.* process
**prochain(e)** *adj.* next **I-2, III-2**; following **III-2**
**produire** *v.* to produce **I-6**
**produit (produire)** *p.p., adj.* produced **I-6**
**produit** *m.* product **II-6**
**professeur** *m.* teacher, professor **I-1**
**profession (exigeante)** *f.* (demanding) profession **II-5**
**professionnel(le)** *adj.* professional **II-5**
 **expérience professionnelle** *f.* professional experience **II-5**
**profit** *m.* benefit **III-9**
 **retirer un profit de** to get benefit out of **III-9**
**profiter (de)** *v.* to take advantage (of); to enjoy **II-7, III-9**; to benefit from **III-9**
**profondément** *adv.* profoundly **III-2**
**programme** *m.* program **II-7**
 **programme spatial** *m.* space program
**projet** *m.* project **II-5**
 **faire des projets** *v.* to make plans **II-5**
**projeter** *v.* to plan 1, **III-5**
**promenade** *f.* walk, stroll **I-5**
 **faire une promenade** *v.* to go for a walk **I-5**
**promener: se promener** *v.* to take a stroll/walk **II-2, III-8**
**promettre** *v.* to promise **I-6**
**promis (promettre)** *p.p., adj.* promised **I-6**
**promotion** *f.* promotion **II-5**
**promu(e): être promu(e)** to be promoted **III-9**
**proposer (que)** *v.* to propose (that) **II-6, III-6**
 **proposer une solution** *v.* to propose a solution **II-6**
**propre** *adj.* own **III-2**; clean **III-2, I-8**
**propriétaire** *m., f.* owner **I-8, III-9**; landlord/landlady **I-8**
**prospère** *adj.* successful **III-9**; flourishing **III-9**
**protecteur/protectrice** *adj.* protective **III-2**

**protection** *f.* protection **II-6**
**protégé(e)** *adj.* protected **III-10**
**protéger** *v.* to protect **I-5, III-10**
**protester** *v.* to protest **III-2**
**prouver** *v.* to prove **III-7**
**prudent(e)** *adj.* prudent **III-1**
**psychologie** *f.* psychology **I-2**
**psychologique** *adj.* psychological **II-7**
**psychologue** *m., f.* psychologist **II-5**
**pu (pouvoir)** *p.p.* (*used with infinitive*) was able to **II-1**
**public/publique** *adj.* public **III-2**
**publicité (pub)** *f.* advertisement **II-7, III-3**; advertising **III-3**
**publier** *v.* to publish **II-7, III-3**
**puce (électronique)** *f.* (electronic) chip **III-7**
**puis** *adv.* then **I-7**
**puiser** *v.* to draw from **III-10**
**puisque** *conj.* since
**puissant(e)** *adj.* powerful **III-4**
**pull** *m.* sweater **I-6**
**punir** *v.* to punish **III-6**
**punition** *f.* punishment **III-4**
**pur(e)** *adj.* pure **II-6, III-10**; clean **III-10**

### Q

**quand** *adv.* when **I-4**
 **C'est quand l'anniversaire de ...?** When is ...'s birthday? **I-5**
 **C'est quand ton/votre anniversaire?** When is your birthday? **I-5**
**quand** *conj.* when **III-7**
**quarante** *m.* forty **I-1**
**quart** *m.* quarter **I-2**
 **et quart** a quarter after... (o'clock) **I-2**
**quartier** *m.* area, neighborhood **I-8, III-2**
**quatorze** *m.* fourteen **I-1**
**quatre** *m.* four **I-1**
 **quatre-vingts** *m.* eighty **I-3**
**quatre-vingt-dix** *m.* ninety **I-3**
**quatrième** *adj.* fourth **I-7**
**que** *adv.* only **II-4**
 **ne... que** only **II-4**
**que/qu'** *rel. pron.* that; which **II-3, III-9**; *conj.* than **II-1, II-6**
 **plus/moins ... que** (*used with adjective*) more/less ... than **II-1**
 **plus/moins de ... que** (*used with noun to express quantity*) more/less ... than **II-6**
**que/qu'...?** *interr. pron.* what? **I-4**
 **Qu'en penses-tu?** What do you think about that? **II-6**

**Qu'est-ce que c'est?** What is it? **I-1**

**Qu'est-ce qu'il y a?** What is it?; What's wrong? **I-1**

**québécois(e)** *adj.* from Quebec **I-1**

**quel(le)(s)?** *interr. adj.* which? **I-4**; what? **I-4**

**À quelle heure?** What time?; When? **I-2**

**Quel jour sommes-nous?** What day is it? **I-2**

**Quelle est la date?** What is the date? **I-5**

**Quelle est ta nationalité?** *fam.* What is your nationality? **I-1**

**Quelle est votre nationalité?** *form.* What is your nationality? **I-1**

**Quelle heure avez-vous?** *form.* What time do you have? **I-2**

**Quelle heure est-il?** What time is it? **I-2**

**Quelle température fait-il?** (*weather*) What is the temperature? **I-5**

**Quel temps fait-il?** What is the weather like? **I-5**

**quelqu'un** *pron.* someone **II-4, III-4**

**quelque** *adj.* some **III-4**

**quelque chose** *m.* something; anything **I-4, III-4**

**Quelque chose ne va pas.** Something's not right. **I-5**

**quelque part** *adv.* somewhere **III-2**

**quelquefois** *adv.* sometimes **I-8, III-2**

**quelques-un(e)s** *pron.* some **I-4, III-4**, a few (of them) **III-4**

**question** *f.* question **I-6**

**poser une question (à)** to ask (*someone*) a question **I-6**

**queue** *f.* line **II-4**

**faire la queue** *v.* to wait in line **II-4**

**qui** *rel. pron.* who **III-9**; whom **III-9**; that **III-9**

**qui?** *interr. pron.* who? **I-4**; whom? **I-4**; *rel. pron.* who, that **II-3**

**à qui?** to whom? **I-4**

**avec qui?** with whom? **I-4**

**C'est de la part de qui?** On behalf of whom? **II-5**

**Qui est à l'appareil?** Who's calling, please? **II-5**

**Qui est-ce?** Who is it? **I-1**

**quinze** *m.* fifteen **I-1**

**quitter (la maison)** *v.* to leave (the house) **I-4, III-1**; to leave behind **III-5**;

**se quitter** *v.* to leave one another **II-3**

**Ne quittez pas.** Please hold. **II-5**

**quitter quelqu'un** to leave someone **III-1**

**quoi?** *interr. pron.* what? **I-1**

**Il n'y a pas de quoi.** It's nothing.; You're welcome. **I-1**

**quoi que ce soit** whatever it may be **II-5**

**quoique** *conj.* although **III-7**

**quotidien(ne)** *adj.* daily **III-2**

---

## R

**rabat-joie** *m.* killjoy **III-8**, party pooper **III-8**

**raccrocher** *v.* to hang up **II-5**

**racine** *f.* root **III-6**

**raconter (une histoire)** *v.* to tell (a story) **III-9**

**radio** *f.* radio **II-7, III-3**

**à la radio** on the radio **II-7**

**animateur/animatrice de radio** *m., f.* radio presenter **III-3**

**station de radio** *f.* radio station **III-3**

**raffermi(e)** *adj.* strengthened **III-10**

**raffoler de** *v.* to be crazy about **III-5**

**raide** *adj.* straight **I-3**

**raisin** *m.* grape **III-6**

**raisin sec** *m.* raisin **III-6**

**raison** *f.* reason; right **I-2**

**avoir raison** *v.* to be right **I-2**

**ramassage des ordures** *m.* garbage collection **II-6**

**rame de métro** *f.* subway train **III-2**

**randonnée** *f.* hike **I-5**

**faire une randonnée** *v.* to go for a hike **I-5**

**ranger** *v.* to tidy up, to put away **I-8, III-1**

**rapide** *adj.* fast **I-3**

**rapidement** *adv.* rapidly **I-8**

**rappeler** *v.* to recall 1; to call back **III-1**

**rapport** *m.* relation **III-6**

**rarement** *adv.* rarely **I-5, III-2**

**raser: se raser** *v.* to shave **II-2, III-2**

**rasoir** *m.* razor **II-2**

**rassembler** *v.* to gather **III-2**

**rassurer: se rassurer** *v.* to reassure oneself **III-2**

**ravi(e)** *adj.* delighted **III-6**

**ravissant(e)** *adj.* beautiful; delightful **II-5**

**réagir** *v.* to react

**réalisateur/réalisatrice** *m., f.* director (*of a movie*) **II-7, III-3**

**réaliser (un rêve)** *v.* to fulfill (a dream) **III-5**

**rebelle** *adj.* rebellious **III-6**

**reboisement** *m.* reforestation

**récemment** *adv.* recently **III-3**

**récent(e)** *adj.* recent **II-7**

**réception** *f.* reception desk **I-7**

**recettes et dépenses** *f.* receipts and expenses **III-9**

**recevoir** *v.* to receive **II-4, III-3**

**réchauffement climatique** *m.* global warming **III-10**

**réchauffement de la Terre** *m.* global warming **II-6**

**recherche** *f.* research **III-7**

**recherche appliquée** *f.* applied research **III-7**

**recherche fondamentale** *f.* basic research **III-7**

**rechercher** *v.* to search for, to look for **II-5**

**récif de corail** *m.* coral reef **III-10**

**récolte** *f.* harvest **III-10**

**récolter** *v.* to harvest **III-10**

**recommandation** *f.* recommendation **II-5**

**recommander** *v.* to recommend **III-6**

**recommander (que)** *v.* to recommend (that) **II-6**

**recomposer (un numéro)** *v.* to redial (a number) **II-3**

**réconcilier: se réconcilier** *v.* to make up **II-7**

**reconnaître** *v.* to recognize **I-8, III-6**

**reconnu (reconnaître)** *p.p., adj.* recognized **I-8**

**reçu (recevoir)** *p.p., adj.* received **I-7**; *m.* receipt **II-4**

**être reçu(e) à un examen** to pass an exam **I-2**

**récupérer** *v.* to recover; to rest **III-9**

**recyclage** *m.* recycling **II-6**

**recycler** *v.* to recycle **II-6**

**rédacteur/rédactrice** *m., f.* editor **III-3**

**redémarrer** *v.* to restart, to start again **II-3**

**redoubtable** *adj.* formidable **III-3**

**réduire** *v.* to reduce **I-6**

**réduit (réduire)** *p.p., adj.* reduced **I-6**

**référence** *f.* reference **II-5**

**réfléchir (à)** *v.* to think (about), to reflect (on) **I-4**

**refuser (de)** *v.* to refuse (*to do something*) **II-3**

**regarder** *v.* to watch **I-2, III-8**;

**se regarde** *v.* to look at oneself; to look at each other **II-2**

**Ça ne nous regarde pas.** That has nothing to do with us.; That is none of our business. **II-6**

**régime** *m.* diet **II-1**

**être au régime** *v.* to be on a diet **II-1**

**régime totalitaire** *m.* totalitarian regime **III-4**

**région** *f.* region **II-6**

**règle** *f.* rule **III-5**

**régler** *v.* to adjust **III-7**

**regretter (que)** *v.* to regret (that) **II-6, III-6**

**réitérer** *v.* to reiterate **III-2**

**rejeter** *v.* to reject **III-1, III-5**

**rejoindre** *v.* to join **III-1**

**relation** *f.* relationship **III-1, III-6**
  **avoir des relations** to have connections **III-9**
**relever: se relever** *v.* to get up again **II-2**
**rembourser** *v.* to reimburse **III-9**
**remercier** *v.* to thank **III-6**
**remplacer** *v.* to replace **II-1**
**remplir (un formulaire)** *v.* to fill out (a form) **II-4**
**remuer** *v.* to move **III-10**
**rémunérer** *v.* to pay
**rencontrer** *v.* to meet **I-2;**
  **se rencontrer** *v.* to meet one another, to make each other's acquaintance **II-3**
**rendez-vous** *m.* date; appointment **I-6, III-1**
  **prendre (un) rendez-vous** *v.* to make an appointment **II-5**
**rendre (à)** *v.* to give back, to return (to) **I-6**
  **rendre visite (à)** *v.* to visit **I-6**
  **se rendre compte de** *v.* to realize **II-2, III-2**
**se rendormir** *v.* to go back to sleep **III-9**
**renouvelable** *adj.* renewable **III-10**
**renouveler** *v.* to renew **III-1**
**rentrer (à la maison)** *v.* to return (home) **I-2, III-3**
  **rentrer (dans)** *v.* to hit **II-3**
**renverser** *v.* to overthrow **III-4**
**renvoyer** *v.* to dismiss, to let go **II-5**
**réparer** *v.* to repair **II-3**
**repartir** *v.* to go back **II-7**
**repas** *m.* meal **II-1**
**repasser** *v.* to take again **II-7**
  **repasser (le linge)** *v.* to iron (the laundry) **I-8**
  **fer à repasser** *m.* iron **I-8**
**répéter** *v.* to repeat; to rehearse **I-5, III-1**
**répondeur (téléphonique)** *m.* answering machine **II-3**
**répondre (à)** *v.* to respond, to answer (to) **I-6**
**reportage** *m.* news report **III-3**
**reporter** *m.* reporter (male or female) **III-3**
**reposer: se reposer** *v.* to rest **II-2, III-2**
**repousser les limites** to push boundaries **III-7**
**reprendre** *v.* to pick up again; to resume
**requin** *m.* shark **III-10**
**réseau (social)** *m.* (social) network **II-3, III-3**
**réservation** *f.* reservation **I-7**
  **annuler une réservation** *v.* to cancel a reservation **I-7**
**réservé(e)** *adj.* reserved **I-1**
**réserver** *v.* to reserve **I-7**
**réservoir d'essence** *m.* gas tank **II-3**

**résidence universitaire** *f.* dorm **I-8**
**résoudre** *v.* to solve **III-10**
**respecter** *v.* to respect **III-6**
**respirer** *v.* to breathe **III-10**
**responsabilité** *f.* responsibility **III-1**
**ressembler (à)** *v.* to resemble **III-6**, to look like **III-6**
**ressentir** *v.* to feel **III-1**
**ressource** *f.* resource **III-10**
**ressource naturelle** *f.* natural resource **II-6**
**restaurant** *m.* restaurant **I-4**
  **restaurant universitaire (resto U)** *m.* university cafeteria **I-2**
**rester** *v.* to stay **I-7, III-3**
**résultat** *m.* result **I-2**
**retenir** *v.* to keep, to retain **II-1;** to hold something back **III-7**
**retirer (de l'argent)** *v.* to withdraw (money) **II-4;** to take off **III-9**
  **retirer (un profit, un revenu) de** to get (benefit, income) out of **III-9**
**retourner** *v.* to return **I-7, III-3;**
  **se retourner** *v.* to turn over **III-10**
**retournement** *m.* turnaround, change of heart **III-6**
**retraite** *f.* retirement **I-6**
  **prendre sa retraite** *v.* to retire **I-6**
  **retraité(e)** *m., f.* retired person **II-5**
**retransmettre** *v.* to broadcast **III-3**
**retransmission** *f.* broadcast **III-7**
**retrouver** *v.* to find (again); to meet up with **I-2;**
  **se retrouver** *v.* to meet one another (*as planned*) **II-3**
**rétroviseur** *m.* rear-view mirror **II-3**
**réunion** *f.* meeting **II-5, III-9**
**réunir: se réunir** *v.* to get together **III-2**
**réussir (à)** *v.* to succeed (*in doing something*) **I-4, III-7**
**réussite** *f.* success **II-5, III-9**
**revanche** *f.* revenge **III-8**
**rêve** *m.* dream **III-5**
**réveil** *m.* alarm clock **II-2**
**réveiller: se réveiller** *v.* to wake up **II-2, III-2**
**revendication** *f.* demand **III-9**
**revendiquer** *v.* to demand **III-5**
**revenir** *v.* to come back **II-1, III-3**
**revenu** *m.* income **III-9**
  **retirer un revenu de** to get income out of **III-9**
**rêver (de)** *v.* to dream about **II-3, III-1**
**rêveur/rêveuse** *adj.* full of dreams **III-2**
**revoir** *v.* to see again **II-7, III-9**
  **Au revoir.** Good-bye. **I-1**
**révolter: se révolter** *v.* to rebel **III-4**

**révolutionnaire** *adj.* revolutionary **III-7**
**revu (revoir)** *p.p.* seen again **II-7**
**rez-de-chaussée** *m.* ground floor **I-7**
**rhume** *m.* cold **II-2**
**ri (rire)** *p.p.* laughed **I-6**
**richesses** *f.* wealth **III-5**
  **partage des richesses** *m.* distribution of wealth **III-5**
**rideau** *m.* curtain **I-8**
**rien** *m.* nothing **II-4**
  **De rien.** You're welcome. **I-1**
  **ne… rien** nothing, not anything **II-4**
  **ne servir à rien** *v.* to be good for nothing **II-1**
**rigoler** *v.* to joke (about) **III-4**
**rire** *v.* to laugh **I-6, III-3**
**rivière** *f.* river **II-6, III-10**
**riz** *m.* rice **II-1**
**robe** *f.* dress **I-6**
  **robe de mariée** *f.* wedding gown **III-6**
  **robe de soirée** *f.* evening gown **III-8**
**roche** *f.* rock **III-8**
**rôle** *m.* part, role **II-6, III-3**
  **jouer un rôle** *v.* to play a role **II-7**
**roman** *m.* novel **II-7**
**rompre** *v.* to break up **III-1**
**rond-point** *m.* rotary **III-2;** roundabout **III-2**
**rose** *adj.* pink **I-6**
**roue (de secours)** *f.* (emergency) tire **II-3**
**rouge** *adj.* red **I-6**
**rouler (en voiture)** *v.* to drive **I-7, III-2**
**route** *f.* road
**roux/rousse** *adj.* red-haired **III-2**
**rubrique société** *f.* lifestyle section **III-3**
**ruche** *f.* beehive **III-10**
**rue** *f.* street **II-3, III-2**
  **suivre une rue** *v.* to follow a street **II-4**
**ruelle** *f.* alleyway **III-7**
**ruisseau** *m.* stream **III-10**
**rupture** *f.* breakup

<br>

## S

**S'il te plaît.** *fam.* Please. **I-1**
**S'il vous plaît.** *form.* Please. **I-1**
**sa** *poss. adj., f., sing.* his; her; its **I-3**
**sable** *m.* sand
**sac** *m.* bag **I-1**
  **sac à dos** *m.* backpack **I-1**
  **sac à main** *m.* purse, handbag **I-6**
**sacré(e): un(e) sacré(e)…** *adj.* a heck of a… **III-1**
**sain(e)** *adj.* healthy **II-2**
**saison** *f.* season **I-5**
**salade** *f.* salad **II-1**

**salaire (élevé/modeste)** *m.* (high/low) salary **II-5, III-9**
   **augmentation de salaire** *f.* raise in salary **II-5**
   **salaire minimum** *m.* minimum wage **III-9**
**sale** *adj.* dirty **I-8**
**salir** *v.* to soil, to make dirty **I-8**
**salle** *f.* room **I-8**
   **salle à manger** *f.* dining room **I-8**
   **salle de bains** *f.* bathroom **I-8**
   **salle de classe** *f.* classroom **I-1**
   **salle de séjour** *f.* living/family room **I-8**
**salon** *m.* formal living room, sitting room **I-8**
   **salon de beauté** *m.* beauty salon **II-4**
**Salut!** Hi!; Bye! **I-1**
**samedi** *m.* Saturday **I-2**
**sandwich** *m.* sandwich **I-4**
**sans** *prep.* without **I-8, III-7**
   **sans doute** *adv.* no doubt **III-2**
   **sans que** *conj.* without **II-7, III-7**
**santé** *f.* health **II-2**
   **être en bonne/mauvaise santé** *v.* to be in good/bad health **II-2**
**saucisse** *f.* sausage **II-1**
**sauf** *adv.* except **III-8**
**saumon** *m.* salmon **III-6**
**saut à l'élastique** *m.* bungee jumping **III-8**
**sauter** *v.* to jump **III-8**
**sauvegarder** *v.* to save **II-3, III-7**
**sauver (la planète)** *v.* to save (the planet) **II-6, III-4**
**sauvetage des habitats** *m.* habitat preservation **II-6**
**savoir** *v.* to know (*facts*), to know how to do something **I-8, III-3**
   **savoir (que)** *v.* to know (that) **II-7**
   **Je n'en sais rien.** I don't know anything about it. **II-6**
**savon** *m.* soap **II-2**
**scandale** *m.* scandal **III-4**
**sciences** *f., pl.* science **I-2**
   **sciences politiques (sciences po)** *f., pl.* political science **I-2**
**scientifique** *m., f.* scientist **III-7**
**sculpteur/femme sculpteur** *m., f.* sculptor **II-7**
**sculpture** *f.* sculpture **II-7**
**se/s'** *pron., sing., pl.* (*used with reflexive verb*) himself; herself; itself; **II-2** (*used with reciprocal verb*) each other **II-3**
**séance** *f.* show; screening **II-7**
**sec/sèche** *adj.* dry **III-10**
**sèche-linge** *m.* clothes dryer **I-8**
**sécher: se sécher** *v.* to dry oneself **II-2**
**sécheresse** *f.* drought **III-10**
**secours** *m.* help **II-3**
   **Au secours!** Help! **II-3**

**sécurité** *f.* security **III-4**, safety **III-4**
   **attacher sa ceinture de sécurité** *v.* to buckle one's seatbelt **II-3**
**séduire** *v.* to seduce **III-3**; to captivate **III-3**
**séduisant(e)** *adj.* attractive **III-1**
**seize** *m.* sixteen **I-1**
**séjour** *m.* stay **I-7**
   **faire un séjour** *v.* to spend time (*somewhere*) **I-7**
   **salle de séjour** *f.* living room **I-8**
**sel** *m.* salt **II-1**
**semaine** *f.* week **I-2**
   **cette semaine** this week **I-2**
**sembler** *v.* to appear to **III-8**
   **Il semble que…** It seems that… **III-7**
**sénégalais(e)** *adj.* Senegalese **I-1**
**sens figuré/littéral** *m.* figurative/literal sense **III-10**
**sensibiliser** *v.* to increase awareness **III-3**
**sensible** *adj.* sensitive **III-1**
**sentier** *m.* path **II-6**
**sentir bon/mauvais** *v.* to smell good/bad **III-2**
**sentir** *v.* to feel; to smell; to sense **I-5**;
   **se sentir** *v.* to feel **II-2**
**séparé(e)** *adj.* separated **I-3**
**sept** *m.* seven **I-1**
**septembre** *m.* September **I-5**
**septième** *adj.* seventh **I-7**
**sérieux/sérieuse** *adj.* serious **I-3**
**serpent** *m.* snake **II-6**
**serre** *f.* greenhouse **II-6**
   **effet de serre** *m.* greenhouse effect **II-6**
**serré(e)** *adj.* tight **I-6**
**serveur/serveuse** *m., f.* server **I-4**
**serviette** *f.* napkin **II-1**
   **serviette (de bain)** *f.* (bath) towel **II-2**
**servir** *v.* to serve **I-5, III-2**;
   **se servir de** *v.* to use **III-2**
**ses** *poss. adj., m., f., pl.* his; her; its **I-3**
**seul(e)** *adj.* only **III-2**; alone **III-2, III-5**
**seulement** *adv.* only **I-8**
**shampooing** *m.* shampoo **II-2**
**shopping** *m.* shopping **I-7**
   **faire du shopping** *v.* to go shopping **I-7**
**short** *m., sing.* shorts **I-6**
**si** *adv.* (*when contradicting a negative statement or question*) yes **I-2**
**si** *conj.* if **II-5, III-7**
**siffler** *v.* to whistle (at) **III-8**
**sifflet** *m.* whistle **III-8**
**signer** *v.* to sign **II-4**
**sincère** *adj.* sincere **I-1**

**singe** *m.* monkey **III-10**
**site Internet/web** *m.* web site **II-3, III-3**
**six** *m.* six **I-1**
**sixième** *adj.* sixth **I-7**
**sketch** *m.* skit **III-2**
**ski** *m.* skiing **I-5, III-8**
   **faire du ski** *v.* to go skiing **I-5**
   **station de ski** *f.* ski resort **I-7**
   **ski alpin/de fond** *m.* downhill/cross-country skiing **III-8**
**skier** *v.* to ski **I-5**
**slip** *m.* underpants (for males) **III-8**
**smartphone** *m.* smartphone **II-3**
**SMS** *m.* text message **II-3**
**sociable** *adj.* sociable **I-1**
**société de consommation** *f.* consumer society **III-3**
**sociologie** *f.* sociology **I-1**
**sœur** *f.* sister **I-3**
   **belle-sœur** *f.* sister-in-law **I-3**
   **demi-sœur** *f.* half-sister, stepsister **I-3**
**soie** *f.* silk **II-4**
**soif** *f.* thirst **I-4**
   **avoir soif** *v.* to be thirsty **I-4**
**soigner** *v.* to treat **III-7**; to look after (someone) **III-7**
**soin** *m.* care
**soir** *m.* evening **I-2**
   **ce soir** *adv.* this evening **I-2**
   **demain soir** *adv.* tomorrow evening **I-2**
   **du soir** *adv.* in the evening **I-2**
   **hier soir** *adv.* yesterday evening **I-7**
**soirée** *f.* evening **I-2**
**sois (être)** *imp. v.* be **I-2**
**soixante** *m.* sixty **I-1**
**soixante-dix** *m.* seventy **I-3**
**solaire** *adj.* solar **II-6**
   **énergie solaire** *f.* solar energy **II-6**
**soldat** *m.* soldier **III-1**
**soldes** *f., pl.* sales **I-6**
**soleil** *m.* sun **I-5, III-10**
   **Il fait (du) soleil.** It is sunny. **I-5**
**solliciter** *v.* to solicit **III-2**
   **solliciter un emploi** to apply for a job **III-9**
**solution** *f.* solution **II-6**
   **proposer une solution** *v.* to propose a solution **II-6**
**sommeil** *m.* sleep **I-2**
   **avoir sommeil** *v.* to be sleepy **I-2**
**somnoler** *v.* to doze off **III-6**
**son** *poss. adj., m., sing.* his; her; its **I-3**
**sonner** *v.* to ring **II-3**; to strike; to sound
**sorcier/sorcière** *m., f.* magician, wizard **III-7**
**sorte** *f.* sort, kind **II-7**
**sortie** *f.* exit **I-7**
   **sortie dans l'espace** *f.* space walk **III-7**

**sortir** *v.* to go out, to leave **I-5;** to take out **I-8**
  **s'en sortir** to make it **III-9**
  **sortir avec** *v.* to go out with **III-1**
  **sortir la/les poubelle(s)** *v.* to take out the trash **I-8**
  **sortir un film** to release a movie **III-3**
**sou** *m.* penny **III-9**
**soucier: se soucier (de quelque chose)** *v.* to care (about something) **III-10**
**soudain** *adv.* suddenly **I-8, III-2**
**souffert (souffrir)** *p.p.* suffered **II-3**
**souffler** *v.* to blow **III-8**
**souffrir** *v.* to suffer **II-3, III-4**
**souhaiter (que)** *v.* to wish (that) **II-6;** to hope **III-6;** to wish to **III-8**
**soulager** *v.* to relieve
**soûler** *v.* to bug **III-6;** to talk to death **III-6**
**soulever** *v.* to raise
**souliers** *m.* shoes **III-8**
**soumis(e)** *adj.* submissive **III-6**
**soupe** *f.* soup **I-4**
  **cuillère à soupe** *f.* soupspoon **II-1**
**source** *f.* (aquatic) stream **III-10**
  **source d'énergie** *f.* energy source **III-10**
**sourd(e)** *adj.* deaf **III-5**
**sourire** *v.* to smile **I-6;** *m.* smile **II-4**
**souris** *f.* mouse **II-3**
**sous** *prep.* under **I-3**
**sous-sol** *m.* basement **I-8**
**sous-titres** *m.* subtitles **III-3**
**sous-vêtement** *m.* underwear **I-6**
**soutenir (une cause)** *v.* to support (a cause) **III-3, III-5**
**soutien** *m.* support **III-2**
**souvenir: se souvenir de** *v.* to remember **II-2, III-2**
**souvent** *adv.* often **I-5, III-2**
**soyez (être)** *imp. v.* be **I-7**
**soyons (être)** *imp. v.* let's be **I-7**
**spécialisé(e)** *adj.* specialized **III-7**
**spécialiste** *m., f.* specialist **II-5**
**spectacle** *m.* show **I-5, III-8;** performance **III-8**
**spectateur/spectatrice** *m., f.* spectator **II-7, III-8**
**sport** *m.* sport(s) **I-5**
  **faire du sport** *v.* to do sports **I-5**
**sportif/sportive** *adj.* athletic **I-3**
**spot publicitaire** *m.* advertisement **III-3**
**stade** *m.* stadium **I-5**
**stage** *m.* internship; professional training **II-5**
  **stage (rémunéré)** *m.* (paid) training course
**stagiaire** *m., f.* trainee
**station (de métro)** *f.* (subway) station **I-7, III-2**
  **station de ski** *f.* ski resort **I-7**

**station de métro** *f.* subway station **III-2**
**station de radio** *f.* radio station **III-3**
**station-service** *f.* service station **II-3**
**station spatiale** *f.* space station **II-4**
**statue** *f.* statue **II-4**
**steak** *m.* steak **II-1**
**stimulant(e)** *adj.* challenging **III-9**
**stratégie commerciale** *f.* marketing strategy
**strict(e)** *adj.* strict **III-6**
**studio** *m.* studio (*apartment*) **I-8**
**stylisme** *m.*
  **de mode** *f.* fashion design **I-2**
**stylo** *m.* pen **I-1**
**su (savoir)** *p.p.* known **I-8**
**sucre** *m.* sugar **I-4**
**sud** *m.* south **II-4**
**suggérer (que)** *v.* to suggest (that) **II-6, III-6**
**suisse** *adj.* Swiss **I-1**
**Suisse** *f.* Switzerland **I-7**
**suivre (un chemin/une rue/un boulevard)** *v.* to follow (a path/a street/a boulevard) **II-4**
**suivre** *v.* to follow **III-3**
**sujet** *m.* subject **II-6**
  **au sujet de** on the subject of; about **II-6**
**supérette** *f.* mini-market **III-6**
**superficie** *f.* surface area **III-10;** territory **III-10**
**supermarché** *m.* supermarket **II-1**
**supplice** *m.* torture
**supporter (de)** *m.* fan, supporter **III-8;** *v.* to bear, to put up with **III-6, III-10**
**supposer** *v.* to assume **III-5**
**supposition** *f.* assumption **III-5**
**sur** *prep.* on **I-3, III-5**
**sûr(e)** *adj.* safe **III-2;** sure, certain **II-1, III-7**
  **bien sûr** of course **I-2**
  **Il est sûr que…** It is sure that… **II-7**
  **Il n'est pas sûr que…** It is not sure that… **II-7**
**sûrement** *adv.* surely **III-3**
**sûreté publique** *f.* public safety **III-4**
**surfer sur Internet/le web** to search the Web **II-3, III-3**
**surmonter** *v.* to overcome **III-6**
**surnom** *m.* nickname **III-6**
**surpeuplé(e)** *adj.* overpopulated **III-5**
**surpopulation** *f.* overpopulation **II-6, III-5**
**surprenant(e)** *adj.* surprising **III-6**
**surpris (surprendre)** *p.p., adj.* surprised **I-6**
  **être surpris(e) que…** *v.* to be surprised that… **II-6**

**faire une surprise à quelqu'un** *v.* to surprise someone **I-6**
**surtout** *adv.* especially; above all **I-2, III-2**
**surveiller** *v.* to keep an eye on **III-8**
**survie** *f.* survival **III-7**
**survivre** *v.* to survive **III-6**
**sympa(thique)** *adj.* nice **I-1**
**symptôme** *m.* symptom **II-2**
**syndicat** *m.* (*trade*) union **II-5, III-9**
**système féodal** *m.* feudal system **III-4**

### T

**ta** *poss. adj., f., sing.* your **I-3**
**table** *f.* table **I-1**
  **À table!** Let's eat! Food is ready! **II-1**
  **débarrasser la table** *v.* to clear the table **I-8**
  **mettre la table** *v.* to set the table **I-8**
**tableau** *m.* blackboard; picture **I-1;** *m.* painting **II-7, III-8**
**tablette (tactile)** *f.* tablet computer **II-3**
**tâche** *f.* task **III-9**
  **tâche ménagère** *f.* household chore **I-8**
**taille** *f.* size; waist **I-6**
  **de taille moyenne** of medium height **I-3**
**tailleur** *m.* (*woman's*) suit; tailor **I-6**
**taire: se taire** *v.* to be quiet **III-1, III-2, III-7**
**talons (aiguilles)** *m.* (stiletto) heels **III-8**
**tant de…** *adv.* so many…
  **tant que** *conj.* as long as **III-7**
**tante** *f.* aunt **I-3**
**taper** *v.* to hit **III-9**
**tapis** *m.* rug **I-8**
**taquiner** *v.* to tease **III-9**
**tard** *adv.* late **I-2, III-2**
  **À plus tard.** See you later. **I-1**
**tare** *f.* defect **III-4**
**tarte** *f.* pie; tart **II-1**
**tas de** *m.* a lot of **III-5**
**tasse (de)** *f.* cup (of) **I-4, III-5**
**taxe** *f.* tax **III-9**
**taxi** *m.* taxi **I-7**
  **prendre un taxi** *v.* to take a taxi **I-7**
**te/t'** *pron., sing., fam.* you **I-7;** yourself **II-2**
**tee-shirt** *m.* tee shirt **I-6**
**tel(le)** *adj.* such a(n) **III-4, III-5**
**télécarte** *f.* phone card **II-5**
**télécharger** *v.* to download **II-3, III-7**
**télécommande** *f.* remote control **II-3**
**téléphone** *m.* telephone **I-2**
  **parler au téléphone** *v.* to speak on the phone **I-2**

**téléphone portable** *m.* cell phone **III-7**

**téléphoner (à)** *v.* to telephone (*someone*) **I-2;**

**se téléphoner** *v.* to phone one another **II-3**

**téléphonique** *adj.* (*related to the*) telephone **II-4**

**cabine téléphonique** *f.* phone booth **II-4**

**télescope** *m.* telescope **III-7**

**téléspectateur/téléspectatrice** *m.,* *f.* television viewer **III-3**

**télévision** *f.* television **I-1**

**à la télé(vision)** on television **II-7**

**chaîne (de) télévision** *f.* television channel **II-3**

**tellement** *adv.* so much **I-2**

**Je n'aime pas tellement...** I don't like… very much. **I-2**

**témoigner de** *v.* to be witness to **III-5**

**témoin** *m.* witness **III-5;** witness **III-6;** best man **III-6;** maid of honor **III-6**

**température** *f.* temperature **I-5**

**Quelle température fait-il?** What is the temperature? **I-5**

**temps** *m. sing.* time **I-5, III-2**

**de temps en temps** *adv.* from time to time **I-8, III-2**

**emploi à mi-temps/à temps partiel** *m.* part-time job **II-5**

**emploi à plein temps** *m.* full-time job **II-5**

**temps de travail** *m.* work schedule **III-9**

**temps libre** *m.* free time **I-5**

**temps** *m., sing.* weather **I-5**

**Il fait un temps épouvantable.** The weather is dreadful. **I-5**

**Le temps est nuageux.** It is cloudy. **I-5**

**Le temps est orageux.** It is stormy. **I-5**

**Quel temps fait-il?** What is the weather like? **I-5**

**tenace** *adj.* tenacious **III-10**

**tendresse** *f.* affection

**tendu(e)** *adj.* tense **III-6**

**Tenez! (tenir)** *imp. v.* Here! **II-1**

**tenir** *v.* to hold **II-1, III-4**

**tennis** *f.* sneakers **III-8,** tennis shoes **III-8**

**tennis** *m.* tennis **I-5**

**tenter** *v.* to attempt **III-8;** to tempt **III-8**

**se terminer** *v.* to end **III-9**

**terrain (de foot)** *m.* (soccer) field **III-8**

**terrasse (de café)** *f.* (café) terrace **I-4**

**Terre** *f.* Earth **II-6**

**réchauffement de la Terre** *m.* global warming **II-6**

**terre** *f.* land **III-10**

**terrorisme** *m.* terrorism **III-4**

**terroriste** *m., f.* terrorist **III-4**

**tes** *poss. adj., m., f., pl.* your **I-3**

**tête** *f.* head **II-2**

**texto** *m.* text message **II-3**

**thé** *m.* tea **I-4**

**théâtre** *m.* theater **II-7, III-8**

**théorie** *f.* theory **III-7**

**thon** *m.* tuna **II-1**

**ticket de bus/métro** *m.* bus/subway ticket **I-7**

**ticket** *m.* ticket **III-8**

**Tiens! (tenir)** *imp. v.* Here! **II-1**

**tigre** *m.* tiger **III-10**

**timbre** *m.* stamp **II-4**

**timide** *adj.* shy **I-1, III-1**

**tiret** *m.* (*punctuation mark*) dash; hyphen **II-3**

**tiroir** *m.* drawer **I-8**

**titre** *m.* headline **III-3**

**toi** *disj. pron., sing., fam.* you **I-3**

**toi** *refl. pron., sing., fam.* (*attached to imperative*) yourself **II-2**

**toi non plus** *you* neither **I-2**

**toilette** *f.* washing up, grooming **II-2**

**faire sa toilette** to wash up **II-2**

**toilettes** *f., pl.* restroom(s) **I-8**

**toit** *m.* roof **III-1**

**tolérer** *v.* to tolerate **III-10**

**tomate** *f.* tomato **II-1**

**tomber** *v.* to fall **I-1, I-7**

**tomber amoureux/amoureuse (de)** to fall in love (with) **I-6, III-1**

**tomber en panne** *v.* to break down **II-3**

**tomber/être malade** *v.* to get/be sick **II-2**

**tomber sur quelqu'un** *v.* to run into someone **I-7**

**ton** *m.* tone **III-10**

**ton** *poss. adj., m., sing.* your **I-3**

**tort** *m.* wrong; harm **I-2**

**avoir tort** *v.* to be wrong **I-2**

**tortue** *f.* turtle **III-10**

**tôt** *adv.* early **I-2, III-2**

**toucher** *v.* to get/receive (a salary) **III-9**

**toujours** *adv.* always **I-8, III-2**

**tour** *m.* tour **I-5**

**faire un tour (en voiture)** *v.* to go for a walk (drive) **I-5**

**tourisme** *m.* tourism **II-4**

**office du tourisme** *m.* tourist office **II-4**

**tourner** *v.* to shoot (a film) **III-3;** to turn **II-4;**

**se tourner** *v.* to turn (oneself) around **II-2**

**tous/toutes** *pron.* all (of them) **III-4**

**tousser** *v.* to cough **II-2**

**tout** *m., sing.* all **I-4**

**tous les** (*used before noun*) all the... **I-4**

**tous les jours** *adv.* every day **I-8**

**toute la** *f., sing.* (*used before noun*) all the... **I-4**

**toutes les** *f., pl.* (*used before noun*) all the... **I-4**

**tout le** *m., sing.* (*used before noun*) all the... **I-4**

**tout le monde** *everyone* **II-1**

**tout** *pron.* everything **III-4;** *adv.* very

**tout à coup** *adv.* all of a sudden **III-3**

**tout de suite** *adv.* right away **III-3**

**tout(e)** *adv.* (*before adjective or adverb*) very, really **I-3**

**À tout à l'heure.** See you later. **I-1**

**tout à coup** suddenly **I-7**

**tout à fait** absolutely; completely **II-4**

**tout de suite** right away **I-7**

**tout droit** straight ahead **II-4**

**tout d'un coup** *adv.* all of a sudden **I-8**

**tout près (de)** really close by, really close (to) **I-3**

**tout(e)/tous/toutes (les)** *adj.* every **III-4,** all **III-4**

**toxique** *adj.* toxic **II-6, III-10**

**déchets toxiques** *m., pl.* toxic waste **II-6**

**trac** *m.* stage fright **II-5, III-3**

**avoir le trac** to have stage fright **III-3**

**traduire** *v.* to translate **I-6**

**traduit (traduire)** *p.p., adj.* translated **I-6**

**tragédie** *f.* tragedy **II-7**

**trahison** *f.* betrayal **III-1**

**train** *m.* train **I-7, III-2**

**monter dans un train** to get on a train **III-2**

**traîner** *v.* to hang around **III-6;** to drag **III-6**

**traite des Noirs** *f.* slave trade **III-4**

**traiter** *v.* to treat

**traiter avec condescendance** to patronize **III-6**

**trajectoire** *f.* path **III-4**

**trajet** *m.* trip, journey

**tranche** *f.* slice **II-1**

**tranquille** *adj.* calm; quiet; serene **II-2, III-1**

**laisser tranquille** *v.* to leave alone **II-2**

**transports en commun** *m.* public transportation **III-2**

**travail** *m.* work **II-4**

**chercher un/du travail** *v.* to look for work **II-4**

**trouver un/du travail** *v.* to find a job **II-5**

**travail manuel** *m.* manual labor **III-5**

**travailler dur** *v.* to work hard **III-2**
**travailler** *v.* to work **I-2**
**travailleur/travailleuse** *adj.*
 hardworking **I-3, III-2**
 **travailleur/travailleuse**
 **manuel(le)** *m., f.* blue-collar
 worker **III-6**
**travaux** *m.* construction **III-2**
 **travers: à travers** *prep.*
 throughout **III-3**
**traverser** *v.* to cross **II-4**
**treize** *m.* thirteen **I-1**
**tremblement de terre** *m.* earthquake
 **III-10**
**trente** *m.* thirty **I-1**
**très** *adv.* (before adjective or adverb)
 very, really **I-8, III-2**
 **Très bien.** *Very* well. **I-1**
**tribunal** *m.* court **III-4**
**triste** *adj.* sad **I-3**
 **être triste que...** *v.* to be sad
 that... **II-6**
**tristesse** *f.* sadness
**trois** *m.* three **I-1**
**troisième** *adj.* third **I-7**
**tromper** *v.* to deceive **III-2;**
 **se tromper (de)** *v.* to be mistaken
 (about) **II-2**
**trop** *adv.* too many/much **I-4, III-2**
 **trop de** too much of **III-5**
**tropical(e)** *adj.* tropical **II-6**
 **forêt tropicale** *f.* tropical forest
 **II-6**
**trottoir** *m.* sidewalk **III-2**
**trou (dans la couche d'ozone)** *m.*
 hole (in the ozone layer) **II-6**
**trou noir** *m.* black hole **III-7**
**troupe** *f.* company, troupe **II-7**
**troupeau** *m.* flock **III-10**
**trouver** *v.* to find; to think **I-2**
 **trouver un/du travail** *v.* to find a
 job **II-5**
 **se trouver** *v.* to be located **II-2,**
 **III-2**
**truc** *m.* thing **I-7**
**tu** *sub. pron., sing., fam.* you **I-1**
**tuer** *v.* to kill **III-4**

**un** *m.* (*number*) one **I-1**
**un(e)** *indef. art.* a; an **I-1**
**uni(e)** *adj.* close-knit **III-6**
**union** *f.* union **III-1**
 **vivre en union libre** to live
 together (as a couple) **III-1**
**unir** *v.* to unite **III-2**
**universitaire** *adj.* (*related to the*)
 university **I-1**
 **restaurant universitaire (resto U)**
 *m.* university cafeteria **I-2**
**université** *f.* university **I-1**

**urbaniser** *v.* to urbanize **III-10**
**urbanisme** *m.* city/town planning
 **III-2**
**urgences** *f., pl.* emergency room **II-2**
 **aller aux urgences** *v.* to go to the
 emergency room **II-2**
**usé(e)** *adj.* worn out **III-2**
**usine** *f.* factory **II-6**
**utile** *adj.* useful **I-2**
**utiliser (un plan)** *v.* use (a map) **I-7**

**vacances** *f., pl.* vacation **I-7**
 **partir en vacances** *v.* to go on
 vacation **I-7**
**vacancier/vacancière** *m., f.*
 vacationer **III-8**
**vache** *f.* cow **II-6**
**vaincre** *v.* to defeat **III-4**
 **vaincre ses peurs** to confront
 one's fears **III-8**
**vaisselle** *f.* dishes **I-8**
 **faire la vaisselle** *v.* to do the
 dishes **I-8**
 **lave-vaisselle** *m.* dishwasher **I-8**
**valeur** *f.* value **III-5**
**valise** *f.* suitcase **I-7**
 **faire les valises** *v.* to pack one's
 bags **I-7**
**vallée** *f.* valley **II-6**
**valoir** *v.* to be worth **III-6**
 **valoir la peine** to be worth it **III-8**
**variétés** *f., pl.* popular music **II-7**
**vaut (valoir)** *v.* **Il vaut mieux que** It
 is better that **II-6**
**vedette (de cinéma)** *f.* (movie) star
 (male or female) **III-3**
**veille** *f.* day before **III-8**
**vélo** *m.* bicycle **I-5**
 **faire du vélo** *v.* to go bike riding
 **I-5**
**velours** *m.* velvet **II-4**
**vendeur/vendeuse** *m., f.* salesman/
 woman **I-6, III-9**
**vendre** *v.* to sell **I-6**
**vendredi** *m.* Friday **I-2**
**vengeance** *f.* revenge **III-5**
**venir** *v.* to come **II-1, III-3**
 **venir de** *v.* (*used with an*
 *infinitive*) to have just **II-1**
**vent** *m.* wind **I-5**
 **Il fait du vent.** It is windy. **I-5**
**ventre** *m.* stomach **II-2**
**vérifier (l'huile/la pression des**
 **pneus)** *v.* to check (the oil/the
 tire pressure) **II-3**
**véritable** *adj.* true, real **II-4**
**vérité** *f.* truth **III-2**
**vernissage** *m.* art exhibit opening
 **III-8**
**verre (de)** *m.* glass (of) **I-4, III-5**
 **prendre un verre** to have a drink
 **III-8**

**vers** *adv.* about **I-2**
**vert(e)** *adj.* green **I-3**
 **haricots verts** *m., pl.* green beans
 **II-1**
**vestiaires** *m.* locker room **III-8**
**vêtements** *m., pl.* clothing **I-6**
 **sous-vêtement** *m.* underwear **I-6**
**vétérinaire** *m., f.* veterinarian **II-5**
**veuf/veuve** *m., f.* widower/widow
 **III-1;** *adj.* widowed **I-3, III-1**
**veut dire (vouloir dire)** *v.* means,
 signifies **II-1**
**viande** *f.* meat **II-1**
**victime** *f.* victim **III-4**
**victoire** *f.* victory **III-4**
**victorieux/victorieuse** *adj.*
 victorious **III-4**
**vide** *adj.* empty **III-2**
**vidéoclip** *m.* music video **III-3**
**vie** *f.* life **I-6**
 **assurance vie** *f.* life insurance **II-5**
 **gagner sa vie** to earn a living **III-9**
 **niveau de vie** *m.* standard of
 living **III-5**
 **vie nocturne** *f.* nightlife **III-2**
**vieille** *adj., f.* (*feminine form of*
 **vieux**) old **I-3**
**vieillesse** *f.* old age **I-6, III-6**
**vieillir** *v.* to grow old
**vietnamien(ne)** *adj.* Vietnamese **I-1**
**vieux/vieille** *adj.* old **I-3, III-2**
**ville** *f.* city; town **I-4**
**vin** *m.* wine **I-6**
**vingt** *m.* twenty **I-1**
**vingtième** *adj.* twentieth **I-7**
**violence** *f.* violence **III-4**
**violet(te)** *adj.* purple; violet **I-6**
**violon** *m.* violin **II-7, III-2**
**virer** *v.* to fire
**virgule** *f.* comma **III-7**
**visage** *m.* face **II-2**
**visite** *f.* visit **I-6**
 **rendre visite (à)** *v.* to visit (*a*
 *person or people*) **I-6**
**visiter** *v.* to visit (*a place*) **I-2**
 **faire visiter** *v.* to give a tour **I-8**
**vite** *adv.* quickly **I-1, III-2;** quick,
 hurry **I-4**
**vitesse** *f.* speed **II-3**
**vitrine** *f.* store window, window
 display **III-7**
**vivre** *v.* to live **III-1**
 **vivre en union libre** to live
 together (as a couple) **III-1**
 **vivre (quelque chose) par**
 **procuration** to live (something)
 vicariously **III-8**
 **vivre quelque chose par**
 **l'intermédiaire de quelqu'un** to
 live something vicariously
 through someone **III-8**
**vœu** *m.* wish **III-1, III-5**
**voici** here is/are **I-1**
**voie** *f.* lane **III-2;** road **III-2;** track
 **III-2;** means **III-2;** channel **III-2**

**voilà** there is/are **I-1**
**voir** *v.* to see **II-7, III-3**
**voisin(e)** *m., f.* neighbor **I-3**
**voiture** *f.* car **II-3, III-2**
  **faire un tour en voiture** *v.* to go for a drive **I-5**
  **monter dans une voiture** to get in a car **III-2**
  **rouler en voiture** *v.* to ride in a car **I-7**
**voix** *f.* voice
**vol** *m.* flight **I-7**
**volaille** *f.* poultry **III-6**
**volant** *m.* steering wheel **II-3**
**volcan** *m.* volcano **II-6**
**voler** *v.* to steal **III-5**; to fly **III-8**
**voleur/voleuse** *m., f.* thief **III-4**
**volley(-ball)** *m.* volleyball **I-5**
**volontiers** *adv.* willingly **II-2**
**vos** *poss. adj., m., f., pl.* your **I-3**
**voter** *v.* to vote **III-4**
**votre** *poss. adj., m., f., sing.* your **I-3**
**vouloir** *v.* to want, to mean (*with dire*) **II-1. III-3**
  **ça veut dire** that is to say **II-2**
  **en vouloir (à)** to have a grudge **III-5**

**s'en vouloir** *v.* to be angry with oneself **III-5**
**veut dire** *v.* means, signifies **II-1**
**vouloir (que)** *v.* to want (that) **II-6**
**voulu (vouloir)** *p.p., adj.* (*used with infinitive*) wanted to… ; (*used with noun*) planned to/for **II-1**
**vous** *pron., sing., pl., fam., form.* you **I-1**; *d.o. pron.* you **I-7**; yourself, yourselves **II-2**
**voyage** *m.* trip **I-7**
  **agence de voyages** *f.* travel agency **I-7**
  **agent de voyages** *m.* travel agent **I-7**
**voyager** *v.* to travel **I-2, III-1**
**voyant (d'essence/d'huile)** *m.* (gas/oil) warning light **II-3**
**voyou** *m.* hoodlum **III-6**
**vrai(e)** *adj.* true; real **I-3, III-2**
  **Il est vrai que…** It is true that… **II-7**
  **Il n'est pas vrai que…** It is untrue that… **II-7**
**vraiment** *adv.* really, truly **I-5, III-2**
**VTT (vélo tout terrain)** *m.* mountain bike **III-8**

**vu (voir)** *p.p.* seen **II-7**

## W

**W.-C.** *m., pl.* restroom(s) **I-8**
**wagon** *m.* subway car **III-2**
**web** *m.* Web **III-3**
**week-end** *m.* weekend **I-2**
  **ce week-end** this weekend **I-2**

## Y

**y** *pron.* there; at (*a place*) **II-2**
  **j'y vais** I'm going/coming **I-8**
  **nous y allons** we're going/coming **II-1**
  **on y va** let's go **II-2**
  **Y a-t-il… ?** Is/Are there… ? **I-2**
**yaourt** *m.* yogurt **II-1**
**yeux (œil)** *m., pl.* eyes **I-3**

## Z

**zéro** *m.* zero **I-1**
**zut** *interj.* darn **I-6**

## Anglais–Français

### A

**a lot (of)** beaucoup (de) *adv.* **I-4**
**a** un(e) *indef. art.* **I-1**
**able: to be able to** pouvoir *v.* **II-1**
**abolish** abolir *v.* **II-6**
**about** vers *adv.* **I-2**
  **it's about** il s'agit de
**above: above all** surtout *adv.* **III-2**
**abroad** à l'étranger **I-7**
**absolute monarchy** monarchie
    absolue *f.* **III-4**
**absolutely** absolument *adv.* **I-8, III-2**
  tout à fait *adv.* **I-6**
**abuse** abus *m.* **III-4**; maltraitance *f.*
  **III-5**; abuser *v.* **III-4**
  **abuse of power** abus de pouvoir
    *m.* **III-4**
**accident** accident *m.* **II-2**
  **to have / to be in an accident**
    avoir un accident *v.* **II-3**
**accompany** accompagner *v.* **II-4**
**account (at a bank)** compte *m.* **II-4**
  **checking account** compte-
    chèques *m.* **II-4**
  **to have a bank account** avoir un
    compte bancaire *v.* **II-4**
**accountant** comptable *m., f.* **II-5,**
  **III-9**
**acid rain** pluie acide *f.* **II-6, III-10**
**acorn** gland *m.* **III-10**
**acquaintance** connaissance *f.* **I-5**
**across from** en face de *prep.* **I-3**
**act** se comporter *v.* **III-3**
**active** actif/active *adj.* **I-3, III-2**
**actively** activement *adv.* **I-8**
**activist** militant(e) *m., f.*
  **militant activist** activiste *m., f.*
    **III-4**
**actor** acteur/actrice *m., f.* **I-1**
  **actor** comédien(ne) *m., f.* **III-3**
**achieve** parvenir à *v.* **III-5**
**adapt** s'adapter *v.* **III-5**
**address** adresse *f.* **II-4, III-7**
**adjust** régler *v.* **III-7**
**administration: business**
    **administration** gestion *f.* **I-2**
**admire** admirer *v* **III-8**
**admit** avouer *v.*
**adolescence** adolescence *f.* **I-6**
**adore** adorer **I-2**
  **I love…** J'adore… **I-2**
  **to adore one another** s'adorer *v.*
    **II-3**
**adrenaline rush** montée d'adrénaline
  *f.* **III-8**
**adulthood** âge adulte *m.* **I-6, III-6**
**advance** avancer *v.*
**advanced** avancé(e) *adj.* **III-7**
**adventure** aventure *f.* **II-7**
  **adventure film** film *m.*
    d'aventures **II-7**

**advertisement** message publicitaire
  *m.,* spot publicitaire *m.* **III-3,**
  publicité *f.,* pub *f.* **III-3, II-7**
**advertising** publicité *f.,* pub *f.* **III-3**
**advice** conseil *m.* **II-5, III-1**
**advisor** conseiller/conseillère *m., f.*
  **II-5, III-9**
**aerobics** aérobic *m.* **I-5**
  **to do aerobics** faire de l'aérobic *v.*
    **I-5**
**affair** liaison *f.*
**affection** tendresse *f.*
**affectionate** affectueux/affectueuse
  *adj.* **III-1**
**affliction** chagrin *m.* **III-1**
**afraid: to be afraid of/that** avoir
  peur de/que *v.* **II-6, III-2**
**after** après (que) *adv.* **I-7**; après que
  *conj.* **III-7**
**afternoon** après-midi *m.* **I-2**
  **… (o'clock) in the afternoon** …
    heure(s) de l'après-midi **I-2**
**afternoon snack** goûter *m.* **II-1**
**again** encore *adv.* **I-3, III-2**, de
  nouveau *adv.* **III-8**
**age** âge *m.* **I-6**
**agent: travel agent** agent de voyages
  *m.* **I-7**
  **real estate agent** agent
    immobilier *m.* **II-5**
**ago** *(with an expression of time)*
  il y a… **II-1**
**agree: to agree (with)** être d'accord
  (avec) *v.* **I-2**
**airport** aéroport *m.* **I-7**
**alarm clock** réveil *m.* **II-2**
**Algerian** algérien(ne) *adj.* **I-1**
**alien** extraterrestre *m., f.* **III-7**
**alike** pareil(le) *adj.* **III-5**
**alleyway** ruelle *f.* **III-7**
**almost** presque *adv.* **I-5, III-3**
**alone** seul(e) *adj.* **III-2, III-5**
  **alone: to leave alone** laisser
    tranquille *v.* **II-2**
**already** déjà *adv.* **I-3, III-2**
**although** bien que *conj* **III-7,**
  quoique *conj.* **III-7**
**always** toujours *adv.* **I-8, III-2**
**all right?** *(tag question)* d'accord?
  **I-2**
**all the…** *(agrees with noun that*
  *follows)* tout le… *m., sing;* toute
  la… *f., sing;* tous les… *m., pl.;*
  toutes les… *f., pl.* **I-4**
**all** tous/toutes *pron.* **III-4**; tout(e)/
  tous/toutes *adj.* **III-4**
**all** tout *m., sing.* **I-4**
  **all of a sudden** soudain *adv.* **I-8**;
    tout à coup *adv.* **III-3**; tout d'un
    coup *adv.* **I-7**
**allergy** allergie *f.* **II-2**
**allow** *(to do something)* laisser *v.*
  **II-3, III-8**; permettre (de) *v.* **I-6**

**allowed** permis (permettre) *p.p., adj.*
  **I-6**
**amazed: to be**
  **amazed** s'étonner *v.* **III-8**
**American** américain(e) *adj.* **I-1**
**amuse** amuser *v.* **III-2**
**amusement park** parc d'attractions
  *m.* **III-8**
**an** un(e) *indef. art.* **I-1**
**ancestor** ancêtre *m., f.* -1
**ancient** *(placed after noun)*
  ancien(ne) *adj.* **II-7, III-2**
**and** et *conj.* **I-1**
  **And you?** Et toi?, *fam.*; Et vous?
    *form.* **I-1**
**angel** ange *m.* **I-1**
**anger** colère *f.* **III-4**; fâcher *v.* **III-2**
**angry** fâché(e) *adj.* **III-1**
  **to be angry with oneself** s'en
    vouloir *v.* **III-5**
  **to become angry** s'énerver *v.* **II-2**
  **to get angry with** se mettre en
    colère contre **II-2, III-1**, se
    fâcher contre *v.* **III-2**
**animal** animal *m.* **II-6**
**ankle** cheville *f.* **II-2**
**annoy** agacer *v.* **III-1**, énerver *v.* **III-1**
**another** un(e) autre *adj.* **III-2**
**answering machine** répondeur
  téléphonique *m.* **II-3**
**antimatter** antimatière *f.* **III-7**
**anxious** anxieux/anxieuse *adj.* **III-1**
**apartment** appartement *m.* **I-7**
**appear** apparaître *v.* **III-3**; paraître *v.*;
  **to appear** sembler *v.* **III-8**
**appetizer** entrée *f.* **II-1**; hors-
  d'œuvre *m.* **II-1**
**applaud** applaudir *v.* **II-7, III-8**
**applause** applaudissement *m.* **II-7**
**apple** pomme *f.* **II-1**
**appliance** appareil *m.* **I-8**
  **electrical/household**
    **appliance** appareil *m.*
    électrique/ménager **I-8**
**applicant** candidat(e) *m., f.* **II-5**
**applied research** recherche
  appliquée *f.* **III-7**
**apply for** poser sa candidature à/pour
  **III-9**
  **to apply for a job** solliciter un
    emploi **III-9**
  **to apply for a loan** demander un
    prêt **III-9**
**apply** postuler *v.* **II-5**
**appointment** rendez-vous *m.* **II-5**
  **to make an appointment** prendre
    (un) rendez-vous *v.* **II-5**
**approach** aborder *v*
**April** avril *m.* **I-5**
**archipelago** archipel *m.* **III-10**
**architect** architecte *m., f.* **I-3**
**architecture** architecture *f.* **I-2**
**Are there… ?** Y a-t-il… ? **I-2**

**area** quartier *m.* **I-8**
**argue** *(with)* se disputer (avec) *v.* **II-2**
**arm** bras *m.* **II-2**
**armchair** fauteuil *m.* **I-8**
**armoire** armoire *f.* **I-8**
**army** armée *f.* **II-4**
**around** autour (de) *prep.* **II-4**
**arrival** arrivée *f.* **I-7**
**arrive** arriver (à) *v.* **I-2, III-3;**
    débarquer (colloquial) *v.* **III-1**
**art** art *m.* **I-2**
    **artwork, piece of** art *m.*, œuvre
      *f.* **II-7**
    **fine arts** beaux-arts *m., pl.* **II-7**
**art exhibit**
    **opening** vernissage *m.* **III-8**
**art show** exposition *f.* **III-8**
**artist** artiste *m., f.* **I-3**
**as (like)** comme *adv.* **I-6**
    **as ... as** *(used with adjective to*
      *compare)* aussi ... que **II-1, III-7**
    **as long as** tant que *conj.* **III-7**
    **as much ... as** *(used with*
      *noun to express comparative*
      *quantity)* autant de ... que **II-6**
    **as soon as** dès que *conj.* **II-5,**
      **III-7,** aussitôt que *conj.* **III-7**
**ascend** monter *v.* **III-3**
**ascertain** constater *v.* **III-3**
**ashamed: to be ashamed (of)** avoir
    honte (de) **I-2, III-1**
**ask** demander *v.* **I-2, III-2**
    **to ask (someone)** demander (à) *v.*
      **I-6**
    **to ask (someone) a**
      **question** poser une question (à)
      *v.* **I-6**
    **to ask that...** demander que... **II-6**
**asparagus** asperge *f.* **III-6**
**aspirin** aspirine *f.* **II-2**
**asset** atout *m.*
**assimilation** assimilation *f.* **III-5**
**assume** supposer *v.* **III-5**
**assumption** supposition *f.* **III-5**
**astrologer** astrologue *m., f.* **III-7**
**astronaut** astronaute *m., f.* **III-7**
**astronomer** astronome *m., f.* **III-7**
**at** à *prep.* **I-4, III-5;** en **III-5**
    **at ... (o'clock)** à ... heure(s) **I-4**
    **at the doctor's office** chez le
      médecin *prep.* **I-2**
    **at (someone's) house** chez... *prep.*
      **I-2, III-5**
    **at the end (of)** au bout (de) *prep.*
      **II-4**
    **at last** enfin *adv.* **II-3, III-2**
    **at that moment** à ce moment-là
      **III-3**
**athlete** athlète *m., f.* **-3**
**ATM card** carte de retrait *f.* **III-9**
**ATM** distributeur automatique *m.*
    **II-4, III-9**
**atmosphere** ambiance *f.* **III-2**
**attain** parvenir à *v.* **III-5**
**attempt** tenter *v.* **III-8**

**attend** assister *v.* **I-2**
**attention** attention *f.* **III-3**
    **to draw attention (to)** attirer
      l'attention (sur)
**attract** attirer *v.* **III-5**
**attractive** séduisant(e) *adj.* **III-1**
**August** août *m.* **I-5**
**aunt** tante *f.* **I-3**
**author** auteur/femme auteur *m., f.* **II-7**
**autumn** automne *m.* **I-5**
    **in autumn** en automne **I-5**
**available** *(free)* libre *adj.* **I-7**
**avenue** avenue *f.* **II-4**
**average: on average** en moyenne
    **III-3**
**avoid** éviter de *v.* **II-2**
**awkward** maladroit(e) *adj.* **III-1**

## B

**backpack** sac à dos *m.* **I-1**
**bad** mauvais(e) *adj.* **I-3, III-2**
**badly** mal *adv.* **I-7, III-2**
    **I am doing badly.** Je vais mal. **I-1**
    **to be doing badly** se porter mal *v.*
      **II-2**
**bad-mannered** mal élevé(e) *adj.* **III-6**
**baguette** baguette *f.* **I-4**
**bakery** boulangerie *f.* **II-1**
**balcony** balcon *m.* **I-8**
**ball** ballon *m.* **III-8**
**banana** banane *f.* **II-1**
**band** groupe *m.* **III-8**
**bank** banque *f.* **II-4**
    **to have a bank account** avoir un
      compte bancaire *v.* **II-4**
**banker** banquier/banquière *m., f.* **II-5**
**banking** bancaire *adj.* **II-4**
**bankrupt** en faillite *adj.* **III-9**
**bankruptcy** banqueroute *f.* **III-9**
**barrier reef** barrière de corail *f.* **III-10**
**baseball** baseball *m.* **I-5**
**baseball cap** casquette *f.* **I-6**
**basement** sous-sol *m.*; cave *f.* **I-8**
**basic research** recherche
    fondamentale *f.* **III-7**
**bask in the sun** lézarder au soleil *v.*
    **III-8**
**basketball** basket(-ball) *m.* **I-5**
**bath** bain *m.* **I-6**
**bathing suit** maillot de bain *m.* **I-6**
**bathroom** salle de bains *f.* **I-8**
**bathtub** baignoire *f.* **I-8**
**back** dos *m.* **II-2**
**be** être *v.* **I-1, III-1;** *v.* sois (être) *imp.,*
    *v.* **I-7;** soyez (être) *imp. v.* **I-7**
    **to be able** pouvoir *v.* **III-3**
    **to be able to live with oneself**
      pouvoir se regarder dans une
      glace **III-9**
    **to be afraid** avoir peur **III-2**
    **to be amazed** s'étonner *v.* **III-8**
    **to be angry with oneself** s'en
      vouloir *v.* **III-5**
    **to be busy** être pris(e) **III-6**

    **to be confident** avoir confiance en
      soi **III-1**
    **to be contaminated** être
      contaminé(e) **III-10**
    **to be crazy about** raffoler de *v.*
      **III-5**
    **to be distrustful of** se méfier de *v.*
      **III-2**
    **to be embarrassed** avoir honte
      (de) **III-1**
    **to be homesick** avoir le mal du
      pays **III-5**
    **to be in debt** avoir des dettes **III-9**
    **to be interested (in)** s'intéresser
      (à) **III-2**
    **to be located** se trouver *v.* **III-2**
    **to be lost** être perdu(e) **III-2**
    **to be mistaken** se tromper *v.* **III-1,**
      **III-2**
    **to be on the front page** être à la
      une **III-3**
    **to be prejudiced** avoir des
      préjugés **III-5**
    **to be promoted** être promu(e) **III-9**
    **to be quiet, silent** se taire *v.* **III-1,**
      **III-2, III-7**
    **to be reckoned with**
      incontournable *adj.*
    **to be sorry** être désolé(e) **III-6**
    **to be under pressure** être sous
      pression **III-9**
    **to be used to** avoir l'habitude de
      **III-1**
    **to be wary of** se méfier de *v.* **III-2**
    **to be witness to** témoigner de *v.*
      **III-5**
    **to be worth it** valoir la peine *v.*
      **III-8**
    **to be wrong** se tromper *v.* **III-1**
**beach** plage *f.* **I-7**
**beans** haricots *m., pl.* **II-1**
    **green beans** haricots verts *m., pl.*
      **II-1**
**bear** ours *m.* **III-10;** supporter *v.* **III-6**
**bearings: to get one's bearings**
    s'orienter *v.* **II-4**
**beautiful** beau (belle) *adj.* **I-3, III-2**
**beauty salon** salon *m.* de beauté **II-4**
**because** car *conj.* **III-4;** parce que
    *conj.* **I-2**
**become** devenir *v.* **II-1, III-3**
    **to become rich** s'enrichir *v.* **III-5**
**bed** lit *m.* **I-7**
    **to go to bed** se coucher *v.* **II-2,**
      **III-2**
**bedroom** chambre *f.* **I-8**
**beef** bœuf *m.* **II-1**
**beehive** ruche *f.* **III-10**
**been** été (être) *p.p.* **I-6**
**beer** bière *f.* **I-6**
**before** avant de *prep.*; avant que *conj.*
    **I-7, III-7**
**before** *(o'clock)* moins *adv.* **I-2**
**begin** *(to do something)* commencer
    (à) *v.* **I-2, III-1;** se mettre à *v.*
    **II-2, III-2;** débuter *v.* **III-6**

**beginning** début *m.* **II-7**
**behave** se comporter *v.* **III-3**
**behavior** comportement *m.* **III-3**
**behind** derrière *prep.* **I-3, III-5**
**Belgian** belge *adj.* **I-7**
**Belgium** Belgique *f.* **I-7**
**belief** croyance *f.* **III-4**
**believe (that)** croire (que) *v.* **II-7**
**believed** cru (croire) *p.p.* **II-7**
**belong (to)** appartenir (à) *v.* **III-5;**
 **to belong (to a group)** s'intégrer
 (à un groupe) *v.* **III-1**
**belongings** affaires *f.* **III-6**
**belt** ceinture *f.* **I-6**
 **to buckle one's seatbelt** attacher
 sa ceinture de sécurité *v.* **II-3**
**bench** banc *m.* **II-4**
**benefit from** profiter de *v.* **III-9**
 **to get benefit out of** retirer un
 profit de **III-9**
**benefits** pension *f.* **III-6**
**bereavement** deuil *m.* **III-1**
**bermuda shorts (a pair of)** bermuda
 *m.* **III-8**
**best man** témoin *m.* **III-6**
**best: the best** le mieux *super. adv.*
 **II-1, III-7;** le/la meilleur(e)
 *super. adj.* **II-1, III-7**
**betrayal** trahison *f.* **III-1**
**better** meilleur(e) *comp. adj.*; mieux
 *comp. adv.* **II-1 III-2**
 **It is better that…** Il vaut mieux
 que/qu'… **II-6, III-6**
 **to be doing better** se porter mieux
 *v.* **II-2**
 **to better oneself** s'améliorer *v.*
 **III-5**
 **to get better** *(from illness)* guérir
 *v.* **II-2**
**between** entre *prep.* **I-3**
**beverage (carbonated)** boisson *f.*
 (gazeuse) **I-4**
**biased** partial(e) *adj.* **III-3**
**bicycle** vélo *m.* **I-5**
 **to go bike riding** faire du vélo *v.*
 **I-5**
**big** grand(e) *adj.* **I-3, III-2;**
 *(clothing)* large *adj.* **I-6**
**bilingual** bilingue *adj.* **III-1**
**bill (in a restaurant)** addition *f.* **I-4**
**billboard** panneau d'affichage *m.*
 **III-2**
**billionaire** milliardaire *m., f.* **III-3**
**bills** *(money)* billets *m., pl.* **II-4**
**biochemical** biochimique *adj.* **III-7**
**biologist** biologiste *m., f.* **III-7**
**biology** biologie *f.* **I-2**
**bird** oiseau *m.* **I-3**
**birth** naissance *f.* **I-6, III-6**
 **to give birth** accoucher *v.*
**birthday** anniversaire *m.* **I-5**
**birthrate** natalité *f.* **III-5**
**bit (of)** morceau (de) *m.* **I-4**
**black** noir(e) *adj.* **I-3**
**black hole** trou noir *m.* **III-7**

**blackboard** tableau *m.* **I-1**
**blackmail** faire du chantage *v.* **III-4**
**blanket** couverture *f.* **I-8**
**blend in** s'assimiler à *v.* **III-1**
**blonde** blond(e) *adj.* **I-3**
**blouse** chemisier *m.* **I-6**
**blow** souffler *v.* **III-8**
**blue** bleu(e) *adj.* **I-3**
**blue-collar worker** travailleur/
 travailleuse manuel(le) *m., f.* **III-6**
**board game** jeu de société *m.* **III-8**
**boat** bateau *m.* **I-7, III-4**
**body** corps *m.* **II-2**
**boldness** audace *f.*
**bond** *(deep, intimate)* complicité *f.*
 **III-1**
**bonus** prime *f.*
**book** livre *m.* **I-1**
**bookstore** librairie *f.* **I-1**
**border** frontière *f.* **III-5**
**bore** ennuyer *v.* **III-1**
**bored: to get bored** s'ennuyer *v.* **II-2,
 III-1**
**boring** ennuyeux/ennuyeuse *adj.* **I-3**
**born: to be born** naître *v.* **III-3**
**born: to be born** naître *v.* **I-7;** né
 (naître) *p.p., adj.* **I-7**
**borrow** emprunter *v.* **II-4**
**boss** patron(ne) *m., f.*
**bossy** autoritaire *adj.* **III-6**
**bother** gêner *v.* **III-1,** ennuyer *v.* **III-2;**
 déranger *v.* **III-1, III-6**
**bottle (of)** bouteille (de) *f.* **I-4, III-5**
**boulevard** boulevard *m.* **II-4**
**bouncer** portier/portière *m., f.* **III-9**
**bouquet** bouquet de la mariée *m.* **III-6**
**boutique** boutique *f.* **II-4**
**bow tie** nœud papillon *m.* **III-8**
**bowl** bol *m.* **II-1**
**bowling** bowling *m.* **III-8**
 **to go bowling** jouer au bowling
 **III-8**
**box** boîte *f.* **II-1, III-5**
**boxer shorts** caleçon *m.* **III-8**
**boxing** boxe *f.* **III-9**
**boy** garçon *m.* **I-1**
**boyfriend** petit ami *m.* **I-1**
**brain** cerveau *m.*
**brake** freiner *v.* **II-3**
**brakes** freins *m., pl.* **II-3**
**brand** marque *f.* **III-3**
**brave** courageux/courageuse *adj.* **I-3**
**Brazil** Brésil *m.* **I-7**
**Brazilian** brésilien(ne) *adj.* **I-7**
**bread** pain *m.* **I-4**
 **country-style bread** pain *m.* de
 campagne **I-4**
**bread shop** boulangerie *f.* **II-1**
**break down** tomber en panne *v.* **II-3**
**break** se casser *v.* **II-2**
**break up** rompre *v.* **III-1;** *(to leave
 one another)* se quitter *v.* **II-3**
**breakdown** panne *f.* **II-3**
**breakfast** petit-déjeuner *m.* **II-1**
**breakup** rupture *f.*

**breathe** respirer *v.* **III-10**
**bride** mariée *f.* **III-6**
**bridge** pont *m.* **II-4, III-2**
**briefly** brièvement *adv.* **III-2**
**bright** brillant(e) *adj.* **I-1**
**bring** *(a person)* amener *v.* **I-5, III-1**
 ; *(a thing)* apporter *v.* **I-4**
**broadcast** retransmission *f.* **III-7;**
 retransmettre *v.* **III-3**
**broiled** grillé(e) *adj.* **III-6**
**broom** balai *m.* **I-8**
**brother** frère *m.* **I-3**
**brother-in-law** beau-frère *m.* **I-3, III-6**
**brown** marron *adj., inv.* **I-3**
**brown (hair)** châtain *adj.* **I-3, III-2**
**brush (hair/tooth)** brosse *f.* (à
 cheveux/à dents) **II-2**
 **to brush one's hair/teeth** se
 brosser les cheveux/les dents *v.*
 **II-1, III-2**
**buckle: to buckle one's seatbelt**
 attacher sa ceinture de sécurité *v.*
 **II-3**
**buddy** pote *m., f.* **III-9**
**budget** budget *m.* **III-9**
**bug** soûler *v.* **III-6**
**build** construire *v.* **I-6, III-2**
**building** bâtiment *m.* **II-4;** édifice *m.*
 **III-2;** immeuble *m.* **I-8**
**bumper** pare-chocs *m.* **II-3**
**bungee jumping** saut à l'élastique *m.*
 **III-8**
**burn** brûler *v.* **III-5;** graver (un CD)
 *v.* **II-3, III-7**
**bus** autobus *m.* **I-7**
**bus stop** arrêt d'autobus (de bus) *m.*
 **I-7, III-2**
**bus terminal** gare *f.* routière **I-7**
**business (profession)** affaires *f., pl.*
 **I-3;** *(company)* entreprise *f.* **II-5**
**business administration** gestion *f.* **I-2**
**businessman** homme d'affaires *m.*
 **I-3, III-9**
**businesswoman** femme d'affaires *f.*
 **I-3, III-9**
**busy** occupé(e) *adj.* **I-1**
**but** mais *conj.* **I-1**
**butcher's shop** boucherie *f.* **II-1**
**butter** beurre *m.* **I-4**
**buy** acheter *v.* **I-5, III-1**
**by** par *prep.* **I-3**
**Bye!** Salut! *fam.* **I-1**

## C

**cabinet** placard *m.* **I-8**
**café** café *m.* **I-1;** brasserie *f.* **II-4**
 **café terrace** terrasse *f.* de café **I-4**
 **cybercafé** cybercafé *m.* **II-4**
**cafeteria** *(school)* cantine *f.* **II-1**
**cake** gâteau *m.* **I-6**
**calculator** calculatrice *f.* **I-1**
**calm** calme *adj.* **I-1;** calme *m.* **I-1;**
 tranquille *adj.* **III-1**
**call** appeler *v.* **III-1**

**to call back** rappeler *v.* **III-1**
**call** appeler *v.* **II-5**
**camcorder** caméra vidéo *f.* **II-3**;
    caméscope *m.* **II-3**
**camera** appareil photo *m.* **II-3**
    **digital camera** appareil photo *m.*
      numérique **II-3**
**camping** camping *m.* **I-5**
    **to go camping** faire du camping *v.*
      **I-5**
**can (of food)** boîte (de conserve) *f.*
    **II-1**; boîte *f.* **III-5**; pouvoir *v.*
    **III-3**
**Canada** Canada *m.* **I-7**
**Canadian** canadien(ne) *adj.* **I-1, III-2**
**cancel (a reservation)** annuler (une
    réservation) *v.* **I-7**
**candidate** candidat(e) *m., f.* **II-5**
**candy** bonbon *m.* **I-6**
**cap: baseball** casquette *f.* **I-6**
**capital** capitale *f.* **I-7**
**captain** capitaine *m.* **III-8**
**captivate** séduire *v.* **III-3**
**car** voiture *f.* **II-3, III-2**
    **to get in a car** monter dans une
      voiture **III-2**
    **to ride in a car** rouler en voiture *v.*
      **I-7**
**carbonated drink/beverage** boisson
    *f.* gazeuse **I-4**
**card** *(letter)* carte postale *f.* **II-4**;
**credit card** carte *f.* de crédit **II-4**
    **to pay with a credit card** payer
      avec une carte de crédit *v.* **II-4**
    **cards** *(playing)* cartes *f.* **I-5, III-8**
    **playing cards** cartes à jouer *f.* **III-8**
**care** soin *m.*
    **to care (about something)** se
      soucier (de quelque chose) *v.*
      **III-10**
**career** carrière *f.* **II-5**; parcours *m.*
    **to pursue a career (in)** faire
      carrière (dans) **III-9**
**careful** prudent(e) *adj.* **III-1**
**carnival** fête foraine *f.* **III-2**
**carpooling** covoiturage *m.* **II-6**
**carrot** carotte *f.* **II-1**
**carry** apporter *v.* **I-4**
    **to carry out an experiment** faire
      une experience **III-7**
**cartoon** dessin animé *m.* **II-7**
**case: in any case** en tout cas **I-6**
**in case** au cas où *conj.* **III-10**
**cash** liquide *m.* **II-4**
    **to pay in cash** payer en liquide *v.*
      **II-4**
**cat** chat *m.* **I-3**
**catastrophe** catastrophe *f.* **II-6**
**catch sight of** apercevoir *v.* **II-4, III-2**
**cause** cause *f.* **III-5**; raison *f.* **III-1**;
    déclencher *v.*
**cave** grotte *f.* **III-3**
**cavity** carie *f.*
**CD(s)** CD *m.* **II-3**
**CD/DVD/MP3 player** lecteur (de)
    CD/DVD / lecteur MP3 *m.* **II-3**

**celebrate** célébrer *v.* **I-5, III-8**;
    fêter *v.* **I-6, III-8**
**celebration** fête *f.* **I-6**
**cell** cellule *f.* **III-7**
**cell phone** (téléphone) portable *m.*
    **II-3, III-7**
**cellar** cave *f.* **I-8**
**censorship** censure *f.* **III-3**
**center: city/town center** centre-ville
    *m.* **I-4**
**certain** certain(e) *adj.* **III-4, II-1**;
    sûr(e) *adj.* **II-7**
    **It is certain that…** Il est certain
      que… **II-7**
    **It is uncertain that…** Il n'est pas
      certain que... **II-7**
**certainly** certainement *adv.* **III-3**
**chair** chaise *f.* **I-1**
**challenge** défi *m.* **III-5**
**challenging** stimulant(e) *adj.* **III-9**
**champagne** champagne *m.* **I-6**
**change (coins)** (pièces *f. pl.* de)
    monnaie **II-4**
**change** changement *m.*
    **change of heart** retournement **III-6**
    **change of scenery** dépaysement
      *m.* **III-1**
    **to change direction** bifurquer *v.*
      **III-4**
**channel (television)** chaîne *f.* (de
    télévision) **II-3**
**channel** voie *f.* **III-2**
**chaos** chaos *m.* **III-5**
**character** caractère *m.* **III-6**; *(in a
    story or play)* personnage *m.* **II-7,
    III-8**
    **main character** personnage
      principal *m.* **II-7**
**charcoal** charbon de bois *m.* **III-10**
**charming** charmant(e) *adj.* **I-1, III-1**
**chat** bavarder *v.* **I-4, III-8**;
    causer *v.* **III-9**
**chatterbox** bavard(e) *m., f.* **III-5**
**check** chèque *m.* **II-4**; *(bill)* addition
    *f.* **I-4**
    **to pay by check** payer par chèque
      *v.* **II-4**
    **to check (the oil/the air pressure)**
      vérifier (l'huile/la pression des
      pneus) *v.* **II-3**
**checking account** compte-chèques
    *m.* **II-4, III-9**
**cheek** joue *f.* **II-2, III-1**
**cheese** fromage *m.* **I-4**
**cheese store** fromagerie *f.* **III-6**
**chemist** chimiste *m., f.* **III-7**
**chemistry** chimie *f.* **I-2**
**chess** échecs *m., pl.* **I-5**
**chest** poitrine *f.* **II-2**
    **chest of drawers** commode *f.* **I-8**
**chestnut** marron *m.* **III-2**; marron
    *adj.* **III-2**
**chic** chic *adj.* **I-4**
**chicken** poulet *m.* **II-1**
**child** enfant *m., f.* **I-3**

**child** enfant *m., f.* **III-6**
    **only child** enfant unique *m., f.*
      **III-6**; fille/fils unique *m., f.* **III-6**
**childhood** enfance *f.* **I-6, III-6**
**China** Chine *f.* **I-7**
**Chinese** chinois(e) *adj.* **I-7**
**chip** puce *f.* **III-7**
**choir** chœur *m.* **II-7**
**choose** choisir *v.* **I-4, III-3**
**chorus** chœur *m.* **II-7**
**chrysanthemums** chrysanthèmes
    *m., pl.* **II-1**
**church** église *f.* **I-4**
**cinema** cinéma *m.* **III-2**
**circus** cirque *m.* **III-3**
**citizen** citoyen(ne) *m., f.* **III-2**
**city center** centre-ville *m.* **III-2**
**city dweller** citadine(e) *m., f.* **III-2**
**city hall** hôtel de ville *m.* **III-2**;
    mairie *f.* **II-4**
**city planning** urbanisme *m.* **III-2**
**city** ville *f.* **I-4**
**city/town center** centre-ville *m.* **I-4**
**civil war** guerre civile *f.* **III-4**
    **American Civil War** guerre de
      Sécession *f.* **III-4**
**claim to** prétendre *v.* **III-8**
**class** *(group of students)* classe *f.*
    **I-1**; *(course)* cours *m.* **I-2**
**classmate** camarade de classe *m., f.*
    **I-1**
**classroom** salle *f.* de classe **I-1**
**clean** nettoyer *v.* **I-5, III-1**; net(te)
    *adj.* **III-2**, propre *adj.* **I-8, III-2**;
    pur(e) *adj.* **III-10**
**clear** clair(e) *adj.* **II-7**
    **It is clear that…** Il est clair que…
      **II-7**
    **to clear the table** débarrasser la
      table **I-8**
**clear away** déblayer *v.* **III-10**
**client** client(e) *m., f.* **I-7**
**cliff** falaise *f.* **II-6**
**climb** escalader *v.* **III-8**; grimper à *v.*
    **III-8**
**clock** horloge *f.* **I-1**
    **alarm clock** réveil *m.* **II-2**
**cloister** cloîtrer *v.* **III-2**
**clone** cloner *v.* **III-7**
**close (to)** près (de) *prep.* **I-3**
    **very close (to)** tout près (de) **II-4**
**close** fermer *v.* **II-3**
**closed** fermé(e) *adj.* **II-4**
**close-knit** uni(e) *adj.* **III-6**;
    lié(e) *adj.* **III-6**
**closet** placard *m.* **I-8**
**clothes dryer** sèche-linge *m.* **I-8**
**clothing** vêtements *m., pl.* **I-6**
**cloudy** nuageux/nuageuse *adj.* **I-5**
    **It is cloudy.** Le temps est nuageux.
      **I-5**
**clue** indice *m.* **III-4**
**clutch** embrayage *m.* **II-3**
**clumsy** maladroit(e) *adj.* **III-1**
**coach** entraîneur *m.* **III-8**

**coal** charbon *m.* **III-10**
**coast** côte *f.* **II-6**
**coat** manteau *m.* **I-6**
**coffee** café *m.* **I-1**
**coffeemaker** cafetière *f.* **I-8**
**coins** pièces *f. pl.* de monnaie **II-4**
**cold** froid *m.* **I-2**
  **to be cold** avoir froid *v.* **I-2**
  *(weather)* **It is cold.** Il fait froid.
  **I-5**
**cold** rhume *m.* **II-2**
**colonist** colon *m.* **III-4**
**color** couleur *f.* **I-6**
  **What color is… ?** De quelle
  couleur est... ? **I-6**
**column** chronique *f.* **III-3**
**comb** peigne *m.* **II-2**; se peigner *v.*
  **III-2**
**come** venir *v.* **I-7, III-3**
  **to come back** revenir *v.* **II-2, III-3**
**Come on.** Allez. **I-2**
**comedy** comédie *f.* **II-7, III-8**
**comic strip** bande dessinée (B.D.) *f.*
  **I-5**
**comma** virgule *f.* **III-7**
**commissioner** commissaire *m.* **III-5**
**commit (to someone)** s'engager
  (envers quelqu'un) *v.* **III-1**
**compact disc** compact disque *m.* **II-3**
**company** *(troop)* troupe *f.* **II-7**
**company** entreprise *f.* **III-9**
**compared to** par rapport à *prep.*
**competent** compétent(e) *adj.* **III-9**
**competition** concurrence *f.* **III-8**
**complain** se plaindre *v.* **III-2**
**complete** complet/complète *adj.* **III-2**
**completely** tout à fait *adv.* **I-6**
**composer** compositeur *m.* **II-7**
**computer** ordinateur *m.* **I-1**
**computer science** informatique *f.*
  **I-2, III-7**
**concert** concert *m.* **II-7**
**condition** condition *f.*
  **on the condition that** à condition
  que *conj.* **III-7**
**confide** confier *v.* **III-6**
**confident: to be confident** avoir
  confiance en soi **III-1**
**conformist** conformiste *adj.* **III-5**
**confront one's fears** vaincre ses
  peurs **III-8**
**confusedly** confusément *adv.* **III-2**
**congratulations** félicitations **II-7**
**connection** lien *m.* **III-2**
**conservative** conservateur/
  conservatrice *adj.* **III-2, III-4**
**consider** considérer *v.* **I-5, III-1**
**constantly** constamment *adv.* **I-8, III-2**
**construct** construire *v.* **I-6**
**construction** travaux *m. pl.* **III-2**
**consult** consulter *v.* **III-9**
**consultant** conseiller/conseillère *m., f.*
  **II-5**; consultant(e) *m., f.* **III-9**
**consumer society** société de
  consommation *f.* **III-3**

**contaminated: to be contaminated**
  être contaminé(e) **III-10**
**contempt: to have contempt for**
  mépriser *v.* **III-6**
**continue (doing something)**
  continuer (à) *v.* **II-4**
**contribute** contribuer (à) *v.* **III-7**
**controversy** controverse *f.*,
  polémique *f.* **III-5**
**converse** s'entretenir (avec) *v.* **III-2**
**convince** convaincre *v.* **III-3**
**cook** cuisiner *v.* **II-1**; faire la cuisine
  *v.* **I-5**; cuisinier/cuisinière *m., f.*
  **II-5**
**cookie** biscuit *m.* **I-6**
**cooking** cuisine *f.* **I-5**
**cool** frais/fraîche *adj.* **III-2**, chouette
  *adj.* **III-8**
**cool:** *(weather)* **It is cool.** Il fait
  frais. **I-5**
**cop** flic *m.* **III-5**
**coral reef** récif de corail *m.* **III-10**
**corner** angle *m.* **II-4**; coin *m.* **II-4**
**correspondent** envoyé(e) spécial(e)
  *m., f.* **III-3**
**cost a lot** coûter cher *v.* **III-2**
**cost** coûter *v.* **I-4**
**co-tenant** colocataire *m., f.* **III-2**
**cotton** coton *m.* **I-6**
**couch** canapé *m.* **I-8**
**cough** tousser *v.* **II-2**
**count (on someone)** compter (sur
  quelqu'un) *v.* **I-8**
**country** pays *m.* **I-7**
  **country(side)** campagne *f.* **I-7**
**country-style** de campagne *adj.* **I-4**
**couple** couple *m.* **I-6**
**courage** courage *m.* **II-5, III-5**
**courageous** courageux/courageuse
  *adj.* **I-3**
**course** cours *m.* **I-2**
**court** tribunal *m.* **III-4**
**courthouse** palais de justice *m.* **III-2**
**cousin** cousin(e) *m., f.* **I-3**
**cover** couverture *f.* **III-3**; couvrir *v.*
  **II-3, III-4**
**covered** couvert(e) (couvrir) *p.p.* **II-3**
**cow** vache *f.* **II-6**
**crazy** fou/folle *adj.* **I-3, III-2**
  **to be crazy about** raffoler de *v.* **III-5**
**cream** crème *f.* **II-1, III-2**; crème *adj*
  **III-2**
**create** créer *v.* **III-7**
  **to create a company** monter une
  entreprise **III-9**
**credit card** carte de crédit *f.* **II-4, III-9**
**crêpe** crêpe *f.* **I-5**
**crime** crime *m.* **III-4**
**crime film** film policier *m.* **II-7**
**criminal** criminel(le) *m., f.* **III-4**
**cripple** estropié(e) *m., f.*
**croissant** croissant *m.* **I-4**
**cross** traverser *v.* **II-4**
**cross-country skiing** ski de fond *m.*
  **III-8**

**crosswalk** clous *m. pl.* **III-2**
**crowd** foule *f.* **III-4**
**cruel** cruel(le) *adj.* **I-3, III-2**
**cruelty** cruauté *f.* **III-4**
**crush** écraser *v.*
**cry** cri *m.* **III-2**; pleurer *v.* **III-1**
**cry** pleurer *v.*
**cup (of)** tasse (de) *f.* **I-4**
**cultural heritage** patrimoine culturel
  *m.* **III-5**
**culture shock** choc culturel *m.* **III-1**
**cup** tasse *f.* **III-5**
**cupboard** placard *m.* **I-8**
**cure** guérir *v.* **III-7**
**curiosity** curiosité *f.* **III-7**
**curious** curieux/curieuse *adj.* **I-3**
**curly** frisé(e) *adj.* **I-3**
**currency** monnaie *f.* **II-4**
**current events** actualité *f.* **III-3**
**curtain** rideau *m.* **I-8**
**customs** douane *f.* **I-7**
**customs** mœurs *f.* **III-4**
**cut oneself** se couper *v.* **III-2**
  **to cut off from** couper de *v.* **III-7**
**cute** mignon(ne) *adj.* **III-2**
**cutting edge** de pointe **III-7**
**cybercafé** cybercafé *m.* **II-4**
**cyberspace** cyberespace *m.* **III-7**

## D

**daily** quotidien(ne) *adj.* **III-2**
**damaged** abîmé(e) *adj.* **III-9**
**dance** danse *f.* **II-7**
  **to dance** danser *v.* **I-4**
**danger** danger *m.* **II-6, III-10**
**dangerous** dangereux/dangereuse
  *adj.* **II-3, III-2**
**dare** oser *v.* **III-8**
**daredevil** casse-cou *m.* **III-8**
**dark (hair)** brun(e) *adj.* **I-3**
**darling** chéri(e) *adj.* **I-2**
**darn** zut **II-3**
**darts** fléchettes *f.* **III-8**
**dash** *(punctuation mark)* tiret *m.* **II-3**
**date** *(day, month, year)* date *f.* **I-5**;
  *(meeting)* rendez-vous *m.* **I-6**
  **to make a date** prendre (un)
  rendez-vous *v.* **II-5**
**date** rendez-vous *m.* **III-1**
**daughter** fille *f.* **I-1**
**daughter-in-law** belle-fille *f.* **III-6**
**day** jour *m.* **I-2**; journée *f.* **I-2**
  **day after tomorrow** après-demain
  *adv.* **I-2**
  **day before** veille *f.* **III-8**
  **day before yesterday** avant-hier
  *adv.* **I-7**
  **day off** congé *m.*, jour de congé
  *m.* **I-7**
  **next day** lendemain *m.*
**deaf** sourd(e) *adj.* **III-5**
**deal** marché *m.* **III-2**
**dear** cher/chère *adj.* **I-2, III-2**
**death** mort *f.* **I-6, III-6**

**debt** dette f. **III-9**
  **to be in debt** avoir des dettes **III-9**
**deceased** décédé(e) adj.
**deceive** tromper v. **III-2**
**December** décembre m. **I-5**
**deceptive** mensonger/mensongère adj. **III-2**
**decide (to do something)** décider (de) v. **II-3**
**declare one's love** faire sa déclaration d'amour v. **III-1**
**decrease** baisser v. **III-5**
**dedicate oneself to** se consacrer à v. **III-4**
**defeat** défaite f. **III-4**; vaincre v. **III-4**
**defect** tare f. **III-4**
**defend** défendre v. **III-4**
**deforestation** déboisement m. **II-6, III-10**
**degree** diplôme m. **I-2**
**degrees** (temperature) degrés m., pl. **I-5**
  **It is... degrees.** Il fait... degrés. **I-5**
**delicatessen** charcuterie f. **II-1**
**delicious** délicieux/délicieuse adj. **I-4**
**delighted** ravi(e) adj. **III-6**; Enchanté(e). p.p., adj. **I-1**
**demand (that)** exiger (que) v. **II-6**
**demand** revendication f. **III-9**; revendiquer v. **III-5**; exiger v. **III-6, III-9**
**demanding** exigeant(e) adj. **III-6**
**demanding** exigeant(e) adj.
  **demanding profession** profession f. exigeante **II-5**
**democracy** démocratie f. **III-4**
**demonstration** manifestation f. **III-2**
**dentist** dentiste m., f. **I-3**
**department store** grand magasin m. **I-4, III-9**
**departure** départ m. **I-7**
**deposit** déposer v. **III-9**
  **to deposit money** déposer de l'argent v. **II-4**
**depressed** déprimé(e) adj. **II-2, III-1**
**deputy** député(e) m., f. **III-4**
**descend** descendre v. **III-3**
**describe** décrire v. **I-7, III-6**
**described** décrit (décrire) p.p., adj. **I-7**
**desert** désert m. **II-6**
**deserve** mériter v. **III-1**
**design (fashion)** stylisme (de mode) m. **I-2**
**desire** désirer v. **III-6**
**desire** envie f. **I-2**
**desk** bureau m. **I-1**
**despair** désespoir m. **III-7**
**desperate** désespéré(e) adj.
**dessert** dessert m. **I-6**
**destroy** détruire v. **I-6, III-7**
**destroyed** détruit (détruire) p.p., adj. **I-6**
**detective film** film policier m. **II-7**
**determination** acharnement m. **III-10**
**detest** détester v. **I-2**

**I hate...** Je déteste... **I-2**
**develop** développer v. **II-6**; mettre au point v.
**development** nouveauté f.; développement m. **III-5**; épanouissement m. **III-10**
**dial (a number)** composer (un numéro) v. **II-3**
**dialog** dialogue m. **III-5**
**dictatorship** dictature f. **III-4**
**dictionary** dictionnaire m. **I-1**
**die** mourir v. **I-7, III-3**
**died** mort (mourir) p.p., adj. **I-7**
**diet** régime m. **II-2**
  **to be on a diet** être au régime **II-1**
**difference** différence f. **I-1**
**different** autre adj. **III-2**; différent(e) adj. **I-1**
**differently** différemment adv. **I-8**
**difficult** difficile adj. **I-1**
**digital camera** appareil (photo) numérique m. **II-3, III-7**
**digital** numérique adj. **III-7**
**dining room** salle à manger f. **I-8**
**dinner** dîner m. **II-1**
  **to have dinner** dîner v. **I-2**
**diploma** diplôme m. **I-2**
**directions** indications f. **II-4, III-2**
**director** (movie) réalisateur/ réalisatrice m., f. **III-3**; (play/ show) metteur en scène m. **II-7**
**dirty** sale adj. **I-8**
**disappointed** déçu(e) adj. **III-4**
**discover** découvrir v. **II-3, III-4**
**discovered** découvert (découvrir) p.p. **II-3**
**discovery** découverte f. **III-7**
  **(breakthrough) discovery** découverte (capitale) f. **III-7**
**discreet** discret/discrète adj. **I-3**
**discrepancy** écart m. **III-5**
**discuss** discuter v. **III-3**
**dish (food)** plat m. **II-1**
  **to do the dishes** faire la vaisselle v. **I-8**
**dishonest** malhonnête adj. **III-1**
**dishwasher** lave-vaisselle m. **I-8**
**disillusioned** désabusé(e) adj.
**dismiss** renvoyer v. **II-5**
**disorientation** dépaysement m. **III-1**
**disposable** jetable adj. **III-10**
**disposal: to have at one's disposal** disposer de v.
**distance learning** formation à distance f. **III-5**
**distant** lointain(e) adj.
**distinction** mention f. **II-5**
**distraught** affolé(e) adj. **III-7**
**distribution of wealth** partage des richesses m. **III-5**
**distrust** se méfier de v. **III-2**
**distrustful: to be distrustful of** se méfier de v. **III-2**
**disturb** déranger v. **III-6**
**dive** plonger v. **III-1**

**diversity** diversité f. **III-5**
**diving** plongée sous-marine f. **III-10**
**divorce** divorce m. **I-6**
  **to divorce** divorcer v. **I-3, III-1**
**divorced** divorcé(e) p.p., adj. **I-3**
**DNA** ADN m. **III-7**
**do** (make) faire v. **I-5, III-1**
  **to do odd jobs** bricoler v. **I-5**
**doctor** médecin m. **I-3**
**documentary** documentaire m. **II-7, III-3**
**dog** chien m. **I-3**
**dolphin** dauphin m. **III-10**
**done** fait (faire) p.p., adj. **I-6**
**door** (building) porte f. **I-1**; (automobile) portière f. **II-3**
**doorman (doorkeeper)** portier/ portière m., f. **III-9**
**dorm** résidence f. universitaire **I-8**
**doubt (that)...** douter (que)... v. **II-7, III-2**
**doubtful** douteux/douteuse adj. **II-7**
  **It is doubtful that...** Il est douteux que... **II-7, III-7**
**downhill skiing** ski alpin m. **III-8**
**download** télécharger v. **II-3, III-7**
**downtown** centre-ville m. **I-4, III-2**
**doze off** somnoler v. **III-6**
**drag** barbant(e) adj. **I-3**; barbe f. **I-3**
**drag** traîner v. **III-6**
**drama course** cours d'art dramatique m. **III-3**
**drape** rideau m. **I-8**
**draw** dessiner v. **I-2**
**draw** tirer v.
  **to draw attention to** attirer l'attention sur v. **III-3**
  **to draw from** puiser v. **III-10**
**drawer** tiroir m. **I-8**
**dreadful** épouvantable adj. **I-5**
**dream (about)** rêver (de) v. **II-3, III-1**
**dreams, full of** rêveur/rêveuse adj. **III-2**
**dress** robe f. **I-6**
  **to dress** s'habiller v. **II-2**
**dresser** commode f. **I-8**
**drink (carbonated)** boisson f. (gazeuse) **I-4**
**to drink** boire v. **I-4, III-3**
  **to have a drink** prendre un verre **III-8**
**drinkable** potable adj. **III-10**
**drive** rouler (en voiture) v. **III-2**; conduire v. **I-6, III-3**
  **to go for a drive** faire un tour en voiture **I-5**
**driven** conduit (conduire) p.p. **I-6**
**driver (taxi/truck)** chauffeur (de taxi/ de camion) m. **II-5**; conducteur/ conductrice m., f. **III-2**
**driver's license** permis m. de conduire **II-3**
**drought** sécheresse f. **III-10**
**drown** s'enfoncer v.
**drums** batterie f. **II-7, III-2**

**drunk** bu (boire) *p.p.* **I-6**
**dry oneself** se sécher *v.* **II-2**
**dry** sec/sèche *adj.* **III-10**
**dryer (clothes)** sèche-linge *m.* **I-8**
**due** dû(e) (devoir) *adj.* **II-1, III-5**
**during** pendant *prep.* **I-7**
**dust** enlever/faire la poussière *v.* **I-8**
**dusty** poussiéreux(-euse) *adj.* **III-7**
**DVD player** lecteur (de) DVD *m.* **III-7**
**DVR** enregistreur DVR *m.* **II-3**

## E

**each** chaque *adj.* **III-4**
  **each one** chacun(e) *pron.*
**ear** oreille *f.* **II-2**
**early** en avance *adv.* **I-2**; tôt *adv.* **I-2**;
  **III-2**
**earn** gagner *v.* **II-5**
  **earn a living** gagner sa vie **III-9**
**Earth** Terre *f.* **II-6**
**earthquake** tremblement de terre *m.*
  **III-10**
**easily** facilement *adv.* **I-8**
**east** est *m.* **II-4**
**easy** facile *adj.* **I-2**
**eat** manger *v.* **I-2, III-1**
  **to eat lunch** déjeuner *v.* **I-4**
**éclair** éclair *m.* **I-4**
**ecological** écologique *adj.* **II-6**
**ecology** écologie *f.* **II-6**
**economic crisis** crise économique *f.*
  **III-9**
**economics** économie *f.* **I-2**
**ecotourism** écotourisme *m.* **II-6**
**edible** mangeable *adj.* **III-4**
**editor** rédacteur/rédactrice *m., f.* **III-3**
**education** enseignement *m.* **III-5**;
  formation *f.* **II-5**
**each** chaque *adj.* **I-6**
**effect: in effect** en effet **II-6**
**effort** effort *m.* **III-5**
  **to make an effort** faire un effort
  **III-5**
**egg** œuf *m.* **II-1**
**egocentric** égocentrique *adj.* **III-3**
**eight** huit *m.* **I-1**
**eighteen** dix-huit *m.* **I-1**
**eighth** huitième *adj.* **I-7**
**eighty** quatre-vingts *m.* **I-3**
**eighty-one** quatre-vingt-un *m.* **I-3**
**elder** aîné(e) *adj.* **I-3**
**elect** élire *v.* **III-4**
**election** élection *f.* **III-4**
  **to lose elections** perdre les
  élections **III-4**
  **to win elections** gagner les
  élections **III-4**
**electric** électrique *adj.* **I-8**
  **electrical appliance** appareil *m.*
  électrique **I-8**
**electrician** électricien/électricienne
  *m., f.* **II-5**
**electronic chip** puce électronique *f.*
  **III-7**
**elegant** élégant(e) *adj.* **I-1**

**elevator** ascenseur *m.* **I-7, III-3**
**eleven** onze *m.* **I-1**
**eleventh** onzième *adj.* **I-7**
**e-mail** e-mail *m.* **II-3**
  **e-mail address** adresse e-mail *f.*
  **III-7**
**embarrass** gêner *v.* **III-1**
**embarrassed** gêné(e) *adj.* **III-2**
  **to be embarrassed** avoir honte
  (de) **III-1**
**embarrassment** gêne *f.* **III-6**
**emergency room** urgences *f., pl.* **II-2**
  **to go to the emergency room**
  aller aux urgences *v.* **II-2**
**emigrant** émigré(e) *m., f.* **III-5**
**emigrate** émigrer *v.* **III-1**
**emotional** émotif/émotive *adj.*
**employ** employer *v.* **I-5**
**employee** employé(e) *m., f.* **III-9**
**empty** vide *adj.* **III-2**
**enclose** cloîtrer *v.* **III-2**
**end** fin *f.* **II-7**; se terminer *v.* **III-9**
**endangered** en voie d'extinction
  *adj.* **III-10**; menacé(e) *adj.* **II-6**
  **endangered species** espèce *f.*
  menacée **II-6**
**endearing** attendrissant(e) *adj.*
**energy** énergie *f.* **III-10**
  **energy consumption** consommation
  d'énergie *f.* **III-10**
  **energy source** source d'énergie *f.*
  **III-10**
**engaged** fiancé(e) *adj.* **I-3**
**engaged: to get engaged** se fiancer
  *v.* **III-1**
**engagement** fiançailles *f.* **III-6**
**engagement ring** bague de fiançailles
  *f.* **III-6**
**engine** moteur *m.* **II-3**
**engineer** ingénieur *m.* **I-3, III-7**
**England** Angleterre *f.* **I-7**
**English** anglais(e) *adj.* **I-1**
**enjoy** bénéficier de *v.* **III-5**
**enormous** énorme *adj.* **I-2**
**enormously** énormément *adv.* **III-2**
**enough (of)** assez (de) *adv.* **I-4, III-5**
  **not enough (of)** pas assez (de) **I-4**
  **that's enough** ça suffit **III-4**
**enroll** s'inscrire *v.* **III-6**
**enslavement** asservissement *m.* **III-4**
**enter** entrer *v.* **I-7, III-3**
**entertain** divertir *v.* **III-3**
**entertaining** divertissant(e) *adj.* **III-8**
**entertainment** divertissement *m.* **III-3**
**enthusiastic** enthousiaste *adj.* **III-1**
**entrepreneur** entrepreneur/
  entrepreneuse *m., f.* **III-9**
**entrust** confier *v.* **III-6**
**envelope** enveloppe *f.* **II-4**
**environment** environnement *m.* **II-6,**
  **III-10**
**envision** envisager *v.* **III-3**
**equal** égal(e) *adj.* **III-4**
**equal** égaler *v.* **I-3**
**equality** égalité *f.* **III-4**

**erase** effacer *v.* **III-1, II-3, III-7**
**erosion** érosion *f.* **III-10**
**errand** course *f.* **II-1**
**escape from** s'échapper de *v.* **III-6**
**escaped** évadé(e) *adj.* **III-4**
**escargot** escargot *m.* **II-1**
**especially** surtout *adv.* **I-2**
**essay** dissertation *f.* **II-3**
**essential** essentiel(le) *adj.* **II-6, III-6**;
  indispensable *adj.* **III-6**
  **It is essential that...** Il est
  essentiel/indispensable que... **II-6**
**ethical** éthique *adj.* **III-7**
**even** même *adv.* **I-5**
**evening** soir *m.*; soirée *f.* **I-2**
  **... (o'clock) in the evening** ...
  heures du soir **I-2**
**evening gown** robe de soirée *f.* **III-8**
**event** événement *m.* **III-2**
**every** chaque *adj.* **III-4**, tout(e)/tous/
  toutes (les) *adj.* **III-4**
**every day** tous les jours *adv.* **I-8**
**everyone** tout le monde *m.* **II-1**
**everything** tout *pron.* **III-4**
**everywhere** partout *adv.* **III-2**
**evident** évident(e) *adj.* **II-7**
  **It is evident that...** Il est évident
  que... **II-7**
**evidently** évidemment *adv.* **I-8**
**evolve** évoluer *v.*
**exactly** exactement *adv.* **II-1**
**exam** examen *m.* **I-1**
**except** sauf *prep.* **III-8**
**excerpt** extrait *m.* **III-3**
**excited** enthousiaste *adj.* **III-1**
**exciting** passionnant(e) *adj.* **III-4**
**excluded** exclu(e) *adj.* **III-5**
**Excuse me.** Excuse-moi. *fam.* **I-1**;
  Excusez-moi. *form.* **I-1**
**executive** cadre/femme cadre *m., f.*
  **II-5, III-9**
**exercise** exercice *m.* **II-2**
  **to exercise** faire de l'exercice *v.*
  **II-2**
**exhausted** épuisé(e) *adj.* **III-9**
**exhibit** exposition *f.* **II-7**
**exhibition** exposition *f.* **III-8**
**exit** sortie *f.* **I-7**
**expect** s'attendre à *v.* **III-2**; **to**
  **expect** compter *v.* **III-8**; **to**
  **expect something** s'attendre à
  quelque chose *v.* **III-3**
**expenditure** dépense *f.* **III-4**
**expenses** dépenses *f.* **III-9**
**expensive** cher/chère *adj.* **I-6, III-2**
**experiment** expérience *f.* **III-7**
  **to carry out an experiment** faire
  une expérience **III-7**
**explain** expliquer *v.* **I-2**
**explore** explorer *v.* **I-4, III-7**
**express** exprimer *v.* **III-1, III-3**
**extinction** extinction *f.* **II-6**
**eye (eyes)** œil (yeux) *m.* **II-2**
**eyelash** cil *m.* **III-1**

## F

**face** affronter *v.* **III-6**
**face** visage *m.* **II-2**
**facing** en face (de) *prep.* **I-3**
**fact: in fact** en fait **I-7**
**factory** usine *f.* **II-6**
**fade (away)** s'en aller *v.*
**fail** échouer *v.* **I-2**
**fair** foire *f.* **III-2**; juste *adj.* **III-4**
**faithful** fidèle *adj.* **III-1**
**false** faux/fausse *adj.* **III-2**
**fall** automne *m.* **I-5**
  **in the fall** en automne **I-5**
  **to fall** tomber *v.* **I-7**
  **to fall in love** tomber amoureux/
    amoureuse *v.* **I-6**
  **to fall asleep** s'endormir *v.* **II-2**
**fall** tomber *v.* **III-1**
  **to fall in love (with)** tomber
    amoureux/amoureuse (de) **III-1**
**fame** notoriété *f.* **III-3**
**family** famille *f.* **I-3**
**famous** célèbre *adj.* **II-7**; connu
  (connaître) *p.p., adj.* **I-8**
**fan (of)** fan (de) *m., f.* **III-8**;
  supporter (de) *m.* **III-8**
**far (from)** loin (de) *prep.* **I-3**
**farewell** adieu *m.* **II-6**
**farm** ferme *f.* **III-10**
**farmer** agriculteur/agricultrice *m., f.*
  **II-5**
**fascinating** fascinant(e) *adj.* **III-9**
**fashion** mode *f.* **I-2**
  **fashion design** stylisme de mode
    *m.* **I-2**
**fast** rapide *adj.* **I-3**; vite *adv.* **I-8**
**fat** gros(se) *adj.* **I-3, III-2**; gras(se)
  *adj.* **III-4**
**father** père *m.* **I-3**
**father-in-law** beau-père *m.* **I-3, III-6**
**favorite** favori/favorite *adj.* **III-2, I-3**;
  préféré(e) *adj.* **I-2**
**fax machine** fax *m.* **II-3**
**fear** peur *f.* **I-2, III-4**; craindre *v.* **III-6**
  **for fear of** de peur de *prep.* **III-7**
  **for fear that** de peur que *conj.*
    **III-7**; de crainte que *conj.* **III-7**
  **to confront one's fears** vaincre
    ses peurs **III-8**
  **to fear that** avoir peur que *v.* **II-6**
**February** février *m.* **I-5**
**fed: to be fed up (with)** en avoir
  marre (de) **I-3, III-1**
**feed** nourrir *v.*
**feel** *(to sense)* sentir *v.* **I-5**; *(state of
  being)* se sentir *v.* **II-2**; ressentir
  *v.* **III-1**
  **to feel like (doing something)**
    avoir envie (de) **I-2**
  **to feel nauseated** avoir mal au
    cœur **II-2**
**feeling** état d'âme *m.* **III-1**
**festival (festivals)** festival (festivals)
  *m.* **II-7**

**feudal system** système féodal *m.* **III-4**
**fever** fièvre *f.* **II-2**
  **to have fever** avoir de la fièvre *v.*
    **II-2**
**few (of them)** quelques-un(e)s *pron.*
  **III-4**; (un) peu de **III-5**
**fiancé** fiancé(e) *m., f.* **I-6**
**field** *(terrain)* champ *m.* **I-6**; *(of
  study)* domaine *m.* **II-5**
**field: (soccer) field** terrain (de foot)
  *m.* **III-8**
**fifteen** quinze *m.* **I-1**
**fifth** cinquième *adj.* **I-7**
**fifty** cinquante *m.* **I-1**
**fight** lutte *f.*; combattre *v.* **III-4**; lutter
  *v.* **III-5**; se battre *v.* **III-8**
**figure** *(physique)* ligne *f.* **II-2**
**figure** chiffre *m.* **III-9**
  **to figure it out** se débrouiller *v.*
**file** fichier *m.* **II-3**
**film** film *m.* **II-7**
  **adventure/crime film** film *m.*
    d'aventures/policier **II-7**
**film critic** critique de cinéma *m., f.*
  **III-3**
**film library** cinémathèque *f.* **III-2**
**fill: to fill out a form** remplir un
  formulaire *v.* **II-4**
  **to fill the tank** faire le plein *v.* **II-3**
**final** dernier/dernière *adj.* **III-2**
**finally** enfin *adv.* **I-7, III-2**;
  finalement *adv.* **I-7, III-3**;
  dernièrement *adv.* **I-8**
**financial** financier/financière *adj.* **III-9**
**find (a job)** trouver (un/du travail) *v.*
  **II-5**
  **to find again** retrouver *v.* **I-2**
**fine** amende *f.* **II-3**
**fine arts** beaux-arts *m., pl.* **II-7**
**finger** doigt *m.* **II-2**
**finish (doing something)** finir (de) *v.*
  **I-4, II-3**
**fire** incendie *m.* **II-6, III-10**; licencier
  *v.* **III-9**; virer *v.*
**fire station** caserne de pompiers *f.*
  **III-2**
**firefighter** pompier/femme pompier
  *m., f.* **II-5**
**fireworks display** feu d'artifice *m.*
  **III-2**
**firm** *(business)* entreprise *f.* **II-5**
**first** d'abord *adv.* **I-7, III-2**; premier/
  première *adj.* **I-2, III-2**; premier
  *m.* **I-5**
  **It is October first.** C'est le 1er
    (premier) octobre. **I-5**
**fish** poisson *m.* **I-3, III-10**; pêcher *v.*
  **III-10**
**fish shop** poissonnerie *f.* **II-1**
**fishing** pêche *f.* **I-5**
  **to go fishing** aller à la pêche *v.* **I-5**
**fishing net** filet (de pêche) *m.* **III-10**
**five** cinq *m.* **I-1**
**fixed rate** forfait *m.* **III-3**
**flag** drapeau *m.* **III-4**

**flat tire** pneu *m.* crevé **II-3**
**flaw** défaut *m.* **III-3**
**flee** fuir *v.* **III-1**
**fleeting** passager/passagère *adj.* **III-1**
**flight** *(air travel)* vol *m.* **I-7**
**flirt** draguer *v.* **III-1**
**flock** troupeau *m.* **III-10**
**flood** inondation *f.* **III-10**
**floor** étage *m.* **I-7**
**flourishing** prospère *adj.* **III-9**
**flow** couler *v.*
**flower** fleur *f.* **I-8**
**flu** grippe *f.* **II-2**
**fluently** couramment *adv.* **I-8**
**fly** voler *v.* **III-8**
**foliage** feuillage *m.* **III-10**
**follow (a path/a street/a boulevard)**
  suivre (un chemin/une rue/un
  boulevard) *v.* **II-4, III-3**
**following** prochain(e) *adj.* **III-2**
**food** *(type or kind of)* aliment *m.* **II-1,
  III-6**; *(before a noun)* alimentaire
  **III-6**; nourriture *f.* **II-1**
**foot** pied *m.* **II-2**
**football** football américain *m.* **I-5**
**for** car *conj.* **III-4**; pour *prep.* **III-7,
  I-5**; pendant *prep.* **II-1**
  **for an hour (a month, etc.)** pendant
    une heure (un mois, etc.) *adv.*
    **III-3**
  **for fear of** de peur de *prep.* **III-7**
  **for fear that** de peur que *conj.*
    **III-7**; de crainte que *conj.* **III-7**
  **For whom?** Pour qui? **I-4**
**forbid** interdire *v.* **II-6**
**force** forcer *v.* **III-1**
**forehead** front *m.*
**foreign** étranger/étrangère *adj.* **I-2**
  **foreign languages** langues *f., pl.*
    étrangères **I-2**
**foreigner** étranger/étrangère *m., f.* **III-2**
**forest** forêt *f.* **II-6, III-10**
  **tropical forest** forêt tropicale *f.* **II-6**
**force** obliger *v.* **III-6**
**forge: to forge ahead** aller de l'avant
  **III-5**
**forget (to do something)** oublier (de)
  *v.* **I-2**
**fork** fourchette *f.* **-1**
**form** formulaire *m.* **II-4**
**former** *(placed before noun)*
  ancien(ne) *adj.* **II-7, III-2**
**formerly** jadis *adv.* **III-10**
**formidable** redoutable *adj.* **III-3**
**forseen** prévu(e) *adj.* **III-5**
**fortunately** heureusement *adv.* **I-8**
**forty** quarante *m.* **I-1**
**forward** en pointe *adv.* **III-8**
**foul** faute *f.* **III-8**
**fountain** fontaine *f.* **II-4**
**four** quatre *m.* **I-1**
**fourteen** quatorze *m.* **I-1**
**fourth** quatrième *adj.* **I-7**
**France** France *f.* **I-7**
**frank** franc(he) *adj.* **III-1**

**frankly** franchement *adv.* **I-8, III-2**
**free** *(at no cost)* gratuit(e) *adj.* **II-7, III-3**
  **free time** temps libre *m.* **I-5**
  **free kick** coup franc *m.* **III-8**
  **free oneself** se libérer *v.* **III-4**
**freedom** liberté *f.* **III-3**
  **freedom of the press** liberté de la presse *f.* **III-3**
**freezer** congélateur *m.* **I-8**
**French** français(e) *adj.* **I-1**
**French fries** frites *f., pl.* **I-4**
**frequent (to visit regularly)** fréquenter *v.* **I-4**
**fresh** frais/fraîche *adj.* **I-5, III-2**
**Friday** vendredi *m.* **I-2**
**friend** ami(e) *m., f.* **I-1**; copain/ copine *m., f.* **I-1**; pote *m., f.* **III-9**
**friendship** amitié *f.* **I-6, III-1**
**frighten** effrayer *v.* **III-6**
**frightening** effrayant(e) *adj.* **III-7**
**from** à partir de *prep.* **III-1**
**from** de/d' *prep.* **I-1**
  **from time to time** de temps en temps *adv.* **I-8, III-2**
**front: in front of** devant *prep.* **I-3, III-5**
**fruit** fruit *m.* **II-1**
**fuel** combustible *m.* **III-10**
**fulfill (a dream)** réaliser (un rêve) *v.* **III-5**
**full** *(no vacancies)* complet (complète) *adj.* **I-7**
**full** plein(e) *adj.* **III-2**
**full-time job** emploi *m.* à plein temps **II-5**
**fun** amusant(e) *adj.* **I-1**
  **to have fun** *(doing something)* s'amuser (à) *v.* **II-3. III-2**
  **to make fun of** se moquer de *v.* **III-1, III-2**
**funds** fonds *m.*
**funeral** funérailles *f., pl.* **II-1**
**funny** drôle *adj.* **I-3**
**furious** furieux/furieuse *adj.* **II-6**
  **to be furious that…** être furieux/ furieuse que… *v.* **II-6**
**future** avenir *m.*

## G

**gain: gain weight** grossir *v.* **I-4**
**game** *(amusement)* jeu *m.* **I-5**; *(sports)* match *m.* **I-5**; partie *f.* **III-8**
**game console** console de jeux *f.*
**game show** jeu télévisé *m.* **II-7**
**gang** bande *f.* **III-5**
**gap** écart *m.* **III-5**
**garage** garage *m.* **I-8**
**garbage** ordures *f., pl.* **II-6**
  **garbage collection** ramassage *m.* des ordures **II-6**
**garden** jardin *m.* **I-8**
**garlic** ail *m.* **II-1**
**gas** essence *f.* **II-3**
**gas tank** réservoir d'essence *m.* **II-3**

**gas warning light** voyant *m.* d'essence **II-3**
**gather** rassembler *v.* **III-2**
**gene** gène *m.* **III-7**
**generally** en général *adv.* **I-8**
**generation gap** fossé des générations *m.* **III-6**
**generous** généreux/généreuse *adj.* **I-3**
**genetics** génétique *f.* **III-7**
**genre** genre *m.* **II-7**
**gentle** doux/douce *adj.* **I-3**
**gently** doucement *adv.* **III-2**
**geography** géographie *f.* **I-2**
**German** allemand(e) *adj.* **I-1**
**Germany** Allemagne *f.* **I-7**
**get (a salary)** toucher *v.* **III-9**
  **to get a divorce** divorcer *v.* **III-1**
  **to get a signal** capter *v.* **III-9**
  **to get along well** s'entendre bien **III-1**
  **to get along with** s'entendre bien avec **III-2**
  **to get angry with** se mettre en colère contre **III-1**, se fâcher contre *v.* **III-2**
  **to get benefit out of** retirer un profit de **III-9**
  **to get bored** s'ennuyer *v.* **III-2**
  **to get dressed** s'habiller *v.* **III-2**
  **to get engaged** se fiancer *v.* **III-1**
  **to get hurt** (se) blesser *v.* **III-8**
  **to get (in a car, on a train)** monter (dans une voiture, dans un train) *v.* **III-2**
  **to get income out of** retirer un revenu de **III-9**
  **to get involved** s'engager *v.* **III-3**
  **to get off** descendre *v.* **III-2**
  **to get (tickets)** obtenir (des billets) **III-8**
  **to get together** se réunir *v.* **III-2**
  **to get up** se lever *v.* **III-2**
  **to get used to** s'habituer à *v.* **III-2**
  **to get worse** empirer *v.* **III-10**
**get** *(to obtain)* obtenir *v.* **II-5**
**get along well (with)** s'entendre bien (avec) *v.* **II-2**
**get off** descendre (de) *v.* **I-6**
**get up** se lever *v.* **II-2**
  **get up again** se relever *v.* **II-2**
**gift** cadeau *m.* **I-6**
  **wrapped gift** paquet cadeau *m.* **I-6**
**gift shop** boutique de souvenirs *f.* **III-8**
**gifted** doué(e) *adj.* **II-7; III-6**
**girl** fille *f.* **I-1**
**girlfriend** petite amie *f.* **I-1**
**give** *(to someone)* donner (à) *v.* **I-2, III-2**
  **to give a shot** faire une piqûre *v.* **II-2**
  **to give a tour** faire visiter *v.* **I-8**
  **to give back** rendre (à) *v.* **I-6**
  **to give birth** accoucher *v.* **III-6**
  **to give directions** donner des indications **III-2**

  **to give in** to céder à *v.* **III-6**
  **to give one another** se donner *v.* **II-3**
**glass (of)** verre (de) *m.* **I-4, III-5**
**glasses** lunettes *f., pl.* **I-6**
  **sunglasses** lunettes de soleil *f., pl.* **I-6**
**glide** glisser *v.* **III-8**
**global warming** réchauffement climatique *m.* **II-6, III-10**
**globalization** mondialisation *f.* **III-5**
**glove** gant *m.* **I-6**
**gnarled** noueux/noueuse *adj.* **III-10**
**go** aller *v.* **I-4, III-1**
  **I'm going.** J'y vais. **I-8**
  **Let's go!** Allons-y! **I-4**; On y va! **II-2**
  **to go (away)** s'en aller *v.* **III-1, III-2**
  **to go across** parcourir *v.* **III-8**
  **to go back** repartir *v.* **II-7**
  **to go back (home)** rentrer *v.* **III-3**
  **to go back to sleep** se rendormir *v.* **III-9**
  **to go beyond one's limits** se dépasser *v.* **III-8**
  **to go bowling** jouer au bowling **III-8**
  **to go down** descendre *v.* **III-2**
  **to go downstairs** descendre (de) *v.* **I-6**
  **to go out** sortir *v.* **I-7**
  **to go out with** sortir avec *v.* **III-1**
  **to go over** dépasser *v.* **II-3**
  **to go past** passer (devant) *v.* **III-2**
  **to go to bed** se coucher *v.* **III-2**
  **to go up** monter *v.* **I-7, III-3**
  **to go with** aller avec *v.* **I-6**
**goal** but *m.* **III-5**
**gold** or *m.* **III-2**
**golf** golf *m.* **I-5**
**good** bon(ne) *adj.* **I-3, III-2**
  **Good evening.** Bonsoir. **I-1**
  **Good morning.** Bonjour. **I-1**
  **to be good for nothing** ne servir à rien *v.* **II-1**
  **to be in a good mood** être de bonne humeur *v.* **I-8**
  **to be in good health** être en bonne santé *v.* **II-2**
  **to be in good shape** être en pleine forme *v.* **II-2**
  **to be up to something interesting** faire quelque chose de beau *v.* **II-4**
**goodbye** au revoir **I-1, III-5**
  **to say goodbye** dire au revoir **III-5**
**gossip** commérages *m.* **III-1**
**govern** gouverner *v.* **III-4**
**government** gouvernement *m.* **II-6, III-4**
**grade** *(academics)* note *f.* **I-2**
**graft** greffer *v.* **III-2**
**grandchildren** petits-enfants *m., pl.* **I-3**
**granddaughter** petite-fille *f.* **I-3, III-6**
**grandfather** grand-père *m.* **I-3**

**grandmother** grand-mère *f.* **I-3**
**grandparents** grands-parents *m., pl.*
  **I-3**
**grandson** petit-fils *m.* **I-3, III-6**
**grant** bourse *f.* **I-2**
**grape** raisin *m.* **III-6**
**grass** herbe *f.* **II-6**
**gratin** gratin *m.* **II-1**
**gravity** gravité *f.* **III-7**
**gray** gris(e) *adj.* **I-6**
**great** formidable *adj.* **I-7**; génial(e)
  *adj.* **I-3, III-1**; grand(e) *adj.*
  **III-2**; chouette *adj.* **III-8**
**great-aunt** grand-tante *f.* **III-6**
**great-grandfather** arrière-grand-père
  *m.* **III-6**
**great-grandmother** arrière-grand-
  mère *f.* **III-6**
**great-uncle** grand-oncle *m.* **III-6**
**Greek** grec/grecque *adj.* **III-2**
**green** vert(e) *adj.* **I-3**
**green beans** haricots verts *m., pl.* **II-1**
**greenhouse** serre *f.* **II-6**
  **greenhouse effect** effet de serre
    *m.* **II-6**
**grief** deuil *m.* **III-1**; peine *f.* **III-1**
**grilled** grillé(e) *adj.* **III-6**
**grocery store** épicerie *f.* **I-4**
**groom** marié *m.* **III-6**
**groom: to groom oneself** *(in the
  morning)* faire sa toilette *v.* **II-2**
**ground**
  **ground floor** rez-de-chaussée *m.* **I-7**
  **on the ground** par terre **III-1**
**grow** augmenter *v.* **III-5**; pousser *v.*
  **III-10**
  **to grow old** vieillir *v.*
  **to grow up** grandir *v.*
**growing population** population *f.*
  croissante **II-6**
**grudge: to have a grudge** en vouloir
  (à) *v.* **III-5**
**grumble** bougonner *v.* **III-6**
**guaranteed** garanti(e) *p.p., adj.* **I-5**
**guess** deviner *v.* **III-5**
**guest** invité(e) *m., f.* **I-6**; client(e)
  *m., f.* **I-7**
**guilty** coupable *adj.* **III-4**
**guitar** guitare *f.* **II-7**
**guy** mec *m.* **II-2, III-1**
**gym** gymnase *m.* **I-4**

### H

**habitat** habitat *m.* **II-6**
  **habitat preservation** sauvetage
    des habitats *m.* **II-6**
  **provide a habitat for** abriter *v.*
    **III-10**
**habits** mœurs *f.* **III-4**
**had** eu (avoir) *p.p.* **I-6**
  **had to** dû (devoir) *p.p.* **II-1**
**hair** cheveux *m., pl.* **II-1**
  **to brush one's hair** se brosser les
    cheveux *v.* **II-1**

**to do one's hair** se coiffer *v.* **II-2**
**hairbrush** brosse *f.* à cheveux **II-2**
**hairdresser** coiffeur/coiffeuse *m., f.* **I-3**
**half** demie *f.* **I-2**; moitié *f.* **III-5**
**half brother** demi-frère *m.* **I-3, III-6**
  **half past ... (o'clock)** ... et demie
    **I-2**
**half sister** demi-sœur *f.* **I-3, III-6**
**half-time job** emploi *m.* à mi-temps
  **II-5**
**hallway** couloir *m.* **I-8**
**ham** jambon *m.* **I-4**
**hand** main *f.* **I-5**
**handbag** sac à main *m.* **I-6**
**handkerchief** mouchoir *m.* **III-8**
**handle** manier *v.* **III-7**
**handsome** beau *adj.* **I-3, III-2**
**hang around** traîner *v.* **III-6**
**hang up** raccrocher *v.* **II-5**
**happily** heureusement *adv.* **III-2**
**happiness** bonheur *m.* **I-6**
**happy** heureux/heureuse *adj.* **III-2,
  II-5**; content(e) *adj.* **III-6, II-5**
  **to be happy that...** être content(e)
    que... *v.* **II-6**; être heureux/
    heureuse que... *v.* **II-6**
**harass** harceler *v.* **III-9**
**hard drive** disque (dur) *m.* **II-3**
**hard-working** travailleur/travailleuse
  *adj.* **I-3, III-2**
**harm** nuire à *v.* **III-10**
**harmful** nuisible *adj.* **III-10**
**harvest** récolte *f.* **III-10**; récolter *v.*
  **III-10**
**hat** chapeau *m.* **I-6**
**hate** détester *v.* **I-2, III-8**
  **I hate...** Je déteste... **I-2**
**hatred** haine *f.* **III-4**
**have** avoir *v.* **I-2, III-1**; aie (avoir)
  *imp., v.* **I-7**; ayez (avoir) *imp. v.*
  **I-7**; prendre *v.* **I-4, III-3**
  **to have a drink** prendre un verre
    **III-8**
  **to have a good time** se divertir *v.*
    **III-8**
  **to have a grudge** en vouloir (à) *v.*
    **III-5**
  **to have an ache** avoir mal *v.* **II-2**
  **to have at one's disposal** disposer
    de *v.* **III-7**
  **to have connections** avoir des
    relations **III-9**
  **to have contempt for** mépriser *v.*
    **III-6**
  **to have fun** s'amuser *v.* **III-2**
  **to have influence (over)** avoir de
    l'influence (sur) **III-4**
  **to have stage fright** avoir le trac
    **III-3**
  **to have to** devoir *v.* **II-1, III-3**;
    falloir *v.* **III-3**
**he** il *sub. pron.* **I-1**
**head** *(body part)* tête *f.* **II-2**;
  *(of a company)* chef *m.*
  d'entreprise **II-5, III-9**

**headache: to have a headache**
  avoir mal à la tête *v.* **II-2**
**headlights** phares *m., pl.* **II-3**
**headline** gros titre *m.* **III-3**
**headphones** écouteurs *m.* **II-3**
**headscarf** foulard *m.* **III-6**
**heal** guérir *v.* **III-7**
**health insurance** assurance *f.*
  maladie **II-5**
**health** santé *f.* **II-2**
  **to be in good health** être en
    bonne santé *v.* **II-2**
**healthy** sain(e) *adj.* **II-2**
**hear** entendre *v.* **I-6, III-2**
**heart** cœur *m.* **II-2**
**heat** chaud *m.* **I-2**
**heels** talons *m.* **III-8**
**hegemony** hégémonie *f.*
**help** au secours **II-3**
  **to help** *(to do something)* aider (à)
    *v.* **I-5**
  **to help one another** s'aider *v.* **II-3**
**hello** *(on the phone)* allô **I-1**; *(in
  the evening)* Bonsoir. **I-1**; *(in the
  morning or afternoon)* Bonjour.
  **I-1**
**her** la/l' *d.o. pron.* **I-7**; lui *i.o. pron.*
  **I-6**; *(attached to an imperative)*
  -lui *i.o. pron.* **II-1**
**her** sa *poss. adj., f., sing.* **I-3**;
  ses *poss. adj., m., f., pl.* **I-3**;
  son *poss. adj., m., sing.* **I-3**
**here** ici *adv.* **I-1, III-2**; *(used with
  demonstrative adjective* ce *and
  noun or with demonstrative
  pronoun* celui*)*; -ci **I-6**
  **Here is....** Voici... **I-1**
  **Here!** Tenez! *form., imp. v.* **II-1**;
    Tiens! *fam., imp., v.* **II-1**
**heritage** patrimoine *m.* **III-5**
  **cultural heritage** patrimoine
    culturel *m.* **III-5**
  **I am of... heritage.** Je suis
    d'origine... **I-1**
**herself** *(used with reflexive verb)*
  se/s' *pron.* **II-2**
**hesitate** *(to do something)* hésiter
  (à) *v.* **II-3**
**Hey!** Eh! *interj.* **I-2**
**Hi!** Salut! *fam.* **I-1**
**high** élevé(e) *adj.* **II-5**;
  haut(e) *adj.* **III-2**
**high school** lycée *m.* **I-1**
  **high school student** lycéen(ne)
    *m., f.* **I-2**
**higher education** études supérieures
  *f., pl.* **I-2**
**highway** autoroute *f.* **II-3**
**hike** randonnée *f.* **I-5**
  **to go for a hike** faire une
    randonnée *v.* **I-5**
**him** lui *i.o. pron.* **I-6**; le/l' *d.o. pron.*
  **I-7**; *(attached to imperative)*
  -lui *i.o. pron.* **II-1**

**himself** *(used with reflexive verb)* se/s' *pron.* **II-2**
**hire** embaucher *v.* **II-5, III-9**
**his** sa *poss. adj., f., sing.* **I-3**; ses *poss. adj., m., f., pl.* **I-3**; son *poss. adj., m., sing.* **I-3**
**history** histoire *f.* **I-2**
**hit** frapper *v.*; rentrer (dans) *v.* **II-3**; taper **III-9**
**hobby** passe-temps *m.* **III-6**
**hold** tenir *v.* **II-1, III-4**
　**to hold back** retenir *v.* **III-7**
　**to be on hold** patienter *v.* **II-5**
**hole in the ozone layer** trou dans la couche d'ozone *m.* **II-6**
**holiday** jour férié *m.* **I-6**; férié(e) *adj.* **I-6**
**home** *(house)* maison *f.* **I-4**
　**at** *(someone's)* **home** chez... *prep.* **I-4**
**home page** page d'accueil *f.* **II-3**
**homeland** patrie *f.* **III-6**
**homesick: to be homesick** avoir le mal du pays **III-5**
**homework** devoir *m.* **I-2**
**honest** honnête *adj.* **II-7, III-1**
**honestly** franchement *adv.* **I-8**
**hood** capot *m.* **II-3**
**hoodlum** voyou *m.* **III-6**
**hope** espoir *m.* **III-2**; espérer *v.* **I-5, III-1**; souhaiter *v.* **III-6**
**hors d'oeuvre** hors-d'œuvre *m.* **II-1**
**horse** cheval *m.* **I-5**
　**to go horseback riding** faire du cheval *v.* **I-5**
**hospital** hôpital *m.* **I-4**
**host** hôte/hôtesse *m., f.* **I-6**
**hot** chaud *m.* **I-2**
　**It is hot** *(weather).* Il fait chaud. **I-5**
　**to be hot** avoir chaud *v.* **I-2**
**hot chocolate** chocolat chaud *m.* **I-4**
**hotel** hôtel *m.* **I-7**
　*(single)* **hotel room** chambre *f.* (individuelle) **I-7**
**hotel keeper** hôtelier/hôtelière *m., f.* **I-7**
**hour** heure *f.* **I-2**
**house** maison *f.* **I-4**
　**at** *(someone's)* **house** chez... *prep.* **I-2**
　**to leave the house** quitter la maison *v.* **I-4**
　**to stop by someone's house** passer chez quelqu'un *v.* **I-4**
**household** ménager/ménagère *adj.* **I-8**
**household appliance** appareil *m.* ménager **I-8**
**household chore** tâche ménagère *f.* **I-8**
**housewife** femme au foyer *f.* **II-5**
**housework: to do the housework** faire le ménage *v.* **I-8**
**housing** logement *m.* **I-8, III-2**; habitation *f.* **III-2**
**how** comme *adv.* **I-2**; comment? *interr. adv.* **I-4**

**How are you?** Comment allez-vous? *form.* **I-1**; Comment vas-tu? *fam.* **I-1**
**How many/How much (of)?** Combien (de)? **I-1**
**How much is... ?** Combien coûte... ? **I-4**
**however** pourtant *adv.*
**huge** énorme *adj.* **I-2**
**Huh?** Hein? *interj.* **I-3**
**human** humain(e) *adj.*
**human rights** droits de l'homme *m.* **III-4**
**humanities** lettres *f., pl.* **I-2**
**humankind** humanité *f.* **III-5**
**hundred: one hundred** cent *m.* **I-5**
　**five hundred** cinq cents *m.* **I-5**
　**one hundred one** cent un *m.* **I-5**
　**one hundred thousand** cent mille *m.* **I-5**
**hundredth** centième *adj.* **I-7**
**hunger** faim *f.* **I-4**
**hungry: to be hungry** avoir faim *v.* **I-4**
**hunt** chasse *f.* **II-6, III-10**
　**to hunt** chasser *v.* **II-6**
**hurricane** ouragan *m.* **III-10**
**hurried** pressé(e) *adj.* **II-1**
**hurry** se dépêcher *v.* **II-2, III-2, III-7**
**hurt** faire mal *v.* **II-2**
　**to hurt oneself** se blesser *v.* **II-2**
**husband** mari *m.*; époux *m.* **I-3, III-6**
**hyphen** *(punctuation mark)* tiret *m.* **II-3**

## I

**ice cream** glace *f.* **I-6**
**ice cube** glaçon *m.* **I-6**
**idea** idée *f.* **I-3**
**idealistic** idéaliste *adj.* **III-1**
**if** si *conj.* **II-5, III-7**
**I** je *sub. pron.* **I-1**; moi *disj. pron., sing.* **I-3**
**ill: to become ill** tomber malade *v.* **II-2**
**illiterate** analphabète *adj.* **III-4**
**illness** maladie *f.* **II-5**
**immature** peu mûr(e) *adj.* **III-1**
**immediately** immédiatement *adv.* **III-3**; tout de suite *adv.* **I-4**
**immigrant** immigré(e) *n.* **III-5**
**immigrate** immigrer *v.* **III-1**
**immigration** immigration *f.* **III-5**
**impartial** impartial(e) *adj.* **III-3**
**impatient** impatient(e) *adj.* **I-1**
**important** important(e) *adj.* **I-1, III-6**
　**It is important that...** Il est important que... **II-6**
**impossible** impossible *adj.* **II-7, III-7**
　**It is impossible that...** Il est impossible que... **II-7**
**imprison** emprisonner *v.* **III-4**
**improve** améliorer *v.* **II-5, III-2**
**in** dans *prep.* **I-3, III-5**; en *prep.* **I-3, III-5**; à *prep.* **I-4, III-5**
　**in addition** en outre *adv.*

**in case** au cas où *conj.* **III-10**
**in front of** devant *prep.* **III-5**
**in general** en général *adv.* **III-2**
**in order that** afin que *conj.* **III-7**
**in order to** afin de *prep.* **III-2**; pour *prep.* **III-7**
**in the past** autrefois *adv.*
**included** compris (comprendre) *p.p., adj.* **I-6**
**income** revenu *m.* **III-9**
　**to get income out of** retirer un revenu de **III-9**
**incompetent** incompétent(e) *adj.* **III-9**
**increase awareness** sensibiliser *v.* **III-3**
**incredible** incroyable *adj.* **II-3**
**independent** indépendant(e) *adj.* **I-1**
**independently** indépendamment *adv.* **I-8**
**indicate** indiquer *v.* **I-5**
**indication** indice *m.* **III-4**
**indispensable** indispensable *adj.* **II-6**
**individuality** individualité *f.* **III-5**
　**loss of individuality** perte de l'individualité *f.* **III-5**
**inequality** inégalité *f.* **III-4**
**inexpensive** bon marché *adj.* **I-6**
**inferior** inférieur(e) *adj.* **III-2**
**inferiority complex** complexe d'infériorité *m.* **III-6**
**influence** influence *f.* **III-4**
　**to have influence (over)** avoir de l'influence (sur) **III-4**
**influential** influent(e) *adj.* **III-3**
**inherit** hériter *v.* **III-6**
**injection** piqûre *f.* **II-2**
　**to give an injection** faire une piqûre *v.* **II-2**
**injure (oneself)** (se) blesser *v.* **III-8**
**injury** blessure *f.* **II-2**
**injustice** injustice *f.* **III-4**
**innovation** innovation *f.* **III-7**
**innovative** innovant(e) *adj.* **III-7**
**insecurity of income** précarité *f.* **III-9**
**insensitive** insensible *adj.* **III-2**
**inside** dans *prep.* **III-5**; dedans *adv.* **III-2, III-8**
**instability** instabilité *f.* **III-5**
**instructions** consignes *f. pl.* **III-9**
**instrument** instrument *m.* **I-1**
**insufficient** insuffisant(e) *adj.* **III-10**
**insurance (health/life)** assurance *f.* (maladie/vie) **II-5**
**integration** intégration *f.* **III-5**
**intellectual** intellectuel(le) *m., f.* **III-6**; intellectuel(le) *adj.* **I-3, III-2**
**intelligent** intelligent(e) *adj.* **I-1**
**intend to** penser *v.* **III-8**
**interested: to be interested (in)** s'intéresser (à) *v.* **II-2**
**interesting** intéressant(e) *adj.* **I-1**
**intermission** entracte *m.* **II-7**
**Internet site** site Internet *m.* **III-3**
**internship** stage *m.* **II-5**
**intersection** carrefour *m.* **II-4, III-2**

**interview** entretien *m.* **III-3**,
   interview *f.* **III-3**
   **job interview** entretien
      d'embauche *m.*
   **to have an interview** passer un
      entretien **II-5**
**introduce** présenter *v.* **I-1**
   **I would like to introduce** *(name)* **to**
      **you.** Je te présente… , *fam.* **I-1**
   **I would like to introduce** *(name)*
      **to you.** Je vous présente… ,
      *form.* **I-1**
**invade** envahir *v.* **III-3**
**invent** inventer *v.* **III-7**
**invention** invention *f.* **III-7**
**invest** investir *v.* **III-9**
**investigate** enquêter (sur) *v.* **III-3**
**investigation** enquête *f.*
**invite** inviter *v.* **I-4**
**involved: to get involved** s'engager *v.*
**Ireland** Irlande *f.* **I-7**
**Irish** irlandais(e) *adj.* **I-7**
**iron** fer à repasser *m.* **I-8**
   **to iron** *(the laundry)* repasser (le
      linge) *v.* **I-8**
**island** île *f.* **II-6**
**isn't it?** *(tag question)* n'est-ce pas?
   **I-2**
**it: It depends.** Ça dépend. **I-4**
   **It is…** C'est… **I-1**
**it: it's about** il s'agit de
   **it's a matter of** il s'agit de
**Italian** italien(ne) *adj.* **I-1**
**Italy** Italie *f.* **I-7**
**itself** *(used with reflexive verb)* se/s'
   *pron.* **II-2**

## J

**jacket** blouson *m.* **I-6**
**jam** confiture *f.* **II-1**
**January** janvier *m.* **I-5**
**Japan** Japon *m.* **I-7**
**Japanese** japonais(e) *adj.* **I-1**
**jealous** jaloux/jalouse *adj.* **I-3, III-1**
**jeans** jean *m. sing.* **I-6**
**jersey** maillot *m.* **III-8**
**jewelry store** bijouterie *f.* **II-4**
**job** poste *m.* **III-9**; emploi *m.* **III-9**;
   boulot *m.* **III-9**
**job interview** entretien d'embauche
   *m.* **III-9**
**jogging** jogging *m.* **I-5**
   **to go jogging** faire du jogging *v.* **I-5**
**join** rejoindre *v.* **III-1**
   **to join forces with** s'associer à *v.*
**joke** blague *f.* **I-2**
**joke (about)** rigoler *v.* **III-4**
**journalist** journaliste *m., f.* **I-3, III-3**
**journey** trajet *m.*
**joy** joie *f.*
**judge** juge *m., f.* **III-4**; juger *v.* **III-4**
**juice (orange/apple)** jus *m.*
   (d'orange/de pomme) **I-4**
**July** juillet *m.* **I-5**

**jump** sauter *v.* **III-8**
**June** juin *m.* **I-5**
**jungle** jungle *f.* **II-6**
**juror** juré(e) *m., f.* **III-4**
**just** *(barely)* juste *adv.* **I-3**
**justice** justice *f.* **III-4**

## K

**keep** garder *v.*
   **to keep an eye on** surveiller *v.* **III-8**
   **to keep from (doing something)**
      empêcher (de) *v.* **III-2**
   **to keep oneself informed**
      **(through the media)** s'informer
      (par les médias) *v.* **III-3**
**keep** retenir *v.* **II-1**
**key** clé *f.* **I-7**
**keyboard** clavier *m.* **II-3**
**kid** gamin(e) *m., f.* **III-5**, môme *m., f.*
   **III-5**
**kidnap** enlever *v.* **III-4**,
   kidnapper *v.* **III-4**
**kilo(gram)** kilo(gramme) *m.* **II-1, III-5**
**kill** tuer *v.* **III-4**
**killjoy** rabat-joie *m.* **III-8**
**kind** bon(ne) *adj.* **I-3**
**kindly** gentiment *adv.* **III-2**
**kindness** bonté *f.*
**kiosk** kiosque *m.* **I-4**
**kiss one another** s'embrasser *v.* **II-3**
**kitchen** cuisine *f.* **I-8**
**knee** genou *m.* **II-2**
**knife** couteau *m.* **II-1**
**knock** frapper *v.* **III-1**
**know** *(as a fact)* savoir *v.* **I-8**,
   **III-3**; *(to be familiar with)*
   connaître *v.* **I-8, III-3**
   **to know one another** se connaître
      *v.* **II-3**
   **I don't know anything about it.** Je
      n'en sais rien. **II-6**
   **to know that…** savoir que… **II-7**
**known** *(as a fact)* su (savoir) *p.p.* **I-8**;
   *(famous)* connu (connaître) *p.p.*,
   *adj.* **I-8**

## L

**labor union** syndicat *m.* **III-9**
**laboratory** laboratoire *m.*
**laborer** ouvrier/ouvrière *m., f.* **II-5**
**lack** manque *m.* **III-5**
**ladder** échelle *f.* **III-7**
**lagoon** lagon *m.* **III-10**
**lake** lac *m.* **II-6**
**lamp** lampe *f.* **I-8**
**land** terre *f.* **III-10**; atterrir *v.* **III-7**
**landlord** propriétaire *m., f.* **I-3**
**landscape** paysage *m.* **III-10**
**landslide** glissement de terrain *m.* **II-6**
**lane** voie *f.* **III-2**
**language** langue *f.* **I-2, III-5**
   **foreign languages** langues *f., pl.*
      étrangères **I-2**

**native language** langue
   maternelle *f.* **III-5**
**official language** langue officielle
   *f.* **III-5**
**laptop** ordinateur portable *m.* **III-7**
**last** dernier/dernière *adj.* **I-2, III-2**
   **at last** enfin *adv.* **III-2**
   **last Monday (Tuesday, etc.)** lundi
      (mardi, etc.) dernier *adv.* **III-3**
**lastly** dernièrement *adv.* **I-8**
**late** *(when something happens late)*
   en retard *adv.* **I-2**; *(in the
   evening, etc.)* tard *adv.* **I-2, III-2**
**laugh** rire *v.* **I-6, III-3**
**laughed** ri (rire) *p.p.* **I-6**
**launch** lancement *m.*; lancer *v.* **III-5**
   **to launch into** se lancer *v.* **III-1,**
      **III-5**
**laundromat** laverie *f.* **II-4**
**laundry: to do the laundry** faire la
   lessive *v.* **I-8**
**law** *(academic discipline)* droit *m.*
   **I-2**; *(ordinance or rule)* loi *f.*
   **II-6, III-4**
   **to pass a law** approuver une loi
      **III-4**
**lawyer** avocat(e) *m., f.* **I-3, III-4**
**lay off** *(let go)* renvoyer *v.* **II-5**;
   licencier *v.* **III-9**
**lazy** paresseux/paresseuse *adj.* **I-3**
**lazybones** fainéant(e) *m., f.* **III-9**
**lead** mener *v.* **III-1, III-5**
**learned** appris (apprendre) *p.p.* **I-6**
**least** moins **II-1**
   **the least…** *(used with adjective)*
      le/la moins… *super. adv.* **II-1**
   **the least…** *(used with noun to
      express quantity)* le moins
      de… **II-6**
   **the least…** *(used with verb or
      adverb)* le moins… *super.
      adv.* **II-1**
**leather** cuir *m.* **I-6**
**leave** partir *v.* **I-5, III-3**; quitter *v.* **I-4**
   **I'm leaving.** Je m'en vais. **I-8**
   **to leave alone** laisser tranquille *v.*
      **II-2**
   **to leave behind** quitter *v.* **III-5**
   **to leave one another** se quitter *v.*
      **II-3**
   **to leave someone** quitter
      quelqu'un *v.* **III-1**
**left: to the left (of)** à gauche (de)
   *prep.* **I-3**
**leg** jambe *f.* **II-2**
**leisure** loisir(s) *m.* **III-8**
**leisure activity** loisir *m.* **I-5**
**lemon** citron *m.* **III-6**; citron *adj.* **III-2**
**lemon soda** limonade *f.* **I-4**
**lend (to someone)** prêter (à) *v.* **I-6**
**less** moins *adv.* **I-4, III-7**
   **less of…** *(used with noun to
      express quantity)* moins de… **I-4**

**less ... than** *(used with noun to compare quantities)* moins de... que **II-6**
**less... than** *(used with adjective to compare qualities)* moins... que **II-1**
**let** laisser *v.* **II-3**
 **to let go** *(to fire or lay off)* renvoyer *v* **II-5**
 **Let's go!** Allons-y! **I-4**; On y va! **II-2**
**let go** lâcher *v.* **III-8**
**letter** lettre *f.* **II-4**
 **letter of application** lettre *f.* de motivation **II-5**
 **letter of recommendation/ reference** lettre *f.* de recommandation **II-5**
**lettuce** laitue *f.* **II-1**
**level** niveau *m.* **II-5**
**liberal** libéral(e) *adj.* **III-4**
**library** bibliothèque *f.* **I-1**
**license: driver's license** permis *m.* de conduire **II-3**
**lie** mentir *v.* **III-1**
**life** vie *f.* **I-6, II-5**
**life insurance** assurance *f.* vie
**lifestyle section** rubrique société *f.* **III-3**
**lift** lever *v.* **III-1**
**light: warning light** *(automobile)* voyant *m.* **II-3**
 **oil/gas warning light** voyant *m.* d'huile/d'essence **II-3**
**like** *(as)* comme *adv.* **I-6**;
 **to like** aimer *v.* **I-2, III-1**
 **I don't like ... very much.** Je n'aime pas tellement... **I-2**
 **I really like...** J'aime bien... **I-2**
 **to like one another** s'aimer bien *v.* **II-3**
 **to like that...** aimer que... *v.* **II-6**
**lime** citron vert *m.* **III-6**
**limp** boiter *v.*
**line** queue *f.* **II-4, III-8**
 **line of products** gamme de produits *f.*
 **to wait in line** faire la queue **II-4, III-8**
**link** lien *m.* **II-3**
**lion** lion *m.* **III-10**
**listen (to)** écouter *v.* **I-2, III-8**
**listener** auditeur/auditrice *m., f.* **III-3**
**listlessness** langueur *f.* **III-1**
**liter** litre *m.* **III-5**
**literary** littéraire *adj.* **II-7**
**literature** littérature *f.* **I-1**
**little** *(not much) (of )* peu (de) *adv.* **I-4, III-2**
**little of** (un) peu de **III-5**
**live** en direct *adj., adv.* **III-3**
**live** vivre *v.* **III-1**
 **to live (something) vicariously** vivre (quelque chose) par procuration **III-8**

**to live something vicariously through someone** vivre quelque chose par l'intermédiaire de quelqu'un **III-8**
 **to live together (as a couple)** vivre en union libre **III-1**
**live (in)** habiter (à) *v.* **I-2**
**lively** animé(e) *adj.* **III-2**
**living room** *(informal room)* salle de séjour *f.* **I-8**; *(formal room)* salon *m.* **I-8**
**loan** prêt *m.* **III-9**; emprunt *m.* **III-9**
 **to apply for a loan** demander un prêt **III-9**
 **to secure a loan** obtenir un prêt **III-9**
 **to take out a loan** faire un emprunt **III-9**
**located: to be located** se trouver *v.* **II-2, III-2**
**locker room** vestiaires *m.* **III-8**
**long** long(ue) *adj.* **I-3, III-2**
 **a long time** longtemps *adv.* **I-5**
 **as long as** tant que *conj.* **III-7**
**long-term** à long terme *adj.* **III-9**
**look** *(at one another)* regarder *v.* **II-3**; *(at oneself)* se regarder *v.* **II-2**
**look for** chercher *v.* **I-2**
 **to look after (someone)** soigner *v.* **III-7**
 **to look for work** chercher du/un travail **II-4**
 **to look like** ressembler (à) *v.* **III-6**
**loose** *(clothing)* large *adj.* **I-6**
**lose** perdre *v.* **III-4**
 **to lose heart** se décourager *v.* **III-5**
 **to lose elections** perdre les élections **III-4**
 **to lose time** perdre son temps *v.* **I-6**
 **to lose weight** maigrir *v.* **I-4**
**loss** perte *f.* **III-9**
 **loss of individuality** perte de l'individualité *f.* **III-5**
**lost** perdu(e) *adj.* **III-2**
 **to be lost** être perdu(e) **II-4, III-2**
**lot: a lot** beaucoup *adv.* **III-2**
 **a lot of** beaucoup de **I-4, III-5**; un tas de **III-5**
**love** aimer *v.* **III-1**
**love** amour *m.* **I-6**
 **to love** adorer *v.* **I-2**
 **I love...** J'adore... **I-2**
 **to love one another** s'aimer *v.* **II-3**
 **to be in love** être amoureux/ amoureuse *v.* **I-6**
**low** bas(se) *adj.* **III-2**
**luck** chance *f.* **I-2**
 **to be lucky** avoir de la chance *v.* **I-2**
**lumberjack** bûcheron *m.* **III-10**
**lunch** déjeuner *m.* **II-1**
 **to eat lunch** déjeuner *v.* **I-4**
**luxury** luxe *m.* **III-5**
**lying** mensonger/mensongère *adj.* **III-2**

## M

**ma'am** Madame. *f.* **I-1**
**machine: answering machine** répondeur *m.* **II-3**
**mad** fâché(e) *adj.* **III-1**
 **to get mad** s'énerver *v.* **II-2**
**made** fait (faire) *p.p., adj.* **I-6**
**magazine** magazine *m.* **II-7**
**magician** magicien(ne) *m., f.* **III-7**
**maid of honor** témoin *m.* **III-6**
**mail** courrier *m.* **II-4**
**mailbox** boîte *f.* aux lettres **II-4**
**mailman** facteur *m.* **II-4**
**main character** personnage principal *m.* **II-7**
**main dish** plat (principal) *m.* **II-1**
**maintain** maintenir *v.* **II-1, III-4**
**make** faire *v.* **I-5, III-1**
 **to make an effort** faire un effort **III-5**
 **to make fun of** se moquer de *v.* **III-1, III-2**
 **to make it** s'en sortir **III-9**
 **to make think of** évoquer *v.* **III-9**
**make up** se réconcilier *v.* **II-7**;
 **make up one's mind** se décider *v.* **III-6**
**makeup** maquillage *m.* **II-2**
 **to put on makeup** se maquiller *v.* **II-2, III-2**
**malfunction** panne *f.* **II-3**
**man** homme *m.* **I-1**
**manage** *(in business)* diriger *v.* **II-5, III-9**; *(to do something)* arriver à *v.* **I-2**; gérer *v.* **III-9**, se débrouiller *v.*
**manager** gérant(e) *m., f.* **II-5, III-9**
**manual labor** travail manuel *m.* **III-5**
**many (of)** beaucoup (de) *adv.* **I-4**; bien des *adj.* **III-5**
 **How many (of)?** Combien (de)? **I-1**
**map** *(of a city)* plan *m.* **I-7**; *(of the world)* carte *f.* **I-1**
**March** mars *m.* **I-5**
**marching band** fanfare *f.* **III-2**
**marital status** état civil *m.* **I-6**
**market** marché *m.* **I-4, III-9**
**marketing strategy** stratégie commerciale *f.*
**marriage** mariage *m.* **I-6, III-1**
**married** marié(e) *adj.* **I-3**
 **married couple** mariés *m., pl.* **I-6**
**marry** épouser *v.* **I-3**; se marier avec *v.* **III-1**
**Martinique: from Martinique** martiniquais(e) *adj.* **I-1**
**masses** foule *f.*
**masterpiece** chef-d'œuvre *m.* **II-7**
**match** partie *f.* **III-8**
**material** matériau *m.*
**maternal** maternel(le) *adj.*
**mathematician** mathématicien(ne) *m., f.* **III-7**

**mathematics** mathématiques (maths) *f., pl.* **I-2**
**matter: it's a matter of** il s'agit de
**mature** mûr(e) *adj.* **III-1**
**maturity** maturité *f.* **III-6**
**May** mai *m.* **I-5**
**maybe** peut-être *adv.* **I-2, III-2**
**mayonnaise** mayonnaise *f.* **II-1**
**mayor** maire *m.* **III-2**
**mayor's office** mairie *f.* **II-4**
**me** moi *disj. pron., sing.* **I-3**; (attached to imperative) -moi *pron.* **II-1**; me/m' *i.o. pron.* **I-6**; me/m' *d.o. pron.* **I-7**
  **Me too.** Moi aussi. **I-1**
  **Me neither.** Moi non plus. **I-2**
**meal** repas *m.* **II-1**
**mean** méchant(e) *adj.* **I-3**
  **to mean** *(with dire)* vouloir *v.* **II-1**
**means** voie *f.* **III-2**
  **that means** ça veut dire *v.* **II-1**
**meat** viande *f.* **II-1**
**mechanic** mécanicien/mécanicienne *m., f.* **II-3**
**media** moyens de communication *m.* **III-3**; médias *m.* **III-3**
**medication (against/for)** médicament (contre/pour) *m.* **II-2**
**meet** *(to encounter, to run into)* rencontrer *v.* **I-2**; *(to make the acquaintance of)* faire la connaissance de *v.* **I-5**; se rencontrer *v.* **II-3**; *(planned encounter)* se retrouver *v.* **II-3**
**meeting** réunion *f.* **II-5, III-9**; rendez-vous *m.* **I-6**
**melancholic** mélancolique *adj.*
**member** membre *m.* **II-7**; membre *m.* **III-9**; adhérent(e) *m., f.* **III-9**
**menu** menu *m.* **II-1**; carte *f.* **II-1**
**message** message *m.* **II-5**
  **to leave a message** laisser un message *v.* **II-5**
**messy** en désordre **III-7**
**metaphor** métaphore *f.* **III-4**
**Mexican** mexicain(e) *adj.* **I-1**
**Mexico** Mexique *m.* **I-7**
**microwave oven** four à micro-ondes *m.* **I-8**
**middle school** collège *m.* **III-5**
**midnight** minuit *m.* **I-2**
**militant activist** activiste *m., f.* **III-4**
**milk** lait *m.* **I-4**
**mineral water** eau *f.* minérale **I-4**
**mini-market** supérette *f.* **III-6**
**minimum wage** salaire minimum *m.* **III-9**
**mirror** miroir *m.* **I-8**
**Miss** Mademoiselle *f.* **I-1**
**miss** manquer à *v.* **III-5**
**mistaken: to be mistaken (about something)** se tromper (de) *v.* **II-2, III-1, III-2**
**mix** mélange *m.* **III-1**; mêler *v.* **III-10**
**mob** foule *f.* **III-4**

**moderate** modéré(e) *adj.* **III-4**
**modernity** modernité *f.* **III-10**
**modest** modeste *adj.* **II-5**
**moment** moment *m.* **I-1, III-3**
  **at that moment** à ce moment-là **III-3**
**monarchy** monarchie *f.* **III-4**
  **absolute monarchy** monarchie absolue *f.* **III-4**
**Monday** lundi *m.* **I-2**
**money** argent *m.* **II-4**; *(currency)* monnaie *f.* **II-4**
  **to deposit money** déposer de l'argent *v.* **II-4**
**monitor** moniteur *m.* **II-3**
**monkey** singe *m.* **III-10**
**month** mois *m.* **I-2**
  **this month** ce mois-ci **I-2**
**monthly magazine** mensuel *m.* **III-3**
**Moon** Lune *f.* **II-6, III-10**
**moral** morale *f.* **III-4**
**more** plus *adv.* **I-4, III-7**
  **more of** plus de **I-4**
  **more ... than** *(used with noun to compare quantities)* plus de... que **II-6**
  **more ... than** *(used with adjective to compare qualities)* plus... que **II-1**
**morning** matin *m.* **I-2**; matinée *f.* **I-2**
  **this morning** ce matin **I-2**
**Moroccan** marocain(e) *adj.* **I-1**
**moronic** débile *adj.* **III-2**
**most** plupart *f. pron.* **III-4**; plus **II-1**
  **the most...** *(used with adjective)* le/la plus... *super. adv.* **II-1**
  **the most...** *(used with noun to express quantity)* le plus de... **II-6**
  **the most...** *(used with verb or adverb)* le plus... *super. adv.* **II-1**
**mother** mère *f.* **I-3**
**mother-in-law** belle-mère *f.* **I-3, III-6**
**mountain** montagne *f.* **I-4**
**mountain bike** VTT (vélo tout terrain) *m.* **III-8**
**mountain climbing** alpinisme *m.* **III-8**
**mountain range** chaîne montagneuse *f.* **III-10**
**mouse** souris *f.* **II-3**
**mouth** bouche *f.* **II-2**
**move** émouvoir *v.* **III-3**; *(to get around)* se déplacer *v.* **II-4**; bouger *v.* **III-5**; remuer *v.* **III-10**
  **to move forward** avancer *v.*
  **to move in** emménager *v.* **I-8**
  **to move out** déménager *v.* **I-8, III-1, III-6**
**movie** film *m.* **II-7**
  **adventure/horror/science-fiction/crime movie** film *m.* d'aventures/d'horreur/de science-fiction/policier **II-7**
**movie star** vedette de cinéma *f.* **III-3**
**movie theater** cinéma (ciné) *m.* **I-4, III-2**

**moving** émouvant(e) *adj.* **III-8**
**MP3** MP3 *m.* **II-3**
**much (as much ... as)** *(used with noun to express quantity)* autant de ... que *adv.* **II-6**
  **How much** *(of something)*? Combien (de)? **I-1**
  **How much is... ?** Combien coûte... ? **I-4**
  **too much of** trop de **III-5**
**mud** boue *f.*
**multilingual** polyglotte *adj.* **III-5**
**multinational company** multinationale *f.* **III-3**; entreprise multinationale *f.* **III-9**
**museum** musée *m.* **I-4, III-2**
  **to go to museums** faire les musées *v.* **II-7**
**mushroom** champignon *m.* **II-1**
**music video** clip vidéo *m.* **III-3**, vidéoclip *m.* **III-3**
**music: to play music** faire de la musique **II-7**
**musical** comédie *f.* musicale **II-7**; musical(e) *adj.* **II-7**
**musical group** groupe *m.* **III-8**
**musician** musicien(ne) *m., f* **I-3, III-8**
**must** *(to have to)* devoir *v.* **II-1, III-3**
  **One must...** Il faut que... **I-5, III-6**
**mustard** moutarde *f.* **II-1**
**mute** muet(te) *adj.* **III-2**
**mutual aid** entraide *f.* **III-9**
**my** ma *poss. adj., f., sing.* **I-3**; mes *poss. adj., m., f., pl.* **I-3**; mon *poss. adj., m., sing.* **I-3**
**myself** me/m' *pron., sing.* **II-2**; *(attached to an imperative)* -moi *pron.* **II-1**

## N

**naïve** naïf (naïve) *adj.* **I-3, III-2**
**name: My name is...** Je m'appelle... **I-1**
**named: to be named** s'appeler *v.* **II-2**
**napkin** serviette *f.* **II-1**
**nationality** nationalité *f.*
  **I am of ... nationality.** Je suis de nationalité... **I-1**
**native language** langue maternelle *f.* **III-5**
**natural** naturel(le) *adj.* **II-6**
**natural resource** ressource naturelle *f.* **II-6**
**naturally** naturellement *adv.* **III-2**
**nature** nature *f.* **II-6**
**nauseate** écœurer *v.* **III-1**
**nauseated: to feel nauseated** avoir mal au cœur *v.* **II-2**
**near (to)** près (de) *prep.* **I-3**
  **very near (to)** tout près (de) **II-4**
**necessary** nécessaire *adj.* **II-6, III-6**

**It was necessary...** *(followed by infinitive or subjunctive)* Il a fallu... **I-6**
**It is necessary....** *(followed by infinitive or subjunctive)* Il faut que... **I-5, III-6**
**It is necessary that...** *(followed by subjunctive)* Il est nécessaire que/qu'... **II-6**
**neck** cou *m.* **II-2**
**need** besoin *m.* **I-2**
  **to need** avoir besoin (de) *v.* **I-2**
**neighbor** voisin(e) *m., f.* **I-3**
**neighborhood** quartier *m.* **I-8, III-2**
**neither... nor** ne... ni... ni... *conj.* **II-4**
**nephew** neveu *m.* **I-3, III-6**
**nervous** nerveux/nerveuse *adj.* **I-3**
**nervous breakdown** crise d'hystérie *f.*
**nervously** nerveusement *adv.* **I-8**
**net** filet *m.* **III-10**
**network** chaîne *f.* **III-3**; réseau *m.* **III-3**
  **social network** réseau social *m.* **II-3**
**never** jamais *adv.* **I-5, III-2**; ne... jamais *adv.* **II-4**
**new** nouveau/nouvelle *adj.* **I-3, III-2**
**new wave** nouvelle vague *f.* **III-1**
**newlyweds** jeunes mariés *m., pl.* **I-6**
**news** informations (infos) *f., pl.* **II-7**; nouvelles *f., pl.* **II-7, III-3**
  **international news** nouvelles internationales *f.* **III-3**
  **local news** nouvelles locales *f.* **III-3**
  **news items** faits divers *m.* **III-3**
  **news report** reportage *m.* **III-3**
**newspaper** journal *m.* **I-7, III-3**
**newsstand** marchand de journaux *m.* **II-4**
**next** ensuite *adv.* **I-7**; prochain(e) *adj.* **I-2**
  **next to** à côté de *prep.* **I-3**
**next** prochain(e) *adj.* **III-2**; ensuite *adv.* **III-2**
  **next day** lendemain *m.*
**nice** gentil/gentille *adj.* **I-3, III-2**; sympa(thique) *adj.* **I-1**
**nicely** gentiment *adv.* **I-8, III-2**
**nickname** surnom *m.* **III-6**
**niece** nièce *f.* **I-3, III-6**
**night** nuit *f.* **I-2**
**nightclub** boîte (de nuit) *f.* **I-4, III-9**
**nightlife** vie nocturne *f.* **III-2**
**nightmare** cauchemar *m.*
**nine** neuf *m.* **I-1**
**nine hundred** neuf cents *m.* **I-5**
**nineteen** dix-neuf *m.* **I-1**
**ninety** quatre-vingt-dix *m.* **I-3**
**ninth** neuvième *adj.* **I-7**
**no** *(at beginning of statement to indicate disagreement)* (mais) non **I-2**; aucun(e) *adj.* **II-2**
  **no more** ne... plus **II-4**
  **no problem** pas de problème **II-4**

**no reason** pour rien **I-4**
**no, none** pas (de) **II-4**
**no doubt** sans doute *adv.* **III-2**
**no one** personne *pron.* **II-4**
**nobility** noblesse *f.* **III-4**
**nobody** ne... personne **II-4**
**noise** bruit *m.* **III-1**
**noisily** bruyamment *adv.* **III-2**
**noisy** bruyant(e) *adj.* **III-2**
**nonconformist** non-conformiste *adj.* **III-5**
**none** *(not any)* ne... aucun(e) **II-4**
**noon** midi *m.* **I-2**
**north** nord *m.* **II-4**
**nose** nez *m.* **II-2**
**nostalgia** nostalgie *f.* **III-10**
**not** ne... pas **I-2**
  **not at all** pas du tout *adv.* **I-2**
  **Not badly.** Pas mal. **I-1**
  **to not believe that** ne pas croire que *v.* **II-7**
  **to not think that** ne pas penser que *v.* **II-7**
  **not yet** pas encore *adv.* **I-8**
**notebook** cahier *m.* **I-1**
**notes** billets *m., pl.* **II-3**
**nothing** rien *indef. pron.* **II-4**
  **It's nothing.** Il n'y a pas de quoi. **I-1**
**notice** préavis *m.* **III-2**; constater *v.*; s'apercevoir *v.* **II-4, III-8**
**novel** roman *m.* **II-7**
**November** novembre *m.* **I-5**
**now** maintenant *adv.* **I-5, III-2**
**nowhere** nulle part *adv.* **III-2**
**nuclear** nucléaire *adj.* **II-6, III-7**
**nuclear energy** énergie nucléaire *f.* **II-6**
**nuclear plant** centrale nucléaire *f.* **II-6**
**number** chiffre *m.* **III-9**
**numerous** nombreux/nombreuse *adj.* **III-5**
**nurse** infirmier/infirmière *m., f.* **II-2**
**nursery** pépinière *f.* **III-10**

## O

**O.R.T.F.** Office de la Radio et de la Télévision françaises *m.* **III-2**
**o'clock: It's... (o'clock).** Il est... heure(s). **I-2**
  **at ... (o'clock)** à ... heure(s) **I-4**
**oak tree** chêne *m.* **III-10**
**object** objet *m.* **I-1**
**obsessed** obsédé(e) *adj.* **III-7**
**obtain** obtenir *v.* **II-5**
**obvious** évident(e) *adj.* **II-7, III-1, III-7**
  **It is obvious that...** Il est évident que... **II-7**
**obviously** évidemment *adv.* **I-8, III-2**
**October** octobre *m.* **I-5**
**of course** bien sûr *adv.*; évidemment *adv.* **I-2**

**of course not** *(at beginning of statement to indicate disagreement)* (mais) non **I-2**
**of** de/d' *prep.* **I-3**
  **of medium height** de taille moyenne *adj.* **I-3**
  **of the** du (de + le) **I-3**
  **of which, of whom** dont *rel. pron.* **II-3**
**offer** offrir *v.* **II-3, III-4**
**offered** offert (offrir) *p.p.* **II-3**
**office** bureau *m.* **I-4**
  **at the doctor's office** chez le médecin *prep.* **I-2**
**official language** langue officielle *f.* **III-5**
**often** souvent *adv.* **I-5, III-2**
**oil** huile *f.* **II-1**
  **automobile oil** huile *f.* **II-3**
  **oil warning light** voyant *m.* d'huile **II-3**
  **olive oil** huile *f.* d'olive **II-1**
  **to check the oil** vérifier l'huile *v.* **II-3**
**okay** d'accord **I-2**
**old age** vieillesse *f.* **I-6, III-6**
**old** ancien(ne) *adj.* **III-2**; vieux/ vieille *adj.* **III-2**; *(placed after noun)* ancien(ne) *adj.* **I-3**
**olive** olive *f.* **II-1**
**olive oil** huile *f.* d'olive **II-1**
**omelette** omelette *f.* **I-5**
**on** sur *prep.* **I-3, III-5**
  **on average** en moyenne **III-3**
  **On behalf of whom?** C'est de la part de qui? **II-5**
  **on the condition that...** à condition que **II-7, III-7**
  **on television** à la télé(vision) **II-7**
  **on the contrary** au contraire **II-7**
  **on the radio** à la radio **II-7**
  **on the subject of** au sujet de **II-6**
  **on vacation** en vacances **I-7**
**once** une fois *adv.* **I-8, III-3**; une fois que *conj.* **III-10**
**one** un *m.* **I-1**
  **one** on *sub. pron., sing.* **I-1**
  **one another** l'un(e) à l'autre **II-3**
  **one another** l'un(e) l'autre **II-3**
  **one had to...** il fallait... **I-8**
  **One must.** Il faut que/qu'... **II-6**
  **One must...** Il faut... *(followed by infinitive or subjunctive)* **I-5**
**one million** un million *m.* **I-5**
  **one million** *(things)* un million de... **I-5**
**one-on-one** duel *m.* **III-8**
**onion** oignon *m.* **II-1**
**online** en ligne **II-3**
  **to be online** être en ligne *v.* **II-3**
  **to be online (with someone)** être connecté(e) (avec quelqu'un) *v.* **I-7, II-3**
**only** ne... que **II-4**; seulement *adv.* **I-8**; seul(e) *adj.* **III-2**

**open** ouvrir *v.* **II-3, III-3;** ouvert(e) *adj.* **II-3**
**opened** ouvert (ouvrir) *p.p.* **II-3**
**opera** opéra *m.* **II-7**
**oppressed** opprimé(e) *adj.* **III-4**
**optimistic** optimiste *adj.* **I-1**
**or** ou **I-3**
**orange** orange *f.* **II-1, III-2;** orange *adj.* **I-6, III-2**
**orator** orateur/oratrice *m., f.* **III-2**
**orchestra** orchestre *m.* **II-7**
**order** commander *v.* **II-1**
**organic** bio(logique) *adj.* **III-6**
**organize (a party)** organiser (une fête) *v.* **I-6**
**orient oneself** s'orienter *v.* **II-4**
**others** d'autres **I-4**
**our** nos *poss. adj., m., f., pl.* **I-3;** notre *poss. adj., m., f., sing.* **I-3**
**outdoor (open-air)** plein air **II-6, III-10**
**outside** dehors *adv.* **III-2**
**outskirts** banlieue *f.* **III-2**
**over** fini(e) *adj., p.p.* **I-7**
**over there** là-bas *adv.* **I-1**
**overcome** surmonter *v.* **III-6**
**overpopulated** surpeuplé(e) *adj.* **III-5**
**overpopulation** surpopulation *f.* **II-6, III-5**
**overseas** à l'étranger *adv.* **I-7**
**overtake** dépasser *v.* **III-1**
**overthrow** renverser *v.* **III-4**
**overwhelmed** accablé(e) *adj.* **III-1**
**owe** devoir *v.* **III-9**
**owed** dû (devoir) *p.p., adj.* **II-1**
**own** posséder *v.* **I-5**
**own** propre *adj.* **III-2**
**owner** propriétaire *m., f.* **I-3, III-9**
**oyster** huître *f.* **III-10**
**ozone** ozone *m.* **II-6**
   **hole in the ozone layer** trou dans la couche d'ozone *m.* **II-6**
   **ozone layer** couche d'ozone *f.* **III-10**

### P

**pack: to pack one's bags** faire les valises **I-7**
**package** colis *m.* **II-4;** paquet *m.* **III-5**
**page** page *f.* **III-3**
   **sports page** page sportive *f.* **III-3**
   **to be on the front page** être à la une **III-3**
**paid** payé (payer) *p.p., adj.* **II-5**
   **to be well/badly paid** être bien/mal payé(e) **II-5**
**paid training course** stage rémunéré *m.* **III-9**
**pain** douleur *f.* **II-2; III-1**
**paint** faire de la peinture *v.* **II-7**
**painter** peintre/femme peintre *m., f.* **II-7**
**painting** peinture *f.* **II-7;** tableau *m.* **II-7, III-8**

**Palm** Pilot palm *m.* **I-1**
**panic** paniquer *v.*
**pants** pantalon *m., sing.* **I-6**
**paper** papier *m.* **I-1**
**parade** défilé *m.* **III-2**
**paragliding** parapente *f.* **III-8**
**Pardon (me).** Pardon. **I-1**
**parents** parents *m., pl.* **I-3**
**park** parc *m.* **I-4**
   **to park** se garer *v.* **II-3**
**parka** anorak *m.* **I-6**
**parking lot** parking *m.* **II-3**
**part** rôle *m.* **III-3**
**partial** partial(e) *adj.* **III-3**
**particle** particule *f.* **III-7**
**part-time job** emploi *m.* à mi-temps/à temps partiel *m.* **II-5**
**party** fête *f.* **I-6**
   **to party** faire la fête *v.* **I-6**
**party pooper** rabat-joie *m.* **III-8**
**pass** dépasser *v.* **II-3, III-1;** passer *v.* **I-7, III-3**
   **to pass a law** approuver une loi **III-4**
   **to pass an exam** être reçu(e) à un examen *v.* **I-2**
**passenger** passager/passagère *m., f.* **I-7, III-2**
**passport** passeport *m.* **I-7**
**password** mot de passe *m.* **II-3, III-7**
**past** passé *m.* **III-2**
   **in the past** autrefois *adv.* **I-8;** jadis *adv.* **III-10**
**pasta** pâtes *f., pl.* **II-1**
**pastime** passe-temps *m.* **I-5**
**pastry** pâtisserie *f.* **II-1**
**pastry shop** pâtisserie *f.* **II-1**
**pâté** pâté (de campagne) *m.* **II-1**
**paternal** paternel(le) *adj.*
**path** sentier *m.* **II-6;** chemin *m.* **II-4;** trajectoire *f.* **III-4**
**patient** patient(e) *adj.* **I-1**
**patiently** patiemment *adv.* **I-8, III-2**
**patronize** traiter avec condescendance *v.* **III-6**
**paw** patte *f.* **III-4**
**pay** payer *v.* **I-5, III-1;** rémunérer *v.*
   **to pay by check** payer par chèque *v.* **II-4**
   **to pay in cash** payer en liquide *v.* **II-4**
   **to pay with a credit card** payer avec une carte de crédit *v.* **II-4**
   **to pay attention (to)** faire attention (à) *v.* **I-5**
**peace** paix *f.* **III-4**
**peaceful** pacifique *adj.* **III-4**
**peach** pêche *f.* **II-1**
**pear** poire *f.* **II-1**
**pearl** perle *f.* **III-10**
**peas** petits pois *m., pl.* **II-1**
**pebble(s)** caillou (cailloux) *m.* **III-10**
**pedestrian** piéton(ne) *m., f.* **III-2**
**pen** stylo *m.* **I-1**
**pencil** crayon *m.* **I-1**

**penny** sou *m.* **III-9**
**people** gens *m., pl.* **I-7**
**pepper** *(spice)* poivre *m.* **II-1;** *(vegetable)* poivron *m.* **II-1**
**per day/week/month/year** par jour/semaine/mois/an **I-5**
**perceive** apercevoir *v.* **III-9;** percevoir *v.* **III-9**
**perfect** parfait(e) *adj.* **I-2**
**performance** spectacle *m.* **III-8**
**perhaps** peut-être *adv.* **I-2, III-2**
**period** *(punctuation mark)* point *m.* **II-3**
**permit** permis *m.* **II-3**
**permitted** permis (permettre) *p.p., adj.* **I-6**
**perseverance** persévérance *f.* **III-5**
**persist relentlessly** s'acharner sur *v.* **III-5**
**person** personne *f.* **I-1**
**personality** caractère *m.* **III-6**
**personify** personnifier *v.* **III-4**
**pessimistic** pessimiste *adj.* **I-1**
**petanque** boules *f.* **III-8,** pétanque *f.* **III-8**
**pharmacist** pharmacien(ne) *m., f.* **II-2**
**pharmacy** pharmacie *f.* **II-2**
**philosophy** philosophie *f.* **I-2**
**phone** téléphone *m.* **III-7**
**phone booth** cabine téléphonique *f.* **II-4**
**phone card** télécarte *f.* **II-5**
**phone one another** se téléphoner *v.* **II-3**
**phone plan** forfait *m.* **III-3**
**photo(graph)** photo(graphie) *f.* **I-3**
**photographer** photographe *m., f.* **III-3**
**physical education** éducation physique *f.* **I-2**
**physics** physique *f.* **I-2**
**piano** piano *m.* **II-7**
**pick** cueillir *v.* **III-1**
**pick up** décrocher *v.* **II-5**
**pick up again** reprendre *v.*
**picnic** pique-nique *m.* **II-6**
**picture** tableau *m.* **I-1**
**pie** tarte *f.* **II-1**
**piece (of)** morceau (de) *m.* **I-4**
   **piece of furniture** meuble *m.* **I-8**
**pig** cochon *m.* **III-10**
**pill** pilule *f.* **II-2**
**pillow** oreiller *m.* **I-8**
**pink** rose *adj.* **I-6**
**pitcher (of water)** carafe (d'eau) *f.* **II-1**
**place** endroit *m.* **I-4;** lieu *m.* **I-4**
**place** placer *v.* **III-1**
   **to take place** se dérouler *v.* **III-6**
**plan** projeter *v.* **III-1, III-5**
**planet** planète *f.* **II-6**
**plans: to make plans** faire des projets *v.* **II-5**
**plant** plante *f.* **II-6**
**plastic** plastique *m.* **II-6**
**plastic wrapping** emballage en plastique *m.* **II-6**

**plate** assiette *f.* **II-1**
**play** pièce (de théâtre) *f.* **II-7, III-8**
**play** s'amuser *v.* **II-2**; *(a sport/a musical instrument)* jouer (à/de) *v.* **I-5**
  **to play regularly** pratiquer *v.* **I-5**
  **to play sports** faire du sport *v.* **I-5**
  **to play a role** jouer un rôle *v.* **II-7**
**player** joueur/joueuse *m., f.* **I-5**
**playing cards** cartes à jouer *f.* **III-8**
**playwright** dramaturge *m.* **II-7**
**plaza** place *f.* **III-2**
**pleasant** agréable *adj.* **I-1**
**please: to please (someone)** faire plaisir (à quelqu'un) *v.* **II-5, III-6**
  **Please.** S'il te plaît. *fam.* **I-1**
  **Please.** S'il vous plaît. *form.* **I-1**
  **Please.** Je vous en prie. *form.* **I-1**
  **Please hold.** Ne quittez pas. **II-5**
**pleated** plissé(e) *adj.* **III-8**
**pluck** cueillir *v.* **III-1**
**plumber** plombier *m.* **II-5**
**plump** gras(se) *adj.* **III-4**
**poem** poème *m.* **II-7**; poésie *f.* **III-9**
**poet** poète/poétesse *m., f.* **II-7**
**police** police *f.* **II-3, III-2**; policier *adj.* **II-7**
**police commissioner** commissaire (de police) *m.* **III-5**
**police headquarters** préfecture de police *f.* **III-2**
**police officer** agent de police *m.* **II-3, III-2**; policier *m.* **II-3**; policière *f.* **II-3**
**police station** commissariat de police *m.* **II-4, III-2**
**policy** politique *f.*
**polite** poli(e) *adj.* **I-1**
**politely** poliment *adv.* **I-8, II-2**
**political party** parti politique *m.* **III-4**
**political science** sciences politiques (sciences po) *f., pl.* **I-2**
**politician** homme/femme politique *m., f.* **II-5, III-4**
**politics** politique *f.* **III-4**
**pollute** polluer *v.* **II-6, III-10**
**pollution** pollution *f.* **II-6, III-10**
  **pollution cloud** nuage de pollution *m.* **II-6**
**pool** billard *m.* **III-8**
**pool** piscine *f.* **I-4**
**poor** pauvre *adj.* **I-3, III-2**
**popular music** variétés *f., pl.* **II-7**
**populate** peupler *v.* **III-2**
**populated** peuplé(e) *adj.* **III-2**
  **densely populated** très peuplé(e) *adj.* **III-2**
  **sparsely populated** peu peuplé(e) *adj.* **III-2**
**population** population *f.* **II-6**
  **growing population** population *f.* croissante **II-6**
**pork** porc *m.* **II-1**
**portrait** portrait *m.* **I-5**
**position** *(job)* poste *m.* **II-5, III-9**

**possess** *(to own)* posséder *v.* **I-5, III-1**
**possible** possible *adj.* **II-7, III-6**
  **It is possible that…** Il est possible que... **II-6**; Il se peut que… **III-7**
**post** afficher *v.* **II-5**
**post office** bureau de poste *m.* **II-4**
**postal service** poste *f.* **II-4**
**postcard** carte postale *f.* **II-4**
**poster** affiche *f.* **I-8**
**potato** pomme de terre *f.* **II-1**
**poultry** volaille *f.* **III-6**
**poverty** pauvreté *f.* **III-9**
**power** pouvoir *m.*
  **abuse of power** abus de pouvoir *m.* **III-4**
**powerful** puissant(e) *adj.* **III-4**
**practice** pratiquer *v.* **I-5**; s'entraîner *v.* **III-1, III-6**
**precisely** précisément *adv.* **III-2**
**predict** prévoir *v.*; prédire *v.* **III-5, III-7**
**prefer** aimer mieux *v.* **I-2**; préférer (que) *v.* **I-5, III-1**
**pregnant** enceinte *adj.* **II-2**
**prejudiced: to be prejudiced** avoir des préjugés **III-5**
**premiere** première *f.* **III-3**
**prepare (for)** préparer *v.* **I-2**
  **to prepare** *(to do something)* se préparer (à) *v.* **II-2**
**prescription** ordonnance *f.* **II-2**
**present** présenter *v.* **II-7**
**preservation: habitat preservation** sauvetage des habitats *m.* **II-6**
**preservative** conservateur *m.* **III-6**
**preserve** préserver *v.* **II-6, III-10**
**president** président(e) *m., f.* **III-4**
**press** presse *f.* **III-3**
  **freedom of the press** liberté de la presse *f.* **III-3**
**pressure** pression *f.* **II-3, III-9**
  **to check the tire pressure** vérifier la pression des pneus *v.* **II-3**
**pretty** joli(e) *adj.* **I-3, III-2**; *(before an adjective or adverb)* assez *adv.* **I-8**
**prevent** prévenir *v.* **III-10**
  **to prevent a fire** prévenir l'incendie *v.* **II-6**
**price** prix *m.* **I-4**
**pride** fierté *f.*
**principal** principal(e) *adj.* **II-4**
**principles** principes *m.* **III-5**
**print** imprimer *v.* **II-3**
**printer** imprimante *f.* **II-3**
**private** privé(e) *adj.* **III-2**
**probably** probablement *adv.* **III-2**
**problem** problème *m.* **I-1**
**process** procédé *m.*
**produce** produire *v.* **I-6**
**produced** produit (produire) *p.p., adj.* **I-6**
**product** produit *m.* **II-6**
**profession** métier *m.* **II-5**; profession *f.* **II-5**
  **demanding profession** profession *f.* exigeante **II-5**

**professional** professionnel(le) *adj.* **II-5**
  **professional experience** expérience professionnelle *f.* **II-5**
**profit** bénéfice *m.* **III-9**
**profoundly** profondément *adv.* **III-2**
**program** programme *m.* **II-7**; *(software)* logiciel *m.* **II-3**; *(television)* émission *f.* de télévision **II-7, III-3**
**prohibit** interdire *v.* **II-6**
**project** projet *m.* **II-5**
**promise** promettre *v.* **I-6**
**promised** promis (promettre) *p.p., adj.* **I-6**
**promoted** promu(e) *adj.* **III-9**
**promotion** promotion *f.* **II-5**
**proponent** partisan *m.* **III-5**
**propose** proposer *v.* **III-6**; faire une demande en mariage **III-6**
  **to propose a toast** porter un toast (à quelqu'un) **III-8**
**propose that…** proposer que… *v.* **II-6**
  **to propose a solution** proposer une solution *v.* **II-6**
**protect** protéger *v.* **I-5, III-10**
**protected** protégé(e) *adj.* **III-10**
**protection** préservation *f.* **II-6**; protection *f.* **II-6**
**protective** protecteur/protectrice *adj.* **III-2**
**protest** contestation *f.* **III-2**; protester *v.* **III-2**
**proud** orgueilleux/orgueilleuse *adj.* **III-1**; fier/fière *adj.* **I-3, III-2**
**prove** prouver *v.* **III-7**
**provide a habitat for** abriter *v.* **III-10**
  **provided (that)** à condition de *prep.* **7**
  **provided that** pourvu que *conj.* **III-7**
**psychological** psychologique *adj.* **II-7**
**psychological drama** drame psychologique *m.* **II-7**
**psychologist** psychologue *m., f.* **II-5**
**psychology** psychologie *f.* **I-2**
**public** public/publique *adj.* **III-2**
**public garden** jardin public *m.* **III-2**
**public holiday** (jour) férié *m.* **III-5**
**public order** ordre public *m.* **III-4**
**public safety** sûreté publique *f.* **III-4**
**public transportation** transports en commun *m.* **III-2**
**publish** publier *v.* **II-7, III-3**
**publisher** éditeur/éditrice *m., f.* **III-3**
**punish** punir *v.* **III-6**
**punishment** punition *f.* **III-4**; châtiment *m.* **III-5**
**pure** pur(e) *adj.* **II-6, III-10**
**purple** violet(te) *adj.* **I-6**
**purse** sac à main *m.* **I-6**
**pursue : to pursue a career (in)** faire carrière (dans) **III-9**
**push boundaries** repousser les limites **III-7**
**put** mettre *v.* **I-6, III-2**

**put** mis (mettre) *p.p.* **I-6**
**to put (on) (yourself)** se mettre *v.* **II-2**
**to put away** ranger *v.* **I-8**
**to put oneself into** s'investir *v.*
**to put on makeup** se maquiller *v.* **II-2, III-2**
**to put up with** supporter *v.* **III-6, III-10**

## Q

**qualm** état d'âme *m.* **III-1**
**quarter** quart *m.* **I-2**
**a quarter after … (o'clock)** … et quart **I-2**
**Quebec: from Quebec** québécois(e) *adj.* **I-1**
**question** question *f.* **I-6**
**to ask (someone) a question** poser une question (à) *v.* **I-6**
**quick** vite *adv.* **I-4**
**quickly** vite *adv.* **I-1, III-2**
**quiet** tranquille *adj.* **III-1**
**to be quiet** se taire *v.* **III-2, III-7**
**quit** démissionner *v.* **III-9**
**quite** *(before an adjective or adverb)* assez *adv.* **I-8, III-2**

## R

**rabbit** lapin *m.* **II-6**
**race** course *f.* **III-8**
**radio listener** auditeur/auditrice *m., f.* **III-3**
**radio presenter** animateur/animatrice de radio *m., f.* **III-3**
**radio station** station de radio *f.* **III-3**
**rain forest** forêt tropicale *f.* **II-6, III-10**
**rain jacket** imperméable *m.* **I-5**
**rain** pleuvoir *v.* **I-5, III-3**
**acid rain** pluie *f.* acide **II-6**
**It is raining.** Il pleut. **I-5**
**It was raining.** Il pleuvait. **I-8**
**rainbow** arc-en-ciel *m.* **III-10**
**rained** plu (pleuvoir) *p.p.* **I-6**
**raise (in salary)** augmentation (de salaire) *f.* **II-5, III-9**
**to raise** soulever *v.*
**to raise (children)** élever (des enfants) *v.* **III-6**
**raisin** raisin sec *m.* **III-6**
**rally** se mobiliser *v.* **III-3**
**rapidly** rapidement *adv.* **I-8**
**rarely** rarement *adv.* **I-5, III-2**
**rather** plutôt *adv.* **I-1**
**ravishing** ravissant(e) *adj.* **II-5**
**raw material** matière première *f.*
**razor** rasoir *m.* **II-2**
**react** réagir *v.*
**reach** atteindre *v.*
**read** lire *v.* **I-7, III-3**; lu (lire) *p.p., adj.* **I-7**
**ready** prêt(e) *adj.* **I-3**

**real (true)** vrai(e) *adj.;* véritable *adj.* **I-3, III-2**
**real estate agent** agent immobilier *m.* **II-5**
**realization** prise de conscience *f.*
**realize** se rendre compte de **II-2, III-2**; s'apercevoir *v.* **III-2, III-8**
**really** vraiment *adv.* **I-5, II-2**; *(before adjective or adverb)* tout(e) *adv.* **I-3**; *(before adjective or adverb)* très *adv.* **I-8**
**really close by** tout près **I-3**
**rear-view mirror** rétroviseur *m.* **II-3**
**reason** raison *f.* **I-2, III-1**
**reassure oneself** se rassurer *v.* **III-2**
**rebel** se révolter *v.* **III-4**
**rebellious** rebelle *adj.* **III-6**
**recall** rappeler *v.* **III-1**
**receipts and expenses** recettes et dépenses *f.* **III-9**
**receive** recevoir *v.* **II-4, III-3**
**to receive** *(a salary)* toucher *v.* **III-9**
**received** reçu (recevoir) *p.p., adj.* **II-4**
**receiver** combiné *m.* **II-5**
**recent** récent(e) *adj.* **II-7**
**recently** récemment *adv.* **III-3**
**reception desk** réception *f.* **I-7**
**reckoned: to be reckoned with** incontournable *adj.*
**recognize** reconnaître *v.* **I-8, III-6**
**recognized** reconnu (reconnaître) *p.p., adj.* **I-8**
**recommend** recommander *v.* **III-6**
**recommend that…** recommander que… *v.* **II-6**
**recommendation** recommandation *f.* **II-5**
**record** enregistrer *v.* **II-3, III-3**
**(CD, DVD)** graver *v.* **II-3**
**recover** récupérer *v.* **III-9**
**recreation** loisir(s) *m.* **III-8**
**recycle** recycler *v.* **II-6**
**recycling** recyclage *m.* **II-6**
**red** rouge *adj.* **I-6**
**red-haired** roux/rousse *adj.* **III-2**
**redial** recomposer (un numéro) *v.* **II-3**
**reduce** réduire *v.* **I-6**
**reduced** réduit (réduire) *p.p., adj.* **I-6**
**referee** arbitre *m.* **III-8**
**reference** référence *f.* **II-5**
**reflect (on)** réfléchir (à) *v.* **I-4**
**reforestation** reboisement *m.*
**refrigerator** frigo *m.* **I-8**
**refuse (to do something)** refuser (de) *v.* **II-3**
**region** région *f.* **II-6**
**regret** regretter *v.* **III-6**
**regret that…** regretter que… **II-6**
**rehearse** répéter *v.* **III-1**
**reimburse** rembourser *v.* **III-9**
**reiterate** réitérer *v.* **III-2**
**reject** rejeter *v.* **III-1, III-5**
**relation** rapport *m.* **III-6**; relation *f.* **III-6**

**relationship** liaison *f.*; rapport *m.* **III-6**, relation *f.* **III-1, III-6**
**relative** parent(e) *m., f.* **III-6**
**relax** se détendre *v.* **II-2, III-2**
**release a movie** sortir un film *v.* **III-3**
**relieve** soulager *v.*
**rely on** compter sur *v.* **III-1**; s'appuyer sur *v.*
**remember** se souvenir (de) *v.* **II-2, III-2**
**remote control** télécommande *f.* **II-3**
**renew** renouveler *v.* **III-1**
**renewable** renouvelable *adj.* **III-10**
**rent** loyer *m.* **I-8, III-7**
**to rent** louer *v.* **I-8**
**repair** réparer *v.* **II-3**
**repeat** répéter *v.* **I-5, III-1**
**replace** remplacer *v.* **III-1**
**reporter** reporter *m.* **III-3**
**representative** député(e) *m., f.* **III-4**
**require** nécessiter *v.* **III-6**
**research** recherche *f.* **III-7**; enquêter (sur) *v.* **III-3**
**applied research** recherche appliquée *f.* **III-7**
**basic research** recherche fondamentale *f.* **III-7**
**research** rechercher *v.* **II-5**
**researcher** chercheur/chercheuse *m., f.* **II-5, III-7**
**resemble** ressembler (à) *v.* **III-6**
**reservation** réservation *f.* **I-7**
**to cancel a reservation** annuler une réservation **I-7**
**reserve** réserver *v.* **I-7**
**reserved** réservé(e) *adj.* **I-1**
**resign** démissionner *v.* **II-5**
**resort (ski)** station *f.* (de ski) **I-7**
**resource** ressource *f.* **III-10**
**respect** respecter *v.* **III-6**
**respond** répondre (à) *v.* **I-6**
**responsibility** responsabilité *f.* **III-1**
**rest** se reposer *v.* **II-2, III-2**; récupérer *v.* **III-9**
**restart** redémarrer *v.* **II-3**
**restaurant** restaurant *m.* **I-4**
**restroom(s)** toilettes *f., pl.* **I-8**; W.-C. *m., pl.*
**result** résultat *m.* **I-2**
**résumé** curriculum vitæ (C.V.) *m.* **II-5**
**resume** reprendre *v.*
**retake** repasser *v.* **II-7**
**retire** prendre sa retraite *v.* **I-6**
**retired person** retraité(e) *m., f.* **II-5**
**retirement** retraite *f.* **I-6**
**return** retourner *v.* **I-7, III-3**
**to return (home)** rentrer (à la maison) *v.* **I-2**
**revenge** vengeance *f.* **III-5**, revanche *f.* **III-8**
**review** *(criticism)* critique *f.* **II-7**
**revolutionary** révolutionnaire *adj.* **III-7**
**rice** riz *m.* **II-1**
**rich** riche *adj.*

**to become rich** s'enrichir *v.* **III-5**
**ride: to go horseback riding** faire
    du cheval *v.* **I-5**
  **to ride in a car** rouler en voiture *v.*
    **I-7**
**right away** tout de suite *adv.* **III-3**
**right** juste *adv.* **I-3**
  **to the right (of)** à droite (de) *prep.*
    **I-3**
  **to be right** avoir raison **I-2**
  **right away** tout de suite **I-7**
  **right next door** juste à côté **I-3**
**ring** bague *f.* **III-3**
  **engagement ring** bague de
    fiançailles *f.* **III-6**
  **wedding ring** alliance *f.* **III-6**
**ring** sonner *v.* **II-3**
**river** fleuve *m.* **II-6, III-10**, rivière *f.*
  **II-6, III-10**
**riverboat** bateau-mouche *m.* **I-7**
**road** route *f.*; voie *f.* **III-2**
**road sign** panneau *m.* **III-2**
**rock** roche *f.* **III-8**
**rocket** fusée *f.*
**role** rôle *m.* **II-6, III-3**
**roof** toit *m.* **III-1**
**room** pièce *f.* **I-8**; salle *f.* **I-8**
  **bedroom** chambre *f* **I-7**
  **classroom** salle *f.* de classe **I-1**
  **dining room** salle *f.* à manger **I-8**
  **single hotel room** chambre *f.*
    individuelle **I-7**
**roommate** camarade de chambre *m., f.*
  **I-1**; *(in an apartment)* colocataire
  *m., f.* **I-1,III-2**
**root** racine *f.* **III-6**
**rotary** rond-point *m.* **III-2**
**roundabout** rond-point *m.* **III-2**
**round-trip** aller-retour *adj.* **I-7**
  **round-trip** ticket/billet *m.* aller-
    retour **I-7**
**rug** tapis *m.* **I-8**
**rule** règle *f.* **III-5**
**run** courir *v.* **I-5, III-3**; gérer *v.* **III-9**;
  diriger *v.* **III-9**; couru (courir)
  *p.p., adj.* **I-6**
  **to run** *(water)* couler *v.*
  **to run into someone** tomber sur
    quelqu'un *v.* **I-7**

**S**

**sad** triste *adj.* **I-3**
  **to be sad that…** être triste que…
    *v.* **II-6**
**sadness** tristesse *f.*
**safe** sûr(e) *adj.* **III-2**; en sécurité
  *adj.* **III-2**
**safety** sécurité *f.* **II-3, III-4**
  **public safety** sûreté publique *f.* **III-4**
**said** dit (dire) *p.p., adj.* **I-7**
**salad** salade *f.* **II-1**
**salary (a high, low)** salaire (élevé,
  modeste) *m.* **II-5, III-9**
**sales** soldes *f., pl.* **I-6**

**salesman** vendeur *m.* **III-9**
**saleswoman** vendeuse *f.* **III-9**
**salmon** saumon *m.* **III-6**
**salon: beauty salon** salon *m.* de
  beauté **II-4**
**salt** sel *m.* **II-1**
**same** même *adj.* **III-2**
**sand** sable *m.*
**sandwich** sandwich *m.* **I-4**
**sat (down)** assis (s'asseoir) *p.p.* **II-2**
**satellite dish** parabole *f.* **III-7**
**Saturday** samedi *m.* **I-2**
**sausage** saucisse *f.* **II-1**
**save** sauver *v.* **III-4**; sauvegarder *v.*
  **II-3, III-7**; économiser *v.* **III-9**
  **save the planet** sauver la planète
    *v.* **II-6**
**savings** économies *f.* **III-9**; épargne
  *f.* **II-4**
**savings account** compte d'épargne
  *m.* **II-4, III-9**
**say** dire *v.* **I-7, III-3**
  **to say goodbye** dire au revoir **III-5**
**scale** escalader *v.* **III-8**
**scandal** scandale *m.* **III-4**
**scenery** paysage *m.* **III-10**
**science** sciences *f., pl.* **I-2**
  **political science** sciences
    politiques (sciences po) *f., pl.* **I-2**
**scientist** scientifique *m., f.* **III-7**
**scold** gronder *v.* **III-6**
**score (a goal/a point)** marquer (un
  but/un point) *v.* **III-8**
**scram** se casser *v.* **III-4**
**scrawny** maigre *adj.* **III-4**
**screen** écran *m.* **II-3, III-3**
**screening** séance *f.* **II-7**
**sculptor** sculpteur/femme sculpteur
  *m., f.* **II-7**
**sculpture** sculpture *f.* **II-7**
**schedule** horaire *m.* **III-9**
**scholarship** bourse *f.* **I-2**
**school** école *f.* **I-2**
**school bag** cartable *m.* **III-7**
**sea** mer *f.* **I-7, III-10**
**seafood** fruits de mer *m., pl.* **II-1**
**search engine** moteur de recherche
  *m.* **III-7**
**search for** chercher *v.* **I-2**
  **search the Web** naviguer sur
    Internet/le web *v.* **III-3**; surfer
    sur Internet/le web *v.* **III-3**
  **to search for work** chercher du
    travail *v.* **II-4**
**season** saison *f.* **I-5**
**seat** place *f.* **II-7**
**seatbelt** ceinture de sécurité *f.* **II-3**
  **to buckle one's seatbelt** attacher
    sa ceinture de sécurité *v.* **II-3**
**seated** assis(e) *p.p., adj.* **II-2**
**second** deuxième *adj.* **I-7**
**secure a loan** obtenir un prêt **III-9**
**security** sécurité *f.* **II-3, III-4**
**seduce** séduire *v.* **III-3**

**see** voir *v.* **II-7, III-3**; *(catch sight of)*
  apercevoir *v.* **II-4**
  **to see again** revoir *v.* **II-7, III-9**
  **See you later.** À plus tard. **I-1**
  **See you later.** À tout à l'heure. **I-1**
  **See you soon.** À bientôt. **I-1**
  **See you tomorrow.** À demain. **I-1**
**seem** paraître *v.*
  **It seems that…** Il semble que…
    **III-7**
**seen** aperçu (apercevoir) *p.p.* **II-4**;
  vu (voir) *p.p.* **II-7**
  **seen again** revu (revoir) *p.p.* **II-7**
**self/-selves** même(s) *pron.* **I-6**
**self-esteem** amour-propre *m.* **III-6**
**selfish** égoïste *adj.* **I-1, III-6**
**sell** vendre *v.* **I-6, III-3**
**seller** vendeur/vendeuse *m., f.* **I-6**
**selling point** argument de vente *m.*
**send** envoyer *v.* **I-5, III-1**
  **to send** *(to someone)* envoyer (à)
    *v.* **I-6**
  **to send a letter** poster une lettre
    **II-4**
**Senegalese** sénégalais(e) *adj.* **I-1**
**sense** sens *m.* **III-10**
  **figurative sense** sens figuré *m.*
    **III-10**
  **literal sense** sens littéral *m.* **III-10**
**sense** sentir *v.* **I-5**
**sensitive** sensible *adj.* **III-1**
**separated** séparé(e) *adj.* **I-3**
**September** septembre *m.* **I-5**
**series** feuilleton *m.* **III-3**
**serious** grave *adj.* **II-2**; sérieux/
  sérieuse *adj.* **I-3**
**serve** servir *v.* **I-5, III-2**
**server** serveur/serveuse *m., f.* **I-4**
**service station** station-service *f.* **II-3**
**set the table** mettre la table *v.* **I-8**
**settle** (s')établir *v.* **III-5**; s'installer
  *v.* **III-5**
**seven** sept *m.* **I-1**
**seven hundred** sept cents *m.* **I-5**
**seventeen** dix-sept *m.* **I-1**
**seventh** septième *adj.* **I-7**
**seventy** soixante-dix *m.* **I-3**
**several** plusieurs *adj.* **I-4, III-4**
**shadow** ombre *f.* **III-3**
**shake** agiter *v.* **III-10**
**shame** honte *f.* **I-2**
  **It's a shame that…** Il est
    dommage que… **II-6**
**shampoo** shampooing *m.* **II-2**
**shape** *(state of health)* forme *f.* **II-2**
**share** partager *v.* **I-2, III-1**
**shark** requin *m.* **III-10**
**shave (oneself)** se raser *v.* **II-2, III-2**
**shaving cream** crème à raser *f.* **II-2**
**she** elle *pron.* **I-1**
**sheep** mouton *m.* **III-10**
**sheet of paper** feuille de papier *f.* **I-1**
**sheets** draps *m., pl.* **I-8**
**shelf** étagère *f.* **I-8**
**shepherd(ess)** berger/bergère *m., f.*
  **III-10**

**shh** chut **II-7**
**shirt (short-/long-sleeved)** chemise (à manches courtes/longues) *f.* **I-6**
**shoe** chaussure *f.* **I-6**
**shoes** souliers *m.* **III-8**
**shoot (a film)** tourner *v.* **III-3**
**shopkeeper** commerçant(e) *m., f.* **II-1**
**shopping** shopping *m.* **I-7**
  **to go shopping** faire du shopping *v.* **I-7**
  **to go (grocery) shopping** faire les courses *v.* **II-1**
**shopping center** centre commercial *m.* **I-4**
**short** court(e) *adj.* **I-3, III-2**; (stature) petit(e) **I-3, III-2**
**shorts** short *m.* **I-6**
**short-term** à court terme *adj.* **III-9**
**shot (injection)** piqûre *f.* **II-2**
  **to give a shot** faire une piqûre *v* **II-2**
**shout** cri *m.* **III-2**; hurler *v.* **III-7**
**show** spectacle *m.* **I-5, III-8**; *(movie or theater)* séance *f.* **II-7**
**shower** douche *f.* **I-8**
**shut off** fermer *v.* **II-3**
**shy** timide *adj.* **I-1, III-1**
**sick: to get/be sick** tomber/être malade *v.* **II-2**
**sicken** écœurer *v.* **III-1**
**sidewalk** trottoir *m.* **III-2**
**sign** signer *v.* **II-4**
**signal: to get a signal** capter *v.*
**silk** soie *f.* **I-6**
**silver** argent *m.* **III-2**
**similar** pareil(le) *adj.* **III-5**
**since** depuis *adv.* **II-1**
**since** puisque *conj.*
**sincere** sincère *adj.* **I-1**
**sing** chanter *v.* **I-5**
**singer** chanteur/chanteuse *m., f.* **I-1**
**single** *(marital status)* célibataire *adj.* **I-3, III-1**
  **single hotel room** chambre *f.* individuelle **I-7**
**sink** évier *m.* **I-8**; *(bathroom)* lavabo *m.* **I-8**
**sir** Monsieur *m.* **I-1**
**sister** sœur *f.* **I-3**
**sister-in-law** belle-sœur *f.* **I-3, III-6**
**sit** s'asseoir *v.* **III-9**
**sit down** s'asseoir *v.* **II-2**
**sit-in strike** grève sur le tas *f.* **III-2**
**sitting** assis(e) *adj.* **II-2**
**six** six *m.* **I-1**
**six hundred** six cents *m.* **I-5**
**sixteen** seize *m.* **I-1**
**sixth** sixième *adj.* **I-7**
**sixty** soixante *m.* **I-1**
**size** taille *f.* **I-6**
**skate** patiner *v.* **I-4**
**skating rink** patinoire *f.* **III-8**
**ski** skier *v.* **I-5**; faire du ski **I-5**
**ski jacket** anorak *m.* **I-6**
**ski resort** station *f.* de ski **I-7**
**skiing** ski *m.* **I-5**

**skin** peau *f.* **II-2**
**skirt: (pleated) skirt** jupe (plissée) *f.* **I-6, III-8**
**skit** sketch *m.* **III-2**
**sky** ciel *m.* **II-6**
**skyscraper** gratte-ciel *m.* **III-2**
**slave** esclave *m., f.* **III-4**
**slave trade** traite des Noirs *f.* **III-4**
**slavery** esclavage *m.* **III-4**
**sleep** dormir *v.* **III-4**; sommeil *m.* **I-2**
  **to go back to sleep** se rendormir *v.* **III-9**
  **to sleep** dormir *v.* **I-5**
  **to be sleepy** avoir sommeil *v.* **I-2**
**sleeve** manche *f.* **I-6**
**slice** tranche *f.* **II-1**
**slipper** pantoufle *f.* **II-2**
**slow** lent(e) *adj.* **I-3**
**slowly** lentement *adv.* **III-2**
**small** petit(e) *adj.* **I-3, III-2**
**smartphone** smartphone *m.* **II-3**
**smell good/bad** sentir bon/mauvais *v.* **I-5, III-2**
**smile** sourire *m.* **I-6**
  **to smile** sourire *v.* **I-6**
**smog** nuage de pollution *m.* **III-10**
**smoke** fumer *v.* **II-2**
**smoked** fumé(e) *adj.* **III-6**
**snack (afternoon)** goûter *m.* **II-1**
**snake** serpent *m.* **II-6**
**sneakers** baskets *f.* **III-8**, tennis *f.* **III-8**
**sneeze** éternuer *v.* **II-2, III-7**
**snorkeling** plongée avec tuba *f.* **III-10**
**snow** neiger *v.* **I-5**
  **It is snowing.** Il neige. **I-5**
  **It was snowing…** Il neigeait… **I-8**
**so** si **I-3**; alors *adv.* **I-1, III-2**; donc *adv.* **III-2**
  **so many. . .** tant de… *adj.*
  **so much/many** autant *adv.* **III-2**
  **so that** pour que *conj.* **II-7, III-7**
**soap opera** feuilleton *m.* **II-7, III-3**
**soap** savon *m.* **II-2**
**soccer** foot(ball) *m.* **I-5**
**soccer field** terrain de foot *m.* **III-8**
**sociable** sociable *adj.* **I-1**
**social level** couche sociale *f.* **III-5**
**sociology** sociologie *f.* **I-1**
**sock** chaussette *f.* **I-6**
**soft** doux/douce *adj.* **III-2**
**soften** adoucir *v.* **III-6**
**software** logiciel *m.* **II-3**
**soil** *(to make dirty)* salir *v.* **I-8**
**solar** solaire *adj.* **II-6**
**solar energy** énergie solaire *f.* **II-6**
**sold out** complet/complète *adj.* **III-8**
**soldier** soldat *m.* **III-1**
**solicit** solliciter *v.* **III-2**
**solution** solution *f.* **II-6**
**solve** résoudre *v.* **III-10**
**some** de l' *part. art., m., f., sing.* **I-4**
  **some** de la *part. art., f., sing.* **I-4**
  **some** des *part. art., m., f., pl.* **I-4**
  **some** du *part. art., m., sing.* **I-4**

**some** quelques *adj.* **I-4**
**some** *(of it/them)* en *pron.* **II-2**
**some** quelques-un(e)s *pron.* **III-4**; quelque *adj.* **III-4**
**someone** quelqu'un *pron.* **II-4, III-4**
**something** quelque chose *m.* **I-4, III-4**
  **Something's not right.** Quelque chose ne va pas. **I-5**
**sometimes** parfois *adv.* **I-5, III-2**; quelquefois *adv.* **I-8, III-2**
**somewhere** quelque part *adv.* **III-2**
**son** fils *m.* **I-3**
**song** chanson *f.* **II-7**
**son-in-law** beau-fils *m.* **III-6**
**soon** bientôt *adv.* **III-2**
  **as soon as** dès que *conj.* **III-7**; aussitôt que *conj.* **III-7**
**sorcerer** sorcier/sorcière *m., f.* **III-7**
**sorrow** peine *f.* **III-1**; chagrin *m.* **III-1**
**sorry** désolé(e) **II-3, III-6**
  **to be sorry that…** être désolé(e) que… *v.* **II-6, III-6**
**sort** sorte *f.* **II-7**
**So-so.** Comme ci, comme ça. **I-1**
**soul mate** âme sœur *f.* **III-1**
**sound** sonner *v.*
**sound track** bande originale *f.* **III-3**
**soup** soupe *f.* **I-4**
**soupspoon** cuillère à soupe *f.* **II-1**
**south** sud *m.* **II-4**
**space** espace *m.* **II-6, III-7**
**space program** programme spatial *m.*
**space shuttle** navette spatiale *f.*
**space station** station spatiale *f.*
**space walk** sortie dans l'espace *f.*
**Spain** Espagne *f.* **I-7**
**Spanish** espagnol(e) *adj.* **I-1**
**speak (on the phone)** parler (au téléphone) *v.* **I-2**
  **to speak (to)** parler (à) *v.* **I-6**
  **to speak to one another** se parler *v.* **II-3**; s'adresser la parole *v.* **III-7**
  **speak softly/loudly** parler bas/fort *v.* **III-2**
**speaker** orateur/oratrice *m., f.* **III-2**
**special effects** effets spéciaux *m.* **III-3**
**specialist** spécialiste *m., f.* **II-5**
**specialized** spécialisé(e) *adj.* **III-7**
**species** espèce *f.* **II-6**
  **endangered species** espèce *f.* menacée **II-6**
**spectator** spectateur/spectatrice *m., f.* **II-7, III-8**
**speed limit** limitation de vitesse *f.* **II-3**
**speed** vitesse *f.* **II-3**
**spell** épeler *v.* **III-1**
**spell check** correcteur orthographique *m.* **III-7**
**spend** dépenser *v.* **I-4**
  **to spend money** dépenser de l'argent **I-4**
  **to spend time** passer *v.* **I-7**
  **to spend time** *(somewhere)* faire un séjour **I-7**

**spider** araignée *f.* **III-10**
**spinach** épinards *m.* **III-6**
**spirit** esprit *m.* **III-1**
**spoil** gâter *v.* **III-6**
**spoon** cuillère *f.* **II-1**
**sport(s)** sport *m.* **I-5**
   **to play sports** faire du sport *v.* **I-5**
**sporting goods store** magasin de sport *m.* **III-8**
**sports club** club sportif *m.* **III-8**
**sports page** page sportive *f.* **III-3**
**sports training school** centre de formation *m.* **III-8**
**sporty** sportif/sportive *adj.* **I-3**
**spouse** époux/épouse *m., f.* **III-6**
**sprain one's ankle** se fouler la cheville **II-2**
**spread** s'étendre *v.* **III-2**
   **to spread (the word)** faire passer **III-8**
**spring** printemps *m.* **I-5**
   **in the spring** au printemps **I-5**
**spring** *(aquatic)* source *f.* **III-10**
**spy** espionner *v.* **III-4**
**square** *(place)* place *f.* **I-4**
**square** place *f.* **III-2**; carré(e) *adj.* **III-4**
**squirrel** écureuil *m.* **II-6**
**stadium** stade *m.* **I-5**
**stage** *(phase)* étape *f.* **I-6**
**stage fright** trac *m.* **II-5, III-3**
   **to have stage fright** avoir le trac *v.* **III-3**
**staircase** escalier *m.* **I-8**
**stamp** timbre *m.* **II-4**
**stand (someone) up** poser un lapin (à quelqu'un) **III-1**
**standard of living** niveau de vie *m.* **III-5**
**star** étoile *f.* **II-6**
**star:** *(movie)* **star** vedette (de cinéma) *f.* **III-3**; *(shooting)* **star** étoile (filante) *f.* **III-7**
**start up** démarrer *v.* **II-3**
**start-up** mise en marche *f.* **III-7**
**starter** entrée *f.* **II-1**
**station** station *f.* **I-7**
   **subway station** station *f.* de métro **I-7**
   **train station** gare *f.* **I-7**
**stationery store** papeterie *f.* **II-4**
**statue** statue *f.* **II-4**
**stay** séjour *m.* **I-7**; rester *v.* **I-7, III-3**
   **to stay slim** garder la ligne *v.* **II-2**
**steak** steak *m.* **II-1**
**steal** voler *v.* **III-5**
**steering wheel** volant *m.* **II-3**
**stepbrother** demi-frère *m.* **I-3**
**stepdaughter** belle-fille *f.* **III-6**
**stepfather** beau-père *m.* **I-3, III-6**
**stepmother** belle-mère *f.* **I-3, III-6**
**stepsister** demi-sœur *f.* **I-3**
**stepson** beau-fils *m.* **III-6**
**stereo system** chaîne stéréo *f.* **II-3**
**still** encore *adv.* **I-3, III-2**

**stock market** marché boursier *m.* **III-9**
**stomach** ventre *m.* **II-2**
   **to have a stomach ache** avoir mal au ventre *v.* **II-2**
**stone** pierre *f.* **II-6**
**stop** *(doing something)* arrêter (de faire quelque chose) *v.*; *(to stop oneself)* s'arrêter *v.* **II-2, III-2**
   **bus stop** arrêt d'autobus (de bus) *m.* **I-7**
   **to stop by someone's house** passer chez quelqu'un *v.* **I-4**
   **to stop from** *(doing something)* empêcher (de) *v.* **III-2**
**store** magasin *m.*; boutique *f.* **II-4**
   **grocery store** épicerie *f.* **I-4**
   **store name** enseigne *f.* **III-3**
   **store window** vitrine *f.* **III-7**
**stormy** orageux/orageuse *adj.* **I-5**
   **It is stormy.** Le temps est orageux. **I-5**
**story** histoire *f.* **I-2**
**stove** cuisinière *f.* **I-8**
**straight** raide *adj.* **I-3**
   **straight ahead** tout droit *adv.* **II-4**
**stranger** étranger/étrangère *m., f.*
**strangle** étrangler *v.* **II-5**
**strawberry** fraise *f.* **II-1**
**stream** ruisseau *m.* **III-10**
**street** rue *f.* **II-3, III-2**
   **to follow a street** suivre une rue *v.* **II-4**
**strengthened** raffermi(e) *adj.* **III-10**
**strict** strict(e) *adj.* **III-6**
**strike** grève *f.* **III-2**; sonner *v.*
**striking** frappant(e) *adj.* **III-3**; marquant(e) *adj.* **III-3**
**stroll: to take a stroll** se promener *v.* **III-8**
**strong** fort(e) *adj.* **I-3**
**struggle** lutter *v.* **III-5**
**student** étudiant(e) *m., f.* **I-1**; élève *m., f.* **I-1**
   **high school student** lycéen(ne) *m., f.* **I-2**
**studies** études *f.* **I-2**
**studio** *(apartment)* studio *m.* **I-8**
**study** étudier *v.* **I-2**
**stupid** bête *adj.* **III-4**
**submissive** soumis(e) *adj.* **III-6**
**subscriber** abonné(e) *m., f.* **III-9**
**subscription** abonnement *m.* **III-7**
**subtitles** sous-titres *m.* **III-3**
**suburb(s)** banlieue *f.* **I-4, III-2**
**subway** métro *m.* **I-7**
**subway car** wagon *m.* **III-2**
**subway station** station de métro *f.* **III-2**
**subway station** station *f.* de métro **I-7**
**subway train** rame de métro *f.* **III-2**
**succeed** *(in doing something)* réussir (à) *v.* **I-4, III-9**
**success** réussite *f.* **II-5, III-9**
**successful** prospère *adj.* **III-9**
**such a(n)** tel(le) *adj.* **III-4, III-5**

**sudden: all of a sudden** tout à coup *adv.* **III-3**
**suddenly** soudain *adv.* **I-8, III-2**; tout à coup *adv.* **I-7**; tout d'un coup *adv.* **I-8**
**suffer** souffrir *v.* **II-3, III-4**
**suffered** souffert (souffrir) *p.p.* **II-3**
**suffering** douleur *f.* **III-1**
**sugar** sucre *m.* **I-4**
**suggest (that)** suggérer (que) *v.* **II-6, III-6**
**suit** *(man's)* costume *m.* **I-6**; *(woman's)* tailleur *m.* **I-6**
**suitcase** valise *f.* **I-7**
**summer** été *m.* **I-5**
   **in the summer** en été **I-5**
**sun** soleil *m.* **I-5, III-10**
   **to bask in the sun** lézarder au soleil *v.* **III-8**
   **It is sunny.** Il fait (du) soleil. **I-5**
**Sunday** dimanche *m.* **I-2**
**sunglasses** lunettes de soleil *f., pl.* **I-6**
**supermarket** supermarché *m.* **II-1**
   **large supermarket** hypermarché *m.* **III-6**
**supervisory staff** encadrement *m.* **III-9**
**support** soutien *m.* **III-2**; *support (a cause)* soutenir (une cause) *v.* **III-3, III-5**
**supporter** supporter (de) *m.* **III-8**
**sure** sûr(e) **II-1, III-7**
   **It is sure that...** Il est sûr que... **II-7**
   **It is unsure that...** Il n'est pas sûr que... **II-7**
**surely** sûrement *adv.* **III-3**
**surf on the Internet** surfer sur Internet **II-3**
**surface area** superficie *f.* **III-10**
**surprise (someone)** faire une surprise (à quelqu'un) *v.* **I-6**
**surprised** surpris (surprendre) *p.p., adj.* **I-6**; étonné(e) *adj.* **III-6**
   **to be surprised that...** être surpris(e) que... *v.* **II-6**
**surprising** étonnant(e) *adj.* **III-6**, surprenant(e) *adj.* **III-6**
**surround oneself with** s'entourer de *v.* **III-9**
**survival** survie *f.* **III-7**
**survive** survivre *v.* **III-6**
**suspect** se douter (de) *v.* **III-2, III-4**
**sweater** *(with front opening)* gilet *m.* **III-8**; pull *m.* **I-6**
**sweatshirt** *(with front opening)* gilet *m.* **III-8**
**sweep** balayer *v.* **I-8, III-1**
**sweet** doux/douce *adj.* **III-2**
**swell** enfler *v.* **II-2**
**swim** nager *v.* **I-4**
**swimsuit** maillot de bain *m.* **I-6**
**swing** se balancer *v.* **III-10**
**Swiss** suisse *adj.* **I-1**
**Switzerland** Suisse *f.* **I-7**
**symptom** symptôme *m.* **II-2**

**T**

**table** table *f.* **I-1**
   **to clear the table** débarrasser la table *v.* **I-8**
**tablecloth** nappe *f.* **II-1**
**tablet computer** tablette (tactile) *f.* **II-3**
**tabloid(s)** presse à sensation *f.* **III-3**
**tackle** aborder *v.*
**take** prendre *v.* **I-4, III-3**
   **to take a shower** prendre une douche **II-2**
   **to take a train (plane, taxi, bus, boat)** prendre un train (un avion, un taxi, un autobus, un bateau) *v.* **I-7**
   **to take a walk** se promener *v.* **II-2**
   **to take a stroll/walk** se promener *v.* **III-8**
   **to take action** agir *v.* **III-7**
   **to take action to** prendre des mesures pour
   **to take advantage of** profiter de *v.* **II-7, III-9**
   **to take an exam** passer un examen *v.* **I-2**
   **to take care (of something)** s'occuper (de) *v* **II-2**
   **to take off** retirer *v.* **III-9**
   **to take out a loan** faire un emprunt **III-9**
   **to take out the trash** sortir la/les poubelle(s) *v.* **I-8**
   **to take place** se dérouler *v.* **III-6**
   **to take the plunge** se lancer *v.* **III-1**
   **to take someone** emmener *v.* **I-5, III-1**
   **to take time off** prendre un congé *v.* **II-5**
**taken up** (être) pris(e) *p.p., adj.* **I-6, III-6**
**tale** conte *m.* **II-7**
**talented** *(gifted)* doué(e) *adj.* **II-7**
**talk** s'entretenir (avec) *v.* **III-2**
   **to talk to death** soûler *v.* **III-6**
**tall** grand(e) *adj.* **III-2**
**tan** bronzer *v.* **I-6**
**tape recorder** magnétophone *m.* **II-3**
**tart** tarte *f.* **II-1**
**task** tâche *f.* **III-9**
**taste** goûter *v.* **II-1**
**tax** taxe *f.* **III-9**
**taxi** taxi *m.* **I-7**
**tea** thé *m.* **I-4**
**teach** enseigner *v.* **I-2**
   **to teach** *(to do something)* apprendre (à) *v.* **I-4**
**teacher** professeur *m.* **I-1**
**team** club *m.* **III-8**; équipe *f.* **I-5**
**tear** déchirer *v.* **III-8**
**tear** larme *f.* **III-1**
**teaspoon** cuillére à café *f.* **II-1**
**tease** taquiner *v.* **III-9**
**tee shirt** tee-shirt *m.* **I-6**

**teeth** dents *f., pl.* **II-1**
   **to brush one's teeth** se brosser les dents *v.* **II-1**
**telephone** *(receiver)* appareil *m.* **II-5**
   **to telephone** *(someone)* téléphoner (à) *v.* **I-2**
   **It's Mr./Mrs./Miss ... (on the phone.)** C'est M./Mme/Mlle ... (à l'appareil.) **II-5**
**telescope** télescope *m.* **III-7**
**television** télévision *f.* **I-1**
   **television channel** chaîne *f.* (de) télévision **II-3**
   **television program** émission *f.* de télévision **II-7**
   **television set** poste de télévision *m.* **II-3**
**television viewer** téléspectateur/ téléspectatrice *m., f.* **III-3**
**tell (a story)** raconter (une histoire) *v.* **III-9**
**tell one another** se dire *v.* **II-3**
**temperature** température *f.* **I-5**
**tempt** tenter *v.* **III-8**
**ten** dix *m.* **I-1**
**tenacious** tenace *adj.* **III-10**
**tennis** tennis *m.* **I-5**
**tennis shoes** baskets *f.* **I-6, III-8**; tennis *f.* **III-8**
**tense** tendu(e) *adj.* **III-6**
**tenth** dixième *adj.* **I-7**
**terminal (bus)** gare *f.* routière **I-7**
**terrace (café)** terrasse *f.* de café **I-4**
**terrific** génial(e) *adj.* **III-1**
**territory** superficie *f.* **III-10**
**terrorism** terrorisme *m.* **III-4**
**terrorist** terroriste *m., f.* **III-4**
**test** examen *m.* **I-1**
**text message** texto, SMS *m.* **II-3**
**than** que/qu' *conj.* **II-1, II-6**
**thank** remercier *v.* **III-6**
   **thanks to** grâce à *prep.* **III-1**
   **Thank you (very much).** Merci (beaucoup). **I-1**
**thankless** ingrat(e) *adj.* **III-9**
**that** ce/c', ça **I-1**; que *rel. pron.* **II-3, III-9**; qui *rel. pron.* **III-9**
   **Is that... ?** Est-ce... ? **I-2**
   **That's enough.** Ça suffit. **I-5, III-4**
   **That has nothing to do with us. That is none of our business.** Ça ne nous regarde pas. **II-6**
   **that is...** c'est... **I-1**
   **that is to say** ça veut dire **II-2**; c'est-à-dire **III-7**
**theater** théâtre *m.* **II-7**
**their** leur(s) *poss. adj., m., f.* **I-3**
**them** les *d.o. pron.* **I-7**; leur *i.o. pron., m., f., pl.* **I-6**
**then** alors *adv.* **I-7, III-2**; ensuite *adv.* **I-7, III-2**; puis *adv.* **I-7**; puis **I-4**
**theory** théorie *f.* **III-7**
**there** là **I-1, III-2**; y *pron.* **II-2**

   **Is there... ?** Y a-t-il... ? **I-2**
   **over there** là-bas *adv.* **I-1, III-2**
   **(over) there** *(used with demonstrative adjective) ce and noun or with demonstrative pronoun celui)* -là **I-6**
   **There is/There are...** Il y a... **I-1**
   **There is/There are....** Voilà... **I-1**
   **There was...** Il y a eu... **I-6**; Il y avait... **I-8**
**therefore** donc *conj.* **I-7**
**these/those** ces *dem. adj., m., f., pl.* **I-6**
   **these/those** celles *pron., f., pl.* **II-6**
   **these/those** ceux *pron., m., pl.* **II-6**
**they** ils *sub. pron., m.* **I-1**; elles *sub. and disj. pron.*, f. **I-1**; eux *disj. pron., pl.* **I-3**
**thick** épais(se) *adj.* **III-9**
**thief** voleur/voleuse *m., f.* **III-4**
**thigh** cuisse *f.*
**thin** maigre *adj.* **III-4**
**thing** chose *f.* **I-1**; truc *m.* **I-7**
**think (about)** réfléchir (à) *v.* **I-4**
   **to think (that)** penser (que) *v.* **I-2**
**third** troisième *adj.* **I-7**
**thirst** soif *f.* **I-4**
   **to be thirsty** avoir soif *v.* **I-4**
**thirteen** treize *m.* **I-1**
**thirty** trente *m.* **I-1**
**thirty-first** trente et unième *adj.* **I-7**
**this/that** ce *dem. adj., m., sing.* **I-6**; cet *dem. adj., m., sing.* **I-6**; cette *dem. adj., f., sing.* **I-6**
   **this afternoon** cet après-midi **I-2**
   **this evening** ce soir **I-2**
   **this one/that one** celle *pron., f., sing.* **II-6**; celui *pron., m., sing.* **II-6**
   **this week** cette semaine **I-2**
   **this weekend** ce week-end **I-2**
   **this year** cette année **I-2**
**those are...** ce sont... **I-1**
**though** pourtant *adv.*
**thousand: one thousand** mille *m.* **I-5**
   **one hundred thousand** cent mille *m.* **I-5**
**threat** danger *m.* **II-6**; menace *f.* **III-4**
**threaten** menacer *v.* **III-1**
**three** trois *m.* **I-1**
**three hundred** trois cents *m.* **I-5**
**thrifty** économe *adj.* **III-1**
**thrill** frisson *m.* **III-8**
**throat** gorge *f.* **II-2**
**throughout** à travers *prep.*
**throw** lancer *v.* **III-1, III-7**; jeter *v.* **III-1**
   **to throw away** jeter *v.* **II-6, III-10**
**Thursday** jeudi *m.* **I-2**
**thus** ainsi *adv.* **III-2**
**thwart** contrarier *v.* **III-7**
**ticket** billet *m.* **I-7, III-8**; ticket *m.* **III-8**
   **round-trip ticket** billet *m.* aller-retour **I-7**

**bus/subway ticket** ticket de bus/ de métro *m.* **I-7**
  **to get tickets** obtenir des billets **III-8**
**tidy up** ranger *v.* **III-1**
**tie** *(a game)* faire match nul *v.* **III-8**
**tie** cravate *f.* **I-6**
**tiger** tigre *m.* **III-10**
**tight** serré(e) *adj.* **I-6**
**time** *(occurence)* fois *f.*; *(general sense)* temps *m., sing.* **I-5, III-2, III-3**
  **a long time** longtemps *adv.* **I-5, III-3**
  **free time** temps libre *m.* **I-5**
  **from time to time** de temps en temps *adv.* **I-8, III-2**
  **to waste time** perdre son temps *v.* **I-6**
  **to have a good time** se divertir *v.* **III-8**
**tinker** bricoler *v.* **I-5**
**tip** pourboire *m.* **I-4**
  **to leave a tip** laisser un pourboire *v.* **I-4**
**tip over** basculer *v.* **III-4**
**tire** pneu *m.* **II-3**
  **flat tire** pneu *m.* crevé **II-3**
  *(emergency)* **tire** roue (de secours) *f.* **II-3**
  **to check the tire pressure** vérifier la pression des pneus *v.* **II-3**
**tired** fatigué(e) *adj.* **I-3**
**tiresome** pénible *adj.* **I-3**
**to** à *prep.* **I-4**; au (à + le) **I-4**; aux (à + les) **I-4**
  **to be in a bad mood** être de mauvaise humeur **I-8**
  **to be in bad health** être en mauvaise santé **II-2**
  **to do it on purpose** faire exprès *v.* **III-4**
  **to do without** faire sans *v.* **III-5**
  **to give directions** donner des indications *v.* **III-2**
  **to light up** s'allumer *v.* **II-3**
  **to pay with a credit card** payer avec une carte de crédit *v.* **II-4**
  **to run over** écraser *v.*
  **to show (to someone)** montrer (à) *v.* **I-6**
  **to turn off course** bifurquer *v.* **III-4**
  **to turn over** se retourner *v.* **III-10**
**toast** toast *m.* **III-8**
  **to propose a toast** porter un toast (à quelqu'un) *v.* **III-8**
**toaster** grille-pain *m.* **I-8**
**today** aujourd'hui *adv.* **I-2, III-2**
**toe** orteil *m.* **II-2**; doigt de pied *m.* **II-2**
**together** ensemble *adv.* **I-6**
  **to get together** se réunir *v.* **III-2**
**tolerate** tolérer *v.* **III-10**
**tomato** tomate *f.* **II-1**

**tomorrow (morning, afternoon, evening)** demain (matin, après-midi, soir) *adv.* **I-2, III-2**
  **day after tomorrow** après-demain *adv.* **I-2**
**tone** ton *m.* **III-10**
**too** aussi *adv.* **I-1**
  **too many/much (of)** trop (de) **I-4, III-2**
**tool** outil *m.* **III-7**
**tooth** dent *f.* **II-1**
  **to brush one's teeth** se brosser les dents *v.* **II-1**
**toothbrush** brosse *f.* à dents **II-2**
**toothpaste** dentifrice *m.* **II-2**
**torture** supplice *m.*
**totalitarian regime** régime totalitaire *m.* **III-4**
**tour** tour *m.* **I-5**
**tourism** tourisme *m.* **II-4**
**tourist office** office du tourisme *m.* **II-4**
**towel (bath)** serviette (de bain) *f.* **II-2**
**town** ville *f.* **I-4**
**town center** centre-ville *m.* **III-2**
**town dweller** citadin(e) *m., f.* **III-2**
**town hall** hôtel de ville *m.* **III-2**; mairie *f.* **II-4**
**town planning** urbanisme *m.* **III-2**
**toxic** toxique *adj.* **II-6, III-10**
**toxic waste** déchets toxiques *m., pl.* **II-6**
**track** voie *f.* **III-2**
**traffic** circulation *f.* **II-3, III-2**
**traffic jam** embouteillage *m.* **III-2**
**traffic light** feu (tricolore) *m.* **II-4, III-2**
**tragedy** tragédie *f.* **II-7**
**train** train *m.* **I-7, III-2**; s'entraîner *v.* **III-6**
  **to get on a train** monter dans un train *v.* **III-2**
**train station** gare *f.* **I-7**; station *f.* de train **I-7**
**trainee** stagiaire *m., f.*
**trainer** formateur/formatrice *m., f.*
**training course** stage *m.*
**training** formation *f.* **II-5, III-9**
**translate** traduire *v.* **I-6**
**translated** traduit (traduire) *p.p., adj.* **I-6**
**transplant** greffer *v.* **III-2**
**transportation** transport *m.* **III-2**
**trash** déchets *m.* **II-6, III-10**
**travel agency** agence de voyages *f.* **I-7**
**travel agent** agent de voyages *m.* **I-7**
**travel** voyager *v.* **I-2, III-1**, se déplacer *v.*
**treat** traiter *v.*; soigner *v.* **III-7**
**tree** arbre *m.* **II-6**
**trick** duper *v.* **III-2**
**trip** trajet *m.*
**trip** voyage *m.* **I-7**
**troop** *(company)* troupe *f.* **II-7**
**tropical** tropical(e) *adj.* **II-6**

**tropical forest** forêt tropicale *f.* **II-6**
**truck: small truck** camionnette *f.* **III-9**
**true** vrai(e) *adj.* **I-3, III-2**; véritable *adj.* **I-6**
  **It is true that…** Il est vrai que… **II-7**
  **It is untrue that…** Il n'est pas vrai que… **II-7**
**truly** vraiment *adv.* **III-2**
**trunk** coffre *m.* **II-3**
**trust (someone)** faire confiance (à quelqu'un) **III-1**
**truth** vérité *f.* **III-2**
**try** essayer *v.* **I-5, III-1**
  **to try to "pick up"** draguer *v.* **III-1**
**Tuesday** mardi *m.* **I-2**
**tuna** thon *m.* **II-1**
**turn** tourner *v.* **II-4**
  **to turn off** éteindre *v.* **II-3**
  **to turn on** allumer *v.* **II-3**
  **to turn (oneself) around** se tourner *v.* **II-2**
**turnaround** retournement *m.* **III-6**
**turtle** tortue *f.* **III-10**
**twelve** douze *m.* **I-1**
**twentieth** vingtième *adj.* **I-7**
**twenty** vingt *m.* **I-1**
**twenty-first** vingt et unième *adj.* **I-7**
**twenty-second** vingt-deuxième *adj.* **I-7**
**twice** deux fois *adv.* **I-8, III-3**
**twin sisters** jumelles *f.* **III-6**
**twin brothers** jumeaux *m.* **III-6**;
**twist one's ankle** se fouler la cheville *v.* **II-2**
**two** deux *m.* **I-1**
**two hundred** deux cents *m.* **I-5**
**two million** deux millions *m.* **I-5**
**type** genre *m.* **II-7**

## U

**U.F.O.** ovni *m.* **III-7**
**ugly** laid(e) *adj.* **I-3**
**umbrella** parapluie *m.* **I-5**
**unbearable** insupportable *adj.* **III-6**
**unbiased** impartial(e) *adj.* **III-3**
**uncertainty** incertitude *f.* **III-5**
**uncle** oncle *m.* **I-3**
**under** sous *prep.* **I-3**
**underpants** *(for females)* culotte *f.* **III-8**; *(for males)* slip *m.* **III-8**
**underpriviliged** défavorisé(e) *adj.* **III-5**
**understand** comprendre *v.* **I-4**
**understanding** compréhension *f.* **III-5**
**understood** compris (comprendre) *p.p., adj.* **I-6**
**undertake** entreprendre *v.* **III-9**
**underwear** sous-vêtement *m.* **I-6**
**undress** se déshabiller *v.* **II-2, III-2**
**unemployed** au chômage *adj.* **III-9**
**unemployed person** chômeur/ chômeuse *m., f.* **II-5, III-9**

**to be unemployed** être au chômage *v.* **II-5**
**unemployment** chômage *m.* **II-5, III-9**
**unequal** inégal(e) *adj.* **III-4**
**unethical** contraire à l'éthique *adj.* **III-7**
**unexpected** inattendu(e) *adj.* **III-2**
**unfair** injuste *adj.* **III-4**
**unfaithful** infidèle *adj.* **III-1**
**unforgettable** inoubliable *adj.* **III-1**
**unfortunately** malheureusement *adv.* **I-2**
**unhappily** malheureusement *adv.* **III-2**
**unhappy** malheureux/malheureuse *adj.* **I-3**
**union** syndicat *m.* **II-5**
**unite** unir *v.* **III-2**
**United States** États-Unis *m., pl.* **I-7**
**university cafeteria** restaurant universitaire (resto U) *m* **I-2**
**university** faculté *f.* **I-1**; université *f.* **I-1**
**unless** à moins de *prep.* **III-7**; à moins que *conj.* **II-7, III-7**
**unlikely** peu probable *adj.* **III-7**
**unpleasant** antipathique *adj.* **I-3**; désagréable *adj.* **I-1**
**untidy** en désordre **III-7**
**until** jusqu'à *prep.* **II-4**; jusqu'à ce que *conj.* **II-7, III-7**
**unusual** inhabituel(le) *adj.* **III-9**
**up front** en pointe *adv.* **III-8**
**updated** actualisé(e) *adj.* **III-3**
**upset** contrarié(e) *adj.* **III-1**
  **to become upset** s'énerver *v.* **II-2**
**urbanize** urbaniser *v.* **III-10**
**urge** exhorter *v.* **III-10**
**us** nous *i.o. pron.* **I-6**; nous *d.o. pron.* **I-7**
**use** employer *v.* **I-5**
  **to use a map** utiliser un plan *v.* **I-7**
**use** se servir de *v.* **III-2**
  **to use up** épuiser *v.* **III-10**
**useful** utile *adj.* **I-2**
**useless** inutile *adj.* **I-2**; nul(le) *adj.* **I-2**
**usually** d'habitude *adv.* **I-8**

### V

**vacation** vacances *f., pl.* **I-7**
  **vacation day** jour de congé *m.* **I-7**
**vacationer** vacancier/vacancière *m., f.* **III-8**
**vacuum** aspirateur *m.* **I-8**
  **to vacuum** passer l'aspirateur *v.* **I-8**
**value** valeur *f.* **III-5**
**valley** vallée *f.* **II-6**
**van: small van** camionnette *f.* **III-9**
**vegetable** légume *m.* **II-1**
**velvet** velours *m.* **I-6**
**very** *(before adjective)* tout(e) *adv.* **I-3**; *(before adverb)* très *adv.* **I-8, III-2**; même *adj.* **III-2**

**Very well.** Très bien. **I-1**
**veterinarian** vétérinaire *m., f.* **II-5**
**victim** victime *f.* **III-4**
**victorious** victorieux/victorieuse *adj.* **III-4**
**victory** victoire *f.* **III-4**
**video game** jeu vidéo (des jeux vidéo) *m.* **II-3, III-8**
**videocassette recorder (VCR)** magnétoscope *m.* **II-3**
**videotape** cassette vidéo *f.* **II-3**
**Vietnamese** vietnamien(ne) *adj.* **I-1**
**violence** violence *f.* **III-4**
**violet** violet(te) *adj.* **I-6**
**violin** violon *m.* **II-7, III-2**
**visit** visite *f* **I-6**
  **to visit** *(a place)* visiter *v.* **I-2**; *(a person or people)* rendre visite (à) *v.* **I-6**; *(to visit regularly)* fréquenter *v.* **I-4**
**voice** voix *f.*
**voicemail** messagerie *f.* **II-5**
**volcano** volcan *m.* **II-6**
**volleyball** volley(-ball) *m.* **I-5**
**vote** voter *v.* **III-4**

### W

**waist** taille *f* **I-6**
**wait** *(for)* attendre *v.* **I-6, III-2**
  **to wait** *(on the phone)* patienter *v.* **II-5**
  **to wait in line** faire la queue **II-4, III-8**
  **waiting for** en attendant que *conj.* **III-7**
**wake up** se réveiller *v.* **II-2, III-2**
**walk** promenade *f.* **I-5**; marcher *v.* **I-5**
  **to go for a walk** faire une promenade **I-5**; faire un tour **I-5**
  **to take a walk** se promener *v.* **III-8**
**wall** mur *m.* **I-8**; paroi *f.* **III-3**
**want** désirer *v.* **I-5**; vouloir *v.* **II-1**
**want** vouloir *v.* **III-3**
  **to want to** désirer *v.* **III-8**
**war** guerre *f.*
  **civil war** guerre civile *f.* **III-4**
**wardrobe** armoire *f.* **I-8**; garde-robe *f.* **III-8**
**warehouse** entrepôt *m.* **III-9**
**warming: global warming** réchauffement de la Terre *m.* **II-6**
**warning light (gas/oil)** voyant *m.* (d'essence/d'huile) **II-3**
**wary: to be wary of** se méfier de *v.* **III-2**
**wash** laver *v.* **I-8**
  **to wash oneself (one's hands)** se laver (les mains) *v.* **II-2, III-2**
  **to wash up (in the morning)** faire sa toilette *v.* **II-2**
**washing machine** lave-linge *m.* **I-8**
**waste** gaspillage *m.* **II-6, III-10**; gaspiller *v.* **II-6, III-10**
**waste time** perdre son temps *v.* **I-6**

**wastebasket** corbeille (à papier) *f.* **I-1**
**watch** montre *f.* **I-1**; regarder *v.* **I-2, III-8**
**water** eau *f.* **I-4**
  **mineral water** eau *f.* minérale **I-4**
**way** *(by the way)* au fait **I-3**; *(path)* chemin **II-4**
**we** nous *pron.* **I-1**
**weak** faible *adj.* **I-3**
**weaken** faiblir *v.* **III-10**
**wealth** richesse *f.* **III-5**
  **distribution of wealth** partage des richesses *m.* **III-5**
**weapon** arme *f.* **III-4**
**wear** porter *v.* **I-6**
**weary** las/lasse *adj.*
**weather** temps *m., sing.* **I-5**; météo *f.* **II-7**
  **The weather is bad.** Il fait mauvais. **I-5**
  **The weather is dreadful.** Il fait un temps épouvantable. **I-5**
  **The weather is good/warm.** Il fait bon. **I-5**
  **The weather is nice.** Il fait beau. **I-5**
**Web** web *m.* **III-3**
**Web-site** site Internet/web *m.* **II-3, III-3**
**wedding** mariage *m.* **I-6, III-1**
**wedding gown** robe de mariée *f.* **III-6**
**wedding ring** alliance *f.* **III-6**
**Wednesday** mercredi *m.* **I-2**
**weekend** week-end *m.* **I-2**
  **this weekend** ce week-end *m.* **I-2**
**weekly magazine** hebdomadaire *m* **III-3**
**weigh** peser *v.* **III-1**
**welcome** bienvenu(e) *adj.* **I-1**
  **You're welcome.** Il n'y a pas de quoi. **I-1**
**well** bien *adv.* **I-7, III-2**
  **I am doing well/badly.** Je vais bien/mal. **I-1**
**well-being** bien-être *m.* **III-10**
**well-mannered** bien élevé(e) *adj.* **III-6**
**west** ouest *m.* **II-4**
**What?** Comment? *adv.* **I-4**; Pardon? **I-4**; Quoi? **I-1** *interr. pron.* **I-4**
  **What day is it?** Quel jour sommes-nous? **I-2**
  **What is it?** Qu'est-ce que c'est? *prep.* **I-1**
  **What is the date?** Quelle est la date? **I-5**
  **What is the temperature?** Quelle température fait-il? **I-5**
  **What is the weather like?** Quel temps fait-il? **I-5**
  **What is your name?** Comment t'appelles-tu? *fam.* **I-1**
  **What is your name?** Comment vous appelez-vous? *form.* **I-1**

**What is your nationality?** Quelle est ta nationalité? *sing., fam.* **I-1**
**What is your nationality?** Quelle est votre nationalité? *sing., pl., fam., form.* **I-1**
**What time do you have?** Quelle heure avez-vous? *form.* **I-2**
**What time is it?** Quelle heure est-il? **I-2**
**What time?** À quelle heure? **I-2**
**What do you think about that?** Qu'en penses-tu? **II-6**
**What's up?** Ça va? **I-1**
**whatever it may be** quoi que ce soit **II-5**
**What's wrong?** Qu'est-ce qu'il y a? **I-1**
**wheelchair** fauteuil rolant *m.* **III-7**
**when** quand *adv.* **I-4, III-7**; lorsque *conj.* **III-7**; où *rel. pron.* **III-9**
**When is …'s birthday?** C'est quand l'anniversaire de …? **I-5**
**When is your birthday?** C'est quand ton/votre anniversaire? **I-5**
**where** où *adv., rel. pron.* **I-4, III-9**
**which** que *rel. pron.* **III-9**
  **of which dont** *rel. pron.* **III-9**
**which?** quel(le)(s)? *adj.* **I-4**
  **which one** à laquelle *pron., f., sing.* **II-5**
  **which one** auquel (à + lequel) *pron., m., sing.* **II-5**
  **which one** de laquelle *pron., f., sing.* **II-5**
  **which one** duquel (de + lequel) *pron., m., sing.* **II-5**
  **which one** laquelle *pron., f., sing.* **II-5**
  **which one** lequel *pron., m., sing.* **II-5**
  **which ones** auxquelles (à + lesquelles) *pron., f., pl.* **II-5**
  **which ones** auxquels (à + lesquels) *pron., m., pl.* **II-5**
  **which ones** desquelles (de + lesquelles) *pron., f., pl.* **II-5**
  **which ones** desquels (de + lesquels) *pron., m., pl.* **II-5**
  **which ones** lesquelles *pron., f., pl.* **II-5**
  **which ones** lesquels *pron., m., pl.* **II-5**
**while** pendant que *prep.* **I-7**
**whim** caprice *m.* **III-6**
**whisper** chuchoter *v.* **III-6**
**whistle** sifflet *m.* **III-8**; siffler *v.* **III-8**
**white** blanc(he) *adj.* **I-6, III-2**
**who** qui *rel. pron.* **III-9**
**who?** qui? *interr. pron.* **I-4**; qui *rel. pron.* **II-3**
  **Who is it?** Qui est-ce? **I-1**
  **Who's calling, please?** Qui est à l'appareil? **II-5**
**whom** qui *rel. pron.* **III-9**
  **of whom** dont *rel. pron.* **III-9**

**whom?** qui? *interr.* **I-4**
  **For whom?** Pour qui? **I-4**
  **To whom?** À qui? **I-4**
**whose** dont *rel. pron.* **III-9**
**why?** pourquoi? *adv.* **I-2, I-4**
**widow** veuve *f.* **III-1**
**widowed** veuf/veuve *adj.* **I-3, III-1**
**widower** veuf *m.* **III-1**
**wield** manier *v.* **III-7**
**wife** femme *f.* **I-1**; épouse *f.* **I-3, III-6**
**willing (to)** disposé(e) *adj.* **III-9**
**willingly** volontiers *adv.* **II-2**
**win** gagner *v.* **I-5, III-4**
  **to win elections** gagner les élections **III-4**
**wind** vent *m.* **I-5**
  **It is windy.** Il fait du vent. **I-5**
**wind turbine** éolienne *f.* **III-10**
**window** fenêtre *f.* **I-1**
**window display** vitrine *f.* **III-7**
**windshield** pare-brise *m.* **II-3**
**windshield wiper(s)** essuie-glace (essuie-glaces *pl.*) *m.* **II-3**
**windsurfing** planche à voile *f.* **I-5**
  **to go windsurfing** faire de la planche à voile *v.* **I-5**
**wine** vin *m.* **I-6**
**winter** hiver *m.* **I-5**
  **in the winter** en hiver **I-5**
**wipe (the dishes/the table)** essuyer (la vaisselle/la table) *v.* **I-8**
**wish** vœu *m.* **III-1, III-5**
  **to wish to** souhaiter *v.* **III-8**
  **wish that…** souhaiter que… *v.* **II-6**
**with** avec *prep.* **I-1**
  **with whom?** avec qui? **I-4**
**withdraw money** retirer de l'argent *v.* **II-4**
**without** sans *prep.* **I-8, III-7**; sans que *conj.* **I-5, III-7**
**witness** témoin *m.* **III-5, III-6**
  **to be witness to** témoigner de *v.* **III-5**
**wizard** sorcier/sorcière *m., f.* **III-7**
**woman** femme *f.* **I-1**
**wonder** se demander *v.* **III-2**
**wood** bois *m.* **II-6**
**wool** laine *f.* **I-6**
**work** travail *m.* **II-4**
  **to work** travailler *v.* **I-2**; marcher *v.* **II-3**; fonctionner *v.* **II-3**
  **work (hard)** travailler (dur) *v.* **III-2**
**work out** faire de la gym *v.* **I-5**
**work schedule** temps de travail *m.* **III-9**
**worker** ouvrier/ouvrière *m., f.* **II-5**; travailleur/travailleuse *m., f.* **III-6**
  **blue-collar worker** travailleur/travailleuse manuel(le) *m., f.* **III-6**
**workshop** atelier *m.* **III-7**
**world** monde *m.* **I-7**
**worn out** usé(e) *adj.* **III-2**
**worried** inquiet/inquiète *adj.* **I-3, III-1, III-2**
**worry** s'inquiéter *v.* **II-2, III-2**

**worse** pire *comp. adj.* **II-1, III-7**; plus mal *comp. adv.* **II-1, III-7**; plus mauvais(e) *comp. adj.* **II-1, III-7**; pis *adv.* **III-7**
  **to get worse** empirer *v.* **III-10**
**worst: the worst** le plus mal *super. adv.* **II-1, III-7**; le/la pire *super. adj.* **II-1, III-1, III-7**; le/la plus mauvais(e) *super. adj.* **II-1, III-7**; le pis *adv.* **III-7**
**worth: to be worth** mériter *v.* **III-1**; valoir *v.* **III-6**
  **It is not worth the effort…** Ce n'est pas la peine que…**III-6**
  **to be worth it** valoir la peine **III-8**
**wound** blessure *f.* **II-2**
**wounded: to get wounded** se blesser *v.* **II-2**
**write** écrire *v.* **I-7, III-3**
  **to write one another** s'écrire *v.* **II-3**
**writer** écrivain/femme écrivain *m., f.* **II-7**
**written** écrit (écrire) *p.p., adj.* **I-7**
**wrong** tort *m.* **I-2**; faux/fausse *adj.* **III-2**
  **to be wrong** se tromper *v.*; avoir tort *v.* **I-2**

## Y

**yeah** ouais **I-2**
**year** an *m.* **I-2**; année *f.* **I-2**
**yell** crier *v.*
**yellow** jaune *adj.* **I-6**
**yes** oui **I-2**; *(when making a contradiction)* si **I-2**
**yesterday (morning/afternoon evening)** hier (matin/après-midi/soir) *adv* **I-7, III-2, III-3**
  **day before yesterday** avant-hier *adv.* **I-7**
**yet** cependant *adv.*
**yogurt** yaourt *m.* **II-1**
**you** toi *disj. pron., sing., fam.* **I-3**; tu *sub. pron., sing., fam.* **I-1**; vous *pron., sing., pl., fam., form.* **I-1**
  **you neither** toi non plus **I-2**
  **You're welcome.** De rien. **I-1**
**young** jeune *adj.* **I-3, III-2**
**younger** cadet(te) *adj.* **I-3**
**your** ta *poss. adj., f., sing.* **I-3**; tes *poss. adj., m., f., pl.* **I-3**; ton *poss. adj., m., sing.* **I-3**; vos *poss. adj., m., f., pl.* **I-3**; votre *poss. adj., m., f., sing.*
**yourself** te/t' *refl. pron., sing., fam.* **II-2**; toi *refl. pron., sing., fam.* **II-2**; vous *refl. pron., form.* **II-2**
**youth** jeunesse *f.* **I-6, III-6**
**youth hostel** auberge de jeunesse *f.* **I-7**
**Yum!** Miam! *interj.* **I-5**

## Z

**zero** zéro *m.* **I-1**

# Index

## A

**à**
    contractions with **lequel** 25
    with geographical names 277
    with indirect objects 93
    with infinitives 272, 400
activities 73
adjectives
    comparative 236-237
    demonstrative 384
    gender and agreement 56-57
    indefinite 129
    interrogative 25
    past participles used as 396
    position 57
    possessive 380
    superlative 236–237
adverbs
    comparative 237
    formation 60
    position 61, 89, 350, 354
    superlative 237
**aller**
    **futur** 241
    imperative 374
    **passé composé** 92
    **passé simple** 386
    present 21
    present subjunctive 198
    with infinitive (**futur proche**) 21
animals and marine life 367
articles
    definite 376
    indefinite 376
    partitive 160-161
**avoir**
    as auxiliary verb in **passé composé** 88–89
    expressions with 20, 400
    **futur** 241
    imperative 374
    **passé simple** 386
    present 20
    present subjunctive 198

## B

banking and financial terms 331
business vocabulary 331

## C

**c'est** 203
    vs. **il/elle est** 378
    with adjectives 378
**-ci** 202, 384
city life 73
clothing 295

comparative
    of adjectives 236–237
    of adverbs 237
**conditionnel**
    formation and uses 280–281
    past 354–355
conjunctions
    with the **futur** 241
    with the future perfect 351
    with the subjunctive 245
**connaître**
    present 207, 404
    vs. **savoir** 404
continents, names of 276
contractions
    with **à** 25
    with **de** 25

## D

**de**
    contractions with **lequel** 25
    for possession 380
    in passive voice 410
    used after a negative 129
    with expressions of quantity 161
    with geographical names 277
    with infinitives 272–273, 400
    with partitives 160–161
definite articles 376
demonstrative adjectives 384
demonstrative pronouns 202–205
**depuis** with time expressions 398
directions 73
direct object pronouns 388
disjunctive pronouns 392
**dont** 311

## E

ecological terms 367
**en**
    uses 165
    with present participle 315
environmental terms 367
**-er** verbs
    **conditionnel** 280
    **futur** 240
    imperative 374
    **imparfait** 382
    **passé composé** 88
    past subjunctive 245
    present 372
    present subjunctive 198
    with spelling changes 16–17
**être**
    as auxiliary verb in **passé composé** 92–93
    **futur** 241
    imperative 374

**imparfait** 382
    in passive voice 410
    **passé simple** 386
    present 20
    present subjunctive 198
expressions
    of quantity 161
    with **avoir** 20
    with **faire** 21

## F

**faire**
    expressions with 21
    **futur** 241
    **passé composé** 88
    present 21
    present subjunctive 198
**faire causatif**, formation and uses 406
family and relatives 221
feelings 37
fine arts terms 395
food vocabulary 221
**futur proche** (**aller** + *infinitive*) 21
**futur simple**
    formation and uses 240–241, 351
    with **si** 241, 346
    with conjunctions 241
future perfect, formation and uses 350–351

## G

geographical names
    gender 276
    prepositions with 277

## H

household chores 21

## I

*if* clauses 125, 346–347, 355
**il/elle est**
    vs. **c'est** 378
    with adjectives 378
**il y a** with time expressions 398
immigration terms 183
**imparfait**
    formation and uses 382
    vs. **passé composé** 96–97
imperative
    formation 53, 374
    order of pronouns 169
indefinite adjectives and pronouns 129
indefinite articles 376
indirect discourse vs. direct discourse 408

indirect object pronouns 388
infinitives
  uses 272–273
  with impersonal constructions 378
  with prepositions 400
interrogative words 24
**-ir** verbs
  **conditionnel** 280
  **futur** 240
  imperative 374
  **imparfait** 382
  **passé composé** 88, 92
  past subjunctive 245
  present tense of irregular verbs
    132–133
  present tense of regular verbs 372
  present subjunctive 200

## L

**-la** 204, 384
laws and rights 145
leisure activities 21, 295
**lequel**, **laquelle**, etc. 25, 311

## M

media terms 109
**-même(s)** 392
movies and television 110

## N

natural disasters 367
nature terms 367
negation and negative expressions
  128, 129, 350, 354, 374
nouns
  formation of plural 376
  gender 376

## O

occupations 73, 109, 145, 251, 331
**-oir** verbs, irregular 318–319
**on** 410
**où** 310

## P

partitives 160-161
  with negative 129
**passé composé**
  with **avoir** 88–89
  with **être** 92–93
  vs. **imparfait** 96–97
**passé récent** (**venir de** + *infinitive*)
  125 , 133
**passé simple**, formation and uses
  386
passive voice, formation and uses
  410
past conditional, formation and uses
  346–347
past infinitive 273
pastimes 21, 295

past participles
  agreement 88, 92, 350, 354, 390
  irregular 88, 92
  regular 88
  used as adjectives 396
  used as prepositions 396
**pendant** with time expressions 398
people 73, 109, 145, 257
personalities 37, 221
personal relationships 37
places in a town or city 73, 221
**plus-que-parfait**, formation and
  uses 124–125, 347
politics 145
possessive adjectives 380
possessive pronouns 394
prepositions
  of location 164
  with geographical names 277
  with infinitives 400
present participles, formation and
  uses 314–315
present tense
  regular verbs 382
  irregular verbs *See verb tables*
    442–445
  spelling-change verbs 16–17
problems and solutions 183
pronouns
  demonstrative 204–205
  direct object 388
  disjunctive 392
  **en** 165
  indefinite 129
  indirect object 388
  interrogative 25
  **on** 410
  order of 168–169, 350, 354, 374,
    392
  possessive 394
  reflexive 52
  relative 310–311
  subject 392
  **y** 164

## Q

quantity, expressions of 161
**que** 236–237, 310
**quel**, **quelle**, etc. 25
questions, formation of 24–25, 128
**qui** 310

## R

**-re** verbs
  **conditionnel** 280
  **futur** 240
  **imparfait** 382
  imperative 374
  **passé composé** 88
  past subjunctive 245
  present tense of irregular verbs
    208–209
  present tense of regular verbs 382
  present subjunctive 200

reflexive verbs
  future perfect 350
  imperative 53
  **passé composé** 93
  past conditional 364
  past subjunctive 246
  present 52, 53
  reciprocal 53, 93
relative pronouns 310–311
**rendre** with adjectives 406

## S

**savoir**
  present 319, 404
  vs. **connaître** 404
science terms 257
security and threats 145
shopping vocabulary 295
**si** clauses 125, 354–355
society and change 183
spelling-change verbs
  **conditionnel** 280
  **futur** 240
  **imparfait** 382
  present tense 16–17
  present subjunctive 200
sports vocabulary 21, 295
stages of life 221
subject pronouns 392
subjunctive
  after indefinite antecedents 402
  in superlative statements 402
  present 200
  past 245
  vs. infinitive 245, 273
  with conjunctions 245
  with expressions of doubt 244
  with expressions of emotion 201
  with expressions of will 201
  with impersonal expressions 201
superlative
  of adjectives 236–237
  of adverbs 237

## T

technology terms 257
theater vocabulary 295
time expressions 398

## V

**venir de** + *infinitive* 125, 133
verbs followed by
  **à** + infinitive 272, 400
  an infinitive 272–273
  **de** + infinitive 272–273, 400

## W

weather expressions 21

## Y

**y**, uses 164

# Credits

## Text Credits

**70–71**    Print rights: Jacques Prévert, «Mai 1968», recueilli dans *Choses et autres*. © Éditions GALLIMARD. // Audio and electronic rights: © Fatras / Succession Jacques Prévert, electronic rights reserved.

**106–107**    *99 Francs* by Frédéric Beigbeder © 2000, Grasset & Fasquelle, Paris.

**178–181**    Site Lire Les Femmes Africaines.

**216–219**    By permission of Olivier Charneux.

**254–255**    *Passages d'enfer*, "Solitude numérique", Didier Daeninckx. © Éditions Denoël, 1998.

**290–293**    R. Goscinny et J-J. Sempé, extrait de «Le football», *Le Petit Nicolas*, IMAV éditions, Paris 2012. © IMAV editions / Goscinny – Sempé.

**328–329**    Traduction. By permission of Marie Le Drian.

**364–365**    Baobab, Jean-Baptiste Loutard, in *LES RACINES CONGOLAISES, précédé de La vie poétique*, series «Poètes des cinq continents», © Editions l'Harmattan, 2004.

**435–438**    © Jean Giono, *L'homme qui plantait des arbres*, adapted film version of the short story reprinted by permission of Éditions Gallimard.

## Photography and Art Credits

All images © Vista Higher Learning unless otherwise noted.

**Cover:** (tr) © philipus/Alamy;  (bl) © Hervé Hughes/Hemis/Corbis;  (br) © Georgianna Lane/Garden Photo World/Corbis.

**Front Matter (SE): i** (tr) © philipus/Alamy;  (bl) © Hervé Hughes/Hemis/Corbis;  (br) © Georgianna Lane/Garden Photo World/Corbis;  **xx** (l, r) © North Wind Picture Archives/Alamy;  **xxi** (l) From Frank Bond, "Louisiana" and the Louisiana Purchase, Washington, Government Printing Office, 1912 Map No. 4. Courtesy of Library of Congress; (r) © Design Pics Inc./Alamy;  **xxii** Renoir, Pierre-Auguste *Dance in the Country* 1883. Oil on canvas 180cm x 90cm (71in x 35in). Location: Musée d'Orsay, Paris. Photo credit: © The Gallery Collection/Corbis;  **xxiii** (t) © Moodboard/Fotolia.com;  (bl) © moshimochi/Shutterstock.com;  (br) © wavebreakmedia ltd /Shutterstock.com;  **xxiv** © JTB Photo Communications, Inc./Alamy;  **xxv** (l) © Dave & Les Jacobs/Blend Images/Corbis;  (r) © Yuri Arcurs/Shutterstock.com;  **xxvi** © PASCAL FAYOLLE/NRJ/SIPA/Newscom.

**Front Matter (TE): IAE-1** (tr) © philipus/Alamy;  (bl) © Hervé Hughes/Hemis/Corbis;  (br) © Georgianna Lane/Garden Photo World/Corbis;  **IAE-21** © Monkey Business Images/Shutterstock.com;  **IAE-25** © Image Source/Alamy;  **IAE-26** © track5/iStockphoto.

**Lesson One: 2** (full pg) © Jacob Wackerhausen/iStockphoto;  **4** (tl) © quavondo/iStockphoto;  (tr) © Royalty-Free/Corbis;  (m) Anne Loubet;  (bl) © Markus Moellenberg/Corbis;  (br) Pascal Pernix;  **12** (b) © GYI NSEA/iStockphoto;  **12–13** (t) © Masterfile;  **13** (tl) © Bettmann/CORBIS;  (tr) © Stefano Bianchetti/Corbis;  (bl) © Jeff Mitchell/Reuters/Corbis;  (br) © Ethan Miller/Getty Images;  **14** © Scott Olson/Getty Images;  **16** (t) Anne Loubet;  (m) Pascal Pernix;  (b) © Cephas Picture Library/Alamy;  **17** (t) © Radius Images/Alamy;  (m) Anne Loubet;  (b) Pascal Pernix;  **19** Anne Loubet;  **20** Anne Loubet;  **21** (t) Anne Loubet;  (b) Pascal Pernix;  **22** © David H. Wells/CORBIS;  **23** (t, mr, bl) Anne Loubet;  (ml) © Vstock, LLC/Photolibrary;  (br) Pascal Pernix;  **24** Pascal Pernix;  **27** (tl) Jessica Beets;  (tr) © Directphoto.org/Alamy;  (bl, br) Anne Loubet;  **30** © Lee Celano/Reuters/Corbis;  **31** © Chris Graythen/Getty Images;  **32** © Duncan/Alamy;  **33** © Mary Evans Picture Library/Alamy;  **34** (full pg) © Hélène Desplechin/Getty Images.

**Lesson Two: 38** (full pg) Janet Dracksdorf;  **40** (tl) Pascal Pernix;  (tm) Anne Loubet;  (tr) © Digital Vision/Alamy;  (bl) Janet Dracksdorf;  (bm) Rossy Llano;  (br) © Stockbyte/Getty Images;  **47** Pascal Pernix;  **48** (bl, br) Janet Dracksdorf;  **48–49** (t) © Bryan F. Peterson/CORBIS;  **49** (tl) © Thomas Kuiper;  (tr) © Picture Contact BV/Alamy;  (bl) © Chad Ehlers/Alamy;  (br) © David C. Tomlinson/Getty Images;  **50** Janet Dracksdorf;  **51** (l) © Yann Arthus-Bertrand/CORBIS;  (r) © Antoine Verdet/Altitude;  **52** (l) © Media Bakery;  (r) © Royalty-Free/Corbis;  **58** © Hans Peter Merten/Corbis;  **59** (tl) © Radius Images/Alamy;  (tr) © Andrzej Gorzkowski/Alamy;  (bl) © PHOVOIR/Alamy;  (br) © George Simhoni/Masterfile;  **66** © JEAN AYISSI/AFP/Getty Images;  **67** © Amel Pain/Reuters/Corbis;  **68** © Gail Mooney/CORBIS;  **69** © Roger Viollet/Getty Images;  **70** © Bruno Barbey/Magnum Photos.

**Lesson Three: 74** (full pg) © Louie Psihoyos/Corbis; **76** (tl) Martín Bernetti; (tr) © E.J. Baumeister Jr./Alamy; (m) © urbancow/iStockphoto; (b) Ali Burafi; **83** © sablin/Fotolia.com; **84** (bl, br) © Bettmann/CORBIS; **84–85** (t) © Reuters/CORBIS; **85** (tl) © age fotostock/SuperStock; (tr) © Megapress/Alamy; (bl) © Marcel Pelletier/iStockphoto; (br) © Rudy Sulgan/Corbis; **86** © Design Pics Inc./Alamy; **88** Anne Loubet; **89** (l) Anne Loubet; (r) © Jenny Hill/iStockphoto; **92** (l, r) Anne Loubet; **93** (t) © David Young-Wolff/PhotoEdit; (b) © Buzzshotz/Alamy; **95** © aiok/Shutterstock.com; **96** (t, b) Pascal Pernix; **97** © Sharon Dominick/iStockphoto; **99** Anne Loubet; **100** Martín Bernetti; **102** © SHAMIL ZHUMATOV/Reuters/Corbis; **104** © SERGEI ILNITSKY/epa/Corbis; **105** © WireImage/Getty Images; **107** (full pg/background) © Sergey Nivens/Shutterstock.com; (foreground) © Lobur Alexey Ivanovich/Shutterstock.com.

**Lesson Four: 110** (full pg) © Charles Platiau/Reuters/Corbis; **112** (t) © David Muscroft/Purestock/SuperStock; (b) Anne Loubet; **120** (b) © Patrick Eden/Alamy; **120–121** (t) © Jon Arnold Images/DanitaDelimont.com; **121** (tl) © Atlantide Phototravel/Corbis; (tr) © david sanger photography/Alamy; (bl) © Photononstop/Superstock; (br) John James (1780–1851). *Audubon.* Location: Bibliotheque de l'Institut de France, Paris, France. Photo credit: © Réunion des Musées Nationaux/Art Resource, NY; **122** ©2007 Joel Rogers/Joel Rogers Photography; **123** (l) © Daniel Dabriou; (r) © François Laroulandie; **125** Anne Loubet; **127** (t) © Trevor Smithers ARPS/Alamy; (b) © Thierry Tronnel/Sygma/Corbis; **134** Martín Bernetti; **135** (l) © Jon Arnold Images Ltd/Alamy; (r) © Robert Harding Picture Library Ltd/Alamy; **138** (full pg) © Ariana Cubillos/Associated Press; **140** © Don Hebert/Getty Images; **141** © Stocksnapper/Shutterstock.com; **142** (full pg) "Le Petit Journal", Paris, 3. volume, number 92, illustrated supplement, Saturday 27 August 1892. © INTERFOTO/Alamy.

**Lesson Five: 146** (full pg) © Alibi Productions/Alamy; **148** (tl) © Hot Ideas/Photolibrary; (tr) Martín Bernetti; (bl) © Chris Lowe/Photolibrary; (bm) © Tom Grill/Corbis; (br) Pascal Pernix; **156** (b) © Africa/Fotolia.com; **156–157** (t) © George Clerk/iStockphoto; **157** (tl) © J-C.&D. Pratt/PhotoNonstop; (tr) © Nik Wheeler/CORBIS; (bl) © Martin Harvey/CORBIS; (br) © Julian Calder/CORBIS; **158** © Thomas Dutour/123RF; **160** Anne Loubet; **161** Anne Loubet; **163** Rossy Llano; **164** Anne Loubet; **165** Anne Loubet; **172** © Albrecht G. Schaefer/CORBIS; **174** (full pg) © Greenshoots Communications/Alamy; **176** © Sophie Bassouls/Sygma/Corbis; **177** © Ghislaine Sathoud; **178–179** © Patrick Robert/Sygma/CORBIS; **180** © Edward Parker/Alamy.

**Lesson Six: 184** (full pg) © Echo/Getty Images; **186** (t) © Workbookstock/Getty Images; (m) Pascal Pernix; (b) © Image Source/Photolibrary; **187** Anne Loubet; **194** (bl) © Martin Harvey/Corbis; (br) © age fotostock/SuperStock; **194–195** (t) © Daryl Benson/Masterfile; **195** (tl) © OVIA IMAGES/Alamy; (tr) © Witr/Dreamstime.com; (bl) © Peter Adams/Getty Images; (br) © Yadid Levy/Alamy; **196** © Frans Lemmens/Lonely Planet Images/Getty Images; **197** (inset) © Bettina Schwarzwaelder/dpa/Corbis; © Reuters/CORBIS; **201** © Ocean/Corbis; **205** (t) © Robert Fried/Alamy; (b) Anne Loubet; **209** © Nancy Ney/Getty Images; **212** © Fayez Nureldine/AFP/Getty Images; **213** © Xavier Richer/PhotoNonstop; **215** Courtesy of Oliver Charneux; **216** (full pg) © Tyler Stalman/iStockphoto; **218** © George Doyle/Getty Images.

**Lesson Seven: 222** (full pg) © Steve Read/Getty Images; **224** (tl, tr, ml, mr) Martín Bernetti; (tm) © Jim Zuckerman/CORBIS; (bl) © Pixel Embargo/Shutterstock.com; **231** (l) Martín Bernetti; (m) © Gina Sanders/Shutterstock.com; (r) Janet Dracksdorf; **232** (b) © DENIS BALIBOUSE/Reuters/Corbis; **232–233** (t) © Michael Utech/iStockphoto; **233** (tl) © Heinz-Dieter Falkenst/Age Fotostock; (tr) © Ken Welsh/Alamy; (bl) © Jean-Marc Charles/Sygma/Corbis; (br) © Johannes Simon/Stringer/Getty Images; **234** © Dave Bartruff/CORBIS; **236** Pascal Pernix; **237** Anne Loubet; **239** © manley099/iStockphoto; **244** © Simon Marcus/Corbis; **247** Martín Bernetti; **248** © Don Farrall/Getty Images; **250** (full pg) © Maximilien Brice/CERN; **252** Anne Loubet; **253** © TFI Sureau/Sipa Press; **254** © Scott Tysick/Masterfile.

**Lesson Eight: 258** (full pg) © Medioimages/Photodisc/Getty Images; **260** (tl) © Kevin T. Gilbert/CORBIS; (tr) © John James Wood/Index Stock Imagery/Photolibrary; (ml) © FogStock LLC/Index Stock Imagery/Photolibrary; (mm) © Kim Kulish/Corbis; (mr) Martín Bernetti; (b) © James Marshall/CORBIS; **268** (bl) © Fabrice Bettex/Alamy; (br) © age fotostock/SuperStock; **268–269** (t) © Bob Thomas/Getty Images; **269** (tl) © Hemis/Alamy; (tr) © Morales/Age Fotostock; (bl) © imagebroker/Alamy; (br) © The Natural History Museum/Alamy; **270** © Robert Harding Picture Library Ltd/Alamy; **271** © Khaleel "Khal" Torabully; **275** (t) Anne Loubet; (b) © Brand X Pictures; **277** Anne Loubet; **279** Rossy Llano; **286** © Buzz Pictures/Alamy; **288** (l) © Mike Powell/Corbis; (r) © Brad Wrobleski/Masterfile; **289** (t) © Boue/Sipa Press; **289** (b) © Associated Press; **290** « Le football », *Le Petit Nicolas*, IMAV éditions, Paris 2012. © IMAV editions / Goscinny – Sempé; **292** « Le football », *Le Petit Nicolas*, IMAV éditions, Paris 2012. © IMAV editions / Goscinny – Sempé.

**Lesson Nine: 296** (full pg) © Randy Faris/Corbis; **298** (tl, tr, b) Ventus Pictures; **306** (b) ©JEAN-PHILIPPE KSIAZEK/AFP/Getty Images; **306–307** (t) © marcus wilson-smith/Alamy; **307** (tl) Poster of the 14th edition of the Ecrans Noirs film festival © Abba Liman Abdel Aziz; (tr) © Panoramic/ZUMAPRESS.com/Newscom; (bl) © Gallo Images/CORBIS; (br) © Albert Facelly/Sipa Press; **308** © Juniors Bildarchiv/Alamy; **310** Rossy Llano; **313** Anne Loubet; **314** Pascal Pernix; **315** Rossy Llano; **318** Anne Loubet; **319** (t) Pascal Pernix; (b) Anne Loubet; **322** © Roger Viollet/Getty Images; **324** (full pg) © Bruno Fert/Corbis; **325** © Julian Nieman/Alamy; **327** © ANDERSEN/ SIPA; **328** © EDUARD KORNIENKO/Reuters/Corbis.

**Lesson Ten: 332** (full pg) Janet Dracksdorf; **334** (tl) © Ingram Publishing/SuperStock; (tr) © Tomas Sereda/ Shutterstock.com; (m) Martín Bernetti; (bl) © pidjoe/iStockphoto; (br) © Matthias Kulka/Corbis; **337** © NASA; **341** © Nigel Hicks/Alamy; **342** (bl) © Jon Arnold Images Ltd/Alamy; (br) © Brian A. Vikander/CORBIS; **342–343** (t) © MELBA PHOTO AGENCY/Alamy; **343** (tl) © Hemis/Alamy; (tr) © Jacques Langevin/Sygma/Corbis; (bl) © Matthias Kulka/Corbis; (br) © Stephen Frink/Getty Images; **344** © Macduff Everton/CORBIS; **345** (l) © Photos 12/ Alamy; (r) © Jean Baptiste Lacroix/WireImage/Getty Images; **348** Paul Gauguin (1848–1903). *Tahitian Women* or *On the Beach*. 1891. Oil on canvas, 69 x 91.5 cm. Location: Musee d'Orsay, Paris, France. Photo credit: © Bettmann/ Corbis; **351** (l, r) Anne Loubet; **355** (l, r) Anne Loubet; **360** (full pg) © Robert Fried/Alamy; **361** © Louie Psihoyos/ CORBIS; **363** Courtesy of Jean-Baptiste Tati-Loutard; **364–365** © Gallo Images/CORBIS.

**Fiches de grammaire: 372** (t, m) Anne Loubet; (b) © Radius Images/Alamy; **374** Anne Loubet; **375** (tl, tr, bl) Pascal Pernix; (br) Anne Loubet; **378** Anne Loubet; **379** (t) Rossy Llano; (bl) Pascal Pernix; (br) Anne Loubet; **382** Anne Loubet; **384** Pascal Pernix; **388** Pascal Pernix; **390** Pascal Pernix; **394** Anne Loubet; **396** Anne Loubet; **397** (tl, tr, ml) Pascal Pernix; (mr, bl, br) Anne Loubet; **398** Pascal Pernix; **401** © Fabrice Bettex/Alamy; **404** (t) Anne Loubet; (b) Pascal Pernix; **406** (t) Anne Loubet; (b) Pascal Pernix; **407** (l, r) Anne Loubet; **409** Pascal Pernix; **411** © Mikhail Lavrenov/123RF.

## Video Credits

Production Company: Klic Video Productions, Inc.
Lead Photographer: Pascal Pernix
Photographer, Assistant Director: Barbara Ryan Malcolm
Photography Assistant: Pierre Halart

## *Court métrage* Credits

8–9      By permission of Athénaïse.
44–45   By permission of La Boîte.
80–81   By permission of FACTEUR 7.
116–117 By permission of Metronomic.
152–153 By permission of CinÉthique.
190–191 By permission of Nassim Amouche.
228–229 By permission of L'Agence du court metrage.
264–265 By permission of La Luna Productions
302–303 By permission of Premium Films.
338–339 By permission of Canadian Broadcasting Corporation.

## *Le Zapping* Credits

15    By permission of CdH.
87    By permission of Editions Apaches.
159  By permission of Oxfam-Magasin du monde (Belgium).
235  © Newzy.
309  By permission of Oui Marketing.